소통의 구성적 역동성과
러시아 언어-문화 공간의 다차원성

소통의 구성적 역동성과 러시아 언어-문화 공간의 다차원성

이기웅 · 김정일 · 이강은 외

경북대학교출판부

저자

김연경 _ 서울대학교 노어노문학과
김정일 _ 경북대학교 노어노문학과
백경희 _ 경북대학교 노어노문학과
서선정 _ 경북대학교 인문과학연구소
이강은 _ 경북대학교 노어노문학과
이기웅 _ 경북대학교 노어노문학과
이남경 _ 고려대학교 노어노문학과
이병훈 _ 아주대학교 기초교육대학
임수영 _ 경북대학교 노어노문학과
홍택규 _ 한림대학교 러시아학과

소통의 구성적 역동성과 러시아 언어-문화 공간의 다차원성

찍은날 2010년 7월 25일 | **펴낸날** 2010년 7월 30일
지은이 이기웅 · 김정일 · 이강은 외 | **펴낸이** 노동일 | **펴낸곳** 경북대학교출판부
출판등록 1973년 10월 10일 ㉔97호
주소 대구광역시 북구 산격동 1370번지
전화 053-950-6741~3 | **팩스** 053-953-4692 | **E-mail** press@knu.ac.kr
Homepage http://knupress.com

ISBN 978-89-7180-293-9 93890

값은 표지 뒷면에 있습니다.
파본은 바꾸어 드립니다.

이 책은 2005-2007년도 정부(교육인적자원부)의 재원으로 한국학술진흥재단의 지원을 받은 연구임 (KRF-2005-079-AM0057).

머리말

이 책은 한국학술진흥재단으로부터 2005년부터 2007년까지 3년간 지원을 받은 '소통' 팀의 연구 중에 너무 전문적이어서 책으로 출판하기에 적합하지 않은 몇몇 논문들만을 제외한 대부분을 연구의 전체적인 구상에 따라 한데 모아 놓은 것이다('소통의 구성적 역동성과 러시아 언어-문화 공간의 다차원성'이라는 연구 과제 제목을 우리들은 줄여서 '소통'이라고 부르곤 했다). 수록된 논문들 대다수가 이미 전문 학술지에 개별적으로 발표되었지만, 이 책의 내용적 의의는 그러한 개별 연구들이 시도하고 있는 언어적 소통의 여러 가지 구성적 계기들이나 다양한 발현 현상들에 대한 구체적인 해명들을 원래 구상되었던 연구의 전체적인 틀 속에 배치함으로써 이들 간의 내용적인 상호 연결성과 유기성을 보여 주는 데, 그리고 이를 통해 연구의 전체적인 면모와 방향성, 문제의식을 종합적으로 알려 주는 데 있다. 그럼으로써 이 책은 인간의 언어적 소통에 대한 일반적 고찰 및 전체적 조망과 아울러 그 구체적인 개별적 양상들에 대한 심도 있는 이해도 동시에 가능하게 해 줄 것이다.

오늘날 일상적 담론이든 철학적, 정치적 혹은 이데올로기적 담론이든 간에 아마 이 "소통"처럼 당위성의 함의와 더불어 자주 거론되는 낱말도 드물 것이다. 그러나 통상, 소통의 필요성을 강조하는 이러한 당위성의 차원에서 이루어지는 담론들이 주목하는 것은 단지 바람직한 결과나 효과로서의 소통일 뿐, 실제로 소통의 과정을 구성하는 그 복잡한 계기들과 다양한 발현 양상들에 대해서는 진지한 고려를 하지 않는다. 따라서 아무리 강조해서 소통의 당위성을, 절실함을 이야기할지라도, 그러한 담론들은 소통 과정 자체에 대한 진지한 고찰과 구체적 성찰의 결여로 인해서 어느 정도 공허함이 묻어나게 마련이다. 또한 오늘날 정보통신 기술의 발전과 더불어 소통을 일종의 매체 공학적 측면에서 바라보려는 경향도 우세하게 나타나고 있다. 물론 이러한 입장의 대표적인 출발점은 '매체가 바로 메시지'라고 역설한 마샬 맥루한(M. McLuhan)일 것이다. 그러나 이러한 시각으로부터 소통에 접근하고 해명하려는 경향은 그 이론적 방향성이 갖는 풍부한 응용력에도 불구하고 궁극적으로 소통을 정보의 지각적 효과로 본다는 점에서 피상적 한계를 갖는다. 요컨대, 여전히 소통을 발신자로부터 수신자로 연결되는 정보의 일방향적인 흐름으로 간주하고 있는 것이다. 그러나 이 책에서는 소통에 대해, 오늘날 흔히 볼 수 있는 이러한 여러 가지 생각들이나 관점들과는 달리 다음과 같이 보다 본원적인 시각에서 접근을 시도하고 있다.

즉, 우리의 연구는 인간의 언어적 소통의 본질적 특성이 주체사이성(intersubjectivity)을 토대로 화자(발신자)와 청자(수신자) 사이에서 쌍방향적으로 이루어지는 구성적 역동성에 있다는 입장으로부터 출발하고 있다. 이러한 본원적 접근은 물론 언어적 소통을 구성하는 제반 요소들에 대한 분석적 고찰과 그것들 사이의 구성적이고 역동적인 계기들에 대한 해명뿐만 아니라 인간의 소통 행위에 내재된 본원적 욕망과 윤리적, 미학적 가치에 대한 온전한 파악을 의미한다. 이에 따라서, 이 책의 전체적인 내용적 모습은 우선 언어적 소통에 대한 일반적인 모형을 수립하고, 이것을 구체적으로 러시아 언어-문화 공간에서 발견되는 여러 형태의 언어 현상들과 예술 텍스트화 과정들의 분석과 기술에 적용시킴으로써, 본원적으로 주체사이적(intersubjective) 행위인 우리의 소통 행위의 궁극적 목표가 가치 인식과 창조의 기반으로서 공통적인 것의 정립뿐만 아니라 새로운 공통적인 것의 생성에 있음을 밝히고 있다. 또한 이러한 인간의 소통 행위가 무엇에 의해서 왜곡되거나 좌절되는가를 언어학적, 문학적 분석을 통해서 구체적인 예시도 하고 있다.

사실, 오늘날 언어적 소통에 대한 새로운 언어학적 고찰과 일반적 모형화 및 종합적 성찰은 매우 절실하게 요구되고 있다고 볼 수 있다. 20세기 초에 언어적 소통에 대한 아주 간단한 모형으로부터 출발한 페르디낭 드 소쉬르(F. de Saussure)의 일반 언어학적 성찰들이 인문학과 사회과학의 구조주의적 패러다임으로까지 발전하게 되었다면, 이제 이러한 과학적, 분석적 사고의 환원주의를 극복하는 새로운 이론적, 방법적 패러다임 모색의 필요성을 절실하게 느끼고 있는 지금, 기존의 학문적 성과들을 바탕으로 언어적 소통에 대한 보다 정교하고 새로운 고찰이 필요하다고 할 것이다. 그리고 이를 위해서 일차적으로 필요한 것은 바로 본 연구가 추구하고 있는 것과 같은 언어학과 문학 사이의 학제 간 연구이다. 왜냐하면 언어적 소통에 관한 로만 야콥슨(R. Jakobson)의 유명한 모형에서 보듯, 언어학과 문학의 상호보완적 고찰은 소통모형의 발전에 커다란 역할을 해 왔기 때문이다. 이러한 관점에서 볼 때 특히 필요한 것은 구조주의 이후 현대 언어학이 소통에 관한 의미론과 화용론에서 보여 주고 있는 이론적 성과들과, 예술적 소통의 본질 및 제반 양상들에 관한 형식주의자들이나 미하일 바흐친(M. Bakhtin), 유리 로트만(Ju. Lotman) 등과 같은 러시아 문예학자들의 혁신적이고도 깊이 있는 통찰들 사이의 창조적 결합이라고 할 수 있다.

이 책의 제1부는 바로 이상과 같은 점을 이론적으로 염두에 두면서 언어적 소통을 일반론의 차원에서 해명하는 데 주안점을 두고 있다. 여기서 제시되고 있는 언어적 소통에 대한 새로운 일반 모형은 언어-문화 공간의 다차원적인 주체사이성에 기반해서 화자(발신자)와 청자(수신자)가 쌍방향적으로 상호작용하는 소통 과정의 역동성을 구성하는 필수적인 계기들을 종합적으로 규명하고 있다. 그리고 언어적 소통의 화용적 측면을 규명하는 연구는 인간 개개인의 차원에서 작용하는 보편적인 것으로 간주될 수 있는 인지적 화용 원칙과 이것을 상위에서 규제하는 주체사이성의 열린 형식으로서 언어적 기능태를 다루고 있다. 이어지는 연구는 예술적 텍스트화를 대상으로 그것이 언어-문화 공간의 구성과 재구성이라는 소통의 열린 총체화 과정 속에 편입되는 방식을 설명하고 있다. 마지막 연구에서는 나와 타자 사이의 주체사이성 정립으로서 소통의 윤리학적 전망을 살펴봄으로써, 언어적 소통에 관한 이 책의 연구가 단순히 분석적, 기술적 관점 이상의 것임을 알려 주고 있다.

이러한 제1부의 연구를 바탕으로, 책의 제2부에서는 언어적 소통의 토대로서 주체사이성의 언어 내적 공간을 탐구하고 있다. 이러한 탐구는 당연히 구체적인 연구 대상을 전제하는 바, 여기서는 러시아어에 의해서 형성되는 단일한 언어 내적 공간을 대상으로 하고 있다. 그리고 이러한 공간의 구성적 역동성과 관련해서, 화자와 청자의 문제, 텍스트와 '콘텍스트(con-text)'의 문제, 텍스트들 간의 접촉과 오류의 문제를 중심으로 다양한 언어학적, 문학적 연구들이 펼쳐지고 있다. 물론 이러한 개별 연구들을 아우르는 전체적인 문제틀은 러시아어라는 특정한 주체사이적인 실체에 의해서 마련되는 소통의 잠재적인 단일한 공간이 실제 언어-문화 공간이라는 다차원적인 공간 속으로 투사되는 구체적인 양상들을 밝혀내는 데 있다.

그리고 이 책의 제3부에서는 소통 활동 속에서 언어 내적 공간이 발화를 통해서 언어 밖의 실천적 공간과 연결되는 다차원적 공간 구성에 문제의 초점을 맞추었다. 이러한 연구 방향성 아래, 발화와 소통의 공간, 소통과 지각 그리고 형상성, 텍스트와 언어-문화 공간이라는 세 가지 주제를 중심으로 보다 세부적인 개별적 형태의 언어학적, 문학적 연구들이 전개되고 있다. 이러한 연구들이 밝혀내고 있는 것을 통일적으로 요약한다면, 언어적 소통 행위는 발화 및 텍스트화를 매개로 언어 밖의 현실을 언어 내적 공간 속에 투사시킴과 동시에 이러한 투사를 통해서 재구성되는 언어 내적 규정성을 역으로 발화 및 텍스트화 속에 투사한다는 것이다. 이러한 다차원적인 이중의 투사를 통해서 언어적 소통은 언어와 현실 사이의 대응에서 새로운 표현들의 탄생, 언어적 탈규범화와 재규범화, 문화적 탈코드화와 재코드화, 새로운 예술적 형상화 등을 상이하고 다양한 주체들 사이에서 이해가능한 것으로 만들어 나갈 수 있는 것이다.

마지막으로 이 책의 제4부에서는 소통적 공간들 밖에서 언어적 소통에 영향을 미칠 수 있는 외부적 요인들에 대해 이야기하고 있다. 즉, 러시아 언어-문화 공간 속에서 소통을 외적으로 규제하거나, 혹은 왜곡시키고, 좌절시키는 요인들로서 권력, 계급, 성, 그리고 이데올로기와 소통 사이의 문제들이 개별 연구들을 통해 문학적, 언어학적 예증으로서 다루어지고 있다. 이러한 연구들의 의의는 아마도 인간의 소통 행위에 본원적으로 함의되어 있는 가치 지향성이 온전히 발현되기 위해서는 그것을 저해하는 어떤 요인들을 어떻게 이론적, 실천적으로 고려해야 하는가를 예시해 주는 데 있을 것이다.

이상과 같은 연구 내용들이 이 책에서 보여 주고 있는 것과 같은 엄밀한 학술적 담론으로 구현되기 위해 삼 년 동안의 연구 기간 내내 '소통' 팀 구성원들 사이에 그야말로 소통이 필요했음은 물론이다. 이를 위해서는 각자 자신의 전공을 가지고 다른 연구원들과 끊임없이 소통해야 했을 뿐만 아니라 또한 그 역의 과정도 끊임없이 이루어져야 했다. 그러나 당연히 소통(communication)은 합치(communion)가 아니기에 각자 자신의 학문적 개성을 연구의 전체적인 틀 속에서 함몰시킬 필요는 없었다. 따라서 이 책의 개별 연구들은 반드시 앞뒤의 연구들과 논리적으로 딱 들어맞는 어떤 꽉 짜인 연결성보다는 소통의 구성적 역동성에 대한 주제의식의 공유 하에 서로 내용적으로 연관되는 유연한 유기적 연결성을 다양한 측면에서 보여 주고 있다. 이것이 아마도 공동 연구로서 이 책이 갖는 내용적 장점이자 한계일 것이다.

만일 장점보다도 한계가 더 두드러져 보인다면, 그것은 전적으로 연구 책임자의 미숙일 것이다. 그럼에도 불구하고, 삼 년 동안 미숙한 연구 책임자와 더불어 고군분투해 준 연구원들에게 감사드린다. 그리고 이러한 기초연구가 가능할 수 있도록 지원해 준 한국학술진흥재단에게도 감사드린다. 더불어 이 책을 위해 교정에 힘써 준 홍선희, 박미정, 이승원에게도 고마운 마음을 밝힌다. 마지막으로 다소 전문적인 이 책을 출판하느라 애쓴 경북대학교출판부에 감사드린다.

2010년 7월

이 기 웅

목 차

제4부 · 러시아 언어-문화 공간에서 소통의 안과 밖

제1부

소통의 역동성

제1장

언어적 소통의 일반모형

| 이기웅 · 김정일 · 백경희 · 임수영 |

1. 서론 – 문제 제기와 방향 설정

언어학의 패러다임이 20세기 전반에 역사주의에서 구조주의로 전환하는 데 결정적인 역할을 한 소쉬르(Saussure 1916 [1972] ; 27-32)의 일반 언어학적 성찰의 출발점은, 잘 알다시피, 언어적 소통에 대한 간략한 고찰로부터 비롯된 것이었다. 그는 언어적 소통에 대한 아주 단순화된 모형을 예시하면서 다음과 같은 질문들을 제기한다. 동일한 언어권 안에서 서로 다른 화자와 청자 사이에 언어적 소통을 안정적으로 가능하게 해 주는 본질적 계기는 과연 무엇인가? 만일 어떤 언어 기호 “A”가 상이한 개인들 사이에서, 그리고 무수히 많은 다양하고 상이한 발화들 속에서 항상 동일한 언어 기호 “A”로 소통될 수 있다면, 그것의 언어적 토대의 어디에 근거하는 것일까? 이러한 질문들을 제기하면서, 소쉬르는 그 해답을 언어 구성적 계기의 사회적 차원과 개인적 차원의 구분의 설정을 통해서 찾고자 한다. 요컨대, 단순히 경험적으로는 개인들의 개별적인 말들, 즉 “빠롤(parole)”만이 언어로 존재하는 것처럼 보이지만, 언어적 소통의 안정적 가능성이라는 관점에서 볼 때는 그것들을 초월하고 있는, 그리고 동일한 언어 기호의 모든 개별적인 경우들을 사회적 차원에서 통합하고 있는 언어의 본질적 구성 계기인 “랑그(langue)”가 필연적으로 존재할 수밖에 없다는 것이다.

언어적 소통에 대한 이러한 고찰로부터 출발한 소쉬르의 일반 언어학적 성찰은 프라그학파나 코펜하겐학파와 같은 구조주의 언어학의 성립으로 이어졌으며, 구조주의 언어학의 발전은 또한 인류학, 문학, 기호학, 철학, 사회학 등과 같은 분야에 이론적, 방법론적 영향을 미치게 된다. 이로부터, 20세기 후반 인문학의 중심을 관통하게 되는 것은 – 적어도 1970년대까지는 – 내부의 다양한 편차와 입장들에도 불구하고 구조주의라는 하나의 커다란 지적 흐름이라고 볼 수 있다.[1] 그리고 구조주의 이후의 다양한 경향들 또한 이러한 지적 분위기에 대한 반성적 성찰과 비판적 작업의 결과라고 할 수 있다.

이렇듯, 언어적 소통에 대한 간략한 추상적 고찰로부터 출발한 소쉬르의 이론적 성찰이 결과적으로는 20세기 인문학의 구조주의적 패러다임의 형성으로까지 나아갔음에도 불구하고, 정작 언어학 내부에서는 언어적 소통의 메커니즘 자체를 대상으로 하는 본격적인 진지한 고찰이 1980년대 이전까지만 해도 별로 없었다는 것은 다소 의외의 일이다. 구조주의 언어학의 경우, 심리학자 뷜러(Bühler 1934)의 기능적 소통 모형을 보완해서 발전시킨 야콥슨(Jakobson 1960[1981])의 시도가 거의 유일할 것이다. 뷜러가 발화가 발신자를 지향하느냐, 수신자를 지향하느냐, 혹은 문맥이나 지시체를 지향하느냐에 따라, 언어활동을 표현의 기능, 호출의 기능, 표상의 기능으로 분류하고 있다면, 잘 알다시피 야콥슨은 언어적 소통의 구성요소를 발신자, 수신자, 메시지, 문맥(혹은 지시체), 코드, 접촉이라는 6개로 확장시키면서, 소통이 그중 어떠한 요소를 주된 방식으로 지향하느냐에 따라 각각 정서적(혹은 표현적), 사역적, 시적, 지시적, 메타 언어적, 교감적 기능으로 분류하고 있다. 이러한 모형은 비록 소통의 주체사이적 전망을 고려하고는 있을지라도 소쉬르와 마찬가지로 여전히 언어적 소통을 단선적이고 기계적인 과정으로 도식화하고 있다. 한편, 애당초 자연 언어에 대한 수리언어학적 처리의 가능성을 염두에 두고 출발한 생성문법은 "이상적인" 화자–청자의 모국어에 대한 지식의 규명에 초점을 맞춤으로써(촘스키 Chomsky 1965 ; 4) 소통의 문제를 근본적인 고려의 대상에서 완전히 삭제해 버렸다.

1980년대 이전까지 구조주의 언어학이나 생성문법이 이러한 상황이었다면, 반면 이러한 공백기 동안 언어적 소통에 대한 진지한 고찰은 오히려 다른 분야들에서 활발히 진행되어

---

1) 구조주의가 언어학에서 다른 분야로 확산되는 데 최초로 결정적인 기여를 한 것은 프라그학파의 음운론을 친족관계의 연구에 적용시킨 레비–스트로스(Lévi–Strauss 1949)이다. 이것을 계기로 차츰 구조주의는 인문학과 사회과학의 다양한 분야들을 통괄하는 새로운 지적 흐름으로 자리 잡게 된다. 이에 대한 대표적인 안내서들로는 가령 발 편(Wahl éd. 1968), 피아제(Piaget 1968), 로비 편(Robey ed. 1973) 등을 참조할 것. 그리고 구조주의에 대한 비판적인 검토들로는 뒤크로(Ducrot 1968), 제임슨(Jameson 1972) 등을 참조할 것.

왔다. 이러한 타 분야의 연구들은 크게 세 가지 경향으로 요약될 수 있다. 첫째는 언어철학 쪽에서의 접근인데, 이것은 후기 비트겐쉬타인(Wittgenstein 1953), 그라이스(Grice 1957, 1967[1975]), 오스틴(Austin 1962), 설(Searl 1969) 등이 대표적인 경우라고 할 수 있다. 본질적으로 이 경향의 연구들은 "발화된 문장의 의미는 무엇인가? 또 어떻게 청자에게 성공적으로 소통되는가?"라는 질문의 규명에 초점을 맞추면서, 화자와 청자 사이에 공통된 언어 체계의 존재가 성공적인 의사소통을 가능하게 해 준다는 언어학의 소박한 믿음이 실제로는 훨씬 더 복잡한 상황과 직면해야 된다는 사실을 잘 밝혀 주고 있다. 둘째는 정보공학이나 사회과학 쪽에서의 접근인데, 이 경향은 정보 전달의 과정적 절차에 대한 모형적 재구성과 모형의 실제적 활용에 초점을 맞추고 있다. 이 경향의 연구들은 정보 전달 과정에 대한 초기의 단선적 소통 모형(샤넌과 위버 Shannon & Weaver 1949, 거브너 Gerbner 1956 등)으로부터 점차로 상호 교환적, 순환적, 나선적 소통 모형들로(쉬람 Schramm 1954, 오스굿 Osgood 1967, 댄스 Dance 1967 등) 발전되어 왔다. 또한 뉴컴(Newcomb 1966)처럼 소통의 내재적 동기를 주어진 대상에 대한 화자와 청자 사이의 태도상의 불일치로부터 유발되는 심리적 불균형의 회복에서 찾고자 하는 심리학적 연구나 벌로(Berlo 1960)처럼 소통을 구성하는 각각의 요소들이 수신자의 정보 해석과정에 미치는 영향들에 초점을 맞춘 모형화도 있다. 그리고 셋째로는 소통 행위에 대한 언어인류학이나 언어사회학적 접근들이 있는데, 대표적인 것으로는 고프만(Gofmann 1964, 1974, 1975), 굼퍼즈(Gumperz 1962), 하임스(Hymes 1964, 2006[1972]), 굼퍼즈와 하임스(Gumperz & Hymes 1964, 1972) 등이 있다. 이러한 접근들의 특징은 소통을 구성하는 사회-문화적 요소들을 사실적으로 충실하게 기술하면서, 근본적으로 소통 행위를 정보의 단선적, 일방적 전달로 보지 않고 소통 참여자들 사이에 서로 영향을 미치는 상호행동(interaction)으로 바라본다는 데 있다. 특히 이러한 연구들은 주어진 사회생활 속에서 소통 행위에 의해 언어가 어떻게 활용되는가를 경험적 사실에 충실하게 그리고 종합적으로 관찰함으로써 언어행위에 대한 일반 모형의 구축을 시도하는 귀납적 태도와 그리고 이로부터 언어를 사회와 문화 그리고 역사와 함께 엮어서 관찰하는 설명적 타당성, 즉 경험적인 설명적 타당성을 추구한다는 점에 있어서 단순히 언어 내재적인 설명적 타당성을 추구하는 촘스키 식의 방향성과는 현저하게 대비된다(Hymes 2000[1972]).

타 분야에서의 이러한 연구들은 점차로 언어학에도 영향을 미치게 되는데, 특히 소통에 관한 언어철학적 접근이나 심리학적 접근들, 그리고 언어인류학이나 언어사회학적 접근들은 화용론이나 담화 분석과 같은 분야에 영향을 미치게 된다. 앞에서 언급한 야콥슨의 소통 모형도 사실 언어에 대한 훗설(Husserl 1901)의 현상학적 고찰과 뷜러의 심리학적 고찰뿐만 아니라 샤넌과 위버, 체리(Cherry 1957) 등의 정보공학적인 소통 이론들까지도 종합화한 작업이라는 점을 고려해 볼 때,[2] 이러한 타 분야의 이론들의 영향은 구조주의 이후의 새로운 이론적 패러다임의 지향을 위해서 바람직한 것이라고 볼 수 있다. 오스틴과 설의 화행 이론(speech act theory)은 언어적 소통에서 발화의 중요성을 새롭게 부각시켰는데, 이것은 뒤크로(Ducrot 1972, 1980), 레빈슨(Levinson 1983) 등에 의해 화용론의 발전으로 이어진다. 그리고 언어적 소통의 성립 조건이 단순히 언어 체계의 공유에만 있는 것이 아니라 화자와 청자 사이의 협동의 원칙(co-operative principle)에 있다는 사실을 이야기하는 그라이스(Grice 1967[1975])의 대화 이론(conversation theory)은 스페르베르와 윌슨(Sperber & Wilson 1986)에 의해서 유관성의 원칙(principle of relevance)으로 재정립되는데, 이 원칙은 화용론의 대상을 구성하는 다양한 현상들을 청자의 해석적 활동의 관점에서 통괄하려는 본격적인 이론적 시도라고 할 수 있다. 이러한 화용론의 발전과 병행해서, 담화 분석 이론들의 발전은 심리적, 사회적, 문화적 요인들처럼 언어적 소통을 현실적으로 구성하는 다양한 요소들이 담화의 생성과 해석에 직접적으로 미치는 영향들을 다각도에서 고려할 수 있는 가능성을 제시해 준다.[3] 특히 케르브라-오레키오니(Kerbrat-Orecchioni 1980 ; 18-28)는 야콥슨의 소통 모형을 재정식화하려는 시도로부터 출발해서, 상호행동으로서 소통을 바라보는 언어사회학적 입장을 본격적인 대화 분석 모형으로 발전시키려 한다(Kerbrat-Orecchioni 1990). 이와 유사하게, 클라크(Clark 1996 ; 191-220) 역시도 발화의 의미란 화자와 청자의 공동 기획(joint project)에 기반하고 있음을 보여 주고 있다.

언어적 소통의 메커니즘에 대한 이러한 언어학적 고려들은 그러나 다음과 같은 점들에서, 구조주의나 생성문법 이후의 새로운 이론적 패러다임의 제시로는 여전히 부족함이 있다고

---

2) 야콥슨의 모형은 뷜러의 생각을 정보공학적인 소통 모형을 근거로 보다 정교화시킨 것이라고 볼 수 있다. 이 점에 관해서는 야콥슨(1960 [1981] ; 21, 25)에 나오는 몇몇 언급들뿐만 아니라 언어학과 정보공학적인 소통 이론의 관계에 관한 그의 논문 - 야콥슨(1961 [1971]) - 도 참고할 것.

3) 담화 분석 이론들에 대한 전체적인 조망은 반 데이크 편(van Dijk ed. 1985), 쉬프린(1994) 등을 참조할 것.

볼 수 있다. 첫째, 야콥슨의 모형이 보여 주고 있는 것과 같은 언어적 소통에 대한 종합적인 관점과 전망이 제시되지 못하고 있다. 가령, 뒤크로의 초기 화용론은 발화를 중심으로 주로 화자 쪽에서의 표현의 문제를 다루고 있다면, 스페르베르와 윌슨의 화용론은 청자 쪽에서의 의미 해석의 과정을 중심으로 화자와 청자 간의 상호작용에 초점을 맞추고 있다. 물론 양자 모두 대화적 상황을 염두에 두고는 있지만 그것을 구성하는 제반 요소들에 대한 체계적인 고려는 사상된 채로 이론적 논의가 전개되고 있다. 양자의 관점과 좋은 대조를 이루는 것은 케르브라-오레키오니의 경우라고 할 수 있지만, 그러나 대부분의 담화 분석에 관한 연구들과 마찬가지로 그녀의 시도 또한 새로운 소통 모형의 구축을 위한 일반화의 방향으로 나가지 않고 오히려 상호행동으로서 대화를 뒷받침하는 경험적 요소들에 대한 구체적인 기술과 분석으로 나아가고 있다. 이 때문에 야콥슨의 소통 모형에 대한 그녀의 재정식화는 이론적으로 어떤 완결된 형태를 취하지 못한 채 그저 문제 제기나 단편적인 보완의 수준에 머무르게 된다. 둘째, 언어의 본질적 기능인 소통이 발화를 통해 역동적으로 실현되는 양상들을, 즉 발화의 구체적 기능들을 사회적 전형화와 결부해서 방법적으로 체계화하지 못하고 있다. 이 점에 관한 한 담론 분석 이론들 역시도 야콥슨에 의해서 이루어진 언어적 소통의 여섯 가지 기능 설정의 틀 이상을 벗어나지 못하고 있다. 셋째, 의미론, 화용론, 담화 이론들의 분석적 태도들은 거의 대부분 고대에서 지금까지 인문학의 주된 흐름으로 내려오는 전통적 견해를 그대로 답습함으로써 언어적 소통의 역동적 다성성(polyphony)과 주체사이성(intersubjectivity)을 제대로 고려하지 못하고 있다. 즉, "누가 무엇을 어떻게 발화했으며, 그것이 누구에게 어떻게 무엇으로 해석되는가?"라는 식으로 문제를 해명하는 것은 자명한 일이라는 태도를 보이고 있는 것이다. 그렇지만 바흐친[볼로쉬노프](Baxtin [Vološnov] 1929),[4] 발리(Bally 1932 ; 1re partie, 1re section), 뒤크로(1984 ; chap. viii, 1989 ; chap. vii) 등의 작업에서 보듯, 발화의 다성성은 본질적인 언어 현상이다. 이러한 연구들이 다성 현상과 관련해서 자유간접화법의 문제나 발화 주체/소통 주체/양상 주체 간의 일치와 불일치 문제를 다루고 있다면, 이러한 전망은 언어적 소통의 연구와 관련지어서 보다 전면적으로 확장될

4) 1929년 볼로쉬노프(V. N. Vološnov)의 이름으로 출판된 이 책 - 〈Marksizm i filosofia jazyka(맑스주의와 언어 철학)〉 - 은 후에 실제 저자가 바흐친이라고 통상 인정받아 왔다. 그러나 최근에 와서 알파토프(Alpatov 2005)는 당시 바흐친 주도 하의 언어학 서클의 작업을 볼로쉬노프가 정리해서 출판했을 것이라는 새로운, 그러나 신빙성 있는 견해를 내세우고 있다.

필요가 있다. 왜냐하면 흔히 외형적 형식에 따라 독백으로 간주되는 발화조차도 대화적 성격을 전제로 하고 있으며, 소통적인 대화의 상황 속에서 "나"의 발화에는 이전에 들었던 타자의 말들이, 들었던 말들의 기억이, 그리고 지금 앞에 있는 대화 상대의 예상되는 말들조차도 이미 들어가 있기 때문이다. 그리고 또한 바로 이러한 이유와 연관해서, 언어적 소통이란 정보의 단순한 주고받음이 아니라 대화적 상황 속에서 화자-청자들 사이의 끊임없는 상호교류를 통한 자기 변화 - 일상적으로는 그것이 아무리 미세한 것일지라도 - 의 과정이기 때문이다. 사회적 산물로서 언어가 그 자체로 보편적일 만큼 실로 뛰어난 주체-사이적 실체인 이유는 바로 이러한 다성성의 결정체일 뿐만 아니라 또한 그것의 열려 있는 가능성이기 때문인 것이다.

이상의 문제 제기는 현 단계에서 정보공학이 아니라 바로 언어학을 중심으로 인간의 언어활동의 전 영역을 통괄할 수 있는 새로운 언어적 소통 모형의 정립의 필요성을 말해 준다. 이러한 방향성에서 볼 때, 본 연구에서 출발점으로 참조해 볼 수 있는 것은 아마도 야콥슨의 소통 모형, 그리고 논리학자 그리즈(Grize 1990)가 제시한 종합적인 대화적 소통 모형에 관한 구상 정도일 것이다.[5] 어떻게 보면 케르브라-오레키오니의 시각의 연장선에 서 있다고도 볼 수 있는 그리즈의 구상의 핵심은 화자는 담화적 표현을 - 그의 술어에 따른다면 도식화(schématisation)를 - 대화 상황 속에서 그리고 그것을 재구성하는 청자와의 관계 속에서 담화의 목적, 자신을 포함하는 상황의 구성요소들에 대한 표상, 그리고 문화적 선행구조에 따라서 다양하게 구성한다는 것이다. 그러나 이러한 그리즈의 모형화는 다음 절에서 자세히 살펴보겠지만, 형식 논리학의 체계와는 다른 양상을 보이는 자연 언어 사용의 논리 체계, 즉 자연 논리학(logique naturelle)의 탐구에 초점이 맞춰져 있기 때문에, 언어학의 관점에서 볼 때 소통에 관한 체계적인 모형으로는 적당하지 못한 점들이 있다.

따라서 본 연구에서는 야콥슨과 그리즈의 모형들에 대한 비판적 검토를 바탕으로 언어적 소통의 대화적 역동성에 초점을 맞춘 새로운 언어학적인 모형을 구축하고자 한다. 그런데 이러한 모형화가 체계성과 기술성, 그리고 설명력을 갖추기 위해서는 다음과 같은 두 가지 고찰이 선행되어야 할 것이다. 첫째는 방법적인 것으로서, 모형의 일반성에 관한 것이다.

5) 이에 관한 간략한 소개로는 이기웅(2001 ; 174-176)을 참조할 것.

즉, 언어적 소통의 무수히 많은 실제적으로 다양한 경우들을 포괄할 수 있기 위해서는, 모형화의 과정에 잠재태/현실태라는 층위 구분을 도입할 필요가 있다. 아마도 이러한 구분을 통해서만이 소통의 실현의 유형적 다양성과 역동성이 체계적으로 설명될 수 있을 것이다. 둘째는 이론적 구성에 관한 문제로서, 언어적 소통의 역동적인 구성적 다차원성을 텍스트화를 중심으로 공간적으로 명확히 구분할 필요가 있다는 것이다. 화자의 텍스트 구성과 청자의 텍스트 재구성 과정은 일차적으로는 양자 사이의 다소 공통적인 언어 체계에 기반하는 텍스트의 내부에서 역동적인 양상으로 이루어진다고 볼 수 있는데, 이것을 우리는 소통의 언어 내적 공간이라고 이야기할 수 있다. 그리고 소통의 이러한 언어 내적인 공간은 텍스트화를 화용적으로 현실과 연결시켜 주는 언어 외적 공간과 마치 동전의 양면처럼 결합되어 있다. 언어의 안과 밖이라는 텍스트화의 이러한 이중적 구성 공간은 다시금 소통의 목적이나 화자와 청자 사이의 관계적 성격 등을 외적으로 한정하는 사회-문화적 요소들의 구조적 역동성과도 본질적으로 불가분의 관계에 있는데, 이것을 우리는 소통의 실천적 토대라고 할 수 있다. 이러한 소통의 실천적 토대 또한 소통의 목적과 사회적 기능, 대화적 주제 등에 의해서 구성되는 내재적 공간과 이것을 권력이나 권위, 계급, 성, 이미지화 등의 요소들에 의해서 규정하고 상징적으로 차별화하는 외재적 공간으로 구분될 수 있다. 요컨대, 언어적 소통의 실현이란 텍스트화를 중심으로 적어도, 언어 내적 공간과 언어 외적 공간 그리고 실천의 내재적 공간과 외재적 공간이라는 네 개의 공간의 상호결합이 필연적으로 이루어지고 있는 구성적으로 다차원적인 역동적 과정인 것이다.

이처럼, 잠재태/현실태라는 층위 구분과 그리고 텍스트화를 중심으로 구성적 공간의 구분을 설정함으로써, 본 연구는 논리학적 기술 방식이 갖고 있는 장점, 즉 원칙적으로 무한히 차원을 높여 가면서 변수를 늘려 나감으로써 소통을 구성하는 대상들의 역동성을 그려 낼 수 있는 장점을 상이한 이론적 관점에서 또 다른 방식으로 확보할 수 있을 것이다. 그리고 논리학적인 접근이 놓치고 있는 것들, 즉 소통의 구성적 요소들의 불변성과 가변성, 그리고 그것들의 구체적인 기능적, 공간적 특성들을 명확하게 체계적으로 기술할 수 있을 것이다. 그러면 먼저 이와 같은 모형화 과정과 더불어 방법적 고찰을 구체화하는 작업으로 넘어가 보자.

2. 모형 설정과 방법적 토대

앞에서 언급한 것처럼 언어적 소통의 대화적 모형이 일반성과 역동성을 갖추기 위해서는 우선 모형화 단계에서 잠재태/현실태의 층위 구분을 설정할 필요가 있다. 가령 대화 참여자의 경우, 우리는 통상 발화자, 수신자, 그리고 제삼자를 보편적으로 상정한다. 그렇지만 이러한 보편적 역할 구분은 현실적으로 좀 더 명확히 여러 가지 유형으로 구체화될 필요가 있다. 발화자의 경우, 토머스(Thomas 1986 ; 111)에 따르면, 언표내적 행위(illocutionary act)의 당사자와 전달자로 구분될 수 있으며, 전자는 다시금 발화 방식에 따라 화자(speaker)와 저자(author)로 나눠지고, 그리고 후자는 말을 그대로 전하는 대독자(spokesperson)와 자신이 이해한 범위 내에서 객관적으로 말을 옮기는 보고자(reporter) 및 자신의 해석을 가미하면서 말을 옮기는 대변자(mouthpiece)로 나눠질 수 있다. 수신자의 경우도 화자나 발화와의 관련성에 따라서 여러 가지로 세분될 수 있다. 가령, 고프먼(Goffman 1981)에 따르면, 청자는 우연청자(overhearer), 대화의 직접 상대는 아니지만 화자가 대화의 참여자로 인정하는 간접 청자, 화자가 직접 말을 건네는 상대인 직접 청자로 나눠진다.[6] 여기서 우리는 대화 참여자들의 이와 같은 구체적 세분화를 놓고 다음과 같은 생각을 해 볼 수 있다. 즉, 발화자와 수신자 및 제삼자 각각의 구체적 유형들을 서로 조합시킬 경우 현실적으로 대단히 많은 수의 상이한 대화적 상황들이 발생한다는 사실이다.

이렇게 놓고 볼 때, 대화적 소통의 이상적 상황을 설정하는 그라이스의 협동의 원칙이나 스페르베르와 윌슨의 유관성 원칙은 소통에 관한 일반적이고 포괄적인 화용론적 원칙으로 간주되기는 어렵다. 가령, 데이비스(Davis 1998)가 '비그라이스적 발화(non-Gricean speech)'라고 칭하는 경우처럼 협동의 원칙이 적용되지 않는 소통의 상황도 있으며, 또한 브라운(Brown 1995 ; 24-31)이 지적하듯이 청자의 해석적 활동에 반드시 유관성의 원칙이 지켜지는 것만은 아닌 것이다. 따라서 일반적 소통 모형이 다양한 화용론적 상황에 대해서 충분한 운용적 설명력을 갖기 위해서는 먼저 소통을 구성하는 필수적인 요소들을 불변적인 것으로 환원시켜서 기술하면서 그와 동시에 이러한 것들이 실현되는 현실적 형태들의 유형적 규칙성 및 변이형들

6) 이와 유사한 분류로 벨(Bell 1984)이나 클라크(1996) 등을 참조할 수도 있을 것이다.

에 대해서도 고려해야 할 필요가 있다. 요컨대, 소통 모형의 설정의 일반성은 잠재태의 층위에서 가능하다면, 그것의 역동적 설명력은 다양한 현실태를 체계적으로 고려함으로써 얻어질 수 있는 것이다.

이러한 관점에 입각해서, 잠재태의 층위에서 소통 모형을 구성하는 데 먼저 출발점으로서 참조해 볼 수 있는 것은 아무래도 널리 알려져 있는 다음과 같은 야콥슨(1960[1981] ; 22, 27)의 모형일 것이다.

문맥(지시적)
발신자(정서적) ··········· 메시지(시적) ··········· 수신자(사역적)
접촉(친교적)
코드(메타-언어적)

위의 모형의 장점은 발신자, 문맥, 메시지, 접촉, 코드, 수신자라는 소통의 구성요소들이 필수적인 변수들로 제시되고 있다는 점이다. 즉, 각각의 구성요소은 모형 속에서 – 필요에 따라서 얼마든지 개별화될 수 있는 – 필수적인 구성적 존재로만 제시되고 있다는 것이다. 반면 단점은 소통의 기능적 도식화의 한계와 구성요소들의 단순화를 들 수 있다. 메시지가 어떤 구성요소를 특징적으로 지향하느냐에 따라서 정서적, 지시적, 시적, 친교적, 메타-언어적, 사역적 기능으로 각각 차별화되며, 특정한 메시지 속에는 이러한 기능 중의 어느 하나를 정점으로 다른 기능들이 계층적으로 결합되어 있다는 생각은 소통의 현실적 기능에 대한 일반적 유형화로 받아들이기에는 분석적 타당성이 결여되어 있다. 본 연구의 다음 절에서 보게 되겠지만, 소통의 기능적 유형화의 문제는 메시지의 지향성에 대한 화자의 의도에 대한 도식적이면서도 다소 애매모호한 고찰보다는 소통의 다차원적인 구성 공간 전체에 대한 고찰을 필요로 한다. 그리고 위의 모형은 결국 화자가 자신의 메시지에 어떤 의도를 부여하고 있는가라는 시각에 기초해서 정태적으로 단순하게 구성되어 있다. 소통의 과정 속에서 화자와 청자 사이에 성립하는 피드백(feedback)의 문제가 고려되지 않고 있으며, 또한 단순히 "문맥"으로 처리된 구성요소는 그것이 나타낼 수 있는 외연적 경계와 내연적 깊이가 너무 넓고 커서 개념적 현실성이 떨어진다. 가령, 화자와 청자의 여러 가지 사회-문화적 차이들, 소통이 직접 일어나고 있는 '지금 여기(hic et nunc)'의 개별적 시공간들, 메시지의 지시 대상이 되는 모든 것들 등이 "문맥"이 될 수 있는데, 이러한 점은 모형의 분석적 일반성을 현저히 떨어뜨린다고 볼 수 있다.

이상과 같은 문제점들을 고려하면서, 이어서 참조해 볼 수 있는 모형은 다음과 같은 그리즈(1990 ; 29)의 대화적 모형일 것이다.

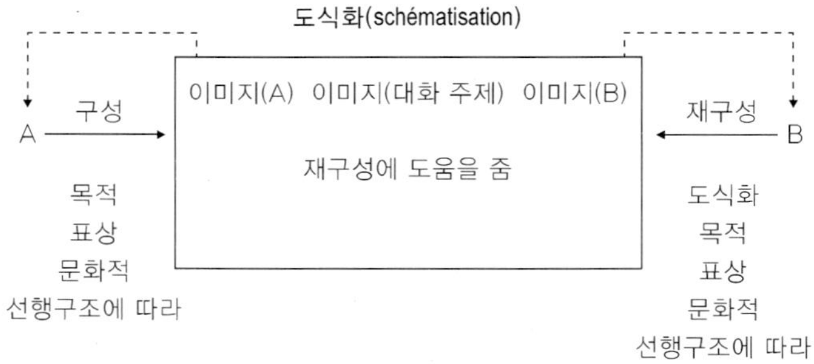

이 모형에서 주목할 점은 직선으로 된 송신자(화자)의 화살표와 수신자(청자)의 화살표가 모두 발화에 의한 언어적 조직화 – "도식화" – 를 향하고 있다는 것이다. 이것은 청자가 화자에 의해서 제시된 "도식화"를 단순히 수동적으로 해석하는 존재가 아니라 그것을 자신의 입장에서 능동적으로 참여해서 재구성하고 있다는 것을 보여 준다. 그리고 화자와 청자에 의한 메시지의 언어적 구성과 재구성의 과정에는 점선으로 된 화살표가 말해 주듯이 각각 피드백의 과정도 존재한다. 따라서 야콥슨의 모형에 비교해서 그리즈의 모형은 훨씬 소통의 대화적 역동성을 잘 나타내 준다고 볼 수 있다. 그렇지만 언어학적 관점에서 볼 때 다음과 같은 문제점들도 또한 발견된다.

무엇보다도 우선 그는 화자와 청자가 다소간 공유하고 있는 역동적 잠재태로서의 언어체계를 따로 구분하지 않고 소통의 맥락을 구성하는 문화-인류학적, 사회적 요소들과 함께 "문화적 선행" 구조라는 항목 속에 포함시키고 있다. 이러한 비구분적인 방식은 텍스트 혹은 텍스트화 대신에 "도식화"라는 술어를 사용하는 항목 설정에서도 잘 드러난다. "도식화"란 현실의 어떤 한 측면을 이미지화해서 상대방에게 보여 주려는 과정이자 또한 그 결과이기도 하다. 그러나 이처럼 과정과 결과를 의도적으로 혼용해서 동일한 항목 속에 묶어 두는 것은 논리학적 탐구의 관점에서는 유용할지 몰라도 기술적 차원에서 체계적이고도 충분한 설명력을 갖춘 언어적 소통 모형의 구성에는 별로 도움이 되지 않는다. 그리고 "표상"의 항목도 마찬가지의 경우라고 볼 수 있다. 여기서 약간 수정해서 그리즈의 방식에 따른다면, 'A = 화자', 'B = 청자', 'T = 대화 주제', 'A가 B를 표상한다 = Repr(A, B)'라고 할 때, 소통의 상황에서 청자 쪽의 표상은 « Repr(B, X) ; X = (A, B, T, (A, B), …) »이 된다. 그리고 화자 쪽의 표상은 « Repr(A, Repr(B, X)) »이 된다. "표상" 항목의 규정을 위한 이러한 논리적학 방식은 일견 명확해 보이지만, 그러나 실제로 기술적 차원으로 내려가서 대상 규정을 할 경우에는 표상과 관계하는 개인적, 사회적, 실천적, 이념적, 문화적, 통념적 요인들이 소통의 다양한 차원에서 다양한 방식으로 나타나는 문제와 직면할 수밖에 없게 된다.[7]

이처럼 언어적 소통에 관한 야콥슨의 모형과 그리즈의 모형을 비판적으로 검토한 결과, 본 연구에서 새롭게 고려해야 할 것은 다음과 같은 점들이다. 첫째, 소통의 역동적인 장(場)을 구성하는 참여자는 잠재적으로 발화자와 수신자뿐만 아니라 제삼자도 있다는 사실이다. 물론 사적인 공간에서 서로 친밀한 두 사람 사이에 이루어지는 일상적인 대화의 경우 제삼자의 존재는 무시해도 좋을 법하다. 그러나 공개적인 공간에서 이루어지는 토론이나 논쟁, 언쟁 등의 경우 제삼자의 존재는 무시 못할 영향을 미칠 수도 있는 것이다. 가령, 앞에서 언급된 고프만의 우연 청자나 간접 청자의 경우 제삼자의 범주에 들어간다고 볼 수 있을 것이다. 둘째, 그리즈와 같은 관점으로 소통의 역동적인 대화성에 초점을 맞출 경우에도 코드/메시지라는 언어의 존재의 양태적 구분을 따로 설정할 필요가 있다. 그리즈처럼 코드를 문화적 선행구조 속에 포함시키는 것은 언어적 소통의 공통적 기반을 위한 가장 본질적인 토대인 코드의 역할을 자칫하면 간과해 버릴 위험이 있다. 그리즈(1990 ; 30)는 코드의 문화적 성격을 강조하고 있지만, 코드의 모든 부분이 다 문화적인 것으로 간주될 수 없으며, 또 그렇게 할 어떤 이론적 필연성도 없는 것이다. 셋째, 그리즈의 모형 속에 설정되어 있는 표상과 이미지에 관한 항목들은 잠재태의 층위에서부터 존재한다기보다는 소통 모형의 현실화 과정과 더불어 발신자와 수신자 각각에게서 역동적으로 일어나는 활동 및 그 활동의 결과일 것이다. 따라서 모형의 잠재태의 층위에서는 이것들을 따로 고려할 필요가 없다. 넷째, 야콥슨의 모형에서 문맥과 접촉이라는 요소를 재규정할 필요가 있다. 이미 위에서 비판적으로 검토했듯이, 문맥에 대한 야콥슨 식의 생각은 너무 폭이 넓기 때문에 이것을 발화 문맥의 개념으로 축소시키는 것이 훨씬 더 명확할 것이다.

7) 그리즈(1990 ; 113-133)에서는 실제로 체계적이고도 통합적 기술보다는 체계적인 사회적 표상의 다양한 결과들을 열거하면서, 그중 몇몇에 대한 논리적 기술만을 단편적으로 제시하고 있다.

이럴 경우, 당연히 접촉이라는 항목을 따로 설정할 필요가 없이 발화 문맥 속에 포함시킬 수 있을 것이다. 그리고 다섯째, 언어적 소통의 기능적 양태에 대한 야콥슨 식의 규정을 포함하는 보다 넓은 의미로서의 기능태라는 개념을 생각해 볼 수 있을 것이다. 우리의 소통 행위나 그것을 매개하는 메시지가 기능적 성격을 갖는다는 것은 분명하다. 그런데 이것이 구체적으로 어떤 내용적 지향성과 한정성을 갖느냐는 것은 소통 과정이나 메시지를 어떤 공간적 규정에서 바라보느냐에 따라 달라질 수 있다. 언어적 소통의 기능에 대한 야콥슨 식의 고찰 이외에도, 가령 소통의 언어 내적 공간에서 랑그의 문체론적 하위 체계로서 기능을 바라보거나(Bally 1951, Vinogradov 1955), 아니면 언어를 감싸고 있는 화용적 공간에서 발화 영역의 기능적 분화를 고려할 수도 있으며(Zolotova et al. 1998), 소통의 목적이 문제가 되는 실천적 공간에서 언어의 사회적 기능들이나(Halliday 1976) '담화 장르(rečevoj žanr)'들을(Baxtin 1997) 생각해 볼 수도 있다. 따라서 본 연구에서는 소통의 다차원적인 공간 속에서 관찰되는 이러한 다양한 기능적 규정들을 포괄할 수 있도록 기능적 지향성의 잠재적 형태를 의미하는 기능태라는 개념을 도입하고자 한다. 이러한 기능태의 개념적 위상이란 아직 구체화나 개별화가 되지 않은 상태의 발화자, 수신자, 제삼자와 위상과 동일한 것으로 간주될 수 있을 것이다.

이상과 같은 점들을 고려해 볼 때, 결국 잠재태로서 언어적 소통 모형의 필수적인 구성요소는 발화자, 수신자, 제삼자, 코드, 메시지, 발화 문맥, 목적, 문화적 맥락, 그리고 피드백이 될 것이다. 그리고 이것들은 요컨대 아래와 같은 방식으로 도식화될 수 있을 것이다.

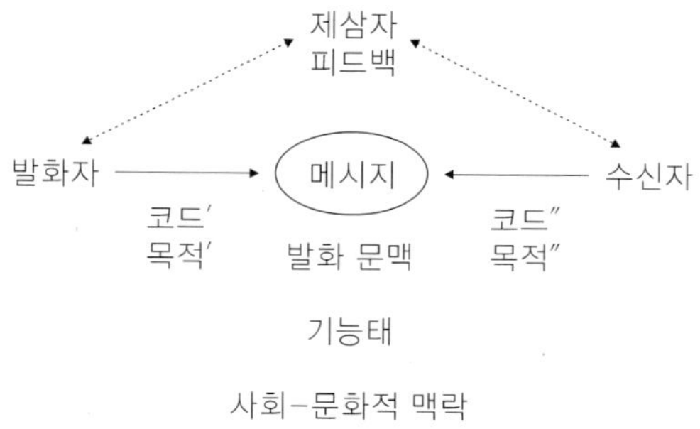

위의 모형화와 관련해서 아마도 다음과 같은 일련의 보충 설명들이 필요할 것이다. i) 위의 구성요소들은 언어적 소통에 필수적인 매개변수들이다. 가령, 아무리 둘만의 사적인 대화라고 하더라도 그와 같은 소통 형태의 성격을 규정하는 외적인 특성은 소통의 장의 구성에 있어서 제삼자의 역할이 거의 제로에 가깝다는 사실에 있는 것이지 제삼자가 존재하지 않는다는 사실에 있는 것은 아니다. 또한 피드백 역시도 필수적 요소이다. 만일 발화자와 수신자가 서로 반응도 하지 않고 조절도 하지 않는 대화가 있다면 이것은 무의미한 일방적 발화이지 소통이라고 볼 수는 없다. 가령 조건반사를 요구하는 신호나 명령과도 같이 아무리 상대방으로부터의 적극적인 이해가 필요 없는 메시지의 전달이라고 할지라도, 적어도 발화자는 그것이 상대방으로부터 지각되도록 조절은 해야 하는 것이다. ii) 원칙적으로 발화자의 코드와 목적은 수신자의 코드와 목적과 완전히 동일한 것으로 볼 수 없다. 만일 그것들이 서로 동일화되거나 수렴될 수 있다면 그것은 소통의 현실적 결과이지 선험적 조건은 아닌 것이다. iii) 이 외의 나머지 요소들은 발화자와 수신자가 서로 공유하고 있는 것으로 볼 수 있다. 그러나 아마도 여기서 발화자 편에서 생각하는 메시지의 의미와 수신자 편에서 생각하는 메시지의 의미가 반드시 동일한 것이 아닐 수 있다는 의문이 제기될 수도 있을 것이다. 물론 그렇다 할지라도, 메시지 자체가 공유된다는 것은 의심할 수 없는 사실이다. 양자 사이에서 의미의 공유나 일치 문제 역시도 소통의 현실적 결과와 관계되는 문제이지 소통의 구성과 관계되는 문제는 아닌 것이다.

일단 위와 같은 모형이 설정되었다면, 그 다음에 필요한 것은 이것을 현실화시키는 문제를 고려하는 일이다. 현실의 관점에서 볼 때, 무수히 많은 언어적 소통들이 있으며, 그것들은 모두 그 하나하나가 구체적이고 유일한 언어적 사건들이다. 그렇다면 잠재태로서의 소통 모형은 어떠한 방식으로 그리고 어떠한 경로를 거쳐서 이와 같은 개별적 사건들로 현실화되는 것일까? 이 질문에 대한 가장 손쉬운 접근방식은 모형을 구성하는 구성요소들 하나하나마다 수없이 많은 다양한 방식으로 개별화되면서 또한 개별화된 각각의 구성요소들이 서로 조합을 이룬다고 생각하는 것일 것이다. 그렇지만 이렇게 생각하는 것만으로는 잠재태로서의 일반적 모형의 설정을 무의미한 작업으로 만들어 버릴 위험이 다분하다. 요컨대 소통 모형의 수없이 많은 개별적인 경우들만이 관찰과 분석의 대상으로 귀착된다면 구태여 일반적인 모형의 설정으로부터 출발할 필요가 없다는 것이다. 경험적인, 그리고 만일 가능하다면 귀납적인 방법에 의한 연구만으로도 충분할 것이다. 그러나 잠재태로 설정된 모형의 현실화라는 방향성에서 소통의 과정을 바라볼 경우 일차적인 관심은 단순히 개별적인 소통을 일정한 틀에 맞춰서 바라보고자 하는 데 있는 것이 아니다. 그보다는 오히려 현실화 과정의 역동성을 규명하는 데 초점이 맞춰져 있는 것이다. 다시 말해서, 모형의 구성요소들이 개별화되어 가는 과정을 한정하는 전형적 규칙성들을 찾아내고 기술하는 데 일차적 관심이 있는 것이다. 그리고 이것을 바탕으로 비전형적인 현실화 과정들도 설명하고자 하는 것이 아마도 그 다음의 관심사항이 될 것이다.

이렇게 놓고 볼 때, 우선 여기서 우리는 위에서 설정된 모형의 필수적 매개변수로서 각각의 구성 성분들에 입력치를 결정하는 데 어떤 요인들이 전형적으로 중요한지 따져볼 필요가 있다. 이럴 경우, 기존의 여러 가지 연구들과 경험적 성찰을 바탕으로 각 구성 성분들에 대해서 아마도 다음과 같은 구분들을 설정할 수 있을 것이다.

Ⅰ. 대화 참여자
  A. 발화자 ; i) 원 발화자 = 화자, ii) 원 발화자 ≠ 화자
  B. 수신자 ; i) 단수적 ii) 다수적
  C. 제삼자 ; i) 개입적, ii) 비개입적
Ⅱ. 코드 ; 발화자의 코드와 수신자의 코드 사이의 i) 일치, ii) 부분적 일치, iii) 불일치
Ⅲ. 메시지 ; i) 구어적, ii) 문어적
Ⅳ. 발화 문맥 ; i) 직접적, ii) 간접적
Ⅴ. 피드백 ; i) 대면적, ii) 추정적, iii) 표상, iv) 이미지
Ⅵ. 목적 ; i) 사적, ii) 공적
  A. 발화자의 목적
  B. 수신자의 목적
  C. 영역 목적(domain goal)[8]
Ⅶ. 사회-문화적 맥락 ; i) 토포스(topos),[9] ii) 역할, iii) 문화적 성향, iv) 상징적 질서 등
Ⅷ. 기능태 ; i) 기능 문체, ii) 메시지의 지향성, iii) 발화의 사용영역, iv) 담화 장르 등

이상과 같은 구분들만 해도 이미 각각의 경우와 상호결합의 과정들을 여기서 개별적으로 따져보면서 유형화하기에는 그 경우의 수의 규모가 너무 크다고 볼 수 있다. 따라서 그러한

8) 클라크(1996 ; 34)에 따르면, 이것은 참여자들의 상호작용과 연관된 여러 목적들 가운데 공동 활동의 주된 목적을 의미한다.

9) 토포스에 관한 정리 및 종합적 고찰로는 이기웅(2007)을 참조할 것.

작업은 앞으로 가능한 연구 프로그램으로 남겨 놓기로 하자. 그렇다면, 이러한 소통의 일반 모형의 현실화 과정을 규정하는 이러한 구분들과 더불어 여기서 초점을 맞출 수 있는 것은 다음과 같은 문제일 것이다. 즉, 소통 모형의 다양한 현실화 과정들을 위와 같은 구분들과 연관해서 무엇을 중심으로 정리할 수 있는가? 이 문제와 관련해서 아마도 우리는 두 가지 점을 생각해 볼 수 있을 것이다.

첫째, 소통의 다차원적 공간을 중심으로 위의 구분들을 배치해 보는 것이다. 여기서 소통의 다차원적 공간이란 본 연구의 1절에서 언급한 것처럼 메시지의 구성과 재구성에 직접적으로 연결된 이중의 구성적 공간 - 언어 내적 공간과 외적 공간 - 과 그리고 이것을 둘러싸고 있는 이중의 실천적 공간 - 내재적 공간과 외재적 공간 - 을 의미한다. 이러한 다차원적인 공간적 배치를 통해서 우리는 소통의 현실적 역동성을 매개하는 요소들의 구성적 역할과 성격을 좀 더 명확히 파악할 수 있을 것이다.

둘째, 이러한 재배치와 더불어 다시금 그것을 기능태의 분절적 양상들을 중심으로 살펴볼 필요가 있을 것이다. 왜냐하면 현실화 과정으로서 소통의 최종 결과가 언어적 메시지의 구성과 재구성으로 드러난다고 볼 때 거기서 일종의 객관화된 형식과 구조로서 지침적인 역할을 하는 것은 메시지의 기능적 특성이기 때문이다. 다시 말해서, 일반적으로 소통의 구성적 공간과 실천적 공간에 위치하고 있는 여러 요소들이 메시지의 언어적 형성 속에 수렴적으로 반영되는 방식은 메시지의 기능태를 통해서 집약적으로 드러나는 것이다. 그렇지만 이미 앞에서도 언급한 바 있듯이 이러한 기능태의 목록 자체가 형식적으로 불변적인 것은 아니다. 그것은 소통의 다차원적인 공간의 어느 지점에서 또 어떤 이론적 관점에서 바라보느냐에 따라서 달라질 수도 있다. 따라서 위의 첫 번째 작업과 더불어 이 점을 중점적으로 그리고 체계적으로 고찰할 필요가 있을 것이다.

3. 언어적 소통의 다차원적 공간과 기능태

앞에서 우리는 소통을 구성적 공간들과 실천적 공간들이 상호 결합하고 있는 다차원적인 복합 공간 속에서 대화 참여자(발화자, 수신자, 제삼자)들이 다양한 구성요소들과의 상호작용을 통해 자극 받고 변화되어 가는 비단선적 과정으로 간주했다. 이에 따라 먼저, 소통은 발화자의 메시지 구성과 수신자의 메시지 재구성 과정이 일차적으로 발화 혹은 발화까지 포함하는 넓은 의미로서의 텍스트화의 내부에서 역동적으로 실현되는 것으로 볼 수 있는데, 이것을 우리는 소통의 언어 내적 공간이라고 말할 수 있다. 그리고 소통의 이러한 언어 내적인 공간은 텍스트화를 화용적으로 현실과 연결시켜 주는 언어 외적 공간과 마치 동전의 양면처럼 긴밀하게 결합되어 있다고 볼 수 있다. 언어의 안과 밖이라는 소통의 이러한 이중적 구성 공간은 다시 소통의 목적이나 대화 참여자들 사이의 관계적 성격 등을 외적으로 한정하는 사회-문화적 요소들의 구조적 역동성과도 본질적으로 불가분의 관계에 있는데, 이것을 소통의 실천적 토대라고 할 수 있다. 이러한 소통의 실천적 토대 또한 소통의 목적과 사회적 기능, 대화적 주제 등에 의해서 구성되는 내재적 공간과 이것을 권력이나 권위, 계급, 성, 이미지화 등의 요소들에 의해서 규정하고 상징적으로 차별화하는 외재적 공간으로 구분될 수 있다. 이렇게 놓고 볼 때, 소통의 실현이란 적어도 이러한 네 개의 공간의 상호 결합이 필연적으로 요구되는 구성적으로 다차원적이며 역동적인 과정인 것이다. 이와 같은 점을 염두에 두고 우리는 앞서 설정한 소통의 구성 성분들이 소통의 다차원적 공간에서 〈표 1〉과 같은 방식으로 존재하며 상호작용한다고 볼 수 있을 것이다.

〈표 1〉 소통의 다차원적 공간과 역동적 매개 변수로서의 구성 성분들의 존재 양상

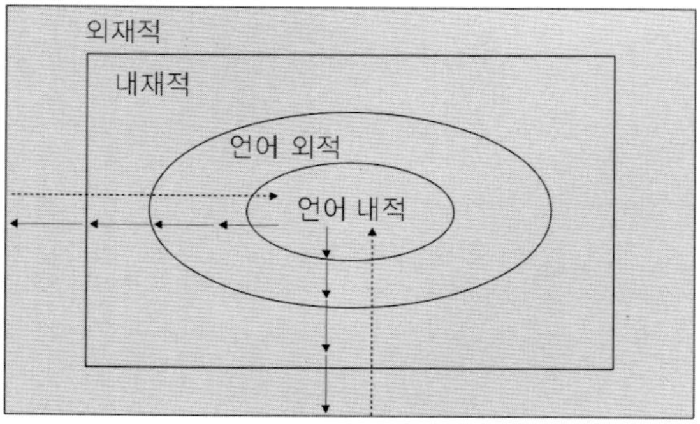

소통의 다차원적 공간 : ▭소통의 실천적 토대 ◯소통의 언어적 공간
↓← 구성 요인들과 소통의 실현적 구현 방향 ←↑소통의 구성 요인들의 잠재적 영향 방향

소통 공간에서 각 구성 성분들의 활성화 기점과 주된 존재 영역
- 언어 내적 공간 : Ⅰ. 대화참여자, Ⅱ. 코드, Ⅲ. 메시지
- 언어 외적 공간 : Ⅰ. 대화참여자, Ⅳ. 발화문맥, Ⅴ. 피드백, Ⅵ. 목적
- 실천의 내재적 공간 : Ⅰ. 대화참여자, Ⅶ. 사회-문화적 맥락
- 실천의 외재적 공간 : Ⅰ. 대화참여자

〈표 1〉에서 보듯, 소통의 구성성분으로서의 대화 참여자(발화자, 수신자, 제삼자)는 여타의 요소와는 차별적으로 소통의 네 개의 층위에서 위치하면서 여러 구성적 계기를 총괄하고 그들에 의해서 영향을 받으면서 상호적으로 작용하는 소통의 주체로서 존재한다. 코드와 메시지는 대화 참여자가 활용하도록 체계적으로 주어지는 것이므로 언어 내적 공간에서 출발한다고 볼 수 있다. 더 나아가 발화자와 수신자의 소통의 언어 외적 실현 과정에서 개입되어야 할 구성요소로서 대화 참여자들이 주로 화용적 측면에서 참작해야 하는 요소가 문맥과 피드백이다. 문맥은 실제 소통 과정에서 대화 참여자 간의 다양한 접촉 양상(물리적, 심리적, 단수적, 복수적 등)을 반영하며 담화의 구체적 발화의도를 담고 있으며, 피드백은 주로 채널의 이용 가능성에 따라 결정되므로 직접적, 추정적, 표상, 이미지로 다양하게 실현될 수 있어 화용적 측면의 소통의 실현 과정에 관여하는 언어 외적 공간을 출발점으로 한다. 이에 비해 소통의 목적은 발화자의 목적과 수신자의 목적, 영역 목적(Clark 1996 ; 34)의 요인들에 의해 결정되면서 대화 참여자들의 상호작용과 연관된 사회적 활동의 주된 목적을 의미하므로 소통을 위한 실천적 토대의 내재적 공간에서 작용한다고 볼 수 있다. 소통의 구성요소로서의 사회-문화적 맥락은 크게 토포스(topos), 역할, 문화적 성향이나 상징적 질서에 의해 규정되므로 실천적 토대의 내재적 공간에서 출발하여 외재적 공간까지 폭넓게 영향을 미친다. 마지막으로 기능태는 메시지의 본원적 기능성이 잠재태에서 현실태로 구현되는 과정에서 그것을 결정하는 구성적 요인의 변수에 따라서 각 공간에서 다양한 양상을 표출한다.

우리는 소통의 일반 모형의 현실화 과정을 규정하는 이러한 구성성분들을 소통의 다차원적 공간에 배치하면서 다음과 같은 잠정적 결론에 이를 수 있다. 첫째, 각각의 구성 성분들을 결정하는 개별적 구성적 요인들은 설정된 모형의 필수적 매개 변수로서 각 구성 성분의 전형적 특성을 규정하기도 하고, 때론 다차원적 공간의 경계를 상호 넘나들면서 가변적으로 위치하여 각 구성성분들을 연결하는 역동적인 성격을 띤다. 둘째, 각 층위의 구성요소들의 공간적인 배치는 상호 배제적인 것이 아니라 소통 모형에서 각각의 구성 성분이 각각의 공간에서 존재하여 활성화되는 출발점이라 할 수 있다. 즉, 내적 공간이 외적 공간의, 구성적 공간이 실천적 공간의 충분조건이 되며, 매개 변수로서의 구성적 요인들이 다양한 공간에 분포되어 상호 경계를 확장하였을 경우 소통 공간에서의 다양한 구성 성분들은 상호 필요충분조건이 될 수도 있다. 또한 각 부분의 네 공간의 접합점에 속하는 요소들은 또 다른 작은 구성적 공간들을 형성하게 된다. 이렇게 이루어진 작은 공간들은 다시 네 공간과 결합하게 된다. 이와 같이 소통 구성적 계기들은 안정성과 가변성으로 각 공간에서의 자리매김을 하면서 궁극적으로 크고 작은 공간들의 긴밀한 결합을 통해서 다차원적이고 역동적 공간을 창출할 수 있게 된다.

이와 같이 소통의 다차원적 공간의 구성요소들의 배치는 각 요소들이 활성화되는 작용점을 어느 지점으로 보느냐에 따라서 결정되는데, 경우에 따라서는 어떤 이론적 관점에서 바라보느냐에 따라서 구성적 계기들이 가변적으로 나타날 수 있다. 이러한 상황을 잘 반영하는 구성요소가 바로 "기능태"이다. 소통의 결과가 발화자와 수신자의 상호작용, 언어적 메시지의 구성과 재구성으로 드러난다고 볼 때 가장 중점으로 두어야 할 것은 메시지의 객관화된 기능적 특성이다. 언어적 소통을 구성하는 다양한 요소들을 고찰하면서 이러한 요소들이 평면적이며 무작위로 배열되지 않고 다양한 층위에서 상호 유기적으로 결합하도록 하는 계기가 무엇인가를 생각해 보자. 그것은 일반적으로 기존의 소통 모형들이 적극적으로 고려하지 않았지만 엄연히 소통의 과정에서 활발하게 작용하는 기능적 기제로서, 소통의 구성적 차원들 내에서 어떤 규범적 토대들을 구성하거나 또는 일련의 양식화된 언어-문화적 지향틀을 형성해 내는 바로 객관화된 주체사이성의 언어적 발현 형식들이다. 이러한 것들을 총괄해서 우리는 언어적 기능태라고 부를 수 있다. 그리고 앞서 우리는 소통 모형 구성의 방법적인 측면에서 잠재태/현실태라는 층위 구분의 필요성을 언급한 바 있는데, 실제 소통 행위 속에서 잠재태와 현실태를 연결하는 적극적인 매개 변수로서의 역할을 하는 것이 바로 이 기능태라고 할 수 있다. 그러면 언어에 대한 여러 기능주의적 접근들을 바탕으로 이러한 기능태는 구체적으로 어떠한 것들이 있을 수 있는지 살펴보고, 이어서 그것들은 언어적 소통의 구성적 공간들과 관계해서 어떻게 구체화될 수 있는지 고찰해 보도록 하자.

의사소통에 있어서 언어의 기능성에 대한 초기의 대표적 연구로는 이미 앞에서 언급한 것처럼 뷜러(1934)의 생각과, 이것을 보다 정교하게 발전시킨 야콥슨(1960)의 이론을 들 수 있다. 이들의 기능주의적 접근방식은 일반적인 기호적 모형에 근거해서 그것의 구성요소들과 관계되는 발화의 지향성에 초점을 맞춘다는 데 이론적 특징이 있다.

한편으로 이러한 방향의 기능주의에 영향을 받으면서도 다른 한편으로 소통의 사회적인 실천성에 주목함으로써, 비노그라도프(Vinogradov 1955, 1963)는 언어의 기본적 기능을 타인과의 교제 기능, 타인과의 정보교환 기능, 타인에 대한 작용의 기능으로 규정하고, 러시아어에서 이에 상응하는 기능 문체로서 일상적, 행정실무적, 학술적, 문학적, 정치평론적 문체들을 구분한다. 그는 언어 외적으로 조건 지워진 소통의 사회적 규정들이 언어적 규범과의 밀접한 관계 속에서 언어의 기능성 속에 반영된 결과로서 기능 문체가 형성된다고 설명하며, 이러한 이론적 전망 속에서 각각의 기능 문체들을 '문학 러시아어'라는 규범어를 구성하는 일종의 하위체계들로 간주한다. 그리고 그가 제안하는 기능 문체들의 개별적인 특징은 구체적으로 다음과 같이 나타난다.

먼저 일상적 문체는 구어에서 회화 형식의 발화와 문어에서 일기나 메모, 사적인 편지 등에서 나타나는데, 전형적으로는 일상생활의 영역에서 사용되지만, 사전 준비되지 않은 비공식적인 구두 형식의 전문적인 영역에서도 나타난다. 이를 이용한 소통이 비공식적이며 격의 없다는 점을 특징으로 지니며, 임의적인 분할이나, 생략, 풍부한 표현성 등이 자주 등장한다.

한편 행정실무적 문체의 특징은 무엇보다도 정확성과 표준성에 있다. 이러한 표준성과 서술의 정확성은 동일한 상황이 반복해서 빈번하게 일어나는 실무적 영역에서의 소통을 보다 분명하고 간결하게 하는 역할을 하며, 주로 전문적인 용어와 어휘, 숙어 등의 사용을 통해 이루어진다. 서술에 정확성을 기하기 위해 동음이의적 표현의 사용이 제한되며, 동일한 전문 어휘가 반복적으로 사용되는 경향을 보인다. 또한 흔히 법규나 법률 문서가 흔히 보여 주는 다중에 대한 강제의 의미를 나타내기 위한 동사 미정형의 사용이나, 일반인칭적 의미를 지니는 재귀동사의 등장이 빈번하다.

정치평론적 문체는 신문, 잡지의 기사와 연설 등에서 나타나는 문체로, 기본적으로는 영향(작용)의 기능과 정보적 기능을 주 기능으로 가진다. 즉, 정치평론적 문체의 화자 혹은 필자의 과제는 청자 혹은 독자에게 어떤 정보를 제공하고 그들을 설득하여 일정한 태도를 가지게 하는 데 있다. 따라서 정치평론적 문체는 기본적으로 평가적 특성과 표현적 특성을 가지며, 또한 신속한 정보 전달을 위해 표현이 표준적이라는 특징이 있다.

학문적 문체의 서술상의 특징은 추상성과 일반성, 정확성, 그리고 논리성에 있다. 추상성과 일반성은 우선 어휘 사용의 특성에서 잘 드러나는데, 일반적 개념과 추상적 현상을 나타내는 어휘가 자주 등장하고, 구체적 지시체를 갖는 어휘라도 일반적 개념을 의미하는 맥락으로 자주 사용된다. 특히 일반 사실적 의미를 나타내는 현재 시제의 사용이나, 복수 일인칭 대명사가 일반 인칭적 의미에서 사용되는 것을 그 예로 들 수 있다.

문학적 문체는 그 미학적 기능으로 인해 기능문체 체계에서 특수한 위치를 차지한다. 문학적 문체에서는 다른 기능문체의 개별특징적인 요소들이 다양하게 공존하는 것을 볼 수 있는데, 그렇다 하더라도 이는 각각의 문체들의 개별특징을 표현하기 위한 것이 아니라 미학적 기능에서 사용된 것이라는 점을 간과해서는 안 된다. 다른 문체들과 구별되는 문학적 문체의 가장 큰 특징은 표현성이 짙고 감정적 뉘앙스가 가미된 언어적 수단이 자주 사용된다는 데 있다.

규범어를 구성하는 하위체계들의 문체적 특성에 주목하는 이러한 비노그라도프의 기능주의와는 달리, 바흐친(1996 ; 237 이하)은 초점을 발화의 층위에 맞춘다. 이미 소쉬르나 발리와는 달리 랑그의 언어학이 아니라 발화의 언어학을 강조했던 바 있는 바흐친[볼로쉬노프](1929)은 무한히 가변적일 수 있는 개별 발화들이 언어 사용의 사회적 층위에서 상대적으로 안정적인 유형들로 수렴된다는 사실을 포착하고는, 바로 이러한 것들을 '담화 장르'라고 명한다. 그에 따르면, 이러한 담화 장르는 주제적 내용, 문체, 그리고 구성적 구조라는 세 가지 계기들이 발화의 총체 속에서 서로 뗄 수 없이 연결된 것이다. 이처럼 발화에 기반하면서 그것을 기능적으로 안정화시키는 담화 장르는, 바흐친의 생각에, 인간의 사회적 활동이 다양한 만큼 그 수나 종류가 풍부하고 다양하며, 필요에 따라 끊임없이 새로운 것들이 형성되기도 한다. 따라서 일종의 열린 집합을 구성하는 담화 장르 모두를 포괄하는 체계적인 분류와 기술이란 대단히 어려운 일이 될 수밖에 없다. 그렇지만 가령 우리는 그것을 구어적 장르와 문어적 장르로 구분할 수 있으며, 또한 각각에 대해서 일차적 장르와 부차적 장르로 구분할 수도 있다. 예를 들어, 짤막한 일상 대화, 정형화된 군사적 명령, 편지, 다양한 레퍼토리의 사무적 문서와 같은 단순 장르들과, 연설, 소설, 사회평론, 학술논문과 같은 복합적 장르들을 구분할 수 있다. 이처럼 바흐친이 제안하는 담화 장르는 화자와 청자에 대한 주어짐성과 관습성의 의미에서는 기능 문체와 같은 언어적 형태와는 구분되며, 운용의 측면에서 그보다 훨씬 더 유연성이 있고 자유로우며, 다양하다. 그리고 만일 일상에 널리 퍼진 일련의 담화 장르들이 너무 진부해졌을 경우, 화자는 해당 담화 장르에 자신의 고유한 발화 의도를 표출하기 위한 표현요소들을(억양 및 언어 외적 수단 등) 사용할 수도 있다. 이렇게 놓고 볼 때, 바흐친이 얘기하는 담화 장르는 발화의 사회적 사용의 층위에서 안정성, 관례성, 다양성, 그리고 유연성을 특징으로 하는 아주 포괄적이고 세부적인 기능적 분화로 간주해야 할 것이다.

이상의 접근들과는 달리, 할리데이(Halliday 1976)의 경우에는 사회적 소통에서 언어의 기능성이 발화의 층위 이상에서뿐만 아니라 언어의 문법적 구조화의 층위에까지도 반영된다는 관점에 서서, 총체로서의 언어에 대한 설명 이론으로서 '기능 체계 문법'의 확립을 시도한다. 그는 소쉬르가 말했던 것처럼 랑그와 빠롤이 그렇게 절대적으로 분리되어 있는 것이 아니라고 본다. 더 나아가 1920년대 후반 랑그 중심의 소쉬르 언어학을 비판했던 바흐친과 같이 발화행위의 중요성을 강조한다. 그에 따르면, 언어는 바로 화자와 청자 사이에서 발생하며, 사회적 맥락은 체계 외부에 있는 것이 아니라 실제로 발화 내부에 존재하는 것으로 간주된다. 그는 아동의 모국어 습득 과정에서 언어가 수행하는 7가지 기능을 제시하면서,[10] 의미 체계 생산 과정에서 아동은 단순히 문법적 규칙을 수동적으로 수용하는 존재가 아니라 적극적으로 활동하는 주체로 간주하고 있다. 또한 언어학을 심리학적인 측면에서 고찰했던 촘스키와는 달리 할리데이는 스승 퍼스(J. R. Firth)의 영향을 받아 처음부터 언어와 문화 사이의 관계에 대해 관심을 두었다. 뿐만 아니라 언어는 사회체계에서의 그 기능으로 인해 어떻게든 변화한다는 번스타인(Bernstein 1971)의 견해를 수용하여 언어의 도구성(instrumentality)이라는 개념을 제기하는데, 이에 따르면 세대간에 이뤄지는 문화적 전승과정 속에서 사회적 체계가 어떻게 존재하고 변화되는지 이해하기 위해서는 언어가 그 속에서 하는 중심적인 역할이 무엇인지 이해해야 한다는 것이다. 또한 궁극적으로 자연언어 자체를 연구하기 위해서는 기능적으로 접근해야 한다고 보고 프라하학파의 '기능적 문장 투시법(FSP)'의 관점을 일부 수용한다(Daneš 1970 ; 74). 이러한 다양한 기능주의적 이론들의 영향 아래, 할리데이는 다음과 같이 언어적 소통의 3가지 주요 기능을 구분한다. 첫째로는 화자가 자기의 경험을 구조화하고 세계에 대한 관점을 구성하는 관념화 기능(ideational : logical and experiential), 둘째로는 사회적인 상호작용 속에서 언어의 역할이 중요시되는 대인적(interpersonal) 기능, 그리고 셋째로는, 만일 텍스트가 의미론적 단위라면 언어의 본질적 기능은 곧 텍스트 창조의 기능이며 화자의 언어구사능력은 텍스트와 비텍스트(낱말 목록, 무작위적 문장)의 차이를 아는 데 있다고 보는

---

10) 할리데이는 아동의 언어발달은 곧 '의미하는 방법을 습득하는 과정'으로 보고 모국어 습득 과정 속에서 언어가 수행하는 7가지 기능을 다음과 같이 제시했다. ① 도구적 기능(instrumental function) : 무엇인가 얻기 위해 언어를 사용하는 것, ② 조절기능(regulatory function) : 타인의 행동을 통제하기 위해 언어를 사용하는 것, ③ 상호작용 기능(interactional function) : 다른 사람과 상호작용을 만들어 내기 위해 언어를 사용하는 것, ④ 개인적 기능(personal function) : 개인적 감정과 의미를 표현하기 위해 언어를 사용하는 것, ⑤ 발견적 기능(heuristic function) : 배우고 발견하기 위해 언어를 사용하는 것, ⑥ 상상적 기능(imaginative function) : 상상의 세계를 창조하기 위해 언어를 사용하는 것, ⑦ 표상 기능(represention function) : 정보전달을 위해 언어를 사용하는 것.

텍스트적(textual) 기능이다.

한편, 소통에 있어서 텍스트 생산자로서의 발화주체를 강조하며 모든 텍스트에는 발화주체의 소통적 의도가 담겨져 있다고 보았던 졸로토바 등(Zolotova et al. 1998)에 의한 소통적 문법의 구상에서도 기능태의 개념은 앞선 연구들과 일맥상통한 점을 보인다. 이들 이론의 핵심은 언어의 기능성을 발화의 사용영역(registr)으로 유형화하는 데 있다. 요컨대, 만일 모든 텍스트에는 발화주체의 소통적 의도와 이에 따른 메시지에 대한 발화주체의 동시적 입장이 반영되어 있다고 본다면, 우리는 발화의 사용영역을 수평축에 두고 수직축에는 술어의 의미에 따라 정태성과 역동성을 중심으로 텍스트상의 시제와 상[11]의 범주적 요소들을 참작하여 언어 외적 현실에 대한 화자의 의도에 따라 나타나는 다양한 발화 사용영역들을 다음과 같이 분류할 수 있다는 것이다. 첫째, 관찰된 것을 발화 속에 재현하는 재현적(reproductive) 사용영역, 둘째, 화자에게 알려진 것이나 이해한 것을 전달하는 정보적(informative) 사용영역, 셋째, 삶의 경험, 일반적 진리와 연관시켜 일반화된 정보를 전하는 총칭적(generic) 사용영역, 넷째, 수신자가 행동으로 옮기도록 호소하여 현실의 일부에 변화를 주고자 하는 촉구적(volitive) 사용영역, 다섯째, 상황에 대한 평가적 반응을 표현하는 반응적(reactive) 사용영역들이 그것이다.

재현적 사용영역에서는 지속적, 순차적 행위, 상태, 관찰된 것, 감지된 것을 직접적으로 화자가 재현(복원)한다. 현실과 상상, 시제 – 과거, 현재, 미래 –, 텍스트적 시간(T2)과 인식적 시간(T3)이 동시적이다. 재현적 사용영역의 발화 유형은 명시적이든 비명시적이든 간에 “Ja vižu, kak …/I′m seeing that …”, “Ja slyšu, kak … /I′m hearing that …”, “Ja čuvstvuju, kak

11) 언어 체계 속의 문장과 텍스트 속의 문장을 구별하는 특성은 무엇일까? 문법적인 시간은 흐르는 시간 속에서 현재, 과거, 미래의 경계를 짓는 발화 순간상의 행위에 의해 규정된다. 그러나 텍스트상의 시제는 발화 순간의 행위에 의해 규정되는 것이 아니라 행위의 동시성, 병행성, 순차성, 즉 배열적 관계에 있다고 본다. 졸로토바가 분류한 텍스트 상에 작용하는 3개의 시간적 축을 보면 첫째, T1-달력상의 시간, 물리적 범주의 객관적 시간, 텍스트 외부의 일방향적 시간, 둘째, T2-사건시간, 텍스트적 시간, 상대적 선후 관계의 시간, 셋째, T3-인식적 시간, 화자의 지각으로 보는 인식의 시간으로 나눌 수 있다. 또한 텍스트의 관점에서 상의 범주도 참작하는데 완료상 동사의 기능으로서 아오리스트 기능과 완료적 기능으로 나누고 불완료상 동사의 기능으로서 불완료적-과정적 기능과 관례적-묘사적 기능으로 분류한다. 완료상의 아오리스트적 기능이란 서술의 주요 수단으로서 역동적인 행위동사들이 순차적으로 교체되면서 주제(sjužet)를 발단에서 결말로 이끄는 기능을 말한다. 완료상의 완료적 선행행위의 결과로서의 상태, 새로운 국면으로 접어든 극단적인 상태의 결과가 주제(sjužet)적 시간에 반영되는 것이다. 이에 반해서 불완료상의 미완료-과정적 기능은 시간적인 테두리로 제한되지 않는, 일정 기간 동안의 행동이나 상태를 나타낸다. 또한 불완료상의 관례적-묘사적 기능은 시간-공간적으로 거리를 둔 화자의 입지에서 행위나 상태, 관계를 설명한다.

… /I´m feeling that …" 등의 양상틀(modus)을 지닌다.

정보적 사용영역에서는 사실, 사건, 속성에 대한 정보를 제공한다. 직접적인 관찰의 영역이 아닌 다방면의 관찰, 경험, 관습의 결과이거나 논리적, 사고적 작용의 결과로 얻어진 지식의 영역이다. 인식적 시간과 텍스트적 시간은 여러 단계면에서 거리감이 있다. 정보적 사용영역의 발화는 "Ja znaju, čto … /I know that …", "Izvestno, čto … /It is known to me that …" 등과 같은 양상틀로 표현될 수 있을 것이다.

총칭적 사용영역에서 화자는 인간의 보편적 경험과 일반화된 정보를 전달하고자 한다. 이 영역에서는 사건적 시간(T2)이 높은 추상화의 단계를 거치고 화자는 인간의 경험으로 조망되는 물리적 시간(T1)과의 상관관계 속에서 정보를 일반화시킨다. 구체적 시공간의 술어가 지니는 행위의 능동적 의미가 약화되어 초시간적이고 범시간적 행위가 되므로 수직축에서의 역동성과 정태성의 대립은 중화되고 무표적이다. 이러한 발화 유형에서 술어의 주체는 일반적인 대중, 사물들, 혹은 현상, 개념과 같은 자연적, 사회적 과정이 되며, 전형적 발화 유형으로는 추리, 격언, 선언, 속담 등을 들 수 있다.

그리고 소통의 특성에 따라 발화행위가 상대적으로 독백적인 것과 대화적인 것으로 구분된다면, 재현적, 정보적, 총칭적 사용영역은 전달(메시지) 지향적이므로 주로 독백적 텍스트 구조로 실현되는 데 반해, 촉구적, 반응적 발화 유형은 수신자 지향적이어서 대화적 텍스트 구조로 실현된다고 할 수 있다. 이러한 5가지의 발화 유형들은 화자의 발화 의도 속에서 언어 외적 현실에 대한 화자의 다양한 태도, 수신자에 대한 화자의 태도, 발화 행위에서의 대담자에 대한 태도 등을 담고 있다. 개별 영역들의 내부에는 그것들의 개별 발화 유형들이 공존할 수 있다. 가령 재현적 사용영역과 정보적 사용영역에도 서술과 묘사적 발화, 감정적 혹은 이성적 반응의 발화 유형, 명령, 부탁, 희망, 조언을 담은 다양한 형태의 촉구적 발화 유형이 존재할 수 있는 것이다. 사건과 지식의 지각과 그것의 텍스트적 표현들은 텍스트 주체인 화자의 발화 의도에 따라 언어적 체계를 수단으로 하여 시제와 상으로 드러나는 시공간적 좌표 속에서 다양한 발화의 사용영역으로 실현된다고 할 수 있다.

이상과 같이 살펴본, 언어의 기능성에 대해서 여러 저자들이 상이한 시각에서 제시하는 다양한 기능태들을, 우리는 그것들이 앞 장에서 설정한 언어적 소통의 다차원적 공간 안에서 어떻게 위치하며 또 어떤 역동적 양상을 보이는지를 아래의 〈표 2〉처럼 정리할 수 있을 것이다.

〈표 2〉 소통의 다차원적 공간에서의 다양한 기능태들의 구현 양상

소통의 다차원적 공간			
구성적 공간		실천적 공간	
언어 내적 : 코드, 메시지	언어 외적 : 발화문맥, 피드백	내재적 공간 : 소통의 목적, 사회적 기능, 대화적 주제	외재적 공간 : 권력, 권위, 계급, 성, 이미지화
i) 비노그라도프의 기능문체 : 규범어의 하부체계로서, 일상대화, 행정실무, 학술, 문학, 정치평론 문체들 🡐 🡐 🡐 🡐	⇦ ⇦ ⇦	⇦ ⇦	⇦
⇨ ⇨	ii) 야콥슨에 의한 메시지의 지향적 기능들 : 표현적, 사역적, 지시적, 시적, 교감적, 메타언어적 기능들 ↔ ↔ ↔	⇦ ⇦	⇦
⇨	⇨ ⇨	iv) 바흐친의 담화 장르 : 일상대화, 군사적 명령, 사무문서, 사회평론적 연설에서 문학작품에 이르기까지 무수히 다양한 발화 유형들 ↔ ↔ ↔	⇦ ⇦
⇦ ⇦	iii) 졸로토바의 발화영역 : 언어 외적 현실에 대한 화자의 태도와 발화의도에 따라 재현적, 정보적, 총칭적, 촉구적, 반응적 영역 ↔ ↔ ↔	⇦ ⇦	
⇦ ⇦	⇦ ⇦ ⇦	v) 할리데이의 사회적 체계성 : 언어의 사회적 기능을 고려 : 관념적, 대인적, 텍스트적 기능 🡐 🡐 🡐	⇨

• 자기 범주적 발현성의 정도 : 🡒 강기능적 : 각 공간의 구성요소들과 기능태 발현의 상호작용 정도가 강함, 매개소로서 현실태에 작용하는 정도가 강함 ; ⇨ 약기능적 : 각 공간의 구성적 계기들과 기능태 발현의 상호작용 정도가 약함, 잠재태를 현실태로 구현하는 정도가 약함.

• 범주적 자기 지향성 : 🡒⇨ 우측 지향(언어 외적, 실천 지향적) ; 🡐⇦ 좌측 지향(언어 내적, 체계 지향적) ; ↔ 쌍방 지향.

〈표 2〉를 통해 알 수 있듯이, 여러 종류의 기능태들은 소통의 다차원적 공간에서 나타나는 수많은 잠재태와 현실태를 반영함과 동시에 각 공간의 여타 구성적 계기들과 긴밀하게 연결되면서 유동적으로 발현된다. 이에 대해서 각각의 기능태별로 보다 상세한 설명들은 아래와 같다.

ⅰ) 기능 문체 : 우리는 비노그라도프가 랑그 영역의 잠재적 규정성과 발화된 텍스트의 고찰 결과로서 문학어의 규범성과 체계성을 고려하였다는 점에서 그의 기능적 분류들을 주로 언어 내적 공간에 배치하였다. 그는 언어의 기본적 기능을 타인과의 교제 기능, 타인과의 정보교환 기능, 타인에 대한 작용의 기능을 상정하고 이에 상응하는 각각의 기능 문체들이 현실적으로 지향하는 실현 가능성을 정언적으로 조명하였으나, 실제 소통에서 나타날 수 있는 발화행위의 다양성과 비규범성의 범주는 논의의 중심에 두지 않았다.[12] 따라서 랑그와 빠롤이라는 두 영역 내에서의 규범적 체계성을 반영한 결과로서 문체적 사실들을 조명한 그의 기능태는 주로 언어 내적 공간을 향하여 적극적으로 발현되면서 여타 공간으로부터 영향력을 수렴해 내고 있다고 볼 수 있다. 또한 규범어의 하부체계로서 정립된 기능 문체들이 잠재적으로 발현될 수 있는 공간, 즉 언어 외적 공간(발화문맥)과 실천의 내재적 공간(소통의 목적, 대화적 주제, 사회적 기능 등)에서 작용하는 다양한 잠재적 요인들을 반영하여 다양한 기능 문체들의 분류 가능성을 보여 주고 있다는 점에서 위의 각 공간에서의 약기능적 발현도 배제할 수 없다. 그리고 과거 소비에트 시대에 사회적 모티브를 언어적 모토로 담아내기 위해 의도적으로 활용되곤 했었던 사회주의적 선동 슬로건이나 계급주의와 권위, 정치적 이미지화 등을 주지한다면, 외재적 공간에서 개입했던 구성적 요소들이 기능 문체에 미쳤던 잠재적 영향도 참작해야 할 것인데 그 대표적인 예가 바로 정치평론 문체이다. 사회적 경향과 정치적 담론을 담아냈던 이러한 정치평론 문체가 현대 사회에서 지니는 가치와 실효성의 변화된 의미를 생각해 본다면, 사회적 구조가 변모됨에 따라 기능태의 발현 정도와 지향방향도 유동적으로 변화됨을 알 수 있을 것이다.

ⅱ) 메시지의 지향성 : 야콥슨의 기능태들을 가변적이고 유동적이게 하는 것은 텍스트 문맥

---

12) 소통의 기반을 구성하는 기본 6요소와 이에 상응하는 6가지 기능들을 분류한 야콥슨의 모델에 비해 비노그라도프가 제사한 언어의 3가지 기능들(교제, 정보교환, 작용)은 이에 상응하는 각각의 5가지 기능문체들과의 상응성에 따른 논리적 연관성이 부족하고 분류기준의 이론적 근거에 대해서도 비판과 이견의 여지가 있다. 보다 자세한 논의는 이기웅(1995)을 참조할 것.

이며, 이는 주로 언어 외적 공간에서 적극적으로 작용하는 요소이다. 또한 범주적 지향성을 본다면, 발화가 지향하는 바가 코드나 메시지를 향할 수 있고 문맥이나 접촉의 언어 외적인 요소들을 지향할 수도 있으므로, 메시지의 범주적 지향성은 쌍방향적으로 나타난다. 텍스트에 나타난 언어적 기능성은 사회적 기능과 소통 목적, 담화 주제 등의 소통의 내재적 공간의 요소들을 수렴하여 언어 외적 공간을 지향한다고 볼 수 있으며, 동시에 언어 내적 공간의 구성요소들(코드, 메시지)에서 언어 외적 공간으로 흐를 수 있게 하는 것은 궁극적으로 기능적 유연성을 결정하는 요인인 상황문맥이라고 볼 때, 주로 언어 외적인 공간에서 상호 쌍방향적으로 발현된다고 볼 수 있다.

iii) 발화의 사용영역 : 졸로토바의 경우도 텍스트 창조자로서 화자를 상정하고 텍스트 문맥 속에서 기능하는 상과 시제의 범주를 적용하는데, 이러한 상과 시제의 문법적 기능들이 화자, 관찰자의 입장에 따라서 동질성 혹은 이질성으로, 인식적 시간(T3)의 관점으로 혹은 텍스트적 시간(T2)의 관점으로 형성되는 텍스트의 발화적 구성요소의 경계와 범위를 나타내 준다고 본다. 따라서 구체적 텍스트들로부터 동질의 구조적-구성적 발화 형식들을 도출할 수 있는데, 다양하게 분류되는 이러한 발화의 사용영역들은 궁극적으로 언어 외적 현실에 대한 화자의 소통적 의도를 반영하고 있다고 본다. 즉 졸로토바의 기능태는 언어 외적 현실에 대한 화자의 의도를 수평축에 두고 텍스트 내의 문법적 범주(상, 시제)의 개념을 참작하여 기능태를 분류했다는 점에서 소통의 언어 외적 공간에서 적극적으로 발현된다고 볼 수 있으며, 동시에 화자의 발화 의도가 일면 소통의 목적을 수렴했다는 점에서 소극적이기는 하지만 실천적 토대의 외재적 공간과 연관되어 기능한다. 그러나 그녀의 이러한 기능적 사용영역 분류가 소통의 공간에서는 실천적 측면을 고려하기 보다는 문법 구조적 서술의 연장선에서 설명하고자 했다는 점에서 언어 내적 공간으로의 약기능적 지향성도 생각해 볼 수 있을 것이다.

iv) 담화 장르 : 바흐친의 기능태들은 비노그라도프의 기능 문체 분류를 포괄하면서 훨씬 더 다면적이고 유동적이다. 또한 문학적 규범어를 연구대상으로 한 비노그라프와는 달리 소통의 구성요소로서 발화에 초점을 두고 다양한 개별 발화 유형 혹은 발화 영역을 참작하여 기능태를 설정했다. 그의 담화 장르는 소통의 실천적 측면에서 작용하는 요소(대화적 주제, 소통의 목적)들을 적극적으로 반영하였다는 점에서 주로 소통의 실천적·내재적 공간에서 작용한다. 이 외에도 다양한 담화 장르들은, 예컨대 군사적 명령 장르, 사무문서 장르, 사회평론적 연설 장르 등은 비노그라도프의 기능문체와 유사한데 이러한 영역별 장르는 실천적 외재적 공간의 구성적 계기들의 잠재적 영향성을 수렴하여 나타나는 것이다.

ⅴ) 사회적 체계성 : 할리데이의 기능적 관점은 사회체계 내에서 언어의 수단성과 사회적 기능, 사회적 맥락을 고려하여 나타날 수 있는 언어의 기능성을 고려하고 있다. 따라서 그가 제시한 기능들을 소통의 실천적 측면의 내재적 공간에 우선적으로 배치하였다. 그러나 그는 바흐친과 같이 발화행위의 중요성을 강조하면서 사회적 맥락이 언어 체계 외부에 한정되어 있는 것이 아니라 청자와 화자의 발화 내부에도 반영되어 있다고 보았다. 따라서 그의 기능태들은 주로 실천적·내재적 공간에서 출발하여 언어 외적 공간을 지향하면서 작용한다. 더 나아가 그는 언어의 본질적 기능은 텍스트 창조의 기능이며 궁극적으로 자연 언어의 체계 자체를 연구하는 데도 기능적으로 접근해야 한다고 본다. 요컨대, 언어의 사회적 기능성이 발화에만 국한된 것이 아니라 발화의 문법적 구조화, 그리고 텍스트화에도 적용된다는 것이다. 따라서 그의 기능태는 자연 언어의 텍스트적 체계를 고려하여 궁극적으로 소통의 구성적 언어 공간을 지향한다고 볼 수 있다.

지금까지의 고찰에서 볼 수 있듯이, 언어적 소통은 그것의 다차원성을 구성하는 8가지의 잠재적 요소들로 – 대화 참여자, 코드, 메시지, 발화 문맥, 피드백, 목적, 사회–문화적 맥락, 기능태 – 구성되어 있다면, 그것이 무수히 많은 다양한 경우들로 현실화되는 역동적인 양상은, 즉 각각의 잠재적인 요소들이 각각 구체적인 방식으로 개별화되면서 서로 연결되고 조합되는 무수히 많은 방식들은 여러 저자들이 제안하고 있는 바와 같은 기능태의 다양한 유형들을 매개로 해서 이루어진다고 볼 수 있다. 왜냐하면 기능태의 현실적 유형들이야말로 바로 소통의 참여자들 서로가 근거하고 또 서로를 근거지우는 객관화된 주체사이성의 언어적 형식이기 때문이다. 그리고 바로 그렇기에, 이러한 기능태의 현실적 분화는 다차원적인 언어적 소통의 여러 공간들에서 나타날 수 있는 것이다. 그러나 위의 〈표 2〉에서 보듯, 소통의 외재적 공간은 거기서 제외되는데, 그 이유는 당연히 이 공간은 소통 자체에 내재한 주체사이성을 전제로 하는 곳이 아니라 단지 경우에 따라서 그것에 영향을 미치거나 혹은 심지어 소통 자체를 왜곡, 통제, 차단할 수도 있는 공간이기 때문이다. 가령 대화 참여자의 경우, 앞에서 본 것처럼 그것은 소통의 다차원성을 구성하는 4개의 공간 모두에 위치하면서 구체적으로 다양한 양태들로 개별화됨으로써, 그리고 이러한 개별화 과정 자체가 소통의 다른 구성요소들과 상호영향을 주고받음으로써 소통 과정 자체에 가변성과 역동성을 부여한다면, 이와 대조적으로 기능태는 대화 참여자의 그러한 개별화 과정에 안정적인 언어적 형식을 부여하는 방식으로 현실화 과정을 이행해 가는 것이다. 그리고 소통의 다차원적 공간에 배치된 나머지 다른 잠재적인 구성요소들 역시도 구체적으로 실현되는 과정에서 이와 유사한 양상을 보일 것임에 틀림없다. 이러한 고려를 통해서 볼 때, 그 구성적 계기들이 다공간적으로 위치하면서 서로 유기적으로 상호작용해 가면서 잠재태에서 현실태로 이행해 나가는 과정으로서의 언어적 소통은 실로 엄청난 복잡성과 대단한 역동성을 특징으로 하는 구성적 과정일 수밖에 없다. 따라서 이러한 과정에 대한 기술은 단순히 어떤 정보공학적인 모형화로 환원될 수 없음은 자명하다. 이 사실을 기호학적인 관점에서 예시적으로 잘 보여 주는 것이 가령 라고풀로스(Lagopoulos 2000)의 작업인데, 거기서 그는 기존의 다양한 소통 모형들을 개괄하고 종합화해서, 최종적으로는 소통의 기호학적 과정을 문화의 층위 및 사회 구조의 층위와 상호연결시키는 일종의 총괄적인 모형을 제시하고 있다. 그렇지만 그가 제시하는 다소 스케치적인 기호학적 모형은 기본적으로 단선적인 야콥슨적인 모형을 좀 더 복잡하고 정교하게 변형시킨 다음 여기에 문화의 장이나 사회 구조와 같은 것들의 상호영향을 고려한 것일 뿐, 잠재태로서 소통 모형이 갖는 추상적 일반성과 그것의 구체적 실현 사이의 역동성에 대한 문제의식이 결여돼 있으며, 또한 구성요소들의 사이의 다면적이고 다차원적인 상호작용에 대해서도 부분적인 고려만 행해지고 있다. 그러나 소통 행위의 핵심을 이루는 발화나 텍스트화가 본질적으로 다성적이고 다차원적이라는 우리의 언어학적인 문제의식에서 본다면, 중요한 것은 소통의 일반 모형을 구성하는 잠재적 요소들이 어떻게 상호영향 속에서 개별화되는가를 체계적으로 밝혀내는 것이다. 따라서 여기서 우리는 그 문제를 다차원적인 소통 과정에 위치하는 구성요소들의 공간적 배치 양상을 통해서 그리고 이것들 중에서도 특히 기능태의 다양한 현실화 과정을 중심으로 살펴보았다.

4. 결론 – 소통의 역동성과 주체사이성

소통의 본질적 성격에 대한 인간의 지극히 당연한 관심은 일차적으로 소통이 인간의 언어를 바탕으로 하고 있다는 점에 착안하여, 무엇보다 언어적 고려의 방식으로 실현되어 온 것이 사실이다. 이러한 관심을 바탕으로 하여 소통의 구성원리와 그 작동원리에 대한 논의는 언어학 내적으로는 소쉬르적 성찰로부터, 최근에 이루어지고 있는 화용적 원칙에 대한 다양한 고려들에 이르기까지, 언어학 외적으로는 개별 학문으로부터의 접근에서 수많은 학문 분야들 간의 학제적 연구에 이르기까지 실로 다양한 차원에서 이루어져 온 점도 부인할 수 없다.

그러나 이러한 다양함이 계량적 차원의 다양함을 넘어 질적인 차원의 다양함에까지 이르렀는지에 대해서는 의문의 여지가 많다. 과연 이들이 분파적 한계를 넘어서는 통합적인 관점과 전망을 제시해 주었는지에 대해서는 여전히 의문의 여지가 다분하고, 소통이 가지는 역동적 성격을 시각의 다변화만으로 해결할 수 있는가의 문제 또한 논란의 여지가 많다. 이러한 문제제기를 바탕으로, 본 장에서는 소통이 근본적으로 기반을 두고 있는 대화적 역동성에 대한 보다 적확한 기술을 위해 새로운 언어적 소통 모형의 정립을 시도해 보았다. 그리고 그러한 시도 과정에서 소통이 이루어지는 공간을 크게 구성적 공간과 실천적 공간으로 구분하고, 이들 공간을 다시 내적 층위와, 외적 층위로 구분하여, 모두 네 개의 소통 영역을 제안하였다. 그리고 이러한 네 개의 소통영역 속에서 다양한 소통의 구성요소들에서 활발하게 움직이는 소통의 주체들의 존재와, 그들 존재들이 서로 맺어 가는 역동적 관계들에 주목하였다. 그리고 무엇보다 그러한 역동적 상호관계의 본질을 이해하기 위한 모형설정 단계에서 방법적 개념으로 잠재태와 현실태의 층위구분에 주목할 필요성에 주의를 기울일 필요가 있음도 주목하였다. 모형의 구성 차원에서의 잠재태와, 그 구성 차원들의 실천 공간인 현실태와의 상호작용 속에서 주체사이성이 매우 활발하게 발현되며, 그리고 이러한 주체사이성의 활발한 발현은 필연적으로 다차원적인 소통 영역을 전제한다. 다차원적 영역 내에서 발생하는 소통주체들 사이의 다면적 관계는 개별 요소들의 활성화정도에 따라, 그리고 발화의 지향성이나, 장르, 영역, 심지어 체계성까지 아우르는 유기적 관계임을 주목할 필요가 있을 것이며, 이러한 과정의 이해를 통해 소통의 역동성은 소통을 구성하는 수많은 주체들이 소통과정에서 발생하는 다양한 역동적 관계의 문제라는 점을 다시 한 번 강조하여야 할 것이다.

참고문헌

강길호·김현주(1995) 〈커뮤니케이션과 인간〉, 한나래.
맥퀘일·윈달(1988) 〈커뮤니케이션 모델〉, 임상원 역, 나남.
야콥슨(1989) 〈문학 속의 언어학〉, 신문수 편역, 문학과지성사.
이기웅(1995) "러시아 기능문체론에 대한 비판적 고찰", 〈러시아 문학〉 6집, 176-190.
이기웅(2001) "자연언어 의미 기술의 문제점과 전망", 〈언어학〉 30집, 167-184.
이기웅(2007) "문학-텍스트화와 언어-문화 공간의 토포스: 러시아어 "프라브다" 토포스를 중심으로", 〈러시아연구〉17권 2호, 241-268.
이동은(2003) "Goffman 이론의 재고찰과 토론의 상호작용사회언어학적 분석", 〈언어학〉 37, 197-221.
이두원(1995) "기호 현상학적 휴먼 커뮤니케이션 모델 구축을 위한 이론적 연구", 〈한국언론학보〉 35호, 71-105.
송호근(1990) 〈칼 만하임의 지식 사회학 연구〉, 홍성사.
지크프리트(1996) 〈미디어 인식론: 인지-텍스트-커뮤니케이션〉, 박여성 역, 까치.
피스크(2001) 〈커뮤니케이션학이란 무엇인가〉, 강태완·김선남 역, 커뮤니케이션북스.
Alpatov, V. M.(2005) *Vološnov, Baxtin i lingvistika.* Moskva.
Austin, J.(1962) *How to Do Things with Words.* Harvard University Press.
Bally, Ch.(1932) *Liguistique générale et linguistique française.* Bern: Francke.
Bally, Ch.(1951) *Taité de stylistique française.* 3ème éd.. Paris: Klincksieck.
Baxtin, M. M.[Vološnov, V. N](1929) *Marksizm i filosofia jazyka.* Leningrad.
Baxtin, M. M.(1997) *Sobranie cočnenij. t. 5.* Moskva, 159-286.
Bell, A(1984) "Language Style as audience design," *Language in Society 13.* 145-204.
Berlo, D.(1960) *The Process of Communication.* New York.
Bernstein, Basil(1971) *Class, Codes and Control 1: Theoretical Studies towards a Sociology of Language.* London: Routledge & Kegan Paul.
Brown, G.(1995) *Speakers, Listeners and Communication.* Cambridge University Press.
Bühler, K.(1934) *Sprachtheorie.* Jena.
Cherry, C.(1957) *On Human Communication.* New York.
Chomsky, N.(1965) *Aspects of the Theory of Syntax.* The MIT Press.
Clark H. H.(1996) *Using Language.* Cambridge University Press.
Dance, F. E. X.(1967) "A Helical Model of Communication," *Human Communication.* New York: Holt, Rinehart and Winston.
Daneš, F.(1974) *Papers on Functional Sentence Perspective.* Prague: Academia.
Davis, W.(1998) *Implicature: Intention, Convention and Principle in the Failure of Gricean Theory.* Cambridge University Press.
Ducrot, O.(1968) *Le structuralisme en linguistique.* Paris: Seuil.
__________(1972) *Dire et ne pas dire.* Paris: Hermann.

_________(1980) *Les Échelles argumentatives.* Paris: Minuit.

_________(1984) *Le Dire et le dit.* Paris: Minuit.

Gerbner, G.(1956) "Toward a General Model of Communication," *Audio Visual Communication Review IV*: 3. 171-199.

Goffman, E.(1964) "The Neglected Situation," *American Anthropologist 66*, 6, Ⅱ: 133-137.

__________(1974) *Frame analysis: An essay on the organization of experience.* New York: Harper and Row.

__________(1975) *Replies and Responses.* Working Paper n° 46-7, Urbino.

__________(1981) *Forms of Talk.* University of Pennsylvania Press.

Grice, H. P.(1957) "Meaning," *Philosophical Review 67.* 377-388.

__________(1967[1975]) "Logic and Conversation," Cole & Morgan (eds)., *Speech Acts.* New York: Academic Press.

Grize, J.-B.(1990) *Logique et langage.* Paris: OPHRYS.

Gumperz, J. J.(1962) "Types of Linguistic Communities," *Anthropol. Linguistics.* vol. 4, 28-36. & Hymes, D.(1972) *Directions in Sociolinguistics: The Ethnography of Communication.* New York: Holt, Rinehart and Winston.

Halliday, M. A. K.(1976) *System and Function in Language.* Oxford University Press.

________________(1978) *Language as Social Semiotic: The Social Interpretation of Language and Meaning.* London: Edward Arnold.

Hocker, J. & Wilmot, W.(1991) *Interpersonal Conflict.* 3rd ed., Dubuque, IA: Wm. C Brown Publisher.

Husserl, E.(1901) *Logische Untersuchungen Ⅱ*, 6. Auflage, Tübingen: Max Niemeyer.

Hymes, D.(2000[1972]) "On Communicative Competence," Pride & Holmes eds. *Sociolinguistics: Selected Readings.* Harmondsworth: Penguin.

_________(1984) *Vers la compétence de communication.* Paris: Hatier-Crédif.

Jakobson, R.(1960[1981]) "Linguistics and Poetics," *Selected Writings Ⅲ.* The Hague: Mouton.

__________(1961[1971]) "Linguistics and Communication Theory," *Selected Writings Ⅱ.* The Hague: Mouton.

Jameson, F.(1972) *The Prison-House of Language.* Princeton University Press.

Kerbrat-Orecchioni, C.(1980) *L'énonciation de la Subjectivité dans le Langage. Coll. Linguistique.* Paris: Armand Colin.

___________________(1990) *Les Interactions Verbales.* Paris: A. Collin.

Lagopoulos, A. P.(2000) "A Global Model of Communication," *Semiotica* 131(1/2). 45-78.

Levinson, S. C.(1983) *Pragmatics.* Cambridge University Press.

Lévi-Strauss, Cl.(1949) *Les Structures élémentaires de la parenté.* Paris: Plon.

______________(1963) *Structural Anthropology.* tr. by Cl. Jacobson & b. G. Schoepf, New York: Penguin Books.

Lič, Ė.(2001) *Kul'tura i kommunikacija,* Moskva.

Mulder, J. W. F. & Hervey, S. G. J.(1972) *Theory of the Linguistic Sign.* The Hague: Mouton.

Newcomb, M.(1966) "An Approach to the Study of Communicative Acts," *Communication and Culture: Readings in the Codes of Human Interaction.* New York: Holt, Rinehart and Winston.

Osgood, C.(1967) *The Measurement of Meaning.* Illinois: University of Illinois Press.

Piaget, J.(1968) *Le structuralisme.* Paris: PUF.

Robey, D.(ed.)(1973) *Structuralism: An Introduction.* Oxford University Press.

Saussure, F. de(1916[1983]) *Cours de linguistique générale.* Paris: Payot.

Schiffrin, D.(1994) *Approaches to Discourse.* Oxford: Blackwell.

Searle, J. R.(1979) *Expression and Meaning.* Cambridge University Press.

Shannon, C & Weaver, W.(1949) *The Mathematical Theory of Communication.* University of Illinois Press.

Schramm, W.(1954) "How Communication Works," W. Schramm(ed.), *The Process and Effects of Mass Communication.* University Illinois Press.

Sperber, D. & Wilson, D.(1986) *Relevance: Communication and Cognition.* Harvard University Press.

Thomas J. A.(1986) "The Dynamics of Discourse: a Pragmatic Analysis of Confrontational Interaction," Unpublished doctoral dissertation. Lancaster University.

van Dijk, T.(ed.) *Handbook of Discourse Analysis.* Volume 1, New York: Academic Press.

Vinogradov, V. V.(1955) "Itogi obsuženija voprosov stilistiki," *Voprosy jazykoznanija* 1.

________________(1963) *Stilistika. Teorija poėtičeskoj reč'.* Poėtika, Moskva.

Wahl, F. (éd.)(1968) *Qu'est-ce-que le structuralisme?.* Paris: Seuil.

Weaver, W.(1966) "The Mathematics of Communication," *Communication and Culture: Readings in the Codes of Human Interaction.* New York: Holt, Rinehart and Winston.

Wittgenstein, L.(1953) *Philosophical Investigations.* London: Blackwell.

Zolotova, G. A. et al.(1998) *Kommunikativnaja grammatika russkogo jazyka.* Moskva.

제2장

소통과 화용적 계기들

|이기웅·홍택규|

1. 소통의 화용적 공간과 통합화의 문제

언어적 소통의 일반 모형에 관한 첫 번째 발표에서 소통의 구성적 역동성은 텍스트화를 중심으로 방법적으로, 언어 내적/외적 공간이라는 이중의 구성적 공간과 실천의 내재적/외재적 공간이라는 이중의 실천적 공간으로 나뉘어 고찰되었다. 언어적 소통의 이러한 다차원성과 관련해 이 글에서는 그중에서도 언어 외적 공간에 위치한다고 볼 수 있는 소통의 화용적 측면을 다루고자 한다. 그중에서도 특히 먼저 화용의 인지적 과정에 초점을 맞추고, 이어서 그러한 과정을 이끌어 간다고 여겨질 수 있는 일반 원칙이 어떻게 언어의 기능과 연관된 주체사이적 형식이라고 할 수 있는 기능태의 분화 양상과 맞물리는지를 살펴보기로 하자.

그러면 이러한 본 논의에 들어가기에 앞서, 먼저 일반적 배경으로서 소통의 구성적 공간 중의 하나인 화용적 공간에 대해서 생각해 보자. 여기서 말하는 소통의 화용적 공간이란 대화 참여자들이 언어의 체계 내적 요소들을 - 구조적, 규범-문체적 요소들을 - 상대방과의 관계 속에서 적절하게 활용하는 방식과 조건들로 구성된 일종의 운용적 공간을 말한다.[1]

---

1) 이러한 것을 대상으로 하는 화용론의 구상은 모리스(Morris 1938)로 거슬러 올라가지만, 화용적 현상들을 모두 수렴할 수 있는, 자기 경계가 명확한 하나의 독립적인 분야로서 화용론을 상정하는 것은 이론적으로 아직 내적인 통일성을 갖추지 못한 상태다. 이 점은 가령 화용론의 정의에 관해서 레빈슨(Levinson 1983)이 보여 주고 있는 다각적인 논의로부터 별로 진전된 것이 없다.

이러한 공간은 기본적으로 언어 내적 공간을 토대로 해서 이루어지는 화자와 청자에 의한 메시지의 구성과 재구성 과정들이 언어 밖의 공간, 즉 언어화되는 존재 및 사건들에 대해서 상호공유적인 '지칭'[2]의 방식으로 연결되는 데 핵심적인 역할을 한다. 이 점은 그 동안 언어철학이나 언어학에서 활발하게 진행되어 온 의미론이나 화용론의 다양한 연구들에서 잘 입증되고 있다. 가령, 텍스트화의 과정 속에서 언어의 안과 밖에 위치하는 존재와 사건을 지칭하는 것은 단순히 언어 체계 내에 이미 존재하는 것들 중에서 지시적으로나 표상적으로 적합한 것을 선택하는 행위가 아니라 다음과 같은 일련의 화용적 활동들이 동시적으로 개입하는 복합적 과정인 것이다. 요컨대, 텍스트화의 과정 속에서는 우리의 의식에 다양하게 투영되는 현실 속이나 언어 속의 존재와 사건들에 대한 다양한 '이름붙이기'가 필요하며(Kripke 1972 ; Арутюнова 1976, 1983, 1988 ; Martin 1983, 1987 ; Падучева 1985 ; Recanati 2000 ; Шмелев 2002), 그와 동시에 이러한 '이름붙이기'는 함의, 전제, 유관성, 그리고 추정 등을 통해서 발화의 적절성을 만족시켜 줄 수 있는 문맥적 한정과 관계하며(Stalnaker 1972 ; Grice 1975 ; Heim 1983 ; Sperber & Wilson 1986 ; Jayez 1988 ; Beaver 1997), 그리고 배경 지식, 문화적 규범, 발화의 사회적 표상, 언어-문화적 토포스(topos) 등과 같은 요소들의 고려는 소통 활동의 절차적, 사회-문화적 토대를 형성함으로써, 앞의 두 활동, 즉 언어적 표현의 구성을 통한 '이름붙이기'와 그것의 문맥적 한정에 현실적 맥락과 근거를 제공해 주는 역할을 하는 것이다(Формановская 1982 ; Leech 1983 ; Searle 1983 ; Rastier 1987). 그러나 이것만이 다는 아니다. 텍스트가 '텍스트다움'을, 즉 '정합성(coherence)'과 '응집성(cohesion)'을 얻기 위해서는 구성되는 언어적 표현들 사이의 연관성의 확립과 적절한 배치가 또한 문제가 되는 것이다. 구성요소들 사이의 의미적 연결성의 형성을 통해서 이루어지는 텍스트의 응집성은 한편으로는 언어 내적인 공간으로부터 구성되는 의미적 동위성(isotopie ; Greimas 1966)에 의해서 형성되기도 하지만, 다른 한편으로는 언어 외적인 공간의 화용적 요소들에 의해서 형성되기도 한다(Апресян 1995). 따라서 텍스트의 의미적 흐름과 화용적 공간의 구성 사이에는 밀접한 연관이 있다고 볼 수 있다. 그리고 텍스트성의 구성에 있어서 보다 본질적인 것은 텍스트 내의 개별 발화들을 통괄하는 정합성이라고 할 수 있는데, 이것은 통상 텍스트가 지칭하는

2) 여기서 '지칭'이란 말을 사용하는 것은 언어 기호가 '그 자체까지 포함해서 다른 어떤 것을 대신한다'라는 일반적 의미에서이다. 따라서 대상에 대한 지시나 기술 등은 지칭의 양태들이라고 볼 수 있다.

'세계'가 그 텍스트에 할당될 수 있는 '해석적 사태들의 전체형상들(configurations)' 속에 포함되는 경우를 가리킨다(Petöfi & Sözer 1988). 요컨대 텍스트의 정합성은 담화적 표상과 관계된 현상으로서, 화자의 '세계'와 청자의 '세계', 그리고 통상 객관적이라고 받아들여지고 있는 '사물의 질서' 사이의 일치와 불일치가 문제가 되는 것이다(Fauconnier 1984, 1997; Булыгина и др. 1992). 따라서 텍스트의 전체형상의 구성적 방향성과 그 운동은 이러한 상이한 세계들 사이의 상호작용과 대화로써 만들어지는 것이라고 볼 수 있다. 이렇게 놓고 볼 때, 텍스트의 본질은, 즉 텍스트성은 서로 다른 세계들의 대화적 소통을 전제로 하는 것으로 간주될 수 있으며, 이때 일차적으로 문제가 되는 것은 바로 소통의 매개물로서 텍스트의 공통적 타당화의 원칙인 것이다.

이상과 같이 살펴본 것처럼, 텍스트화의 토대가 되는 언어 내적 공간을 불가분의 관계로 둘러싸고 있는 언어 외적 공간으로서의 화용적 공간 속에는 함의, 전제, 초점, 강조, 배경지식, 문화적 규범, 언어지형, 정합성과 응집성 등과 같은 다양한 현상들과 발화 행위(speech act), 표상, 믿음, 정신 공간(mental space), 유관성, 추론, 추정 등과 같은 다양한 활동들이 위치하고 있다. 언어적 소통의 화용적 공간을 이루고 있는 이러한 다양한 구성적 요인들은 지금까지 화용론이라는 커다란 테두리 안에서 여러 가지 관점에서 산발적인 방식들로 많이 연구되어 왔다. 그 결과 현대 언어학 내에서 아마도 현재의 화용론처럼 다면적이고도 이론적으로 경계가 불투명한 분야도 없을 것이다. 따라서 개별적인 화용적 현상들이나 활동들에 대한 깊이 있는 연구들도 여전히 필요하지만, 그보다도 더 절실한 것은 제반 화용적 현상들과 활동들을 통합하는 어떤 단일한 이론의 가능성을 모색하는 일일 것이다. 이를 위한 조건으로는 화용적 공간 전체를 관통하는 이론적 원칙의 단순성과 다양한 현상들에 대한 풍부한 설명적 적합성이 요구된다고 볼 수 있다. 이러한 연구 맥락을 고려하면서, 여기서는 먼저 언어적 소통의 다양한 화용적 구성요인들을 인지적 관점에서 통합적으로 활용할 수 있는 이론적 가능성을 살펴보고자 한다. 그리고 이어서 이러한 이론적 가능성이 실제 발화 행위를 기능적으로 규정하는 다소간 객관화된 주체사이적 형식인 기능태들에 의해서 보충되어야 하는지 가늠해 보고자 한다.

2. 화용의 인지적 양상

최근에 특히 활발해지고 있는 소통에 대한 인지적 접근은 크게 두 가지 경향으로 대별될 수 있다. 그중 한 흐름은 인간의 인지과정에 작동하는 은유/환유 모델의 원형성을 강조하는(따라서 인간이 사용하는 언어도 기본적으로 '비유적일' 수밖에 없다는) 인지언어학적 입장(Lakoff 1987 ; Gibbs 1994 등)이라 할 수 있으며, 다른 하나는 인지 과학적인 연산적(computational) 방법론의 적용을 통해 그라이스-설(Grice-Searle) 방식의 '표준적 화용모델(Standard Pragmatic Model)'을 넘어서는 인지적 화용 이론을 구축하고자 하는 입장(Sperber & Wilson 1986, 1998 ; Carston 1988, 1999 등)이라 할 수 있다. 이러한 두 연구경향은 기본적으로 여러 가지 점에서 철학적, 방법론적 배경을 공유하고 있다. 이를테면, '인간의 마음(mind)은 본유적으로 축어적(literal)이지 않다', '인간의 언어는 필연적으로 완전히 명시적이기는 힘들다' 등과 같은 언어적 불확정성의 테제나, '비유적 언어는 별도의 특별한 인지과정의 생성과 이해를 필요로 하지 않는다'고 주장하는 깁스(Gibbs)의 '시적인 마음(poetic mind)' 등이 양자 간의 공통적 배경을 구성하다고 볼 수 있다. 그러나 우리의 언어적 인지 과정에 내재한다고 여겨지는 어떤 원형성 자체를 강조하는 이론적 경향은 최근에 와서 어느 정도는 그 학문적 생산성이 소진되는 모습을 보이는 반면, 화용 행위 자체에 대한 어떤 인지적 모형화를 추구하려는 연구경향은 소통에 대한 대안적인 일반적 화용 이론을 구축하려는 연구 성과를 활발히 내고 있는 것으로 보인다. 따라서 여기서는 우선 깁스(Gibbs 1994)의 심리 언어학적 관찰을 간단히 살펴본 후, 이러한 배경에서 외적 함축(explicature)/내적 함축(implicature)에 관한 논의를 중심으로 언어적 소통의 인지-화용적 일반 이론의 구축 가능성을 살펴볼 것이다. 특히 여기에서는 카스튼(Carston)의 논의가 핵심을 차지할 것이다.

2.1. 깁스의 심리 언어학적 관찰

흔히 '표준적 화용모델'이라 불리는 그라이스-설 방식의 견해는 축어적인 발화보다 비유적인 발화(은유, 환유, 아이러니, 간접화행 등)를 이해할 때 더 많은 인지적 노력이 필요하다고 간주한다. 이를테면, 그라이스는 비유적인 발화들이 대화상의 격률들(양적 격률, 질적 격률 둘 중의 하나나 둘 다)을 위반하기 때문에 이러한 발화를 이해하는 데는 추가적인 인지적 노력이 요구된다고 가정하며, 설 역시 "Criticism is a branding iron"이라는 발화를 듣게 될 때, 청자는 a) (우선적으로) 이 발화의 축어적 의미를 파악해서, b) 이 축어적 의미가 해당 발화의 의도된 의미인지 아닌지, 그리고 해당 맥락에 부합하는지를 결정해야 하며, c) 협동적 원리나 화행 규칙들을 통해서 전달되는 의미(이 경우에는 메타포)를 결정해야 한다고 주장한다. 하지만, 깁스는 반드시 그런 것 같지는 않다는 심리언어학적 결과들을 제시한다. 이를테면, 간접적 요청도 적절한 맥락에서 읽혀지면 직접적 요청에 비해 시간이 더 걸리지 않는다는 것이다. 깁스는 더 나아가 비축어적 발화를 이해할 때 축어적 의미와 비축어적 의미 둘 다 동시적으로 처리된다는 이른바 '수정된 유형의 표준화용 모델'(Clark 1979 ; Clark & Schunk 1980)의 제안에 대해서도 충분한 맥락이 주어지면, 사람들이 메타포적 발화에서 의도된 의미를 도출하기 전에 해당 발화의 축어적 의미의 해석을 거치지 않을지도 모른다는 심리 언어학적 실험 결과를 제시한다. 한 예로, 실험참여자들이 충분히 긴 맥락의 말미에 있는 표적 문장을 읽었을 때 축어적 표적 문장과 은유적 표적 문장을 해독하는 시간에 차이가 없었다는 것이다. 심지어 아이러니적 간접화행으로 사용되는 "Why don′t you take your time washing the dishes?"와 같은 발화를 이해할 때도 시간이 더 걸리지 않았다는 결과까지 제시한다. 즉, 이러한 실험의 결과는 결국 은유나 아이러니 등을 다루기 위해 어떤 별도의 특별한 인지적 기제를 설정해야 할 필요성이 전혀 없다는 것을 암시한다.

하지만, 비유적 언어사용에 대한 대부분의 전통적인 설명은 비유적 발화가 '진실되고, 중의적이지 않게 말해야 한다'는 의사소통의 광범위한 표준을 위반하는 경우라고 설명한다. 즉, 축어적 발화는 사고와 언어 외적 세계의 진실한 반영인 반면, 비유적 발화는 실재를 왜곡한 채, 별도의 수사적 목적에 충실한 경우라는 고래의 관념을 그대로 유지하고 있는데, 이처럼 축어성을 '무언가 진실된 것'과 연결시키려는 시도에는 '축어성과 명시성/정확성의 개념 사이에는 친밀한 연결이 존재한다'는 암묵적인 방법론적 배경이 놓여 있다. 이를테면, 설(Searl 1969 ; 20)은 '의미될 수 있는 것은 무엇이든지 언어로 진술될 수 있다'는 꽤 이상화된 '표현가능성의 원리'를 주장하기도 한다.[3)]

3) 사실 축어성이라는 개념 자체도 엄밀하게 정의되어 사용되지 않았다는 점 역시 지적되어야 한다. 깁스는 적어도 다음과 같은 다섯 가지 유형의 축어성이 존재한다는 것을 지적한다 : 관습적 축어성(축어적 용법이 시적인 용법, 과장, 미화, 간접성 등과 대조되는 경우) ; 테마 내용의 축어성(어떤 표현들이 특정한 테마에 대해서 이야기하는 데 사용되는 통상적인 표현들인 경우) ; 비은유적 축어성(한 단어나 개념이 결코 제2의 단어나 개념에

그러나 '언어적 불확정성(underdetermination)의 테제' 정도로 명명될 수 있을, "화자에 의해 사용된 언어적 형태는 어쩔 수 없이 그가 외적으로 명시적으로 표현하는 명제를 불확정적으로 결정한다"는 입장에 바탕을 둔 카스튼의 외적 함축(explicature) 대 내적 함축(implicature)에 관한 논의는 오히려 반대의 경우가 사실에 가깝다는 것을 잘 보여 준다.

2.2. 인지적 화용 이론으로서 유관성 이론(Relevance Theory)

자연 언어의 문장이나 발화의 의미에 대한 표준적인 견해는 문장은 특정한 논리구조를 가지고 있으며, 이 논리구조의 토대 하에 진리조건적 내용이 할당된다는 것이다. 보다 '의미론적으로' 정향된 이러한 설명은 문장의 논리형태(logical form)에는 '숨겨진 지표 기호들(indexicals)'이 존재하며, 그런 까닭에 이를테면, 다음의 (1)과 (2)와 같은 발화에는 각각 음성적으로는 실현되지 않은, 장소성분을 표시하는 요소와 두 문장 사이의 관계를 지시하는 변수항이 있어야 한다고 가정한다.

(1) It's raining.

(2) Bill ran into John and John stopped his car in an illegal position.

다시 말해, 위와 같은 예에서 문맥적 요소의 복원 역시 (3)처럼 지표 기호들이 표층으로 드러난 경우와 동일한 방식으로 언어시스템에 의해 강제된다는 것이다.

(3) She put it there.

반면에 대안적인, 보다 화용적으로 정향된 접근에서는 문장 (1), (2)에는 진리 조건적 내용을 결정하기 위해 문맥 값(contextual value)을 할당받아야 하는 변수들이, (이를테면, '표층에 드러나지 않은' 지표기호들과 같은 것들이) 존재하는 어떠한 언어학적 표상의 층위도 존재하지

의해서 이해되지 않는, 직접적으로 의미 있는 언어) ; 진리 조건적 축어성('세계에 합치될 수 있는' 언어, 즉, 객관적으로 존재하는 물건들을 지시할 수 있는 언어나 객관적으로 참이거나 거짓일 수 있는 언어) ; 맥락 독립적 축어성(어떤 의사소통 상황과도 무관한 의미나 '제로-맥락' 속의 의미).

않는다고 가정한다. 대신에 스페르베르와 윌슨의 유관성 이론과 같은 인지적 화용 이론은 이것을 가령 지표적 기호들에 문맥 값을 공급하는 과정인 '채움(saturation)'이나 발화되지 않은 요소들을 복원하는 과정인 '자유로운 풍부화(free enrichment)' 등과 같은 화용적 원리들을 통해 설명한다(여기서 이 "자유로운"이라는 용어는 그러한 복원 과정이 '언어(학)적' 통제로부터 자유롭다는 의미에서 사용되었다).

그리고 이와 같은 접근방식을 특징으로 하는 유관성 이론은 인간의 인지 활동에 대해서 다음과 같은 이론적, 방법론적 배경을 상정한다고 볼 수 있다. 요컨대, 인간의 마음은 정보를 표상의 형태로 처리하는데, 이 과정에서 표상들에 대한 어떤 종류의 연산(computation)을 수행하게 된다는 것이다. 또한 마음은 다른 정신체계들로부터 대체적으로 자율적인, 또한 영역이 특정화된(domain-specific) 하위체계들을 구성한다는 점에서 상당한 정도로 일원론적(unitary)이다. 그중 음향-음성적 입력을 특정한 음성형태를 가질 수 있는 모든 종류의 언어적 실체로 사상하는 일종의 지각 시스템인 언어 입력 시스템은 거의 확실히 일원적이다. 당연히 이 시스템은 모든 언어 외적 고려들을 무시하는 꽤 엄격한 시스템이어서, 음성적 질료를 발화해석과 연관된 시스템들이 사용할 수 있는 포맷으로 빨리 전달하는 기능을 담당한다.

한편 이처럼 일원론적 특징을 갖는 마음의 상정과 더불어서, 발화된 것의 이해에 관한 인지적 설명은 언어 시스템에 의한 해독과정(decoding)과 화용적 추론과정(inference)을 근본적으로 구별되는, 서로 다른 두 과정으로 간주한다. 언어적 프로세서에 의한 표상적 아웃풋은 종종 '의미적' 표상(혹은 논리형식)이라고 명명되었지만, 오히려 이것들은 다른 정보출처로부터의 표상들과의 통합을 위해 적절한 포맷으로 존재하는 형식적, 통사적(혹은 하위 명제적 subpropositional) 표상들로 간주되어야 한다. 그리고 이러한 통합과정의 결과, 가능한 외적 사태(state-of-affairs)를 표상하는, 따라서 외적 실재에 대해 참/거짓을 평가할 수 있는 명제적인 표상이 발생하게 된다.

하지만 이 표상들이 전체적으로 복원된 후에야 화용적 추론 시스템이 작동하게 되는 그런 방식을 상정하는 것은 아니다. 오히려, 여기에서의 메커니즘들은, 즉 파서(parser)와 화용적 체계는 우리 뇌의 중앙 처리장치의 직접적 제어를 통해 온라인으로 천분의 1초 단위로 작업을 수행한다. 그래서 화용적 시스템은 매우 자주, 전체적인 음향적 자극이 언어시스템에 의해 처리되기도 전에 의도된 어휘의미, 지표적 지시체, 함축 등에 대한 가설을 세울 수 있게 된다.

당연히 여기에서 중요한 것은 화용적 시스템이 어떻게 마음의 전체적 구조에 맞춰지는가의 문제인데, 이를 위해서는 '언어적' 체계와는 명백히 따로 구별되는, '마음의 이론', '마음의 독해' 등으로 알려진 인지체계가 존재한다는 것을 적극적으로 고려해야 한다. 즉, 우리 인간은 다른 사람의 행동을 (그 행동의 기저에 놓여 있는 것으로 간주되는) 신념, 바람, 의도의 관점에서도 해석하는 것 같다는 것이다. 신념, 의도와 같은 정신적 상태를 타인의 속성으로 간주하는 이 시스템은 진화된 인지적 모듈의 표준적 자질인 것으로 보이는데, 상당히 신속하고, 자동적인 속성을 가지고 있다. 그리고 이 시스템이 다루는 표상의 종류는 메타-표상적인(meta-representative) 것이어서, 누군가의 속성으로 간주될 수 있는 다른 표상의 내용을 표상하며, 따라서 주어진 것에 대해서 이처럼 상위 층위의 설정을 통한 포섭 메커니즘은 몇 차례의 연속적 층위에까지 반복될 수 있게 된다. 가령, 화자의 발화에서 명제적 내용의 의미와 이것을 대상으로 보다 한 층위 높은 것에서 설정되는 명제적 태도의 의미, 그리고 청자가 이것들에 대해서 설정하는 한 차원 더 높은 의미 해석은 이런 메커니즘을 구체적으로 잘 보여 주는 예라고 할 수 있다. 이런 까닭에, 우리 마음의 체계에 관한 이론은 실제적 사실성과 관련된 최초의 표상적 층위의 경우와는 본질적으로 구별되는 이론내적으로 고유한 연산적 자질을 가지고 있어야 한다.

왜냐하면 마치 도움을 요청하는 것 같은 몸짓(눈짓)은 특정한 코드화의 요소가 없이도 도달될 수 있기 때문이다. 따라서 이와 같은 종류의 명시적 행위는 어떤 소통적 의도를 포함하게 된다. 가령, 이 경우 소통적 의도는 어떤 생각을 구체적인 것을 통해서 펼쳐 보여 줌으로써 보다 낮은 층위의 정보전달적 의도를 현시적인 것으로 만드는, 보다 높은 층위의 정보전달적 의도라 할 수 있다. 하지만, 소통이 언어적인 것일 때는, 당연히 해당 언어적 의미에 접근하는 것이 화자의 의미를 파악하는 최초의 단계가 된다.

스페르베르와 윌슨은 이해의 모듈 역시 '마음의 이론'의 모듈에 (하위 모듈로서) 긴밀하게 연관되어 있는 메타-표상적 모듈로 간주한다. 다시 말해, 명시적 행위를 해석할 때 청자가 대화 참여자의 의미를 포착하는 것은 청자가 해당 효과가 도달되었으면 하는 화자의 의도를 미리 선험적으로 인지하지 않고는 도달될 수 없다는 것이다. 즉, 스페르베르와 윌슨은 흔히 생각되는 '행위 ⇒ 바람직한 결과의 확인 ⇒ 의도'라는 표준적 추론 패턴이 명시적 이해

시스템에는 유용하지 않다고 간주한다. 결국, 명시적 소통 행위자로서의 화자는 명백히 청자에게 정신적 노력을 들일 것을 요청하며, 이러한 노력이 그럴 만한 인지적 효과를 기대할 수 있을 것이라는 것을, 즉 아무런 쓸모없이 노력을 소비하게 되지는 않을 것이라는 것을 보장한다. 어쨌든, 이처럼 의도된 효과는(즉, 대화 참여자의 의미를 포착하는 것은) 대화 참여자의 의도를 우선적으로 인지하는 것에 종속되어 있다.

이처럼 우리의 소통 행위 속에서 작동하는 추정들에는 외적 함축(explicature)과 내적 함축(implicature)의 두 가지 유형이 있다. 여기에서 외적 함축은 (해당 발화가 코드화하는) 명제 스키마나 템플릿(논리형태)의 토대 하에 화용적으로 구성되는 그리고 발화에 의해 소통되는 명제적 형식을 지칭하며, 이 외적 함축의 내용은 언어 체계의 규칙들에 따라서 해석된 자료와 화용적으로 추론된 자료의 합성물 내지는 혼합물이라 할 수 있다. 반면에 내적 함축은 발화에 의해 소통되는 또 다른 종류의 명제적 형식인데, 이 함축의 내용은 전적으로 화용적으로 추론된 것들로 이루어져 있다. 즉, 양자 간의 구분은 본질상 논리적 파생 메커니즘의 차이에 따른 구분이다. 이를테면, 다음의 발화 (4-a), (5-a)는 적절한 맥락에서 (4-b), (5-b)와 같은 명제, 즉, 외적 함축을 표현할 수 있다.

(4-a) It′s raining.

(4-b) It′s raining in Christchurch, New Zealand, at time tx.

(5-a) Bill ran into John and John stopped his car in an illegal position.

(5-b) [Billi ran into Johnj at tx]P & [as a result of P, Johnj stopped at tx+y in an illegal position]

이처럼, 유관성 이론 내에서 외적 함축이라는 용어는 '말해진 바(what is said)'라는 그라이스적 개념에 관련되어 있기는 하지만, 이와는 상당히 다르게 사용된다. 그라이스적 개념의 '말해진 바'는 종종 의미적 구성물로 간주되지만, 외적 함축은 언어학적으로 코드화된 의미에 더하여 상당한 정도의 화용적으로 유도된(derived) 의미성분을 가지고 있다는 점에서, 그리고 외적 함축의 유도 시 무엇보다도 '자유로운 풍부화'가 요구된다는 점에서 전혀 그렇지 않기 때문이다.

위에서도 언급되었듯이, 언어적으로 코드화된 발화요소는 통상적으로 가능한 한 높은 정도의 외적 명시성을 가지려고 할 필요가 없으며, 화자는 청자가 즉각적으로 접근할 수 있는 추정들과 쉽게 유도할 수 있는 추론을 고려하여 해당 추론과정이 가능한 한 노력을 덜 들이고 의도된 의미에 도달하는 데 필요한 정도만을 코드화한다. 그렇지 않으면 청자에게 불필요한 처리노력을 야기하게 되어, 오히려 발화가 제대로 이해되지 않게 되거나, 혹은 청자를 귀찮게 할 수도 있게 되기 때문이다. 그래서 오히려 많은 경우에 더욱 지표화된 표현이 사용된 (6-c)나 불완전한 문장의 형태를 하고 있는 (6-d)가 보다 더 '정교하게' 표현된 (6-a), (6-b)보다 더 적절하게 된다.

(6) a. Mary Jones put the book by Chomsky on the table in the downstairs sitting-room.
b. Mary put the book on the table.
c. She put it there.
d. On the table.

요컨대, 언어시스템에 의해 코드화된 개념들은 단지 인간의 마음이 조작할 수 있고, 소통될 수 있는 개념들의 목록의 작은 부분집합에 해당할 뿐이다.[4] 즉, 어휘적으로 코드화된 의미는 종종 단지 화자가 염두에 두고 있는 개념에 대한 실마리나 지침으로서 기능할 뿐이다. 유관성에 토대를 둔 이해 전략은 일반적으로 청자가 어휘적 개념과 다른 맥락적 실마리들로부터 화자에 의해 의도된 개념이 무엇인가를 파악해 낼 수 있다는 것이다. 그런 까닭에, 언어적 표현에 의해 코드화된 논리 형식과 청자에 의해 복원된 외적 함축 사이에는 종종 상당한 정도의 간극이 있을 수 있게 된다. 비록, 논리 형식이 화용적 해석의 과정에 본질적인 뼈대를 제공할지라도 말이다.[5]

---

4) 참고로, 하나의 발화는 외적 함축을 단 하나만 가지는 게 아니라, 기본층위의 외적 함축에서 더 상위층위의 외적 함축까지 여러 가지를 가질 수 있다. 이를테면, "Bill : Did your son visit you at the weekend? Mary(happily) : He did."와 같은 대화에서 Mary의 발화는 *Mary's son visited her at the weekend(기본층위의 외적 함축) ; Mary says that her son visited her at the weekend ; Mary believes that her son visited her at the weekend ; Mary is happy that her son visited her at the weekend* 등과 같은 다양한 외적 함축들을 가질 수 있다. 청자는 이러한 외적 함축들 중에서 해당 맥락에서 인지적 효과를 유발하기 쉬운, 어떤 특정한 추정을 표상한다.

5) 바로 이러한 배경에서 "화자에 의해 사용된 언어적 형태는 어쩔 수 없이 '그가 외적으로 명시적으로 표현하는 명제'(즉, 외적 함축)를 불확정적으로 결정한다"는 이른바 '언어적 불확정성의 테제'(Carston 1998)가 유도될 수 있다. 그리고 이 언어적 불확정성은 단지 처리의 편의상의 문제가 아니라, 자연 언어 문장의 본질적인 측면에

이상과 같이, 청자가 외적 함축을 이끌어 내는 과정은 음향적으로 동일하게 지각되는 언어적 실재들 중에서 화자가 구체적으로 어떤 것을 사용했는지를 결정하는 과정, 즉 중의성 해소 과정(disambiguation), 사용된 지표적 기호들의 실제 지시체를 찾는 작업, 즉 지시적 할당 과정, 그리고 문맥 값 채워넣기나 자유로운 풍부화 등의 과정들을 포함한다.

이를테면, 다음과 같이 (7)로 들릴 수 있는 문장에는 각각 (8-a), (8-b)와 같은 서로 다른 진리조건의 집합이 할당될 수 있어, 화자에 의해 사용된 언어적 표현의 정체확인(identification)은 필수적이다.[6)]

(7) Tom gave Pat a ring.

(8-a) An utterance of the sentence 'Tom gave Pat a ring x' is true just in case Tom telephoned Pat.

(8-b) An utterance of the sentence 'Tom gave Pat a ring y' is true just in case Tom gave to Pat a circle of such and such a sort.

지표적 지시의 문제는 일반적으로 의미의 문제틀에서 핵심적인 것으로 간주되어 왔다. 이를테면, (9)와 (10)은 그것이 통상 진리 조건적 의미론의 관점에서 다뤄지는 한 방식을 보여 준다. 가령, 아래의 변수들은 물론 전적으로 특정 문맥의 구체적 특성들로부터 추상화되어 있는 것이다.

(9) a. She is lazy.

해당하며, 청자도 이러한 바탕에서 자신의 임무를 수행하게 된다. 참고로, '어원적 불확정성'이라 불릴만한 현상도 존재한다. 이에 대해서는 가령 크로프트와 크루즈(Croft & Cruse 2003), 김종도 2005 ; 164-165 등을 참조할 수 있을 것이다. 이를테면, *head of the bed*와 *back of the chair*는 환유적 동기와(즉, 사람의 머리나 등이 침대나 의자에 맞닿아 있다는 사실에서 동기 부여된 경우), 은유적 동기(즉, 침대나 의자가 누워 있거나 앉아 있는 사람의 모습과 닮아 있다는 사실에서 동기 부여된 경우) 둘 다를 통해 이해될 수 있다.

6) 그라이스(1975)도 '말해진 것'의 정체확인을 위한 중의성해소의 필요성을 언급했지만, 카스톤도 지적하고 있듯이, 그는 자신의 화용적 기제가, 즉 대화적 격률이 이 과정에 개입된 것으로 간주했던 것 같지는 않다. 즉, 그라이스는 대화적 격률을 대화적 함축의 유도에만 관여하는 것으로 취급했다. 하지만, 발화가 어떻게 이해되는지를 설명하고자 하는 인지적 화용이론은 청자가 동일하게 지각된 언어적 표현 중 어떤 것이 의도된 것인지를 파악하는 과정에 대한 설명을 제공해야 한다.

b. If x is referred to by 'she' in the course of an utterance of (9-a) and x is female, then that utterance is true just in case lazy(x).

(10) a. That is green.

b. If x is referred to by 'that' in the course of an utterance of (10-a), then that utterance is true just in case green(x).

한편, 다음의 예들은 문맥 값 채워넣기의 경우에 해당한다. 예컨대, 괄호 속의 요소는 '채워져야 할' 문맥 값인 것이다.

(11) It's the same. [as what?]

(12) He is too young. [for what?]

(13) I like Sally's shoes. [shoes in what relation to Sally?]

이러한 발화들 모두는 괄호 속의 성분들이 문맥적으로 공급되기 전까지는 의미적으로 불충분하다. 하지만, '자유로운 풍부화'의 관점에서 전적으로 화용적인 설명이 선호되는 다음과 같은 경우들도 있다.

(14) It'll take time for your knee to heal.

(15) Ralph drinks.

(16) Emily has a temperature.

(17) He's a person with a brain.

지시가 할당되면, 위의 예들은 '의미론적으로' '완결적인' 경우에 해당하지만, 이후의 화용적 조정이 없다면, 이 예들은 너무나 비정보적인 따라서 유관하지 않은 '뻔한' 내용을 표현하고 있는 게 된다. 때문에, 화자는 유관한, 혹은 청자가 접근하기 쉬운 문맥적 추정들과 상호작용할 수 있는 '풍부화된' 명제를 의도했을 것임에 틀림없으며, 이 '풍부화된' 명제들이, 즉 논리 형식의 전개들이 외적 함축으로서 소통되게 된다. 이를테면, "It'll take quite a long time for your knee to heal ; Ralph drinks alcohol (habitually).” 등과 같은 식으로 말이다.

이러한 ‘자유로운 풍부화’의 과정은 위와 같은 ‘뻔한’ 내용을 표현하고 있는 문장들로만 국한되지 않는다. 아래의 예들의 경우에도 만약 괄호 안의 성분들이 없다면, 이들은 온전히 명제적이지도 않으며, 따라서 진리치를 평가할 수도 없으며, 명백한 사실도 아니다.

(18) Jack and Jill went up the hill [together].

(19) Sue got a PhD and [then] became a lecturer.

(20) Mary left Paul and [as a consequence] he became clinically depressed.

(21) John has [exactly] four children.

(22) There were [approximately] 50 people in the queue.

하지만, 대부분의 문맥에서 괄호 안의 성분은 의사소통되는 풍부화된 명제 형태나 이것의 일부에 해당하며, ‘청자에 의해 말해진 것’의 내용으로 간주된다. 그리고 이 예들은 논리 형식에 존재하는 어떠한 언어적 성분에 의해서라기보다는 전적으로 화용적 요구에 의해 풍부화된다.

2.3. 스탠리의 의미론적 입장에 대한 카스튼의 비판

스탠리(Stanley 2000)는 다음과 같은 양화사 구문을 예로 ‘자유로운 풍부화’ 가설에 반하여, ‘언어 외적 문맥의 모든 진리 조건적 효과들은 그 기원을 논리 형식으로 거슬러 올라갈 수 있다’는 입장을 개진한다.

(23) It′s raining.

(24) Every time John lights a cigarette, it rains.

이러한 그의 입장에 따르면, 우선 예 (24)는 아래의 두 가지 해석이 가능한데, ‘발화되지 않은 성분 분석’은, 즉 ‘자유로운 풍부화’에 의거한 분석은 상수(constant)인 장소 성분 하나만이 맥락으로부터 복원되는 (26)은 설명할 수 있지만, (25)의 해석은 설명할 수 없다고 주장될 수 있다.

(25) For every time t at which John lights a cigarette, it rains at t at the location l in which John lights a cigarette at t.

(26) For every time t at which John lights a cigarette, it rains at t at some location l which is salient in the context of utterance.

요컨대, '발화되지 않은 성분 분석'이 (23)에 대해서 제공하는 진리조건은 시간 변수만을 가정하는 (27)과 같은 것일 것이기 때문에 (변수 "l"이 '자유로워' 그것의 가치로서 문맥적으로 가장 현저한 장소를 취하게 되는 (26)과는 달리) 변수 "l"이 양화사에 결속되는 (25)의 해석은 설명하기 힘들지만, 논리 형식에 시간 변수 외에 장소 변수를 추가하여 가정하는 설명은 두 가지 해석 모두 설명할 수 있다는 입장이다.

(27) An utterance of 'it is raining (t)' is true in a context c iff it is raining at t and at l, where l is the contextually salient location in c.

이런 까닭에 '자유로운 풍부화'에 근거한 분석은 부적절하며, (24)의 논리 형식에 장소 변수가 존재해야 하듯이, 양화사가 없는 (23)의 논리 형식에도 (일관성의 유지를 위해) 장소 변수가 존재해야 한다는 식의 논의를 전개한다. 뿐만 아니라, 스탠리는 "small", "local" 등과 같은 형용사가 사용된 다음과 같은 예에 대해서도 동일한 방식의 논증을 반복한다.

(28) a. Freddy is small.
b. Most species have members that are small.
c. Most species S have members that are small for S. [bound variable reading]
d. Most species S have members whose size is below s, where s is the standard made salient by the utterance context. [free variable reading]

(29) a. Sue visited a local bar.
b. Everyone visited a local bar.

c. Everyone x visited a bar local to x. [bound variable reading]

d. Everyone visited a bar local to some contextually salient entity. [free variable reading]

다시 말해서, '자유로운 풍부화'에 의거한 분석은 자유 변수들의 의미 해석만을 설명할 수 있다는 것이다.

하지만, 카스튼은 스탠리가 문맥에 대해 외연주의자의 입장을, 즉 문맥이 지각가능한 대상과 자질들로 이루어져 있다는 입장을 취하고 있다고 비판한다. 반면에, 발화에 대한 온라인적 이해를 강조하는 인지적 접근 하에서는 문맥이 정신적으로 표상된 추정들의 집합으로 이해된다고 주장한다. 그리고 이 경우 해당 추정들 중의 몇몇은 즉각적으로 지각 가능한 환경적 자질들의 표상이지만, 대부분의 추정들은 메모리로부터 복원되거나, 저장된 추정 스키마의 토대 하에 구성되는 것들이다. 이런 까닭에, 인지적 접근에서는 이러한 정신적 표상들이 언어적으로 지시되고, 화용적으로 동기 부여된 (논리 형식에 대한) 문맥적 부가사항들을 제공할 수 있게 된다는 것이다. 즉, 정신적 표상이 양화사에 결속된 변수들을 포함하고 있다는 것과 관련된 일련의 추정들이나 또는 추정 스키마들이 존재한다는 점과 이러한 추정들이 발화를 해석하는 과정에서(게다가 특히 양화사를 명시적으로 포함하고 있는 발화에서는) 청자에 의해 접근될 수 있다는 점이 미리 배제될 필요는 없다는 비판이다. 다시 말해, 어떤 유형의 사건은, 이를테면 '비 오는 것'과 같은 사건은, 그것이 발생할 때 시간과 장소가 쌍으로 한 조가 된다는 지식이, 이를테면, 비가 오는 각각의 시간에 대해 그 비가 내리는 장소가 있다거나, 비가 내리는 각각의 장소에 대해 그 비가 내리는 시간이 있다는 식의 지식이 양화와 관련된 표상으로 실현될 수도 있게 된다. 그리고 이러한 지식들은 (24)와 같은 경우처럼 시간적 결속에서 장소적 결속으로의 추론의 적절한 토대를 제공할 수 있으며, "Everywhere John lights a cigarette, it rains."에서처럼 역방향의 추론도 제공할 수 있다.

뿐만 아니라, 카스튼은 발화의 양화사-결속 해석이 위의 경우에서처럼 지표적 기호나 변수가 부재할 때뿐만 아니라, (변수의 복원을 유발할 수 있는 한) 언어적으로 코드화된 양화 자체가 부재할 경우에도 복원될 수 있다는 것을 잘 지적한다. 이를테면, 다음과 같은 '우유배달원에게 우유를 각 방의 정해진 장소에 놓아 달라'는 주인의 발화에서 첫 번째 발화는 양화사도,

지표적 기호도 포함하고 있지 않지만, 화자가 표현하고 있는 명제는 (31)에 표현된 것처럼 양화사-변항 결속을 포함하고 있다는 것이다.

(30) On the tope shelf, please. I don´t want the children getting at them.

(31) For each room r (for each bottle b designated for r (put b on the top shelf in r))

결국, 카스튼의 위와 같은 논증이 옳다면, 전체적 결속 구조는 자유로운 화용적 풍부화의 과정에 의해 복원된다고 볼 수 있다.

2.4. 외적 함축과 내적 함축의 병행적 상호조정

아래의 대화에서 B가 술어 tired를 통해 소통하는 것은 단순한 피곤함, 즉 대부분의 사람들은 어느 정도는 피곤하다는 식의 피곤함이 아니라, 대략적으로 '파티에 가는 것이 B에게는 바랄만 한 하지 않을 정도로 피곤하다'는 것 정도로 풀어 쓸 수 있을, 보다 특정적인 내용이다.

(32) A : Do you want to go to the party?

B : I´m tired.

스페르베르와 윌슨(1998)은 위와 같은 발화의 외적 함축은 내적 함축과의 '병행적인 상호조정'의 과정을 통해 유도된다고 주장한다. 즉, 청자는 언어적 해석에 의해 전달되는 개념적 스키마인 논리형식을 취한 후 가능한 한 노력이 덜 들어가는 경로를 따라 종국적인 해석이 유관성을 충족시킬 때까지 이 개념적 스키마를 외적 층위에서 풍부하게 함과 동시에 내적 층위에서 다른 추정들을 유도해 낸다는 것이다. 위의 A가 B로부터 기대하고 있는 게 'yes' 혹은 'no'의 대답이라는 점이 자명하지만, 이 대답은 B의 발화에 의해 직접적으로 주어지지 않은 채 함축만 되고 있을 뿐이다. 이러한 추론과정이 보장되기 위해서는 외적 함축을 포함하고 있는 전제들이 다음과 같이 "tired"의 개념이 풍부화된 (보다 특정적인) 개념 [tired*]를 포함해야 한다.

(33) B is [tired*].

If B is [tired*] she doesn′t want to go to the party.

B doesn′t want to go to the party.

하지만 위의 (33)은 추론과정을 매우 단순화한, 일종의 결과적 산물일 뿐이라는 점 역시 지적되어야 한다. 위의 추론도식은 비록 내적 함축의 최종적 수용이 풍부화된 외적 함축에 의해 제공된 추론적 보장에 달려 있지만, 이러한 외적 함축의 화용적 풍부화가 함축된 결론에 접근한 후에 발생했을 수도 있다는 점을 잘 보여 주지는 못하기 때문이다. 이에 관련해서 우리는 가령 가추(abduction)의 키아스마(chiasma)적 구조를 참고할 수 있다.

지금까지의 예들은 모두 코드화된 개념이 제한되거나 강화된 경우에 해당했지만, 다음과 같이 확대나 이완이 요구되는 예들도 있다.

(34) Ugh, this custard is raw.

(35) Jane is a bulldozer.

2.5. 환유적 추론의 문제

결국, 이처럼 기존의 견해에 비해 상대적으로 외적 함축의 역할을 강조하는 입장은 곧 추론에서 환유의 역할을 강조하는 입장으로 이어질 수 있다. 이것은 외적 함축이 내적 함축과의 '병행적인 상호조정'의 과정을 통해 유도된다는 것을 인정하는 경우에도 해당된다. 위의 (32)가 간접화행으로 기능하기 위해서는 술어 tired가 외적 함축의 측면에서 '파티에 가는 것이 B에게는 바랄 만하지 않을 정도로 피곤함'(즉, [tired*])으로 풍부화되어야 하는데, 이 풍부화의 과정 자체가 환유적 과정이기 때문이다.

바로 이러한 배경에서, 일반적으로 함축이 작용하고 있다고 여겨지는 아래의 B와 같은 발화도 (36′)의 A와 같은 발화에 의해 바로 이어질 수 있다는 점에서 외적 함축만으로 충분하다는 이바네스와 에르난데스(Ibanez & Hernandez 2003)의 견해도 이해될 수 있다.

(36) A : Did you enjoy your holiday?

B : The beaches were crowded and the hotel was full of bugs.(Blackmore 1992)

(36′) A : I am sorry about that.

다시 말해, 이바네스와 에르난데스는 앞선 B의 응답에서 대용어(anaphora) “that”에 상응하는 언어적 표현을 찾을 수 없는데도, A의 발화에 “that”을 사용할 수 있는 것은 이 “that”이 B의 대답에서 풍부화에 의해 유도된 외적 함축을 지시하기 때문이라고 설명하고 있는데,[7] 이러한 견해의 기저에는 전술했듯이 환유와 외적 함축을 매우 친화적인 현상으로 이해하는 입장이 깔려 있다.

지금까지 살펴본 것처럼, “화자에 의해 사용된 언어형태는 (필연적으로) ‘그가 외적으로, 명시적으로 표현하는 명제’를 불확정적으로 결정할 수밖에 없다”는 ‘언어적 불확정성의 테제’에 기반한 외적 함축에 관한 논의는 이른바 ‘비유적 발화’의 문제와 관련해서도 환유가 은유에 비해 더 기저적인 현상일 수 있다는 하나의 새로운 이론적 함의를 시사한다.

3. 화용의 인지적 원칙에 대한 언어의 기능적 규정

앞장에서 우리는 통합적인 화용론의 구성을 위한 가능성으로서 스페르베르와 윌슨의 유관성 이론과 이것을 언어적 소통에서 외적 함축과 내적 함축의 상호작용 및 비유에 관한 일반적 설명의 메커니즘으로 발전시키고 있는 카스톤의 이론적 시도를 살펴보았다. 이러한 인지적 화용론의 방향성은 확실히 이 연구의 서론에서 언급한 이론적 원칙의 단순성과 풍부한 설명적 적합성을 갖추고 있는 것처럼 보인다. 명시적인 발화의 생성은 그것이 성공적으로 소통되려면

7) 이와 같은 독특한 조응 현상을 환유와 연관시켜 이해하는 것은 일반적이다. 이를테면, 깁스(1994 ; 328)는 아래와 같이 *they*의 선행사가 *garage*인데도 *they*로 지시하는 것이 가능한 것 역시 이러한 개념적 조응 현상이 구조적인 것이라기보다는 환유가 작용하고 있기 때문이라고, 즉 *garage*가 개념적으로 *garage*에 근무하는 사람들을 지칭하기 때문이라고 지적한다 :

A : I need to call *the garage* (where my car was being serviced).

B : They said *they*′d have it ready by five o′clock.

주어진 문맥에 최적의 효과를 지닌, 즉 유관한 추정을 동반한다는(혹은 동반해야 한다는) 유관성의 원칙은 아주 단순하면서도 다변적(多變的)인 개념적 특징을 가지고 있다. 이론적으로, 유관성이란 개념 자체가 소통의 상이한 상황이나 문맥에 따라 그리고 상이한 개인들에 따라서 다르게 나타날 수 있는 일종의 퍼지(fuzzy) 개념이기 때문이다. 그리고 발화의 형태는 코드로부터 규정을 받는 문법적 구조와 주어진 상황이나 문맥에 적합한 추정 구조가 서로 엮여 있다는 생각은 종래의 "엄격한" 언어학의 영역에서 배제될 수밖에 없었던(따라서 "느슨하고도 잡다한" 화용론의 영역으로 밀려났던) 전제, 부정, 조응, 발화 행위, 비유, 아이러니 등과 같은 현상들을 통합적인 언어학의 방식으로 재조명할 수 있는 가능성을 열어 주고 있는 것처럼 보인다. 그러나 이러한 전망과 더불어 다음과 같은 유보점도 생각해 볼 수 있다.

즉, 소통의 언어 내적 공간과 마치 뫼비우스 띠와 같은 방식으로 결합되어 있는 언어 외적 공간으로서의 화용적 공간이 과연 대화 참여자들 사이의 관계나 반응에 대한 다양한 추정들을 행하는 인지활동만으로 이루어진 공간이냐는 점이다. 분명히 이기웅(2001 ; 178)에서 주장하고 있는 것처럼, 발화된 표현의 실제적 의미란 그것이 갖는 의미 표시와 추정 구조의 종합이다. 그런데 문제는 발화의 추정 구조라는 것이 반드시 대화 참여자의 인지적 활동으로만 수렴되지는 않는다는 것이다. 이미 소통의 주체사이성의 관계구조가 언어적으로 고착화되어 있어서 대화 참여자가 그것을 수동적으로, 혹은 거의 무의식적으로 따라가는 경우도 있다.[8] 뿐만 아니라, 인지적 활동 이전 단계인 사회-문화적 선행구조에 의해 이미 확정되는 추정 구조도 존재하는 것이다. 그리고 소통의 화용적 공간 속에서는 인지적 추정구조와 사회-문화적 추정구조 양자가 결합할 수도 있는 것이다. 가령, 다음의 예를 보자.

(37) Ce que je viens d'écrire est faux. Vrai. Ni vrai ni faux, comme tout ce qu'on écrit sur les fous, sur les hommes.(J.-P. Sartre, Les Mots)

(37′) "내가 이 책에서 쓴 것은 거짓이다. 참이다. 미친 이들에 대한, 인간들에 대한 모든 글이 그러하듯이 참도 거짓도 아니다."(장-폴 사르트르, 〈말〉 중에서)

8) 이에 대한 좋은 예로는, 연결사들의 기능적 차별화를 다루고 있는 김정일(2006)을 참조할 것.

만일 인지적 추정으로만(혹은 유관성 이론이 주장하는 것처럼 엄청나게 뛰어난 계산 속도를 지닌 기계나 우리 뇌의 추론으로만) 위의 예를 해독하려 든다면, 우리는 그것이 갖는 논리적 모순과 불확정성으로 인해서 아마도 미쳐버리고 말 것이다.[9] 위의 예는 분명히 유의미한 정합성을 지니고 있는데, 유관성 이론에 따른다면 그것은 화자의 생각과 독자의 생각 사이의 관계를 기반으로 작동하는 아이러니의 특별한 경우로서 설명될 것이다.[10] 그렇지만 위의 예는 의미를 파악하기 위해서는 아이러니에 대한 인지적 추정 구조뿐만 아니라 발화의 사회-문화적 선행구조에 대한 고려도 필요하다. 만일 어떤 개인이 일상 대화나 편지에서 위와 같이 말했다면, 그것은 '책임 회피'나 '농담', '재담', '흉내 내기' 등과 같은 것이 될 것이다. 그렇지만 작가가 자전적인 소설의 결론부에서 썼다면 당연히 다른 계열의 의미적 지향성을 가지며, 그것도 더구나 위와 같은 표현 형식에서는 어떤 하나의 적합한 의미만을 갖는다고 간주되기 어렵다. 요컨대, 사르트르에 대해서, 인간에 대해서, 문학에 대해서 아는 만큼, 그리고 어떤 윤리적 태도를 취하느냐에 따라서, 여러 가지 해석이 나올 수 있는 것이다.

따라서 위와 같은 경험적으로 자명한 예에서 볼 수 있듯이, 소통의 화용적 공간을 관통하는 통합적 원리를 상정하기 위해서는 대화 참여자들의 인지적 활동을 통합적으로 이끌어 간다고 여겨질 수 있는 유관성의 원칙과 더불어 이것의 운용 자체를 미리 방향 지워 주거나 제약하는 언어의 주체사이적인 기능적 형식들에 대한 고찰도 필요하다. 이와 관련해서 여기서는 두 가지 경우를 살펴보고자 한다. 하나는 감정의 직접적 표현과 관계되는 지표적(indexical) 발화인데, 이것은 아마도 주로 언어의 명시적, 혹은 정보전달적 기능에 초점을 맞추고 있는 유관성 이론의 한계를 잘 보여 주는 것 같다. 그리고 다른 하나는 이 책의 앞 연구인 "제1장 언어적 소통의 일반 모형"에서 언급한 바 있는 담화 장르라는 기능태와 유관성의 원칙 사이의 운용적 관계에 대한 고찰인데, 이러한 고찰을 통해서 우리는 대화 참여자들의 인지적 층위에서 작동하는 유관성의 원칙이 어떻게 소통의 기능적 틀에 의해서 미리 방향성을 갖게 되는가를 알 수 있을 것이다.

---

9) 위와 같은 예를 특징짓는 추정 구조에 대한 자세한 논의는 이기웅(1996 ; 272-277)을 참조할 것.
10) 유관성의 관점에서 바라보는 아이러니의 추정 구조에 대해서는 스페르베르와 윌슨(1986 ; 237-243)을 참조할 것.

3.1. 감정의 발화와 유관성 이론

우선, 감정을 직접적으로 표현하는 발화는 명시적이고 정보전달적인 발화와는 달리 어느 정도 추론 불가능성을 특징으로 하기 마련이다. 그런데 흥미로운 것은 감정적 발화의 경우 유관성 이론이 출발점으로 삼고 있는 최적성(optimality)의 가정을 뛰어넘을 만큼 명시적인 자극을 제공하지만 반면 이로부터 적절한 추론을 이끌어 내기가 매우 어렵다는 점이다. 가령, 아래의 예를 살펴보자.

(38) 'You seemed to live so happily with him.' Ossipon tried to exculpate the lukewarmness of his past conduct. 'It's that what's made me timid. You seemed to love him. I was surprised–and jealous,' he added.
'Love him!' Mrs Verloc cried out in a whisper full of scorn and rage. 'Love him! I was a good wife to him. I am a respectable woman. You thought I loved him! You did! (…)' (J. Conrad, *The Secret Agent* – 이탤릭체 강조는 필자에 의한 것임)

위의 대화에서 감정의 발화 "Love him!"은 대화 상대자의 말에 대한 화자의 예기치 못한 반응으로서, 주어진 문맥에 따르면 "경멸과 분노"의 발화이다. 이것을 외적 함축과 내적 함축을 고려해서 정상적인 명제 형식으로 환언해 보면, 아마도 다음과 같이 될 것이다.

(39) [You thought I seemed to] love him, [but it was not true.]

그러나 (39)가 보여 주는 것과 같이 단순히 상대방의 말에 반박하기 위해서 "경멸과 분노"의 감정을 표현하는 것은 명백히 아니다. 비록 예 (38)에서 문제가 되는 감정의 발화로부터 이러한 함축이 유도될 수 있다고 하더라도, 설명의 핵심은 왜 화자가 이러한 함축을 표현하기 위해서 "경멸과 분노"를 대단히 명시적인 자극으로써 드러냈는가를 파악하는 데 있어야 한다. 그런데 스페르베르와 윌슨이 제시하는 최적의 유관성에 관한 수정된 가정을 보면, 이로부터 만족스러운 설명을 이끌어 내기는 어려워 보인다.

(40) 최적의 유관성에 관한 수정된 가정(Sperber & Wilson 1995 ; 270)

(a) 명시적인 자극은 수신자가 그것을 처리하려 노력할 가치가 있을 만큼 충분히 유관적이다.

(b) 명시적인 자극은 소통자의 기량 및 선호에 적합한 가장 유관한 자극이다.

위의 가정 (b)에 따른다면, 예 (38)에서 감정의 발화 "Love him!"의 화자는 이것을 통한 자신의 감정의 표출이 주어진 대화 상황에서 가장 적절한 것일 수밖에 없다는 생각과 더불어 반응한 것으로 해석되어야 한다. 또한 가정 (a)에 따른다면, 청자는 당연히 이 같은 감정적 발화가 만들어 주는 매우 명시적인 자극에 어떤 적절한 반응을 보이게 마련이다. 그렇다면, 이러한 것들로부터 문제가 되는 감정적 발화에 대한 어떤 유효한 해석적 지침을 찾아낼 수 있을까? 사실, 없다고밖에 볼 수 없다. 위의 (40)과 같이 너무 일반화된 형태의 유관성 원칙으로는 다음과 같은 것을 추론적으로 이끌어 낼 수 없는 것이다. 즉, 예 (38)에서 감정의 발화는 화자가 다른 언어적 유형의 발화로는 표현적 출구를 찾지 못하는 발화적 상황을 강하게 제시함으로써 청자가 이에 끌려들어가서 적절한 반응을 하도록 촉구하는 화용적 기능을 특징으로 한다고 볼 수 있으며, 따라서 이 발화가 단순히 (39)만을 함축한다고 보는 것은 주어진 발화 문맥에 충분히 유관적인 해석이 될 수 없음이 명백하다. 예 (38)의 문맥적 상황을 보면, 문제의 감정적 발화를 통해서 화자가 "자신의 남편"에 대해서 북받치는 어찌할 수 없는 "경멸과 분노"를 갑자기 드러내며 상대방의 말에 반응한 것이라면, 이로부터 상대방은 (39)와 같은 함축을 이끌어 냄과 동시에 화자가 왜 자신의 말에 대해서 그러한 감정적 반응을 보이는지에 대한 정보를 이끌어 내는 것이 훨씬 더 중요할 것이다. 그러나 원칙적으로 이것은 감정적 발화를 행한 주체의 태도에 달려 있는 것이지, 그 발화가 제공하는 강도 높은 명시적 자극으로부터 이끌어 낼 수 있는 것은 아니다.

이러한 고찰을 통해서 볼 때, 감정의 발화는 그 자체로 주어지는 언어적 자극으로부터 적절한 해석을 이끌어 낼 수 있는 것이 아니라, 오히려 화자에 의해서 그것에 부여되는 지표성(indexicality)으로부터, 즉 '지금 내가 발화하는 이 표현은 지금 나의 감정 상태를 가리킨다'는 것으로부터 화자와 청자 사이에 적절한 주체사이적인 추정 구조가 확립될 수 있는 것이다. 이렇게 놓고 본다면, 감정의 발화를 특징짓는 화용적 양상들에 대해서 유관성 이론이 타당성을 가지고 적용될 수 있는 범위는 아주 제한적이라고 할 수 있다. 그것은 아마도 가령 아래와 같은 경우들에나 해당될 수 있을 것이다.

(41) I am very angry at being kept waiting so long!

이러한 발화의 경우, 화자는 스스로 자신의 감정을 명명하면서 그 이유 또한 밝히고 있다. 그러나 감정의 발화에는, 이처럼 원인이 되는 상황을 자신의 감정에 투사하는 다소 이성적인 반응도 있지만, 앞의 예 (38)에서 보듯 자신의 감정을 먼저 상황에 투사하는 보다 강도 높은 표현들도 있는 것이다. 특히 후자의 경우, 주어지는 명시적인 언어적 자극은 대단히 강렬함에도 불구하고 그로부터 함축을 설정하고 이끌어 내는 데는 극히 제한적인 범위의 지침밖에, 요컨대 감정의 직접적 분출과 연관되어 있다는 정도의 확실성밖에 제공되지 않는다. 바로 위에서 지적했듯이, 이러한 발화의 본질은 화자의 감정에 대한 지표성에 있기 때문이다.

만일 스페르베르와 윌슨의 주장처럼, 우리의 언어적 소통은 먼저 주어지는 문맥에 맞춰 유관성이 극대화되는 방식이 아니라 오히려 먼저 유관성이 주어지고 이를 극대화시키는 문맥을 선택하는 방식으로 이루어진다면, 이처럼 감정의 직접적인 발화의 경우에는 청자와의 관계에서 주어지는 유관성이 너무 적기에 그러한 방식의 소통이 성립되기 힘들 수밖에 없는 것이다. 여기서 야콥슨(Jakobson 1960) 식으로 말한다면, 화자에 대한 발화의 지향성이 너무나도 큰 것이다. 따라서 이처럼 명시적인 자극은 크지만 유관성은 너무 미미한, 혹은 너무 화자에게로만 치우친 발화의 경우, 소통의 화용적 계기는 우리의 공감적 능력의 기초를 이루는 것에 있는 것이지, 추론에 기초한 연산적 능력에 있는 것은 아니다.

3.2. 담화 장르와 유관성 원칙

바흐친에 따르면(Бахтин 1996 ; 237 이하), 무한히 가변적일 수 있는 개별 발화들이 언어 사용의 사회적 층위에서 상대적으로 안정적인 유형들로 수렴되는데, 바로 이러한 것들을 '담화 장르(речвой жанр)'라고 할 수 있다. 담화 장르는 주제적 내용, 문체, 그리고 구성적 구조라는 세 가지 계기들이 발화라는 총체적 활동 속에서 서로 뗄 수 없이 연결되면서, 발화의 유형을 발화자/수신자 사이의 사회적 관계 속에서 기능적으로 안정시키는 역할을 한다. 따라서 이러한 담화 장르는 인간의 사회적 관계와 활동들이 다양한 만큼 그 수와 종류가 풍부하고 다양하며, 사회적 필요에 따라 끊임없이 새로운 것이 형성되기 때문에 일종의 열린 집합을 구성한다고 볼 수 있다.[11] 이처럼, 담화 장르는 가령 비노그라도프(Виноградов 1955) 등이 제시하는 일상어, 행정실무어, 학술어, 문학어, 정치평론어 등과 같은 일종의 하위 언어적 구분들로서의 기능문체들보다 훨씬 더 자유롭고 유연한 기능태인 반면, 야콥슨(1960)이 제시하는 메시지의 소통적 기능들보다는 훨씬 더 구체적이고, 관례적으로 세분화된 양상을 보인다.

그런데 발화들의 기능적 구성에 있어서 이러한 특성을 지니는 것으로서 담화 장르는 유관성 원칙의 운용과도 밀접한 관련이 있는 것처럼 보인다. 가령, 다음의 예들을 보자.

(42) It is herewith disclosed that the value of the estate left by Marcus T. Bloomingdale was 4,785,758 dollars.(Levinson 1983 ; 260에서 인용)

(43) It is, with this, revealed that the estate left by Marcus T. Bloomingdale amounted to five million dollars.

(44) Well, by this we are made to know our Marcus left about five millions.

만일 정확히 예 (42)가 참인 현실적 상황에 대해서, 예 (43)이나 (44) 등처럼 말해야 하거나 또는 말할 수 있다면, 그것은 해당 발화 상황에 최적으로 유관하게 말해야 한다는 원칙 때문이다. 사실, 예 (42)는 구어적 장르나 편지 등에서는 부적당하며, 법률 문서와 같은 사무적 장르에나 적합한 발화의 경우이다. 반면 (44)는 해당 인물을 친숙하게 잘 아는 사람들 사이에서의 일상적 대화 같은 단순한 구어적 장르에 적합한 발화라고 할 수 있다. 그리고 양자 사이에 위치하는 예 (43)은 신문 기사나 서사 등과 같은 문어적 장르들이나 공식적인 성격의 대화 장르 등에 적합하다고 볼 수 있다. 이처럼 유관성 원칙의 운용은 해당 발화의 언어적 구성에 다소 객관적인 형태로 제약을 가하는 담화 장르의 구분과 밀접히 연관될 수밖에 없는데, 그것은 담화 장르의 구분이 발화를 구성하는 주제적 내용, 문체적 사실, 그리고 구성적 구조 사이의 상호작용에 차별화를 가져오기 때문이며, 따라서 발화자와 수신자 사이에 구체적으로

11) 이에 대해서 보다 상세한 것은 이 책의 제1장 “언어적 소통의 일반 모형”의 제3절에서 기능태들을 설명하는 부분을 참조할 것.

적합한 주체사이적 유관성을 확립하기 위한 우리의 화용적 인지 활동 또한 당연히 이러한 차별화를 고려하지 않을 수가 없는 것이다. 이렇게 놓고 볼 때, 담화 장르란 유관성 원칙의 작동을 거의 자동적으로 규정하는 거시적인 기능적 틀이라고 볼 수 있으며, 이를 통해서 우리의 화용적 인지 활동은 개별적 발화의 구체적 윤곽이나 배경을 특별한 추론적 노력 없이 단지 언어 사용의 타성적 관례에 근거해서 설정할 수 있게 되는 것이다. 따라서 어떻게 보면 발화 장르들은 유관성에 대한 운용 자체를 대상으로 하는, 즉 메타-유관성과 연관된 언어-문화적 구조들이라고 볼 수 있다.

이 점을 극단적으로 잘 보여 주는 것이 가령 아래의 예처럼 아주 특수한 발화 장르로서의 시라고 할 수 있다.

(45) Ô saisons, ô châteaux!

Quelle âme est sans défauts?(Rimbaud, *Une saison en enfer*)

(45´) 오 계절들이여, 오 성채들이여!

어떤 영혼이 흠이 없단 말인가? (랭보, 〈지옥에서의 한철〉 중에서)

어느 시적 발화의 시작부에서 마치 주문과도 같이 나타나는 첫 행과 느닷없는 질문으로 이어지는 두 번째 행에 대해 우리가 이야기할 수 있는 것은 아마도 야콥슨(1960)의 다음과 같은 일반적 지적일 것이다. 즉, '메시지에서 시적 기능이 지시적 기능보다 우월할 경우 그것은 메시지의 지시성을 지워 버리지는 않지만 애매모호하게 만든다'는 것이다. 그렇다면, 시인과 독자들은 도대체 어떤 소통을 하고 있는 것일까? 사르트르의 말대로(Sartre 1948), 여기서 시인이 무엇인가를 말하려고 했다고 믿는 것은 그야말로 난센스일 것이다. 첫 행에서 랭보 또는 시적 발화자는 단지 "saison('계절')", "château('성')"라는 단어와 결부된 이미지들을 제시하고, 둘째 행에서는 단지 "âme('영혼')"이라는 단어와 결부된 하나의 질문을 절대화시키고 있을 뿐이다. 요컨대, 이러한 시적 표현들은 우리에게 어떤 의미를 전달하는 것이 아니라 언어적으로 실체화된 어떤 이미지나 감정들을 그 자체로 절대적인 방식으로 우리에게 보여 주고 있는 것이다. 따라서 이러한 바로서의 시적 발화에 대해서 유관성 원칙에 따른 추정을 이야기한다는 것은 거의 무의미한 일일 것이다. 여기서 본질적인 것은 이러한 발화가 시라는 특정한 담화 장르에 속하는 한에 있어서 허용된다는 사실과 그리고 그 속에서 언어적 표현들은 구체적이고 개별화된 특정한 지각 이미지들(percepts)이나 감정들(affects) 및 이들 사이의 상호작용을 나타내 주고 있다는 사실이다. 따라서 시적 발화는 유관성의 원칙을 자신의 고유한 담화 장르의 구성 원리에 따라서 삭제시켜 버리는 경우라고 할 수 있다. 결국, 언어 사용의 이러한 극단적인 경우를 통해서 확인할 수 있는 것은 담화 장르의 구성이 유관성 원칙의 운용보다 상위에 위치하면서 그것을 규제한다는 사실이다.

4. 유관성과 메타-유관성

언어학이나 언어철학에서 화용론의 본격적인 발전은 언어의 내적 체계를 둘러싼 외적 공간으로서 화용적 공간에서 발견되는 다양한 현상과 사실들을 - 가령, 문장의 현실적 실현 구조로서 테마-레마의 분절, 초점, 강조, 내적/외적 함축, 전제, 추론, 추정, 발화 행위, 콘텍스트, 표상과 믿음 등 - 언어적 소통에 대한 여러 가지 관점들로부터, 즉 의미의 생성이나 해석의 관점들로부터 규명되어 왔다. 그리고 앞에서 우리가 살펴본 것처럼, 화용적 공간 내의 많은 현상들은 스페르베르와 윌슨에 의해서 우리의 언어 사용 행위의 기저를 이루는 인지적 원칙으로 제안된 유관성의 원칙에 의해서 통합적으로 설명될 수 있는 것 같다. 가령, {언어적 표현의 의미 = 말하여진 것 + 함축된 것}이라고 한다면, 이것의 구성은 어떤 특정한 문맥과 가장 적합한 연관을 갖는 방식으로, 즉 "최적의 유관성"이라는 원칙에 따라서 이루어진다고 간주될 수 있다.

그렇지만 이러한 접근 방식은, 저자들이 제시한 예들과 논증에서도 알 수 있듯이(Sperber & Wilson 1986 ; 137 이하), 언어적 소통을 본질적으로 화자의 의도가 언어적 표현을 거쳐서 청자에게 해석되는 일방향적 과정으로 간주하고 있으며, 또한 이와 맞물려서 청자의 해석적 과정에 치우친 이론적 구상이라고 할 수 있다. 비록 앞에서 소개한 (40)"최적의 유관성에 관한 수정된 가정"에서 보듯, 나중에 화자의 입장을 반영하는 소통에 관한 원칙 (40-b)를 제시하고 있지만, 이것은 소통의 화용적 계기들을 통합적으로 설명하는 데 활용하기에는 너무 화자의 주관적인 심리에 치우친 면이 많다. 도대체 주어진 문맥적 상황에서 어떤 화자가 "자신의 기량과 선호에 가장 적합한" 발화를 한다는 것을 우리가 어떻게 추론할 수 있는 것일까? 비록 그의 언어적 소통이 성공이라는 결과로 이어질 때조차도, 이것이 그와 같은 원칙을 반영하는 결과라고 볼 어떠한 객관적인 근거도 원칙적으로 될 수 없는 것이다.

그리고 앞에서 우리가 살펴보았듯이, 유관성의 원칙이 감정의 직접적 발화나 시적 발화와 같은 경우에 성공적으로 적용될 수 없는 것도 근본적으로는 이 이론이 우리의 언어적 소통을 화자 쪽으로부터 청자 편으로 일방향적인 정보적 흐름으로 보기 때문일 것이다. 만일 감정의 직접적인 발화가 청자 편에 주어지는 유관성이 거의 없음에도 불구하고 충분히 소통될 수 있다면, 그것은 감정이라는 비물질적인 실재 자체가 잠재적으로 이미 우리들 사이에 어딘가에 존재하고 있기 때문이며, 그래서 어떤 사건과 결부된 특정한 화자를 통해서 그것이 개별화돼서 언어적으로 표현될 경우 전이적인(transitive) 성격을 갖게 되기 때문이며, 또한 어느 정도 공감적 능력이 있는 화자라면 그러한 발화를 충분히 이해할 수 있기 때문이다.[12] 마찬가지로 유관성의 원칙을 넘어서는 담화 장르의 구성적 원칙들도 이미 우리들 사이에 존재하기 때문에 논리적 추정 자체를 무관하게 만들어 버리는 시적 발화와 같은 특수한 발화들도 성립할 수 있는 것이다. 요컨대, 이러한 사실들은 우리가 언어적 소통의 일반 모형에 관한 선행 연구에서 보았듯이, 우리의 소통은 본질적으로 주체사이성에 기반하고 있다는 사실이 화용의 인지적 원리로서 유관성의 원칙보다 더 상위에 위치한다는 것을 입증해 주고 있는 것이다.

한편 이와 관련해서, 우리는 모든 "진지하지 않은(nonserious)" 언어를 – 가령, 소설, 연극, 영화, 농담, 지분거림, 아이러니, 빈정댐, 과대평가, 과소평가 등에서 활용되는 언어 – 여러 가지 언어 행위들의 "층쌓기(layering)"의 산물로 비유하고 있는 클라크(Clark 1996 ; 353 이하)의 설명도 참조해 볼 수 있다. 가령, "Call me Ishmael"로 시작하는 허만 멜빌(Herman Melville)의 〈모비 딕(*Moby Dick*)〉의 경우, 이 소설은 전체적으로 다음과 같은 두 개의 층으로 구성되어 있다고 볼 수 있다.

(46) 층 2 : 이스마엘은 함께 선원을 지원한 사람들에게 자신을 이스마엘이라고 부르라고 한다.

---

12) 감정의 이러한 초월적 비개별성과 그것의 개별적 현실화에 대한 보다 자세한 설명으로는 가령 가타리(Guattari 1990)의 논문을 참조할 것.

층 1 : 멜빌과 독자들은 함께 서로 마치 층 2에서의 사건들이 일어나고 있는 것인 척한다.

이와 유사하게 우리도 화용적 공간에서 인지적 원칙으로서의 유관성과 그보다 상위에 위치하는 메타-유관성 사이의 관계를 생각해 볼 수 있다. 즉, 발화의 첫 번째 층위에서 문맥적 상황과 언어적 구성 사이의 연관성에 간여하는 인지적 원리가 유관성이라면, 그보다 상위의 층에서 이러한 유관성에 대해서 간여하는 것을 메타-유관성이라고 볼 수 있는 것이다. 그리고 이 메타-유관성을 구성하는 것으로는 유관성에 대한 운용 지침의 언어적 정형화(담화 장르나 문체적 규정 같은 기능태들) 및 감정이나 권력, 널리 알려진 특정한 발화들의 의미, 사회-문화적 선행구조들처럼 이미 우리들 사이에 비개별화된 차원에서 잠재적으로 존재하는 주체사이적 실재들을 생각해 볼 수 있다. 이렇게 놓고 볼 때, 언어적 소통의 화용적 공간에서는 유관성에 대한 메타-유관성의 층쌓기가 이루어지고 있으며, 또 이러한 과정을 통해서 소통의 언어적인 구성적 공간은 언어 외적인 실천적 공간과 맞물리게 되는 것이다.

참고문헌

김정일(2006) "러시아어에서 컨텍스와 정합성의 문제", 〈소통의 구성적 역동성과 러시아 언어-문화 공간의 다차원성 제1차 학술대회 발표집〉.

김종도(2005) 〈인지 문법적 관점에서 본 환유의 세계〉, 경진문화사.

이기웅(1996) "텍스트의 의미구조와 중의성의 해소", 〈언어학〉, 19호.

이기웅(2001) "자연 언어 의미 기술의 문제점과 전망", 〈언어학〉, 30호.

Апресян, Ю. Д.(1995) *Избранные труды, т. 1.* М.

Арутюнова, Н. Д.(1976) *Предложение и его смысл.* М.

__________________(1983) *Русское предложение. Бытийныйтип.* М.

__________________(1988) *Типы языковых значений. Оченка. Событие. Факт.* М.

Булыгина, Т. В. и др.(1992) *Человеческий фактор в языке. Коммуникация, модальность, дейксис.* М.

Бахтин, М. М.(1997) *Собрание сочнений, т. 5.* Москва, 159-286.

Виноградов, В. В.(1955) "Итоги обсужения вопросов стилистики", *Вопросы языкознания* 1.

Падучева, Е. В.(1985) *Высказывание и его соотнесенность с действительностью.* М.

Формановская, Н. И.(1982) *Русский речевой этикет: лингвистический анализ и методологические аспекты.* М.

Шмелев, А. Д.(2002) *Русский язык и внеязыковая действительности.* М.

Beaver, D. I.(1997) "Presupposition," J. van Benthem & A. ter Meulen(ed.), *Handbook of Logic and Language.* Amsterdam: Elsevier, 1997.

Blackmore, D.(1992) *Understanding Utterances: An Introduction to Pragmatics.* Oxford: Blackwell.

Carston, R.(1988) "Implicature, Explicature, and Truth-Theoretic Semantics," *Mental Representations: Interface between Language and Reality.* Cambridge University Press.

__________(1998) *Pragmatics and Explicit/Implicit Distinction.* PhD. Thesis, University of London.

__________(1999) "The Semantics/Pragmatics Distinction: a View from Relevance Theory", *The Semantics/Pragmatics Interface from Different Points of View.* Amsterdam: Elsevier.

Clark, H. H.(1979) "Responding to Indirect Speech Acts", *Cognitive Psychology 11.* 430-477.

__________(1996) *Using Language.* Cambridge University Press.

__________& Schunk, D. H.(1980) "Polite Response to Polite Requests", *Cognition 8.* 111-143.

Croft, W. & Cruse, D. A.(2003) "The Role of Domains in the Interpretation of Metaphors and Metonymies," *Cognitive Linguistics.* Cambridge University Press.

Fauconnier, G.(1984) *Espaces mentaux.* Paris; Minuit.

____________(1997) *Mappings in Thought and Language.* Cambridge University Press.

Gibbs Jr, R. W.(1994) *The Poetics of Mind: Figurative Thought, Language, and Understanding.* Cambridge University Press.

Greimas, A.-J.(1966) *Sémantique structurale.* Paris: Larousse.

Grice, H. P.(1975) "Logic and Conversation," *Syntax and Semantics* 3: *Speech Act.* New York: Academic Press.

Guattari, F.(1990) "Ritornellos and Existential Affects," *Discourse* 12-2.

Heim, I.(1983) "On the Projection Problem for Presupposition," M. Barlow et al.(eds.), *Second Annual Coast Conference on Formal Linguistics.* Stanford University.

Jakobson, R.(1960) "Linguistics and Poetics," T. A. Sebeok(ed.), *Style in Language.* MIT Press.

Jayez, J.(1988) *L'inférence en langue naturelle.* Paris: Hermès.

Kripke, S.(1972) "Naming and Necessity," D. Davidson & G. Harman(ed.), *Semantics of Natural Language.* Dordrecht: Reidel.

Lakoff, G.(1987) *Women, Fire, and Dangerous Things: What Categories Reveal about the Mind.* University of Chicago Press.

Leech, G.(1983) *Principle of Pragmatics.* London: Longman.

Levinson, S. C.(1983) *Pragmatics.* Cambridge University Press.

Martin, R.(1983) *Pour une logique du sens.* Paris: PUF.

_________(1987) *Langage et croyance.* Bruxelles: Pierre Mardaga.

Morris, C. W.(1938) "Foundations of the Theory of Signs," *International Encyclopedia of Unified Science.* University of Chicago Press.

Petöfi, J. S. & Sözer, E.(1988) "Static and Dynamic Aspects of Text Constitution," J. S. Petöfi(ed.), *Text and Discourse Constitution.* Berlin: de Gruyter.

Sartre, J. P.(1948) *Qu'est-ce que la littérature?.* Paris: Gallimard.

Searle, J. R.(1969) *Speech Acts.* Cambridge University Press.

___________(1983) *Intentionality: An Essay in the Philosophy of Mind.* Cambridge University Press.

Sperber, D. & Wilson, D.(1986) *Relevance: Communication and Cognition.* Harvard University Press.

_______________________(1995) "Postface", *Relevance: Communication and Cognition.* 2nd ed., Oxford: Blackwell.

_______________________(1998) "The Mapping between the Public and the Private Lexicon", *Language and Thought: Interdisciplinary Themes.* Cambridge University Press.

Stalnaker, R.(1972) "Pragmatics", D. Davidson & G. Harman (ed.), *Semantics of Natural Language.* Dordrecht: Reidel.

Stanley, J.(2000) "Context and Logical Form," *Linguistics and Philosophy 23.* 391-434.

제3장

텍스트화 : 언어-문화 공간의 구성과 재구성

|이기웅 · 서선정 · 이남경 · 이강은|

1. 언어-문화 공간에 대해서

본 연구의 목적은 언어-문화 공간을 중심으로 텍스트화의 다면성과 역동성을 고찰해 봄으로써 우리의 언어적 소통이 어떻게 단순히 개인들 사이의 메시지 생성과 해석을 넘어서 새로운 문화적 구성물로까지 이어지는가를 체계적으로 이해하는 데 있다. 이를 위해서 여기서 우리는 먼저 언어-문화 공간이라는 복합적인 개념을 - 그리고 아마도 그에 상응하는 실체의 존재를 - 상정할 필요가 있다. 왜냐하면 텍스트는 언어적 구성물인 동시에 문화적 구성물이며, 언어적 경계를 넘어 문화적 맥락 속에서 새로운 생명력을 획득하기 때문이다. 이때 텍스트의 토대를 이루는 본질적인 계기인 언어와 문화는 한편으로는 원칙적으로 각자 자율성을 지니는 상대적으로 독립적인 실체이기도 하지만 또 다른 한편으로는 끊임없는 상호침투 현상을 보이면서 서로 밀접하게 결합하고 있는 모습을 보인다. 요컨대, 문화적 공간 속의 텍스트는 언어적 공간 속의 텍스트를 전제하지 않으면 불가능한 것이다. 따라서 텍스트화의 개념을 두 가지 관점에서, 즉 언어학적인 관점과 문화 이론의 관점에서 해명하기 전에 먼저 우리는 그것과 떼어놓을 수 없는 관계에 있는 언어-문화 공간이란 무엇인가라는 문제에 접근해 볼 필요가 있을 것이다.

소통과 인지 과정의 가장 보편적인 사회적 도구이자 기호 체계로서의 언어는 그 자신의 보편성으로 인해서 인간의 제반 실천적, 상징적 표상의 영역들과 결합하면서 이들로부터 끊임없이 영향을 받게 된다. 이것은 역으로 말하자면 언어가 자신에게 영향을 미치는 영역들에 대해서 해석자의 역할을 하기 때문이다.[13] 언어의 이러한 특권적 위치는 그것이 '기호들의 의미 형성체(signifiance)이자 동시에 발화의 의미 형성체'이기 때문이다.[14] 특히, 언어는 발화를 통해서, 즉 소통 행위를 통해서 그러한 행위를 둘러싸고 있는 문화적 맥락의 의미 질서를 단순히 기호적 재생산으로서 표현할 수 있게 해 줄 뿐만 아니라 새로운 해석자로서의 적극적이고, 창조적인 역할도 가능할 수 있게 만들어 준다. 물론 이를 위해서는 언어의 내재적 구조 속에 역사적으로 다층적인 문화적 맥락들의 의미 질서가 어느 정도 반영되고 있어야 한다. 그렇지만 엄밀히 기호학적인 관점에서 볼 때, 원칙적으로 언어와 문화의 이러한 상호관계는 상동적(相同的)이라기보다는 해석적 관계이다. 이것은 기호 체계로서의 언어가 소통을 위한 잠재적인 가능성의 체계라면 문화는 그러한 가능성에 개별적 현실성을 부여하는 체계이기 때문이다. 따라서 언어적 발화는 문화에 대해서 해석자의 역할을 할 수 있지만 그 역은 성립될 수 없는 것이다. 이렇게 놓고 볼 때, 발화의 생성물인 텍스트를 매개로 해서 언어와 문화가 서로 결합하는 복합적인 공간이 형성된다고 할 때 우선 염두에 둬야 할 점은 그것의 비대칭성이다. 다시 말해서, 언어-문화 공간에서 언어적인 것은 문화적인 것의 소통을 위한 토대가 되지만 그 역은 성립하지 않는 것이다.

물론 문화의 관점에서 본다면 반드시 언어-문화 공간만이 있는 것은 아니다. 가령, 소통의 매개물이 이미지들로만 구성되어 있는 이미지-문화 공간도 있을 수 있다. 드브레(Debray 1992)에 따르면, 이러한 이미지-문화 공간은 사회-문화적으로, 그리고 역사적으로 상이한 양상들을 보인다. 가령, 서구 사회에서 인쇄술의 출현 이후의 이미지-문화 공간은 '그래픽 세계(graphosphère)'로서의 특징들을 보인다면, 디지털 시대의 이미지-문화 공간은 이와는 대조적으로 '비디오 세계(vidéosphère)'의 특징들을 보이는 것이다.[15] 그렇지만 이러한 이미지-문화 공간에서의 소통 역시도 언어적 발화에 의한 해석의 대상이 될 수 있는 한, 우리는 언어-이미지-문화 공간이라는 보다 복합적인 공간을 설정할 수 있는 이론적 가능성을 생각해 볼 수 있다. 어쨌든 그 같은 가능성은 문화적 영역에서의 소통에 있어서

13) 이에 관해서는 벤베니스트(Benveniste 1969[1974])를 참조할 것.
14) 상동, p. 65.
15) 드브레(1992 ; 226-227)에는 이미지-문화 공간의 역사적 구분 및 특징들이 일목요연하게 제시되고 있다.

보다 다차원적인 연구 전망을 열어 줄 수 있지만, 여기서는 논의를 언어-문화 공간으로 한정시켜서 드브레의 연구가 시사하는 바를 참고해 본다면, 그것은 이미지-문화 공간과 마찬가지로 언어-문화 공간도 추상적인 공간 개념이 아니라 사회적으로 그리고 역사적으로 구체화되고 차별화되는 복합 공간이라는 점이다. 따라서 언어-문화 공간에 대해서 이야기할 때 우리는 그러한 복합 공간의 일반적 성격뿐만 아니라 사회-역사적 특수성도 염두에 두어야 한다. 아니, 오히려 후자의 측면이 더 중요한 것일지도 모른다. 언어-문화 공간의 구성적 역할을 하는 언어적 발화의 텍스트화 과정과 그것의 문화화 과정은 본질적으로 구체적인 소통의 과정이기 때문이다.

그리고 문화적 현상으로서의 텍스트는 기존의 문화적 토대, 혹은 문화적 코드에 기반해서 만들어지기 때문에 그것의 생성과 이해는 이중의 종합화 과정과 분절 과정을 전제로 한다. 하나는 언어적 차원 속에서의 종합화와 분절 과정이며, 또 다른 하나는 문화적 차원 속에서의 종합화와 분절 과정이다. 이러한 이중성은 마치 동전의 양면과도 같아서 어느 하나만을 따로 독립적인 과정으로 간주할 수는 없다. 그렇지만 문화적 현상으로서 텍스트가 갖는 이러한 불가분의 양면성을 체계적으로 해명하기 위해서는 방법적으로 그리고 일차적으로 추상적인 단계에서는 방법적으로 양자를 분리해서 고찰할 필요도 있을 것이다. 따라서 본 연구에서는 텍스트화의 과정을 먼저 언어적 차원에서 분석적으로 살펴보고, 이어서 그것을 문화적 차원에서 고찰해 보기로 하겠다. 특히, 이러한 일반적이고 추상적인 작업에 있어서, 전자의 경우에는 1960년대부터 발전해 온 텍스트 언어학의 이론이 유용하다면, 후자의 경우에는 1950년대부터 문화 현상으로서의 텍스트의 의미화 문제를 기호학의 관점에서 꾸준히 이론적으로 해명하려는 노력을 경주해 온 로트만(Ю. Лотман)의 문화 이론이 중요할 수 있을 것이다.[16] 그리고 이러한 고찰들을 바탕으로 본 연구의 4절에서는 텍스트화를 언어-문화 공간의 구성과 재구성의 관점에서 종합적으로 해명하게 될 것이다. 그리고 본 연구의 결론 부분에서는 이상의 작업들을 바탕으로 언어-문화적 과정으로서 텍스트화가 구현하는 주체사이성(intersubjectivity)의 문제를 논의해 보기로 하겠다.

16) 로트만의 문화 기호학 전반에 대한 최근의 정리 작업으로는 가령 앤드루스(Andrews 2003)를 참조할 것.

2. 언어적 과정으로서의 텍스트화

인간의 사고는 객관적 현상에 대한 무질서한 생각의 편린을 넘어 점차 조직화되고 체계화되는 특성을 지니며, 그것의 표현 역시 단편적 기호를 넘어 의미-형식적으로 보다 견고하게 구축된 텍스트로 거듭나게 된다. 텍스트 개념을 의미(смысл)나 정보를 가진 모든 유형의 기호, 모든 유형의 소통 형식에 적용하여 "기호학적으로 조직된 기호의 연속성(последовательность)"으로 이해하는 기호학과는 달리, 언어학에서는 텍스트 개념을 소통의 일차적 수단인 언어 기호(языковой знак)의 연속성으로 이해한다(Храпченко 1985 ; 3). 언어 기호로서의 텍스트는 무질서한 관념을 극복하여 완결된 사고의 조직화를 가능케 해 주며, 또한 그러한 사고의 표현을 가능하게 하는 소통의 매개체이다. 다시 말해서 텍스트는 소통 속에서, 그리고 소통을 위해 창출된다. 여기서 텍스트의 두 가지 측면이 나타나는데, 그것은 의사전달을 목적으로 한 통화 행위 속에서 실현되는 통화 단위로서의 텍스트, 그리고 사용자의 정보처리 과정 속에서 그 의미와 기능이 창출되는 동적인 인지적 구성체로서의 텍스트 개념이 그것이다.[17] 즉 텍스트란 언어 기호의 형식이 되는 씨실과 언어 기호의 의미가 되는 날실, 그리고 초언어적 변인들을 재료로 삼아 견고하게 엮어진 언어적 직물(texture)로서, 자체적으로 응집적이고, 통일된 전체로서 통보기능을 알려 주는 언어 기호들의 합목적적인 연쇄로 정의할 수 있다.

기존 문장기술 모델의 한계성에 대한 인식 하에 언어학의 연구 영역을 '문장 문법(sentence-based grammar)'에서 '텍스트 언어학(text linguistics)'으로 확장시켜야 한다는 요구에 따라, 이제 언어학의 주요 관심사는 언어체계의 내적인 특성 연구로부터 의사소통 중심의 복합적 구조 속에서의 언어체계와 의사소통의 상호작용의 연구로 전환되는 계기를 맞게 된다. 텍스트 언어학은 텍스트를 대상으로 텍스트 생성에 관여된 텍스트화와 텍스트 이해와 관련된 일반적인 원칙들을 찾아 그를 체계적으로 기술하는 것을 목적으로 한다(Золотова 1979 ; 3). 러시아어 언어-문화 공간에서의 텍스트화를 조명하기 위해서는 이와 같은 텍스트 언어학

17) 용어 텍스트(text)는 라틴어 동사 texere('엮다')의 어원을 가지며 여기에서 파생된 명사 textum('엮음')에서 파생되었다. 이것은 텍스트의 본질적 특성을 반영하는 단서가 된다. 즉 text는 과정적 개념으로서 텍스트 생성은 인간의 인지적인 적극성과 관련될 뿐만 아니라 어떤 사회적 의도를 가진 소통의 방향과도 관련된다는 것이다. 한편 텍스트의 일상적인 의미를 살펴보면, '텍스트'라는 단어는 보고서나 계약서처럼 '기록(record 또는 document)'의 의미를 가지거나, 시, 소설, 연극 등과 같은 '작가의 저작물(product of an author)'의 의미를 가지며 서구세계의 수사학에서 유래되어 온 오래된 개념으로서 '작문(composition)'의 의미도 지닌다.

을 중심으로 우선 언어학적 견지에서 텍스트의 속성, 그리고 텍스트화의 규칙성을 밝히는 것이 유효할 것이다.

우선 언어학적 견지에서 정의하는 텍스트 개념은 다음과 같이 요약될 수 있다. 텍스트 개념은, 텍스트와 밀접한 상관관계를 가지면서 소통의 또 다른 단위로 기능하는 담화(discourse)와의 연관관계에 준해 정의되는 경향들이 발견된다. 이때 이 두 개념을 엄밀히 구분하는 경향과 이 두 개념을 동일시하는 경향 사이의 시각차가 존재한다. 텍스트와 담화를 구분하는 경향에 따르면, 텍스트를 추상적이고 잠재적인 것, 담화를 구체적이고 실현적인 것으로 차별화하여, 결국 머리 속에 있는 텍스트가 발화행위(speech act)로 실현된 것을 담화로 본다. '텍스트가 추상적이고 이론적인 구조물로서 문장(sentence) 개념에 맞서는 반면, 담화는 발화(utterance)에 맞선다'고 본 반 다이크(van Dijk 1977)나 '담화를 개인적 차원의 energeia(활동)으로, 텍스트를 ergon(소산)'으로 파악한 코세리우(Coseriu 1979)의 정의는 이와 같은 맥락에서 이해된다. 한편 텍스트 정의와 관련하여 자주 거론되는 기준으로 문어적, 구어적 특성을 들 수 있다. 전통적으로 텍스트라는 의미에는 '기록된 텍스트(written text)'라는 개념이 강하게 작용하는 일면이 있다. 이에 기초하여 담화는 구어적인 특성을 지닌 것, 대화와 같은 언어행위를 가리키는 쌍방향의 '대담(spoken discourse)'으로 보며, 텍스트는 담화를 기록해 놓은 것으로 이해되기도 한다(M. Stubbs 1996 ; 26-27). 텍스트가 추상적인 구성물인 데 대하여, 담화는 구체적이고 관찰적인 자료로 보고 이들을 다른 층위의 언어현상으로 이해하는 위와 같은 시각은 소쉬르의 랑그와 빠롤의 이분법적 전통을 고수하고 있는 입장이다. 그러나 인지적 접근법에 토대를 두고 있는 독일을 비롯한 서구의 텍스트 언어학에서는 텍스트와 담화의 용어를 구별하지 않고 '텍스트'로 통합하는 경향이 일반적이다. 일례로 보그랑드와 드레슬러는(Beaugrand & Dressler 1981) 텍스트와 맥락과의 운동학적 측면을 중시하여, 텍스트를 어느 한 상태에서 다른 한 상태로 진행하는 동적, 과정적 개념으로 이해하고 있다. 텍스트화가 우리의 지식, 감정, 사회적 상태의 변화를 촉구하는 행위이며 앞선 텍스트와 연속성을 전제한다고 규정한 이들은 텍스트를 텍스트답게 만드는 구성요건으로서 텍스트성(textuality)의 일곱 가지 기준들을 - 응집성(cohesion), 정합성(coherence), 의도성(intentionality), 용인성(acceptability), 정보성(informativity), 상황성(situationality), 상호텍스트성(intertextuality) - 제시하고 있다. 텍스트성은 이상적인 텍스트의 형식을 규정하고 창조하는 텍스트의 구성적 원리이며, 최소의 노력으로 텍스트를 사용하려는 효율성, 강한 인상을 남기면서 목표에 도달하는 유효성, 텍스트성의 기준들이 유지되는 배경이나 방식이 부합되는 적절성을 추구하기 위한 제어적 원리로 작용한다.

한편 러시아 언어학에서 가장 일반적으로 수용되는 텍스트 정의에 따르면, 텍스트란 어휘적, 문법적, 논리적 연관관계 하에서 결속되며, 작가나 화자의 양상적 특성(модальный характер)과 화용적 태도(прагматическое отношение)가 결부된 문서(документ)의 형태로 구체화된 것, 그리고 해당 문서 양식에 맞게 규범적으로 다듬어진 전언(собщение)을 의미한다(Гальферин 1974 ; 72). 대체로 러시아 텍스트 언어학에서는 텍스트를 텍스트화의 규칙성에 부합되는 완결된 형식으로서, 문자로 기록된 문어적 특성을 강조하는 경향이 두드러진다. 텍스트 이해에 대한 이러한 러시아적 전통은 로트만을 비롯한 기호학자의 예술 텍스트 분석, 문화적 텍스트 분석의 기본적 토대와 일맥상통한다 할 수 있겠다.

한편 언어적 소통 모델의 요소와 관련하여 야콥슨은 텍스트의 세 가지 영역을 구분하고 있다. 첫째는 화자(또는 작가)-텍스트-청자(또는 독자) 사이에 성립되는 주체사이성으로서, 이것은 작가 형상과 독자 형상의 범주들과 같은 텍스트화의 대화적 성격과 관련되고, 작가와 독자의 소통은 상호 이해를 지향하는 텍스트 활동으로 파악된다(Дридзе 1980 ; 199). 일차적인 텍스트 생성과 관련된 소통활동은 화행 수단의 선택과 조직을 규정하는 텍스트 생성의 범주와 요인들에 대한(즉, 언어적-초언어적, 주관적-객관적 요인들에 대한) 지식에 근거하고(Кожина 1968 ; 251), 청자의 이차적인 소통활동은 텍스트의 지각, 해석, 이해와 관련된다. 둘째는, 텍스트-언어(코드), 텍스트-현실, 텍스트-소통채널과 결부된 텍스트 외적 측면, 인간 외적 측면을 반영하는 영역이다. 소통 맥락은 텍스트화와 텍스트 지각의 조건과 상황을 의미하는데 소통의 영역, 상황의 특성과 연관된다. 셋째는 내적 텍스트 구성을 규정하는 영역으로, 보편적인 언어적 소통모델의 틀 안에서 상관관계를 맺고 있는 다양한 층위의 언어수단의 조직 체계를 의미한다(Болотнова 2000 ; 52 재인용).

텍스트의 생성, 창조, 조직화를 의미하는 텍스트화와 관련된 문제는 야콥슨의 지적처럼 크게 텍스트 내적인 소통 요인과 텍스트 외적 소통 요인과 관련지을 수 있다. 텍스트 내적 요인은 텍스트화에 관련된 다양한 단계의 언어수단의 선택과 형식적 조직화, 주제, 의미적 결속을 포함하고, 텍스트 외적 요인은 작가와 독자의 개성, 일차적 이차적 소통 활동을 규정하는 목적, 과제, 소통 영역의 특성, 상황의 특성, 장르와 관련된다. 텍스트화에 관여하는 요인들을 살펴보면 다음과 같다.

미시구조적 차원
거시구조적 차원 — 텍스트 내적 요인
초구조적 차원
맥락적 지식 차원 — 텍스트 외적 요인
가치적 지식 차원

먼저 텍스트의 미시구조적 차원은 지국적인 응집성을 보장하는 문장 연결 관계를 의미한다. 텍스트 내의 다양한 표현들은 각각 공지시적, 즉 '끊임없는 대명사적 연쇄(=결합적 대치)로 구성된 언어단위 병렬체'로 나타난다. 즉, 텍스트에서 서로 이웃한 두 문장은 적어도 결합적 대치행위에 의해 서로 종속적으로 연결되어 있다. '텍스트는 대명사에 기대어 끊임없이 이어지는 언어단위의 통합체'로 본 하르베크(R. Harweg 1968), '현상학적으로 일차적으로 주어진 언어의 존재방식'으로 텍스트를 보는 슈미트(S. J. Schmidt 1971), 그리고 '텍스트가 텍스트를 만드는 수단을 통해 서로 연결되는 문장들의 연속체'로 보는 이젠베르크(H. Isenberg 1968)는 응집성의 요건을 텍스트화의 일차적 특성으로 보는 입장이다.[18] 이와 같은 텍스트의 응집성(cohesion)은 텍스트 표층(surface text)의 구성요소들, 즉 우리가 보고 듣는 실제 낱말들이 하나의 연쇄(sequence) 속에서 상호 연관 짓는 방식에 관여하는 것으로, 문법적인 의존관계를 바탕으로 하는 것을 말한다. 이때 텍스트화의 토대가 되는 것은 문장 접속 모형이며, 개별 문장들을 집약하는 지시관계의 일치성, 동일한 텍스트 내에서 조응적 연결(anaphora, cataphora)과 같은 텍스트화 조건이 이에 해당된다.

텍스트의 거시구조적 차원은 전체 텍스트의 구조 즉, 텍스트의 의미론적 심층구조로 이해된다. 텍스트의 인지내용의 기본적 단위는 명제로서, 명제는 언어적 발화에 개진된, 명시적,

18) 이러한 경향은 하르베크의 모델에서 그 특징을 찾을 수 있는데, 그는 텍스트 내의 다양한 표현들이 각각 공지시적이고, 동일한 언어 외적 사실과 관련되어 있는 결속구조를 체계적으로 기술하고자 했다. 하르베크는 지시대상을 '지시체', 대용형을 '대치물', 전체 현상을 '결합적 대치'라 일컫고 있는데, 결합적 대치는 통어론적 텍스트 구성에 중요한 역할을 한다. 그래서 하르베크는 '정태적' 텍스트 개념을 전개하고 있으며, 텍스트는 "끊임없이 대명사적 연쇄로 구성된 언어단위 병렬체" 즉, 텍스트에서 서로 이웃한 두 문장은 적어도 결합적 대치행위에 의해 서로 종속적으로 연결되어 있다는 것이다. 이러한 경향은 한 마디로 문장 연결 관계를 규명하는 미시구조적 특징으로 말할 수 있다.

함축적으로 제시될 수 있는 인지내용의 정보핵 또는 주제핵으로서 거시규칙을 통해 환원 또는 축소되는 것으로 이해할 수 있다. 명제와 명제(명제 복합체) 사이의 정합성은 명제들(명제 부분들)간의 관계(내포 관계)나 지시체와의 관계(외연적 관계)에 기초한다. 즉 정합성은 텍스트 세계의 구성성분들이 상호수용 가능하고 적합성을 띠는 방식에 관여하는 것으로 표층구조의 근저에 깔린 개념들과 관계들의 배열이 상호 연결되고 관련이 되는 것으로 인과 관계, 이유, 목적, 시간적 순서 등의 의미상의 연결성으로 텍스트 사용자들 간의 인지적 처리과정(cognitive processes)에서 오는 결과를 말한다.[19] 텍스트화의 미시구조적 차원과 거시구조적 차원은 별개의 문제가 아니라 상호 보완되고 침투되는 양상으로 나타난다. 이렇게 구축된 텍스트의 미시구조와 거시구조는 텍스트 유형과 관련된 초구조의 차원으로 전환된다.

텍스트의 초구조적 차원은 기능적 관점에서 텍스트의 모든 명제들과 하나의 초구조와의 관계 속에서 나타나는 텍스트 모형을 지칭한다. 명제들의 정합성 조건은 두 명제에 할당되는 사태들이 서로 연결되어 있을 때 두 명제가 서로 결속해 있다는 테제에 근거하고 있는데 반 다이크가 말하는 텍스트 유형은 명제들 간의 전형적, 규약적 기능관계가 성립할 때 초구조의 층위에서 구분된다. 그러므로 텍스트 유형은 텍스트(담화)의 거시구조의 기능적 조직으로서, 규약화된 명제구조를 의미하는 것이다.

이와 같은 텍스트 내적 요인들은 외적 요인과 결합하여 텍스트화의 실질적인 효력과 결부되고 미적, 평가적, 문화적 가치를 지닌 완전한 형태로 거듭나게 된다. 텍스트의 외적 요인으로서

---

19) 텍스트의 인지적 처리과정과 관련하여 프레임, 스키마, 플랜, 스크립트 같은 개념들이 유효하다. 여기서 프레임(frame)이란 어떤 중심 개념에 관한 상식적 지식의 기술을, 스키마(schema)란 프레임에 포함되는 어떤 항목들이 전형적으로 어떤 순서로 실행되거나 언급되는지, 즉 시간적 인접성과 인과관계로 맺어진 사상과 상태의 배열 순서를 의미한다. 또한 플랜(plan)은 의도된 목표를 단계적으로 시행하는 사상과 상태를, 스크립트(script)는 참여자들의 역할과 기대로 그들의 행위를 명시하기 위해 빈번히 호출되는 전형적 플랜을 일컫는다. 주제는 어떻게 전개되는가(프레임), 그것은 일련의 사상들은 어떻게 진행될 것인가(스키마), 텍스트 사용자와 텍스트 세계에 등장하는 인물들은 어떻게 목표를 추구하는가(플랜), 적절한 시기에 특정(언술) 텍스트를 제시할 수 있는 상황은 어떻게 설정될 것인가(스크립트). 이러한 전국적 인지 패턴을 사용하면 국지적 패턴을 사용할 때 있을 복잡성을 격감시킬 수 있으며, 특정 시점에서 훨씬 더 많은 정보를 활동 기억 장치에 보유할 수 있게 된다. 이미 우리 기억에 저장된 일반 배경 지식과 텍스트가 제시하는 지식 간의 상호작용은 여러 체계적 경향을 띠고 나타날 수 있다. 1) 텍스트 제공 지식이 저장된 지식 패턴과 일치하면 가장 우선적으로 이해되거나 상기(recall)되며 2) 배경 지식인 프레임, 스키마, 플랜, 스크립트와 같은 전국적 인지 패턴의 어떤 주요 항목과 일치될 수 있을 때 우선적으로 처리(이해)된다. 3) 텍스트 제공 지식은 배경 지식 패턴과 일치하기 위해 처리 중 변경 가능하며 4) 텍스트 제공 지식이 수용자에게 우발적이거나 가변적 현상을 가리키는 것이라면 소멸되고 복원 불가능해진다. 위와 같은 경향은 배경 지식의 영향력이 작용하는 인간의 의사소통 행위의 단면을 보여 준다.

의 맥락적 지식차원은 텍스트 화용론적 층위로 볼 수 있고, 이때 텍스트는 소통행위놀이에서의 목표지향적인 소통행위(과정)로 이해된다. 여기서는 텍스트화의 동인을 '상황'에서 찾기 때문에 이때의 텍스트는 체계로서의 텍스트가 아니라 소통행위놀이에서의 '소통행위'가 된다. 텍스트는 소통 행위놀이나 행위 참가자들 간의 소통 과정에 편입되고 작가는 상황, 의도, 사태 등의 소통상황 요인들과 독자의 기대를 고려하여 화용능력의 도움으로 소통행위를 생산하여, 동시에 이를 자신의 언어 능력의 도움으로 텍스트로 구체화한다. 역으로 독자는 이 텍스트를 소통상황 요인과 관련시켜 기호화된 텍스트를 해석한다. 화용적 관점에서 보면, 텍스트는 이제 더 이상 문법적으로 연결된 문장의 연쇄가 아니라 복합적인 언어행위로 나타난다. 작가/화자는 이 언어행위를 이용하여 독자/청자와의 일정한 소통관계를 산출해 내고자 한다. 소통기능은 어떤 텍스트의 행위특성을 규정짓는데, 이것은 생산자(작가/화자)가 텍스트를 이용하여 수용자(독자/청자)에게 표현하는 의사소통적 접촉방식으로서, 이 소통기능이 텍스트에 일정한 '소통적 내포의미'를 부여한다. 슈미트는 화행론에 기대어 '말함'은 "사회적 행위의 부분영역"이며, '언어'는 공동체에서 의미 있는 언어적 행위를 하기 위한 규칙 체계임을 밝히고 있다. 이처럼 텍스트화의 기준으로서 '기능'과 '응집성'을 설정함으로써 응집적 텍스트와 비응집적 텍스트를 구분하는데, 이에 따라 텍스트는 주제 지향적이며 인식 가능한 통보 기능을 충족시키는, 달리 말하면, 인식 가능한 언표내적 효력을 실현시키는 통보행위의 언어적 구성성분이 되는 것이다. 화자가 의도하였고, 청자가 인식할 수 있는, 소통상황에서 실현된 언표내적 기능을 통해서만 응집적이고 규칙화된 텍스트화가 이루어진다고 볼 수 있다. 화용적 조건과 결부시켜 텍스트화의 양상을 표현하면 다음과 같이 요약될 수 있다.

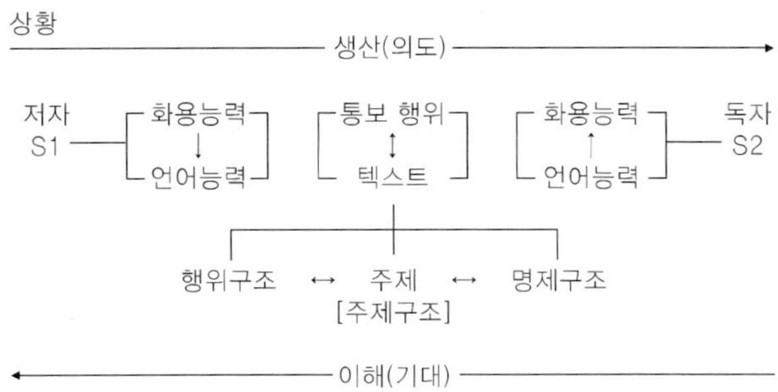

마지막으로 텍스트화의 외적 요인으로 가치적 지식 차원을 들 수 있다. 텍스트의 다층위성은 하이퍼텍스트와의 상관관계 속에서 이해 가능한 것으로, 텍스트 내의 단어들은 그것들 사이에서 상호작용하는 것이 아니라 텍스트들 사이의 공간과 상호작용한다. 텍스트 이해는 청자에 의해 작가가 무엇을 표현하는 것을 파악함에 있고, 여기에서 "타자의 말(чужие слова)"에 관련된 바흐친의 대화적 접근법이 적용될 수 있다. 타자의 말을 이해함은 텍스트에서의 불명료한 부분을 독자가 자신의 평가와 독자적인 판단을 동원하여 복구함을 의미한다(Бурвикова 1988 ; 467).[20] 즉 기호들은 상징으로서 그것이 문자적으로 의미하는 것보다 훨씬 더 많은 내용을 담을 수 있으므로, 이러한 타자의 말을 이해하는 것은 독자에게서 역사, 문화, 관습에 대한 방대한 양의 지식을 필요로 한다. 또한 텍스트의 구조는 해당 문화가 오랜 시간에 걸쳐

20) 텍스트를 이해하는 과정은 생산자가 입력시키는 정보와 수용자가 받아들이는 정보량의 일치를 말하는 것이 아니라 그 사이에 공통으로 가지는 부분에 이르는 과정을 일컫는다. 텍스트의 이해에는 두 가지 과정이 결부되는데, 하나는 문장을 이해한 사람이 알고 있는 것을 정확히 심층구조로 표현하여 언어적으로 정의된 상태에 도달해가는 상향적(bottom-up) 과정, 다른 하나는 상황과 수용자의 여러 가지 지식을 동원하여 가장 적절하게 해석하는 하향적(top-down) 과정이다. 아래의 모델은 텍스트 이해의 과정을 구성적으로, 그리고 가설적으로 단계화한 것으로, 한편으로는 텍스트가 계층적 구조에 따라서 단계화되어 있고, 다른 한편으로는 텍스트 수용자의 인지틀이 그에 따라 협응하고 있음을 보여 준다.

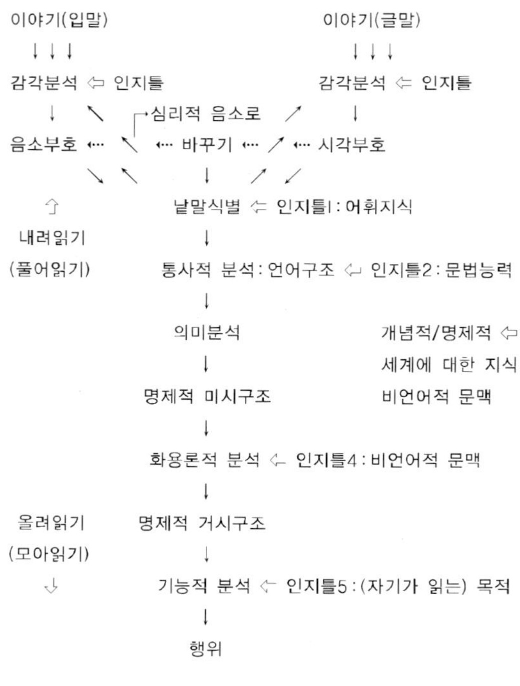

각 텍스트 유형에 따라 발전시켜 내려온 문화적·사회적 언어행위 양식이므로 어휘 습득이나 문장 간의 통사적 연결 구조를 파악하여, 의미 이해의 차원에 국한되지 않고 텍스트 유형별 언어행위양식에 대한 이해가 전제되어야 한다. 그런 의미에서 텍스트화에서 있어 언어-문화적 공간을 상정해야 하며 그래야 하는 당위성이 여기서 나타난다(Улла Фикс 2001 ; 100 이하). 언어가 문화적 특성을 반영함을 고려해 볼 때 텍스트 유형 역시 문화적 특성에서 나오는 것임을 인정해야 할 것이다. 이에 따라서, 보그랑드와 드레슬러(1981)가 제안한 텍스트성의 일곱 가지 기준에, 텍스트성을 실현하는 데 필수적인 조건으로서 문화 귀속성이라는 여덟 번째 기준이 추가적으로 제안될 수 있다. 이러한 제안은 텍스트화를 언어적 기호 그 자체로 연구할 것이 아니라 그것의 특별한 문화적 전제조건이 고려되어야 하며 문화가 텍스트 형식에 어떻게 영향을 미치고 그것이 어떻게 활용되는가를 밝혀야 한다는 취지로 이해될 수 있는데, 이처럼 텍스트화를 이해하기 위해서는 이것이 어떠한 언어-문화적 조건 하에서 어떤 기법과 어떤 기능, 그리고 어떤 표상을 가지고 어떻게 이루어지는가를 파악하는 것이 중요한 것이다. 이런 점에서 언어학적 시각을 넘어 기호학적 관점에서 문화와 관련된 텍스트화 양상을 조명하는 것은 텍스트화의 다차원성을 규명하기 위해서 의미가 있다 하겠다.

3. 문화 이론에서의 텍스트 개념

인간은 끊임없이 타자와의 의사소통을 도모하며 이러한 의사소통은 언어라는 기호체계를 통해 이루어진다. 인간의 경험, 감정, 사고내용을 타자에게 합리적으로 효율적으로 전달하기 위한 매개체의 원형은 역시 바로 인간의 언어라 할 수 있다. 단순한 음의 연속, 의미 없는 문장 나열을 넘어선 하나의 통일된 결속체계, 거시 구조로 존재하는 텍스트는 일상 언어의 정보성을 넘어 예술 텍스트로 승화되어 하나의 거대한 문화를 형성하며 이는 소통이라는 맥락 속에서 이루어진다. 이제 텍스트 개념은 자연 언어뿐 아니라 표현과 의미 층위들이 결합된 다양한 언어 기호로 이루어진 표현 - 예를 들어, 미술, 종교, 광고 - 들에 적용되어, 극단적으로 말해서 세계에 존재하는 다양한 현상들이 텍스트로 인식되고, 이를 언어학적인 모형에 의해 연구될 수 있게 된 것이다.

이때, 언어학적 텍스트로부터 문화적 텍스트로의 확장은 단지 인간의 1차적인 자연 언어를

2차적으로 유비시킴으로써 이루어진 것이 아니며, 그 근원에는 전통적 언어 소통 모델에 대한 비판과 재고가 자리하고 있다.

일반적으로 소통은 언어발신자가 특정 정보를 담은 메시지를 전달하고 수신자가 메시지의 의도를 해석하는 과정이다. 언어 기호를 기표와 기의의 자의적이고 관습적인 이원적 관계로 규정한 소쉬르의 구조주의적이고 과학적인 접근법은 언어(랑그)를 동일한 언어를 사용하는 발신자와 수신자 사이의 언어활동을 가능하게 하는, 기본적이며 추상적인 규칙체계로 파악한다. 이때 발신자와 수신자는 '기본적이고 추상적인 언어의 규칙체계'를 공유하며, 수신자는 발신자가 전달하는 메시지의 의도를 끊임없이 유추하여 이에 근접한 의미에 도달한다. 이때 소통에 있어서 중요한 것은 이러한 개별 발화를 가능하게 하는 체계로서의 언어(=랑그langue)와 발신자의 언어행위를 유발하는 '의도'이다. 다시 말해 자연 언어로 표현된 물리적 객체로서의 텍스트는 이러한 언어 소통 모델 속에서 언어 발신자의 의도에 의해 산출된 객관적인 언어적 표현이다. 즉, 소쉬르적인 언어 기호학과 소통 모델에서 텍스트는 소통 주체, 특히 발신자와 언어 체계의 부수적 산물로서, 기능적, 구조주의적 분석의 대상으로 머물 수밖에 없었다.[21] 그러나 소쉬르 이후 기호학은 점차 기호의 의미와 의미작용의 문제로 그 지평을 넓히게 되어, 의미작용이 이루어지며 의미가 결집되는 공간으로서의 텍스트가 점차 언어소통에 있어 주요한 쟁점으로 부각되기에 이른다. 아울러, 소쉬르의 기호학이 기호적 체계를 중시했던 것과 달리, 점점 더 구체적인 소통상황과 결부된 '새로운' 의미의 문제들이 초두의 관심사로 떠오른다.

따라서, 구체적인 언어소통을 통해 의미의 결집체인 텍스트를 형성/창조해 내는 과정을 지칭하는 텍스트화는 소통에서 가장 본질적인 지점이라 할 수 있다. 문제는 이제 텍스트화가 더 이상 소쉬르적인 소통 모델에서의 발신자의 의도에 의한 언어적 표현만을 의미하는 것이 아니라는 점이다. 발신자의 능동적 메시지 전달과 이 메시지에 대한 수신자의 수동적인 수신(이해)에 기반한 일방적이고 단선적인 소쉬르식의 언어적 소통에 대한 비판으로부터 이제 소통은 능동적인 두 주체 – 발신자와 수신자 – 사이의 작용으로 인식된다. 즉, 텍스트화는 소통의 발신자에 의한 언어적 표현(기술)을 통한 텍스트 생성 지점과 소통의 수신자에 의한 주어진

21) 언어학적 개념으로서의 텍스트는 의사전달 행위를 통해 실현되는 언술 단위, 인지적 구성단위로서 시작과 끝이 있는 한정된 길이로 형성되며 하나의 전체로서 이루어지는 과정으로 이해된다. 또한 여러 문장의 형식구조가 상호작용하며 논리적 연계성이 보장되어야 하며 장면성/상황성, 발화자의 의도, 수신자의 용인성, 상호텍스트성이 결부되어 어느 한 상태에서 다른 한 상태로 진행하는 동적, 과정적 개념을 지닌다.

텍스트에 대한 이해와 해석에 의한 또 다른 텍스트(메타 텍스트)의 생성 지점에 모두 관여하게 된다. 이때, 텍스트는 현실계의 끊임없이 지속가능한 소통 속에서 단순한 객체가 아닌, 그것과 마주한 주체에 의해 또 다른 주체로 거듭나게 된다.

로트만과 그에게 이론적 영향력을 주었던 바흐친은 언어-문화적 현상을 소통의 과정으로 이해한 대표적 이론가들이라 할 수 있다. 이들의 이론은 소쉬르의 언어학 이론으로부터 출발하였으나 문화 이론으로서 메타-언어학적이며, 선행 이론인 러시아 형식주의를 극복하고자 하였으며, 아울러 언어-문화적 현상들에 존재하는 소통(대화)의 구도와 주체와 텍스트/텍스트화의 문제에 천착하였다는 점에서 기저를 같이한다. 그러나, 로트만이 인정하듯, 바흐친의 문예 철학이 모스크바-타르투 학파에 지대한 영향을 미쳤음에도 불구하고, 소쉬르적인 추상주의와 러시아 형식주의의 객관주의에 반발하여 주체와 개성을 강조한 바흐친의 그것과 세계 현상에 대한 효과적인 기술 방법이자 실용적 철학이었던 로트만의 이론은 분명 서로 차별된다.

바흐친의 문예학을 단순히 현대의 커뮤니케이션학과 연결시키거나, 혹은 기호학으로 규정하기에는 어려움이 있으나, 존재의 의미를 곧 소통 속에서 규정할 만큼("존재하는 모든 것은 소통한다") 언어와 문학, 문화에 대한 그의 논의는 소통의 문제와 직결되어 있다. 다른 한편, 기존의 소쉬르류의 언어학에 대한 비판으로부터 출발한 만큼 그의 이론에서 언어개념이 차지하는 비중은 크다.

> "언어, 말 - 이것은 인간사의 거의 모든 것이다. 그러나 이 포괄적이고 다면적인 현실이 언어만의 대상이고, 언어학적 방법으로만 이해될 수 있다고 생각해서는 안 된다. 언어학의 대상은 질료, 즉 말에 의한 소통의 수단만을 다룬다. 그것은 말에 의한 소통 자체, 발화, 발화의 대화적 관계, 소통의 형태, 말의 장르를 다루지 않는다." - 바흐친, "언어학, 문헌학 그리고 타 인문학에서의 텍스트 문제" 중에서(Бахтин 1979a ; 297)

바흐친의 세계 인식에 있어서 언어와 말의 비중을 드러내어 주는 이 인용에서 지칭되는 언어학은 "언어 체계 내의 제 요소들 간의 관계, 즉 잠재적인 것만을 연구하는", 다시 말해 언어적 현상과 메커니즘에 대한 객관적 기술을 추구한 객관적 추상주의로서의 언어학이며, 바흐친은 그러한 언어학이 실제적 소통을 다루는 데 무력하다는 사실을 인식한다(물론, 그의 이러한 비판은 그 자신이 소쉬르 이후 현대 언어학의 발전이 화용론이나 텍스트 언어학의 활성화로까지도 이어진다는 사실을 간과한 데 있다고 볼 수 있다). 이때 바흐친은 이러한 비판과 더불어, 소외되었던 현실과 사건의 주체로서 인간의 자리를 되돌려 놓는데, 개별적이고 창조적인 행위(단지 언어학적 체계의 실현이 아닌)로서의 발화를 토대로 한 언어 개념을 통해 이루어진다. 그는 언어를 개별적 발화로부터 구분시키는 소쉬르적인 랑그(langue)와 빠롤(parole) 간의 경계를 부정하고, 언어(발화)를 발화주체와 목적, 구체적인 역사 등의 특수성을 배제한 채 이해할 수 없다고 규정한다. 주체의 모든 심리와 경험이 강조된 바흐친의 언어 개념은 "생활 체험 및 그것과 직접적으로 연결된 외적 표현의 총체"로 규정된 이데올로기에도 비견할 수 있다. 이러한 발화는 결코 그 이전에 존재하고 있으며 이미 주어진 것의 반영이나 표현이 아니라, 그 이전까지 존재하지 않았던 새롭고 절대적인 것의 창조를 의미한다. 즉 주어진 것(언어, 현상, 감정, 주체)들은 발화를 통해 새로운 것으로 변형된다.

기존의 언어 관념을 대체하는 바흐친의 이러한 발화 관념("말로써 발화된 사고만이 타인을 위한 진정한 사고이자 자신을 위한 사고이다.")은 되돌아가 그가 궁극적으로 인간사의 모든 사건들을 소통 속에서, 그것도 끊임없는 지속되는 소통 속에서 인식한다는 점에 기반한다. 바흐친의 발화는 소통 모델에서 화자와 청자의 두 주체성의 계기를 충분히 고려하고 있으며, 오히려 이를 뛰어넘는다. 즉, 발화를 둘러싼 소통에 참가하는 요소는 발화의 발신자(작가)와 직접적 수신자(이해의 주체) 외에도 발신자가 자신의 발화를 듣고 읽어 줄 것이라 상정한 초수신자를 포함한다. 바흐친이 초수신자를 고려하고 있다는 사실은 그의 소통이 단지 직접적인 발화자와 그 수신자만에 한정되지 않은, 무한히 확장가능한 소통임을 드러내어 준다.

한편, 소통 모델 속에서 던져지는 발화, 말은 바흐친에 있어서는 텍스트 개념에 다름 아님을 알 수 있다.

> "이러한 모든 원칙들과 인문학적 문헌학적 사고의 최초의 소여로서의 텍스트(문어적, 구어적). 텍스트는 이 모든 원칙들과 사상이 비롯될 수 있는 직접적인 현실(사고와 경험들의 현실)이다. 텍스트가 없는 곳에는 연구와 사고할 대상도 없다. (…) 가능한(혹은 잠재적) 텍스트. 만약 텍스트를 모든 기호적 결합체로 넓게 이해하자면, 예술학(음악학, 조형 미술 이론과 역사)들은 텍스트(예술 작품)를 다루는 것이 된다.

모든 텍스트는 주체, (쓰고 말하는) 작가를 가진다. 작가성의 가능한 형태들과 변종과 형식들. (…) 언어학적 분석은 일정정도 작가성의 문제로부터 벗어나 추상화될 수 있다. (…) 발화로서의 텍스트를 규정짓는 두 가지 계기는 : 그것의 기획(의도)과 이 기획의 실현. 그리고 이 계기들 간의 역동적인 상호관계와 텍스트의 성격을 규정짓는 그것들 간의 투쟁. (…) (타자의 텍스트를) (연구 목적을 비롯한 여러 목적에서) 재생시키고 틀 짓는 텍스트를 (코멘트하고, 가치 평가하고, 반박하는 것 등을) 창조하는 두 번째의 주체. (…) 텍스트들 간의 그리고 텍스트 내의 대화적 관계. 그리고 (비언어학적인) 특이성. (…) 텍스트의 두 극. 모든 텍스트들은 전반적으로 이해 가능한 (주어진 집단 경계 내에서 조건적인) 기호 체계와 언어(예술 언어일지라도)를 제시한다. 텍스트 뒤에 언어가 존재하지 않는다면, 이는 벌써 텍스트가 아니다. (…) 텍스트에서는 모든 반복된 것들과 재생된 것, 그리고 반복 가능한 것과 재생 가능한 것들, 다시 말해 텍스트 내에서 주어진 모든 것들은 그것(언어 체계)에 상응한다. 그러나, 동시에 모든 텍스트들은 개별적이고 유일하며 반복 불가능하며, 바로 이 점에 그 의미가 (무엇을 위해 텍스트가 창조되었는가 하는 의도가) 있다. (…) 이 계기와 연관해서 모든 재생 가능한 것, 반복 가능한 것들은 질료이자 도구인 셈이다. 그리고 이것은 어느 정도 언어학과 문헌학의 범주를 넘어선다. (…) 이 극은 언어(기호) 체계의 (반복 가능한) 요소들과 연관되는 것이 아니라, (반복 불가능한) 다른 텍스트들과, 특히 대화적 관계들과 연관된다." – "언어학, 문헌학 그리고 타 인문학에서의 텍스트 문제" 중에서(Бахтин 1979a ; 281–283)

현실에서 소통의 각 주체가 다양한 영향들(기억, 경험, 교육, 환경 등)에 의한 개별 존재인 만큼, 각각의 소통은 유일하고도 반복 불가능한 것이 되는데, 이는 소통의 모델에서 언어적 발화, 메시지, 텍스트를 기록이나 작가의 저작과 같은 물질화되고 고착화된 개념으로 이해하는 것만으로는 현실에서의 소통을 설명할 수 없다는 사실을 의미한다.

즉, 텍스트는 1) 동일한 집단 내에서 통용되고 이해 가능한 기호체계로 구성된, 반복가능하고 재생 가능한 잠재적인 언어적 구조물로, 소통의 재료이자 도구로서 이해될 수 있지만, 또한 2) 발화의 구체적인 주체, 구체적인 작가에 의해 창조된, 재생 불가능하며 유일무이한 발화체이며, 대화적 관계들을 통해 그 의미가 구체적으로 발현되는 것이다. 여기서 1)의 경우가 일반적으로 물질적으로 고착화되고 기록된, 맥락으로부터 추상화된 텍스트로서 언어학적 연구의 대상을 가리킨다면, 2)의 경우는 주체에 의해서 생성/재생되는 반복 불가능하면서도 소통의 구체적 상황과 끝없는 대화적 연결 속에서 의미화되는 텍스트를 뜻한다.

결과적으로, 현실적 소통에서 텍스트는 소통에 주체적 관계를 도입한 두 측면의 텍스트 – 화자에 의해 창조된 텍스트, 이는 소통의 대화적 관계에 던져지고 주어진 텍스트이며, 청자에 의해 이해되고 코멘트된 새로운 텍스트 – 이며 이 두 주체의 대화적 긴장 관계 속에서 발전하고 변화하는 텍스트이다. 그러나 끊임없이 연결된 대화적 고리 속에서 청자의 결실로서의 텍스트는 곧 새로운 소통의 화자의 창조 텍스트가 되므로, 결과적으로는 화자의 창조에 의해 소통 속에 던져진 잠재태로서의 언어적 텍스트가 소통의 청자에 의해 재생되어 재창조되는 것으로 이해될 수 있다. 다시 말해, 소통은 주어진 재료로서의 잠재적 텍스트와 이해와 수용을 통해 재해석/재창조되어 태어난 현실화된 텍스트 사이의 진동으로 이해될 수 있는 것이고, 따라서 기호체계로서 텍스트는 그것을 구성하는 기호들 그 자체가 갖는 의미를 통해서가 아니라 소통의 대화적 과정 속에서 비로소 현실적 의미를 갖게 되는 것이다.

바흐친의 언어론과 텍스트론이 행위 주체의 문제가 결여된 추상적 언어학에 대한 반성과 비판으로부터 출발하여 '현실에서 주어지는 구체적이고 개별적이며 반복 불가능한 발화로서의 언어이자 텍스트'에 대한 이론이었다면, 로트만의 이론은 현대의 정보 이론과 커뮤니케이션 이론, 베르나드스키(В. И. Вернадский)의 생물계에 관한 이론에 영향을 받아, 정보전달과 의미생성의 핵심으로서의 텍스트가 지닌 구조와 작동 기제에 대한 과학적 기술에 치중한 텍스트론이라 할 수 있다. 기존의 언어학적 틀을 뛰어넘고자 했던 이 두 사람 모두 언어를 기호 체계와 연관된 넓은 의미로 규정하고 있을 뿐 아니라, 나아가 텍스트 역시 언어적 현상뿐 아니라 언어 외적인 요소들을 포함한 기호적 결합체로 공히 폭넓게 이해하고 있다.

그러나, 언어를 궁극적으로 언어 예술에 대한 논의의 기반으로 여겼고, 언어이자 텍스트의 자리를 대체하는 발화의 구체성에 촛점을 두었던 바흐친과 달리, 로트만은 언어를 자연언어 개념으로부터 2차 모델링 체계로 확장시킴으로써, 그의 이론의 기술적 유용성을 획득한다. 즉, 이미 그 자체로서 현실에 대한 일정한 재현구조인 모델-기호인 1차 모델 체계로서의 자연/인공 언어와 이들 언어들에 대해 상부구조로 세워진 여러 문화적 구조(신화, 종교, 예술 등)들을 2차 언어로 규정하고, 이를 언어적 의식인 인간의 의식을 모델화한, 따라서 결국은 언어를 모델화한 2차 모델링 체계로 규정하는 것이다.[22] 이때 모델로서의 예술 텍스트는 현실을 재현하지만 결코 현실의 복사가 아니며, 현실 속의 현상들에 대해 구조적인 유사성을 지닐 뿐이다. 이때 시니피앙과 시니피에의 결합체로 인식된 자연언어와 동일하게 언어로서의 예술 텍스트 역시 그 구조상 표현 층위와 내용 층위간의 결합으로 이뤄지지만, 자연언어가 양자 사이의 관례적/자의적 관계인 반면 언어로서의 예술 텍스트에서 두 차원은 인과적, 도상적으로 결합된다. 즉 일반적인 언어 텍스트와는 달리 예술 텍스트는 그것의 표현과 내용 사이의 견고한 결합을 통해 자연 언어보다 특별한 의미/가치들을 부여받는다. 일반 언어에서 한 가지의 내용은 다양한 표현을 통해 제시될 수 있지만, 개별적이고도 특별한 인과적 결합관계를 갖는 예술 텍스트에서는 내용면과 표현면은 뗄 수 없이 밀착되어 있다. 결국 로트만은 언어로서의 예술을 이야기하지만, 이때의 예술이란 더 이상 표현과 내용 사이의 경계 설정이 힘든, 하나의 총체적인 기호가 된다. 결과적으로 예술 텍스트에서의 텍스트는 기호와 동일한 개념이 되는 셈이다. 자연 언어로부터 언어로서의 예술/문학으로 그의 언어 개념을 확장시킨 지점을 살펴보면, 예술을 언어학적 관점에서의 텍스트가 아닌 어떠한 정보를 지닌 실제적 기호로서의 텍스트로, 나아가 문화 자체를 텍스트로 설정하며, 바로 이 지점에서 이 두 이론가는 가장 큰 대비를 이룬다고 할 수 있다.

이러한 로트만의 기호로서의 예술, 기호와 등가로서의 예술 텍스트, 유일무이한 실현으로서의 텍스트는 기실 바흐친에 있어 언어를 대체하면서 언어를 뛰어넘었던 발화 개념과 흡사하다.

일견 유사해 보이는 이들 두 사람의 텍스트 견해는 몇 가지 점에서 변별된다. 우선 지금까지 살펴본 바와 같이 바흐친이 그의 텍스트 개념을 정초하는 데 있어 자연 언어를 배제하지 않았던 것과는 달리, 로트만과 모스크바-타르투 학파들의 문화 기호학적 텍스트 개념에서는 다음과 같이 텍스트에 관한 언어학적 개념을 배제한다.

> "텍스트의 개념은 이러한 의미에서 문화 연구에 도입될 경우 언어학적 개념과는 일치하지 않는다. 텍스트의 문화 연구적 개념에 있어 출발점이 되는 것은 언어적 표현성이

---

22) 이러한 문제와 연관하여 바흐친은 단순한 일상어와 같은 단순한 1차 장르와 문화적(학문적, 사회-정치적, 문학적 등) 소통에 속하는 학문적 연구들, 문학, 사회평론 등을 복잡한 2차 장르로 구분하면서, 이때 2차 장르가 끊임없이 1차 장르를 소화, 흡수하는 것으로 규정한다.

더 이상 텍스트라 지칭되기에는 충분하지 못하게 되는 지점이다. 그 결과 모든 언어적 전언은 한꺼번에 비텍스트가 되고, 이 비텍스트들을 배경으로 하여 한 문화 체계 내에서 충분하고 유의미한 표현성의 특징을 갖춘 텍스트 그룹이 돌출되어 나오게 된다." - "문화 기호학과 텍스트 개념" 중에서(Лотман 1981b ; 129)

둘째, 이처럼 언어학적 개념을 넘어서고 있을 뿐 아니라 현실 속에서 구체적으로 실현된 결과물이라는 점에서 일견 흡사해 보이는 바흐친의 발화로서의 텍스트와 로트만의 기호로서의 예술 텍스트는 그 각각의 텍스트 속에 어떻게 언어 외적 의미들이 함의되는가에 대한 인식에서 변별된다. 즉, 바흐친의 경우 심리적, 역사적 경험을 지니는 주체들에 의해 창조되는 발화는 본질적으로 이데올로기에 중립적인 언어의 내적 경계를 넘어서 이데올로기적 지향성을 함축하는 것으로 인식되지만, 로트만의 경우는 비록 그가 정초한 모델링 체계로서의 언어 개념이 예술 창작자의 인식에 모델링이라는 측면을 배제하지는 않지만, 본질적으로 텍스트에 역사적, 문화적 의미를 부여하는 것은 언어 그 자체나, 텍스트의 작가가 아닌, 텍스트 외적 구조와의 소통을 통해서이다. 즉, 바흐친에 있어서의 소통이 역사적, 심리적, 경험적 존재 주체(인간)들 간에 발생하는 것이라면 로트만에 있어서는 주체의 의미가 축소된 텍스트가 소통의 중심에 서게 된다. 로트만에 의해 제시된 언어로서의 예술 텍스트가 갖는 특성과 소통이 이루어지는 공간으로서의 기호계의 특성 - 체계성, 통일성, 경계성 - 이 동일함에 주목해 보자. 로트만에게서 소통은 하나의 기호계로부터 다른 기호계로의 소통이거나, 또는 주어진 기호계의 내부에서 하나의 구조와 그 외적 구조 간의 소통이며, 이는 완결된 하나의 문화적 텍스트로부터 또 다른 문화적 텍스트로의 소통이다. 요컨대, 바흐친의 텍스트화가 소통의 주체의식을 통해 발생하는 것이라면, 로트만의 텍스트화는 서로 다른 구조들 간의 소통 속에서 이루어진다.

그러나 여하한 차이에도 불구하고, 이들의 소통 이론 속에는 물질적 텍스트라는 경계의 내적 구조와 여러 종류의 텍스트 외적 구조 간의 상호작용을 통해 텍스트의 의미화가 이루어진다는 합의가 내포되어 있다. 텍스트가 지니는 물적 경계를 중심으로 마주한 두 자장의 긴장 관계는 곧 이러한 텍스트를 포함하고 있는 언어-문화 공간의 역동성을 담보한다.

4. 언어-문화 공간과 텍스트화

하나의 구체적인 언어-문화 공간에서 발생하는 텍스트화를 통하여 그 공간이 어떻게 구성되고 또 재구성되지를 논의하기 위해서는 우선 텍스트화의 과정에서 문화적 주체의 개별성을 발생시키는 요인으로서 코드와 콘텍스트의 문제를 보다 주의 깊게 살펴볼 필요가 있다. 이와 관련해서 바흐친은 다음과 같이 말하고 있다.

> "기호학은 무엇보다도 주어진 코드의 도움을 받아 주어진 전언을 전달한다. 살아 있는 말(речь)에서 전언은 엄격히 말해 전달의 과정에서 생성되며, 본질적으로는 코드라는 것은 없다. (…)
> 콘텍스트는 잠재적으로 비종결적이며, 코드는 종결적이어야만 한다. 코드는 단지 정보의 기술적인 도구이며, 인식적, 창조적 의미를 지니지 않는다. 코드는 의도적으로 부여된, 죽어 버린 콘텍스트다." -〈1970-1971년의 메모로부터〉 중에서(Бахтин 1979b ; 352)

이처럼, 바흐친에게 있어서 코드는 소통의 가장 근본적인 토대를 형성하는 정보 기술과 전달을 가능케 하는, 특정 집단 내에 통용되는 조건적인 언어이다. 그러나 이때 코드 자체는 정보 전달의 수단일 뿐, 그것이 의미를 발생시키거나 창조해 내지는 못한다. 즉 코드는 대화를 가능케 하는 화자와 수신자 간의 동일한 소통 매개체이다. 바흐친에게 있어서 개별 텍스트화의 의미 발생을 위한 결정적인 요소는 바로 콘텍스트이다. 소통 주체의 기억과 문화 등을 포함하는 광의의 콘텍스트는 바흐친에게 있어 발화나 텍스트 그 자체가 그러하듯, 잠재적으로 비종결적이며 창조적이다. 코드가 의미 생성을 위해 봉사하지 않는다는 것, 또한 코드는 소통의 두 주체 간에 너무나 동질적인 것이어서 이미 의미부여 가능성을 거세당한, 따라서 죽어 버린 콘텍스트로 인정되고 있지만, 바흐친에게 있어 소통가능성의 바탕은 그럼에도 불구하고 여전히 코드에 근거한다.

이와 대조적으로, 로트만의 기호학적 전망에서는 다른 무엇들보다도 먼저 "기호계(семиосфера)"가 선험적으로 상정된다(Лотман 1984). 그에 따르면, 이 기호계는, 기호적 공간은 우리의 어떠한 기호적 소통 행위보다도 선행되며, 이러한 공간을 채우고 있는 것은 단일한 언어가 아니라 서로 다양한 정도로 번역이 가능할 수 있는 여러 가지 상이한 언어들이다. 물론, 로트만의 이러한 논의에서 우리가 유의해야 할 점은 그가 언급하는 "언어들"이란 위에서 바흐친이 말하는 어떤 공통된 언어적 코드를 뜻하는 것이 아니라, 자연 언어뿐만 아니라 그 외에도 여러 가지 다른 기호적 언어들을 의미한다. 그리고 자연 언어의 경우에도 어떤 단일한 언어를 의미하는 것이 아니라 사회-문화적으로 차별화된 언어들을 의미한다는 것이다. 가령, 문화적으로 위상이 다른 방언들이나 계층어들, 고전주의 언어와 낭만주의 언어, 사실주의 언어처럼 시대성이 다른 문화적 언어들 등과 같은 것들인 것이다. 그리고 이처럼 자연 언어 및 그 외의 다양한 문화-기호적 언어들은 정보통신 이론에서 이야기하는 코드와는 달리 역사성을 특징으로 한다. 요컨대, 언어는 코드 더하기 그것의 역사라는 것이다(Лотман 1992). 이렇게 놓고 볼 때, 로트만에게 있어서 텍스트화를 위한 콘텍스트란 우선 상이한 언어들로 구성된 특정한 시기의 공시적 기호계의 존재를 전제로 한다. 물론, 아무런 역사적 기억도 없는 단일한 언어적 공간에서 텍스트화를 통한 정보의 소통이 이루어지는 이상적인 경우도 상정할 수 있으나, 이러한 것과 가까운 현실적 소통의 경우란 아마도 지휘명령의 전달과 같은 것이 될 수밖에 없을 것이다. 그러나 이러한 이상적인 경우란 어떤 동일한 개인이 자기 자신과 내적으로 소통하는 경우조차에도 적용될 수 없다. 왜냐하면 그가 사용하는 언어에 이미 역사성이 개입되고 있으며, 말하는 자신과 이것을 이해하는 자신은 동일한 개인 안에서 이미 분리된 상이한 심리적 계기들이기 때문이다. 따라서 정상적인 언어적 소통은 화자의 언어적 공간과 청자의 언어적 공간이 다소간 차이가 나는 상황에서 이루어진다고 볼 수 있다.

언어-문화 공간 내에서, 혹은 보다 좁게는 기호계 내에서 텍스트화에 전제되는 이러한 콘텍스트적 상황과 더불어, 로트만은 텍스트에 의한 소통의 정보적 가치를 다음과 같이 설정한다. 만일 발신자와 수신자가 동일한 언어 공간 속에 위치한다면 텍스트의 정보적 가치는 내용이 없다. 텍스트의 내용적 가치는 발신자의 언어 공간 A와 수신자의 언어 공간 B 사이에 겹치지 않는 부분, 동일하지 않는 부분의 크기에 달려 있다. 다시 말해서, 이 부분이 크면 클수록 텍스트의 정보적 가치는 높아지는 것이다. 그리고 극단적으로는 전혀 겹치는 부분이 없는 상황에서 텍스트의 소통이 가장 높은 정보적 가치를 갖는다고 할 수 있다. 이로부터, 우리는 로트만이 상정하는 기호계란 상이한 사회-문화적 언어들이 상이한 텍스트들의 생성과 해석, 수용을 통해서 다층적인 양상으로 교차하는 기호적 공간이라는 것을 알 수 있다.

그런데 기호들의 의미작용의 공간으로 규정된 기호계가 갖는 이상과 같은 특성들은 로트만이 〈예술 텍스트의 구조〉에서 예술 텍스트를 2차 모델링 체계로 규정하며 부여한 예술 체계의 특징들을 정확하게 반복하고 있다(Лотман 1971). 예술 텍스트의 각 층위의 표현들이 그 내적 구조 속에서 서로 다른 층위들과의 상호작용을 통해 특별한 의미를 가질 뿐만 아니라, 나아가 주어진 예술 텍스트의 외적 구조들, 즉 역사적으로 다른 그리고/혹은 다른 문화적 텍스트들과의 관계들을 통해 재의미화되는 것처럼, 기호계에서도 주어진 텍스트의 의미는 화자의 언어적 공간 속에서 1차적으로 의미화되고, 다시 이것에 대해서 외적인 체계들, 즉 또 다른 언어적 공간들과의 소통을 통해 재의미화된다. 따라서 만일 현실에서 일어나는 수많은 문화 현상들은 스스로 자기 조직화의 형식을 기호계 내에서의 텍스트화를 통해서 실현한다고 본다면, 인간의 현실이 문화적으로 의미 있게 되기 위해서는 결국 언어와 문화가 결합하는 기호적 공간 속에서 상이한 주체들 사이에서 다양한 방식의 텍스트화를 통해서 다양한 방식으로 의미화되고, 소통되어야 한다. 따라서 언어-문화 공간 내의 기호계 안에 일어나는 이러한 의미화 작용들과 소통 과정들을 로트만은 특히 '문화적 대화'와 '번역'으로 비유한다.

이에 따라, 그의 문화 이론은 첫째, 어떤 문화에 대해 외부로부터든 내부에서든 다른 문화의 영향관계는 전달되어지는 문화라는 텍스트를 중심으로 텍스트의 발신자와 수신자의 관계가 설정되는 대화적 상황으로서, 이때 두 문화는 완전히 혹은 부분적으로 다른 언어를 사용하며, 따라서 둘째, 발신자에 의해 구성된 문화 텍스트는 수신자의 언어로의 내적 번역 과정을 거쳐 소통되는데, 셋째, 그 과정에서 발신 텍스트에 존재하는 모든 정보들이 수신자에 의해 수용되는 것이 아니라, 수신자에 의해 자기 이해에 합당한 부분만을 선택한다는 내용으로 정리될 수 있다(Лотман 1989). 이때 염두에 두어야 할 것은 이러한 문화적 소통의 대화적 관계가 일회적이지 않다는 사실이다. 이러한 대화적 관계는 연쇄적일 뿐만 아니라, 연쇄적인 관계 속에서 수신자의 언어-문화에 의한 번역을 통해 재의미화된 텍스트, 즉 재창조된 텍스트는 다시 새로운 문화적 대화 속에서 또 다른 문화를 향한 언어-문화적 번역의 대상 텍스트가 될 수 있는 것이다. 결국 문화적 현실 속에서 발생하는 이처럼 부단하고도 복잡한 문화적 대화들을 통해, 언어-문화 공간은 텍스트화와 재텍스트화에 동반되는 수많은 의미작용들의 교차로써 그리고 이로부터 형성되는 새로운 상이한 언어적, 새로운 상이한 텍스트적 경계들로써 끊임없이 변화되면서 재구조화되는 것이다. 가령, 고골과 세르반테스를 동시대인으로 읽은 불가코프를 단적인 예로 들 수 있을 것이다. 이 경우 고골이라는 이전 시대의 문화적 텍스트와 세르반테스라는 다른 시대 다른 나라의 아주 이질적인 문화적 텍스트가 불가코프의 언어 공간 속에서 서로 교차하면서 새롭게 문화적으로 번역되는(혹은 재해석되는) 과정으로 볼 수 있으며, 이러한 과정은 불가코프의 글쓰기에, 새로운 문화적 텍스트의 생성에 영향을 미치고, 결국 그 결과로써 당시 러시아의 언어-문화 공간은 새롭게 재구성되는 것이다. 요컨대, 생물학적 진화나 기술의 역사와는 달리 문화의 역사는 언어-문화 공간 속에서 먼 과거부터 현재까지 축적되어 온 문화적 텍스트들 전체와 이들 사이의 다양한 상호교차적인 대화와 번역들의 역사인 것이다.

이처럼 단일한 언어-문화 공간에 속하는 상이한 개별적인 언어들 및 텍스트들과 관련해서 기호계의 이와 같은 역동적인 내적 구성을 잘 요약해서 보여 주는 것은 아마도 로트만의 다음과 같은 설명일 것이다.

> "기호계의 내적 공간을 외적 공간과 구분시켜 주는 경계에 관한 개념은 단지 일차적인, 윤곽적 구분일 뿐이다. 사실상 기호계의 전체 공간은 상이한 층위들 사이의 경계들이, 개별적인 언어들과 그리고 심지어 텍스트들의 경계들이 상호교차하면서 절단하고 있으며, 뿐만 아니라 이러한 하위 기호계들(субсемиосферы) 각각의 공간은 어떤 언어나 일군의 텍스트들이, 그리고 개별 텍스트가(이것들이 상이한 층위들 위에서 계층적으로 배치되고 있다는 점을 고려한다면) 자신들을 기술하는 메타-구조적 공간과 맺는 관계로서 구현되기 때문에 고유한 어떤 기호론적 "자아"를 가지고 있다. 이러한 부분적 경계들의 관통에 의한 기호계의 내적 분할은 다층위적인 체계를 만들어 낸다." - "경계의 개념" 중에서(Лотман 2001)

기호계의 구성에 관한 로트만의 이상과 같은 생각은 주어진 기호계 전체에 대해서 어떤 단일한 공통 언어를 상정하지 않는다는 점에서 확실히 바흐친의 언어에 대한 생각과는 차이가 나는 것처럼 보인다. 사실 우리가 이미 앞에서 인용한 바 있는 말년의 바흐친의 〈메모〉에서 언급되는 '코드'란 1930년대에 그가 작업한 〈소설의 언어〉 속에 나오는 '단일한 공통 언어'에 대한 생각과 동일한 연장선상에 놓여 있다고 할 수 있다(Бахтин 1975). 이에 따르자면, 한 언어-문화권에서 단일한 공통 언어의 존재란 자연적으로 주어진 것이 아니라 언어적 단일화와 중앙화의 구체적인 역사적, 이데올로기적 과정들에 의해서 정립된 것이며, 이것은 실생활에서의 발화든 예술에서의 발화든 그것의 본질적 특성인 대화적 다언어성과는 대립적일 수밖에 없다. 그렇지만 일정한 언어적 규범들의 체계로서 단일한 공통 언어는 이질적이고 다양한 개별어들에게 어떤 경계를 제시하고, 그것들 간의 상호이해를 위한 어떤 최대한의 것을 보장한다. 때문에 결국 소설은 자신의 발화 속에서 이러한 규범어뿐만 아니라 상이한 개별어들도 적절하게 반영할 필요가 있다.

그런데 단일한 공통 언어와 사회적 현실 속에서의 다양한 개별어들, 그리고 이 사이에 위치하는 소설의 언어에 대한 바흐친의 이러한 생각과 기호계 전체를 통괄하는 어떤 단일한 공통 언어나 코드를 인정하지 않는 로트만의 생각이 전적으로 다르다고만 생각할 수 없는 점도 있다. 왜냐하면 기호계는 중심부와 주변부의 상관관계에서의 비대칭성을 특징으로 하며, 그 중심부를 형성하는 것이 아주 잘 발달되고 조직화된 여러 가지 유형의 기호 언어들이라면, 그 첫째가 바로 해당 문화의 자연 언어이기 때문이다(Лотман 1984). 따라서 기호계의 중심부에 여러 가지 유형의 동상이질적인 자연 언어들이 있다면 이 중에서 가장 상층에 있는 것은 당연히 규범적 체계로서 어떤 단일한 표준어나 '문학어(литературный язык)'일 수가 있는 것이다. 그리고 이 경우 그러한 언어는 기호 체계의 구조적 조직화의 과정에서 스스로 자기기술의 단계에 도달한 언어이지만, 그 반대급부로 체계 내의 미결정적인 여백, 유연성, 역동적 발전을 위한 잠재력 등을 잃게 된다. 이렇게 놓고 본다면, 바흐친이나 로트만 모두 문학 텍스트화는 기존의 언어-문화 공간에서 규범화된 단일한 언어를 배경으로 이와 다소간 상이한 개별적인 언어들을 반영하는 새로운 언어적 구성물을 만들어 내는 것으로 간주한다는 점에서 공통점을 찾을 수도 있을 것이다.

그러나 이러한 언어적 구성물이 문화적으로 의미화되는 과정에 대한 설명에서는 앞의 3절에서 살펴봤듯이 두 사람의 관점이 차이가 난다. 바흐친(1975)은 그 과정을 우리 의식의 인지적 태도나 윤리적 태도와는 차별화되는 창조적 태도로부터 출발해서, 이로부터 만들어지는 경험적 실재로서의 미적 대상이 갖는 특수성을 규명하고자 한다. 그에 따르면, 소설이나 시 모두 언어적 구성물이지만, 그 구성 과정 자체에 대한 우리의 언어 의식에서 차이가 난다. 소설이 언어적 구성의 대화성, 다성성, 다언어성을 지향한다면, 시는 독백성, 권위성을 특징으로 하는 것이다. 따라서 바흐친적인 관점에서 보자면 문학 텍스트화에서 장르의 역사는 이데올로기적 현상으로서 언어 의식의 변화와 관련이 있으며, 바로 이러한 연관성의 전망으로부터 우리는 미학적으로 새로운 텍스트화가 기존의 혹은 공식적인 언어-문화 공간의 재구성에 미치는 영향력을 이야기할 수 있게 된다. 가령, 라블레나 고골, 도스토예프스키의 혁신적인 텍스트화들이 각각 해당 언어-문화 공간의 재구성에 기여하는 미학적, 이데올로기적 영향들을 생각해 볼 수 있는 것이다. 이와는 달리, 로트만은 먼저 일정한 기호계 내에서 예술 텍스트화가 담당하는 문화적인 구성적 기능에 주목한다. 즉, 단순한 일상 언어의 텍스트와는 달리 예술 언어의 텍스트화는 특정한 문화적이고 역사적인 콘텍스트와 더불어 예술적 기호의 고유한 구성적 원칙에 따라서 새로운 문화적 구성물을 만들어 낸다는 것이다. 이때, 그 자체로 무수한 기호와 코드의 복합체로서의 예술 텍스트는 일차적으로 어떤 '세계 인식의 수단'이자 특정한 정보를 담은 공간으로서의 기능을 수행하게 된다(Лотман 1974). 그리고 예술 텍스트의 이러한 기능이 어떤 식으로 의미를 만들어 내며 작용하는가에 대한 문제는 앞서 3절에서 이미 언급했듯이 그것이 어떤 외적 구조들과 혹은 또 다른 텍스트들과 소통되는가에 달려 있다. 바로 이러한 것을 통해서 '인식적 기호로서의 예술 텍스트'는 새롭게 재인식되고 자기증식할 수 있는 가능성을 갖게 된다(Лотман 1971). 그리고 위에서 인용한 바와 같은 구성적 특징을 갖는 기호계 내에서의 이러한 가능성의 실현을 통해서 예술 텍스트는 '소통 체계로서의 텍스트'로 확대되며 언어-문화 공간의 구성과 재구성이라는 역동성을 담보하게 된다(Лотман 1977, 1978, 1981b ; Shukman 1977). 가령, 이처럼 언어-문화 공간 내에서 텍스트화에 의한 문화적 해석과 이것에 대한 재해석으로부터 새로운 텍스트화들의 출현을 단적으로 잘 보여주는 예로서, 우리는 러시아에서 보리스 고두노프(Boris Godunov)의 섭정기(1584-1598)와 통치기(1598-1605)를 전후로 일어난 일련의 혼란스런 역사적 사건들에 대해서[23] 카람진의 〈러시아 국가의 역사(*История Государства Российского*)〉에서 보여 주는 역사적 텍스트화와 이에 대한 문학적 재텍스트화로서 푸쉬킨의 "낭만적 비극" 〈보리스 고두노프〉, 그리고

23) 사실적 기술은 다음과 같다 - 이반 뇌제의 사후 심약한 그의 아들 표도르의 재위 기간 동안(1584-1598) 새로운 차르의 처남 보리스 고두노프의 섭정, 1591년 이반 뇌제의 막내아들이자 차르의 이복동생인 드미트리의 의문스러운 죽음, 보리스 고두노프의 즉위와 통치(1598-1605), 1604년 참칭자 드미트리의 출현과 반란, 보리스 고두노프의 급작스런 죽음과 그의 아들 표도르의 즉위, 2달 후 반란군의 승리와 표도르의 처형, 친폴란드적 태도를 보이는 새로운 차르의 처형, 바실리 슈이스키의 즉위, 폴란드와 스웨덴의 침공, 새로운 참칭자 드미트리의 출현, 러시아 전역에 걸친 내란의 격화 등.

이 양자에 대한 예술적 재텍스트화로서 무소르그스키의 오페라 〈보리스 고두노프〉를 생각해 볼 수 있다.[24)]

5. 주체사이적 실재로서의 텍스트

텍스트화와 관련해서 지금까지 살펴본 것으로부터 이제 우리에게는 두 가지 종합화와 정리의 문제가 제기된다고 볼 수 있다. 첫째는 언어적 과정으로서의 텍스트화와 문화적 과정으로서의 텍스트화 사이의 종합화의 문제이다. 둘째는 예술적 과정으로서 텍스트화에 있어서 텍스트에 대한 바흐친의 개념과 로트만의 개념 사이에서 이론적 정리에 관한 문제이다.

먼저, 첫 번째 문제의 경우, 언어적 과정으로서의 텍스트화에서 우리가 규명한 내용들은 근본적으로 바흐친이 텍스트를 개별 현실 속에서 구체적인 발화로써 발생되는 것으로 생각하는 것과 상충되지 않는다는 점을 생각할 필요가 있다. 언어학적 관점에서 텍스트화에 대한 접근은 무엇이 텍스트를 텍스트답게 만드는가, 즉 텍스트성에 대한 일반적 규명, 그리고 텍스트의 다차원적 구조에 대한 설명적 모형화에 초점을 맞추고 있다면, 바흐친의 접근은 개별 텍스트화의, 특히 문학 텍스트화의 창조성, 유일무이함, 그리고 대화적 전망에서 의미화의 구체적 양상들이다. 그렇다면, 이러한 두 가지 접근방식은 전자 속에 후자가 통합되거나 아니면 후자의 관점에 입각해서 부분적으로 서로 겹치면서 상호보완적인 관계를 맺는 것으로 바라볼 수 있을 것이다. 텍스트성을 구성하는 일반적 특징들로서 응집성, 정합성, 의도성, 용인성, 정보성, 상황성, 상호텍스트성, 문화 귀속성에 대한 해명이나, 그리고 텍스트화의 다차원성을 구성하는 텍스트 내의 미시구조, 거시구조, 이 둘을 연결시켜 주는 초구조, 텍스트 밖의 맥락적 지식, 가치적 지식의 차원들에 대한 분석과 기술 등은 아주 포괄적인 일반 이론적 전망 속에서 바흐친의 대화적 개별화에 초점을 맞춘 접근 방식을 통합할 수 있다. 아니면, 바흐친의 대화주의적 전망 속에서 텍스트화의 구성적 계기들에 대한 분석적 접근과 그것의 개별적, 구체적 의미화에 대한 종합적 접근이 통합될 수도 있는 것이다. 이렇게 놓고 볼 때, 어쨌든 텍스트화에 대한 언어적 과정으로서의 접근이나 문화적 과정으로서의 접근이 충분히 종합화될 수 있는

---

24) 기호학적이진 않지만, 이에 대한 구체적인 연구로는 에머슨(Emerson 1986)을 들 수 있다.

가능성이 열려 있음을 알 수 있다.

문제는 로트만이 내세우는 문화기호학적 텍스트의 개념, 즉 자연언어가 1차적 기호체계라면 예술의 언어나 텍스트는 이에 기반한 그러나 그 자체로 구조적 자율성을 갖는 2차적 상징체계라는 생각이다. 이에 따라, 과연 일상 언어의 텍스트와 예술 언어의 텍스트는 본질적으로, 즉 체계의 구성 원리상 전혀 다른 것일까? 이 질문과 관련해서, 우리는 기능주의적 관점과 기호학적 관점이 갈라지는 것을 볼 수 있다. 야콥슨(Jakobson 1960)에 따르면, 문학 텍스트는 자연 언어의 소통적 기능 중에서 시적 기능이, 메시지의 자기지향성이 지배적인 역할을 하는 텍스트이다. 이러한 생각은 바흐친의 관점과도 맥을 같이한다고 볼 수 있다. 반면 옐름슬레우(Helmslev 1971)의 기호학적 구상에 따르면, 문학 텍스트는 원칙상 내포적 기호체계(sémiotique connotative)에, 즉 자연 언어의 랑그가 아니며 그 표현면이 외연적 기호체계의 내용면과 표현면으로 구성된 기호체계에, 요컨대 {내용면′ ⇔ 표현면′(= 내용면 ⇔ 표현면)}인 기호체계에 속한다. 그렇다면, 어떤 이론적 방향을 택해야 하는 것일까? 그런데 옐름슬레우의 이러한 다소 형식주의적인 기호학적 구상에서 강조되는 것은 내포적 기호체계 역시 외연적 기호체계인 자연 언어의 랑그처럼 분석·기술되어야 한다는 것이다. 다시 말해서, 어떤 일정한 체계를 이루는 내포적 기호들 사이의 대립과 차이에 근거해서 그러한 기호들의 구체적 용례나 텍스트화 등을 설명해야 한다는 것이다. 그렇다면 바로 이 지점에서 우리는 이러한 기호학적 구상이 이론적으로 이상적인 상황을 상정하고 있음을 알 수 있다. 옐름슬레우의 전망에 따르면, 어떤 주어진 문학 텍스트에 대해서 만족할 만한 수준의 기호학적 분석을 제시한다는 것은 먼저 그 텍스트 내에서 발견되는 다양한 종류의 내포적 기호들이 속하는 언어들 자체에 대한, 다양한 종류의 내포적 기호체계들에 대한 분석과 기술을 전제로 해야 한다. 그러나 과연 이러한 전제가 과연 실현 가능한 것인가는 여전히 의문으로 남는다. 가령, 프랑스의 낭만주의 문학이나 러시아 낭만주의 문학에 대해서 우리는 각각 이론적으로 상정되는 어떤 내포적 기호체계를 마치 자연 언어의 랑그처럼 기술할 수 있는 것일까? 실제로 이러한 것이 불가능함을 역설적으로 잘 보여 주는 것이 가령 기호학적 텍스트 분석의 모범이라고 할 수 있는, 바르트(Barthes 1973)에 의한 발자크의 단편 〈사라진(*Sarrasine*)〉에 대한 치밀한 분석이나 그레마스(Greimas 1976)에 의한 모파상의 단편 〈두 친구(*Deux amis*)〉에 대한 상세한 분석일 것이다. 이러한 분석들은 실제로 개별 텍스트 내에서 작동하고 있는 내포적 기호들 사이의 여러 가지 다양한 대립관계들의 분석과 기술을 통해서 텍스트의 내러티브 구조와 의미화를 설명하고 있지만, 실제로 거기서 제시되는 내포적 대립관계들이란 해당 텍스트 내에서 분석의 필요에 의해서 단편적으로 그때그때마다 상정되는 것이지, 옐름슬레우가 이야기한 것과 같은 어떤 형식적으로 객관화된 내포적 기호들의 대립관계들로부터, 다시 말해서 개별적으로 텍스트화 되기 이전에 이미 존재한다고 여겨지는 내포적 기호체계들의 제시로부터 도출되고 있지는 않은 것이다.

따라서 위의 논의로부터, 일상 언어적 텍스트와 문학 텍스트가 그 구성 원리상 본질적으로 다른 것이 아니라 텍스트화의 기능에서 차이가 난다는 입장이 이론적으로 더 적합하다는 것을 알 수 있다. 더구나 이 입장의 타당성은 일반적으로 언어에서 주어-술어의 서술 구조는 환유의 원칙에 따라 구성되거나 이를 벗어나는 경우에는 은유화의 길을 따라 간다는 보편적인 언어학적인 사실에 의해서 한층 더 강화된다. 요컨대, 일상 언어의 발화에서도 끊임없는 환유와 은유에 의해서 내포적인 기호들이 발생되고 있는 것이다. 물론 비언어적 예술 텍스트의 경우, 옐름슬레우나 로트만의 이론적 입장이 어느 정도 타당할 수는 있지만, 그것도 표현면의 요소들이 자연 언어에 의해서 번역이 가능하다는 전제 하에서일 것이다. 이로써, 우리가 앞에서 제기한 두 번째 문제도 해결되었다고 볼 수 있다. 문학 텍스트 역시도 언어적 텍스트화의 특정한 기능적 - 미적 대상의 창조를 지향하는 - 현상이라는 바흐친의 입장이 자연 언어와는 다른 상징체계를 설정하는 로트만의 입장보다 이론적, 방법적 출발점으로서 더 적합한 것이다.

그렇지만 이러한 차이를 일단 넘어서면, 두 사람 모두 텍스트를 빼어난 주체사이적 실재로 간주한다는 점은 아주 시사적이다. 물론, 텍스트화의 전체적인 과정 중에서 어떤 구성적 계기들에 주안점을 두느냐는 두 사람의 이론적 개성에 따라서 차이가 난다. 바흐친에게서는 발화 주체가 표현하고자 하는 이데올로기적인 태도와 내용이(여기서 말하는 이데올로기가 원래 맑스가 생각한 좁은 의미의 이데올로기, 즉 과학적 의식과 대립하는 허위적인 의식을 가리키는 것이 아니라, '인간이 현실에 대해서 그리고 자신과 타인에 대해서 맺는 제반 관계들에 대한 인식과 가치평가'라는 넓은 의미의 것임은 물론이다) 텍스트화를 통해서 어떠한 대화적 양상으로 타자를 지향하는가, 어떻게 타자에게 열린 의미화를 제공하는가를 밝혀내는 데 이론의 초점이 맞춰져 있다면, 로트만에게서는 문화 기호계 내에서 텍스트가 갖는 상호텍스트성, 다언어적인 문화 공간에서 텍스트화와 재텍스트화로 이어지는 문화적 소통의 역동적 구조, 그리고 이러한 것들의 교차로부터 발생하는 새로운 문화적 분출 등을 설명하는 데 이론적 노력이 펼쳐지고 있는 것이다. 그런데 이러한 로트만에게서 특히 괄목한 점은 문화적 텍스트화에서 소통의 두 주체인 발신자와 수신자가 각자 독립적인 언어적 공간을 지닌 대등한 관계의 존재들로 설정된다는 것이다. 이것은 발신자 편에서 텍스트화를 통해서 전달하고자 하는 모든 정보들이 수신자에게 수용되는 것이 아니라, 수신자의 언어적 공간 속에서 선택적, 창조적으로 재구성된다는 것을 함의하며, 또한 궁극적으로 문화적 세계에서의 텍스트화가 주체사이성의 정립을 지향한다는 것을 의미한다. 그런데 이처럼 주체사이성의 관점에서 보자면, 바흐친이나 로트만 모두 텍스트화는 '주체-객체'의 이분법 대신에 '주체-또 다른 주체'라는 공존과 연결의 관계를 전제한다. 이러한 관계 속에서 텍스트의 의미화란 하나의 주체로부터 또 다른 주체로의 단순한 정보 전달이 아니라, 오히려 두 주체들 사이의 상호지향성에 근거한 이해를 전제로 해서만 가능해지는 과정으로 간주되어야 할 것이다(Бахтин 1979a ; Лотман 1994).

텍스트의 의미화에 관한 이상과 같은 주체사이적 전망이 타당할 수 있는 것은 물론 텍스트가 구체적인 발화와 더불어 그와 동시에 그것에 재현 가능성을 부여하는 어떤 기억의 형태를 동반하는 것이기 때문이다. 이런 기억의 형태에는 음성화, 문자화, 녹음, 녹화 등과 같은 외형적 고정화와 더불어 구체적인 발화 문맥과 발화 주체의 형상이 결부된다(시간이 지남에 따라서 발화의 문맥이 희미해지거나 주체에 대한 기억이 소실되어 버리는 경우도 물론 있지만). 만일 바흐친이 앞서 인용한 그의 "텍스트 문제"에 관한 생각에서(Бахтин 1979a ; 281-283) 텍스트의 유일무이함, 반복 불가능성을 강조하고 있다면, 그것은 하나의 사건으로서 텍스트화와 결합한 발화 주체의 의도에 관한 문제이지, 텍스트의 의미화로서 재현 가능성 자체를 부정하는 말은 아닐 것이다. 왜냐하면 구체적인 기억의 형태가 동반된 발화체로서의 텍스트는 일단 존재하게 된 이상 원칙적으로 발화 주체와는 별개의 것이기 때문이다. 즉, 이제 하나의 주체사이적인 실재로서 존재하는 것이다. 그렇지만 이러한 실재는 비록 그것이 만들어진 순간의 원래 의미와 다소 차이를 보일지라도 여전히 구체적이다. 바로 거기에 기억의 형태가 결부되어 있기 때문이다. 가령, ἄνθρωπον ζητω("나는 사람을 찾고 있네")라는 디오게네스(Diogenes of Sinope)의 발화는[25] 그것을 한정하는 구체적인 기억의 형태와 더불어 그 의미가 발화

주체를 떠나서 우리들 사이에서 구체적인 비물질적 실재로서 떠돌아다니기에 다른 언어로도 번역될 수 있고 또 오늘날까지 알려질 수도 있는 것이다. 일상 언어의 텍스트든 예술 텍스트든 마찬가지라고 할 수 있다. 바로 이렇게 해서, 우리의 언어-문화 공간은 구체화된 주체사이적 실재인 텍스트들로 채워져 있고, 한편으로는 이것들과 소통하면서 다른 한편으로는 자신들의 고유한 욕망과 활동에 따라 주체들은 서로들 사이에서 새로운 텍스트들을 만들어 냄으로써 언어-문화 공간을 새롭게 변화시켜 나가는 것이다.

참고문헌

로트만 외(1996) 〈시간과 공간의 기호학〉, 러시아시학 연구회 편역, 열린책들.

로트만, 우스펜스키, 리하초프(1993) 〈러시아 기호학의 이해〉, 이인영 엮음, 민음사.

반 다이크(1995) 〈텍스트학〉, 정시호 옮김, 서울: 민음사.

송효섭(1997) 〈문화 기호학〉, 민음사, 1997.

야콥슨, 로만(1989a) 〈일반 언어학 이론〉, 권재일 옮김, 민음사.

__________(1989b) 〈문학 속의 사회학〉, 신문수 옮김, 문학과지성사.

에스카르피, 로베르(1995) 〈정보와 커뮤니케이션〉, 김광현 옮김, 민음사.

이성만(1993) "텍스트는 체계인가" 〈독일문학〉 Vol. 50, No.1.

Бахтин, М. М.(1975) *Вопросы литературы и эстетики.* М.: Художественная литература.

_____________(1979a) "Проблема текста в лингвистике, филологии и других гуманитарных науках," *Эстетика словесного творчества.* М.: Искусство.

_____________(1979b) "Из записей 1970-1971 годов," *Там же.*

Болотнова, Н. С.(2000) "Основные понятия и категории коммуникативной стилистики текста," *Основы теории текста.* Томск: Изд-во Том.гос.пед.ун-та.

Бурвикова, Н. Д.(1998) *Типология текстов для аудиторной и внеаудиторной работы.* М.

Гальферин, И. Р.(1974) "О понятии «текст»," *Вопросы языкознания.* No. 6, М.

_________________(1977) "Грамматические категории текста," *Серия литературы и языка.* Т. 36, No. 6.

Дридзе, Т. М.(1980) *Язык и социальная психология.* М: Высшая школа.

---

25) *Διογένης Λαέρτιος*, VI/41.

Кожина, М. Н.(1968) *К основаниям функциональной стилистики.* Пермь.

Золотова, Г. А.(ред.)(1979) *Синтаксис текста.* М.

Лотман, Ю. М.(1971) *Структура художественного текста.* Brown Univ. Pub.

______________(1968) "Текст и функция," Ю. М. Лотман, Т. I. *Статьи по семиотике и типологии культуры.* Таллин: Александра, 1992.

______________(1973) "о двух моделях коммуникации в системе культуры," *Там же.*

______________(1974) "Динамическая модель семиотической системы," *Там же.*

______________(1977) "Текст и структура аудитории," *Там же.*

______________(1978) "Феномен культуры," *Там же.*

______________(1981a) "Мозг-текст-культура-исскуственный интеллект," *Там же.*

______________(1981b) "Текст в тексте," *Там же.*

______________(1981c) "Семиотика культуры и понятие текста," *Там же.*

______________(1984) "О семиосфере," *Там же.*

______________(1989) "Проблема византийского влияния на русскую культуру в типологическом освещении," *Там же.*

______________(1992) *Культура и взрыв.* М.: Гнозис.

______________(1994) *Лекция по структуральной поэтике.* М.: Гнозис.

______________(2001) *Семиосфера.* С.-Петербург: Искусство-СПГ.

Улла Фикс(2001) "Проявляется ли культурная специфицика в типах текста," *Вестник ВГУ.* Серия лингвистика и межкультурная коммуникация, No. 2.

Храпченко, М. Б.(1985) "Текст и его свойства," *Вопросы языкознания.* No. 2.

Andrews, E.(2003) *Conversations with Lotman: Cultural Semiotics in Language, Literature, and Cognition.* University of Toronto Press.

Barthes, R.(1973) *S/Z.* Paris: Seuil.

Beaugrande, R. de & Dressler, W.(1981) *Introduction to Text Linguistics.* London: Longman.

Benveniste, E.(1969) "Sémiologie de la langue," Semiotica I, La Haye: Mouton, *repris dans les Problèmes de linguistique générale* 2. Paris: Gallimard, 1974, 43-66.

Booth, W. C.(1986) "Introduction to Extracts from "Notes"(1970-71)," Morson, G. S., *Bakhtin: Essays and Dialogues on His Work.* Univ. of Chicago Press.

Debray, R.(1992) *Vie et mort de l'image.* Paris: Gallimard.

Emerson, C.(1986) *Boris Godunov.* Indiana Univ. Press.

Greimas, A. J.(1976) *Maupassant, La sémiotique du texte: exercices pratiques.* Paris: Seuil.

Harweg, R.(1968) *Pronomina und Textkonstitution.* München.

Helmslev, L.(1971) *Prolégomènes à une théorie du langage.* Paris: Minuit.

Isenberg, H.(1968) *Überlegungen zur Texttheorie.* Berlin.

Jakobson, R. (1960[1981]) "Linguistics and Poetics," *Selected Writings Ⅲ.* The Hague: Mouton.

Schmidt, S. J.(1971) "Text und Geschichte als Fundierungskategorien," *Stempel, W.-D., Beiträge zur*

Textlinguistik. München.
Stubbs, M.(1996) *Text and Corpus Analysis*. Oxford/Cambridge: Blackwell.
Shukman, A.(1977) *Literature and Semiotics–A Study of the Writings of Yu. M. Lotman.* North-Holland Publishing Company.
van Dijk, T.(1977) *Text and Context*. London: Longman.

제4장

주체사이성과 소통의 윤리학

|김연경·이기웅|

1. 들어가며

도스토예프스키는 〈카라마조프가의 형제들〉에서 조시마를 비롯한 여러 인물들을 통해 이른바 '만인유죄사상'을 강조한 바 있다. "모든 사람들은 모든 사람들 앞에서 모든 것에 대해 유죄"라는 것이다. 이 말 속에는 사유하는 나, 욕망하는 나, 행동하는 나에 대한 표상이 들어 있으며, 무엇보다도 타자와 관계하는 나에 대한 표상, 즉 관계 맺음의 숙명성이 암시되어 있다. 도스토예프스키의 전 창작의 화두이기도 한 자유와 의지, 나아가 죄와 벌의 문제가 등장하는 지점은 여기이다. 한 주체가 자신의 자유 의지에 따라 행하는 행위는, 설사 그것이 구체적인 행동으로 발현되지 않고 사유와 욕망의 차원에만 머물지라도 타자에게 강한 영향력을 행사할 수 있다. 그것은 아주 자주 형사적 차원은 아닐지라도 심리적, 종교적 차원의 죄가 될 수 있으며, 그 결과는 부메랑처럼, 거울의 반사광처럼 다시금 나 자신에게로 돌아온다. 이는 행위의 주체로서의 한 인간과 또 다른 주체인 타자 간의 소통이 지닌 중요성을 다시 한 번 강조하는 것이기도 하다.

인간의 삶의 목적은 어떤 경우에든 자신의 자유와 욕망의 극대치를 추구하는 데 있다. 하지만 그것이 타자 및 세계와의 대면에서 불협화음을 빚어 낼 수 있는 것이라면, 소통은 반드시 윤리학적 전망을 지녀야 하며 소통의 참가자로서의 인간은 무엇보다도 도덕적 주체이며 선의지의 행사자여야 한다. 칸트는 일찍이 "너의 의지의 준칙이 항상 동시에 보편적 법칙

수립의 원리로서 타당할 수 있도록, 그렇게 행위하라"라는 정언 명법을 제시하면서 "내 위의 별이 빛나는 하늘과 내 안의 도덕 법칙"을 역설한 바 있다.[26] 이 경우 도덕법칙은 "인간들에게 정언적으로 명하는 명령", 이른바 '주어진 것'이자 무조건적이고 강제적인 의무로서 궁극적으로 신적 지위와 동일한 최고선의 테두리 내에서 실천 이성에 따라 행사되는 것이었다.[27] 칸트로 대표되는 당위로서의 윤리학은 '이성의 판관 기능에 종속된 위선적인 복종'[28]의 혐의에 불구하고 여전히 유효하다. 왜냐면 도덕률은 쾌-행복에 대한 추구와 같이 육체적이고 생래적으로 발생하는(따라서 강제될 필요가 없는) 것이 아니라, 타자-세계와의 소통에서 '요구'되는 것이기 때문이다. 이 글은 이러한 문제의식에서 출발하되, 당위로서의 윤리학이 지닌 강제적이고 경직된 성격을 극복하고 보다 더 자유롭고 열린 소통의 가능성을 모색하고자 한다. 바흐친과 레비나스를 비롯한 여러 현대 사상가들의 다각도의 논의는 새로운 소통의 윤리학을 정립하고 미래적 전망을 제시하는 데 적지 않은 도움을 줄 것이다.

2. 당위로서의 윤리학과 바흐친의 행동 철학

앞서 언급했듯, 소통의 윤리학은 일차적으로 자연발생적인 것이라기보다는 원활한 소통을 위해 요구되는 필요조건과 같은 것으로서 일정 부분의 강제가 불가피하다. 이러한 생각은 칸트의 정언명법과 궤를 같이 하는 초기 바흐친의 윤리학적 논의[29]에 상당히 선언적으로 표현되어 있다. 바흐친은 칸트의 철학, 즉 '형식 윤리'가 지닌 보편화 및 치명적 이론주의 혹은 순수한 이론성을 신랄하게 비판하면서도 이른바 '당위로서의 윤리학'에 관해서는 전폭적인 지지를 보낸다. 그리하여 "행동은 절대적으로 우연한 것이 아니라는 것", "당위는 정말로

26) 임마누엘 칸트(2005) 〈실천이성비판〉, 백종현 옮김, 아카넷, 86쪽, 327쪽.

27) 위의 책, 87-91쪽, 259쪽, 263쪽 참조.

28) 들뢰즈는 헤겔주의와 변증법에 대한 자신의 증오를 노골적으로 표명한 뒤 다음과 같이 말한 바 있다 : "칸트에 관한 나의 책, 그건 다르지. 나는 그 책이 맘에 드네. 그것은 마치 어떤 적에 대해 글을 쓰듯, 그가 어떻게 움직이고 어떤 장치를 이용하고 있는지 보여 주려고 쓴 책이네. '이성'의 재판소, 기능들의 절제된 사용, 입법권이 우리 스스로에게 넘겨지는 만큼 더더욱 위선적인 복종 같은 그런 장치들 말일세." (질 들뢰즈(1993) 〈대담 1972-1990〉, 김종호 역, 솔, 29쪽.)

29) 초기 바흐친, 칸트, 그리고 신칸트 학파의 관계에 대해선 K.클라크/M.홀퀴스트(1993) 〈바흐친〉, 이득재/강수영 옮김, 문학세계사, 68-74쪽과 이득재(2002) "바흐친과 칸트 : "행동철학에 대하여"에 대한 小考", 〈러시아어문학연구논집〉, 제11집, 서울 : 한국러시아문학회, 183-197쪽 참조.

나에게 있어 절대적으로 강제적인 것, 정언적인 것"이 바흐친의 행동 철학의 전제가 된다. 다만, 도덕법칙의 실현을 오로지 이론적인 층위에만 국한시켜 "나의 역사적이고 개별적-책임 있는 활동성"을 소외시키는 이론주의만은 배격되어야 한다. 바흐친에게 중요한 것은 나와 세계, 주체와 객체, "문화 영역[학문, 예술, 역사 등]의 객관적인 통일성"과 "경험되는 삶의 반복 불가능한 단일성" 사이에 "하나의 유일무이한 통일성"이었던 것이다.

이 맥락에서 당위는 '사상과 감정'을 모두 포함한 행동함-행동의 원칙으로서 존재한다. 주체의 '당위'에 대한 의식을 통해서만 "삶과 문화-창작행위, 행위-행동, 내 유일한 삶의 맥락의 통일성의 계기와 판단의 의미론적 내용", 간단히 말해 삶과 이론 사이의 분열이 극복되고 이들 사이에 통일성이 만들어진다. 여기서 바흐친은 '책임성'과 '구체성'에 기초한 윤리학을 주장하며[30] 나아가 주체의 현존성과 유일무이성의 토대 위에서 책임 있는 행동을 촉구한다.

> 책임 있는 의식의 통일성의 기저에 깔린 것은 근원으로서의 원칙이 아니라 유일무이한 존재-사건에 대한 자신의 관여를 실제로 인정한다는 사실인데, 그 사실은 이론적 용어로는 적절하게 표현될 수 없으며 그저 묘사되고 참여적으로 경험될 수 있을 뿐이다. 여기에 행동과 구체적인 유일무이하고 강압적인 당위의 모든 범주들의 근원이 들어 있다. (…) 지금 내가 위치해 있는 주어진 유일무이한 지점에, 유일무이한 존재의 유일무이한 시간과 유일무이한 공간에 다른 그 누구도 위치해 있지 않다. (…) 현 존재의 유일무이성은 강제적이며 의무적이다. 행동의 아주 구체적이고 유일무이한 당위의 기저에 깔려 있는 '존재의 나의 부재 증명 불가'라는 이 사실은 나에 의해 인지되거나 인식되는 것이 아니라 '유일무이한 방식으로 인정되고 확신되는 것이다.' - 〈행동 철학에 부쳐〉 중에서

"나의 유일성은 '주어진 것'이지만, 동시에 나의 행동에 의해 현실 속에서 실현되는 것이니 만큼 그것은 '부과된 것'이기도 하다." 따라서 '존재의 부재 증명 불가', 즉 나의 존재론적 유일성과 고유성, 반복불가능성은 오로지, 책임성을 갖고 행동하는 주체로서의 나, 나의 책임

30) 책임 혹은 책임성은 곧 주체의 '책임 의식'을, 구체성은 그 주체가 속해 있는 현실적이고 역사적인 토대를 강조하는 것이다. 여기서 실제적이고 현실적인 삶, 존재-사건의 복잡다단한 생성의 모멘트, 즉 사건성등에 대한 바흐친의 배려를 엿볼 수 있다. 이 점에 대해서는 이 장의 3절에서 상세하게 논의될 것이다.

있는 행동에 의해서만 증명되는 것이다.

이렇듯, 칸트의 윤리학에 맞먹는 새로운 윤리학, 즉 '행동의 건축학'을 수립하고자 했던 바흐친의 첫 시도는 미완으로 끝났지만 몇 가지 흥미로운 문제점을 시사하고 있다. 초기 바흐친의 윤리학은 첫째, 기본적으로 '주체의 철학'이다. 조만간 그가 본격적으로 천착하게 될 타자성, 주체사이성은 아직은 그의 사유의 지평 위로 선명하게 부각되지 않는다.[31] 둘째, 이로 인하여 바흐친의 행동 철학은 칸트의 정언명법만큼이나, 어쩌면 그보다 더 당위와 의무를 강요하는 셈이 되었다. 어쩌면 어떤 경우에나 윤리학은 가언명법이 아닌 정언명법 위에서만 구축된다는 것을 초기 바흐친이 역설적으로 보여 주는 듯하다. 셋째, 그럼에도 바흐친이 생각한 행동 철학의 제일 원리인 '책임성'과 '구체성'에 비록 부분적이긴 하지만 '감정적이고 의지적인 톤'이 개입된다는 것은 뒤에 나올 바흐친 특유의 미학 이론과 관련하여 주목할 만하다. 세 번째 항목에 주목해 보자.

미학주의에 관한 바흐친의 태도는 다소 복잡하다. 초기 바흐친의 시도는 미학적-예술 행위조차도 행동 철학의 기본원칙인 당위성과 구체성의 범주에 포함시키고 있기 때문이다. 가령 "행동 철학"과 비슷한 시기에 씌어진 "예술과 책임"(1919)에서 다음과 같은 단언을 볼 수 있다.

> 도대체 무엇이 개성의 요소들의 내적 관계를 보장해 주는가? 오로지 책임의 통일성만이 그럴 수 있다. 내가 예술 속에서 경험했고 이해한 것에 대해서, 경험되고 이해된 모든 것이 삶 속에서 무기력한 것이 되지 않도록 하기 위해 나는 나 자신의 삶으로 책임을 져야 한다.

예술과 삶을 강하게 묶어 주는 책임은 곧, 거의 당위적이기까지 한 죄의식과 연결된다. 즉, "책임성과는 죄도 연결되어 있다. 삶과 예술은 상호적 책임뿐만 아니라 서로서로에 대한 죄도 감내해야 한다."("ИО", 5) 원형적인 죄의식에 가까운 책임이 강요되는 예술과 삶의 관계는 궁극적으로 "예술과 삶은 하나가 아니지만 나 안에서, 나의 책임성의 통일체 속에서

31) 조준래(2001) "미적 건축학에서 삶의 건축학으로 : "행동 철학에 부쳐"의 과제와 한계", 〈슬라브학보〉, Vol.16, No.1, 278쪽 참조.

단일한 것이 되어야 한다”(“ИО”, 6)라는 단언으로 귀결된다. 미학 행위가 윤리적 행동과 동일선상에 놓임으로써 그것마저도 당위적인 것이 되는 것이다. 개성의 책임성은 곧 삶과 행동에 대한 책임성이며 이것은 예술에도 그대로 반영되어야 한다. 그러니까 ‘구체성’의 모멘트를 제외한다면 바흐친의 ‘행동 철학’은 ‘예술철학’과의 연관성 속에서 파악되더라도 칸트의 윤리학 못지않게 정언적, 즉 경직되고 엄정하다. 이것은 우리의 견해론, 바흐친의 초기 사유체계가 나-주체와 너-타자와의 소통이 아니라 “무한한-거대한 세계”와 “나의 작은 세계-삶”의 대립구도 속에서 나-주체가 갖는 행동 원칙, 즉 책임에 지나치게 편중되어 있기 때문으로 보인다.

하지만 다른 한편, 바흐친은 나-주체에 대한 관심의 영역을 더 확장시켜 ‘인격성’을 강조하기도 한다. 즉, 부분적이긴 하지만 행동 철학 논의에서 당위성보다는 구체성, 개별성, 현존성이 강조되고 삶 자체로의 주의가 환기되는 것이다. 여기서 시종일관 주체 지향적인 바흐친의 윤리학은 타자 지향성을 가진, 정언적 ‘예술철학’과는 다소 다른 양상의 미학과 연결되면서[32] 이론적이고 추상적인 보편의 윤리학과 대비되는 인격주의 윤리학과 육화(肉化)의 윤리학[33]의 단초를 내보인다. 실상, 당위로서의 윤리학을 비판적 시각에서 볼 때 제일 큰 문제점은 주체[로고스=남근] 중심주의, 다시 말해 주체를 중심으로 하여 다른 모든 것을 자기화시키고 보편화시키는 동일성의 철학에 있다. 이 맹점을 극복하기 위해서 주체와 타자의 역동성을 생명으로 하는 삶의 철학에 보다 근접한 미학을 고려할 필요가 있다. “미학적 존재는 이론적 세계보다도 존재-삶의 실제적인 통일체에 더 근접해 있고, 바로 이 때문에 미학주의의 유혹은 설득력이 있기도 한 것이다.” 바흐친이 “행동 철학”에 언급된 이 말은 타자, 나아가 주체사이성에 기반한 윤리학적 전망 제시에 있어 일종의 길잡이 역할을 한다.

---

32) 실제로 윤리학과 미학은 초기 바흐친에게 있어서 하나의 구상 속에 포함된 것이었다. “행동 철학”은 다음과 같은 거대한 기획 하에 씌어지기 시작했다. 즉, 1장은 다분히 칸트의 건축학을 연상시키는바, 사유되는 것이 아니라 경험되는 현실 세계의 건축학(архитектоника)에 대한 고찰을 담고 있으며 2장은 행동으로서의 미학 활동 연구, 3장은 정치의 윤리학, 4장은 종교의 윤리학이 될 것이었다.(〈행동철학에 부쳐〉 중에서)

33) 바흐친의 이른바 ‘personalist ethics’에 대해서는 Valerie Z. Nollan(2004) “Introduction”, *Bakhtin : Ethics and Mechanics*, Evanston, Illinois : Northwestern Uni. Press(ed. by Valerie Z. Nollan), p. 17 참조. 또한 ‘ethics of incarnation’에 대해서는 바흐친의 윤리학 이론을 라스콜리니코프의 행위와 연결시켜 논의하고 있는 Jacqueline A. Zubeck(2004) “Bakhtin′s Ethics and an Iconographic Standard in *Crime and Punishment*”, *Bakhtin : Ethics and Mechanics*, Evanston, Illinois : Northwestern Uni. Press(ed. by Valerie Z. Nollan), p. 35 참조.

3. 주체와 타자, 주체사이성(intersubjectivity)

"나와 당신들 모두(я и вы все)"라는 대단히 공격적이고 다분히 위악적이기까지 한 도스토예프스키의 지하인적 이분법은 그 근원을 따져 보면, 개인(개성)의 발견과 근대(modernity)의 도래로 정의될 수 있는 낭만주의적 세계관과 미학관에 근거하고 있다. 역사적인 개념으로서의 '낭만적 인간' – 이것이 곧 '근대적 인간'이기도 하다 – 은 오늘날의 주체 혹은 개인의 개념에 해당하는 것이며 그의 존재 근거는 바로 자유와 의지에 있다. 이렇게 무한한 자유를 보유한 개인이 그 못지않게 거대화된 근대 세계, 즉 화폐 경제에 기반한 '대도시'와 충돌하는 것은 당연한 일이다. 개인의 자유는 더욱더 복잡해지는 도덕 격률과 법칙에 의해 제어되거나 심지어 원천적으로 기각된다. 그리고 세계를 자기 안에 끌어안을 수 있을 만큼 비대해진 개인이 역설적으로, 거대한 도시 관료 사회의 단추와 같은 존재로 전락하고 이른바 '군중 속의 고독'과 같은 개념이 실효성을 얻게 된다.[34] 이 경우 주체가 직면하게 되는 근본적인 문제는 세계와의 불화, 그로부터 파생되는 세계로부터, 심지어 자기 자신으로부터의 소외이다. 여기서 세계란 곧, 우주주의와 최대주의를 표방한 낭만적 인간 앞에 도사리고 있는 타자, 혹은 타자의 집적체이다. 타자는 나의 일부이면서도 나의 이성적 사유와 자유 의지로는 도무지 어떻게 할 수 없는 지하인의 '치통'과 같은 것이며, 서동욱의 말을 빌자면, 나의 사유와 인식의 대상으로 전락하지 않는, "표상되지 않으면서 감성에 상처를 내며 육박해 들어오는 미지의 것들"[35]이다. 근대라는 커다란 틀 속에서 이 타자를 통하여, 타자와 관계를 맺고 주체는 탄생하거나, 최소한 '새롭게' 탄생한다. 이러한 과정을 바흐친과 레비나스의 철학을 통해 살펴보도록 한다.

3.1. 윤리학의 극점으로서의 미학

"행동 철학"보다 아주 약간 늦게 씌어진 것으로 추정되는 "미적 활동에서 작가와 주인공"(1920–24)에서 바흐친은 "나는 내 삶의 주인공이 아니다(Я не герой своей жизни)"라는 화두를 제시한 바 있다. 이 글의 핵심어인 작가와 주인공을 각각 타자와 주체로 이해한다면,

---

34) 이에 대해서는 게오르그 짐멜(2005) 〈짐멜의 모더니티 읽기〉, 새물결, 김덕영·윤미애 옮김, 11–53쪽을 참조하라.

35) 서동욱(2004) 〈차이와 타자 : 현대철학과 비표상적 사유의 모험〉, 문학과 지성사, 25쪽.

이 명제는 주체 중심주의에 대한 미학적 층위에서의 반성적 접근으로 볼 수 있다. 즉, 이 글은 비록 '미학적 활동'의 틀 속에서 작가와 주인공을 논하고 있지만 그것은 주체와 타자의 미학적 표현이며,[36] 여기서 논의되는 미학은 엄격한 의미에서의 미학이라기보다는 윤리적 함의를 강하게 담고 있는 바흐친 특유의 미학이라고 할 수 있다.

"나는 내 삶의 주인공이 아니다"라는 것은 주인공에 대한 작가의, 즉 주체에 대한 타자의 절대적 우위를 토대로 하여 나온 말이다. 작가가 모든 것을, 주인공의 비완결적이고 무한히 열려 있는 삶을 완결시킨다는 것은 실상 "행동 철학"에 나타난 강박성과 궤를 같이하는 것으로 보인다. 하지만 그 내부를 자세히 들여다보면, 행동의 격률이 주체와 타자라는 이항을 전제함으로써 훨씬 더 복잡한 양상을 띠게 된다.

> 작가의 의식은 의식의 의식, 주인공의 의식과 그의 세계를 아우르는, (…) 주인공의 의식을 아우르고 완결시키는 의식인 것이다. 작가는 각각의 주인공이 제각기, 혹은 모든 주인공들이 다 함께 보고 아는 모든 것을 보고 알 뿐만 아니라 그것들보다 더 많이 알며, 거기다가 그는 주인공들이 원칙적으로 접근할 수 없는 뭔가를 보고 알고 있는데, 언제나 규정되어 있고 확고한, 각각의 주인공에 대한 작가의 봄과 앎의 '잉여' 속에 총체, 즉 주인공들의 총체뿐만 아니라 그들의 삶의 공존적인 사건의 총체, 즉 작품 전체를 완결시키는 모든 계기들이 들어 있다. -〈미적활동에서 작가와 주인공〉 중에서

주인공에 대한 작가의 우위, 즉 주체에 대한 타자의 우위는 '봄과 앎의 잉여', 즉 외재성에서 비롯된다. 외재성은 공간적, 시간적, 의미론적[가치론적] 차원 등 모두 세 가지 차원에서 발현되는데, 이것을 통해서 작가는 "인식의 부과된 세계와 윤리적 행동의 열린 사건" 속에 무한하게 분산되어 있는 주인공을 완결시킨다. 작가의 이러한 전권, 이른바 '최고심급'의 권리와 그 행사는 다분히 '단죄하는 [잔혹한] 신', 구약과 유대교의 신인 야훼의 형상을 떠올리게 한다. 하지만 미학적 관점에서의 작가와 주인공의 관계는 기본적으로 주체에 대한 타자의 윤리적

---

36) 이와 비슷한 생각을 A. Jefferson(2001) "Bodymatters : self and Other in Bakhtin, Sartre and Barthes", *Bakhtin and Cultural Theory*, Manchester and New York : Manchester Uni. Press(ed. by Ken Hirshkop and David Shepherd(2-d edition), p. 203에서도 찾아볼 수 있다.

의식에서 형성되었음을 간과하지 말아야 한다. 가령, 다음과 같은 구절들을 보자.

> 이것은 - [해독불가] 주인공에 대한 작가의 외재성, 자신을 주인공의 삶의 영역으로부터 사랑스러운 마음을 갖고서 멀리 떼어 놓는 것, 그와 그의 존재를 위해 삶의 전 영역을 정화시키는 것, 그의 사건을 그것에 관여하는 입장에서 이해하고 실제적-인식적이며 윤리적이며 무관심한 관객의 입장에서 완결시키는 것이다.
> 봄의 잉여는 꽃봉오리와 같은 것으로서, 형식은 그 안에서 꾸벅꾸벅 졸고 있다가 꽃으로 활짝 피어나게 된다. - 〈미적활동에서 작가와 주인공〉 중에서

'사랑', '관심', '이해'에 기반한 외재성, '꽃봉오리'에 비유된 식견의 잉여 등 "작가와 주인공"의 미학적 틀에서 이해된 윤리는 "행동 철학"에서 피력된 당위로서의 윤리와는 다소 구분된다. 그 가장 큰 원인은 타자의 존재를 설정한 것에 있다. 타자와의 관계에서 주체는 이른바 '타자-되기'의 바흐친적 표현인 '살아 들어감'을 실행시킨다. 그것은 감정이입, 객관화[자아로의 복귀], 끝으로 형식화의 단계로 이어진다. 타자의 내부로 들어갔다가 다시 그 바깥에 서 있게 됐을 때, 즉 외재성을 견지하게 됐을 때 비로소 완결의 국면을 맞을 수 있는 미학적 행위는 근본적으로, 타자 지향적인 것이다. 그런데 여기서 주목해야 할 것이 미학의 탄생 직전에 타자의 고통에 대한 도움, 위안, 구조 등 일련의 윤리적 행동이 개입된다는 점이다. 이렇듯, 바흐친은 윤리학 다음에 오는 것, 혹은 윤리학을 넘어서는 것으로서 미학을 상정하고 있다. 여기서 미학은 명백하게 윤리학의 함의를 담고 있으며, 심지어 윤리학의 극점이자 극대치라고 할 수 있다. 말하자면 "미(학)적 관조와 윤리(학)적 행동"의 행복한 조화야말로 바흐친이 생각한 진정한 행동 철학의 핵심을 이루는 것이다.

미학과의 연관성 속에서 윤리학을 생각할 때 제일 먼저 연상되는 것은 아무래도 그리스도의 형상이다. 도스토예프스키의 〈백치〉에서 이야기되는 홀바인의 "무덤 속 그리스도"가 그러하듯, 바흐친에게서도 중요한 것은 '인간'으로서의 그리스도이다. 신은 삼차원적 육체를 갖고 있지 않기 때문에 육체적 고통의 주체가 될 수도 없으며 우리에게 윤리적 감동을 포함한 비장한 숭고미를 유발시킬 수도 없다. 그리스도의 책형이 "윤리적 유아론"의 극단, "자기 자신의 입장에서는 절대적 희생, 그리고 타자에 대해서는 자비"로 정의될 수 있는 것, 그리고

이 행위가 "윤리적-미학적 선량함" 곧 아름다움의 절정으로 이해될 수 있는 것은 인간 그리스도가 감내해야 했던 '몸', 즉 고통의 논리 때문이다. '자비'와 '은총'이 요구되는 것은 이 맥락에서이다.

여기서 바흐친은 거의 초월적 지위를 지닌 타자로서의 작가를 얘기한다. 그에게 있어 '작가'는 автор-творец, автор-созерцатель, автор-зритель 등 일련의 조합어들이 보여주듯 주체와 동등한 권리를 지닌 타자-인간이면서 동시에 그로부터 외재적인 특권을 향유하는 조물주이다. 이런 구도 속에서 인간-주체-주인공은 오로지 고해하면서 신-타자-작가로부터 '자비'와 '은총'을, 즉 용서와 구원을 구할 수밖에 없다. "나는 내 삶의 가능성의 조건이긴 하지만, 그것의 가치 있는 주인공은 아니"기 때문, 나의 실존은 "나는 살고 있고 나는 행동이 되는" 것에 국한되어 있기 때문이다. 나 스스로가 나의 이 무한히 열려진 삶을 종결시킬 수 없으니, 나의 이러한 삶-사건이란 본원적으로 '출구 없는 생성'과 같다. 이 지옥과 같은 정황으로부터의 유일한 출구인 종결, 즉 구원은 나의 삶 바깥에 있는 절대적 타자로부터 오는 것이다.

작가와 주인공에 대한 바흐친의 이러한 사유에서 우리는 영원한 열림성과 무한성, 비종결성에 대한 바흐친의 병적인 불안을 엿볼 수 있다. 최종심급과 종결을 향한 강박관념에 가까운 열망도 여기서 나왔을 터이다.[37] 물론 절대적 존재로서의 타자, 혹은 초월적인 절대자 개념은 이후 바흐친의 사유에서도 그대로 유지된다. 달라지는 것은 무한성과 비종결성에 대한 태도이다. 여기서 비록 전기론적 차원에서의 직접적인 연관성을 담보할 수는 없으나 결과적으로 초기 바흐친의 사유를 보다 더 논리적이고 체계적으로 보여 주고 있는 레비나스의 타자의 철학을 일별하는 것이 도움이 되겠다.

3.2. '얼굴(le visage)'과 수치

타자의 존재 자체와는 별개로, 타자에 대한 사유는 분명히 주체의 주체성, 최소한 그것의 확고부동한 권위가 의문시되는 시점에서 시작된다. 바흐친의 명제 "나는 내 삶의 주인공이

37) 이런 사유의 흐름은 1920년대 바흐친에게 끊임없이 몸의 존재를, 나아가 몸의 고통 앞에서 주체의 무기력함을 환기시킨 병, 그리고 혁명 직후 바흐친의 어려운 경제 상황과 적지 않은 관계가 있을 것이다. 유형에 처해지기까지 1920년대 전반 바흐친의 전기적 사실에 대해서는 K.클라크/M.홀퀴스트(1993) 39-136쪽을 참조하라.

아니다"가 가장 절실하게 표현되는 것은 앞서 그리스도와 관련하여 얘기한바, 몸의 고통을 통해서이다. 내가 내 삶의 주인공이 되지 못하는 것, 즉 '주체의 수동성의 경험'에 대해 레비나스는 이렇게 쓰고 있다.

> 아픔과 괴로움과 고통 속에서 우리는 고독의 비극을 형성하는 결정적 요소를 가장 순수한 모습으로 다시 보게 된다. 이 결정적 요소는 향유의 무아경을 통해서도 끝내 극복할 수 없는 것이었다. (…) 도덕적 괴로움에서는 일종의 품위와 점잖음의 태도를 보존할 수 있고 따라서 이미 해방되었다고 할 수 있으나, 신체적 고통은 그 자체가 각 강도에 따라 존재의 순간으로부터 해방될 수 없는 불가능성이다. 그것은 존재의 면제 불가능성 자체이다.[38)]

내가 내 몸의 주인이 될 수 없다는 것, 그럼에도 내 몸은 나라는 존재와 마찬가지로 없지 않고 엄연히 있다는 것, 고통은 그것을 끊임없이 환기시킨다. 잠과 깨어 있음 사이의 연옥이자 '무의식'의 불가능성을 보여 주는 불면과 마찬가지로 고통은 존재의 확고한 현존을 뒤흔들고 그러면서도 존재 자체를 무화시키지는 않는다. 그렇기 때문에 고통은 '없음', 즉 "무(無)의 불가능성"(〈TA〉, 76)이 된다. 이 고통의 극대치를 담고 있는 것이 '얼굴(le visage)'이며 여기서 주체와 타자가 만난다.

레비나스에게서 얼굴은 눈에 보이는 가시성-구체성과 초월적인 비가시성-추상성을 동시에 담보하고 있는 개념이다.[39)] 얼굴은 일차적으론 우리의 감각 기관으로 인지할 수 있는 것이지만, 즉 '타자(Autre)'의 구체적인 물성의 표현인 '타자(Autrui)'의 동의어이지만, 동시에 구체성을 넘어서는 보편적 타자상의 현현이기도 하다. 이 때문에 얼굴은 '시선'과 마찬가지로 그저 인식의 대상에 불과한 신체 기관으로만 이해되지 않는다. 즉, 그것은 "타자의 인식 가능한 어떤 신체적 표현도, 지각의 대상도 아니"[40)]며 고로 타자의 권력 행사의 대상이 될 수도 없다.

---

38) 레비나스(2001) 〈시간과 타자〉, 강영안 옮김, 문예출판사(불어본, 1979), 75쪽.
39) 자세한 논의는 콜린 데이비스(2001) 〈엠마누엘 레비나스-타자를 향한 욕망 : 레비나스 입문〉, 김성호 옮김, 다산글방, 250-258쪽.
40) 서동욱(2004) 173쪽.

하지만 얼굴은 강력한 존재가 아니다. 그것은 오히려 언제나 나보다 약한 존재, 심지어 절대적으로 가련하고 헐벗고 힘없는 모습, 최소한의 생존 능력마저 박탈당한 의지할 데 없는 모습을 하고 있다. 이 때문에 얼굴-타인은 "내가 죽이고 싶어 할 수 있는 유일한 자"[41]이기도 하다. 얼굴이 절대적인 힘을 발휘할 수 있는 것은, 참으로 역설적이게도, 그 얼굴의 고통이 담고 있는 존재의 수동성 때문이다.

> 얼굴의 얼굴로서의 현현은 인간성을 열어 준다. 얼굴은 그 자체의 적나라한 모습 그대로 나에게 가난한 이와 낯선 이의 초라함을 보여 준다. 그러나 나의 능력과 권한에 호소하며 나를 응시하는 이 가난한 이의 궁핍과 유배는 나의 이 능력과 권한에 마치 당연한 것처럼 의탁하는 것이 아니라, 얼굴의 표정으로서 (나의 앞에) 머물러 있는 것이다. (…) 그[타자]는 나에게 '합류'한다. 그러나 그는 나를 그에게 봉사하도록 합류시킨다. 그는 마치 주님처럼 나에게 명령한다. 이 명령은 오로지 내가 스스로 주인인 한에 있어서만 나에 대한 명령이 될 수 있으며, 그것은 따라서 나에게 명령할 것을 명령하는 명령인 것이다. - 〈전체와 무한〉 중에서

얼굴은 어떤 강압적인 말도 없이, 오로지 고통으로 일그러진 그 얼굴로'써', 동시에 그 얼굴로'서' 내게 '주인'처럼 '명령'한다. 명령할 수 있는 권리를 앞에 두고서 나는 동요한다. "나를 완전히 이방인처럼 쳐다보는 얼굴과 마주한 상황에서 나의 책임"이 촉구되기 때문이다. 이 '책임'은 나의 자유 의지와 맞물려 있다. 나와 저토록 연약한 타자와의 '대면(얼굴 맞대기)'에서 제시된, 나의 그 타자를 죽일 수 있는 가능성을 과연 실현시킬 것인가, 아니면 폐기할 것인가? 〈전체성과 무한〉의 결론에 포함된 "부여된 자유(La liberté investie)"에서 이 문제가 노골적으로 제기되고 있다.

> 타자에게 다가간다는 것은 나의 자유를, 살아 있는 이로서의 나의 자발성을, 사물들에 대한 나의 영향력을, '운동하는 힘의' 바로 그 자유를, 그 격렬한 흐름을, 모든 것이,

41) E. Lévinas(1971) *Totalité et infini : Essai sur l'éxtériorité*, Kluwer Academic, p. 216.

심지어 살인까지도 허용되는 바로 그 자유를 문제화시킨다. 얼굴이 그려 내는 '살인하지 말라'는 계명은, 이 얼굴 속에 타자가 만들어지는 바, 나의 자유를 심판에 부치고 있는 것이다. －〈전체와 무한〉 중에서

인간이 자신의 삶의 주인공이자 능동적인 주체로서 누릴 수 있고 행사할 수 있는 자유는 살인마저도 가능케 해 왔다. 〈죄와 벌〉의 살인 장면을 통해 이 점을 좀 더 자세히 살펴보자.

노파 알료냐에 대해서 라스콜리니코프는 말하자면, 두 번의 살인을 시도한다. 그런데 현실에서건 꿈속에서건 공통되는 점은 그가 죽이려는 대상의 얼굴과 마주하지 않았다는, 혹은 그럴 수 없었다는 점이다. 라스콜리니코프는 노파가 일종의 미끼였던 은제 담뱃갑의 매듭을 풀기 위해 빛이 들어오는 창 쪽으로 몸을 돌렸다가 반대쪽으로, 즉 자기가 서 있는 쪽으로 몸을 돌리는 찰나, 도끼로 노파를 내리친다. 이로써 그는 노파와의 대면을 도끼로 차단했던 것이다. 꿈속에서도 정황은 비슷하다. 노파는 고개를 앞으로 숙인 채, 즉 대면의 가능성을 차단한 채 자신의 정수리 위로 가해지는 도끼의 일격을 받는다. 다만, 현실 속에서는 그의 손에 죽어 주었던 노파가 꿈속에서는 절대로 죽지 않는 자로 변모된다. 경악한 라스콜리니코프는 마룻바닥에 엎드려 아래에서 위로 노파의 얼굴을 올려다본다. 얼굴은 들릴 듯 말 듯한 조용한 웃음, 그것도 상대방이 듣지 못하도록 애써 참는 와중에 터져 나오는 그런 웃음으로 뒤덮여 있다. 노파의 웃음은 곧 라스콜리니코프 자신의 웃음일 것이며, 나아가 수치의 도스토예프스키적인 표현일 것이다.

하지만 이 수치는 리자베타의 얼굴과 대면한 라스콜리니코프의 번민에서는 완전히 반대의 모습으로 나타난다. 리자베타는 너무도 억눌린 삶을 살아왔기 때문에 이 순간에, 즉 자신의 얼굴 바로 위에 도끼가 드리워진 순간에 손을 들어 자신의 얼굴을 방어하고자 하는 그 필연적이고 자연스러운 몸짓마저 할 수 없을 만큼 나약하다. 그녀가 한 유일한 몸짓은 그를 밀어내려는 듯 왼손을 앞으로 조금 내민 것뿐이었다. 이 순간 라스콜리니코프가 죽음에 대한 생물학적 두려움과 불안으로 일그러진 '어린애'와 같은 리자베타의 얼굴에서 본 것은 레비나스의 '얼굴'의 구체적이면서도 동시에 추상적인 표현, 말하자면 '현현'이다. 라스콜리니코프가 정면으로 쳐다보아야 했던 이 얼굴은 그의 이른바 '시험'이 끝난 뒤에도, 조소하는 노파의 '보이지 않는[뒤로 돌아선]' 얼굴보다 훨씬 더 강렬하게, 그의 자유, 그 무한한 가능성을 심판에 부친다.

이 심판에서 주체는 영원히 '피의자'로 서 있는 것이다. 살인 직후 라스콜리니코프가 느끼는 혐오감은 이 맥락에서 이해될 수 있다. 자유 의지의 극단, 즉 '모든 것이 허용된다'라는 명제를 '아비 죽이기'의 차원에서 실현한 이반 카라마조프가 추악한 분신을 보는 것도 마찬가지다.

이렇듯, 사람을, 나아가 나를 낳아 준 아비까지 죽일 수 있는 이 자유가 심판에 부쳐지는 순간에 타자의 '죽을[나에 의해 죽임을 당할] 수 있는 가능성'이 환기된다. 여기서 파생되는 나의 수치는 감성적 차원에서 나의 '상처받을 수 있는 가능성(vulnérabilité)'을 자극하고 나아가 나로 하여금 윤리적 행동을 촉구한다. 주체는 타자에 의해 '수동적으로' 고통받음으로써 윤리적 주체로서 새롭게 태어나는 것이다.[42] 하지만 그렇다고 해서 윤리적 요구가 우리에게 강압적인 족쇄로 작용해서는 안 될 것이다. 주체사이성과 차이의 공존이 중요한 화두가 될 수밖에 없으며 나의 주체성과 타자의 이타성이 동일성으로 환원되거나 변증법적으로 지양되지 않고 조화롭게 공존하는 세계상에 대한 고찰이 필요해지는 것은 이 때문이다. 그것은 애초 소통의 윤리학을 문제 삼을 수밖에 없는 정황, 즉 '두 개의 목소리'와 존재들의 역동적인 공존, 즉 '사건'에서 출발한다.

4. 소통의 윤리학적 전망 : '존재-사건'과 '되기'

4.1. 차이의 공존으로서의 '존재-사건'

주체와 타자의 상호 침투적인 주체사이성에 근거한 사건은 다양한 방식으로 이해될 수 있다. 바흐친의 대화주의 및 다성악 이론은 주체와 타자 간의 평등성, 상호적인 침투와 역동적인 '되기'의 작업, 차이들, 심지어 서로 양립할 수 없는 모순들의 공존이 빚어 내는 긴장을 그 생명으로 한다. 이것은 언뜻 보기엔 "행동 철학"이나 "작가와 주인공"에서 제기되었던 통일성, 최종심급 등을 비롯한 여러 문제들과 서로 상치되는 듯하다. 하지만 우리에게 중요한 것은 이 모순들의 해소가 아니라 "모순이 야기하는 치열함", "모순과 역설의 긴장"[43]이다. 바흐친의 사상체계의 비정합성은, 그 자신이 직접 선언한바, "생성 중인(발전 중인) 이념의 통일성"과

42) '상처받을 수 있는 가능성'에 대해서는 서동욱(2004) 93-109쪽을 참조하라.
43) 이문영(2002) "바흐친의 대화주의와 contradictio in adjecto", 〈러시아어문학연구논집〉, 제12집, 서울 : 한국러시아문학회, 160쪽.

여기서 불가피하게 파생되는 "많은 사상들의 내적인 비종결성"에서 기인한다. 이러한 현상은 바흐친의 사상이 담고 있는 내용, 즉 존재 각각의 비종결성, 존재들의 무한한 소통 행위, 생성, 즉 '되기'의 역동성 등에도 그대로 반영된다. 이 모든 것은 '존재의 최소치는 둘'이며 '존재한다는 것은 곧 소통'이라는 명제에서 출발한다.

> 두 개의 목소리는 삶의 최소치, 존재의 최소치이다. - 〈도스토예프스키의 시학〉 중에서
>
> 인간의 존재는 그 자체로 (내적이든 외적이든) 아주 심오한 소통이다. 존재한다는 것은 곧 소통한다는 것을 의미한다. - 〈도스토예프스키에 관한 저서의 개작계획〉 중에서

'삶의 최소치, 존재의 최소치는 둘'이며 '존재는 곧 소통'이라는 바흐친의 사상은 주체와 타자의 문제를 근원적으로 재고하게끔 한다. 실상 그 단초는 "작가와 주인공"에서 이미 나타난바, 이 두 목소리는 처음부터 헤겔적 의미의 변증법적 화합을 허용하지 않는다. 외재성은 도스토예프스키의 소설에 적용될 경우, 주인공과 작가 사이에 두 존재 사이의 얼굴 맞대기[대면]와 시선 교환[응시]을 가능하게 해 주는 거리를 확보해 줌으로써 '대화'의 전제 조건이 된다. 이 점에서 "작가와 주인공"의 핵심어인 외재성, '사랑이 담긴 긴장 어린 외재성'은 그 엄격한 위계질서와 비대칭성에도 불구하고 근본적으론, 다성악 이론과 모순되지 않는다.[44)]

바흐친이 파악한 도스토예프스키 소설은 그것이 "세계 속에서 주인공이 누구이냐가 아니라 우선 주인공에게 세계는 무엇이며 주인공은 주인공 자신에게 무엇인가"를 문제 삼는 것을 특징으로 한다. 이러한 틀 속에서 "작가는 모든 것을 흡수하는 주인공의 의식에 오직 하나의 객관적 세계 - 주인공과 동등한 권리를 지닌 다른 의식들의 세계 - 만을 대립시킬 수 있다." 그런데 이것을 액면가 그대로, 즉 작가의 지위가 추락하는 것으로 이해해서는 안 된다. 바흐친은 여기서 더 이상, 작가에게 최종심급의 권리 혹은 의무를 부여하지 않는다. 작가는 이제 소통의

---

44) 특히, "작가와 주인공"에서 제시된 주된 원칙인 두 존재 사이의 비대칭성이 〈도스토예프스키 시학의 제문제〉에서 작가적 전권의 포기와 주인공적 목소리의 비대화로 바뀐 것은, 바흐친이 도스토예프스키의 시학을 어떤 식으로든 낭만주의의 연계성 속에서 찾고 있음을 상기한다면(М. М. Бахтин(1979) "Из книги 〈Проблемы творчества Достоевского〉", *Эстетика словесного творчества*, М. : Искусство, с. 183.) 그 나름의 일관성을 지닌다.

참여자, 즉 대화상대로서의 주인공-주체와 나란히 서 있을 수 있는 존재가 됨으로써 대화적 주체로서의 능동성을 갖게 된다. 이렇게 존재의 위상학에 있어 변화를 겪게 된 것이 '작가의 형상'이든, '순수 작가'이든 간에[45] 중요한 것은 작가가 여전히 인물에 대해 외재성과 식견의 잉여를 보유하고 있다는 점이다.

> 다른 이와의 융합이 아니라 자신의 입장인 '외재성'과 그와 연관된 봄과 이해의 '잉여'를 보존하는 것. 하지만 문제는 도스토예프스키가 이 잉여를 어떻게 사용하는가 하는 데에 있다. 물화와 종결을 위해서가 아닌 것이다. 이 잉여의 가장 중대한 계기는 우선 사랑(자기 자신을 사랑할 수는 없으니 이것은 좌표적인 관계에 불과할 뿐이다), 그 다음엔 고백과 용서(치혼과 스타브로긴의 담화), 끝으로 그저 적극적인(더빙하는 것이 아닌) 이해와 타자에게 나의 말이 들릴 수 있는 가능성이다. -〈도스토예프스키에 관한 저서의 개작계획〉 중에서

작가의 외재성과 다차원적인 잉여성은 "등 뒤에서 인물을 공격할 수 있는" 폭력적인 능동성이 아니라, 사랑과 이해와 용서를 위한 능동성을 담보하는 것이다. 이 토대 위에서만 모든 존재자들의 "얼굴과 얼굴을 맞댄" 대화가 가능하다. 여기서 손쉽게 "작가와 주인공"에서 언급되었던 '꽃봉오리-잉여'가 상기되는데, 그것과의 본질적인 차이점은 바로 '종결'에 대한 바흐친의 거부이다. 무한한 열림에 대한 바흐친의 공포가 이젠 역설적으로, 그것에 대한 추구로, '거대 대화'를 향한 열망으로 바뀐 것이다. 이것은 야훼에 의해 창조된 구약 세계로부터 신약적, 즉 그리스도적 세계로의 이월[46]이며, 미학적 윤리학에서 윤리학적 미학으로의 이월이기도 하다. 도스토예프스키 소설에 변증법적, 즉 헤겔적 의미의 생성은 없다는 주장은 오로지 이 맥락에서 이해되어야 한다.

---

45) 현재 우리의 생각으론 이 미학적-윤리적 행위의 주체는 결국 '작가의 형상'이 아니라 '순수 작가'일 수밖에 없다. 이에 대해서는 이장욱(2004) "도스토예프스끼 소설의 상징성과 대화성 - 바흐친의 도스또예프스끼론을 중심으로", 〈러시아연구〉, 제14권 제2호, 서울 : 러시아연구소, 185-194쪽 참조. 이 문제를 헤겔과 칸트의 철학의 틀에서 논하고 있는 이문영(1995) 〈예술적 진리와 대화적 다성성의 공존 - M. 바흐찐 연구〉, 서울대학교(석사논문), 64-80쪽도 참조하라.

46) 이장욱(2004) 193쪽.

사실은 전혀 그렇지 않다. 도스토예프스키의 어떤 소설에도 단일한 정신의 변증법적 생성은 없고, 대체로 생성이란 것이, 비극에서와 마찬가지로(이러한 의미에서 도스토예프스키의 소설들을 비극에 비유하는 것은 타당하다) 성장이라는 것이 전혀 없다. (…) 도스토예프스키의 예술적 작품은 전체적으로 정신의 변증법적 생성으로 이해될 수도 없다. 왜냐면 그의 창작의 길은 사실상 관념의 진화와 연결되어 있으되 그러면서도 그 속에서 용해되지는 않는, 그의 소설의 예술적 진화이기 때문이다. - 〈도스토예프스키 시학의 제 문제〉 중에서

변증법적 지양과 생성에 대한 거부는 새로운 미학 원칙의 수립을 요구한다. 이에 대해 바흐친은 '공존과 상호작용', 동시성-영원성의 원칙, 나아가 문턱의 시간 등을 제시한다. 이 점에서 다성악은 헤겔적 변증법에 맞서 바흐친이 도스토예프스키의 소설을 빌어 제시하는 새로운 세계 이해의 틀이다. 이것은 바흐친과 헤겔 및 칸트와의 관련성, 또한 도스토예프스키와 그들의 관련성[47]과는 별개로 중요한 시사점을 갖는다. 변증법에 대한 거부에서 출발하는 다성악은 영원히 일치되지 않는 존재의 공존을 그 전제로 하며, со-бытие, событие бытия, бытие-событие 등과 같은 용어 사용에서 보이듯 함께 있는 존재들은 그 자체로 '사건'이 된다. 이 사건성은 바흐친의 사유 내에서 '삶이라는 사건'과 같은 방식으로 작품, 존재, 개성 등 다양한 개념들 속에서 실현된다. 도스토예프스키의 소설이 보여 주는 작가와 주인공의 이른바 '코페르니쿠스적 혁명'에 맞먹는 관계 양상은 주체와 타자의 역전된 비대칭성에도 불구하고 엄연히 존재하는 공존재-사건의 조화로움을 보여 주는 대표적인 예가 될 수 있을 터이다. 사건의 의미역을 도스토예프스키의 소설 세계 너머로 확장시킬 때 우리는 부단히 새로운 가치 창조를 추구하는 움직임, 즉 '사건' 자체와 직면하게 된다.

4.2. 초월과 '되기'

〈햄릿〉의 저 유명한 구절 "시간의 마디가 어긋났다(The time is out of joint)", 즉 '뒤틀린'

---

47) 바흐친과 헤겔, 칸트의 관계에 대해서는 이문영(1995) 18-22쪽, 도스토예프스키와 이들의 관계에 대해서는 Ю. К. Ким(2003) *Типология двойников в творчестве Ф. М. Достоевского и повесть 〈Двойник〉(1846/1866)*, М. : МПГУ. кан. дис. филол. наук. сс. 11-13 참조.

시간[48]은 사건의 한 본질을 예리하게 짚어 준다. 햄릿의 입장에서 유령-아버지와의 대면은 시간의 정합성을 흩트려 놓으면서 햄릿의 비극의 본격적인 시발점이 된다. 사건은 곧, 존재의 현상태를 뒤흔들어 놓는 시간의 뒤틀림이며 그것은 타자의 출현 및 대면을 통해서 이루어진다. 여기서 우리가 주목하는 것은 어긋난 시간으로서의 사건이 내포한 위기나 위협이 아니라 그것의 역동성과 생명성, 즉 끊임없는 변화와 생성, 나아가 무한한 자기 초월이다. 이와 관련하여 바흐친의 〈1970-1971년 메모〉에서 다음과 같은 구절이 흥미롭다.

> 증인과 판관. 세계 속에(존재 속에) 의식이 출현함으로써, 어쩌면 그리고 생물학적인 생명이 출현함으로써(어쩌면 짐승뿐만 아니라 나무와 풀도 증명하고 심판한다) 세계(존재)는 급격하게 변화된다. 돌은 여전히 돌인 채로 남아 있고 태양은 여전히 태양인 채로 남아 있지만, 존재의 사건은 그 전체가 (종결되지 않은 채로) 완전히 다른 존재가 되는데, 왜냐하면 지상적 존재의 무대 위로 사건의 새롭고도 주요한 등장인물 - 즉, 증인과 판관이 나타나기 때문이다. 그리하여 태양은 물리적으로는 여전히 그 태양이지만, 증인과 판관에 의해 의식되게 됨으로써 다른 존재가 되었다. 그것은 그냥 존재하는 것을 멈추고 대신, 자기 내부에서, 자기 자신에 대해서(이런 범주도 여기서 처음으로 나타났다), 그리고 다른 이에 대해서 존재하게 되었는데, 왜냐하면 그것은 다른 이(증인과 판관)의 의식 속에 반영되었기 때문이다. 이를 통해서 그것은 뿌리에서부터 변화되었으며 풍요로워졌고 변형되었다.('타재(他在)'를 두고 하는 얘기가 아니다.) - 〈1970-1971년 메모〉 중에서

증인과 판관의 등장으로 인하여 존재의 의식, 나아가 존재 자체가 변화를 겪는다. 이 때문에 존재들의 공존은 곧 사건이 된다. 그러니까 '증인과 판관'은 내가 나이되 내가 아닐 수 있는, 나를 넘어서는 초월의 행위를 가능하게 해 주는 타자의 극점이다. 그것은 또한 모든 존재의

---

48) 이것은 1막 5장에서 햄릿이 유령, 즉 자신의 아비의 영혼과 만난 직후에 나오는 대사이다. 관련 부분을 인용하면 다음과 같다 : "쉬어라 쉬어, 불안한 혼령아. 그럼, / 내 모든 사랑으로 자네들에게 날 맡기네. / 그리고 햄릿처럼 가난한 사람이 / 사랑과 우정을 표할 길은, 신이 원하면, / 부족하진 않을 걸세. 같이 들어가지. / 또한 항상 손가락을 입술에, 부탁이야. / 뒤틀린 세월. 아, 저주스런 낭패로다, / 그걸 바로잡으려고 내가 태어나다니. / 아니, 자, 우리 같이 가세."(셰익스피어(2005) 〈햄릿〉, 최종철 옮김, 민음사, 51-52쪽. 밑줄은 필자 강조.)

'바깥'에 외재해 있으면서 동시에 '위'에 서 있는 '초존재'이자 '제삼자'이기도 하다. 이렇게 초월적 존재를 상정함으로써 '초슈젯적이고 초이념적인 통일성'[49]이 형성된다. 그런데 바흐친은 타자의 등장에 의한 이러한 의식의 변화 혹은 부활을 아이-몸의 생성에 비유한다. 아이의 몸이 어머니의 몸속에서 새로운 개체로 자라나듯, 의식 역시 타자의 존재에 의해서만 새로운 존재를 획득한다는 것이다. '타자'와 '아이'는 바흐친에게서 등가이다.

> 몸이 어머니의 품(몸) 안에서 태초로 형성되는 것과 마찬가지로 인간의 의식은 타인의 의식에 의해 둘러싸임으로써 깨어난다.
>
> 나 자신의 나의 형상. (…) '나 자신에게 있어서의 나와 타자에게 있어서의 나, 나에게 있어서의 타자'. (…) 나-아닌 것이 내 안에, 즉 존재가 내 안에 있으니, 나보다 큰 뭔가가 내 안에 있는 것이다. -〈말의 미학〉 중에서

나와 아이-타자 사이에는 앞서 증인과 판관에 관한 인용문에서 보이듯, 다분히 비대칭적인 위계질서가 존재한다. '나 아닌 것'은 내 안에 있으면서 동시에 나의 바깥에 있는 것으로서, 무엇보다도 나보다 '큰' 존재이다. 내 안에 들어 있으며 즉, 부분적으론 나이면서 동시에 내가 아닌 것, 그것이 곧 레비나스의 견해를 빌자면, 나이되 나를 넘어서는 미래적 전망으로서의 '아이'이다.

> 비대칭적 상호주관성은 초월의 장소이다. 이런 비대칭적 상호 주관성 속에서 주체는 완전히 주체 자신의 구조를 보존하면서도 숙명적으로 그 자신으로 회귀하지 않을 가능성, 출산할 수 있는(être fécond) 가능성을 얻는다. 미리 말하면, [출산할 수 있는 가능성을 통해] 주체는 아들을 얻는다. -〈존재에서 존재자로〉 중에서

아이의 탄생은 "상반(相反)된 것에 대해 완벽하게 상반된 것, 그 상반성이 그 자신과 상관자의 관계를 통해서도 어떠한 영향도 받지 않는, 전적으로 다른 것으로 남아 있도록 허용하는

---

49) 이것은 바흐친이 도스토예프스키 소설의 통일성에 대해 사용한 개념이다.("КПД", 32쪽)

상반성"(TA, 103), 달리 말해 심리적인 계기를 포함한 타자와의 '육체적 소통', 애무와 에로틱한 사랑에서 비롯된다. 애무와 사랑은 주체와 타자 지우기를 통한 양자 간의 융합을 추구하지 않는다. 에로스를 통해서 나의 주체성과 타자의 이타성을 고스란히 보존하는 가운데 조화로운 주체사이성이 실현된다.[50] 에로스가 "미래, 모든 내용에서 순수한 미래의 진정한 사건이요, 진정한 미래의 신비"(TA, 110)가 될 수 있는 것도 그것이 절대 타자인 아이를 갈망하고 이에 대한 전망을 제시해 주기 때문이다. 아이는 타자와 나 사이의 '닮음'과 '다름'의 긴장감 있되 사랑이 담긴 공존을 육체적으로 구현해 낸다. 그것은 타자를 동일자로 환원시키는 폭력의 '전체성'으로부터 나를 해방시켜서 더 멀리, '무한'을 향해 나아가도록 해 준다.

이러한 초월에 대한 전망은 실상, 어떤 의미에서 주체와는 무관하게 발생하는 사건의 사건성과 비극성을 수용하는 것에서 출발한다. 생성-되기, 즉 변화를 기본으로 하는 사건성의 니체적 표현인 '영원 회귀'가 니힐리즘을 토대로 하되 그것을 넘어섬으로써 시작됐음은 주지의 사실이다. 목적도 의미도 없이 영원한 반복과 생성의 쳇바퀴를 돌고 있는 그대로의 실존은 그 자체로 니체에게 있어 긍정과 생성의 철학, '기쁜 철학'의 출발점이자 귀결점이었다. 마찬가지 맥락에서 니체는 아이에게 큰 의미를 부여했다. 〈차라투스트라는 이렇게 말했다〉의 1부 "세 단계의 변화에 대하여"에서 '아이'는 '낙타'-당위[무거운 짐 : "너는 마땅히 해야 한다"], 그리고 '사자'-자유 의지["나는 하고자 한다"]의 자기화와 부정 뒤에 오는 것으로서 인간-정신이 궁극적으로 도달해야 될 목표로 얘기된다. "아이는 순진 무구요 망각이며, 새로운 시작, 놀이, 스스로의 힘에 의해 돌아가는 바퀴이며 최초의 운동이자 거룩한 긍정"[51]이다. 또한 아이는 '창조의 놀이'를 위해서 '거룩한 긍정을 행하는 자, 즉 거룩한 긍정 속에서 부정과 긍정을 끊임없는 유희하는 자'의 상징이다. 이렇듯, 니체의 아이 개념 속에서 자기 구축과 또 다른 창조를 위한 자기 파괴의 원칙, 유쾌하고 자유로운 유희, 무한한 생성과 운동성 등이 찬미되고 있으며 이것은 궁극적으로 미래 지향적이고 유토피아적인 낙관론을 지향한다. 이것이 바로 '시간의 그랬음(it was)'을 넘어서는 삶, "사건의 원한(ressentiment)을 넘어서는 윤리적

---

50) 〈존재에서 존재자로〉에서 다음과 같은 구절을 볼 수 있다 : "상호주관성은 에로스(Eros)를 통해 우리에게 주어진다. 또는 [타인과의] 거리(distance)는 타인과의 근접성 속에서 전적으로 지속된다. 이 거리의 비애는 이 근접성으로부터, 그리고 동시에 존재들의 이 이원성으로부터 형성된다. 사랑 속에서 우리가 소통의 실패라고 일컫는 것은 분명 [타인과의] 관계의 긍정성을 구성한다. 타자의 부재는 분명 타자로서의 그의 현전이다."(위의 책, 162쪽.)

51) 니체(2003) 〈차라투스트라는 이렇게 말했다〉, 정동호 옮김, 책세상, 41쪽.

삶"[52]이기도 하다.

이렇듯 진정한 윤리학은, 그것이 존재와 삶의 영원한 생명성과 사건성에 보다 더 근접한 것이 되어야 한다면, 불가피하게 변증법과의 단절 혹은 '변증법의 종언'을 전제로 하게 된다. 권위적이고 억압적인 이른바 오이디푸스적인 세계틀, 즉 주체-객체, 선-악, 주변-중심 등의 이분법과 대립항은 기각된다. 보다 엄밀하게 말해서, 그 권위와 확실성이 의문에 부쳐지고, 시작점과 종결점도 없는 운동 자체, 도주 자체, '생성-되기'가 중요해진다. 여기서 문제되는 것은 무한한 접속들, 즉 연결접속, 분리접속, 그리고 "생성의 향유, 즉 '(생성의) 소비의 생산'"[53]인 긍정인 접합접속이다. 무한히 확장되고 재생산되는 타자들과의 접합접속이 이루어지는 순간에 주체는 탄생한다. 하지만 이 경우에도 "주체는 생성을 향유하는 자로서 생성의 주변에서 생성이 완료(그러나 잠깐일 뿐 결코 끝은 아니다)될 때 겨우 등장"할 뿐, 영원히 회귀되는 것은 생성 자체, 사건 자체일 뿐이다. 들뢰즈가 카인, 요나, 예수, 끝으로 오이디푸스를 예로 들어 '배반'에 대해 논하는 부분은 존재와 삶의 본질인 영원한 사건성, 즉 '비물체적인 변형(들)'[54]을 형상적으로 묘사하고 있기 때문에 흥미롭다.

> 일찍이 자신을 외면한 신을 외면한 카인은 죽음을 피해 주는 기호(=표지)로써 보호받으면서 탈영토화의 선을 따라간다. 카인의 표지. 제국의 죽음보다 더 나쁜 징벌? 유대인의 신은 집행 유예를, 집행 유예된 실존을, 무제약적인 지불 유예를 발명한다. 하지만 유대인의 신은 신과의 새로운 관계인 계약의 긍정성도 발명했다. 왜냐하면 주체는 항상 살아 있을 것이기 때문이다. 아벨은 무(無)지만(그의 이름은 '헛됨(vanité)'이다), 카인은 참된 인간이다. 이것은 더 이상 기표의 얼굴, 신에 대한 해석, 주체의 자리바꿈을 부추기는 기만 또는 기만의 체계가 아니다. 그것은 배반의 체제, 보편적 배반의 체제이다. 거기서는 신이 인간을 배반하듯이 참된 인간도 끊임없이 신을 배반하며, 그래서 새로운 긍정성을 정의하는 신의 노여움이 있게 된다.[55]

---

52) 키스 안셀 피어슨(2005) 〈싹트는 생명 : 들뢰즈의 차이와 반복〉, 이정우 옮김, 산해, 233쪽.
53) 존 라이크만(2005) 〈들뢰즈 커넥션〉, 김재인 옮김, 현실문화연구 중 "옮긴이의 말", 11쪽.
54) 질 들뢰즈/펠릭스 가타리(2003) 〈천 개의 고원 : 자본주의와 분열증〉, 김재인 옮김, 새물결, 157-59쪽 참조.
55) 위의 책, 239쪽.

배반의 체계는 무한히 반복되고 무한히 유예되는 시간성 위에 구축되며, 특히 예수의 경우에서처럼 다각적으로, 다층적으로 일어난다.[56] 여기서 우리에게 주어지는 긍정성의 유일한 근거는 "주체는 항상 살아 있을 것"이라는 것이다. 그것은 우리로 하여금 새로운 배반의 시간을 꿈꾸도록 제시해 준다. "기만은 끝나고 이제는 배반의 시간이다. 얼마나 커다란 꿈인가! 나는 마지막 배반자가 될 것이고, 총체적인 배반자가 될 것이고, 따라서 마지막 인간이 될 것이다."[57] 이 '커다란 꿈'을 위해 영원성과 확실성을 담보하고 있는 것이 '주체화'와 '되기(devenir)'이다. 그것이 바로 '내가 살아 있을 것', 무한한 운동성과 사건성의 동의어인 생명-삶, 바흐친의 말대로 '존재-사건'인 것이다. 여기서 우리는 주체와 타자의 벽을 허무는 조화롭고도 역동적인 소통 속에서 새로운 가치의 창조를 꿈꾸고 미래적 전망을 가질 수 있을 것이다.

참고문헌

게오르그 짐멜(2005) 〈짐멜의 모더니티 읽기〉, 김덕영·윤미애 옮김, 새물결.

니체(2003) 〈차라투스트라는 이렇게 말했다〉, 정동호 옮김, 책세상.

레비나스(2001) 〈시간과 타자〉, 강영안 옮김, 문예출판사.

_______(2004) 〈존재에서 존재자로〉, 서동욱 옮김, 민음사.

서동욱(2004) 〈차이와 타자: 현대철학과 비표상적 사유의 모험〉, 문학과지성사.

셰익스피어(2005) 〈햄릿〉, 최종철 옮김, 민음사.

존 라이크만(2005) 〈들뢰즈 커넥션〉, 김재인 옮김, 현실문화연구.

이득재(2002) "바흐찐과 칸트: "행동 철학에 대하여"에 대한 小考", 〈러시아어문학연구논집〉, 제11집, 서울: 한국러시아문학회.

이문영(1995) 〈예술적 진리와 대화적 다성성의 공존-M. 바흐찐 연구〉, 서울: 서울대학교(석사논문).

______(2002) "바흐친의 대화주의와 contradictio in adjecto", 〈러시아어문학연구논집〉, 제12집, 서울: 한국러시아문학회.

이장욱(2004) "도스또예프스끼 소설의 상징성과 대화성 - 바흐찐의 도스또예프스끼론을 중심으로", 〈러시아

56) "예수는 유대인의 신을 배반하고 유대인들을 배반하며, 신에게 배반당하고("왜 나를 버리시나이까?") 참된 인간인 유다에게 배반당한다. 예수는 악을 자기가 짊어지지만, 그를 살해한 유대인들도 스스로 악을 짊어진다." (위의 책, 240쪽.)

57) 위의 책, 245쪽.

연구〉, 제14권 제2호, 서울: 러시아연구소.

조준래(2001) "미적 건축학에서 삶의 건축학으로: "행동 철학에 부쳐"의 과제와 한계", 〈슬라브학보〉, Vol.16, No.1.

질 들뢰즈(1993) 〈대담 1972-1990〉, 김종호 역, 솔.

질 들뢰즈/펠릭스 가타리(2003) 〈천 개의 고원: 자본주의와 분열증〉, 김재인 옮김, 새물결.

칸트(2005) 〈실천이성비판〉, 백종현 옮김, 아카넷.

K.클라크/M.홀퀴스트(1993) 〈바흐친〉, 이득재/강수영 옮김, 문학세계사.

콜린 데이비스(2001) 〈엠마누엘 레비나스 - 타자를 향한 욕망: 레비나스 입문〉, 김성호 옮김, 다산글방.

키스 안셀 피어슨(2005) 〈싹트는 생명: 들뢰즈의 차이와 반복〉, 이정우 옮김, 산해.

Бахтин, М. М.(2003) "К философии поступка"(1918-1924), *Собрание сочинений. Т. 1. Философская эстетика 1920-х годов.* М.: Издательство русские словари 〈Языки славянской культуры〉.

___________ *Проблемы поэтики Достоевского.* М.: 〈Советская Россия〉, 1979(4-е издание).

Эстетика словесного творчества(1979) М.: Изд 〈Искусство〉 중:

___________ "Искусство и ответственность"

___________ "Автор и герой в эстетической деятельности"

___________ "Из книги 〈Проблемы творчества Достоевского〉"

___________ "К переработке книги о Достоевском"

___________ "Из записей 1970-1971 годов"

Достоевский, Ф. М.(1973) *Преступление и наказание, Полное собрание сочинений в тридцати томах, Т. 6.* Л.: Наука.

Ким, Ю. К.(2003) *Типология двойников в творчестве Ф. М. Достоевского и повесть 〈Двойник〉(1846/1866).* М.: МПГУ. кан. дис. филол. наук.

Jefferson, A.(2001) "Bodymatters: self and Other in Bakhtin, Sartre and Barthes", *Bakhtin and Cultural Theory.* Manchester and New York: Manchester Uni. Press(ed. by Ken Hirshkop and David Shepherd(2-d edition).

Lévinas, E.(1971) *Totalité et infini: Essai sur l'éxtériorité.* Kluwer Academic.

Nollan, V. Z.(2004) "Introduction", *Bakhtin: Ethics and Mechanics.* ed. by Valerie Z. Nollan, Evanston, Illinois: Northwestern Uni. Press.

Zubeck, J. A.(2001) "Bakhtin's Ethics and an Iconographic Standard in Crime and Punishment", *Bakhtin: Ethics and Mechanics.* Illinois: Northwestern Uni. Press(ed. by Valerie Z. Nollan, Evanston).

제2부

러시아 언어-문화 공간에서 소통의 언어적 양상

제5장

직시(deixis)와 관찰자의 형상 : 문법론적 vs. 서사론적 함의

| 홍택규 |

1. 문제 제기

Jespersen(1924)과 Jakobson(1957/1971)이 몇몇 문법범주들은 이른바 '전환사적(шифтерный ; shifters) 정향'이라는 속성을 가지고 있어, 어떤 대상이나 상황을 지시하는 데 있어 그 기준점을 화자의 발화사건(speech event)으로 삼는다는 사실을 지적한 이래, 이에 해당하는 1, 2인칭 대명사, 시제, сейчас, здесь와 같은 시간부사 등이 화자의 발화사건을 중심으로 이해되는 범주라는 것은 문법론 기술의 기본적인 출발점이 되었다. 예컨대, 주지하다시피 1인칭 대명사는 화자 자신을 지칭하는 것으로, 현재와 과거시제는 각각 전달되는 사건(narrated event)이 발화시점과 시간적으로 일치함과 선행함을 의미하는 것으로, сейчас와 здесь는 화자가 위치해 있는 시공간을 지칭하는 것으로 기술된다.

다시 말해, 이러한 부류들은 모두 공통적으로 'ⅰ) 지시(reference) + ⅱ) 화자중심성(egocentricity)'이라는 의미요소를 가지고 있다고 볼 수 있는데, 이러한 속성으로 인해 통상 이들 범주들은 텍스트 내에서 이전에 언급된 대상이나 상황을 지시하는 대용(anaphora)과는 구별해, 직시적(直示的) 범주로 분류된다.[1] 물론 전환사와 직시적 범주가 역사적으로 항상 등가의 개념으로만 이해되었던 것은 아니었지만(예컨대, 애초에 Jakobson(1957/1971)이 전환

1) 대용과 직시 구분의 고전적 기준과 관련해서는 Lyons(1977 ; 657-676)을 참조할 것. 아울러 이후 5절의 논의도 참조하라.

사에 대해 언급했을 때에는, 지시의 문제와 관련된 변수를 그다지 중요하게 생각하지 않아, 동사의 서법까지도 전환사로 분류하기도 했었다), 어쨌든 표준화된 직시이론에서 위의 두 요소가 가장 핵심적인 기준임에는 틀림없다.

결국 직시는 “구체적인 시공간 내의 어떤 대상이나 상황을(달리 표현하면, 전달되는 사건을) 발화사건과 연관된 ‘직시적 중심’을 기준으로 지시하는 것, 혹은 그 정체를 확인하는(identify) 것” 정도로 이해될 수 있는데, 여기서 발화사건의 직시적 중심으로 기능할 수 있는 가장 유력한 후보는 당연히 해당 ‘발화사건의 주인’이라 할 수 있는, ‘발화주체(субъект речи)’로서의 화자가 된다는 게 통상적인 문법론 기술이다.

이처럼 화자와 직시는 그 정의상 키아스마 구조로 엮여 있어서, 흔히 화자는 ‘자신의 발화에 대해 직시적 중심으로 기능하는 발화주체’로, 직시는 ‘화자의 발화사건을 기준으로 한 지시’로 이해된다. 다시 말해, 화자는 자신의 정서도 표현하고, 발화사건의 또 다른 참여자인 청자와의 대화에도 참여하는 ‘말하는 존재’인 동시에, 주어진 발화에서 어떤 대상이나 상황을 지시할 때 기준점으로 작용하는 주체, 즉 ‘직시주체’가 된다. 물론, 필요에 따라서는 화자가 일시적으로 발화사건의 또 다른 참여자인 청자를 직시적 중심으로 하여 자신의 발화를 전개할 수도 있다(이른바 ‘직시적 투사’의 경우).

그런데 문제는 위에 언급된 1, 2인칭 대명사, 시제, сейчас, здесь 등과 같은 이른바 직시적 요소들이 과연 항상 화자를 기준점으로 하여 기능하는가에 있다. 이를테면, 미래시제형 погибнет이 사용된 아래의 예문 (1)은 일상 구어담화에서처럼 ‘미래의 사실’을 표현하기 위해(보다 정확히는, 전달되는 사건이 발화시점 이후에 발생한다는 것을 표현하기 위해) 사용될 수도 있지만, 예컨대, 전쟁다큐멘터리 등에서 나레이터가 병사들이 전장으로 끌려가는 장면을 화면상으로 제시하는 경우에는 실질적으로 이미 ‘과거에(다시 말해, 발화시점 이전에) 발생한 일’을 전달하는 데도 사용될 수 있기 때문이다.

(1) Из этих людей треть **погибнет**.
이들 중 1/3은 죽게 될 것이다.

다시 말해, 이 후자의 용례에서 직시적 중심은 화자의 발화시점이 아니라, 묘사되고 있는 사건 자체 내부의 어느 한 시점(보다 정확히는, 예문 (1)이 발화되기 바로 전까지 묘사된 사건 내부의 시점)이라고 할 수 있는데, 이러한 용례는 '전달되는 사건을 화자의 발화시점과 관련하여 정초시키는(localize) 직시적 범주'라는 시제의 일반적 정의에 반하는 단적인 예라고 할 수 있다.[2)]

사실 지금까지 간과되었을 뿐, 이처럼 시제가 '非직시적으로' 사용된 용례는 쉽게 찾아볼 수 있다. 예컨대, 예문 (1)과는 다소 다른 관점에서지만, 아래의 예문 (2-b)의 주절의 직시적 중심은 엄밀히 말해 화자의 발화시점이 아니다.

(2-a) John will leave immediately.

존은 곧 떠날 거야.

(2-b) If Susan comes in, John will leave *immediately.*

수잔이 들어오면, 존은 곧 떠날 거야.(Partee 1973 ; 605)

즉, 예문 (2-a)의 경우와 마찬가지로, (2-b)의 주절에서 서술되는 사건 역시 화자의 발화시점 이후에 발생할 것이라는 점 자체는 변함이 없지만, (2-b)의 주절의 미래 시제는 화자의 발화시점을 기점으로 사용된 게 아니라, Partee(1973 ; 605)가 잘 지적하고 있듯이, if절에 의해 서술되고 있는 사건의 시점, 즉, Susan이 들어오는 시점을 기점으로 사용되고 있기 때문이다. 다시 말해, (2-b)에서 'John이 곧 떠날 것이다'라는 사실은 해당 문장이 발화된 시점 바로 직후에 실현될 내용이 아니라, Susan이 들어온 직후에 실현될 내용인 것이다. 당연히, '미래시제 + 부사 immediately'의 구성이 if절과 함께 결합되어 사용된 결과, 이와 같은 화용적 효과가 생겨났다고 볼 수 있다.

특히 러시아어의 경우에는, 아래의 예에서도 볼 수 있는 것처럼, 별도의 부사의 사용을 통해 위와 같은 용례를 신호하는 방식이 개발되어 있다.

---

2) 참고로, "Пошли", "Поехали"와 같은 관용구나, "Давайте, уйдём, пока он не пришёл", "Ну, я пошёл. До свидания." 등과 같이 양상적 요인 때문에 시제의 정의에 부합되지 않는 용례는 분석의 대상에서 제외한다. 이러한 용례들은 이미 시제범주 본래의 용법에서 많이 벗어나, 상당히 양상화된 용법들이기 때문이다.

(3) *Вскоре* он уедет из Москвы.

(그 일이 있은 지 얼마 후) 곧 그는 모스크바에서 떠날 것이다.(Падучева 1996 ; 291)

즉, 예문 (3)의 맥락에서 скоро를 사용하면 (2-a)처럼 직시적 중심이 발화시점이 되겠지만 (Cf. Падучева 1996 ; 291), вскоре가 사용되었기에 미래시제의 직시적 중심(Origo)은 '화자에 의해 바로 전에 서술되었던 어떤 사건', 혹은 '화자와 청자가 암묵적으로 동의하는, 기점으로서의 어떤 사건'이 되며, 그 결과 이 발화는 if절과 같은 별도의 도움이 없이도 (2-b)와 유사하게, '그 일이 있은 지 얼마 후 바로 떠날 것이다'라는 의미를 전달할 수 있게 된다.

시제가 비직시적으로 사용된 또 다른 대표적 용례는 Падучева(1996)에 의해 '통사적 투사'로 명명된, 이른바 '상대적 시제'의 용법이다. 예컨대, 아래의 예문의 종속절에 사용된 동사들(встретят, заставил)은 발화시점을 직시적 중심으로 삼는 통상의 용법(이를테면, '절대적 시제'의 용법) 외에도, 주절에 서술된 사건(e1)의 시점을 기점(Origo)으로 삼아 이에 맞춰 시제형태를 결정하는(즉, 이 종속절에 서술되고 있는 사건 e2가 주절에 서술된 사건 e1보다 나중에 발생하면 미래시제를, 먼저 발생했으면 과거시제를 사용하는) 용법을 가지고 있다.

(4-a) Я не знал1, что меня встретят2.

나를 마중 나올지는 몰랐어.

(4-b) Иван скажет1, что ты заставил2 его ждать.

이반은 네가 그를 기다리게 했다고 말할 거야.(Падучева 1996 ; 292-3)

다시 말해, (4-a)는 가령 화자가 기차를 타고 목적지로 가는 도중 누군가 자신을 마중 나올 거라는 사실을 알게 되었을 때뿐만 아니라, 역에서 자신을 마중 나온 사람을 만난 후 놀라움이나 반가움을 표현하고자 할 때에도 사용될 수 있다. 전자의 경우에는 종속절의 사건 e2가 발화시점에 아직 발생하지 않았기 때문에 미래시제의 사용이 시제의 직시적 용법에 그대로 부합되지만, 후자의 경우에는 e2가 발화시점에 이미 실현된 까닭에 시제의 애초의 정의에는 맞지 않는다. 대신 후자의 경우에 미래시제가 사용될 수 있었던 것은 종속절에 서술되고 있는 사건 e2가 주절에 서술된 사건 e1보다 시간적으로 나중에 발생했으며, 화자가

자신의 놀라움이나 반가움을 전달하기 위해 e1의 시점에서 사건을 기술하고 있기 때문이다.[3)]

유사한 방식으로, (4-b) 역시 청자가 이미 늦었을 때뿐만 아니라(직시적 용법의 경우), 지금 서둘러 가지 않으면 '성격이 나쁜' Иван이 그렇게 말할 수도 있다는 것을 표현하고자 할 때도 사용될 수 있다. 전술했듯이, 후자의 경우 종속절의 사건 e2가 실상은 아직 발생하지 않았음에도 과거형으로 표현될 수 있는 것은 e2가 주절의 사건 e1보다 시간적으로 선행하는 사건이며, 아울러 화자가 간접적으로나마 자신의 급한 마음을 전하고자 하는 동기를 가지고 있기 때문이다.

지금까지 살펴본 것처럼, 시제의 비직시적 용례는 사실 우리가 지각하는 것 이상으로 꽤 일반화되어 있음에도, 이제까지의 언어학적 관심은 주로 바로 위에서 논의되었던 예문 (4)와 같이 통사적인 환경에 의해 비직시적 용례가 조건지워지는 '상대적 시제'의 경우로 집중되었다. 하지만 아래의 예에서도 볼 수 있듯이, 상대적 시제 유형의 비직시적 용례는 굳이 통사적으로 조건지워지지 않더라도 충분히 가능하다.

(5) Он [Погодин] <u>был</u>e1 ужасно <u>раздражен</u> против Гоголя. Впоследствии <u>докажет</u> e2 это его письмо к нему и ответ Гоголя.
그(포고딘)은 고골에 대해서 끔찍할 정도로 화가 나 있었다. 나중에 이것을 고골에 보낸 그의 편지와 고골의 답장이 증명해 줄 것이다.(С. Аксаков, "История моего знакомства с Гоголем" ; Бондарко 1971 ; 120-1)

즉, 직시의 기준에서 본다면 위의 두 번째 문장에서 서술되는 사건 e2는 책이 저술될 당시에는 이미 발생한 사건이므로 과거형으로 표현되어야 함에도(이를테면, 위의 인용문은 회상록과 같은 역사적 도큐먼트에서 발췌된 것이다), 첫 번째 문장에서 서술된 사건 e1을 기점으로 해 미래형으로 표현되었다.

지금까지는 시제의 용법을 위주로만 살펴보았지만, 사실 여타의 범주들 역시 화자의 발화사

3) Падучева가 '통사적 투사'라는 용어를 사용했던 것도 바로 이 점을 고려했다고 볼 수 있다. 즉, "I will come to you"라는 표현에서 일시적으로 직시적 중심이 화자에서 청자로 옮겨지는 '직시적 투사'가 일어나는 것과 유사하게, 이 예들에서는 직시적 중심이 일시적으로 주절에 서술된 사건 e1으로 투사되고 있기 때문이다.

건이 직시적 중심으로 기능하지 않는 용례들이 허다함을 볼 수 있다. 예컨대, 화자의 발화시점과의 동시성을 표현하는 직시적 시간부사 сейчас도 다음과 같이 충분히 과거시제와 함께 사용될 수 있다.[4)]

(6) **Сейчас** джип медленно полз по крутому песчаному склону.

지금 지프차가 모래로 덮인 험한 경사면을 따라 기어가듯 천천히 가고 있었다.(Мельчук 1985 ; 264)

(7) Все было кончено, и говорить более было не о чем. Га-Ноцри уходил навсегд а, и страшные, злые боли прокуратора некому излечить ; от них нет средства, кроме смерти. Но не эта мысль поразила **сейчас** Пилата. Все та же непонятная тоска, что уже приходила на балконе, пронизала все его существо. Он тотчас постарался ее объяснить, и объяснение было странное : показалось смутно прокуратору, что он чего-то не договорил с осужденным, а может быть, чего-то не дослушал.

모든 게 끝났고, 더 이상 말할 것도 남아 있지 않았다. 하노츠리는 영원히 없앴고, 총독의 지독한, 찌르는 듯한 고통을 치료해 줄 사람도 없다 ; 죽음 외에는 별다른 수단이 없다. 하지만 이 생각이 지금 빌라도를 놀라게 한 건 아니었다. 이미 발코니에 있을 때 경험했었던, 그 이해 못할 우수가 여전히 그의 온 몸에 스며들었다. 그는 그때 그것을 설명해 보려고 했었고, 그 답은 불가사의한 것이었다 : 모호하게나마 총독에게는 그가 수형자와 뭔가 덜 말했다는, 아니 어쩌면 뭔가를 다 듣지 못했다는 느낌이 들었다.(М. Булгаков, "Мастер и Маргарита")

물론 그 환경이 내러티브 텍스트나 모드로 한정되지만, 직시의 관점에서 서로 대립되는 두 표지, 즉 발화시점과의 동시성의 표지와 그에 대한 선행성의 표지가 한 발화 내에서 사용되고

---

4) 이 장에서 분석의 대상으로 삼고 있는 сейчас의 용례는 Мельчук(1985)이 сейчас1이라고 분류했던, 발화시점을 지시하는 용법이다. 미래시제와 함께 사용되어 '곧'의 의미를 가지는 용례("Сейчас приду!")나, 과거시제와 함께 사용되어 '조금 전에, 방금'의 의미를 가지는 용례("Сейчас он тут был '그 사람 여기 있었는데'")는 제외한다.

있다는 점 때문에, 그리고 그럼에도 그다지 '특이한' 용법으로 지각되지 않고 인지적으로 별 어려움 없이 받아들여진다는 점 때문에도, 위의 용례들은 직시의 일반이론과 관련해 흥미로운 단초를 제공한다. 즉, 문법론의 관점에서, 위의 텍스트가 '과거성'에 기반한 서술인지, '현재성'에 기반한 서술인지, 결국에는 둘 중의 하나를 선택해야 하며, 아울러 이 경우 직시적 중심은 누구로 삼아야 할지를 결정해야 하기 때문이다.

차차 더 논의되겠지만, 어쨌든 위의 예에서 сейчас는 등장인물의 지각이나 내면을, 혹은 이야기를 전하는 서술화자의 지각을 따라가며, 그 순간순간마다의 시간적 계기를 표현하기 위해, 즉 인물이나 서술화자의 당시의 '현재적 모멘트'를 표현하기 위해 사용되었음을 알 수 있다. 예컨대, 예문 (7)의 сейчас는 보다 본디오 빌라도의 '내면의 현재'를 표현하는 데 맞춰져 있다면, 아래의 сейчас는 보다 중립적인 관점에서 등장인물 바레누하의 내면에까지 침투하지는 않은 채 적당한 거리를 두고 묘사하고 있는 서술화자의 현재적 모멘트를 표현하고 있다.

(8) Сидящий за столом Римский с самого утра находился в дурном расположении духа, а Варенуха, в противоположность ему, был очень оживлен и как-то особенно беспокойно деятелен. Между тем выхода его энергии не было. Варенуха <u>прятался</u> **сейчас** в кабинете у финдиректора от контрамарочников, которые отравляли ему жизнь, в особенности в дни перемены программы. А сегодня как раз и был такой день.
책상에 앉아 있는 림스키는 바로 아침부터 기분이 좋지 않았지만, 바레누하는 반대로 매우 생기가 있었고, 왠지 특별히 소란스럽게 활동적이었다. 게다가 그의 에너지가 분출될 출구도 없었다.
바레누하는 지금 특히 프로그램이 교체되는 기간에는 그에게 더 일감을 만들곤 했던 무료입장권 사용자들로부터 피해 재정책임자의 사무실에 있었다. 그런데 오늘이 마침 그러한 날이었다.(M. Булгаков, "Мастер и Маргарита")

사실 지금까지 살펴본 '특이한', 비직시적 용례들(특히, 예문 (1), (5), (6), (7), (8)의 경우)을 설명하는 가장 상식적인 출발점은 커뮤니케이션의 구성적 조건의 변화가 이러한 용법들을 허용한다고 생각하는 것일 것이다. 이후의 설명에서도 차차 드러나겠지만, 필자의 관점에서 이 예들은 직시적 요소들이 '특이한' 방식으로 사용된, 매우 이례적인 경우라기보다는, 오히려 인지적 무표형에 가깝다. 몇몇 예를 제외하고는 거의 대부분의 경우가 텍스트를 통한 커뮤니케이션에 해당하기 때문이다.

이를테면, 이러한 입장들 중 대표적으로 언급할 만한 것이 바로, 화자가 직시주체, 발화주체로서의 자신의 기능과 형상을 온전하게 드러낼 때는 화자와 청자가 동일한 시공간을 공유한 채, 면 對 면으로(face-to-face) 의사소통하는, 이른바 '표준적(canonical) 발화상황'(Lyons 1977 ; 637-8, Падучева 1993 ; 34)의 경우뿐이며,[5] 이로 인해 발화사건과 직접적으로 연관된 핵심적 자질들인 '직시성', '정서적 표현성', '대화-청자정향성'이 약화된 결과 위와 같은 용례가 가능하게 되었다고 가정하는 Падучева(1996)류의 입장이다.

물론 이러한 커뮤니케이션 조건의 변화가 위와 같은 용례가 가능하도록 하는 외적 토대를 제공하는 것은 사실이지만, 하지만 이러한 변수만으로는 이러한 용례들을 설명하는 데 여전히 많이 부족하다. 이를테면, (1)과 같은 유형의 발화는 TV '속'의 나레이터가 화면을 제시하면서 설명하는 경우뿐만 아니라, 화자가 청중들과 동일한 시공간을 점유한 채 無聲의 화면을 제시하며 설명하는 경우에도, 즉, 표준적 발화상황에서도 충분히 가능하기 때문이다. 뿐만 아니라, 사실 이 '표준적 발화상황'이 온전하게 구현되는 경우도 역설적으로 매우 제한되어 있다. 즉, '표준적', '정전적'이라는 표현에서도 알 수 있듯이, 이 용어를 사용하게 된 기본적인 개념적 의도는 구어 일상발화의 가장 '원형적인' 커뮤니케이션 상황을 대변하기 위한 것이었다고 볼 수 있지만, 그러나 실상은 구어의 일상발화에서도 이러한 원형적 상황이 항상 관철되는 것은 아니다. 이를테면, 화자와 청자가 전화로 이야기를 나누는 상황만 보더라도, 화자와 청자가 시간은 공유하게 되지만, 공간은 공유하지 못하게 된다.

뿐만 아니라, 예문 (2-b), (3), (4)는 커뮤니케이션의 구성적 조건의 변화에 중립적이어서 일상구어와 텍스트 글 모두에서 사용될 수 있다. 예컨대, (4-a)가 텍스트 글에서 사용될 경우

5) 표준적 발화상황을 좀 더 풀어 설명하면 다음과 같다 : "화자가 자신의 발화로부터 '분리되지 않고', 발화생성의 모멘트가 청자에 의한 지각의 모멘트와 일치하며, 화자와 청자가 공통의 시야공간을 확보하고 있는(그중에서도 특히 서로를 바라보고 있는) 상황."(Падучева 1993 ; 34)

통사적 투사를 통한 상대적 시제의 용법은 그대로 유지되면서, 단지 서술이 진행되던, 무언가의 일련의 사건의 어느 한 시점을 기점으로 해 '그때 몰랐었다'는 의미를 전달하게 된다. 그리고 이 경우 주절의 과거시제 용법만을 본다면, 시제의 직시적 원리 자체를 깨뜨린 건 아니어서, 이를테면, (2-b)에서와 같은 미세한 기점의 조정이 역의 방향으로 일어난 경우로도 볼 수 있다. 하지만 텍스트 글의 경우, 발화시점이 실질적으로 의미 있는 게 아니어서, 굳이 이러한 용례를 대과거로 이해할 필요는 없다.

예문 (6) 역시 텍스트 글이 아닌 경우에도 가능해, 이른바 '표준적 발화상황'에서 화자가 자신이 목격했던 사건(예컨대, 교통사고)을 마치 슬로우 비디오처럼 특별히 지프가 모래사면을 천천히 내려가는 국면에 집중해 묘사하고자 할 때도 사용될 수 있다.

결국 지금까지의 논의는 궁극적으로, 발화사건과 전달되는 사건 사이에 서로 건널 수 없는, 어떤 절대적인 간극이 존재한다기보다는, 조건이 갖춰진다면 오히려 양자가 언제든지 하나의 지각적 상황으로 일반화될 수 있다는 것을(보다 정확히는, 전달되는 사건 내부의 관점으로부터 출발해 발화사건마저도 포괄하는 지각적 상황으로 일반화될 수 있다는 것을) 시사한다. 이런 까닭에, 화자의 발화시점 외에도, 전달되는 사건들 내부의 임의의 시점이 직시적 중심(기점 ; Origo)으로 비교적 자유롭게 채택될 수 있는 것이다. 차차 논의되겠지만, 이 점에서 화자의 발화사건만을 기준으로 정의하는 전통적인 직시개념은 수정되거나, 확장되어야 한다.

그리고 이러한 지각적 상황으로의 일반화가 용이한 보다 근본적인 이유는 발화가 생산, 수용, 지각되고, 이해되는 전 과정에 직시주체, 발화주체로서의 화자 이외에 이른바 관찰자(наблюдатель)의 형상이 일종의 '잠재적, 기능적 주체'로서 늘 관여하고 있기 때문이다.

2. '관찰자 형상'의 입론

사실 이러한 관찰자의 형상은 상대적으로 구상적인 속성을 가지고 있는 공간적 관계를 표현하는 경우에 보다 쉽게 파악될 수 있는데, 아래의 вдали/вдалёке와 далеко 간의 어휘적 대립은 이를 잘 보여 준다.

(9) ***Вдали** появился я верхом на лошади.

*멀리에 말을 타고 있는 내가 나타났다.

(10) ***Вдалёке** стояли мы с Володей.

*멀리 나와 볼로댜가 서 있었다.

(11-a) Я был в Москве, а он был **далеко**.

나는 모스크바에 있었고, 그는 멀리 있었다.

(11-b) Он был в Москве, а я был **далеко**.

그는 모스크바에 있었고, 나는 멀리 있었다.(Апресян 1986 : 20)

Апресян(1986 ; 20)의 지적대로, 위의 공간부사들은 공히 '멀리 떨어져 있는'이라는 의미를 가지고 있지만, вдали, вдалёке 유형은 의미적 구성요소 자체에 관찰자의 변수를 포함하고 있어, 관찰되는 대상 X에 대한 거리는 항상 관찰자 Y가 위치한 준거점으로부터 평가되는 관계를 표현하는데, 예문 (9)와 (10)의 경우는 관찰되는 대상이 바로 화자가 돼버리는 상황에 처해지게 되므로 비문이 된다. 즉, 통상 화자가 관찰자의 역할을 하게 되는데, 위의 예에서는 화자가 관찰자이자, 관찰의 대상이 되는 모순에 빠지기 때문이다. 반면에, далеко 유형은 관찰자를 그 자체의 의미적 구성소로 가지고 있지 않아 이러한 제약이 없으며, 그런 까닭에 예문 (11-a)와 (11-b)는 지각적 묘사보다는 단순한 정보전달의 뉘앙스를 띠게 된다.

아울러 여기에서 한 가지 지적되어야 할 점은 Апресян(1986)이 러시아학계에서는 처음으로 관찰자의 문제에 대해 본격적으로 제기하였지만, 그의 관찰자 개념은 이 글에서 궁극적으로 다루고자 하는, 보다 추상적 관계의 시간적 직시의 문제까지 포괄하는 것이었다기보다는, 구상성의 공간적 관계에 집중한 개념이었다는 것이다. 그 결과 Апресян은 관찰자를 다소 좁게 이해해, 예컨대, 다음과 같이 불완료상이 결과에 이르는 과정의 의미를 표현하지 못하고 주로 반복의 의미를 표현하게 되는 кончаться/кончиться, обрываться/оборваться 등과 같은 유형의 상의 쌍에서는 완료상만이 관찰자가 존재하는 듯한 효과를 낼 뿐, 불완료상은 객관적인 정황만을 단순히 진술한다고 주장한다.

(12-a) Тропа кончается(/обрывается) у реки.

오솔길이 강에서 끝난다(/끊긴다).

(12-b) Тропа кончилась(/оборвалась) у реки.

오솔길이 강에서 끝났다(/끊겼다).(Апресян 1986 ; 25)

다시 말해, 완료상이 사용된 (12-b)에는 길을 따라 이동하는 관찰자의 의식이 반영되어 있는 반면, 불완료상이 사용된 (12-a)에는 그러한 관찰자의 존재감이 없다는 것이다.[6] 하지만, 물론 분명 (12-b)에 관찰자의 형상이 더 드러나 있는 것은 사실이지만(완료상은 묘사되는 행위에 대해 시작과 종결의 시간적 퍼스펙티브를 가지고 있어서 공간적 이동의 느낌을 표현하는 데 더 용이하다), (12-a)가 불완료상이 사용되었다고 해서 관찰자의 변수와 무관한 것은 결코 아니다. (12-a)는 예문 자체의 시상적(tense-aspectual) 속성으로 인해 탈시간성(atemporality)의 뉘앙스를 표현하기 쉬우며, 그 결과 관찰자의 형상이 두드러지지 않을 뿐이다.

비록 다른 어휘의미그룹의 쌍에 속하는 경우지만 오히려 다음의 예에서도 보이듯이, 관찰자의 형상은 완료상과 불완료상 둘 다에 관여하며, 불완료상도 충분히 관찰자의 위치에 대해 말해 준다.

(13-a) Через две остановки злополучный пассажир сошёл с трамвая.

두 정거장 후에 불운한 승객이 전차에서 내렸다.

(13-b) Через две остановки злополучный пассажир сходит с трамвая.

두 정거장 후에 불운한 승객이 전차에서 내린다.

이를테면, 완료상 과거형 сошёл이 사용된 (13-a)는 Падучева(1996 ; 289)의 지적대로 관찰자가 전차에 남아 있는 채로 시야에서 사라지는 승객에 대해 묘사하는 듯한 효과를 낸다면, 불완료상 현재형 сходит이 사용된 (13-b)는 관찰자가 승객을 뒤따라 전차에서 내리는 듯한 효과를 낸다. 참고로, Падучева는 이 예를 역사적 현재로의 치환가능성의 맥락에서 살펴보고

---

6) 이를 바탕으로, Апресян(1986 ; 25)은 더 나아가 이 어휘의미그룹의 상의 쌍에서 완료상은 '내포적으로 직시적'이라고 주장한다.

있는데, 언급된 바와 같은 뉘앙스의 차이로 인해, 통상적으로는 가능한 역사적 현재로의 치환이 (13-a)의 경우에는 가능하지 않다고 지적한다.

다음은 유명한 Uspensky(1973)의 고전적 예로, 어순에 의해서도 관찰자의 위치가 신호됨을 잘 보여 준다.

(14-a) В комнату вошла Наташа.
방으로 나타샤가 들어왔다.

(14-b) Наташа вошла в комнату.
방으로 나타샤가 들어갔다.

쉽게 알 수 있듯이, '전치사구 + 동사 + 주어'의 어순으로 된 (14-a)는 관찰자가 방안에 위치해 방으로 들어오는 나타샤를 묘사하는 경우이며, (14-b)는 관찰자가 방 바깥에서 방으로 들어가는 나타샤의 모습을 묘사하는 경우이다.

비록 주로 관찰자의 위치의 문제에 집중됐긴 했지만, 지금까지의 논의는 관찰자의 형상이 부사, 동사 등의 어휘소, 동사의 시상과 같은 문법범주, 어순과 같은 통사적 변수 등 모든 언어학적 층위를 망라할 정도로, 발화의 곳곳에 편재해 있음을 잘 보여 준다. 특히 이 중 가장 핵심적인 역할을 하고 있는 건 바로 동사의 시상범주인데, 이는 1절 말미에서도 언급했듯이 발화사건과 전달되는 사건이 단일한 지각적 상황으로 통합되는 지점에는 늘 관찰자의 형상이 잠재적 주체로서 존재하기 때문이다.

이러한 관점에서 내러티브 텍스트 속에 사용된 1절의 예문 (7)과 (8)을 다시 살펴보면, 직시적 시간부사 сейчас에 의해 표현되는 등장인물 본디오 빌라도의 '내면의 현재'나, 혹은 이를 바라보는 '서술화자의 지각적 현재'나, 바레누하를 묘사하는 그 시점의 '서술화자의 현재적 모멘트'나 모두 관찰자의 형상이 서술형식(форма повествования)에 맞게 실현된 것에 다름 아님을 알 수 있다. 다시 말해, 관찰자의 기능을 소설 속의 인물이 맡을 수도, 혹은 한 인물의 지각과 내면을 계속 추적해 가는 서술화자가 맡을 수도, 혹은 인물들의 내면에까지는 침투하지 않으며 비교적 인물들에 대해 중립적인 거리를 유지한 채 서술을 진행하는 서술화자가 맡을 수도 있다는 것이다.

이는 곧 관찰자의 시점은 늘 지각적 현재에 맞춰져 있으므로, 적어도 내러티브(소설)의 경우에는 텍스트의 이해와 수용과정에 관찰자의 현재적 모멘트가 중요하며, 또한 이 관찰자의 현재적 모멘트가 늘 (잠재적으로든, 실현된 형태로든) 활성화되어 있다는 것을 의미한다. 바로 이러한 관점에서 1장의 예문 (6), (7), (8)에 '현재의 표지' сейчас와 '과거의 표지' 과거시제 동사들이 함께 사용되고 있는 것도 이해될 수 있다. 다시 말해, 이 예들은 그것이 적어도 소설과 같은 내러티브 텍스트의 일부인 한, '현재성'에 기반한 서술이라는 것이다.

3. K. Hamburger의 분석

특히 이와 관련하여, 소설이 가지고 있는 '허구적 서술·서사(fictional narration)'의 자질에 주목하여, 소설 속의 과거시제가 실상은 '지나간 과거의 것(the past)'을 지시하는 기능을 가지지 않는다는 점을 지적한 독일의 문예학자 Hamburger(1968/1973)의 분석은 매우 흥미롭다. 사실 Hamburger의 이러한 지적은 문예학에서는 고전적인 분석으로 평가받는데, 그녀는 허구적 서술을 현실성(reality)에 기반한 일상의 언어진술(statement ; Ausage)과는 범주적으로 절대적으로 구분하여, 무엇보다도 소설 속에 인물들이 등장하게 됨에 따라 이와 같은 효과가 생겨난다는 것을 발생론적으로 논증한다.

다시 말해, 우리가 해당 텍스트가 소설인 것을 알고 읽는 한, 서술되는 내용을 구체적, 실제적 스토리텔러의 경험장으로 간주하는 게 아니라, 소설 속 허구적 인물들(fictive persons), 즉 등장인물들의 경험장인 것으로 받아들이게 되며, 아울러 이러한 인물들이 등장하게 됨에 따라 '허구적 직시중심(fictive I-Origines)'이 생겨나게 되는데, 그 결과 현실의 진술주체가 가지고 있는 '실제적 직시중심(real I-Origo)'이 사라지게 된다는 것이다. 그리고 이 모든 과정의 논리적 귀결로서, 결국 과거시제가 '지나간 과거의 것'을 지시하는 문법적 기능을 포기하고 놓게 된다는 설명이다.

예컨대, Hamburger(1968/1973 ; 68-71)의 지적에 따르면, 아래의 예문들이 애초에는 객관적인 현실진술의 일부였다 할지라도(이를테면, (15)는 한 인물에 대한 구두 또는 서면보고일 수 있으며, (16)은 프리드리히 대제에 대한 역사서의 일부이다), 소설 속에 사용될 경우는 각각 '현재적' 상황을 묘사하는 것으로 받아들여진다는 것이다.

(15) Mr. X was on a trip.

X씨는 여행 중이었다.

(16) The king played the flute every evening.

그 왕은 매일 저녁 플루트를 연주했다.(Hamburger 1968/1973 ; 68)

다시 말해, 우리는 예문 (15)를 "Mr. X was on a trip"이 아닌, "Mr. X is on a trip"로 받아들이며, 예문 (16) 역시 유사한 방식으로 200년 전 그 때 '그'가 플루트를 연주했었다는 것에 대해서 알려 주고 있는 게 아니라, '그'가 지금 연주를 하고 있다는 것에 대해서 알려 주고 있다는 것이다. 이처럼 역사적 도큐먼트에 나타난 문장으로서의 (16)은 우리에게 '지나간 과거의 일'에 대해 알려 주지만, 역사소설에 등장하는 문장으로서의 (16)은 '현재적' 상황을 묘사하는 것으로 받아들여진다.

아울러 이것이 단지 심리적인 체험에만 기인하는 게 아니라, 구조화된 나름의 인지적, 문법론적 근거가 있다는 것은 위의 (15)와 (16) 바로 다음에 각각 직시적 부사(구) today, this evening이 사용된 다음의 예문 (17)과 (18)을 잇는 테스트를 해봐도 충분히 자연스럽다는 데서도 잘 알 수 있다.(Hamburger 1968/1973 ; 71)

(17) **Today** he **roamed** through the European port city for the last time, for tomorrow his ship sailed for America.

오늘 그는 마지막으로 그 유럽의 항구도시 이곳저곳을 거닐었다. 내일이면 그의 배가 미국으로 떠날 것이기 때문이었다.

(18) **This evening** the king **intended** to play the flute again.

오늘 저녁에 왕은 플루트를 다시 연주할 생각이었다.(Hamburger 1968/1973 ; 71)

이처럼 허구적 서술의 과거시제는, 다시 말해, 서사적 과거는 '과거성(past-ness)'의 진술(statement)이 아니며, 또 그런 까닭에 위에서처럼 '현재성'의 직시적 시간부사가 과거시제와 함께 올 수 있게 된다.

Hamburger(1968/1973 ; 72-3)는 이러한 서사적 과거의 '非과거성'을 보여 주는 또 다른 반증적 논거로서 다음과 같이 미래를 표현하는 부사(tomorrow)는 과거형과 자연스럽게 함께 사용되지만, 과거를 표현하는 부사(yesterday)는 역설적으로 대과거를 표현하는 과거완료형과 사용된다는 점을 들고 있다.

(19) But in the morning she had to trim the tree. **Tomorrow was** Christmas.
하지만 아침에 그녀는 트리를 장식해야 했다. 내일이 크리스마스였던 것이다.

(20) The maneuvers **yesterday had lasted** for eight hours.
그 기동작전은 어제 8시간 동안 계속됐었다.

(21) **Yesterday had been** Christmas.
어제는 크리스마스였었다.(Hamburger 1968/1973 ; 72-3)

즉, 소설에서는 과거시제가 '과거성'을 표현하지 않는 관계로, 정작 과거가 필요한 경우에는 대과거를 사용하게 된다는 것인데(예컨대, 소설에서 "Tomorrow was Christmas"는 될지언정, "Yesterday was Christmas"는 가능하지 않으므로, 예문 (21)처럼 표현해야 한다는 것이다), 이 역시 서사적 과거의 非과거성에 대해 시사하는 바가 크다고 할 수 있다.

그럼 여기에서 잠시 논지에서 벗어나, Hamburger(1968/1973)의 설명을 좀 더 자세히 살펴보자. 전술했듯이, Hamburger(1968/1973)는 서사적 과거가 이러한 속성을 가지게 된 궁극적인 원인을 내러티브에 허구적 인물이 등장하게 된 데서 찾는데, 이 과정을 Stifter의 소설 "Hochwald(교목림)"에 대한 분석을 통해 발생론적으로 설명하려는 시도는 그 자체로 흥미롭다. 간단히 소개하면 다음과 같다.

소설은 현재시제로 된, 다음과 같은 1인칭 형식의 배경묘사로 시작하는데, Hamburger는 이를 실제의 현실진술(reality statement)로(실제의 현실묘사로) 받아들여 아직은 허구의 공간에 들어간 게 아닌 것으로 받아들인다 : [A] "On the midnight side of the tiny land of Austria, a forest extends westward along the thirty mile length of its dusky strip. It branches··· off from the course of the mountain line, which then continues many a day′s journey westward. <u>Now, it is in this place of the woods′ turning in whose environs that came to pass which</u>

we have undertaken to tell."('오스트리아라는 작은 나라의 외진 곳에, 숲 하나가 30마일 길이의 어스름한 띠를 따라서 서쪽 방향으로 펼쳐져 있다… 그것은 산의 능선으로부터 분기되어 있고, 그 능선은 서쪽 방향으로 하루 종일 수일을 가야 할 만큼의 거리로 이어져 있다. 이제, 우리가 이야기하려고 하는 일이 일어났던 숲 모퉁이의 그 장소다.')

즉, 여기서 나레이터는 실제의 직시중심(real I-Origo)라는 것이다. 이어지는 다음과 같은 회상장면 역시 아직은 허구의 공간으로 진입한 게 아니어서, 여기의 과거시제 또한 (앞의 현재시제로 된 부분과 마찬가지로) 실제 나레이터의 직시중심에 맞춰진 용례라고 주장한다 : [B] "A feeling of deepest loneliness came over me, each time invincibly, however often and gladly I climbed up to the magical lake… Often one and the same thought arose within me when I sat on this shore… Often in days past I sat in the old masonry…."('아주 깊은 고독감이 매번 어찌할 수 없을 정도로 나를 엄습해 왔다. 하지만 자주 그리고 기꺼이 나는 그 신비한 호수로 올라가곤 했다… 이 호숫가에 앉아 있을 때면 내 안에서 자주 같은 생각이 떠올랐다… 지난 나날들 나는 자주 오래된 석조물에 앉아 있곤 했다….')

다시 말해, 여기의 과거시제는 나레이터의 실제 과거, 즉, 그가 젊었을 때 이곳에서 돌아다니던 그 시간을 지칭한다는 것이다. 그 후 이 1인칭 나레이터는 상상 속에서 그도 직접 경험하지 못한 더 먼 과거로 옮겨 간다 : [C] "And now, dear reader, if you have seen your fill? then go back with me now some two hundred years."('그리고 이제, 사랑하는 독자여, 그대가 질릴 만큼 충분히 보았다면, 나와 함께 과거로 2백여 년을 되돌아가자.')

상상을 통해, 독자 앞에는 폐허가 된 성의 이미지가 놓이고, 다음과 같이 환상(fantasy)을 이끌어 내지만, Hamburger는 여전히 이를 허구의 공간으로 진입하지 못한 현실진술로 간주한다 : [D] "Imagine away out of the ruins the bluebells, daisies and dandelions… instead of these strew white sand up to the outer wall, and put a strong arch of birches at the entrance…."('폐허로부터 초롱꽃과 데이지와 민들레꽃을 없앤다고 상상해 보라… 이것들 대신에 외곽 벽에 하얀 모래를 뿌려라, 그리고 입구에는 아치모양으로 단단한 자작나무 대문을 달아라….')

즉, 환상과 허구는 본질적으로 다른 범주이며, 가상의 장면에 대한 스케치는 비록 그 내용이 환상인 것으로 밝혀지더라도 현실진술이라는 것이다. 환상진술이 계속되는 동안, 소설의 주인공이 될 두 명의 인물이 소개되는데, Hamburger는 아직까지도 장면에 대한 액세서리 같은 것일 뿐 '등장한' 것은 아니라고 판단한다 : [E] "…the doors fly open – does the charming pair please you?… The younger one sits at the window and embroiders… The older girl is not yet dressed…."('…창문들이 확 열린다 – 이 귀여운 자매가 그대 마음에 드는가?… 동생은 창가에 앉아서 자수를 놓고 있다… 언니는 아직 옷을 다 차려입지는 않았다.')

Hamburger는 마침내 동생이 갑자기 말을 꺼내는 사건으로부터 허구의 영역으로 들어서게 됐다고 지적한다 : [F] "The girl at the window continues to embroider industriously, and only occasionally looks up at her sister. The latter has suddenly ceased her searching and take up her harp, from which for some time now isolated tones have been falling as though dreaming, tones which do not hang together, the island peaks of a submerged melody. Suddenly the younger girl ***said***…."('창가에 앉아 있는 처녀는 부지런히 자수를 계속하고는, 간혹 언니에게 눈길을 줄 뿐이다. 언니는 무언가를 찾던 것을 갑자기 멈추고는 하프를 집어 들었다. 그러자 하프로부터 얼마동안 산발적인 음들이, 마치 가라앉은 멜로디의 고립된 정점처럼 함께 어울리지 않는 음들이, 꿈을 꾸듯이 흘러내리고 있다. 갑자기 동생이 말했다….')

즉, 이 said로부터 이제 이야기는 단순과거시제로 진행되는데, 이 said의 사용과 함께 1인칭 나레이터의 직시중심(I-Origo)는 철회되고, 그 자리에 소설 속의 인물들의 '허구적 직시중심(fictive I-Origines)'이 등장하게 된다는 것이다. 다시 말해, 이 said 이후로 소설 속의 인물들이 처음으로 '실제로 자율적으로 행위하는', '살아 있는' 인물로서 등장하게 된다는 것이다. Hamburger의 이러한 생각은 서사이론의 입장에서 논란의 여지가 될 부분도 적지 않지만, 소설 속의 시제의 용법에 대해 몇 가지 흥미로운 단초를 제공한다.

이처럼 Hamburger(1968/1973)는 내러티브를 이해함에 있어 문학작품의 '허구성'에 보다 주목하여 접근하였지만, 사실 그녀 주장의 핵심적 테제는 소설과 같은 '허구적 서술'이 아닌 경우에도 어느 정도 원용하여 적용할 수 있다. 예컨대, 1절에서 살펴본 예문 (5)는 Hamburger의 분류에 따르면, 역사적 진술주체에 의한 현실진술이 되겠지만, 허구적 서술이 아님에도 여기에도 내러티브적 정향성은 작용하고 있어, 두 번째 문장에서 서술되는 사건 e2(докажет)의 직시적 중심은 화자의 발화시점이 아니라 첫 번째 문장에서 서술되고 있는 사건 e1(был раздражён) 내부의 시점, 즉, 달리 표현하면 사건 e1과 동시적인 관찰자의 시점이 된다. 물론 가장 원형적인 내러티브는 3인칭 소설과 같은 '전통적 내러티브'여서, 이 예와 같이 1인칭 서술에 바탕을 둔, 회상록과 같은 역사서는 내러티브의 속성이 온전하게 실현될 수는 없다.

이는 '표준적 발화상황'에 준하는 일상구어담화일지도 전달되는 사건이 'e1, e2, e3, e4…' 등과 같이 사건의 연쇄로 제시될 시에는 그 자체의 속성상 내러티브로 전화하려는 경향을 가지고 있기 때문인데(cf. Пешковский 1938 ; 208, Падучева 1996 ; 290), 심지어 '실제적 현재(actual present)', '점적 현재(point present)'의 대표적인 예로 간주되는, 다음과 같은 스포츠 중계에서도 이러한 경향은 발견된다.

(22) Кузнецов… **упустил**e1 мяч за боковую. Мяч **покидает**e2 пределы поля. Сейчас спартаковцы **вводят**e3 его в игру.
쿠즈네초프가 공을 사이드라인 바깥으로 빠뜨렸습니다. 공이 시야에서 벗어납니다. 지금 막 스파르탁 선수들이 공을 경기장 안으로 들여 오고 있습니다.(Падучева 1996 ; 290)

일어나고 있는 사건을 실시간으로 전달하는 스포츠중계에서는 캐스터가 자신의 발화시점을 기준으로 매 사건을 표현하기가 힘든데, 이는 사건을 묘사하고 있는 그 순간에도 물리적인 시간은 계속 흐르고 있어, 자신의 발화시점이 계속 움직이게 되기 때문이다. 그런 까닭에, Падучева(1996 ; 290)가 지적하고 있듯이, 화자는 일정 시간 동안은 잠정적으로 자신의 발화시점을 어느 한 지점에 고정시키는 전략을 취할 수밖에 없는데(예컨대, 위의 사건 e1, e2, e3을 다 과거시제로 표현할 수도, 다 현재시제로 표현할 수도 없을 것이다), 그 결과 내러티브로 전화할 가능성을 얻게 된다.

다시 말해, 위의 장면을 묘사할 때 사건 e1, e2, e3 각각에 대해서 일일이 발화시점을 기준으로 정초하는(localize) 게 아니라, 캐스터가 판단하기에 중요한 사건을 기준으로(예컨대 위의 경우 공이 사이드라인 바깥으로 나가게 된 e1을 기준으로) 사건의 내러티브적 연쇄를 만들어 그들 간의 시간적 관계를 표현한다는 것이다. 이를테면, [En1/Es1 + En2/Es2 +

En3/Es3]과 같은 식이 아니라, [(En1+En2+En3)/En1]와 같은 식이라는 것이다. 여기에서 En은 Jakobson(1957/1971)의 기호를 따라 전달되는 사건(narrated event), Es는 발화사건(speech event)을 지칭한다.

사실 이렇게 내러티브로 전화한 이상, 구체적, 물리적 화자의 발화시점은 더 이상 별다른 의미를 갖지 않게 되며, '허구적 서사'의 경우에서와 같이 전달되는 사건에 대한 관찰자의 동시적 시점이 활성화된다. 참고로 부언하자면, 물리적인, 구체적 존재로서의 캐스터도 위의 경기장면을 보고 있지만, 그가 보다 추상적인 기능주체인 관찰자로 기능할 시에는 이미 별도의 내러티브적 정향성의 논리가 작용하게 된다.

4. 직시의 확장 : 전송적 직시 vs. 지각적 직시

Hamburger(1968/1973)의 분석을 비롯한 지금까지의 논의는 결국 화자 이외에, 또 다른 잠재적 직시주체로서 관찰자 개념을 설정하는 것에 대한 인지적, 서사론적(narratological) 근거를 제시하는 것으로 이해될 수 있는데, 이는 곧 전달되는 사건과 발화사건 사이에 절대적인 경계를 설정한 채 화자의 발화사건만을 중심으로 정의했던 전통적인 직시 개념을 수정하거나, 확장해야 할 필요성을 함의한다.

주지하다시피, 이를 위한 통상의 방법은 전통적인 직시 개념을 확장시켜, 애초의 엄밀한 정의에 상응하는 경우는 '본원적(일차적) 직시'로, 1절에서 다뤄졌던 '非직시적' 용례들과 같이 직시적 투사나 통사적 투사가 일어나거나, 내러티브 텍스트 내에서 이해되는 경우는 '이차적 직시'로 분류하는 것이다(Ehlich 1982 ; Апресян 1986 ; Падучева 1996 ; Успенский 2007 등). 위에서도 간단히 언급했듯이, '표준적 발화상황'이라는 용어사용의 배경에도 이러한 관점이 이미 내재해 있다고 볼 수 있다.

하지만, 이러한 입장을 취할 시에는, '표준적 발화상황'이 오히려 역설적으로 매우 제한적이며, 따라서 그렇다면 전통적 직시 개념을 만족시키지 못하는 대다수의 경우를 '표준'에서 벗어난 이차적 직시로 간주해야 하는 문제점이 생긴다. 뿐만 아니라, 화자와 청자가 1절에서 다뤄진 유형의 발화들을 이해하고, 해석하는 데 있어 이른바 본원적 직시의 경우에 비해 특별히 별도의 인지적 노력을 필요로 하지 않는 것으로 볼 때, 이러한 접근은 지나치게 상식적 관성에 의존하고 있는 것으로 보인다.

오히려 필자는 지금까지의 논의를 바탕으로 역의 방향으로 접근한다. 특히 이와 관련해, van Schooneveld(1978)의 직시론은 그 자체론 그다지 널리 퍼진 견해는 아니지만 매우 시사적이다. van Schooneveld(1978 ; 23)는 직시를 결국 지각의 문제와 관련된 것으로 이해하여, 다음과 같이 유표성이론의 관점에서 '전송적(transmissional) 직시'와 '지각적(perceptual) 직시'로 구분한다.

(23)

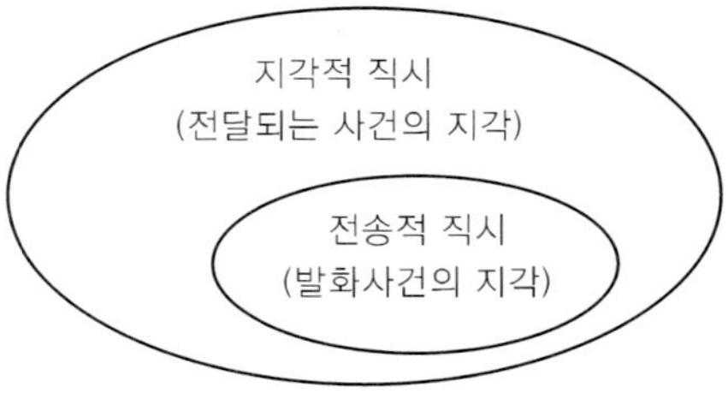

여기에서 전송적 직시는 발화사건의 지각의 모든 측면과 관련된 경우를 지칭하는 것으로, Jespersen(1924)과 Jakobson(1957/1971)이 애초에 전환사라고 명명했던, 좁은 의미의 직시에 해당하는 반면, 지각적 직시는 전달되는 사건의 실제적/가정적 지각과 관련된 경우로, 잠재적으로 그 자체에 직시적 중심으로 기능하는 관찰자를 포함하고 있는 유형이다. 그리고 이 관찰자는 해당 발화사건의 참여자인 화청자와 지시적으로 일치하는 실제 물리적 존재일 수도 있으며, 혹은 그렇지 않고 발화사건의 참여자가 아닌, 어떤 (추상적) 존재와 일치할 수도 있다. 아울러 참고로 한 가지 더 언급하자면, van Schooneveld는 이후의 논의(van Schooneveld 1991, 1993)에서 '단일성 · 유일성(singulativeness)'이라는 기준을 추가하여 자신의 직시이론을 확장시키지만, 이 시기의 이론은 이미 지나치게 기호학적 관점으로 넘어가 버려, 이 글에서는 논의 대상에서 제외시켰다. 참고로 미리 밝혀두자면, 이 글에서 다뤄지는 몇몇 지각적 직시의 예들은 이후에 수정 · 확장된 van Shooneveld(1991, 1993)의 입장에 따른다면 '단일적 지각적 직시'에 해당할 때가 많다. 어쨌든, 이 글에서는 van Schooneveld의 지각적/전송적 직시 개념의 핵심만을 차용해, 보다 언어학적인 직시이론에 부합하도록 논의를 이끌고 있다.

결국, van Schooneveld(1978)는 지각적 직시의 개념을 새로이 설정하고 있는데, 여기서 보다 중요한 것은 van Schooneveld가 지각적 직시를 유표성이론의 관점에서 보다 무표적인 직시유형으로 간주한다는 점이다. 다시 말해, 전송적 직시와 지각적 직시의 관계를 '+A vs. +B'의 관계처럼 각각 가지고 있는 서로 다른 자질에 대해 대립되는 대등대립(equipollent opposition)으로서 이해하지 않고, 하나의 자질(즉, 이 경우 '발화사건의 지각')에 대해 유무의 관계로 대립되는, 하지만 이른바 '지시잠재성(reference potential)'(Andersen 1989)의 측면에서 무표적 범주인 지각적 직시가 유표적 범주인 전송적 직시를 포함하는 관계로 이해한다. 그럼, 여기에서 잠깐 Andersen(1989)의 '지시잠재성' 개념을 살펴보자. Andersen(1989 ; 24-7)은 유표성/무표성 개념을 이해할 때, '의미관계'에서 벗어나, 일종의 '가치관계'라 할 수 있는 지시잠재성의 측면에서 접근해야 한다는 것을 지적한다. 이를테면, 남성 vs. 여성의 형태론적 대립을 생각해 볼 때, 의미관계적 측면에서는 남성과 여성이 상호배타적이지만, 지시잠재성의 측면에서는 무표적 범주인 남성이 유표적 범주인 여성을 포괄할 수 있다는 것이다(예컨대, man이나 '놈'이라는 표현을 여성을 지칭하는 데 사용할 때). 삶과 죽음의 관계 역시 유사하여, 무표적인 범주에 해당하는 삶이 유표적인 범주에 해당하는 죽음을 포괄하여 지칭할 수 있다(이를테면, 이른바 잘 나가던 사람이 갑자기 죽게 되었을 때, "Life is a mystery"라고 표현하는 경우). 유사한 방식으로, Waugh(1982 ; 313)는 이런 경우에 대해 지시잠재성이라는 용어 대신에 '기호학적 지위'라는 표현을 사용하여 접근하였다.

이처럼, Waugh(1982)나 Andersen(1989)류의 유표성이론의 관점에서는, 어떤 특정 자질을 가지고 있는 유표적 범주는 그 자질에 대해 중립적인 무표적 범주 내에 부분집합으로 포함된, 위계상으로 종속된 요소에 해당하게 된다. 그리고 결국 이러한 정황은 어떤 특정 자질에 대해 종속되지 않는 인지적 기저형은 통상의 생각과는 달리 그 자체에 어떤 자질을 담지하고 있는 유표항이 아니라, 무표항일 수 있다는 것을 함의한다. 이를테면, Lyons(1977)나 Падучева (1996)의 암묵적인 가정과는 달리, '+직시성, +정서적 표현성, +대화-청자정향성'의 자질을 가지고 있는 것으로 이해되는 이른바 '표준적 발화상황'이 더 '기본적', '기저적인' 경우가 아니라, 오히려 그 역의 경우, 즉, '비표준적 발화상황'이나, 혹은 위의 세 가지 자질이 약화된 내러티브모드가 더 '기본적', '기저적일' 수 있다는 것이다. 실제로 명시적으로 표현하고 있지는 않지만, Thelin(1990), Золотова(1995) 등이 이러한 후자의 입장을 암묵적으로 가정하고 있다. 이를테면, Золотова는 시간성의 관점에서 접근하여 내러티브모드(그녀의 용어로는, '재현적 레지스터')는 이른바 '사건의 시간축'과 '인지적 시간축'이 동시적 관계에 놓이는 경우로, 일상담화모드(그녀의 용어로는, '정보전달적 레지스터')는 이 두 축이 다양한 정도로 거리를 두게 되는 경우로 이해한다. 즉, Золотова는 마치 내러티브모드가 더 '표준'이 되는 경우처럼 간주하고 있는데, Thelin 역시 마찬가지여서 내러티브모드는 [+시간]의 자질을, 일상담화모드는 [−시간]의 자질을 가지는 것처럼 처리하고 있다. 이처럼, 커뮤니케이션의 외적 조건이 아닌, 시간성의 관점에서 접근하면, 완전히 상반된 기준이 나올 수 있다.

동일한 내용을 각각 전송적 직시와 지각적 직시의 대표적 주체라 할 수 있는 화자와 관찰자 사이의 관계에 대해서도 이야기할 수 있다. 즉, 위의 다이어그램 (23)에 준하여, 양자 사이의 관계는 다음과 같이 표현될 수 있다.

(24)

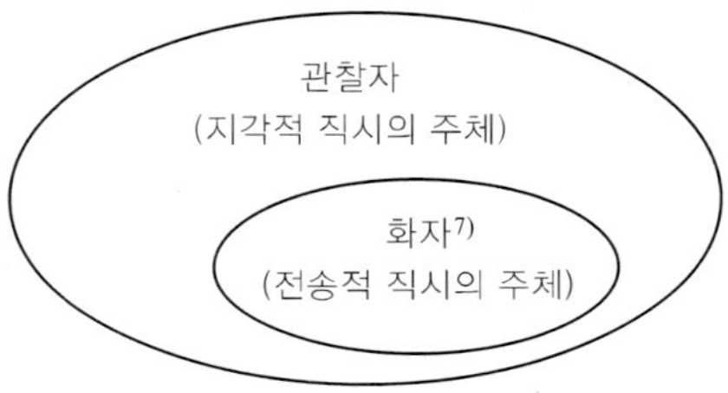

지금까지 살펴본 것처럼, 위의 다이어그램은 관찰자의 형상이 지금까지 암묵적으로 간주되었던 것 이상으로 범주적 안정성을 가지고 있는 개념이며, 직시주체의 측면에서도 어쩌면 화자보다 인지적으로 더 기저적일 수 있다는 점을 시사한다. 이처럼 관찰자는 유표적인 화자에 비해 단지 '언어적으로 실현되어' 구체적으로 표현되는 정도가 더 두드러지지 않을 뿐, 무표적인 범주로서 언어의 인지·지각 체계 내에 '잠재적으로' '항상' 존재하고 있다고 볼 수 있다.

이와 같은 유표 vs. 무표 범주 사이의 관계는 다음과 같은 용례를 통해, 간단히 예시적으로 살펴볼 수 있다.

7) 물론, 전송적 직시 역시 지각적 직시 내에 부분집합으로 포함되어 있는 경우이므로, 해당 발화사건(van Schooneveld의 표현대로는 '빠롤')의 관찰자가 전제되기는 한다. 단, 이 경우 이처럼 전제된 관찰자는 항상 발화사건의 참여자인 화(·청)자와 일치해 실질적으로는 화(·청)자로만 구현되므로, 전송적 직시의 주체는 화(·청)자라고 간주해도 무방하다.

(25-a) Первое, что поразило Маргариту, это та тьма, в которую они попали. Ничего не было видно, как в подземелье, и Маргарита невольно уцепилась за плащ Азазелло, опасаясь споткнуться. Но тут **вдалёке** и вверху замигал огонек какой-то лампадки и начал приближаться. Азазелло на ходу вынул из-под мышки Маргариты щетку, и та исчезла без всякого стука в темноте. 마르가리타를 놀라게 했던 첫 번째는 그들이 처하게 된 암흑 같은 어둠이었다. 마치 지하실에 있는 것처럼 아무것도 보이지 않았고, 그러자 마르가리타는 걸려 넘어질까 두려워 본능적으로 아자젤로의 망토를 꽉 잡았다. 그러나 그때 멀리 높은 곳에 어떤 작은 램프의 불빛이 깜박이더니 다가오기 시작했다. 아자젤로는 걸어가면서 마르가리타의 겨드랑이 밑에서 꺼냈고, 그러자 그것이 아무런 소리도 없이 어둠 속에서 사라졌다.(М. Булгаков, "Мастер и Маргарита")

(25-b) Но тут **вдалёке** и вверху замигал огонёк какой-то лампадки и начал приближаться.
그러나 그때 멀리 높은 곳에 어떤 작은 램프의 불빛이 깜박이더니 다가오기 시작했다.

2절의 예문 (9)와 (10)에서도 살펴봤듯이, вдалёке는 그 자체로 관찰자로 정향된, 지각적 직시어라고 할 수 있는데, 지시잠재성의 측면에서 무표적 범주가 유표적 범주를 지칭하는 데 사용될 수 있는 것처럼(예컨대, man이나 '놈'이라는 표현을 여성을 지칭하는 데 사용할 수 있다), 화자로 정향된 경우에도 사용될 수 있다. 예컨대, 예문 (25-a)에서 вдалёке는 무엇보다 '관찰자인 Маргарита로부터의 거리, 지각'을 표현하고 있지만(물론, 이 경우에도 서술화자는 등장인물 Маргарита의 지각을 최대한 따라가고 있다), (25-b)처럼 밑줄 친 부분만을 따로 떼어 별다른 맥락이 없이 제시될 때는 вдалёке가 '화자로부터의 거리, 지각'을 반영하는 것으로 이해되기 쉽다. 다시 말해, (25-b)는 지각적 직시에 관여하는 잠재적 관찰자가 마침 화자와 지시적으로 일치하게 된 경우라 할 수 있다.

뿐만 아니라, 역으로 전송직시적 범주가 지각적 직시의 용례로 사용되는 것도 가능해, Апресян(1986 ; 9)이 지적한 바대로, 다음과 같은 동음이의(homonymy)의 관계도 가능하다.

(26) Он только **сейчас понял**, какая радость для него этот неожиданный приезд жены.

그는 이제야 이 기대하지 않았던 아내의 도착이 그에게 어떤 기쁨인지를 깨달았다.

(Апресян 1986 ; 9)

다시 말해, 위의 сейчас는 화자의 발화시점을 지칭하는 것으로도, 혹은 내러티브상의 과거의 어느 한 시점(우리의 입장에서 보다 정확히는, 관찰자의 지각적 현재시점)을 지칭하는 것으로도 이해할 수 있다는 것이다. 이처럼 전송직시적 범주가 상황에 따라 지각적 직시의 용례로 사용되는 것은 꽤 일반화된 현상이어서, 이 글에서 다뤄진 많은 예들이 이에 해당하는 경우라 할 수 있다(예컨대, 예문 (1), (5), (6), (7), (8), (17), (18), (19), (22) 등). 반면에 예문 (25-a)는 애초부터 지각직시적 범주여서, 지각직시적 용례로 사용된 경우라 할 수 있으며, (14-a), (14-b), (25-b)는 지각직시적 용례지만, 지시잠재성의 측면에서 화자정향성까지 포괄하는 경우라 할 수 있다.

사실 직시에 관한 이러한 이해는 시제와 상 범주 사이의 관계에 대해서도 새로운 시사점을 제공한다. 기본의미(основное значение)에 있어 화자에 정향된 시제는 전송직시적 범주로, 관찰자에 정향된 상은 지각직시적 범주로 이해할 수 있는데,[8] 이러한 입장은 직시의 영역에서 상을 제외시키려 했던 통상의 관점들과는 달리, 두 범주 간의 기능적 연관에 대해 나름의 문법론적 동인을 제공해 준다. 예컨대, 2절의 예문 (12)와 (13)에서 시제와 상은 이른바 시상의 형태로 서로 밀접하게 결합되어 관찰자의 형상을 드러내는 기능을 하고 있는데(이를테면, (13-b)가 마치 관찰자가 승객을 따라 전차에서 내리는 듯한 효과를 낼 수 있는 것도 불완료상 '현재형'이 사용되었기 때문이다), 이는 당연히 두 범주가 지각적 직시를 매개로 결합되어 있기 때문이라고 할 수 있다.

결국, (23)과 (24)를 원용하여, 시제와 상 사이의 관계도 다음과 같이 이해할 수 있는데, 이러한 벤 다이어그램은 흔히 가지기 쉬운 생각과는 달리, 오히려 상이 시제에 비해 인지적으로,

8) 이를테면, 다음과 같은 Fradkin(1985 ; 105)의 언급을 참조하라 : "시제는 발화상황을 출발점으로 삼아 서술되는 상황을 발화상황과 관련하여 정초한다면(localize), 상은 마치 서술되는 상황의 관점으로부터 출발하는 것으로 보이며, 그 결과 상의 경우에는 발화상황이 화자와 청자뿐 아니라 모든 잠재적 관찰자를 포함하는 지각적 상황으로 일반화된다."

그리고 발생론적으로 더 원형적인, 기저적인 범주일 것이라는 점을 시사한다.

(27)

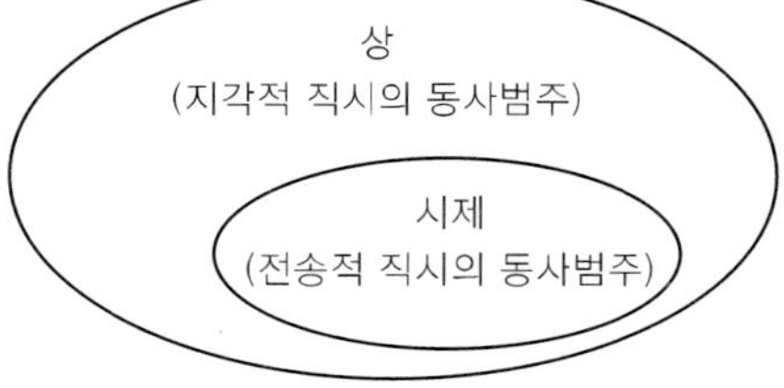

사실 시제와 상의 관계에 대한 이러한 이해는 지금까지의 언어유형론적 고찰과도 그대로 합치된다. 특히 이 점에서, 시제가 동사의 형태론적 범주로 문법화되어 있지 않은 언어는 꽤 있지만, 상은 거의 모든 언어에서 필수적인 형태론적 범주로 나타난다는 Bybee(1985)의 지적은 시사적이다. 또한 범언어적으로 확인되는 동사굴절어미의 부착순서에 있어서도, 거의 모든 언어에서 상의 표지가 시제표지에 앞서는데, 의미와 표현형태 사이에 존재하는 도상적(iconic) 관계를 감안해 볼 때, 이 역시 상의 인지적, 발생론적 원형성을 추정해 볼 수 있게 한다. 뿐만 아니라, 유아의 언어발달의 측면에서 시제보다 상이 먼저 습득되는 것을 보더라도, 상이 발생론적으로 시제에 우선한다는 Lyons(1977)의 견해 역시 (27)의 벤다이어그램을 지지해 준다. 결국, 이러한 모든 정황은 '공간 > 시간'이라는 인지의 일반적 발전방향, '상 > 시제'라는 언어적 발전방향과도 부합된다.[9]

5. 지각적 직시 vs. 대용·조응(anaphora)

그렇다면, 이제 '지각적 직시는 대용과 어떻게 구분될 수 있는가'라는 문제를 살펴보도록 하자. 이와 관련해서는 먼저 다음 예에 대한 Падучева(1996 ; 265-275, 285-292)의 분석을 검토할 필요가 있다.

---

9) 위의 논의에 대해 보다 자세한 내용은 홍택규(2008)를 참조하라. 이 논문에서는 화자의 관점이 언어적 단위에 지속적으로 투사되는 주관화의 결과, 많은 언어에서 '상 > 시제 > 서법'의 방향으로의 문법화가 일어난다는 점에 주목하고 있다.

(28) Он [Тиверзин] вышел, хлопнув дверью, и зашагал вперёд, не оборачиваясь. Его окружали осенняя сырость, ночь, темнота. (…) Этот мир был ему **сейчас** ненавистнее, чем когда-либо.

그는 문을 쾅 닫고는 나와서, 뒤돌아보지도 않고 앞으로 걸음을 내딛었다. 그를 둘러싸고 있는 건 가을의 습기, 밤기운, 어둠이었다. (…) 그에게는 지금 이 세계가 그 어느 때보다도 혐오스러웠다.(Б. Пастернак, "Доктор Живаго" ; Падучева 1996 ; 272)

사실 위의 예는 1절에서 살펴본 예문 (7)의 сейчас 용법에 그대로 상응한다고 할 수 있는데, 명시적으로 밝히고 있지는 않지만, Падучева(1996) 역시 서사적 과거에 대한 Hamburger(1968 /1973)의 고전적 기준에 준해, 위의 예를 설명하고자 한다. 즉, 그녀의 표현을 그대로 따르자면, "내러티브모드에서는 과거시제가 자신의 일차적인 의미를 잃게 돼 준거시점(точка отсчёта)에 대한 선행을 표현하는 게 아니라, 동시성을 표현하게 되며, 그 결과 현재시제를 사용했을 경우와 별 차이가 없게 되므로"(Падучева 1996 ; 287), сейчас와 함께 사용될 수 있게 된다는 것이다.[10] 다시 말해, "내러티브모드에서는 화자의 발화시점을 텍스트적 시간의 해당 모멘트, 즉, 달리 말하자면, 인물이나 관찰자-서술화자의 현재시제가 대신하게 된다"(Падучева 1996 ; 291)는 것이다.

여기까지는 이 글의 논지와 별반 차이가 없지만, 한 가지 흥미로운 것은 Падучева(1996 ; 272)가 지각적 직시의 측면은 고려하지 않은 채, 인물 Тиверзин의 지각적 현재를 반영하고 있는 위의 сейчас를 '대용적(조응적) 표현(anaphora)'으로 간주한다는 점이다.[11] 그녀의 논지를 좀 더 따라가 보자면, 예컨대, 아래에서 мимо의 의미가 조응적(대용적) 지시를 통해 이전

10) 여기에서 한 가지 첨언되어야 할 것은, 내러티브에서 과거시제와 현재시제 사이에 별다른 차이가 없다는 말은 무엇보다 지시성의 측면을 염두에 둔 생각이라는 점이다. 화용적, 문체적 효과의 측면에서는 내러티브에서 과거시제를 사용한 경우(즉, '내러티브적 과거')와 현재시제를 사용한 경우(즉, '내러티브적 현재' ; 보다 전통적인 용어로는 '역사적 현재')는 구별된다. Падучева(1996 ; 289)도 잘 지적하고 있듯이, 내러티브적 현재는 마치 독자를 전달되는 사건의 세계 속으로 끌어들이는 듯한 효과를 낸다(Cf. 이를테면, "내가 무서워서 나무 위로 올라가는데, 늑대가 막 쫓아 올라오는 거야").

11) 사실 anaphora의 역어를 결정하는 데는 많은 어려움이 따른다. 이 용어가 상황에 따라 앞에 나온 선행사를 '대신한다'는 '대용'에 주안점을 둬서 사용될 수도, 앞의 선행사에 '맞춘다'는 '조응'에 주안점을 둘 수도 있기 때문이다. 이 장에서는 그때그때의 맥락에 맞게, 대용으로도, 조응으로도 번역할 것이다.

텍스트에 언급된 선행사 '그녀의 집'을 기준으로 구체화되는 것과 마찬가지로, 위의 сейчас도 이전 텍스트(혹은 해당 텍스트의 바로 앞 문장)에 고정된 어느 한 시점을 지시한다는 점에서 대용·조응으로 간주할 수 있다는 생각이다.

(29) Почему ты <u>к ней</u> не зашел? Ты же проходил **мимо**.

너 왜 그녀에게 들르지 않았니? 너 (걔네 집) 옆을 지나고 있었잖아.(Падучева 1996 ; 270)

사실 Падучева의 이러한 입장의 배경에는 그녀 자신만의 독특한 직시론이 깔려 있다. Падучева(1996 ; 168-9)도 직시를 화자에 정향된 본원적 직시와 관찰자에 정향된 이차적 직시로 나누지만, 본원적 직시의 요소들이 상황에 따라서는 이차적 직시의 용법을 가질 수 있다고 생각하는 대부분의 견해(예컨대, Апресян 1986, Успенский 2007 등)와는 달리, 그녀는 애초부터 이 두 범주 사이에는 본질적인 간극이 있는 것으로 간주한다. 그런 까닭에, Падучева는 이차적 직시의 요소들이 내러티브에서 사용될 때, 관찰자의 기능이 화자에서 등장인물이나 서술화자로 지시적으로 전이만 되는 '내러티브적 투사'를 겪게 될 뿐 해당 요소들의 의미가 본질적으로 변하지는 않는 반면, 본원적 직시의 요소들이 내러티브에서 사용될 때는 그 의미가 본질적으로 변하게 되거나, 혹은 아예 내러티브에 사용될 수 없다고 주장한다.

어떻게 보면 커뮤니케이션의 상황적 조건이 변할 때, 주변부적 범주(즉, 이 경우, 이차직시적 요소)는 별다른 변화를 겪지 않고 그대로 남는 반면, 중심부적 범주(즉, 본원적 직시의 요소)가 아예 본질적인 변화를 겪게 된다는 생각은 직관적으로 그다지 자연스럽지 않을 뿐만 아니라, 설령 그러한 사례가 있다 하더라도 인지적으로 흔한 경우는 아니라 할 것이다.

어쨌든, 위와 같은 배경에서, Падучева는 сейчас나 시제와 같은 일차직시적 요소들은 내러티브에서 애초의 직시적 의미를 잃게 돼, 대용적 지시의 용법을 가지게 된다는 입장을 취한고 있다. 여기에는 당연히, '내러티브가 이른바 수축된·약화된(reduced) 언어여서, 거기에 사용되는 해당 언어표현들도 그 기능이 약화되게 되어 있다'는 Падучева(1996) 자신의 기본적인 방법론적 가정이 깔려 있다.

그러나 지금까지의 논의에서도 어느 정도는 드러났듯이, 지각적 직시는 대용과는 확연히 구별되는, 직시의 영역 내에 존재하는 별도의 현상이다. 위의 сейчас가 대용적 지시(anaphoric reference)가 아닌, 지각적 직시의 용례라는 사실은 무엇보다 우선 대용적 지시의 표현으로 치환하는 테스트에서 쉽게 확인된다. 예컨대, 위의 예문에 сейчас 대신에 в тот момент나 тогда를 사용하면 매우 어색해지는데, 이는 сейчас의 기능이 그냥 앞 발화에서 정초된(localized) 시점을 그대로 이어받는 데 있는 게 아니라, (지각적) 직시의 중심인 등장인물 Тиверзин의 '내면의 현재', '지각적 현재'를 반영하는 데, 달리 말하자면, 인물 Тиверзин의 관점에서 해당 장면을 묘사하는 데 있기 때문이다. 전술했듯이, 그리고 이때 서술화자는 이 인물의 지각을 그대로 좇고 있다. 이처럼 지각적 직시의 용례가 주는 화용적, 문체적 효과는 대용적 지시의 범주에 의해 포괄될 수 없다.

물론 시제와 같은 본원적 직시의 범주들도 대용적(조응적) 용례를 가질 수는 있는데, 선행 if절에 서술되고 있는 사건의 시점을 기준으로 후행절의 시제형태가 사용된 (2-b)나 통사적 투사가 일어난 (4-a), (4-b)가 바로 여기에 해당한다. 이 용례들은 다음의 예로 Partee(1973 ; 604-6)가 언급한 것과 유사한 대용적 지시의 용법을 보이기 때문이다.

(30) Sam took the cari yesterday and Sheila took it today.

샘은 어제 차를 가져갔고, 쉐일라는 (그걸) 오늘 가져갔어.

(31) Sheila had a party last Friday and Sam got drunk.

쉐일라가 지난 금요일에 파티를 열었는데, 샘이 (그때 거기서) 취했어.

즉, Partee의 지적대로, 예문 (30)의 대명사 it가 선행사 the car를 지시하는 대용적 용법으로 사용되는 것과 유사하게, (31)의 두 번째 절의 과거시제형(got) 역시 해당 전달되는 사건이 발화시점보다 앞선 사건이라는 것을 나타내는 것 이외에도 선행절에서 특정된 시점을 그대로 이어받고 있다.[12] 다시 말해, 후행발화의 사건 e2의 시점이 일종의 종속변항(bound variables)의 관계로 선행발화의 사건 e1의 시점에 연결되어 있다는 것인데, 바로 (2-b)나 (4-a), (4-b)의

12) 여기서 한 가지 지적되어야 할 것은 예문 (31)의 got의 이러한 용례는 이 예문이 일상대화에서 사용될 경우로 한정되어야 한다는 점이다. 이 발화는 아직 내러티브로 전화할 가능성을 보여 주지 못하고 있어, 대용적 지시의 용법을 보이고 있지만, 전후로 맥락이 더 확정되어, 잠재적으로나마 관찰자의 형상이 활성화된다면, 지각적 직시의 용례가 될 것이다.

용례가 여기에 해당한다.

하지만 시제 역시 지금까지 논의된 바대로, 내러티브에서는 주로 지각적 직시의 용법으로 사용되는데, 이는 전달되는 사건들이 거의 항상 직시적 중심인 관찰자의 지각을 기준으로 제시되기 때문이다. 예컨대, 예문 (28)의 불완료상 과거형 окружали, был이 인물의 내면의 지각을 보여 준다면, 완료상 과거형 вышел, зашагал은 인물의 내면으로는 침투하지 않은 채 인물을 바라보는 서술화자의 지각에 보다 가깝다고 할 수 있다.

그럼, 여기에서 сейчас의 문제로 다시 돌아가 보자. 아래의 예들은 위의 (28)의 сейчас를 그냥 단순히 대용으로 간주할 수 없음을 다시 한 번 확인해 준다.

(32-a) К Мише нас не пустили : он был *сейчас / [в этот/тот момент] с дамой.
우리가 미샤한테 들어가도록 허락되지 않았다 : 그가 *지금/그때 여자와 있었기 때문이다.

(32-b) [К Мише нас не пустили]t : он был ∅t с дамой.
그가 여자와 있었기 때문이다.(Мельчук 1985 ; 263)

위에서도 볼 수 있듯이, Мельчук(1985 ; 263)의 지적대로, 이러한 맥락에서는 후행절에 сейчас 대신에 'в этот/тот момент'를 사용하거나, 혹은 일종의 영대용(zero anaphora) 용법처럼 아예 아무런 시간부사도 사용하지 말아야 한다. 이는 위의 예의 선행절과 후행절 사이에 예문 (31)의 경우처럼 대용적(조응적) 지시의 시간관계가 표현되고 있기 때문인데, 이러한 용례상의 분포는 сейчас가 대용적 지시표현 в этот/тот момент과는 본성상 다른 면이 있음을 시사한다. 만약 сейчас가 대용적 용법으로도 사용될 수 있다면, 위와 같은 경우에도 어느 정도는 사용될 수 있는 여지가 있어야 할 것이기 때문이다.

특히 (31-b)처럼 영대용은 될지언정, сейчас가 사용될 수는 없다는 점도 сейчас가 지각적 직시의 용법으로는 가능하더라도, 대용적 용법으로는 불가능하다는 것을 한 번 더 확증해 준다. 아래의 예는 아예 영대용만 가능할 뿐인데, 이처럼 сейчас를 부가할 수 없는 건, 당연히 сейчас를 사용했을 때 생겨나는 직시적 중심의 활성화 효과 때문이다.

(33-a) В кино они опоздали : *сейчас было уже три часа.

영화관에 그들은 늦었다 : *지금 이미 3시였다.

(33-b) [В кино они опоздали]t : ∅t было уже три часа.

영화관에 그들은 늦었다 : 이미 3시였다.(Мельчук 1985 ; 263)

참고로, 이 외에도 Падучева가 대용을 가능한 한 넓게 이해하려고 한다는 점 역시 지적되어야 한다. Падучева(1996 ; 272-3)는 '통사적 투사'가 일어나고 있다는 점을 근거로 다음의 сейчас 역시 대용으로 간주한다.

(34) Он ясно понимал, что **сейчас** от него требовалось(/требуется).

그는 지금 자신에게 무엇이 요구되는지를 명확히 이해하고 있었다.(Падучева 1996 ; 273)

즉, 주절의 동사에 확정된 시점에 맞춰, сейчас가 바로 그 시점을 지칭하고 있어, 대용적 용법이라는 입장인데, 하지만 Мельчук(1985 ; 264)이 제시하는 다음의 예에서도 볼 수 있듯이, 종속절의 сейчас는 주절로 전치되어도 무방하다.

(35) Он ясно понимал, что **сейчас** от него требовалось только одно.

그는 지금 자신에게 오직 한 가지만이 요구된다는 것을 명확히 이해하고 있었다.

≅ Он **сейчас** ясно понимал, что от него требовалось только одно.(Мельчук 1985 ; 264)

사실 위의 сейчас는 종속절 내부에 사용되고 있는지, 주절에 사용되고 있는지의 여부와는 상관없이 내러티브상의 등장인물인 '그'의 '내면의 현재'를 지칭하고 있어, 지각적 직시의 용례로 간주되어야 한다(아울러, 4절의 예문 (26)에 대한 설명도 참조하라). 즉, 직시는 위계상 통사적 조건에 우선한다. 그럼, 여기서 Падучева(1996 ; 272) 역시, 꽤 드물지만 сейчас가 내러티브 텍스트에서 직시적 용법으로 사용될 수도 있음을 지적했었다는 것을 간단히 언급하고 마치기로 하자. 이는 그녀 자신이 '내러티브적 직시'라고 명명했던 용례로, 정의상 관찰자의 기능을 인물이 아닌, 서술화자가 수행하게 될 때 나타나는 현상이라고 언급한다. 하지만 그 적용 자체는 매우 제한적으로 이해해, 다음의 Набоков의 작품과 같이 서술형식의 실험이 두드러진 경우만을 그 예로 삼는다 : "Пожилой пассажир, сидевший у окна неумолимо мчавшегося железнодорожного вагона (…), был не кто иной, как профессор Тимофей Пнин. Идеально лысый, загорелый и гладко выбритый, он начинался довольно внуш ительно огромными черепаховыми очками (…), но заканчивался несколько разочаро вывающе, парой журавлиных ног (**сейчас** они во фланелевых штанах, одна на другой) и хрупкими, почти женскими ступнями."(Набоков, "Пнин")('매우 빨리 달리고 있는 객차의 창가에 앉아 있는 중년의 승객은 (…) 다름 아닌 티모페이 프닌 교수였다. 완전히 머리가 벗겨졌으며, 햇볕에 잘 그을렸고, 말끔하게 면도가 되어 있어서, 그의 첫인상은 꽤 풍모 있게 시작했다 : 거북이 등껍질로 만들어진 꽤 인상적인 커다란 안경 등 (…) 하지만 다소 실망스럽게도 학처럼 가느다란 두 다리와(지금 이 다리는 플란넬풍의 바지를 입고 있으며, 십자 모양으로 꼰 상태다) 외견상 마치 부스러질 듯한, 거의 여성에 가까운 발치로 끝났다.') Падучева에 따르면, 이 작품의 서술화자는 소설의 서두에서는 허구적 세계 속에 등장인물로서 참여하지 못하는 논평적(exegetical) 서술화자인 것처럼 보이지만, 차차 소설이 진행됨에 따라 그 존재감이 확인되는 꽤 의인화된 – 즉, '눈으로 보이지는 않지만, 마치 해당 공간에 존재하는 듯한' – 관찰자인데, 위의 이탤릭화된 сейчас는 바로 이러한 '서술화자의 현재'를 지칭하므로, 내러티브적 직시의 용법에 해당한다는 것이다. 다시 말해, 등장인물들의 시간에 종속되지 않는 자신만의 독립적인, 시간적 직시의 중심을 가지고 있는 서술화자이므로, 그의 сейчас는 내러티브적 직시의 용례가 될 수 있다는 입장인 것이다.

6. 마치며 : 간접적 증거들

지금까지 주로 직시에 대한 논의를 중심으로 관찰자의 형상이 언어체계 내에, 인간의 커뮤니케이션과정 내에 일종의 인지적 원형소로 작용하고 있음을 살펴보았다. 이는 직시부사와 같은 어휘범주를 통해서도, 시제나 상과 같은 문법범주를 통해서도, 허구적 서술과 같은 서사론적 범주를 통해서도 확인할 수 있었다.

사실 지금까지 살펴본 관찰자의 형상의 발생론적, 인지적 기저성은 다른 언어적 층위에서도 쉽게 발견된다. 여기에서는 이른바 '형태-통사적 수축변형'의 경우만을 중심으로 간단히 살펴봄으로써 논의를 마무리하도록 하자. 흥미롭게도 어떤 형태로든 무언가 '수축'의 방향으로, 혹은 '제로'의 방향으로 기호적 변형이 일어나면, 관찰자의 형상이 드러나는 경우가 많은데, 이는 역으로 관찰자의 인지적 원형성을 시사한다고 할 수 있다. 기호적 도상성의 측면에서 '수축'이나 '제로'는 디폴트 상태와 친화적이라고 볼 수 있기 때문이다.

예컨대, 아래와 같은 형태-통사적 수축변형을 통해 만들어진 비한정인칭문은 Золотова, Онипенко & Сидорова(1998 ; 238)의 지적대로, 변형 이전의 구문들과는 달리, 디폴트적으로 지각적 관찰자의 형상을 활성화시킨다.

(36) Дети поют. 아이들이 노래한다.

→ За стеной поют. 벽 너머에서 누군가 노래해.

(37) Они стучали в дверь. 그들이 문에 노크를 했다.

→ В дверь стучали. 누군가 노크를 했어.

다시 말해, 왼쪽의 변형 전 발화들은 사건을 묘사하는 상황에서도, 혹은 단지 있었던 일을 다소 추상화하여 사실로서 전달하기만 하는 상황에서도 공히 동등한 정도의 선호도로 사용될 수 있지만, 변형 후의 발화들은 마치 관찰자가 바로 곁에서 경험한 지각을 그대로 전하는 듯한 뉘앙스를 띤다.[13)]

Падучева(2001)가 잘 지적하고 있듯이, 유사한 현상이 показаться, обозначиться, обнаржиться 등과 같은 '-ся 지각동사'에서도 발견된다. 이 동사들은 모두 형태-통사적 수축변형을 겪기 이전에는, 즉, показать, обозначить, обнаржить 등과 같이 -ся 없이 사용될 때는 동사의

13) Золотова, Онипенко & Сидорова(1998 ; 238)가 지적하듯이, 굳이 비한정인칭문이 아니더라도, 비한정성이라는 자질은 그 자체로 지각이나 감각의 모멘트와 긴밀하게 연관되어 있다. 다음과 같은 예를 참조하라 : "Странное готовилось ему пробуждение.(Он чувствовал сквозь сон, что) **кто-то тихонько** дергал его за ворот рубашки. '그는 이상하게 잠에서 깼다. 꿈을 통해 누군가가 얌전히 그의 셔츠 깃을 잡아당기는 것 같은 것을 느꼈다.'"(Золотова, Онипенко & Сидорова 1998 ; 238)

논항구조 내에 경험주(experiencer)를 포함하고 있었지만, 수축변형을 겪은 후에는 이 경험주가 '배면으로(за кадром)' 사라지면서 관찰자로 바뀌게 되었다는 공통점을 가지고 있다.

예컨대, 아래의 예문 (38-a)에서 여격 논항 ему는 경험주지만, (38-b)처럼 '-ся 동사 변형'을 겪은 후에는 논항구조에서 사라지게 되며, 대신 '숨겨진', 잠재적 관찰자의 기능으로 바뀌게 되었다는 것이다. 이처럼 показаться 구문은 관찰자의 형상을 늘 담고 있는데, 그런 까닭에 (38-c)에서도 보이듯이 2절의 예문 (9), (10)에서와 같은 1인칭 제약을 가지고 있다.[14)]

(38-a) Ему показали всадника.

그에게 기마상을 보여 줬다.

(38-b) На дороге показался всадник.

길에 기마상이 나타났다.

(38-c) ?На дороге показался я.

길에 내가 나타났다.

다음의 обозначиться의 예에서도 유사한 관찰자 형상의 활성화과정을 볼 수 있다. (39-a)에서 (39-c)로 갈수록 행위주성(agenthood)이 낮아질 뿐만 아니라, 여격논항의 허용가능성도 낮아지는데, 이러한 수축의 경향과 맞물려 결국에는 관찰자가 활성화된다.

(39-a) Он обозначил мне границы.

그가 나에게 한계를 제시했다.

(39-b) Это обозначило (?мне) границы.

이것은 한계를 의미했다.

(39-c) Границы (*мне) обозначились.

한계가 나타났다.

---

14) 참고로 첨언하자면, (38-c)와 같은 구문도 "Он говорит, что в этот момент на дороге показался я '그가 말하기를 이때 길에 내가 나타났대'"나 "Тут на дороге показался я, и он спрятался в кусты '그때 길에 내가 나타났고, 그러자 그가 숲 속으로 숨었대'"에서와 같이 '인용증거성(Quotative)'의 맥락에서 사용될 때는 충분히 가능하다.

지금까지 살펴본 것처럼, 관찰자의 형상은 우리가 자각하는 것 이상으로 언어현상 곳곳에 편재해 있으며, 그 기호적, 인지적 원형성 역시 여러 경로의 직간접적 증거들을 통해 확인할 수 있다. 이에 대한 논의가 충분히 정초되면, 문법론의 영역에서뿐만 아니라, 서사론의 영역에서도 많은 생산적인 논의를 이끌어 낼 수 있을 것으로 기대된다.

참고문헌

홍택규(2008) “증거성과 동사범주의 주관화.” 〈러시아어문학연구논집〉 28: 155-190.

Апресян, Ю. Д.(1986) “Дейксис в лексике и грамматике и наивная модель мира,” *Семиотика и информатика* 28. 5-33.

Бондарко, А. В.(1971) *Вид и время русского глагола*. М.: Просвещение.

Золотова, Г. А.(1995) “Глагольный вид с точки зрения текста,” *Семантика и структура славянского вида 1*. Krakow: Wydawnictwo Naukowe WSP, 81-91.

______________, Онипенко, Н. К., & Сидорова, М. Ю.(1998) *Коммуникативная грамматика русског о языка*. М.

Мельчук, И.(1985) “Семантические этюды. Ⅰ. ‘Сейчас’ и ‘теперь’ в русском языке,” *Russian Linguistics 9/2-3*. 257-79.

Падучева, Е. В.(1993) “Говорящий как наблюдатель: об одной возможности применения лингвистик и в поэтике,” *Серия литературы и языка* 52/3. 33-44.

_______________(1996) *Семантические исследования*. М.: ЯРК.

_______________(2001) “Наблюдатель в системе диатез глагола восприятия,” *Русский язык: пересек ая границы*. Дубна.

Пешковский, А. М.(1938) *Русский синтаксис в научном освещении*. М.

Успенский, Б. А.(2007) *Ego Loquens. язык и коммуникационное пространство*. М.

Andersen, H.(1989) “Markedness Theory-the First 150 Years,” *Markedness in Synchrony and Diachrony*. Mouton de Gruyter.

Bybee, J. L.(1985) *Morphology: a Study of the Relation between Meaning and Form*. Amsterdam.

Ehlich, K.(1982) “Anaphora and Deixis: Same, Similar, or Different?”, *Speech, Place, and Action. Studies in Deixis and Related Topics*. John Wiley & Sons LTD, 315-338.

Fradkin, R. A.(1985) *Markedness Theory and the Verb Systems of Russian and Arabic: Aspect, Tense, and Mood*. Doctorial Dissertation. Indiana University.

Hamburger, K.(1973) *The Logic of Literature*. Bloomington: Indiana University Press.

Jakobson, R.(1971) "Shifters, Verbal Catergories, and the Russian Verb," Roman Jakobson. *Selected Writings. Vol. 2. Word and Language*. The Hague, 130-47.

Jespersen, O.(1924) *The Philosophy of Grammar*. London.

Lyons, J.(1977) *Semantics 2*. Cambridge University Press.

Partee, B.(1973) "Some Structural Analogies between Tenses and Pronouns in English." *The Journal of Philosophy 18*. 601-609.

Thelin, N. B.(1990) "Verbal Aspect in Discourse: on the State of the Art," *Verbal Aspect in Discourse: Contributions to the Semantics of Time and Temporal Perspective in Slavic and Non-Slavic Languages*. Amsterdam/Philadelphia: John Benjamins, 3-88.

Uspensky, B. A.(1973) *Poetics of Composition*. Berkeley: University of California Press.

van Schooneveld, C. H.(1978) *Semantic Transmutations. Prolegomena to a Calculus of Meaning*. Vol. 1. Physsard.

____________________(1991) "Praguean Structure and Autopoiesis: Deixis as Individuation," *New Vistas in Grammar: Invariance and Variation*. Amsterdam/Philadelphia: John Benjamins, 341-362.

____________________(1993) "The Dual and Slavic Linguistic Structure. Singulative Identificational Deixis." *American Contributions to the Eleventh International Congress of Slavists*. Slavica. 440-451.

Waugh, L.(1982) "Marked and Unmarked: a Choice between Unequals in Semiotic Structure," *Semiotica* 38(3/4). 299-318.

제6장

간접화행과 러시아어 구조
- 요청화행을 중심으로 -

|이남경|

1. 소통과 간접화행

이른바 소통이란 화자가 자신의 의도를 전달하는 행위, 그리고 청자가 화자의 의도를 해독하는 행위 사이에 성립되는 순환적이고 정합적인 관계를 의미한다. 소통 상황에서 화자는 청자에게 세계에 대한 정보를 전달할 수도, 미지의 사실에 대한 정보를 제공할 것을 요구하거나 또는 어떤 행위를 하라고 요구할 수도 있다. 이와 같은 단언, 질문, 명령의 화행은 언어적 코드화를 통해 이루어지는데, 화자는 자신의 의도를 가장 명료하게 표현하기 위한 언어적 장치로, 정보를 전달하기 위해 평서문을, 질문을 하기 위해 의문문을, 그리고 명령을 하기 위해 명령문을 사용한다. 이와 같이 문자적 힘(literal force)에 근거를 둔 특정 언어적 장치를 이용해 그에 상응하는 직접적 언표내적 효력(illocutionary force)을 드러내는 화행을 직접화행(direct speech act)이라 한다. 소통의 최소 단위가 언어학적 표현이 아니라 진술, 질문, 명령, 감사 등의 어떤 유형의 행위 수행이라는 언어철학적 견지에서부터 출발한 화행이론(speech act theory)에 기대면, 직접화행이란 발화형식에 반영된다고 가정한 고정적이고 관례적인 추상적 힘이 문장의 문자적 의미 해석에 의해 도출되는 화행을 말한다.[15] 이것은 문자적 힘의 가설(literal force hypothesis)에 따라 언표내적 효력과 언어적 지시체 간의 일대일 대응관계를

15) 이에 대해서는 그라이스(Grice 1975), 설(Searle 1975), 설, 키퍼, 비어쯔비쉬(Searle, Kiefer, Bierzwisch 1980) 참조.

상정한 개념으로, 발화의 실질적인 효력이 추상적인 문장의 효력과 일치하므로 최소치의 맥락 요인을 띠고 있으며, 정보전달의 차원에서 소통의 명료성을 보장하면서 청자의 이해를 직접적으로 유도하는 매우 효율적인 방법으로 여겨진다.

그러나 실제의 소통 상황을 보면, 언표내적 효력과 언어적 표현 사이의 관계가 일대일 대응 관계로 나타나는 것은 아니어서, 의문문 형식을 이용해 단언 또는 요청을 하고 평서문을 이용해 요청을 하는 등 원칙적으로 의도된 효력과 문자적으로 표현된 효력 사이에 불균형 상태가 나타나는 간접화행(indirect speech act) 사례가 매우 빈번하며 또 특정 화행 상황에서는 직접화행보다 간접화행이 선호되는 경향이 나타나기도 한다. 이러한 경향은 화자가 자신에게 유리한 무언가를 해 줄 것을 청자에게 요청하는 화행에서 두드러진다. 그것은 요청(просьба)이 청자의 후속 반응을 전제하므로 청자에게 행위 이행에 대한 심적 부담을 주는 행위라는 점, 또한 보다 성공적인 청자의 반응을 유도해 내기 위해 청자의 심리적 부담감이나 거부감을 줄여 주기 위한 다양한 담화 책략이 필수적이라는 점에서 그 원인을 찾을 수 있다.

(1-a) Вы не могли бы закрыть окно?
창문 좀 닫아 주실 수 없으시겠어요?

(1-b) Вам лучше бы быть более вежливым с матерью.
어머니께 좀 더 공손히 대하는 게 더 좋겠어요.

(1-c) Я не могу видеть экран, если у вас на голове шляпа.
당신이 모자를 쓰고 있으면 내가 스크린을 볼 수가 없어요.

위와 같은 간접화행에서 화자는 자신이 언어적으로 전달하는 것보다 더 많은 내용을 청자에게 전달하는데, 예컨대 청자가 어떤 행위를 이행할 능력, 의향을 가지고 있다는 가정 하에 그 능력이나 의향에 관해 질문할 경우(1-a), 어떠한 행위에 대한 평가를 청자에게 전달할 경우(1-b) 혹은 어떠한 행위를 해야 하는 이유를 제시할 경우(1-c), 그리고 그러한 가정, 당위성, 이유에 충분한 근거가 있을 경우 화자의 발언은 질문이나 진술의 뜻을 넘어 '요청'의 뜻을 지니게 된다. 이와 같이 요청 상황에서 간접화행을 사용할 경우, 정보전달의 명료함 정도는 떨어지지만 언표내적 효력이 완화되어, 결국 청자의 행위 이행이라는 커뮤니케이션 목표에 쉽게 도달하는 효과를 가져온다. 이처럼 간접화행은 화자가 의도하는 언표내적 효력과 언어적으로 코드화된 효력이 불일치 관계로 나타나, 미묘한 함축 의미를 암시적으로 표현하는 일종의 담화책략(discourse strategies)으로 이해된다. 직접화행이 최소치의 맥락적 요인으로 이루어진다면, 간접화행은 최대치의 맥락요인으로 이루어져, 문장의 명제 내용과 상황 맥락에 대한 이해, 대화규칙, 화자-청자의 공조, 언어-문화적 관습 등 다양한 변수에 의해 조절되는 복잡한 양상을 보인다. 간접화행이 매우 빈번히 선택, 사용되며 특정 화행 상황에서 선호되는 언어적 현실을 고려해 본다면 직접화행과 차별성을 갖는 간접화행의 본질, 그것의 언어적 표현 특징, 그리고 소통에서 나타나는 그것의 기능 내지 효과는 무엇인지를 조명해 볼 필요가 있다. 화자, 청자, 발화상황, 언표내적 효력 강도, 언어적 관습 등 언어적, 언어 외적 맥락에 관한 거시적인 이해를 전제로, 간접화행의 원리를 밝히는 것은 결국 소통을 이해하는 것과 다름 아니기 때문이다.

또한 간접화행은 언어적 보편성과 언어적 개별성에 대한 논쟁을 유발하는 언어적 현상이기도 하다. 보편적으로 언표내적 효력을 완화시키고 공손성(politeness)을 도모하는 간접화행의 표현양상은 언어를 불문하고 일정한 경향성을 나타내는 것이 사실이다. 이른바 요청 상황에서 청자에게 행위이행에 대한 능력이나 의향을 묻는 질문, 청자가 어떤 일을 해 주기를 바라는 화자의 원망 표현 같은 책략들은 범언어적으로 나타나는 보편적 속성으로 간주된다. 이에 대해 설(Searle 1975), 프레이저(Fraser 1985), 그라이스(Grice 1975), 고던과 레이코프(Gordon & Lakoff 1975) 등은 언표내적 효력을 완화시키고 공손성의 효과를 주는 간접화행 형성 메커니즘이 언어와 문화에 상관없이 본질적으로 동일하며, 모든 언어는 매우 흡사한 간접화행 책략 유형들을 공유한다고 지적한다. 이들은 간접화행을 언어-보편적 속성으로 이해하는 입장이다. 간접화행에 의한 소통 원리를 설명함에 있어 추론에 근거를 둔 고던과 레이코프(Gordon & Lakoff 1971)는 자연논리(natural logic)를, 그라이스(Grice 1975)는 대화논리(logic of conversation)를 설(Searle 1979)은 합리적 판단력과 추리력(powers of rationality and inference)을 각각 운위하는데, 이것들은 모두 언어 보편적(universal) 속성으로 제안된 개념이다.

이에 대해 그린(Green 1975), 비에쥬비츠카(Wierzbicka 1985), 블럼-쿨카와 카스퍼(Blum-Kulka, Kasper 1989) 등은 영어의 질문형 간접요청에 해당하는 표현이 여타 언어권에서는 발견되지 않거나 혹은 발견되더라도 영어와 동일한 요청 의미를 함축하지 않는다는 점을 들어, 그러한 설명은 보편 화행론적 견지에서 타당치 못하다는 요지의 의견을 개진한다. 특히 민족지학적(ethnographic) 견지에 서서, 영어 특유의 간접화행 체계를 인간 공통의 의사소통 원리로 보는 것에 대한 일반화에 대한 우려로 시작된 이들의 교차-문화적(cross-cultural) 연구들은 구체적인 언어 구현이 문화적, 사회적, 언어적 특수성을 내포하고 있다고 보고, 특히 간접화행 연구도 이러한 특수성에 기초해야 한다는 입장을 보이고 있다. 인간의 사회적 환경과 문화적 전통이 서로 다를진대 인간의 언어사용 양상이 문화적으로 다르게 나타나며, 개별 언어의 구조가 다르듯이 간접화행의 언어적 장치도 다르게 나타나리라는 것은 자명한 이치이다. 이에 본 연구는 언어적 개별성이 문화적 풍토(ethos)의 차이에 기인하므로 '말하는 방식의 문화적 차이(cultural ways of speaking)'가 분명 개별 언어적 속성으로 존재한다는 입장을 취한다. 그런 의미에서 범언어적 보편성과 특정 언어의 개별성은 구별되어야 하며, 우선적으로 특정 언어의 개별적 특성에 대한 연구가 선행되어야 할 것이다. 결국 이 같은 간접화행의 언어적 개별성 연구를 통해, 나아가 언어들 간에 존재하는 보편적 속성이 포착될 수 있기 때문이다.

따라서 본 연구에서는 러시아어 간접화행의 언어-문화적 특이성을 러시아어 구조와의 연관성 속에서 기술하는 것을 목적으로 한다. 이를 위해 간접화행이 소통에서 갖는 기능은 무엇인지, 언표내적 효력 강도에 있어 어느 정도의 다양성을 갖는지를 살펴보고, 언표내적 효력의 강도를 조절하는 언어적 장치들, 이를 테면 담화책략 유형(strategy type), 화자-청자 투시(perspectives), 언표내적 효력 지시체의 내적 변형(internal modification)을 중심으로 러시아어 간접화행의 구조적 특성을 조명하고, 이를 언어-문화적 동인과 연관 지어 보고자 한다.

2. 언어 내적 효력 강도와 지시체

특정의 소통 상황에서 화자가 직접화행 대신 간접화행이라는 담화책략을 선택했다면 그 선택에 영향을 미치는 요인이 무엇인지, 소통에서 간접화행이 갖는 기능 및 효과가 무엇인지를 알아보기 위해 우선 간접화행의 보편 언어적 특성을 조명하기로 한다. 화자가 전달하고자 하는 특정 의도에 대한 언어적 표현은 다양한 변이형으로 나타난다. 예를 들어 요청화행에서 사용되는 발화는 일반적으로 언표내적 효력 강도에 따라 다음과 같은 유형으로 나타나는 경향이 있다(Blum-Kulka 1987 ; 133).

(2-a) 명령법(Mood Derivable)

Clean up your kitchen.

(2-b) 수행문(Performative)

I'm asking you to clean up your kitchen.

(2-c) 억압 수행(Hedged Performative)

I would like to ask you to clean up your kitchen.

(2-d) 의무 발화(Obligation Statement)

You'll have to clean up your kitchen.

(2-e) 원망 발화(Want Statement)

I would like you to clean your kitchen.

(2-f) 제안 형식(Suggestory Formulae)

Why don't you come and clean up the mess?

(2-g) 예비 질문(Query Preparatory)

Could you clean up the mess in kitchen?

(2-h) 힌트(Hints)

You've left the kitchen in a right mess.

위와 같은 요청의 담화책략 유형들은 언표내적 효력의 강도, 혹은 투명도에 준한 점진적 눈금의 배열상태를 반영한다.[16] 명시적이고 유표적인 법의 활용(명령법)(a)은 직접적이면서 언표내적 효력 강도가 가장 높은 책략이고, 언어적 형식보다는 추론에 의존하는 (h)의 hint 유형은 암시적이고 언표내적 효력 강도가 가장 낮은 책략에 해당된다. 여기서 명령법(a)과 수행동사가 사용된 (b, c)는 직접화행으로 분류되고,[17] 의무 발화(d), 원망 발화(e), 제안 질문(f),

16) 이에 대해서는 설(Searle 1975), 하우스, 카스퍼(House, Kasper 1981), 블럼-쿨카(Blum-Kulka 1982) 참조.
17) 리치(Leech 1983 ; 85)를 비롯한 몇몇 학자들은 수행발화(performative utterance)를 간접화행의 일종으로 이해

예비조건에 대한 질문(g), 암시적 힌트(h)는 간접화행으로 분류된다.

(d-h)의 간접화행의 경우 명제 내용, 서법, 억양, 공손 지표, 조동사, 양상 삽입어, 지소사 등의 사용여부, 개별언어의 문법 등 매우 다양한 언어적 요소들이 결부되어 있는데, 이때 알 수 있는 사실은 특정 화행에서 화자는 적정한 간접화행 책략을 선택하여 언표내적 효력의 강도를 조절할 수 있으며 그러한 언표내적 효력의 강도는 우선적으로 그 책략을 구성하는 언어적 지시체(illocutionary force indicator)로부터 도출된다는 점이다.

결국 이러한 언어적 지시체들은 첫째, 발화의 실질적인 언표내적 효력을 지시하는 기능과 둘째, 요청의 효력을 완화하는 두 가지 기능을 담당하게 된다.[18] 먼저 발화의 실질적인 언표내적 효력을 지시하는 언어적 지시체의 기능에 대해 살펴보면 다음과 같다.

의문문의 언어적 지시체는 질문이라는 기본적인 언표내적 효력(basic illocutionary force)을 지시하는 것에 그치지 않고 여타의 효력에 대해서도 잠재력을 갖는다고 할 수 있다. 마찬가지로 요청의 효력은 다양한 언어적 지시체로 표현될 수 있다. 발화상황과 조건에 따라서 하나의 언어적 지시체가 여러 가지 언표내적 효력을 수행할 수 있는 잠재력을 언표내적 효력의 가능 잠재력(illocutionary force potentials)이라 하고, 하나의 언표내적 효력이 여러 언어적 지시체를 통해서 실현되는 것을 언어실현 잠재력(representation potentials)이라 한다면, 언표내적 효력과 언표내적 효력 지시체는 서로 잠재력을 갖는 관계라 할 수 있다. 이를 도식으로 표현하면 다음과 같다. 이때 수직으로 나타나는 굵은 선은 문자적 힘의 가설에 따라 상정된 언어적 지시체와 기본적 언표내적 효력의 관계를 나타내고 나머지는 언어적 지시체와 잠재적인 언표내적 효력의 관계를 나타낸다.

(3) illocutionary force

illocutionary force indicator

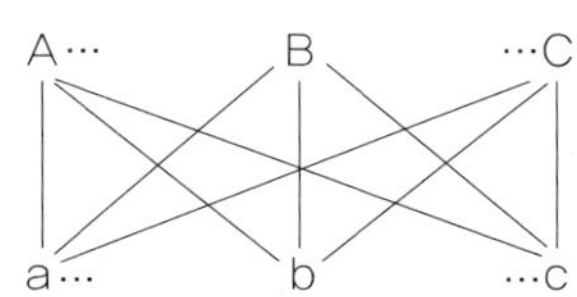

하기도 하나, 본 연구에서는 동사가 언표내적 효력을 직접적으로 지시한다는 점에서 수행발화를 직접화행으로 분류하기로 한다.

18) Blum-Kulka, S. "Modifiers as Indicating Devices : The Case of Requests," *Theoretical Linguistics. Vol 12.* 1985, 213.

한 발화 내에 기본적인 언표내적 효력 지시체와 잠재적인 효력 지시체가 만나면 이 지시체들 간에 경쟁관계와 지배관계가 나타난다. 예를 들어 'Не могли бы немного подвинуться?'에서 의문문 구조가 지시하는 질문의 효력과 'не могли бы' 구조가 지시하는 요청의 효력이 상충되므로 경쟁관계에 놓이게 되고, 기본적인 언표내적 효력 지시체인 의문문이 발화의 실질적인 효력을 지시하지 못하는 반면, 'не могли бы'는 문맥과 상호작용하여 실질적인 언표내적 효력을 지시하면서 우위를 점하는 지배관계가 나타난다. 이때 의문문이라는 기본적인 언표내적 효력 지시체는 발화의 결정적 효력 지시체가 되지는 못하지만 기본적으로 대응되는 언표내적 효력에 대해 문자적 의미를 지시함으로써 이를 간접화행으로 인식할 수 있도록 해 준다. 이처럼 잠재적인 효력 지시체가 해당 발화에서 활성화되어 결정적 언표내적 효력 지시체가 될 때 간접화행이 수행되는 것이다.

언표내적 지시체의 두 번째 기능은 요청의 효력 강도를 완화하는 데 있다. 그런 점에서 간접적인 완곡어법이 공손함의 효과를 극대화하는 인간 공통의 대화책략이라는 설(Searle 1975)의 견해는 충분히 타당성이 있어 보인다.[19] 일반적으로 어떤 표현이 간접성을 띨수록 언표내적 효력의 강도가 낮아지고 반대로 공손함의 효과는 높아지는 결과가 나타난다. 이와 관련하여 기존의 많은 연구에서는 같은 명제내용에 대해 더 간접적인 표현을 사용할수록 청자에게 미치는 화자의 영향력이 감소하여 언표내적 효력 강도가 낮아지고 더 공손해지는 경향이 있다고 보고 있다. 즉 간접성과 공손성의 개념을 동일시하여, 간접성이 증가할수록 공손성도 함께 증가하고, 간접성이 감소할수록 공손성도 함께 감소하는 비례 관계를 보인다고 이해하고 있다.[20] 그러나 간접성이 공손성을 필연적으로 내포하지 않는 바, 간접성과 공손성은 각기 다른 차원으로 이해되는 것이 타당하다. 간접성의 눈금에 있어서 가장 간접적인 책략은 힌트이지만 이것이 언제나 가장 공손한 표현으로 판단되지는 않기 때문이다. 따라서 공손성에 영향을 미치는 요인으로, 표현의 간접성과 더불어 청자에게 요구되는 추론 과정의 길이가 중요하게 작용한다는 사실을 지적해야 할 것이다. 표현이 더 간접적일수록 청자에게 부과되는 이해력에 대한 부담감은 더 높아지고, 화용적 명료성이나 체면(face) 유지의 조화를 깨뜨리면 공손성이 감소된다. 따라서 직접화행 책략은 화용적 명료성은

19) Searle, J. R. "Indirect Speech Act," *Syntax and Semantics. 3.* (New York : Academic Press, 1975) 64.
20) Leech G. N. *Principles of Pragmatics*, (London : Longman, 1983) 108.

보장되지만 대화상대방의 체면을 위협한다는 점에서 공손하지 않으며, 힌트와 같은 암시적인 간접화행 책략은 체면을 위협하지는 않지만 화용적 명료성이 보장되지 않으므로, 보다 복잡한 청자의 추론과정을 요구한다는 점에서 공손하지 않은 것으로 이해된다.[21] 공손성은 이런 점에서 체면 유지와 화용적 명료성의 조화 속에서 나타나는 언어적 효과로 볼 수 있는 것이다.[22]

3. 간접화행의 언표내적 효력 완화장치

간접화행에서 경쟁관계와 지배관계에 놓이는 언표내적 효력의 지시체들은 결국 담화지표, 양상지표, 담화소사, 메타 언어적 운영소(meta-language operator) 등으로 설명되는 장애장치, 혹은 완화장치(hedge)의 개념으로 이해될 수 있다. 화용론적인 개념에서 'hedge'는 명제에 부가되는 어휘-통사적 요소 또는 책략(strategy)으로서, 공손 현상, 언표내적 효력의 완화(mitigation), 모호성(vagueness), 양상(modality) 개념과 연계된다. 'hedge/hedging'라는 용어는 레이코프(Lakoff 1972)의 논문 "Hedges : A Study in Meaning Criteria and the Logic of Fuzzy Concept"에서 처음 사용되었다. 그는 'hedge'에 대해 의미를 더 모호하게(fuzzier) 하거나 덜 모호하게(less fuzzy) 하게 만드는 기능을 가진 단어들로 정의하였고, 브라운과 레빈슨(Brown & Levinson 1987)은 공손 원칙과 관련하여, 'hedge'를 소통자들 사이에서 야기될 수 있는 오해나 의견대립을 사전에 방지하기 위한 언어적 장치로 보고 있다. 결국 이것은 발화를 불투명하게 만들어 언표내적 효력 강도를 떨어뜨리고 공손함의 효과를 주면서, 기대하는 화행의 목표에 도달하기 위해 선택되는 화행의 보완장치라 할 수 있다.[23] 러시아어 간접화행의 개별적 특성을 포착하기 위해서는 간접화행이 구조적으로 굳어져 특별한 표현 형식을 갖는지, 그리고 구조화가 일어났다면, 그 구조화는 어떠한 양상으로 나타나는지를 언어 구조와의 연계 속에서 살펴보는 일이 중요할 것이다.

---

21) Blum-Kulka, S. "Indirectness and Politeness in Requests : Same or Different?," *Journal of Pragmatics*, (North-Holland, 1987) 134.

22) Mackiewicz, J., Riley, K. "Linguistic Strategies for Balancing Clarity and Politeness," *Technical Communication*, (Vol. 50. N. 1. 2003) 83.

23) Schroder, H., Zimmer, D. "Hedging Research in Pragmatics," *Lehrstuhl fur Sprachwissenschaft* Ⅱ, 2000, 3.

요청은 청자의 후속 반응을 전제로 하며 청자에게 행위 이행에 대한 심적 부담을 안겨 주는 행위로서 청자의 행위 이행을 효과적으로 유도하기 위해 다양한 책략들을 필요로 하는, 지령발화(directive utterances)의 완곡한 표현으로 정의된다.[24] 따라서 본 연구에서는 요청의 간접화행을 다룸에 있어 감정적으로 채색된 정서적 발화(эмоциональные высказывания)[25]나, 엄격성을 띤(категорические) 촉구 발화(побудительные высказывания)는 논의에서 제외하기로 하고, 공손함의 효과를 주는 특별한 책략과 언표내적 효력 지시체가 사용된 발화들을 중심으로 그 표현 양상을 살펴보기로 한다.[26]

전절 (2)의 언표내적 효력 강도에 따른 담화책략 구분에 기초하여 요청의 간접화행에서 나타나는 러시아어의 담화책략 유형을 살펴보면 다음과 같이 요약된다.

(4) 간접화행 담화 책략(Discourse strategies)

d. 의무 발화	Вам нужно срочно отправить по факсу. 당신은 신속히 팩스를 보내실 필요가 있어요.
e. 원망 발화	Хотелось бы, чтобы вы постарались уложиться в отведенное вам время. 당신에게 할당된 시간 안에 마치도록 노력하시기 바랍니다.
f. 제안 형식	Почему бы вам не налить мне чаю? 당신은 어째서 나에게 차를 따라 주지 않나요?
g. 예비 질문	Вы не подвинетесь немного? 조금 비켜 주시지 않겠어요?

---

24) Формановская Н.И. *Речевое общение*, (М : Наука, 2002) 151.

25) 예를 들어 1) Вы можете помолчать? 2) Ты будешь заниматься (или нет)? 3) Что ты на меня кричишь? Почему ты до сих пор не спишь?와 같이 비난, 불만, 짜증을 표현하는 감정적으로 채색된 발화들은 명제내용의 의미 자체가 부정적이고 공손성과는 거리가 먼 엄격한 유형의 촉구로 간주된다.

26) 여기에 제시된 예문들은 주로 Акишина, А.А., Формановская, Н.И. *Русский речевой этикет*, (М : Русский язык, 1975) 69-83. ; Формановская Н.И. *Речевое общение*, (М : Наука, 2002) ; Филатова Е.А. *Побуждение и императив*, (М : Изд-во московского университета. 2002.) ; Формановская Н.И. *Русский речевой этикет : нормативный социо-культурный контекст*, (М : Русский язык. 2002) ; *Функционально-типологические аспекты анализа императива*, Ч. 1, (М. 1990)에서 추출하였으며 문장의 구조적 형식이 잘 드러나도록 전후 문맥 없이 다소 간결하게 제시되었음을 밝혀둔다.

h. 힌트 발화　Я вас слушаю.

말씀하세요.

위의 간접화행 책략에 사용되어 언표내적 효력을 완화하는 언어적 수단은 의문문 구조, 평서문 구조, 가정법, 부정, 시제, 상 같은 문법적 완화장치와 공손지표, 양상부사(possibly), 삽입구(do you think, I´m afraid 등), 지소형과 같은 어휘적 완화장치로 요약된다. 이와 같은 문법적 완화장치와 어휘적 완화장치를 이용한 문장의 변형은 다음과 같은 유형으로 나타난다 (Blum-Kulka 1989 ; 281-285).

(5) Modification

Internal Modification　External Modification

Grammatical Modification	Lexical Modification
서법, 가정법, 양상동사 부정, 시제, 상	양상 삽입어, 공손지표, 삽입구, 지소형

즉 요청으로 이해되는 가장 최소의 화행단위를 중심행위(head act)라 한다면, 여기에 부가되는 다른 요소들은 'head act'와의 관계에 따라 내적 변형(internal modification)과 외적 변형(external modification)의 결과로 나타난다.[27] 외적 변형은 특정 화행의 언표내적 효력의 이해를 돕기 위해 결합되는 임의적 요소로, 'head act'의 통사적 단위에 선행 또는 후행하는 독립적인 발화 형식이다 ; I have run out of cash. Could you lend me? 이는 특정 화행에 대한 부연설명, 논거로 작용하며 독자적인 명제 내용과 언표내적 효력을 가진다. 외적 변형의 경우 명료성의 대화원칙이 준수되나 정보력에 있어서 비효율성이 나타난다 ; Не дашь ли мне свою тетрадь с лекциями? У меня не всё записано. 이와 달리 내적 변형은 'head act'의 통사적 단위 내에 삽입되는 요소이다 ; Could you by any chance

27) Faerch, C., Kasper, G. "Internal and External Modification in Interlanguage Request Realization," *Cross-cultural Pragmatics : Requests and Apologies*, (Norwood, NJ : Ablex, 1989) 237-239.

lend me…? 내적 변형의 문법적, 어휘적 장치들은 명제의미를 변화시키지 않으면서 암시적으로 공손함의 효과를 주는 매우 경제적인 방법이므로 일반적으로 화행에서 외적 변형보다는 내적 변형이 선호된다.

3.1. 문법적 완화장치

문법적 완화장치는 우선 일정한 서법의 선택으로 나타난다. 요청 상황에서 의문문이나 평서문도 요청을 표현할 잠재력을 가지는데, 서법과 연관된 요청 의미는 그 의미론적 구조의 풍부함과 유연함을 보여 준다. 즉 하나의 구조에 두 개 이상의 문장 유형의 특징이 혼합된 의미 중첩의 양상을 보이고 이는 표현의 경제 원리에 입각해 의미를 다변화시키는 언어적 특성으로 이해된다. 예를 들어 'Поидём? Посмотрим? Останешься?'과 같이 미래 행위에 대한 단순한 질문도 때에 따라 요청으로 인식될 수 있는데, 이와 같이 질문화행과 요청화행이 쉽게 교차되는 것은 두 화행이 대화 상대방의 실제적 반응 – 언어적 반응 또는 신체적 반응 – 을 지향한다는 공통점을 지니기 때문이다. 요청을 표현하기 위해 모든 유형의 의문문 또는 평서문이 사용되지 않는다는 점을 고려해 볼 때, 간접요청을 표현하는 발화의 특성, 그리고 간접 요청발화의 형태와 의미 간의 연관관계가 무엇인가 하는 문제가 제기된다. 먼저 의문문 구조로 나타나는 요청의 간접화행 책략은 다음과 같이 요약된다.

3.1.1. 의문문 구조

(6) 예비 질문(Query Preparatory)

(6-a) *не* + *предикат* + *(ли)* … ?

Не можете ли вы заехать ко мне завтра?

내일 나에게 들를 수 없으세요?

Вы не дадите мне на секунду свою ручку?

펜 좀 잠시 빌려 주시지 않겠어요?

Вы не купите мне батон и половину чёрного?

식빵과 흑빵 이분의 일만 사다 주지 않겠어요?

(6-b) *Вы + не + предикат (бы)*…?

Вы не могли бы немного подвинуться?

조금 비켜 주실 수 없으시겠어요?

Вам не трудно будет немного подвинуться?

조금 비켜 주기가 곤란하지 않으시겠어요?

Вы не подвинулись бы немного?

조금 비켜 주시지 않으시겠어요?

(6-c) *완료상 동사 미래시제*

– Поедешь с нами на станцию? – Давайте.

– 우리와 같이 역으로 갈 거지? – 좋아.

– Купишь мне билет? Вот деньги. – Ладно.

– 표 좀 사다 줄래? 자, 여기 돈. – 좋아.

Мам, ну купишь мне эту куклу?

엄마, 이 인형 사 줄 거죠?

(7) 제안 형식(Suggestory Formulae)

(7-a) *не + инфинитив + (ли)* + 여격주체 ?

Не выпить ли нам чего-нибудь?

우리 뭣 좀 마시는 거 어때요?

Не попробовать ли вам сон на открытом воздухе?

야외에서 잠을 자 보는 거 어때요?

(7-b) *Почему (бы) + 여격 + не + 미정형* …?

Почему бы вам как-нибудь не зайти к нам?

당신은 어째서 우리에게 좀처럼 들르지 않나요?

Почему бы вам не пригласить их в гости?

당신은 어째서 그들을 초대하지 않나요?

러시아어 간접화행에서 관례화 정도가 높은 표현은 (6-a) ‘не + предикат + (ли)…?’ (6-b) ‘Вы + не + предикат + (бы)…?’ 구조로 나타나는 예비 질문으로서 복잡한 추론 없이도 간접화행 의미에 쉽게 도달할 수 있는 안정성(устойчивость), 재생산성(воспроизводимость), 분절적 구성(раздельно-оформленность), 의미 통일성(целостность значения)의 특징을 보이고 있다. 러시아어 의문문에서 요청의 언표내적 효력을 완화시키는 수단은 동사 가정법과 소사 ‘бы’, ‘ли’, 그리고 부정소사 ‘не’로 요약된다. ‘бы’를 동반하는 가정법은 비현실성(ирреальность)의 의미를 나타내어 행위 이행에 대한 청자의 부담감을 줄여 주고, ‘ли’의 잠재적인 양자택일(альтернативность)의 의미는 화자가 제시한 행위를 청자가 거절할 수 있는 여지를 남겨 준다. 가정법 소사 ‘бы’와 의문소사 ‘ли’는 필수적 성분은 아니지만, 이것이 사용될수록 언표내적 효력을 완화하고 공손성이 높아지는 결과로 나타난다. 한편 (6-c)에서처럼 촉구의 의소와 미래시제가 결합하면 요청 의미가 활성화된다. 요청의 대상이 되는 행위는 아직 실현되지 않은 미래의 행위이고 청자에게는 새로운 것(новое), 일회성의 의미를 가지므로 이는 주로 동사의 미래시제, 완료상으로 나타난다. 행위 시작, 즉각적 행위 이행에 대한 환기는 불완료상으로 표현되고, 현재시제나 과거시제에서도 요청기능이 나타날 수 있다. a) 현재시제 : Ну ты идёшь? И спросил меня : Нет ли спички? Я машинально чиркнул спичкой.(М. Булгаков Записки на манжетах). b) 과거시제 : Пошли? Побежали? Взяли? Понесли? 과거시제로 나타나는 경우는 동사가 이동동사, 단계동사, 구체적인 물리적 행위 동사의 어휘그룹에 속하는 경우로 제한되며, 특히 공동행위로의 촉구를 의미하는 제안 행위와 결부되는 경향이 있다. (7)의 제안형식 역시 완곡한 요청의 의미로 사용될 수 있으나 때에 따라 화자의 권위(authority)를 내포하므로 촉구(побуждение)의 또 다른 형태인 제안(предложение)이나 조언(совет)의 의미로 사용될 가능성이 많다.[28] 따라서 요청의 표현으로 관례화되는 데는 한계가 있어 보인다.

특히 요청의 의문문 구조에서 주목할 만한 사실은 (6-a), (6-b)에서처럼 가장 관례적인 표현으로서 양상동사 ‘мочь’가 적극적으로 사용되고 있다는 점이다. 화자는 청자가 행위를 이행할

28) Филатова Е.А. “Русские вопросительные предложения, выражающие побуждение и лингвометодические проблемы их изучения,” *Лингводидактические аспекты описания языка и гибкая модель обучения*, (М : Диалог-МГУ, 1997) 73.

수 있는 상태에 있다고 생각하므로 이때 간접요청은 행위이행에 대한 청자의 능력, 의향에 대한 질문, 즉 행위 실현 가능성에 대한 질문으로 나타나게 된다. 'Вы не можете открыть'. 'Вы не могли бы открыть окно?'는 'Вы не в состоянии открыть окно?', 'Вы не способны открыть окно?'와 동의관계에 있지만 'в состоянии'나 'способен'으로 요청을 표현할 수 없다는 사실은 동사 'мочь'가 넓은 의미영역을 지니되, 간접 요청에서 'готовность', 'возможность совершиь действие'의 의미가 활성화되기 때문으로 보인다. 화자는 청자가 행위를 이해할 상태에 있다고 믿는다는 요청의 적정조건은 바로 'мочь' 의미와 조화를 이루고 있고, 따라서 간접요청은 은 바로 'мочь' 의미와 조화를 이루고 있고, 따라서 간접요청은 주로 'мочь' 동사를 이용한 청자의 의향, 즉 행위 실현 가능성에 대한 물음으로 구현되는 것이다.[29)]

간접 요청에서 조동사의 적극적인 사용은 범언어적으로 나타나는 현상이지만 조동사의 발달 정도, 조동사의 사용영역은 언어마다 차이를 보인다. 예를 들어 'will, can, would, could' 등 상대적으로 조동사가 발달하여 간접 요청에서의 조동사 사용이 활발한 영어에 비해 러시아어 간접화행의 조동사는 'мочь'에 편중되는 경향이 나타난다. 특정 조동사만이 관용적 공식으로 사용되는 현상에 대해 설(Searle 1975)은 어법상의 관례(convention)로 이해한다. 즉 'Are you be able to pass me the salt?'가 아니라 'Could you pass me the salt?'가 요청 의미로 사용되는 것은 순전히 관례적인 현상이라는 것이다. 또한 간접요청에 사용되는 조동사가 형태적으로 길이가 짧고, 광범위한 의미영역을 지님에 따라 의미적 특정성이 매우 약하다는 것에서도 그 근거를 찾을 수 있다.[30)] 그런 의미에서 러시아어의 'мочь' 동사는 이러한 조건들을 충족하고 있다고 할 수 있다. 'мочь'와 같은 양상동사(modal verb)를 이용한 요청은 발화의 실질적 언표내

---

29) мочь의 의미는 1) 객관적 현실의 가능성 : Вечером могу пойти в кино или на дискотеку. Вы на него можете положиться. 2) 능력 : Ребёнок уже может ходит. Он может вас нарисовать. 3) 허가 : Они могут остаться, я не возражаю. 4) 잠재적 가능성 : 객관적-Молния может убить. 주관적-Она может украсть. Она может предать. 5) 주관적인 가능성 : Могу все забыть. 6) 준비성(готовность) : Могу дать вам взаймы. 7) 주관적 상태 : Больной уже может ходить. Вы можете говорить?의 의미를 지니는 것으로 이해된다. 이 중에서 요청화행에서 나타나는 의미는 1, 6번으로 요약된다. 이에 비해 'способен'은 잠재적 가능성을 나타내는 4, 5번의 의미를 지니고 ; Он способен украсть, Она способна предать(4), Я способен все забыть(5), 'быть в состоянии'는 7번의 의미를 지닌다 ; Больной уже в состоянии ходить. Вы в состоянии говорить? 따라서 이들 표현이 요청의 간접화행에서 사용되지 않는 것은 이 어휘들이 지닌 의미의 특정성에 기인하는 것이다(Филатова 2002 ; 63).

30) Panther, K. U. "Indirect Speech Act Markers or Why Some Linguistic Signs are Non-Arbitrary," *CLS*. 17. 1981, 297.

적 효력을 유표적으로 만들고, 발화를 다소 형식적인(формальный) 어조로 채색한다. 그리고 요청 상황에서는 청자의 부담감을 줄여 주는 언어적 기제가 사용되어야 하므로 특정 언어에서는 조동사적 용법의 빈약함이 지소사에 의해 보완되는 현상이 나타나기도 한다.[31)]

(8) 창문 좀 열어 주시겠어요?
    오천 원만 꿔 주시겠어요?
    Machst du bitte mal das Fenster auf?
    Не будет ли у вас пакетика?
    Не будет ли у вас билетика?

그런데 지소사가 간접요청의 표현으로 관례화되는 정도는 언어마다 차이를 보여, 독일어나 한국어에서는 지소사 'mal', '좀'이 필수적인 데 비해 러시아어에서의 지소형은 요청의 의미를 완화하지만, 선택적이라 할 수 있다.

또한 특정 언어에서는 공손한 의미를 주기 위해 긍정형이, 다른 언어에서는 부정형이 선택되기도 한다. 특정 언어에서는 긍정형이 사용된 경우와 부정형이 사용된 경우 언표내적 효력이 달라지거나 공손함의 정도가 달라지는 경우가 있어, 긍정형과 부정형의 선호도 역시 언어적 특이성을 나타내는 부분이기도 하다.

(9) Could you help me?
    Couldn′t you help me?
    У вас есть спички?
    У вас нет спичек?
    가방 좀 들어 주시겠어요?
    가방 좀 들어 주지 않으시겠어요?

영어의 경우 'Couldn′t you help me?'와 같이 부정형을 사용할 경우 화자의 부정적 태도가

31) Wierzbicka, A. *Cross-cultural Pragmatics,* [2nd edition], (Berlin : Mouton de Gruyter, 2003) 52-53.

결부되어 행위 재촉 의미가 나타나고, ‘У вас есть спички?’와 같은 러시아어에서의 긍정형은 단순한 질문으로 이해되며, 한국어에서는 긍정형, 부정형 모두 간접 요청에서 사용되지만 부정형에서 공손함의 의미가 증대된다. 이처럼 그 기능이 공손성의 수위를 조절하는데 있는 소사의 임의적 사용과는 달리 러시아어 요청-질문에서 나타나는 가장 두드러진 특징은 부정(negation)의 필수적 사용이다.[32] 러시아어 간접 요청에서는 부정이 있을 때에만 요청으로 이해되고, 부정이 없으면 순수한 의미의 질문으로 이해되어, 긍정/부정성이 발화의 결정적 언표내적 효력을 지시하는 기능을 하게 된다.[33]

3.1.2. 평서문 구조

요청은 행위가 이행되기를 원하는 화자의 바람을 나타내는 원망양상, 청자의 행위에 대한 평가를 포함하는 의무양상과 결부되며, 이러한 의미적 특성은 평서문 구조의 간접화행으로 구현된다.[34] 평서문 구조로 나타나는 요청의 간접화행 책략은 다음과 같다.

(10) 의무 발화(Obligation Statement)

(10-a) Мне нужны эти документы сегодня.
오늘 나에게 이 서류들이 필요해요.

(10-b) Вить, нужно сходить в магазин за хлебом.
비탸야, 빵 사러 가게에 다녀와야겠다.

(10-c) Нам надо на днях встретиться.
우리는 곧 만날 필요가 있어요.

(10-d) Принимать это лекарство следует за 15 минут до еды.
이 약의 복용은 식전 15분 전에.

---

32) Булыгина, Т. В., Шмелев, А. Д. *Языковая концептуализация мира,* (М : Языки русской культуры, 1997) 286-287.

33) 비에쥬비츠카는 긍정형 구조에 대한 선호는 긍정적 사고의 표현을 반영하므로 이를 영어의 대화적 ‘optimism’ 속성으로 보기도 한다. 이에 대해 러시아어의 부정형 선호는 대화적 ‘pessimism’의 속성으로 파악하기도 한다. 그러나 이러한 견해는 지나친 일반화의 결과로, 논란의 여지를 안고 있다.

34) Эйхбаум Г.Н., Нефедов С.Т. “Побуждение, побудительность и оценка,” *Функционально-текстовые аспекты языковых единиц,* (СПб : Языковой центр, 1995) 5.

(11) 원망 발화(Want Statement)

(11-a) - Я хочу отправить срочную телеграмму. - Давайте.

- 나는 속달 전보를 부치고 싶어요. - 그러세요.

(11-b) Принёс бы ты мне прочитать сборник Михайла Светлова, а то у меня своей книги нет.

네가 미하일 스베트로프의 전집을 내게 가져다준다면…, 내 책이 없어서 말이지.

(11-c) Нам бы убрали кухню.

부엌을 청소해야 할 텐데.

(12) 힌트 발화(Hints)

(12-a) - Я вас слушаю. - Пожалуйста, два килограмма огурцов и кочан капусты.

- 말씀하세요. - 오이 이 킬로그램, 양배추 한 통 주세요.

(12-b) Всё, вы свободны.

됐습니다, 가셔도 됩니다.

(12-c) Молодой человек, сумки на поручень мы не ставим.

젊은이, 우리는 난간에다 가방을 놓지 않아요.

(12-d) Левую сторону освобождают для прохода.

좌측은 통행을 위해 비워 둡니다.

(10)의 의무 발화는 청자에 의해 이행된 또는 이행 직전의 행위에 대해 주로 부정적인 평가를 나타냄으로써 궁극적으로는 이 행위의 불이행에 대해 요청하는 방식으로 나타난다. 'лучше не делать чего-либо'의 전제를 가지므로, 자칫 강한 어조의 명령 또는 당위성을 나타낼 가능성이 있어 요청의 의미로는 그 사용이 제한적이다. 원망 발화(11)의 경우, '화자는 청자가 어떤 행위를 하기를 바란다'는 요청의 진지성(sincerity) 조건에 부합되지만 이 표현은 다른 언어에 비해 러시아어에서 관례화 정도가 떨어지는 경향을 보인다.

(13) I would like you to return my book, please.

? Я бы хотел, чтобы вы вернули мою книгу.

이는 ‘Я хочу побеседовать с вами, Иван Иванович.’와 같이 ‘хотеть’ 동사를 써서 화자의 원망상태를 표현하면 행위 이행에 대한 청자의 부담감이 증가하기 때문인 것으로 보인다. 러시아어에서는 ‘хотеть’ 동사의 능동형을 써서 간접요청을 표현하기 보다는 피동형 ‘хотелось’나 원망동사 없이 단독으로 가정법 소사 ‘бы’를 사용하는 양상을 보인다. 또는 ‘Я хотел бы, если тебе не трудно, попросить писать мне почаще’와 같은 억압 수행발화 (hedged performatives)에서 더 활발하게 사용되는 경향이 있다.

한편 (12)의 힌트발화는 직접적으로 요청을 표현하기보다는 맥락에 의존한 추론을 통해 도출되는 요청의 암시적 의미를 나타내므로 관례화가 어려운 측면이 있다. 힌트발화의 해석은 언어적 구조의 요인보다는 맥락적 요인이 극대화되어 나타나며 언표내적 효력이 명료하지 않아, 다음과 같이 요청이 아닌 다른 화행으로 이해될 모호성의 요인을 안고 있다(Филатова 2002 ; 53).

(14) a. – Что-то дует. – Да, я сейчас закрою окно.
– 어째 바람 부는 것 같네. – 응, 지금 내가 창문 닫을게.
b. – Что-то дует. – Наверное где-то щель не законопатили.
– 어째 바람 부는 것 같네. – 아마 어딘가 틈새를 막지 않았나 봐.

의무 발화, 원망 발화, 힌트 발화와 같이 평서문 구조로 나타나는 요청의 간접화행에 영향을 미치는 중요한 변수로는 발화형식에 있어 화자를 기준점을 삼는가 아니면 청자를 기준점으로 삼는가이다. 청자 지향이 두드러지는 의문문 구조에 비해 평서문 구조에서는 화자-청자 지향성이 다소 다양하게 나타나는 특성을 보인다. 화자-청자 투시법(perspectives)의 선택에 따른 변이형은 화행의 중요한 분석 자료를 제공하는데, 이는 행위자(agent)로서의 청자의 역할을 강조하는 경우(Can you lend me…?), 화자가 수혜자임을 강조하는 경우(Could I borrow…?), 화자와 청자를 포괄하는 경우(Can we start cleaning now?), 비인칭(It needs to be cleaned.)의 경우로 나누어진다. 이와 관련하여 앞의 예 (10-12)의 (a)는 화자지향(speaker-oriented), (b)는 청자지향(hearer-oriented), (c)는 포괄적 인칭(inclusive ‘all’), (d)는 비인칭(impersonal)을 각각 나타낸다. 예를 들어 ‘Can I borrow your notes of yesterday?’와 같이 청자로부터 화자로 관점을 이동시키면, 행위 이행에 대한 청자의 부담감이 완화되는 효과를 준다. 따라서 일반적으로 화자 지향은 청자 지향보다 더욱 공손하며 암시적인 표현 형식으로, 오히려 청자가 화자에 대한 조정권(control)을 가지는 허가(разрешение)의 의미를 가지게 된다. 이것은 타인을 조종하고 부담감을 지우고자 하는 요청의 의도를 은폐하는 매우 유표적 방법이다. 화자-청자 투시법의 선택은 화자-청자의 사회적 관계와 공손성의 정도에 따라, 개별 언어에 따라 다르게 나타난다. 대체로 영어에서는 화자 지향성이 적극적으로 사용되는 특징을 보이고 있는데, 이는 요청화행에서 '거리두기'의 소극적 공손성(negative politeness)을 유지하려는 이들 언어의 개별적 특성이 드러나는 부분이다. 이에 비해 러시아어에서는 의문문 구조에서 청자지향이 더욱 전형적인 것으로 인식되며 다만 화자지향은 'не могу ли я…?'의 구조로 제한적인 문맥에서 나타나는 특징을 보인다(Ларина 2003 ; 178).[35]

(15) Could I have the menu, please?
Could I leave a message for her?
Вы не можете передать ей информацию?
Могу ли я оставить для неё информацию?

한편 비인칭의 경우는 청자를 직접 지칭하지 않음으로써 일정한 거리감을 유지하고, '일반적 규범'을 암시함으로써 청자에게 간접요청을 하는 경우이다. 이것은 'Что-то дует'처럼 청자에 대한 화자의 영향력이나 행위 이행의 부담감을 완전히 은폐하는 경우로 힌트발화 유형에 해당한다. 비에쥬비츠카는(1985) 이러한 구문에서 청자에 대한 언급이 없는 것은 대화자로서, 행위 이행자로서의 청자가 존재하지 않음을 사상하는 도상(an icon of his/her non-existence)이라고 지적하면서, 이때 거리두기(alienation)나 적대감(hostility)[36]의

35) 화자-청자의 지향성과 어휘적 완화장치의 활용 분포도 언어마다 다르게 나타나는데 블럼-쿨카(Blum-Kulka 1989 ; 59)의 언어유형 분류에 러시아어를 대입해 보면 다음과 같은 결과가 나타남을 알 수 있다.

	스페인어	영어	불어	러시아어	히브리어
청자지향	↑	↓	↓	↑	non-hearer oriented
어휘적 완화장치	↓	↑	↓	↓	↓

36) 이것은 암시적 힌트발화가 청자의 체면을 위협하지 않는 가장 간접적인 표현임에도 불구하고 공손성의 효과가 격감되는 현상과 연계된다.

의미가 나타난다고 보고 있다. 언어를 막론하고 'No smoking', 'Не курить', '노크하고 들어올 것!'처럼 비인칭형 표현을 사용하면 상대적으로 딱딱한 인상을 주는 것은 바로 이러한 맥락에서 이해된다.

러시아어의 화자, 청자 투시의 문제에서 나타나는 현상은 화자 지향보다 현저하게 청자 지향성이 두드러지고 그 표현이 풍부하다는 점이다. 행위 이행자를 명확히 지시하는 청자지향은 요청의 불변 의미에서 비롯된다고 할 수 있다. 즉 특정 수단의 선택에 있어 화행이 전통적으로 원형적 의미에 가까운 언어적 수단을 적극적으로 수용함을 알 수 있다.

3.2. 어휘적 완화장치

어휘적 완화장치는 발화에 특정 어휘를 삽입하여 요청의 언표내적 효력을 지시함과 동시에 촉구의 강도를 완급, 조절하는 매우 경제적인 방법으로서 주로 불확실성을 나타내는 양상 삽입어나 공손지표로 나타난다. 이러한 기능을 하는 러시아어의 대표적 양상 삽입어는 'может быть' 또는 'может'으로, 이 양상 삽입어들은 직접화행에서는 나타나지 않지만 간접화행에서 완곡한 요청 의미를 나타낸다.

(16) * Может, напиши когда-нибудь.

(17) Может, напишешь когда-нибудь?

Может, написал бы когда-нибудь?

Ну, может, сходишь за магазином.

Тогда, может быть, проидёте ко мне.

(16)에서처럼 직접화행에서 이러한 양상 삽입어가 사용되지 않는 이유는 삽입어의 'предполагаю' 의미가 명령형의 강한 의지 표현과 양립할 수 없기 때문이다. 또한 러시아어에서 정보의 불확실성을 의미하는 양상어 'наверное, может быть, возможно, вероятно, вроде, как будто, кажется' 가운데 'может быть' 또는 'может'만이 의문문 구조, 평서문 구조와 결합하여 요청을 표현하는 특징을 보인다(Любомищенко 1988 ; 102).

(18) *Кажется/как будто/вроде погуляем?

*Возможно, ты возьмёшь / взял бы эти деньги?

?Наверное, погуляем?

?Вероятно, погуляем?

어휘적 완화장치의 편중 현상은 다음과 같이 설명될 수 있다. 요청 화행을 유발하는 행위는 항상 미래의 행위이므로, 지각에 기초하여 이미 일어난 현상에 대한 불확실성을 표현하는 양상어 'как будто', 'кажется', 'вроде'와 양립할 수 없다. 또한 사건의 확실성/불확실성에 대한, 화자의 판단을 의미하는 'наверное', 'вероятно', 'возможно'는 상황에 대한 가정이나 추측, 즉 'предполагаю'의 의미를 내포할 뿐 촉구의 의미를 가지지 않는 데 비해, 'может быть'는 미래행위 의미와 양립하며, 'предполагаю'의 추측 의미 이외에도 'предлагаю', 'прошу', 'советую'와 같은, 행위에 대한 설득적 의미(персуативное значение)를 지니기 때문이다. 이 외에도 요청의 간접화행에서 언표내적 효력을 완화하는 어휘적 장치로 상황에 대한 진실성이나 시간성을 반영하는 'действительно', 'уже', 'всё ещё'가 사용되기도 한다.

(19) Вы действительно собираетесь уходить?

정말 가시려고요?

Вы уже уходите?

벌써 가시려고요?

위의 예에서 'действительно', 'уже'가 어떤 행위를 그만두게 하려는 처방적 의미(Prescriptive meaning)를 가지고 있다는 사실에 초점을 두고 볼코바(Волкова 1987)는 이 같은 어휘들을 '요청-질문형 소사(частица)'로 정의하기도 한다. 즉 'действительно'는 'вопреки чему-либо'의 양보 의미를 내포하므로 화행에서 대조적 문맥을 형성할 수 있고, 마찬가지로 'уже, всё ещё'도 시간적 대립관계를 나타냄으로써 'Не делай этого'의 의소가 활성화되어 어떤 행위의 중단을 요청할 수 있게 되는 것이다.

(20) Вы уже уходите?

→ 'Ещё рано уходить, А вы уходите.'

Ты всё ещё сердишься на меня?

→ 'Ты долго сердишься на меня.'

언어 보편적으로 요청의 간접화행에서 주로 사용되는 어휘적 완화장치는 공손지표(politeness marker)이다. 'Would you mind please/kindly opening the door?', 'I would like you to pass me the salt, please.'와 같이 영어에서는 요청의 간접화행에서 'please'가 매우 적극적으로 사용되어 효력을 완화하면서 화행의 언표내적 효력을 명확히 규정하는 기능을 하는 데 반해, 러시아어에서는 규범적으로 요청의 간접화행과 공손 지표 'пожалуйста'의 결합이 용인되지 않는다.[37] 영어에서는 다음 예에서 보이는 것과 같이 요청의 간접화행에서 'do you think', 'possibly', 'please' 등 어휘적 완화장치가 보다 적극적으로 사용되어, 보다 다양하게 요청의 간접성을 나타낼 수 있으며, 이는 곧 간접화행에 대한 상대적 선호도를 반영한다.

(21) {Do you think} you will/will you/you may {(possibly)} tide up the kitchen {a bit} {won't you} {please} ?

마지막으로 각각의 문법적, 어휘적 완화장치들이 단독으로 사용되기보다는 여러 가지 지시체들이 상호작용하며 구조적으로 나타난다는 점도 지적되어야 할 것이다. 문법적 완화장치와 어휘적 완화장치의 결합 양상을 살펴보면 다음과 같이 도식화되며 이때 각 완화장치의 결합에 따라 Ⅰ과 Ⅱ는 직접화행, Ⅲ, Ⅳ는 간접화행의 분포로 나타난다.

(22) 문법적 완화장치(Gram)와 어휘적 완화장치(Lex)의 결합양상

Ⅰ	Ⅱ	Ⅲ	Ⅳ
− Gram. − Lex.	− Gram. + Lex.	+ Gram. − Lex.	+ Gram + Lex.

37) 이에 대해서는 이남경 "러시아어 요청-질문의 관례화," 〈러시아어문학연구논집〉, 19. 2005. 216-218. 참조.

Ⅰ. Откройте окно!

Ⅱ. Откройте окно, пожалуйста.

Ⅲ. Вы не могли бы открыть окно?

Ⅳ. Может быть, вы откроете окно.

이러한 완화장치들의 구성적 결합은 결국 구조화를 거친 관례적 사용으로 굳어지는 경향을 반영한다. 일단 구조로 화석화되면 개별적 완화장치의 의미보다는 구조적 의미가 활성화되어 추론과정의 거리가 단축되고, 안정적이고 반복적인 사용을 보장받게 되는 것이다. 러시아어에서 간접화행의 관례화가 일어나는 단계는 Ⅲ으로 제한되고, 특히 어휘적 완화장치의 기능이 그리 활발하지 않다는 특징을 보이고 있다. 영어 문화권에서의 간접요청(Ⅲ, Ⅳ)은 매우 풍부한 표현 양식을 갖는 일종의 거리감 두기 장치(distance building device)로서, 직접화행(Ⅰ, Ⅱ)보다 적극적으로 사용되는데, 이는 이들 문화의 객관주의, 불간섭원칙을 반영하는 언어적 현상으로 이해된다. 이들 언어에 비해, 라린(2003)에 따르면 러시아어에서는 직접화행이 비교적 활발히 사용되고, 이에 해당하는 Ⅰ, Ⅱ의 표현 수단이 발달된 양상을 보이기도 한다. 그것은 동사 명령형의 공손형 어미(-те)의 활용, 동사 명령형과 결합하여 명령의 강도를 낮추고 친밀감을 표시하는 다양한 소사의 발달, 공손지표(пожалуйста)의 적극적 사용에서 발견된다.[38] 또한 'I request you'와 같이 화자의 의도가 명시적으로 드러나는 수행문 구조를 피하는 다른 언어권에 비해 'Прошу вас'와 같은 수행문이 적극적으로 사용되며, 이때 공손성이 보장된다는 점 등은 여타 언어에서 나타나는 요청의 직접화행에 비해 러시아어 직접화행이 상대적으로 발달되어 있음을 입증하는 부분이기도 하다. 이에 대해 비에쥬비츠카는(1985) 다른 언어가 요청화행의 언어적 형식으로 명령문 구조보다는 의문문 구조에 의존하고 있는 데 비해 러시아어를 비롯한 슬라브어 권에서는 명령문의 직접화행을 비교적 적극적으로 사용하고 있다는 점을 지적하고 있다. 특히 폴란드어에서는 요청-질문과 같은 간접화행이 거의 사용되지 않으며, 이것 역시 폴란드(슬라브) 민족 특유의 사회, 문화적 규범에 연유한다고 본다. 폴란드어에서 질문형 발언은 어디까지나 질문의 뜻만으로 해석되므로 간곡한 권유를 나타내기 위해서는

---

38) Ермакова О.П. "Просьба как речевой акт в русском языке," *Potsdamer Forschungen der Pă dagogischen Hochschule 'Karl Liebknecht'*, Вып. 106, (Potsdam, 1990) 28.

직설적 명령문에 공손지표 같은 다른 언어적 장치가 사용된다. Will you sit down?은 폴란드어에서 Please sit! sit! 이라는 표현으로 발화된다. 즉 러시아어에서는 대화자 사이의 형식적인 예절이나 거리감을 유지하려는 소극적 공손성과 더불어 청자와의 감정적 친밀감을 지향하는 진지성(sincerity)이 여타 언어에 비해 비교적 적극적으로 표현된다고 할 수 있다.[39)]

4. 나오며

본 연구는 언표내적 효력과 언어적 지시체와의 상관관계에 초점을 두고 간접화행의 형성과 이해의 원리를 밝히고, 그리고 그것이 특정 언어의 구조적 특성, 언어-문화적 동인으로부터 비롯된다는 전제하에 러시아어에서 나타나는 요청의 간접화행의 개별적 특징을 조명하고자 하였다.

요청화행에서 청자의 체면을 위협하지 않으면서 자신의 의도를 보다 효과적으로 전달하기 위한 가장 일반적인 방법은 간접화행 책략을 선택하는 것이며, 그것은 언표내적 효력 완화장치를 통해 실현된다. 이러한 완화장치들은 화행의 언표내적 효력을 완화하여 공손성을 높이고 해당의 화행의 실질적인 언표내적 효력을 지시하는 장치로 기능하게 된다.

러시아어의 언표내적 효력 완화장치는 문법적 완화장치와 어휘적 완화장치로 구분된다. 문법적 완화장치는 우선 의문문 구조와 평서문 구조와 같은 서법의 선택으로 나타나는데 의문문 구조의 경우, 양상 동사 'мочь'의 적극적 사용, 동사의 미래시제와 완료상, 'бы'와 'ли' 등의 소사의 임의적 결합, 부정소사의 필수적 결합을 그 특징으로 들 수 있다. 또한 평서문 구조의 경우, 행위 당위성에 대한 평가를 담는 의무 발화, 행위 이행에 대한 화자의 원망을 표현하는 원망 발화, 맥락에 의거, 추론에 의지하는 암시적 힌트 발화로 나누어지고, 이때 화자, 청자, 포괄적 'мы', 비인칭(impersonal)으로 나누어지는 인칭 투시법(perspectives)이 다양하게 나타난다. 또한 어휘적 완화장치에 있어서, 러시아어에서는 기타 언어에서 흔히 발견되는 요청의 간접화행과 공손지표의 결합이 규범적으로는 허용되지 않으며 일률적으로 'может быть' 또는 'может' 같은 양상 삽입어가 사용되고 있다. 한편 문법적 완화장치와 어휘적 완화장치의 각각은 단독으로 나타나기 보다는 구조를 이루는 속성이 있어 간접화행의

39) Bergelson, M. B. "Russian Cultural Values and Workplace Communication Styles," *Коммуникативные исследования*, (Волгоград : Перемена, 2003) 52.

형식적 관례화를 초래하는 결과를 가져온다. 공손지표를 비롯한 어휘적 완화수단이 풍부한 다른 언어에 비해 러시아어의 어휘적 완화장치는 제한적으로 사용되는 양상을 보이고 다른 언어에 비해 직접화행에 대한 상대적인 선호도를 반영하기도 한다.

요청의 직접화행이 또 다른 의미에서 진지함(sincerity), 자연스러움(naturalness), 결속성(solidarity)의 덕목을 지니고 있는 것으로 평가된다면, 요청의 간접화행은 청자에 대한 존중을 표시하는 공손한 완곡 표현으로서 '안전하게 말하기' 기제로 작용하며, 구체적인 화행상황에 따라 가장 이상적인 언어적 형식이 채택된다고 할 수 있다.

참고문헌

이남경(2005) "러시아어 요청-질문의 관례화," 〈러시아어문학연구논집〉 19, 197-224.

Акишина А.А.(1975) Формановская, Н.И. *Русский речевой этикет*. М: Русский язык, 1975, 69-83.

Булыгина, Т. В., Шмелев, А. Д.(1997) *Языковая концептуализация мира*. М: Языки русской культуры.

Волкова, Л. М.(1987) *Семантика и прагматика частиц в современном английском языке*. Автореф. Киев, 1-26.

Ермакова, О. П.(1990) "Просьба как речевой акт в русском языке," *Potsdamer Forschungen der Pädagogischen Hochschule 'Karl Liebknecht'*. Вып. 106, Potsdam, 21-42.

Кудряшов, И. А.(2001) "Источники косвенных смыслов побудительной семантики," *Актуальные проблемы филологии и методики преподавания*. Ч. 1. Ростов н/Д, 133-135.

Ларина, Т. В.(2003) "Неимпозитивность как одна из доминантных черт английской культуры," *Межкультурная коммуникация и перевод*. Материалы межвузовской конференции. М.: МОСУ, 115-120.

Любомищенко, Т. М.(1988) "О модальности побудительных предложений," *Языковые единицы. семантика. грамматика. функции*. Ростов на Дону: Изд-во. Гефест, 98-115.

Петрикеева, А. П.(2001) "Будительно-вопросительные предложения с модальными словами может, может быть," *История, филология, педагогика*. Санкт-Петербург, 24-29.

Саранцаацрал, Ц.(1987) *Способы выражения побуждения в русском языке*. Автореферат. Дис. канд. филол. наук. М.

Филатова, Е. А.(1997) "Русские вопросительные предложения, выражающие побуждение и лингвометодические проблемы их изучения," *Лингводидактические аспекты описания языка и гибкая модель обучения*. М: Диалог-МГУ, 69-74.

_______________(2002) *Побуждение и императив*. М: Изд-во московского университета.

Формановская, Н. И.(2002) *Речевое общение*. М: Наука.

__________________(2002) *Русский речевой этикет: нормативный социокультурный контекст*. М: Русский язык.

Функционально-типологические аспекты анализа императива. Ч. 1. М. 1990.

Эйхбаум, Г. Н., Нефедов, С. Т.(1995) "Побуждение, побудительность и оценка," *Функционально-текстовые аспекты языковых единиц*. СПб: Языковой центр.

Bach, K., Harnish, R. M.(1979) *Linguistic Communication and Speech Acts*. MIT Press.

Bergelson, M. B.(2003) "Russian Cultural Values and Workplace Communication Styles," *Коммуникативные исследования*. Волгоград: Перемена.

Blum-Kulka, S.(1985) "Modifiers as Indicating Devices: The Case of Requests," *Theoretical Linguistics*. Vol 12. 213-229.

____________(1987) "Indirectness and Politeness in Requests: Same or Different?," *Journal of Pragmatics*. North-Holland, 145-160.

____________(1989) *Cross-cultural Pragmatics: Requests and Apologies*. Norwood, NJ: Ablex.

Faerch, C., Kasper, G.(1989) "Internal and External Modification in Interlanguage Request Realization," *Cross-cultural Pragmatics: Requests and Apologies*. Norwood, NJ: Ablex, 221-247.

Green, G.(1975) "How to Get People to Do things with words," *Syntax and Semantics. 3*. New York: Academic Press, 107-142.

Grice, H. P.(1975) "Logic and Conversation," *Syntax and Semantics. Vol. 3*. N. Y.

House, J., Kasper, G.(1981) "Politeness Markers in English and German," *Conversational Routine*. Netherlands: Mouton, 157-185.

Leech, G. N.(1983) *Principles of pragmatics*. London: Longman.

Mackiewicz, J., Riley, K.(2003) "Linguistic Strategies for Balancing Clarity and Politeness," *Technical Communication*. Vol. 50. N. 1.

Panther, K. U.(1981) "Indirect Speech Act Markers or Why Some Linguistic Signs are Non-Arbitrary," *CLS*. 1, 295-302.

Schroder, H., Zimmer, D.(2000) "Hedging Research in Pragmatics," *Lehrstuhl fur Sprachwissenschaft II*.

Searle, J. R.(1975) "Indirect Speech Act," *Syntax and Semantics. 3*. New-York: Academic Press, 59-82.

__________(1979) *Expression and Meaning: Studies in the Theory of Speech Acts*. Cambridge: Cambridge University Press.

Searle, J., Kiefer, F., & Bierzwisch, M.(1980) *Speech Act Theory and Pragmatics*. Dordrecht: D. Reidel Publishing Company.

Wierzbicka, A.(1985) "Different Cultures, Different Languages, Different Speech Acts," *Journal of Pragmatics*. 9. North-Holland, 145-178.

____________(2003) *Cross-cultural Pragmatics*. [2nd edition]. Berlin: Mouton de Gruyter.

제7장

러시아어 텍스트
- 문화적 관용구의 구성과 재구성

| 백경희 |

1. 서론 : 연구 대상으로서 텍스트-문화적 관용구

언어 주체들이 활용할 수 있는 언어적 표현 수단이 풍부하다는 것은 그 사회의 문화와 언어의 발전수준과 다양성을 가늠할 수 있게 한다. 관용구는 오랜 시공을 거치면서 널리 회자된 후 화석화된 표현으로서 각 민족의 언어 외적인 활동, 즉 그 민족의 역사와 문화, 전통과 풍습 등 그 민족 고유의 색채를 담아내는 특수한 언어적 장치이다. 관용구(idiom)[40]라는 용어의 어원은 그리스어(idioma)에서 유래한 것으로서 '특수한 표현(peculiar expression)'을 뜻한다. 이것은 외부적으로는 다른 언어와 구별되고, 내부적으로는 자체 언어 체계 내에서 관용구가 지니는 상대적 특수성을 함의하고 있다. 관용구가 모든 언어에 존재하는 보편적인 현상이면서도 소통을 위한 많은 전제조건들(가령, 문화적 선행 구조)에 대한 이해를 필요로 하는 이유는 관용구가 지니는 언어-문화적 고유성과 특수성 때문일 것이다.

러시아어의 관용구론에서는 이러한 관용구의 일반적인 정의에는 공감하고 있으나 연구 대상과 범주에 대해서는 의견을 달리하고 있다. 이러한 이견들은 주로 사전편찬학(лексикография)적인 측면에서 언어 규범의 문제와 맞물리게 되는데,[41] 이것은 러시아어에만 국한된 문제가

40) 관용구에 대한 용어가 학자들과 나라에 따라서 다르게 쓰이고 있다. 대표적인 학자들이 사용하는 용어들을 살펴보면 미국에서는 주로 Idiom이 쓰이고 중·서부 유럽에서는 Idiomatik과 Phraseologie로, 동부유럽과 특히 구소련에서는 Phraseologie라는 표현이 사용된다.(변명선 1998 ; 2-3)

41) 관용구 사전의 편찬에 있어서 의미의 비중을 어떤 구성 성분에 두는가에 따라서 어휘 배치 순서가 사전마다

아닌 다른 모든 언어들의 문제이기도 하다. 러시아에서 독자적인 학문 체계로써 관용구론이 주목을 받기 시작한 것은 1940년대의 비노그라도프(Виноградов 1977)의 연구를 기점으로 관용구의 구성성분의 최소 단위를 무엇으로 보느냐가 관건이었다. 인간의 사고 단위는 단어(слово)가 아닌 성구(фраза)라고 보았던 발리(Ш. Балли 1921 ; 65)를 이어 관용구의 최소 단위를 어휘소(лексема)가 아닌 관용소(фразема)로 보고자 했던 비노그라도프의 견해는 많은 지지를 받았다. 독립적인 학문으로서 관용구론의 체계를 정립했던 비노그라도프의 시도는 획기적인 것이었다. 그러나 그의 분류는 1960년대에 이르러 각 단위 간의 경계의 모호성으로 학계의 비판을 받게 된다. 담화자의 지적-문화적 수준이 낮고 삶의 경험 등이 적을수록 동기 부여가 어려운 관용구(가령, 관용적 숙어)가 늘어나므로 최소 단위의 경계가 유동적이고 상대적이기 때문이다. 또한 관용적 결합체(ФСЧ)는 한편으로는 관용적 통합체(ФЕ)와, 다른 한편으로는 다른 자유로운 어결합과도 경계가 명확하지 않다는 것이다. 그리하여 독자적인 노선의 일부 학자들은(Ларин 1977 ; 147, Руднев 1960 ; 3-29) 관용적 결합체(ФСЧ)를 관용구의 범주에서 제외시킨다. 이와 같이 관용구에 대한 정의와 경계 문제는 언어학의 다른 분야와 마찬가지로 보편 합의된 견해가 없이 매우 조건적이고 유동적이다. 그는 관용구의 전체적인 의미에서 구성성분의 개별의미의 유추가능성 정도와 구성성분의 통사적 비분절성의 정도에 따라서 관용적 숙어(фразеологическое срашение), 관용적 통합체(Фраз. единство), 관용적 결합체(Фраз. сочетание)로 나누었다. 그러나 관용구를 어휘론의 문제로 고수하고자 했던 경향도 만만치 않았으며(Рогова 1954), 관용구의 최소 단위를 더 넓은 개념, 즉 어휘소+어휘소(범주)까지 포괄하려는 시도도 있었다(Копыленко 1965). 그 후 관용구의 개념은 관용적 표현, 고착화된 표현, 고정된 어결합 등을 포괄하여 연구 대상과 범주가 점차 확대되어 왔으며, 비노그라도프의 분류를 이어 샨스키(1985)는 속담, 격언, 고착화된 어결합, 노래, 널리 회자되는 인용문, 유행어 등 명명적 기능을 수행하는 모든 준비되고 재생산되는 고정적 표현들을 포함시켜 관용구의 범주를 확장한다. 더 나아가 인지도와 통사구조의 고정성을 바탕으로 넓은 의미의 선례 텍스트(прецедентные тексты)의 한 성분으로서 이해되기도 한다. 이는 폭넓은 인지도와

다르게 나타나며, 관용구의 대상과 범주에 대한 학자들 간의 견해 차이로 인해 동일한 관용적 표현이 어떤 사전의 경우는 관용구로서 목록에 포함되고, 어떤 사전의 경우는 관용구의 성분에서 엄격하게 배제시키면서 규범적인 일치를 보이지 못한 채 다양한 양상을 나타내고 있다.

재생산성, 고정성의 특징 면에서 관용적 표현과 개념적 맥락을 같이 한다고 할 수 있겠지만 기존의 범주보다는 훨씬 포괄적인 광의의 개념으로서 한 개인이 당대 문화에 소속되어 있음을 증명하는 텍스트-문화적 관용구라 할 수 있다. '선례 텍스트'는 "선대와 동시대인을 포함하여 언어주체와 그 주변 인물들에게 폭넓은 인지도를 지닌 텍스트이며 언어 주체들이 수없이 인용, 재생하는 텍스트로서 한 개인이 당대 문화에 소속되어 있음을 증명하는 텍스트"이다.(Караулов 1987 ; 216-238) 이것은 관용적인 표현뿐만 아니라 일반적으로 고정화된 어떤 관념, 사상을 담은 텍스트, 명명기능까지 포함하는 폭넓은 범주에서 이해할 수 있다. 가령 Саша - современный Пушкин(사샤는 현대의 푸쉬킨이다 : '천재적인 작가') 혹은 Они - Ромео и Жулиета(그들은 로미오와 줄리엣이다 : '헤어질 수 없는 불멸의 연인들')에서와 같이 어떤 폭넓은 인지도를 가진 정형화된 상징적 개념까지 규모가 확대되어 의미전달에 무리가 없다면 어휘소(의미소) 내의 내적 형태까지 변형 활용을 가능하게 한다.

선례 텍스트 속에서 이미 존재하는 본원적 텍스트는 본래의 발화주체를 상실한 채 우리의 의식 속에서 상기되고 재생된다. 앞서 창조되어 객관적으로 고착화된 탈개성적 텍스트는 다른 텍스트 구성의 모태가 되어 새로운 주체에 의해 무한한 생명성과 활동성을 가진 '유기체적 텍스트'(Бахтин 1997)로 거듭나게 된다. 창조와 고착이 어우러지는 텍스트화 과정에서의 언어 주체와 객체는 기존의 텍스트로 언어-문화 공간을 재생하기도 하고 더 나아가 새로운 텍스트 창조를 통해 새로운 언어 공간을 재구성해 낸다. '인간의 이성이 개념을 이해하는데 한계를 모르듯이 인간의 언어도 발화를 구성하는 데 메마름이 없다'(Горшков 2000 ; 56). 한편, 텍스트 이론가들의 관점에서 보면 모든 텍스트는 '텍스트-사이성'[42]을 지닌다. 어떤 텍스트도 과거의 텍스트와 관련 없이 산출되기 어렵고 미래 텍스트의 모태가 되는 것에서 벗어날 수 없다. 또한 텍스트의 해석행위도 역시 하나의 텍스트만을 의존하지 않으며 텍스트들 간의 관계 망 속에서 한 텍스트의 의미는 그와 관련된 다른 텍스트들 사이에 존재하며 상호작용하는 어떤 의미가 된다. 따라서 대부분의 텍스트는 다른 텍스트들과 커뮤니케이션을 한, 또는

42) '텍스트-사이성(Intertextuality)'의 개념도 여타 문학과 문화이론처럼 20세기 구조주의 언어학에서 비롯되었으며, 차후 바흐친과 크리스테바의 이론에 의해 정립되었다. '텍스트-사이성'이란 용어를 적극적으로 사용하기 시작한 것은 후기 구조주의 비평가들과 이론가들로서 프랑스의 후기 구조주의 이론가 롤랑 바르트를 대표적인 인물로 들 수 있다. 안정적인 의미, 객관적인 해석이라는 구조주의자들의 문학개념 기반을 해체하기 위한 장치로서 바르트는 '텍스트-사이성'으로 일어나는 다양한 의미 해석 상황을 독자를 위한 해방, 작가의 힘과 권위로부터의 해방, 작가의 죽음으로 풀이한다. 자세한 논의는 텍스트 언어학의 이해(2004 ; 195-224) 참조.

하는 상호 텍스트이다. 이러한 맥락에서 관용구 텍스트는 이미 존재하여 고착화되어 다른 텍스트의 모태가 된 텍스트이며, 재구성을 겪더라도 끊임없이 본원적 텍스트를 암시하고 환기시킨다. 언어-문화 공간에서의 텍스트-문화적 관용구의 재구성은 나와 너의 수평적 관계, 주체와 또 다른 주체로서의 타자성(Бахтин 1997)을 인정하는 상호교류적 '텍스트-사이성'을 기반으로 한다. 텍스트-문화적 관용구는 언어 내외적 공간에서 발생하고 정착되어 언어주체의 발화 의도를 효과적으로 담아내며, 동시에 한 사회의 문화적 공간에서 새롭게 생성되기도 한다. 또한 과거의 언어-문화적 특성을 반영하여 생성된 텍스트는 현재와 소통을 이루게 된다. 우리는 관용구의 범주와 경계의 논의는 열린 과제로 남겨 두고 소통의 구성적 실천적 공간에서 언어주체들의 효율적인 언어 기제로서 선례 텍스트-문화적 관용구들이 어떻게 활용되고 있는가를 조명하고자 한다.

언어와 문화는 늘 유기적인 관계 속에서 끊임없이 서로 소통하며, 인간의 의식과 세계관을 담아내고 반영한다. 다양한 비규범적 시도와 규범의 준수를 통하여 언어와 문화의 주체들(개인, 사회성원)은 변화의 역동적 공간뿐만 아니라 규범이라는 안정적 공간에서 공존한다. 문화는 한 민족의 역사적 기념비이며, 언어는 그 축적의 기능으로 인하여 문화를 저장하고 더 나아가 과거와 현재 미래를 아울러 세대 간의 대화를 가능하도록 보장한다고 볼 수 있다. 텔리야(Телия 1996 ; 214)는 "관용적 표현 구조에 정착되어 있는 비유적 체계는 세계관을 담아내는 '하위' 체계로서 그 사회의 물질적, 정신적 문화와 연관되어 있다"고 주장한다. 다시 말해 관용적 표현은 문화적-민족적 특수성을 지니면서 이 특수성을 구현하는 수단과 비유적 근거를 해석하는 방법을 내포하고 있다. 즉, 그 민족의 세계관, 사고방식과 연관이 되며 문화 이해의 핵심 요소가 된다는 것이다.

관용구의 통사적 구조와 의미적 체계의 고찰을 통해 그 민족의 특수한 사고방식, 세계관을 이해할 수 있다고 한다면 이러한 관용적 표현의 구성과 재구성, 즉 적절한 언어적 규범과 개인적 독창적 실험이 씨실과 날실이 되어 발현되는 발화 영역은 무엇일까? 시대의 언어적 취향을 가장 첨예하게 반영하면서 사회-문화적 텍스트로서 문학어, 구어체, 사회평론체 등 다양한 문체적 사실들이 공존하는 저널리즘이라 할 수 있을 것이다. 본 연구의 주된 자료 수집 대상이 될 저널리즘적 텍스트는 한정된 지면으로 정확하고 효율적인 정보전달과 표현력으로 수신자로부터 최대의 반향을 이끌어 내는 것을 목적으로 한다. 또한 발신자는 일차적인 정보전달의 차원에 머물지 않고 적극적으로 잠재적 수신자에 작용하여 의사소통의 장에 참여하도록 유도하고자 한다. 정보의 홍수에서 선택의 기로에 선 수많은 잠재적 독자들을 의사소통의 장에 참여토록 하기 위해서는 일종의 유혹의 수단이 요구되는데 그것은 곧 지식과 정보를 상품화하여 PR하는 것이며 잠재적 독자의 관심과 지적 호기심을 불러 일으켜 줄 방편을 강구하는 것이다. 이러한 측면에서 어떠한 언어적 사실적 풀어쓰기도 그 표현의 인지도, 활용도, 설득력, 형상적 묘사, 작용의 효과 면에서 관용적 표현에 버금가는 것이 없을 것이다.

본 연구가 광의의 문화적 관용구를 주된 고찰 대상으로 삼은 것은 단어가 문법적인 규범 내에서 비교적 자유롭게 결합되면서 의미 변화의 폭이 좁은 반면 관용구는 통사적으로 고정되어 있지만 구성성분의 의미 변화의 폭이 넓다는 특성에 주목하였다. 관용구는 추상적인 관념을 비유(은유, 환유)를 통해 구체적이고 회화적으로 묘사하여 표현성을 강화하는 장치이며, 초기의 비유적 독창성을 의식하지 못할 정도로 관습화되어 재생되는 고정된 표현이다. 다음과 같은 대화를 예로 들어 보자.

대화 1)

A : Ты знаешь, его фирма обанкротилась, теперь он абсолютно нечего не имеет.

너 그거 아니, 그 사람 회사가 부도났대, 이제 그는 무일푼 빈털터리야.

B : Да. да, на днях я это слышала, говорят, что он <u>гол как сокол, беден как церковная мышь.</u>

응, 나도 최근에 들었어, 그는 완전 가난뱅이라더군.

대화 2)

C : Все знают, что он в этом деле <u>собаку</u> съел.

다 아는 사실이지만, 그 사람은 그런 일에 도가 텄어.

D : Не понимаю, ты о чем? В смысле он обычно вешает всех <u>собак</u> на других?

무슨 말이야? 그가 모든 일을 남 탓하는 거 말이야?

대화 1)에서는 객관적이고 정보전달적인 사전적인 의미(A)와 비유를 통해 회화적 묘사적으로 표현성을 높인 관용적 표현(B)의 대비를 볼 수 있다.

대화 2)에서는 같은 어휘소(собака)라도 관용구의 구성성분은 개별적 의미는 퇴색되고 전체 통사적 구조 속에서 전혀 다른 비유적 의미를 지님을 알 수 있다. C)의 경우 개별 성분 'собака'는 '수행하기 어려운 과제나 극복하기 어려운 대상'으로 개념화되는 반면 D)는 '비판, 비난'의 개념으로 추상화된다. 이와 같이 관용구는 고착화되고 비분절적인 구조를 지니지만 각각의 구성성분의 의미변화의 폭이 넓고 다양함을 알 수 있다.

관용구의 생성 메커니즘은 개념 전달의 용이성과 이해를 돕기 위해 추상적인 개념보다는 구상적, 형상적, 회화적 묘사 방법이 특징적이다. 본 연구에서는 담화에서의 구체적 상황, 구어체적인 표현들을 자료로 하여 재구성되는 관용적 표현들의 양상을 살펴보고 재구성에 활용된 관용구의 특성, 다른 성분과의 결합 혹은 교체의 유연성과 한계성, 통사적 기능들을 조명하고 이것이 의사소통에 있어서 어떤 목적과 기능을 수행하는지 고찰하고자 한다. 관용구는 발생-고정-재구성(변화)-생성(발생)의 순환 단계를 거치면서 한 사회와 문화의 변화와 규범을 역동적으로 담아내고, 그 민족의 심리, 감정, 삶의 지혜, 민족성을 잘 반영하고 있다. 따라서 본 연구는 풍부한 관용적 표현들을 보유하고 재구성의 메커니즘을 즐겨 활용하는 러시아 언중들과의 의사소통에 탄력 있게 대처하는 데 도움을 줄 수 있을 것으로 기대한다.

2. 관용구의 구성 : 비유의 메커니즘

전통적으로 관용적 표현은 의미적으로 비유적이며 통사적으로 비분절적인 고정된 표현이라는 견해가 지배적이었다. 관용적 표현과 비유적 의미는 자의적인 관계이며 이를 구성하는 개별 성분의 어휘적 분석이 관용구의 전체적 의미를 도출하는 데 아무런 기여도 하지 않는다는 것이다. 서론에서 밝힌 바와 같이 러시아어에서는 개별의미로부터 비유적 의미를 도출할 수 있는 정도와 통사적 분절성의 강도에 따라서 관용구의 유형적 분류가 비노그라도프에 의해 체계적으로 이루어져 독자적인 학문으로서 단초가 되었다.

A) С таким голосом нельзя **дурака валять**. Учиться надо.

그런 좋은 목소리를 지닌 채 **빈둥거리고 있어선** 안 돼. 배워야지.

B) Хотя он был внешне доброжелательным, но **держал камень за пазухой** после ссоры.

표면적으로 그는 호의적이었지만 언쟁 후엔 **악의를 품고 있었다**.

C) От стыда она **потупила голову[глаза, взор]**.

그녀는 수치심으로 **고개를 떨구었다**.

D) Не имей сто рублей, а имей сто друзей.

100루블을 가지지 말고 100명의 친구를 가져라.

A)의 예문은 관용적 숙어(ΦС)로서 개별 성분으로부터 비유적 의미의 유추가 불가능하고 통사적으로 비분절적이다. 예문 B)는 관용적 통일체(ΦЕ)로서 의미 유출 가능성이 부분적으로 가능하며 통사적으로도 부분 분절이 가능하다. 예문 C)는 관용적 결합체(ΦСЧ)이며 개별 낱말로부터 비유적 의미의 유추 가능성이 크며 통사적으로도 분절이 유연하여 다른 낱말과 대체하여 결합할 수 있다.[43] 예문 D)는 관용적 표현(ΦВ)으로 고정된 성구인 속담이다.

이에 맞서 어휘론적 관점에서는 관용구가 개별 낱말과 유사하게 통사적 자질을 가지며 개별 형태들의 의미와 연관하여 비유적 의미를 가진다는 견해를 견지해 왔다(Рогова 1954). 비노그라도프의 분류는 좀 더 독립적인 언어 표현으로서의 관용구의 의미-통사적 최소 단위를 확장했다는데 의의가 있었다. 그러나 관용구가 독립적인 언어 요소로 개념적 수준에서 서로 고립되어 있다고 하는 전통적인 견해는 관용구의 본질을 이해하는 데 여전히 걸림돌이 되었다. 또한 그가 분류의 기준으로 삼은 '의미의 유추 가능성'이란 전체적 의미가 개별 성분들의 기계적인 합산이라든지 혹은 개별 성분의 의미 분석을 통하여 전체적 의미의 논리적 예측이 자연스럽다는 어휘론적 관점으로 귀결될 수 있는 여지를 남겨 두었다. 그렇다면 독립적인 언어 표현으로 확대되었던 관용구의 범주가 다시 어휘적인 문제로 환원되곤 하는 연유는 어디에서 비롯되는 것일까? 관용구 구성에 적극적으로 작용하는 인지적 기제들을 살펴보면 관용구의 본질적인 측면을 이해하는데 도움을 준다. 관용구에 대한 인지언어학적 견해는

43) 비노그라도프의 분류에 적용된 '전체 의미의 유추 가능성'이란 케베체쉬(2002)의 용어로는 '동기 부여'이며 Irujo(1993)는 '의미적 투명성'과 유사하다. 또한 그의 통사적 분류를 Fleischer(1982)의 기준에 비추어보면 관용적 숙어(ΦС)는 '완전 숙어성', 관용적 통일체(ΦЕ)는 '부분 숙어성', 관용적 결합체(ΦСЧ)는 '비숙어성'에 각각 대응된다.

관용구의 비유적 의미의 논리적 유추가 부자연스럽고 제한적이라는 데는 전통적인 견해와 공감한다. 그러나 관용어가 구성성분들의 의미적 합산과 더불어 특별한 의미를 가지는데 그치지 않고 여러 사회-문화적 요소들에 의해 동기를 부여 받은 표현이라고 본다. 관용어의 의미에 동기를 부여하는 대표적 인지적 기제로서 은유, 환유, 관습적 지식이 있다.(케베체쉬 2002 ; 356) 심리언어학적 실험은 많은 관용어들이 언어주체의 심리적 실재성과 인지적 기제들에 기반을 두고 있음을 보여 주고 있다. 연구(Gibbs 1990 ; 434)에 따르면 담화자들이 관용어에 대한 심상 형성을 요구 받을 때 자신의 관습적 영상과 지식에 의존하는데 그들이 가진 영상과 반응에는 놀랄만한 일관성이 있었음을 보여 주고 있다. 이러한 일관성은 개념적 은유의 결과이다. 관용어에 대한 사람들의 묵시적 지식이 개념적 은유에 의해 구조화되는 경우가 아니라면 사람들은 그 비슷한 문자적 의미로 관용어를 이해하는 데 일관성을 거의 가지고 있지 않을 것으로 본다. 어떤 관용구가 은유에 의해 동기가 부여되는 경우 근원영역과 목표영역이라는 개념적 사상에 기초를 두는데 이러한 대응관계는 담화자들의 지식과 심리적 실재성을 기반으로 하여 이루어진다. 이와 관련하여 관용적 의미에 동기를 부여하는 인지적 기제들을 러시아어 '손'과 관련된 대표적 관용구들을 통해 살펴보기로 하자.

2.1. 인지적 기제 : 관습적 지식, 은유, 환유

인지적 기제로서 관습적 지식이란 동일 문화권 내 사람들이 어떤 개념 영역에 대해서 가지는 공유된 지식을 의미한다. 예컨대 '손'이 공유하는 개념은 그 사회만의 관습적 지식을 함의한다. 흔히 한국어에서 '유복하게 살다'라는 표현은 '배'라는 신체 부위를 통해 나타난다면 (그 일을 마다하다니 배가 부르군!) 러시아어에서는 '손'과 관련된 표현으로 나타난다(Нагреть руку ; На широкую руку). 이것은 '손'과 '배'에 대해서 자연스럽게 떠올려지는 그 문화권 내의 사람들이 가질 수 있는 일반적 정보로서 관용어를 설명할 수 있는 유일한 기제는 아니지만 관용적 의미에 기초가 되며 동기를 부여해 주는 일종의 관습적 문화적 지식이다. 또한 관습적 지식은 상이한 문화 사이에도 공유할 수 있는 부분이 있다. 예컨대 어떤 개념에 대한 연상이 인간의 신체적 행위와 관련되어 개념 이해가 일반화된 것이다. 영상작용을 통한 인지과정에서 상대방을 향해 두 팔을 벌리는 행동이 상대방에 대한 반가움이나 환영을 표현할 때 나타나는 몸짓이라는 점에서 '기꺼이'라는 의미를 함축하고, 손을 앞으로 뻗거나 내미는 행위가 '도움'이나 '구걸'을 연상시키는 것은 관습적 인간 행위에서 비롯된 일종의 일반화된 기호이다.

은유가 일상 언어와는 거리가 먼, 단지 시나 수사학의 특수한 효과를 위한 언어적 장치라는 전통적 견해를 넘어서 인지학적 측면에서는 은유(metaphor)를 '한 개념 영역을 다른 개념 영역으로 이해하는 것'으로 본다(Lakoff & Johnson 1980). 은유적 개념 [X is Y]에서 설명의 대상인 목표 개념 X가 속해 있는 영역을 목표 영역이라 하고(target domain), 목표 개념 X를 서술하기 위해 사용된 매체 Y가 속해 있는 영역을 근원 영역(source domain)으로 본다. 은유의 암시된 의미를 추론하기 위해서는 두 개념 영역에 대한 충분한 개념적 지식이 필요하고 각 영역 간의 유사성과 연관성을 발견하는 것이 필요하다. 따라서 은유는 사고와 추론의 불가피한 과정으로 일상적 담화에 편재되어 있고 우리의 신체적 경험을 토대로 하며, 본질적으로 개념적이고, 다른 개념을 더 잘 이해하게 하는 기능을 한다. 이에 비해 환유는 단일 개념 영역이나 이상화된 인지 모형에 속하며, 특정한 관계를 갖는 두 개념적 개체들을 연결한다. 환유적 개념을 [Y for X] 또는 [Y stands for X] 형태로 표현한다면 X는 목표 영역을 나타내는 반면, Y는 매체로 사용된 근원 영역을 나타낸다. 환유가 단순한 어휘적 대치가 아니라, 하나의 개념적 현상으로 경험적으로 구축된 단일개념 영역이나 이상화된 인지 모형(idealized cognitive model : ICM) 내에서 하나의 개념적 개체를 매체로 사용하여 목표 대상인 다른 개념적 개체에 정신적으로 접근하여 나타내는 것으로 보았다(Gibbs 1993). 그러면 러시아어의 텍스트 문화적 관용구가 개념화를 토대로 구성된다는 점을 전제로 하고 그들의 실현 양상을 인지적 기제들을 중심으로 고찰해 보자.

관습적 지식

1) 손의 사용에 대한 일반적 관습적 지식(use of the hand)

Обеими руками(두 팔을 벌려 ⇒ 기꺼이)

Подать руку(손을 내밀다 ⇒ 도움을 주다)

Протянуть руку(손을 벌리다 ⇒ 구걸하다)

2) 손과 관련된 관습적 몸짓(conventional gestures involving the hand)

Разводить руками(양팔을 벌리다 ⇒ 몹시 놀람, 속수무책의 표시)

Махать рукой(손을 흔들다, 내젓다 ⇒ 포기하다)

Руки вверх(손을 위로 들다 ⇒ 모든 동작의 금지를 표시)

환유의 관용구

3) 손으로 활동을 대신함(the hand stands for the activity)

Сложить руки(팔짱을 끼다 ⇒ 수수방관하다)

Не покладая рук(일손을 놓지 않다 ⇒ 쉬지 않고 열심히 일하다)

4) 손으로 사람을 대신함(the hand stands for the person)

Иметь руку(후견인이 있다)

Из рук в руки(손에서 손으로)

Из первых рук(직접적으로)

Сильная рука(영향력 있는 사람)

Правая рука(가장 신뢰를 받는 인물)

5) 손으로 기술을 대신함(the hands stands for the skill)

Золотые руки(재치, 재주가 뛰어나다)

Мастер на все руки(팔방미인, 재주가 많다)

6) 손으로 통제를 대신함(the hand stands for the control)

Попасть под руку кому(수중에 들어가다 ⇒ 통제를 받다)

Сойти с рук кого(손에서 벗어나다 ⇒ 통제에서 벗어나다)

7) 손으로 힘을 대신함(the hands stands for the power)

Руки коротки(손이 짧다, 힘이 미치지 못하다)

Поднять руку на кого(손을 쓰다 ⇒ 무력, 완력을 쓰다)

은유의 관용구

8) 행동할 자유는 손이 비어 있게 하는 것(freedom to act is have the hands free)

Связать по рукам(구속하다, 속박하다)

Развязать руки(자유롭게 하다)

9) 통제는 손에 무엇을 쥐고 있는 것(control is holding something in hand)

Держать кого в руках(в ежовых руковицах)(통제하다, 속박하다)

Деражать себя в руках(자제하다)

10) 무엇을 소유한다는 것은 손에 무엇을 쥐고 있는 것(possessing something is holding something in hands)

Нагреть себе руку(돈을 벌다, 부유해지다)

На широкую руку(유복하게, 풍부하게)

Что-то в чьих руках(수중에 지니고 있다)

위의 예들을 고찰해 보면 관용적 표현의 동기 부여에는 환유와 은유 그리고 관습적 지식들이 개별적이거나 동시에 상호작용하는 경우가 많다. 4)의 'правая рука'의 경우 [손이 사람을 대신함]의 환유에 좋은 예이지만 [오른편은 선, 왼편은 악]이라는 방향 은유(Lakoff & Johnson 1980) 개념도 담고 있다. 이와 같이 관용구의 특성상 어느 개별 의미를 개념화한다고 전체 의미가 완전히 이해되는 것이 아니라 다른 구성성분의 '개념화' 과정도 전체적 의미에 적극적으로 개입한다. 같은 예로서 5)의 'золотые руки'라는 표현에서 전체적 의미를 이해하는 데 '손'과 관련된 개념적 환유뿐만 아니라 '황금의(золотые)'라는 개념 은유도 비유적 의미(솜씨가 좋은, 재치 있는)를 도출하는 데 동등하게 기여한다. 흔히 관용구의 의미적 비중이 어느 성분에 있느냐에 따라서 인지적 기제가 적용되는 핵심어에 초점이 다르게 맞춰질 수 있지만 중요한 것은 이러한 개념화의 과정에서 언어 사용자들은 구체적 경험이나 형상을 빌어 추상적 의미를 효과적으로 전달한다는 것이다.

흔히 환유(제유를 포함한)와 은유의 경계를 논할 때 인접성 대 유사성, 지시적 기능 대 서술적 기능(Артюнова 1999 ; 370)이라든지, 기호 대 상징, 통사적 연쇄 대 계열적 연합, 본질적 관계성 대 비본질적 관계성(Лич 1976 ; 27)에 따른 이항 대립, 또한 인지언어학적 관점에서의 같은 영역과 다른 영역 간의 사상의 대응을 거론한다. 환유와 은유의 본질적인 특성에 대한 상반된 견해와 정의에 충실하게 분류를 시도하더라도 이견이 있을 수 있다. 예컨대 8)의 표현 '손에 잡히지 않다', '손에서 벗어나다(сойти с рук)'라는 표현은 개념적 환유에 [손으로 통제를 대신함] 기반을 둔 것으로 볼 수 있다. 그렇지만 동시에 [통제는 손에 무엇을 쥐고 있는 것]이라는 개념 은유로도 이해될 수 있다. 우리가 수중에 있는 대상을 다루는 능력이나 가능성이 은유의 기반이 되는 것이다. 이와 같이 관용적 표현에는 단 하나의 인지적 기제뿐만 아니라 여러 인지적 기제들이 동시에 상호작용하여 추상적 개념화 과정에 동기를 부여함을 알 수 있다.

관습적 지식이나 은유, 환유가 관용구를 이해하는 주요한 기제이긴 하지만 더 주목할 것은 이러한 인지적 기제를 바탕으로 한 영상화 과정, 추상적 개념화 과정이라 할 수 있다. 이것은 좀 더 큰 통사적 단위, 이를테면 격언(Семь раз отмерь – один раз отрежь)이나 이동 동사를 이용한 관용적 표현(Она вышла из себя)을 이해하는 데 도움을 준다.

전통적으로 관용적 표현의 개별 구성 성분들의 산술적인 합산이나 통사적 자질 분석은 어휘론적 관점으로 국한시켜 관용구의 본질을 이해하는 데 혼란을 주었고, 이에 반해 독자적인 노선은 관용구를 통사적 분절이 불가능하고 개별 성분의 의미적 투명성이 결여된 임의적이고 독립적인 단위로서 개념 체계의 수준과는 별개이며 고립되고 이해하기 어려운 자의적인 표현으로 보았다. 따라서 관용구를 구성하고 이해하는데 있어서 우리는 이러한 개별 구성 성분들이 은유, 환유, 관습적 지식이라는 인지적 기제에 연결되어 전체적 의미를 이해하는 데 동기를 부여하고 있음을 유념해야 한다. 이러한 인지언어학적 관점은 어휘론적 관점과 독자적인 관점을 부분적으로 포괄하면서 관용구의 특성을 잘 설명해 주고 있다.

모든 관용구가 개별 구성 성분으로부터 완전하게 의미 예측(prediction)이 가능한 것이 아니므로 '동기 부여'는 학습자들이 일상 지식과 인지적 기제를 동원해야 하는 적극적인 노력이 필요하지만 단순하게 문자적 의미와 비유적 의미의 임의적 제공보다는 이해의 폭을 넓혀 준다. 실제로 관용구를 학습할 때에 기계적으로 개별의미와 전체 의미를 연결하는 것보다 관용어에 대한 인지적 동기를 제공하는 것이 학습자의 이해를 용이하게 하고 더 오래 기억되게 할 수 있었다.[44] 이것은 관용구가 개념 체계의 산물로서 담화자들 사이에 심리적 일관성을 공유하게 하는 준비된 표현으로 의사소통의 효율적 수단임을 암시한다.

2.2. 영상작용과 형상의 추상적 개념화

일찍이 소쉬르(Соссюр 1933 ; 108)는 그의 저서에서 "성구(фраза)에는 (낱말과 구별되는) 어떤 다양성이 우세하지만 그것을 바탕으로 어떤 공통점을 찾는다면 결국 문법적인 특성을 지닌 낱말(слово)과 마주치게 되고 다시금 혼란에 빠지게 된다"는 점을 지적한 바 있다. 이것은 관용어를 구성하는 개별 낱말들이 전체 의미에 기여하는 비중으로 인해 관용어를 다시 어휘에 속하는 별개의 의미단위로 분석하는 문제로 귀착되었기 때문이다. 그러나 관용구는 언어적 문제이기 보다는 회화적 영상작용과 형상의 추상적 개념화를 통해 이해해야 한다. 전통적 견해와 같이 관용어가 개별 낱말과 같이 통사적 자질들과 의미들이 상호 독립적이고 자의적인가? 그렇다면 관용적 표현의 개별 구성 성분의 의미가 다르다면 전달되는 비유적 의미도 다를 것이다.

A) Я ей объясняю, а ей всё равно : **хоть кол на голове теши**, всё делает по-своему.
나는 설명하는데 그 여자는 요지부동이야. 자기 방식대로 한다니까.

B) - Вы предупредили сына о последствиях его поступка? - Ему всё **как об стенку горох**, совсем не слушает меня!
아들에게 자기 행동의 결과에 대해서 경고했나요? - 소귀에 경 읽기지요. 전혀 내 말을 안 들어요.

러시아어에서 위의 두 관용적 표현은 개별 구성 성분이 다르지만 '고집이 세어 물러섬이 없거나 완고하여 어떠한 설득이나 말도 통하지 않는 사람'에 대하여 말할 때 동일한 비유적 의미로 쓰인다. 이 경우 총체적인 비유적 의미를 도출하는 데 있어서 개별 성분들은 중요한

---

44) 커베체쉬와 사보(Szabo)는 영어를 외국어로 하는 학습자들의 은유적 개념화의 능력을 보여 주는 실험을 통해 개념적 은유를 통해 동기가 부여된 학습자들이 단순 암기식의 학습자들에 비해 관용어와 관련된 과제를 대략 25% 더 잘 수행하였다는 것을 보여 주었다(커베체쉬 2002 ; 366).

역할을 한다. 화자와 청자는 각각의 구성 성분에 대해 자신의 의식 속에 심적 영상을 가지게 되며 이것을 개념화한다. 즉, 예문 A)의 머리(голова)와 예문 B)의 벽(стенка)은 '완고한 사람'을 비유하는 것이며 말뚝(кол)과 콩(горох)은 '그를 설득하는 수단'으로 개념화되는데, 각각의 개념들이 연결되어 영상작용을 통하여 전체적 비유적 의미로 수렴되는 것이다. 이는 관용어가 단순히 언어적 자의성의 문제로 국한되는 것이 아니라 본질적으로 개념화가 가능하다는 것을 증명한다.

이와 같이 관용어의 의미 통사적 분절 가능성은 유무의 문제가 아니라 정도의 문제인데 최근에 들어 활발하게 연구되고 있는 관용구의 어원 연구에서 제안하는 다양한 추론들과 자료들을 통해 관용적 숙어(ФС)와 같이 통사적으로 비분절적이고 의미적 유추가능성이 어려운 표현들에도 동기 부여를 함으로써 추상적 개념화를 가능하게 돕고 있다. 예를 들어

C) Хватит **бить баклуши**, пора приниматься за работу(빈둥거리다).

D) Он **в этом деле собаку съел**(전문가이다, 경험이 많다).

예문 C)에서 'баклуши'는 '수저를 만들기 위한 조각'을 의미하는 고리콥스키 지방의 방언인데 민중들 사이에서 이것을 쪼개는 일이 무익하고 사소하며 하찮은 일로 간주되어 '빈둥거리다'라는 의미를 지니게 되었다. 이와 다른 추론으로는 'баклуши'는 게임(городки)에서 쓰러뜨리기(бить) 위해 세우는 '나무토막'으로 노동을 중시하는 민중들의 견해로는 '나무토막 쓰러뜨리기 놀이(городки)'는 하릴없이 시간을 때우기 위해 빈둥거리는 유희로 간주되어 유래된 표현이다. 예문 D)의 경우 "собаку съел, а хвостом подавился(개를 삼켰는데 꼬리가 목에 걸렸다)"라는 속담에서 유래되었으며 '구육(狗肉)은 너무 맛이 없어 먹기가 매우 어렵다'는 뜻에서 '전문가, 통달한 사람'으로 개념화되었다. 이와 같이 구성 성분의 의미적 투명성이 명확하지 않은 관용적 숙어의 경우 이러한 발생학적 측면의 동기 부여를 통해 구체적이고 사실적인 행위를 그리는 심적 영상이 기제로 작용하여 비유적인 의미로의 추상적 개념화를 가능하게 한다. 따라서 관용적 표현에서의 인지적 기제에 의존하는 '동기 부여'와 영상작용을 통한 '개념의 추상화'는 매우 중요하며 많은 경우를 설명할 수 있는 논리적 예측보다는 약한 개념이지만 개념 영역을 관용구의 비유적 의미와 연결시키는 주요한 역할을 한다. 위와 같은 연구

방법은 기존의 관용적 표현들을 바라보는 문법적(어휘-통사적) 시각들을 담화적 차원의 문제로 부각시켰다고 할 수 있다. 따라서 의사소통의 효율적 기제로서의 관용구의 구성적 측면을 논할 때 우리는 의미적 유추 가능성과 통사적 분절성을 논하기 보다는 담화자들이 공유하는 지식과 심리적 일관성, 개념화 과정에서 작용하는 인지적 기제들과 동기 부여, 영상작용과 개념의 추상화, 비유체계의 기저에 깔려 있는 문화적 선행구조를 이해해야 할 것이다.

통사적 측면에서 관용어는 일반적으로 두 개 이상의 단어로 구성되며, 다른 형태로 대치될 수 없는 화석화되고 고정된 표현으로 분절이 어려운 언어 단위로 이해되어 왔다. 그러나 실제로는 구성 성분의 개별 의미의 비유적 개념화가 전체 의미를 이해하는 데 중요한 역할을 하기 때문에 분절이 가능한 관용어들은 어휘 대치나 통사적 변형과 같은 유연성도 보인다. 또한 분절이 불가능하거나 난해하다고 생각되었던 많은 요소들도 개념적 비유 체계의 대응관계에 있어서 논리적으로 무리가 없다면 일정 부분 변화가 가능하며 소통에 어떠한 문제도 일으키지 않을 것이란 예측을 할 수 있다. 이것은 관용구의 재구성을 논하면서 다음 절에서 자세하게 다루기로 한다.

3. 관용구의 재구성과 커뮤니케이션 전략

3.1. 문자적 의미와 비유적 의미

이 절에서는 관용구의 재구성의 의미 처리과정에서 문자적 반응과 비유적 반응이 어떻게 작용하는지를 고찰하고 그것이 의사소통에 있어서 어떤 역할을 하는지 살펴보고자 한다. 관용구를 문자적 의미로 혹은 비유적 의미로 해석하는 가장 지대한 역할을 하는 것이 바로 맥락이라 할 수 있다. 맥락은 담화자들이 관용적 표현을 의사소통의 효과적인 언어적 기제로서 사용할 때 그 가치 발현을 위해 반드시 참작해야 할 요소이다. 맥락에 따라 관용적 표현이 비유적 의미로 이해될 수도 있고 문자적 의미로 분해될 수도 있다.

A) Он **махнул рукой** на учёбу, пропускал лекции, бросил университет и не получил диплом(**중단하다, 포기하다**).

B) Прохожий, который стоял на дороге, махнул рукой, и такси остановилось(손을

흔들다).

C) – Я целую неделю не могу починить машину. Не понимаю, почему она не едет?

– Все дело в моторе. **Вот где собака зарыта(해답이 바로 여기 있다)**.

D) [Разговор «пикейных жилетов»] : «Сноуден – это голова! Слушайте, Валиадис, – обращался он к третьему старику в панаме. – Что вы скажете насчет Сноудена?» – «Я скажу вам откровенно, – отвечала панама, – Сноудену **пальца в рот не клади(D–1)**. **Я лично свой палец не положил бы(D–2)**. И, нимало не смущаясь тем, что Сноуден ни за что на свете не позволил бы Валиадису лезти пальцем в свой рот(D–3), старик продолжал… (И. Ильф, Е. Петров, Золотой теленок, XIV)(**경계하다**, 손가락을 입에 넣다)

관용구의 의미 처리 과정에서 비유적 반응과 문자적 반응 중에서 어떤 것이 더 빠르게 반응하며 더 우선적이냐는 논란이 있다. 첫째, 문맥과 관련하여 관용어에 대한 문자적 반응이 비유적 반응보다 선행한다는 연구(Estill & Kemper 1982)이다. 이러한 의미 처리과정의 단계는 외국어 학습자나 어린 아이가 관용구를 처음 대했을 때의 상황과 유사하다. 둘째, 관용적 표현들의 비유적 의미가 문자적 의미보다 먼저 상기되고 처리된다는 견해(Gibbs 1980)이며, 셋째, 관용구의 문자적 의미 계산과 비유적 의미의 상기가 거의 동시에 일어난다는 관점(Swinney & Cutler 1979)인데 이러한 관점들은 관용구의 재구성 과정에서 다루어지게 될 주요한 부분이다.

과연 관용적 표현의 인지 과정에서 어떠한 반응이 우선적일 것인가? 관용구에 대한 문자적 반응이 다른 반응들(비유적 반응과 동시 반응)에 비해 우선적이라는 주장은 화자와 청자의 비대칭적 사회적 관계(모국어 사용자–외국인, 어른–아이)를 기반으로 일어날 수 있는 상황까지도 참작한다면 소통이 수직적이고 일방향적이어서 단절에 이를 수 있다는 맹점이 있다. 원활한 소통이 참여자들의 쌍방향적이고 수평적 관계를 지향하고 있다는 점을 상기해 보면 일상 담화는 주로 비유적 반응과 동시적 반응이 일반적일 것이라는 예측을 할 수 있다. 필자의 견해로는 예문 C)와 같이 관용적 표현의 비유적 의미의 추상화 과정이 심화되어 그 표현의 참신성이 사라지고 문자적 의미를 전혀 의식하지 못할 정도로 습관화된 표현의 경우에는 관용적 표현의 비유적 의미가 우선적으로 상기되고 문자적 의미는 관용구의 해석 과정에 전혀 개입되지 않는다. 일례로 한국어에서 '시치미를 떼다'라는 은유적 표현을 사용할 때 화자가 생성 언어학적 관점의 문자적 의미를 상기하면서 발화하지 않을 것이며, 또한 이것을 염두에 두고 받아들이는 청자도 많지 않을 것이다. 비유적 의미의 숙어성이 심화된 경우 담화자들은 문자적 의미로의 접근은 차단되고 비유적 의미에 먼저 접근하게 된다. 그렇지만 예문 A)와 B)처럼 우리의 의식 속에서는 관용어에 대한 비유적 반응과 문자적 반응이 동시에 일어나고 맥락에 따라 선택해야 경우도 있다. D)의 대화는 비유적 반응(D-1)에서 문자적 반응(D-3)으로 가는 과도기적 단계로서 양면적 반응(D-2)을 동시에 적용할 수 있는 좋은 예이다.

관용어의 문자적 의미 처리 과정의 영상화와 동시에 비유적 의미가 독립된 어휘 항목처럼 자동적으로 계산되는 경우이다. 이와 같이 문자적 의미와 비유적 의미가 동시에 상기될 경우 의미 선택은 맥락에 의존한다. 같은 예로서 한국어에서 '눈을 크게 뜨다'라든지 '고개를 숙이다'라는 표현이 각각 '놀라는 모습'이나 '부끄러워하는 상황'의 비유적 의미로 이해되는 것은 어디까지나 문맥에 달려 있는 것이다.

실제로 일상에서의 일반적 관용구의 사용은 문자적 반응(다양한 형상적 묘사)과 비유적 반응을 동시에 고려하거나 비유적 반응을 염두에 두고 쓰는 경우가 대부분이다. 따라서 관용구의 재구성은 관용구의 해석 과정에서 문자적 반응보다 비유적 반응이 우선적일 것이라는 전제 하에서 이루어진다고 볼 수 있다. 발화자는 이러한 전제 하에서 효율적인 표현을 위한 계획을 세우는데 그러한 기대에 청자가 부응하였을 때 화자의 커뮤니케이션 전략은 효과가 있다.

3.2. 재구성의 유형과 소통 전략 – 통사적 외면적 재구성 & 의미적 내면적 재구성

커뮤니케이션 모델은 발신자 중심에서 수신자 중심의 모델로, 일방향적 단선적 모델에서 쌍방향적 상호교류적 모델로 확대되어 왔다. 소통을 논할 때 화자의 메시지가 청자에 의해 수신되지 않을 경우 담화자들 간의 진정한 의미의 커뮤니케이션을 통한 의미 공유와 교류가 이뤄졌다 볼 수 없다는 점에서 소통에서의 수신자의 적극적 역할은 매우 중요하다. 소통의 결과가 순기능적이건 역기능적인 것은 차치하더라도 소통이 성사되기 위해서는 우선적으로 발신자는 수신자를 소통의 장에 참여하도록 유도해야 한다. 그러기 위해서는 발화자는 자신의 발화의도 및 목적을 관철시키기 위해 청자를 의식한 소통 전략을 세우게 된다. 따라서 화자는 발화 목적을 달성하기 위해서 청자의 연령, 직업, 관심 분야에 부합하는 화제와 어휘 및 어조를 감안하여 청자의 관심과 흥미를 최대한 이끌어 낼 수 있도록 노력하게 된다. 그러한 의미에서 고유한 문화적 특성을 담은 관용구는 통사적으로 고정성과 재생산성을 기반으로 하여 화자와 청자의 의식 속에 미리 준비된 비유적 의미 구조를 공유하고 있으므로 소통을 위한 표현의 함축성과 효율성, 경제성의 원칙에도 부합한다.

3.2.1. 통사적 외면적 재구성

관용적 표현이 그 구조적 의미적 특수성과 표현의 효율성 덕분에 수신자의 참여를 유도하고 주목을 끄는 언어적 기제로 활용되고 있지만, 더 효과적인 것은 관용구의 의미-통사적 고정성에도 불구하고 구성성분의 1차적 의미를 고려하면서 그것을 분리, 재구성하는 경우이다. 이 경우 수신자와 발신자는 공유해야 할 더 많은 요건들을 전제로 하며 호기심과 심지어 의구심을 유발하여 더욱 적극적으로 소통에 참여하게 한다. 관용구의 개별 구성 성분에 통사적 변화를 주는 것은 관용구의 독창적 재구성의 대표적인 방법이다. 개별 구성성분을 다른 어휘로 바꿀 수도 있고(1), 새로운 성분을 첨가하여 어휘적 확대나 통사적 확대를 할 수도 있고(2), 일부 성분을 삭제할 수도 있으며(3), 첨가 및 확대와 삭제의 유형이 복합적으로 활용될 수도 있다(4).

1-A) МАХНУТЬ РУКОЙ(<u>손을 흔들다</u>, **체념하다**)

На запачканной жердочке сидит полинялый старик-дрозд с ощипанными хвостом··· На свою неволю он давно уже **махнул лапкой** на голубое небо, давно уже глядит равнодушно.(А. Чехов, *В Москве на Трубной полщади*)

더러운 횃대 위에는 빛바랜 깃털에 꽁지 털이 듬성듬성한 개똥지빠귀가 앉아 있다. 개똥지빠귀는 이미 자기의 갇힌 신세에 체념을 하였고(<u>발을 흔들었고</u>), 이미 오래전부터 무심하게 푸른 하늘을 바라보고 있다.

1-B) В ПОТЕ ЛИЦА(땀에 젖은 얼굴로, **매우 힘들여**, **기진맥진하게**)

Дородный бык мычал в недоуменье : "Ярмо… Труд **в поте морды**… О, Эдем! Я яблок ведь не ел от сотворенья….”(Саша Черный, *Несправедливость*)

몸집이 큰 황소는 의혹에 찬 듯 음매 하고 울었다. "멍에… 힘든(땀에 젖은 낯짝의) 노동… 오, 에덴이여! 태초에 사과를 따 먹은 것은 내가 아니지 않은가….”

2-A) ГОРДИЕВ УЗЕЛ(고르데우스의 매듭, **난제**)

Россия – **гордиев санузел** острейших нынышних проблем. (И. Губерман)

러시아 – 현재 심각한 보건위생시설의 난제(санитарный узел + гордиев узел).

2-B) ДРУГ ДОМА(집의 친구, **막역지우**, **허물없는 사이**)

Можно сказать : "**Я друг этого дома**", но нельзя сказать : "друг этого **деревянного** дома."(А. Чехов)

"나는 이 집의 친구"라고는 말할 수 있지만, 나는 "이 나무집의 친구"라는 표현은 불가능하다.

2-C) БРАК ПО РАСЧЁТУ(계산적인 결혼, **돈**, **신분 상승을 위한 결혼**)

Брак по расчёту на скорый развод.(Эмиль Кроткий)

계산적인 결혼은 빠른 이혼으로 끝난다.

3) СТАРОСТЬ – НЕ РАДОСТЬ(**노년은 절망**)

Старость – радость.(Петербургский экспресс. 13. 12. 2001)

노년은 기쁨.

4) БИТЬ КЛЮЧОМ(샘이 솟다, **왕성하다**) ; БИТЬ ПО ГОЛОВЕ(머리를 때리다)

: Жизнь бьёт ключом – и всё по голове.

삶은 활기가 넘치고 – 늘 뒤통수를 친다.

5-A) МЫ РОЖДЕНЫ, ЧТОБЫ СКАЗКУ СДЕЛАТЬ БЫЛЬЮ(우리는 동화를 현실로 만들기 위해 태어났다)

Мы рождены, чтобы сказку сделать **пылью**.(Г. Малкин)

우리는 동화를 먼지로 만들기 위해서 태어났다.

5-B) СЕМЬ РАЗ ОТМЕРЬ, ОДИН РАЗ ОТРЕЖЬ(일곱 번 심사숙고하고 단번에 잘라라)

Пока семь раз **отмеришь, другие уже отрежут.**

일곱 번 심사숙고하는 동안 남들이 잘라 버릴 것이다.

5-C) НЕ ВЫНОСИТЬ СОР ИЗ ИЗБЫ(집 안의 쓰레기를 집 밖에다 버리지 말라, **집안싸움을 밖으로 드러내지 말라**)

(речь американского инженера мистера Кука любителя русских пословиц) "Личная жизнь каждого гражданина страны есть святыня! И **сор в чужую избу мести не надо**, как говорит русский, хорош пословиц."(В. Шишков, *Угрюм-река*)

러시아 속담을 애용하는 미국인 엔지니어 미스터 쿡의 대사에서 – "시민 개개인의 사생활은 성스러운 거죠! 그래서 러시아인들은 다른 집 쪽으로 비질을 하지 말라고 하죠, 좋은 속담이에요."

5)의 예문과 같이 보다 큰 동사적 단위의 관용적 표현인 속담이나 격언의 경우 좀 더 심오하고 교훈적인 사상을 담고 있기 때문에 통사적 재구성을 통한 의미 변화가 훨씬 다채롭다. 흥미로운 것은 화자가 새로운 통사적 재구성을 시도했을 때 본래의 속담의 통사적 구조와 본래의 비유적 의미는 청자의 의식 속에서 사라지지 않고 끊임없이 상기되고 있다. 청자가 재구성된 표현을 대했을 때 흥미를 가지고 적극적으로 본래의 관용적 표현을 상기하고 복원할 것이라는 기대와 바람이 관용구를 재구성하는 화자의 의도에 숨어 있다. 위의 예문(5-B, 5-C)과 같이 관용적 표현들이 통사적 변화를 많이 겪었을지라도 화자가 전달하고자

하는 메시지에는 아무런 지장이 없고 본래의 통사적 구조의 **핵심적인 틀**(каркас)은 의식 속에 남아 있어서 오히려 청자가 본래의 통사적 구조를 복원할 수 있도록 도와준다. 5-C)의 예문처럼 재구성이 화자의 실수나 무지로 인해 일어났을 경우에도 청자는 그것을 쉽게 간파하여 본래의 관용적 표현을 회복하는 데 무리를 주지 않으며 오히려 이러한 화자의 실수는 코믹한 요소를 가지고 있어서 본래의 관용적 표현을 복원하는 청자에게 소통의 즐거움을 더해 준다.

이와 같은 외면적 통사적 재구성은 언뜻 쉽고 간단해 보이지만 재구성 과정의 통사적 변형이 단순하고 자유로운 것은 아니다. 소통에 있어서 텍스트-사이성이 일차적으로 담보하는 것이 본원적 텍스트의 고정성인 점을 감안할 때 통사적 외면적 재구성은 담화자들의 의식 속에 존재하는 비유적 의미를 훼손하지 않은 범위 내에서 어느 정도 한계성을 지닌다. 가령 전체 통사적 구조의 골격과 어결합 상의 구성성분의 기본적 어순은 보존되어야 한다. 또한 구성성분의 교체는 의미 자질의 연관성, 예컨대, 반대어, 유사어, 동음이의어, 동원어 등을 토대로 일관된 어휘-의미 장의 목록에서 선택되어야 하며, 구성성분의 삭제 및 첨가는 비유적 의미의 훼손을 최소화하기 위해서 의미적 비중이 약한 어휘소를 중심으로 이뤄진다.

인간이 인지 과정에서 발견한 비논리적인 현상에 대해서 예민하게 반응하거나 관심을 갖고 원인을 규명하고자 하는 것은 인지적 측면의 자연스러운 과정이다. 소통 과정에서도 관습적 고정적 표현에 어떤 변화가 일어난다면 그것은 이전보다 선별적으로 인식되며 주의를 끌 수 있다. 이러한 논리에서 통사적 재구성은 화자가 관용구의 구성적 측면의 고정성을 탈피하여 관용구에 외면적 변화를 주어 청자의 주의를 환기시키기 위해 의도적으로 계획된 실수이며 소통을 위한 전략이다. 그러면 발화자의 계획된 소통 전략의 또 다른 방법으로서 외면적 변형 없이 맥락에 의존하여 수신자의 관심을 끌고자 하는 의미적 내면적 재구성의 방법을 고찰해 보자.

3.2.2. 의미적 내면적 재구성

쌍방향적 상호교류적 소통 모델들은 발신자에 버금가는 수신자의 적극성을 강조하는 수신자 중심의 모델을 지향하고 있다. 단절을 피하고 소통의 흐름을 유지하기 위해서는 상호간의 교류와 적극적인 참여가 절실하게 요구된다. 소통의 실패와 성공에 영향을 미치는 것은 소통 참여자의 사회-문화적 좌표(координат)일 것이다. 우리는 흔히 '그 사람과는 코드가 맞지 않는다'는 표현을 하는데 그 코드가 기반으로 삼는 것이 바로 사회-문화적 좌표이다. 이것은 담화자의 연령, 직업, 성격, 사고방식, 표현 방식, 지식수준 등 언어 주체의 정체성을 포함하는 사회-문화적 입지이다. 담화자들 간의 사회-문화적 좌표의 간극의 차이에 따라서 소통의 결과는 다양하게 나타날 수 있다. 사회-문화적 좌표의 간극 차이가 적어서 공감대가 많다면 소통이 원활하고 그렇지 않다면 오해가 발생하여 소통은 실패한다.

앞서 살펴보았던 통사적 외면적 재구성은 비록 어휘-통사적 구조가 변형되었을지라도 담화자들이 공유하는 핵심 의미 구조는 무너지지 않는다는 점을 토대로 한다. 고정된 틀을 벗어나 변형된 외면적 재구성을 통한 소통은 담화자들 간의 언어-문화적 공감대를 형성하여 상호 간의 사회-문화적 좌표의 공유영역을 더욱 확장시킨다. 흥미로운 것은 통사적 외면적 재구성이 담화자들 간의 사회-문화적 좌표의 공유점을 전제로 출발하는 데 반해 의미적 내면적 재구성은 담화자들 간의 사회-문화적 좌표가 어긋나는 것을 전제로 한다는 것이다. 의미적 재구성은 통사적 재구성에 비해 수신자의 관심을 끌기에는 외면적으로 불리한 조건이므로 의미적으로 수신자의 기대와 반응에 의도적으로 어긋나기를 통한 이른바 '충격요법'을 적극 시도하여 담화자들 간의 사회-문화적 좌표의 간극을 오히려 증폭시킨다. 일시적으로 증폭된 이러한 소통상의 불일치와 단절이 어떻게 맥락 속에서 실현되는지 다음의 예를 통해서 확인해 보자.

Ⅰ) 비유적 반응과 문자적 반응의 불일치

1) ЧУВСТВО ЛОКТЯ(**친밀감, 협동심** ⇒ 팔꿈치의 느낌) :

Я хорошо усвоил чувство локтя, который мне совали под ребро(В. Высоцкий, *Летела жизнь*).

나는 갈비뼈 밑을 찌르는 팔꿈치의 느낌을 익히 알고 있다.

2) ПОДЛОЖИТЬ СВИНЬЮ(**비열한 행동을 하다, 방해하다** ⇒ 돼지를 주다) :

О, подложите мне свинью, чтоб мог я прокормить семью!(Журн. «Крокодил»).

오, 가족을 먹여 살릴 수 있도록 내게 돼지를 주시오.

3) С ПЕТУХАМИ ЛОЖИТЬСЯ(**새벽녘에 잠들다** ⇒ 수탉과 잠들다) :

Спрашивает мальчика о сестре :

– Что же твоя Иришка с **петухами ложится**?

– Она с петухами не ложится – Они клюются : Она одна в свою кроватку ложится(К. Чуковский, *От двух до пяти*).

왜 너의 이리쉬카는 새벽에 잠드니? – 그녀는 수탉과 잠들지 않는걸요, 닭들은 쪼아댄단 말이에요. 그녀는 자기 침대에 혼자 누워 자는데요.

4) ПРИКАЗТЬ ДОЛГО ЖИТЬ(**운명하다**, **죽다** ⇒ 오래 살라고 명하다) :

– Товарищ полковник! Товарищ генерал **приказал долго жить!**

– Выполняйте приказание!(А. Ковалев).

– 대령님! 장군님께서 운명하셨습니다! – 명령을 수행하시오!

5) СОбАКУ СЪЕЛА(**전문가**, **통달한 사람** ⇒ 개를 먹다) :

Когда он [ребенок] услышал, что пришедшая в гости старуха **«собаку съела» на каких-то делах**, он спрятал от нее своего любимого пса. (К. Чуковский, *От двух до пяти*).

손님으로 온 노파가 한 말('개를 먹다' – собаку съела)을 듣고, 아이는 자신이 사랑하는 개를 노파로부터 숨겼다.

Ⅱ) 문자적 반응과 비유적 반응의 공존

6) БРАТЬ НОГИ В РУКИ(발을 손에 쥐다 ⇔ **도망치다**)

Как это принято у змей,

Кусают за ногу гадюки,

А потому при встрече с ней

Берите, дети, ноги в руки!(Б. Заходер)

뱀들이 그러하듯 독사는 발을 깨문단다. 그러니 독사를 만나면, 얘들아, (발을 손에 쥐고) 빨리 도망치거라.

7) БЫТЬ С НОСОМ(코만 남다 ⇔ **속다**)

Как неприятно **быть** иногда **с носом**, но все-таки сноснее, нежели быть совсем без носа(Альманах «Картины света», 1836 г. по : [Виноградов 1976]).

속임을 당하는 것(코만 남는 것)은 불쾌하지만, 그래도 코가 없는 것보다는 낫다.

8) НИ ПУХА НИ ПЕРА(솜털도 깃털도 없이 ⇔ **성공을 빕니다**)

[Стихи начинающего поэта] : Лети, голубь мира, голубь мира! **Ни пуха** тебе, **ни пера!**(Е. Евтушенко).

젊은이여, 평화의 비둘기여! 네게 성공을 빈다(동시에 비둘기의 솜털과 깃털을 환기하는 문자적 의미의 환기).

9) ПРИГВОЗИТЬ К ПОЗОРНЫМ СТОЛБАМ(치욕의 기둥에 박다 ⇔ **공개적으로 망신 주다**)

Внимание, господа! - продолжал Голендухин. - Я предлагаю **пригвоздить** поступок Гадюкина **к позорным столбцам** какой-нибудь видной влиятельной газеты(А. Аверченко, *Кипящий котел*).

여러분, 주목하세요! - 골레누힌이 계속했다 - 나는 가듀킨의 행동을 어떤 영향력 있는 신문에 올려 공개적인 망신을 주자고 제안합니다.

관용구의 내면적 재구성은 관용구의 비유적 반응과 문자적 반응을 고려한 재구성 방법이다. 관용구가 붕괴되어 문자적 의미로 환원되는 경우(예문 Ⅰ 그룹) 이것은 더 이상 비유적 의미를 지니는 관용구가 아니라 자유로운 어결합이 된다. 내면적 재구성의 또 다른 방법으로는 관용구의 양면적 해석 가능성(예문 Ⅱ 그룹)을 이용하여 문자적 반응과 비유적 반응을 동시에 기대하여 표현의 '시너지 효과'를 노리는 것이다. 이것은 비유적 반응을 기대했던 수신자의 애초의 기대를 만족시켜 주면서 동시에 문자적 반응으로의 해석도 가능하게 하는 이중적 효율성이 있다.

관용구의 (의도적 혹은 비의도적) 재구성은 담화자들 간의 '예측과 기대에 어긋나기' 기법으로 상대방의 주의를 끌 수 있는 대표적인 방법이다. 통사적 변화가 없는 관용구의 의미적 재구성은 외면적으로 청자의 주의를 끌기에는 불리하기 때문에 어떤 텍스트보다도 내용적인 면에서 맥락에 의존한다. 상황 문맥과 무관하거나 기대에 어긋나는 관용구의 등장에 청자는 당황하게 되면서 호기심을 가지고 전체 텍스트로 몰입하게 된다. 특히 수신자(청자, 독자)의 주의를 끌기 위해서 종종 문체적 규범을 벗어나는 방법으로서 문학어 텍스트에 비규범적 어휘들(속어, 방언, 고어 등)을 사용하기도 한다.

관용구의 내면적 재구성은 해석의 양면성을 고려하여 담화자들 간에 비유적 반응과 문자적 반응이 일치하지 않을 수도 있다는 전제 하에서 이루어진다. 화자에 의해 재구성된 관용구 텍스트를 접한 청자는 의식 속에서 어떤 반응을 취해야 할 것인가를 선택한다. 담화자들 간에 비유적 반응과 문자적 반응에 대한 상호 기대의 불일치로 발생하는 소통의 일시적 실패는 의도적일 수도 있고 그렇지 않을 수도 있다. 담화자들 간의 상호 기대의 불일치로 인해 일어나는 논리적 모순과 그에 따른 '일시적 소통의 단절'은 담화자들의 인지 구조에 적신호를 보내어 의구심과 호기심을 자극하면서 소통의 흐름을 바꾸는 촉매제로 작용한다. 즉, 담화자들은 논리적 모순을 조율하기 위해 맥락에 따른 추론을 시도하게 되는데 담화자들이 상호 간의 의도를 간파하였을 경우 얻어지는 유머와 이를 통한 심적 유대감은 소통에 긍정적인 영향을 미친다.

3.3. 소통 전략으로서의 구성 vs. 재구성

고정되고 재생산 가능한 관용구가 화자와 청자 간의 의식 속에 공존하며 공감대를 이룬다는 장점이 있지만 화석화되어 재생산되기 때문에 표현의 참신성을 의식하지 못하고 관습적으로 사용되므로 화자는 관용구의 의미-통사적 재구성을 통해서 죽어 있던 독창성을 부활시키는 조치를 취하게 된다.

이와 같이 통사적 변형을 통한 관용구의 재구성 방법은 소통에 다양한 흥미와 동기를 부여해 주는 효과가 있기 때문에 저널리즘에서도 즐겨 사용되고 있다. 서론에서 언급한 바와 같이 관용적 표현의 함축성과 효율성, 관용구 재구성의 '시선 끌기'와 '흥미 유발'은 일상적 담화 외에도 저널리즘에 절실히 요구되는 요소이다. 수많은 정보의 홍수와 선택의 기로에서 망설이는 잠재적 수신자, 즉 독자를 확보해야 하는 저널리즘은 매우 적극적으로 관용적 표현을 사용하고 재구성하며 더 나아가 이러한 표현들을 텍스트의 전면(표제)으로 부각시킨다. 표제는 전체 내용을 담은 텍스트에 비해 큰 활자체와 전면에 부각되어 주의를 끄는 강점이 있고 여타 문학이나 문화 텍스트에서 '제목'이 주제와 내용의 함의를 간결하고 함축적으로 담아내는 것처럼 메시지의 핵심을 한정된 지면에 압축적이고 효율적으로 전달할 수 있어야 한다. 표제에 사용된 관용구의 의도적 재구성의 예를 보자.

> **'Ока' - не роскошь, а средство реабилитации** (…)
>
> Автомобиль "Ока" - малолитражка. Не слышком удобная и быстрая, не то чтобы красивая, зато недорогая и очень проста в управлении. А самое главное - государство бесплатно выдает эти крохотные автомашины участникам Великой Отечественной войны, имеющим медицинские показания. С каждым днем очередь желающих получить в личное пользование это транспотное средство растет. (…) Решение о выделении автомобиля, как средства реабилитации, принимает бюро медико-социальныой экспертизы (МСЭ) на основании результатов всестороннего обследования в лечебных учреждениях.
>
> (Двина-Информ, 2004. 12. 21.)

위의 표현은 И. Ильф와 Е. Петров의 소설 〈12개의 의자(Двенадцать стульев)〉의 주인공 오스타프 반데르(Остап Бендер)가 '자동차는 사치가 아니라 이동 수단이다(Автомабиль не роскошь - а средство передвижения)'라고 한 데서 기원한다. 이는 언어 주체들 사이에 널리 알려지고 회자되어 고착화된 표현으로서 의미-통사적으로 자주 재구성되는 표현 중의 하나이다. '일상생활의 물질적 수단이나 편리한 도구(автомобиль)'로 추상화되어 굳어진 개념이 공통 영역의 다른 개념(Ока)으로 구체화되었으며 '그 가치나 효용(передвижения)'으로 개념화된 구성성분이 공통 영역의 다른 성분(реабилитация)으로 교체되어 구체적인 상황을 환기시킨다. 주목할 것은 추상화되고 관습화된 선례 텍스트의 의미를 이에 대응하는 공통 영역의 구체적인 구성성분과 교체함으로써 사실적 의미의 부활을 독창적이고 역설적으로 시도하였다. 위의 밑줄 친 표현에서 알 수 있듯이 자동차 오카(Ока)는 2차 대전 참전 용사들의 상처(медицинское показание)를 보상하기에 전혀 사치(роскошь)가 아니고 오히려 무색할 정도로 초라함을 역설적으로 표현한다.

다음은 외면적 통사적 재구성과 의미적 내면적 재구성을 동시에 고려한 예문이다.

ПАВЛА БУРЕ ПОШЛЮТ К ЧЕРТУ (…)

– Жду ребят. 13 февраля прилетят. И сразу в бой!

– **Проблемы**…[45)]

Пока нет. В Олимпийской деревне устроим их по-царски. Как они в принципе и привыкли жить, думать и играть.

– **Россия ждет от хоккеистов подвигов**…

– Ну, это ясно. Ждут медалей. Ни один из хоккеистов, которые включены в сборную, кстати, не думает ни о какой другой медали, кроме золотой. Хорошо быть оптимистами (вздохнул тяжело), однако турнир олимпийский будет сложнейшим. Я понимаю, нет, уверен, на «золото» претендуют по меньшей мере семь сборных. Многое будет зависеть от простого везения.

– **Везет, как известно, сильнейшим**…

– Логично. И большая правда в этих словах. Но не мы одни мечтаем о пьедестале.

– **Павел, у тебя, как у большого профессионала, наверное, есть какое-то заветное слово. Что будешь говорить ребятам перед выходом на очередное ледовое побоище?**

– Удачи, естественно. Обязательно ни пуха ни пера. И меня все будут посылать

45) 이것은 머리기사의 부정적인 전개 가능성을 지지하는 의미소로서 긍정적인 내용을 기대하는 독자들의 당황과 의혹을 더욱 증폭시키는 역할을 한다.

понятно куда.[46)]

(Комсомольская правда. 2006. 2. 10.)

속어적 문체와 부정적 내용 전개 가능성으로 표제의 위치에서 수신자의 시선 끌기를 시도한 이 관용적 표현(к черту[47)])은 통사적 구조의 틀에서 보거나 문자적 의미의 틀에서 보거나 파벨 부레(Павел Буре)를 아는 모든 잠재적 독자들의 호기심을 자극하여 소통의 장으로 유도한다. 독자는 궁금증을 풀기 위해서 다음 구절을 읽게 되고 결국 밑줄 친 파벨 부레(Павел Буре)의 답변에서 그 열쇠를 얻게 된다. 관용적 표현의 독창적 재구성이 잠재적 독자들의 관심을 끌고 표현성을 높이는 기제로 사용되었음을 알 수 있는 좋은 예이다. 관용적 표현은 구조적인 재구성의 변화를 겪음으로써(악마에게 가다 – идти к черту, 악마에게 보내 버리다 – посылать кого-нибудь к черту) 순간적으로 관용구의 구조가 붕괴되어 1차적 문자적 의미가 살아나는 듯 보이지만(독자의 문자적 반응 가능성은 소통 전략상 화자가 미리 예상하고 기대하는 것), 오히려 재구성의 구조적인 변화는 기존의 비유적 의미에 훼손이나 변화를 주지 않으며(전체적 텍스트를 읽었을 경우 의식 속에 있던 관용적 표현의 구조가 다시 회생하게 되고), 기존의 관용적 표현의 구조적-의미적 틀은 사라지지 않고 상기되어 발신자의 발화 의도와 메시지를 이해하도록 돕고 있다.

통사적 변형 없이 독자들의 양면적 반응을 기대로 조성된 내면적 재구성의 예문을 살펴보자.

Снег убирают 'спустя рукава' (…)

Перед жилищно-коммуникативными предприятиями Архангельска поставлена задача : активизировать работу по уборке придомовых територии. (…) На состояв

46) ни пуха ни пера : 어떤 일에 대한 성공을 빌 경우 쓰는 고유한 러시아적 표현으로서 사냥을 나가는 사냥꾼에게 직접적으로 성공(удачи)을 바라는 것이 오히려 사냥에 불운을 가져올 수도 있다는 미신적 믿음에서 비롯되어 오히려 부정적으로 표현(Альперин 1956)하거나, 혹은 금수들이 행운을 비는 말을 듣고 사냥꾼의 눈을 피해 숨어 버린다는 고대의 믿음과 관련, 혹은 사냥을 떠나기에 앞서 금수를 보호하는 산신을 속이기 위해서 하는 표현(Мокиенко 1990)으로서 결과적으로 성공, 행운을 비는 말을 직접적으로 할 경우 오히려 사냥을 망칠 수 있다는 미신에서 비롯된 표현인데 이에 대해 사냥꾼들은 '악마에게(К черту)'라고 답하게 되었다.

47) К черту! Иди к черту, Черт возьми! 유감, 분노, 불만, 놀라움 따위를 표현할 때 쓰이는 관용적이고 속어적 표현으로서 상황에 따라 다양하게 해석될 수 있다.

шемся в мэрии Архангельска совещании руководителей предприятий ЖКХ директор МУП "Жилкомсервис" Игорь Кузнецов сообщил о результатах проверки в минувшие выходные работ по уборке придомовой территории. Отмечено, что уборка снега ведется неактивно, особенно это касается территории около деревянных домов. Руководителям жилищных предприятий поручено доукомплектовать штат дворников и активизировать их работу. Подобные оценки качества работы эксплуатирующих организаций МУП "Жилкомсервис" будет проводить регулярно. (Двина-информ, 2004. 12. 22.)

위의 텍스트에 사용된 관용적 표현은 통사적 변형 없이 그대로 인용되어 사용되었는데 우선적으로 독자에게는 비유적 반응이 일어나면서 동시에 전후 문맥상 문자적 의미로 붕괴될 수도 있다. 습관적 비유적 반응에서 문자적 반응으로의 가능성을 암시하기 위해 따옴표를 사용하여 문자적 의미임을 강조하였고 동시에 '눈을 치우다'라는 어휘들과 결합함으로써 사람들이 소매를 내리고 제설작업에 임하는 추운 겨울의 영상을 환기시켜 문자적 반응의 가능성을 열어 둔다. 제설작업이 더디고 순조롭지 못하게 진행된다는 비유적 반응('неактивно')을 우선적으로 하지만 거의 동시에 문자적 반응을 상기하기 위한 장치를 마련해 두었다. 통사적 변형 없는 관용적 표현의 의미적 재구성은 독자가 비유적 의미로 반응하기에는 논리적으로 부자연스럽거나 비문법적인 요소를 나란히 배치함으로써 독자의 의식 속에 고착화된 비유적 반응과 심리적 예측을 벗어나 독자의 주의 끌기와 흥미 유발을 도모한다.

관용구의 재구성이 비의도적으로 일어나는 일상 담화에서는 일반적으로 상대방의 흥미와 주의를 끌고 코믹효과를 통한 상호 친밀감 조성을 위해 사용되고 있지만, 준비된 문학 텍스트나 저널리즘 텍스트의 경우에는 발신자의 의도는 좀 더 인위적이고 전략적인 성격을 띤다. 사회-문화적 좌표를 의식하여 수신자를 소통에 참여하도록 자극하고 유도하는 기제는 발신자에 의해서 미리 준비된 소통 전략이다. 발신자가 소통적 지위의 불균등성 가능성을 수신자에게 상기하면서 수신자가 자신의 바라는 좌표에 가까이 다가오도록 유도하는 것이다. 좀 더 적극적인 방법으로 발신자는 자신이 수신자보다 좌표 상 우위에 있을 수 있다는 가정과 암시로 수신자를 자극하여 소통에 참여시키고자 한다. 발신자(화자, 필자)는 수신자보다 한발 앞서 수수께끼를 제시하고 수신자(청자, 독자)는 그것을 푸는, 문답형식의 '지적인 게임'이 시작되는 것이다. 수신자는 발신자가 제시한 과제를 무사히 수행한 데 대한(발화 의도를 간파했다는) 성취감, 지식 공유의 유대감, 더 나아가 발신자와 동등한 소통적 지위를 가진다는 자신감과 기쁨을 느낄 수도 있다. 이와 같이 발신자가 심리적으로 수신자의 지적 경쟁심과 호기심을 자극하여 관심을 끌게 하는 것이 바로 관용구의 의도적 재구성에 쓰이는 화자의 소통 전략이다.

4. 결론

이와 같이 관용적 표현은 소통의 역동적이고 복합적인 공간을 통해 수직적으로 의미-통사적 고정성을 토대로 재생되어 과거와 현재를 연결하며, 수평적으로는 소통의 다차원적 공간 속에서 종종 새롭게 재구성되는데, 때로는 초기의 구성성분의 의미적 비유적 독창성을 부활시키기도 하고, 고정된 통사적 틀을 일정 부분 가감을 허락하는, 즉 변화와 고정의 상반된 특성이 공존하는 언어 요소이다. 고유한 문화적 특성을 담은 관용구는 통사적으로 고정성과 재생산성을 기반으로 하여 화자와 청자의 의식 속에 미리 준비된 비유적 의미 구조를 공유하고 있으므로 언어적 표현의 함축성과 효율성, 경제성의 원칙에도 부합하므로 의사소통의 효율적 도구로서 부족함이 없다. 소통의 효율적 수단으로서 관용구의 구성적 측면을 논할 때 우리는 의미적 유추 가능성과 통사적 분절성을 논하기보다는 담화자들이 공유하는 지식과 심리적 일관성, 개념화 과정에서 작용하는 인지적 기제들과 동기 부여, 영상작용과 개념의 추상화, 비유체계의 기저에 깔려 있는 사회-문화적 맥락을 유념해야 한다. 소통 과정에서도 관습적 고정적 표현에 어떤 변화가 일어난다면 그것은 이전보다 선별적으로 인식되며 주의를 끌 수 있다. 이러한 논리에서 화자가 관용구의 구성적 측면의 고정성을 탈피하여 관용구에 통사적 변화를 주거나, 통사적 변화를 주지 않더라도 맥락에 의존하여 청자의 기대에 어긋나는 어떤 메시지를 전달하였을 때 청자는 즉각 반응하게 된다. 이것은 청자의 주의를 끌기 위해 계획된 의도적 실수이며 소통을 위한 효과적 전략이다. 흥미로운 것은 의사소통 과정에서 텍스트-문화적 관용구가 이러한 의도적 재구성을 거치더라도 본원적 텍스트는 사라지지 않고 여전히 담화자들의 의식 속에 남아서 새로운 텍스트의 의미 추론 과정에 적극적으로 개입하고 기존의 다양한 텍스트들과 상호 교류하는 '텍스트-사이성'을 지닌다는 점이다. 담화자들은 텍스트-문화적 관용구의 재구성을 통해 언어-문화적인 공간을 적극적인 소통의 장으로 활용한다. 이것은 시간과 공간을 축으로 하는 수많은 언어-문화 공간의 내부에 존재하는 다양한 주체와 객체의 소통을 쌍방향적이고 상호교류적인 것으로 만들며, 더 나아가 언어 주체들, 특히 소극적인 객체를 적극적으로 소통에 참여하도록 자극하여 '또 하나의 주체'로서 교류할 수 있도록 유도하는 효율적인 소통의 전략이 되는 것이다.

참고문헌

김욱동(1990) 〈바흐찐과 대화주의〉, 나남.

변명선(1998) "독일어와 한국어의 동사관용구 대비 연구", 〈청주대학교 논문집〉.

이기동(2000) 〈인지언어학〉, 한국문화사.

임지룡(1997) 〈인지의미론〉, 서울: 탑출판사.

크리스테바, 줄리아(2005) 〈세미오티케〉, 서민원 옮김. 동문선.

케베체쉬(2003) 〈은유〉, 이정화 외 3인 공역. 한국문화사.

〈텍스트 언어학의 이해〉, 한국텍스트언어학회. 도서출판 박이정. 2004.

Артюнова, Н. Д.(1999) *Язык и мир человека*. М.

Балли, Ш.(1965) *Французская стилистика*. М.

Бахтин, М. М.(1997) *М. М. Бахтин. Собрание сочинений*. Т. 5. М.

Виноградов, В. В.(1977) *Избранные труды. Лексикология и лексикография*. М.

Гвоздев, А. Н.(1965) *Очерки по стилистике русского языка*. М.

Гепнер, Ю. Р.(1959) *Очерки по русскому языку и общему языкознанию*. Харьков.

____________(1964) "Об основных признаках фразеологических единиц и о типах их видоизменения," *Проблемы фразеологии*. М.,-Л.

Горшков, Ю. Р.(2000) *Лекции по русской стилистике*. М.

Жуков, В. П.(1991) *Словарь русских пословиц и поговорок*. М.

Ивашко, Л. А(1981) *Очерки русской диалектной фразеологии*. Л.

Караулов, Ю. Н.(1987) *Русский язык и языковая личность*. М.

Китайгородская, М. В.(1993) "Чужая речь в коммуникативном аспекте," *Русский язык в его функцио нировании*. М.: Наука, 1993. с. 65-89.

Костомаров, В. Г., Бурвикова, Н. Д.(1994) "Как тексты становятся прецедентными?" *Русский язык за рубежом*. №1.

Копыленко, М. М.(1965) “Об объеме и методах фразеологии как научный дисциплины,” *Вопросы фразеологии*. Ташкент, «Наука».

Костомаров, В. Г.(1999) *Языковой вкус эпохи*. СПБ.

Ларин, Б. А.(1977) *Очерки по фразеологии*. М.

Лич, Э.(1976) *Культура и коммуникация*. М.

Лотман, Ю. М.(1981) “Текст в тексте,” *Текст в тексте: Труды по знаковым системам*. Ученые записки Тартуского гос. ун-та. Выпуск 14. ТАРТУ.

Рогова, Н. П(1954) “Проблема фразеологического объекта как эквивалента слова(на материале немецкого языка),” *Некоторые вопросы изучения словарного состава языка*. М., 1954.

Руднев, А. Г.(1960) *Проблема фразеологии*. Л.

Соссюр, Ф.(1933) *Курс общей лингвистики*. М.

Телия, В. Н.(1996) *Русская фразеология*. М.

Шанский, Н. М.(1985) *Фразеология современного русского языка*. М.

Якобсон, Р.(1975) “Лингвистика и поэтика,” *Структурализм за и против*. М., 1975.

Ectill, R & Kemper, S.(1982) *Interpreting Idioms*. Journal of Psycholinguistic Research, 11, 6, 559-568.

Gibbs, R. W.(1993) *Spilling the Beans on Understanding and Memory for Idioms in Conversation. Memory and Cognition, 8*.

Irujo, S.(1993) *Steering Clear: Avoidiance in production of idioms*. IRAL 30(3): 205-219.

Lakoff, G., Johnson M.(1980) *Metaphors We Live By*. The University of Chicago Press.

Fleischer, W.(1982) *Phraseologie der deutschen Gegenwartssprache*. Leipzig. S.35.

제8장

소통, 번역, 파토스

| 이병훈 |

1.

일반적으로 번역은 동종언어 간 소통(homolingual communication)이라기보다 이질언어 간 소통(heterolingual communication)으로 이해되고 있다. 그러나 이것은 번역이라는 행위를 좁은 의미로 해석한 것이라고 할 수 있다. 실제로 동종언어를 사용하는 사람들 사이에서도 특수한 언어나 기호 때문에 소통이 불가능한 경우가 종종 있다. 그런 경우라면 그 특수한 언어나 기호를 일상적 언어로 해독하는 작업이 필요하다. 그래야만 다른 기호 영역에 사는 사람들이 서로 소통하고 이해할 수 있다. 번역을 넓은 의미에서 언어 및 기호의 장벽을 극복하는 소통의 방법으로 본다면 동종언어권 안에서도 위와 같이 다양한 번역행위가 존재할 수 있다. 이와는 달리 번역을 전통적인 의미로 이해하려는 의도 속에는 번역이 하나의 언어를 다른 언어로 옮겨 놓는 행위로 보는 단순한 이해가 자리 잡고 있는 것은 아닐까?

한 예술가(혹은 시인)가 신비한 영감을 얻어 그것을 특수한 언어(예술언어)로 표현했다면 일반 대중들은 그 영감의 세계를 이해하기 위해 전문적인 비평가나 해설가의 도움이 필요할 것이다. 예를 들면 이상(李箱)의 〈烏瞰圖〉라는 시를 이해하기 위해서는 동종언어를 사용하는 사람들도 그 언어영역 안에서 특별한 소통수단의 신세를 져야만 한다. 이때 비평가의 해석은 동종언어 속에 존재하는 다른 기호들 간의 소통행위이다. 이렇게 번역의 의미를 좀 더 넓게 해석한다면 번역은 '서로 이해할 수 없는 기호들 사이에서 발생하는 소통불가능성의 해소'라고

정의할 수 있다. 번역행위는 이종언어 간의 소통뿐만 아니라 동종언어 간의 소통을 포함한다.

이러한 문제의식은 이미 로만 야콥슨의 번역이론에서 그 단초를 찾을 수 있다. 그에 의하면 번역은 다음과 같이 세 가지 층위로 구분된다. 즉, "① 언어 내 번역(Intralingual translation) 또는 바꿔 말하기(rewording)는 같은 언어의 다른 기호에 의한 언어 기호의 해석이다. ② 언어 간 번역(Interlingual translation) 또는 본래적 번역(translation proper)은 다른 언어에 의한 언어 기호의 해석이다. ③ 기호체계 간 번역(Intersemiotic translation) 또는 변형(transmutation)은 비언어적 기호체계의 기호에 의한 언어 기호의 해석이다."[48]

야콥슨의 분류에 따르면 문학작품의 번역은 '언어 간 번역' 혹은 '본래적 번역'에 속한다. 문학작품은 특수한 언어, 즉 예술언어의 복합체이다. 이 예술언어는 일상 언어와는 달리 고도의 형상성 혹은 상징성을 지닌다. 모든 언어적 형상물과 상징물에는 번역을 통해서 전달될 수 있는 것 이외에도 무엇인가 전달될 수 없는 어떤 것이 남는다. 즉, 문학작품의 원텍스트에는 사실이나 정보의 전달을 넘어서는 어떤 본질적인 요소가 있다. 이러한 본질적 요소를 더 정확히 말한다면 그 자체가 번역될 수 없는 어떤 요소라고 규정할 수 있을 것이다. 가령, 원텍스트의 표면적 내용이 모두 전달된다 하더라도 진정한 번역가가 의도했던 바는 남는 셈이다. 이 남는 부분은 원문 이외의 방식으로는 달리 전달될 수 없는 성질의 것인데, 그 이유는 원문의 내용과 언어가 원문과 번역에서 전혀 다른 방식으로 나타나기 때문이다.

그러면 번역은 애초에 원텍스트가 지니고 있는 이 부분을 옮길 수 없는 것인가? 예컨대 푸쉬킨의 〈예브게니 오네긴〉을 어떻게 번역할 것인가? 혹은 톨스토이의 〈전쟁과 평화〉, 체호프의 〈벚나무 동산〉을 어떻게 우리말로 옮길 것인가? 만약 번역이 단순히 하나의 언어를 또 다른 언어로 변형시키는 것 이상의 의미를 지니고 있다면 우리는 무엇을, 어떻게 옮길 것인가? 이 문제에 대해 발터 벤야민의 번역이론은 많은 시사점을 던져 준다.

"문학에서 본질적인 것은 설명도 전달도 아니다. 그럼에도 불구하고 무엇인가를 전달하려고 하는 번역은 정보, 다시 말해 비본질적인 것을 전달할 수밖에 없을 것이다. 정보의 전달, 이것은 나쁜 번역의 한 특징이기도 하다. 그러나 정보의 전달 이외에 하나의 문학적 작품에 존재하고 있는 것은 – 나쁜 번역가도 인정하듯 – 일반적으로 문학에서 본질적인 것으로 간주되

48) Roman Jakobson(1971) "On Linguistic Aspects of Translation", in *Selected Writings*, Vol.2., The Hague and Paris : Mouton, p. 261.

고 있는 측량할 수 없는 것, 신비적인 것, 번역가가 동시에 시인이어야 재현할 수 있는 '시적인 것'이 아닐까? 이로써 나쁜 번역의 두 번째 특징이 드러난 셈인데, 우리는 이러한 특징을 비본질적인 내용의 부정확한 전달이라고 정의내릴 수 있을 것이다."[49)]

벤야민은 문학작품의 원텍스트에 담겨 있는 '시적인 것'이 번역의 언어로는 전달되기 어렵다고 주장한다. 그 이유는 원텍스트 안에서 '시적인 것'은 마치 과일의 열매와 껍질처럼 작품의 내용과 언어 속에 녹아 있기 때문이다. 반면에 번역의 언어에서 '시적인 것'은 겹겹이 주름이 잡혀있는 왕의(王依)처럼 서로 중복되어 있어서 일체를 이루지 못한다. 결국, 원문의 언어와 번역의 언어 사이에 질적인 차이가 존재한다는 지적이다. 그런데 흥미로운 것은 벤야민이 이러한 언어상의 차이에서 도리어 번역의 '위대한' 과제를 찾고 있다는 점이다. 그에 의하면 번역의 언어는 원문의 언어보다 차원이 높은 언어이다. 번역의 언어는 원문의 내용과 맞지 않을뿐더러 강압적이고 이질적이다. 그렇기 때문에 번역은 아이러니컬하게도 원문을 보다 '결정적인 언어'의 영역으로 옮겨 놓을 수 있는 가능성을 갖는다.

"번역가의 과제는 그가 번역하고 있는 언어에서, 그 언어를 통해 원문의 메아리가 울려 퍼질 수 있는 그런 의도를 찾아내는 데 있다. 원작품과 다른 번역의 특징이 있다면 그것은 바로 이러한 점인데, 왜냐하면 원 작품의 의도는 한 번도 총체성으로서의 언어에 향하지 않고 단지 언어의 특정한 내용과 문맥에로만 향하고 있기 때문이다. 그러나 번역은 문학적 작품과는 달리 언어의 숲 한가운데 있지 않고 언어의 숲 가장자리에서 언어의 숲을 바라보고 있으며, 또 언어의 숲 속에 발을 들여놓지 않고도 원문의 메아리가 울려 퍼지는 그 유일한 장소에서 원문을 불러들일 수가 있다. 번역의 의도는 그것이 외국어로 된 하나의 개별적 작품을 출발점으로 해서 언어를 하나의 전체로서 파악하려고 한다는 점에서 문학적 작품의 의도와 다를 뿐만 아니라 그 의도 자체부터가 문학적 작품의 경우와 판이하게 다른 것이다. 즉, 시인의 의도가 무의식적이고 단순하며, 원초적이고 구체적이라면 번역가의 의도는 파생적이고 궁극적이며 또 이념적인 것이다. 그 이유는 번역가의 작업에는 많은 언어를 하나의 진정한 언어로 통합하려는 위대한 모티브가 작용하고 있기 때문이다. 번역의 언어는 하나하나의 문장이나 작품 및 판단이 결코 서로 의사소통을 할 수 없는 그런 언어지만(왜냐하면 이들

49) 발터 벤야민(1923) "번역가의 과제", 〈발터 벤야민의 문예이론〉, 민음사, 1999, 319-320쪽. 벤야민의 이 에세이는 보들레르의 〈Tableaux parisiens〉 독일어 번역본에 붙인 서문이다.

개별적 요소들은 계속 번역에 의존하기 때문이다), 그러나 그 언어 자체는 의미의 표현방식을 통해 상호 보완되고 화해를 함으로써 조화를 이루게 되는 것이다. 만약 모든 사고가 추구하는 궁극적 진리를 아무런 긴장 없이 또 은밀하게 담고 있는 진리의 언어가 있다면, 이러한 언어야말로 진정한 언어인 것이다. 번역 속에는 바로 이러한 언어 – 철학자가 기대해 마지않는 유일한 완벽성이 있다면 그것은 이러한 언어를 예견하고 또 기술하는 데 있을 것이다 – 가 집약적으로 숨겨져 있다."[50)]

벤야민은 번역의 언어가 지니고 있는 장점('진리의 언어')을 발휘하면 원문과는 다른 차원의 성과를 이룰 수 있다고 주장한다. 그러나 벤야민의 이러한 기발한 발상에 동의하더라도 애초에 그가 제기한 작품의 '시적인 것'이 어떻게 번역을 통해서 전달되는가 하는 문제는 미해결로 남는다. 벤야민의 주장대로 번역의 언어가 진리의 언어 수준까지 고양된다 하더라도 그것이 꼭 '시적인 것'의 번역을 보장하는 것은 아니다. 이런 점에서 보면 벤야민의 '시적인 것'과 '진리의 언어' 사이에는 커다란 간극이 존재한다.

2.

가장 이상적인 문학작품의 번역은 벤야민이 지적한 대로 '시적인 것'까지도 재현하는 것일 게다. 여기서 '이상적인'이라는 표현을 쓴 것은 그런 번역이 현실적으로 가능한가 하는 의문을 표시한 것인데, 그것은 번역이 그 본질상 이차적인 창조행위일 수밖에 없다는 생각 때문이다. 번역은 무엇보다도 창조된 텍스트에 대한 해석이며 전달이다. 그렇기 때문에 번역의 창조성과 독창성은 텍스트에 의해 제한된다. 이런 의미에서 번역은 창조 행위 자체라기보다는 텍스트에 대한 '창조적인' 해석이며, 전달이다.

벤야민의 번역이론이 안고 있는 한계는 '시적인 것'의 내용이 불명료하다는 데서 비롯된다.[51)] 문학작품의 미적 가치는 물론 벤야민이 지적한 '시적인 것'과 밀접한 관련이 있다. 그러나

---

50) 발터 벤야민, 앞의 글, 327–328쪽.

51) 사실 벤야민의 언어이론은 관념적인 토대 위에 서 있다. 벤야민은 알레고리 언어이론을 주장한 것으로 유명한데, 그에 의하면 언어를 매개로 하는 문학작품은 인간의 의도로서는 알 수 없는 신의 뜻이 숨겨져 있는 형식이다. 그러나 숨겨져 있는 창조주의 뜻은 인간의 의도나 오성, 다시 말해 설명적 논리나 개념의 의도로서는 규정할 수 없는 '무의도적 파토스'이다. 무엇이라고 표현할 수 없는 파토스, 이것은 바꾸어 말하면 인간의 논리적 사고나 언어로는 포착할 수 없는 신의 '순수한 내면성'이다. 비평의 과제는 이러한 파토스와 '순수한 내

벤야민은 '시적인 것'을 신의 뜻이 표현된 '무의도적 파토스'로 이해하고 있다. 그것은 신의 '순수한 내면성'이 '순수한 언어'의 알레고리를 통해서 드러난 것을 말한다. 이런 점에서 벤야민이 말하는 '시적인 것'은 실체가 불분명하다고 할 수 있다. 과연 이러한 파토스가 번역을 통해서 재현될 수 있을까? 아니, 적어도 번역을 통해 전달될 수 있는 파토스라면 그리고 그로부터 '시적인 것'이 발생한다면, 그것은 '무의도적 파토스'가 아니라 예술가가 삶 속에서 실제적으로 느끼는 '의도적(?) 파토스'여야 하지 않을까?

벤야민은 '시적인 것'을 '무의도적 파토스'라고 규정하지만 기실 그것은 예술작품을 창조하는 중요한 계기 중의 하나인 '예술적 파토스'에 가깝다. 왜냐하면 벤야민이 말하는 '시적인 것'은 예술작품을 예술적으로 만드는 근원이라고 할 수 있는 예술적 파토스와 불가분의 관계가 있기 때문이다. 그렇다면 예술적 파토스(pathos, пафос)는 무엇이고, 그것은 번역을 통해 어떻게 전달될 수 있는가? 이 문제를 설명하기 위해서는 우선 예술적 파토스에 대해 언급해야만 한다.

예술가가 삶을 진실하고 '시적으로' 창조하기 위해서는 그것에 대한 특수한 관계, 즉 '살아 있는 관계(живое отношение)'를 가지고 있어야만 한다. 예컨대, 꽃을 바라보는 모든 사람들이 창작의 욕구를 느끼거나 시를 쓸 수 있는 것은 아니다. 창작을 위해서는 일정한 재능과 연마된 기술이 필요하다. 그리고 예술가가 작품을 창조하기 위해서는 꽃에 대한 특별한 감정과 특수한 미학적 관계를 가지고 있어야만 한다. 즉, 쓰지 않거나 그리지 않거나 노래하지 않고서는 참을 수 없는 어떤 '비밀스럽고 자연스러운 자발적 힘'이 없이 예술창조는 있을 수 없다. 마당에 고고하게 피어 있는 치자꽃의 우아함과 기품을 알아보는 시인의 시심(詩心)에는 이미 시인과 꽃 사이의 '살아 있는 관계'가 존재한다. 이렇듯 창작과정은 창작 주체의 능동적인 개입이 없이는 이루어질 수 없는 것이다.

벨린스키는 삶에 대한 예술가의 '살아 있는 관계'를 파토스라는 개념으로 설명한다. 벨린스키의 표현을 빌면 파토스는 '시적인 이념(поэтическая идея)'이고 '이념에 대한 사랑(любовь к идее)'이다. 즉, 파토스는 추상적이고 오성적인 활동의 결과물이 아니라 '살아 있는 예술적'

면성 속에 의도되고 있는 바'를 규정하는 것이다. 벤야민은 비평의 가능성을 언어가 본래 지니고 있는 알레고리적 성격에서 찾는다. 창조주의 뜻이 말 그 자체, 즉 신의 '순수한 언어' 속에 내재되어 있다고 보는 것이다. 즉, 비평은 그 순수한 언어의 알레고리를 해부하는 작업이다. 이에 대해서는 반성완, "발터 벤야민의 비평개념과 예술개념", 〈발터 벤야민의 문예이론〉, 375-377쪽을 참고할 것.

이념이며 동시에 정신적이고 도덕적인 '열정'이다. 벨린스키는 푸쉬킨에 관한 연작 논문들 중 다섯 번째 논문(1844)에서 모든 시작품은 시인이 지니고 있는 강력한 사상(파토스)의 결과물이며 만약 이 사상을 오성적인 활동의 결과물로 생각한다면 예술뿐만 아니라 예술의 가능성 자체도 말살하게 될 것이라고 지적하고 있다. 이것은 그가 파토스를 예술의 본질로 파악하고 있다는 것을 단적으로 보여 주는 대목이다.

"예술은 추상적이고 철학적이며 더욱이 오성적인 이념을 허용하지 않는다. 즉, 예술은 오직 시적인 이념들만을 허용할 뿐이다. 시적인 이념이란 삼단논법도 아니고 교리도 아니며 규칙도 아니다. 이것은 살아 있는 열정, 즉 파토스이다… 파토스란 무엇인가? 창작은 오락이 아니며 예술작품은 여가나 변덕스러운 마음의 열매가 아니다. 예술작품은 예술가의 노동의 산물이다… 만일 시인이 창작을 통해서 어떤 공을 세우려고 한다면 그것은 곧 어떤 강력한 힘, 어떤 이겨낼 수 없는 열정이 시인으로 하여금 그러한 일을 시도하고 지향케 한다는 것을 의미한다. 이 힘, 이 열정이 곧 파토스이다."

벨린스키는 파토스를 예술적 이념('시적인 이념')과 예술적 감정('살아 있는 열정')의 '모순적인 통일'로 이해하고 있다. 예술작품을 창조하는 과정은 한편에서 보면 삶의 본질적인 측면을 반영하는 것이기 때문에 예술가에게 현실에 대한 이념적(세계관적) 태도를 요구한다. 물론 예술가들의 세계에 대한 이념적 태도는 벨린스키가 지적하고 있듯이 '추상적이고 철학적인' 것이 아니라 '구체적이고 시적인 것'이다. 그러나 다른 한편에서 예술작품은 현실에 대한 예술가의 정서적 관계의 산물이기도 하다. 예술적 창조과정에서 '이념'은 본질적인 계기로서 작용하지만, 그것이 곧 예술창작의 전부는 아니다. 예술의 창조과정은 현실에 대한 예술가의 '살아 있는 열정', 즉 억제할 수 없는 욕망에서 시작된다. 현실에 대한 살아 있는 열정 없이 예술작품을 창조한다는 것은 거짓이다. 어떤 작품이 진실한 열정에 근거해 있다고 해서 그것이 곧 뛰어난 예술작품을 보장하는 것은 아니지만 그것 없이 '진실한' 예술작품은 존재할 수 없다. 진실한 감정은 최소한 예술작품을 '감동적인 것'으로 만든다. 즉, 파토스는 예술적 창조의 정서적 '단초'이면서 동시에 그것의 이념적인 '계기'이다. 이것은 벨린스키가 파토스를 창작활동의 원천으로서 이해하고 있다는 것을 증명하는 것이다. "(…) 모든 시작품은 파토스의 열매가 되어야 하며 파토스로써 관철되어야만 한다. 파토스가 없이는 무엇이 시인으로 하여금 펜을 잡지 않을 수 없게 하였으며, 무엇이 시인에게 때로 매우 거대한 작품을 시작하고 끝낼 수 있는 힘과 가능성을 주었는가를 이해할 수 없다." 이렇게 파토스는 예술가로 하여금 창작을 하지 않을 수 없게 만드는 원천이며 창작과정에서 예술가의 창작혼이 작품의 완성으로까지 이어지게 하는 힘이다.

벨린스키는 푸쉬킨의 서정시를 관통하고 있는 파토스를 '예술성(художественность)'이라고 규정하고 있다. 벨린스키에 의하면 이것은 현실에 대한 '예술가적 입장', 즉 관조적인 미학적 태도를 의미한다. 푸쉬킨은 "놀랄 만큼 충실하고 생생하게 자연을 관조하기는 하지만 그것의 비밀스러운 말 속에 깊이 잠겨들지는 않는다. 이 때문에 그는 자연을 그리기는 하지만 그것에 관하여 사색하지는 않는다. 그리고 이것은 푸쉬킨 시의 파토스가 순수하게 예술가적이고 예술적이라는 것을 증명하는 것이다." 푸쉬킨은 아름다운 자연풍경을 노래하면서 그것의 우주적 의미를 논하거나 그에 대한 철학적 성찰에 빠지지 않는다. 푸쉬킨은 시적 대상을 사색하는 것이 아니라 그저 표현할 뿐이다. 이런 독특한 파토스 때문에 푸쉬킨은 가장 산문적인 대상조차도 시적인 것으로 만들 수 있는 것이다. 그리고 바로 여기서 푸쉬킨적 파토스에서 유래하는 '시적인 것'이 탄생한다.

벨린스키는 푸쉬킨의 파토스를 설명하면서 〈예브게니 오네긴〉의 몇 장면을 예로 들고 있다. 〈예브게니 오네긴〉은 수도와 시골생활, 재미없는 대화로 소일하는 태평스러운 지주들의 모습, 손에 빗자루를 쥐고 카페 문을 여는 선술집 하인의 잠에 취한 낯짝, 해달의 가죽 털로 옷깃을 단 프록코트를 입은 세련된 바람둥이가 썰매를 타고 외출하는 장면 등 산문적인 소재들로 가득 차 있다. 그러나 푸쉬킨은 이것을 시적인 화폭으로 재창조한다. 그것은 시인이 산문적 소재를 순수하게 예술가적으로 관조하고 있기 때문에 가능한 것이다.

예술작품의 번역이 단순히 언어의 문법과 의미를 기계적으로 옮겨 놓는 것이 아니라면, 번역은 무엇보다도 예술적 파토스를 전달해야 한다. 왜냐하면 예술적 파토스를 번역해야만 그 작품의 본질을 파악할 수 있고, 벤야민의 표현대로 그 작품 속에 감추어진 '측량할 수 없는 것'을 전달할 수 있기 때문이다. 그리고 파토스를 번역하는 것은 예술적 텍스트를 형성하는 근원을 찾는 것이고, 그 속에 감추어져 있는 예술가의 개성을 드러내고, 해석하는 일이며, 예술적 텍스트의 역사, 문화적 맥락을 읽어 내는 일이다. 그러면 〈예브게니 오네긴〉을 예로 들어 푸쉬킨의 예술적 파토스에서 유래하는 '시적인 것'을 어떻게 번역할 것인가 하는 문제를 살펴보도록 하자.

3.

푸쉬킨 작품 중에서 가장 번역하기 어려운 텍스트가 아마도 〈예브게니 오네긴〉이 아닐까 싶다. 그것은 운문소설이라는 독특한 장르에서 기인하는 형식적, 문체적 특징 때문이다. 〈예브게니 오네긴〉은 서정시 특유의 운율을 엄격하게 유지하면서도 마치 일반적인 소설에서 볼 수 있는 자유로운 서술이 일관되기도 한다. 게다가 〈예브게니 오네긴〉은 외국어로 번역하기 어려운 '시적인 것'을 풍부하게 간직하고 있기 때문에 번역자를 곤혹스럽게 한다. 다음의 예를 보도록 하자.

Уж тёмно : в санки он садится.
"Пади, пади!" раздался крик ;
Морозной пылью серебрится
Его бобровый воротник.

어느덧 날은 저물고 그는 썰매에 오른다.
"이랴, 이랴!" 말 모는 소리 울려 퍼진다.
비바털 옷깃에 은빛 눈발이
서리서리 부서진다.[52)]

이 대목은 〈예브게니 오네긴〉의 제1장 16절로 무위도식하는 오네긴이 저녁때 무도회로 출타하는 장면이다. 앞서 지적한 것처럼 프록코트를 입은 바람둥이가 썰매를 타고 외출하는 장면은 지극히 산문적이다. 그런데 푸쉬킨은 그 광경을 해가 떨어진 겨울의 싸늘하고 아름다운 정경으로 묘사하고 있다. 이로써 이 대목은 〈예브게니 오네긴〉에 나오는 어떤 장면보다도 아름답고 시적인 화폭으로 바뀐다. 위의 번역본에서도 바로 이 점을 충분히 살려 텍스트의 '시적인 것'을 제대로 전달하고 있다. 특히, 오네긴이 걸친 옷깃에서 눈가루가 은빛으로 반짝이

52) 푸쉬킨, 〈예브게니 오네긴〉, 석영중 역, 열린책들, 1999, 24쪽.

는 이미지를 "옷깃에 은빛 눈발이 / 서리서리 부서진다."로 번역함으로써 원문에서 느낄 수 있는 생생한 형상을 훌륭하게 전달하고 있다.

문학작품의 '시적인 것'을 번역하는 데 있어서 또 한 가지 어려운 점은 전체적인 시적 뉘앙스를 해치지 않게 생경한 시어를 우리말로 옮겨 놓는 것이다. 다음의 경우를 보도록 하자.

В году недель пять-шесть Одесса,
По воле бурного Зевеса,
Потоплена, запружена,
Все домы на аршин загрязнут,
Лишь на ходулях пешеход
По улице дерзает вброд;
Кареты, люди тонут, вязнут,
И в дрожках вол, рога склоня,
Сменяет хилого коня.

일 년에 5, 6주 동안 오뎃사는,
거친 제우스의 뜻에 따라,
홍수가 나고, 제방을 쌓고
두터운 진흙으로 덮이곤 하지.
모든 집들은 두터운 먼지로 더렵혀져 있어,
죽마(竹馬)를 타고서야 겨우
거리를 걸어 볼 엄두를 내는 것이네.
마차와 사람들은 진창에 빠져 있고
사륜마차는 뿔을 내린 황소가
허약한 말을 대신하지.[53)]

이 장면은 "오네긴의 여행기"에 나오는 한 대목이다. 오네긴은 '먼지 자욱한 오뎃사'를 언급하면서 포장도로가 없는 이 도시에 홍수가 나서 모두가 진흙탕에 빠져 있는 모습을 묘사하고 있다. 위의 번역본이 이 대목을 근사하게 번역해 놓았다. 다만 "모든 집들은 두터운 먼지로 더렵혀져 있어, / 죽마(竹馬)를 타고서야 겨우 / 거리를 걸어 볼 엄두를 내는 것이네"에서 '죽마'라는 번역어가 눈에 생경하다. 여기서 죽마는 러시아어 ходуль를 번역한 것이다. 죽마는 우리말로 '대말'이라고도 하는데, 이것은 아이들이 말놀음을 할 때, 두 다리를 걸터타고 끌고 다니는 대막대기를 일컫는다. 그러나 이 장면에서 죽마를 탄다는 이미지는 선뜻 머릿속에 그림이 그려지지 않는다. 죽마를 우리말 '대막대기'로 번역하는 것은 어떨까? 그렇다면 집집이 흙탕물 속에 잠겨서 사람들이 대막대기에 의지해 간신히 거리로 나올 수 있는 광경이 쉽게 그려질 수 있지 않을까 싶다.

예술적 파토스를 번역하는데 또 하나 주의할 점은 여러 가지 의미로 번역될 수 있는 단어나 구절을 전체적인 맥락에 맞게 일관되게 번역하는 일이다. 〈예브게니 오네긴〉에는 이러한 사례가 많이 나오는데, 제1장 42절의 경우를 보도록 하자.

Причудницы большого света!
Всех прежде вас оставил он ;
И правда то что в наши лета
Довольно скучен высший тон…

상류 사회의 야릇한 녀인들이여!
맨 먼저 그는 당신들을 떠났더라.
사실 말이지 당신들의 틀 차림이란
우리 녀령엔 무던히도 적막하더라.[54)]

위의 우리말본은 북한에서 번역된 〈예브게니 오네긴〉에서 인용한 것이다. 여기서 주목할

---

53) 푸쉬킨, 〈예브게니 오네긴〉, 허승철, 이병훈 역, 솔, 1999, 299쪽.
54) 푸쉬킨, 〈예브게니 오네긴〉, 조쏘출판사, 1956, 89쪽.

곳은 'в наши лета'를 '우리 녀령(연령)엔'으로 번역한 대목이다. 이 문맥에서 'в наши лета'는 'наш возраст(우리 연령)' 혹은 'наше время(우리 시대, 시절)'로 번역할 수 있다. 이바노프에 의하면 투르크멘어, 카자흐어, 키르키즈어 번역본에는 'в наши лета'가 'наш возраст'로 따지크어 번역본에는 'наше время'로 번역되어 있다고 한다. 어떤 번역이 더 정확한 것일까? 푸쉬킨 자신은 'в наши лета'라는 표현을 쓰면서 무엇을 염두에 두고 있었던 것일까? 이 문제를 해결하기 위해서 〈예브게니 오네긴〉의 다른 부분에 나오는 비슷한 표현이 어떤 의미로 사용되고 있는지 비교하는 것이 필요하다. 제3장 17-18장에 다음과 같은 대목이 등장한다.

"Расскажи мне, няня,
Про ваши старые года :
Была ты влюблена тогда?"

И, полно, Таня! В эти лета
Мы не слыхали про любовь…

"할멈, 얘기해 응,
할멈 젊었을 적 일을 들려 줘.
그때엔 할멈두 사랑을 했어?"

"말씀도 맙쇼, 따냐! 우리 시절엔
사랑 얘기 들어 본 적도 없다우."[55)]

위의 장면에서 'в эти лета'는 'ваши старые года'와 대조를 이루면서 'возраст'가 아니라 'время'로 번역되어 있다. 그리고 이것은 제1장 42절에 나오는 'в наши лета'를 'время'로 번역해야 하는 개연성을 제공한다. 이러한 비교에서 알 수 있듯이 반복되는 시어를 전체적인

55) 조쏘출판사, 134쪽.

문맥에 맞게 일관되게 번역하는 것이 작품의 파토스를 정확하게 전달하는데 중요한 요소가 된다. 이런 점에서 위의 번역본의 경우는 같은 의미를 서로 다른 뉘앙스로 번역한 예라고 할 수 있다.

예술작품을 번역하는 데는 원문에 없는 표현을 상황에 맞게 적절히 구사해야 하는 창조성이 요구되기도 한다. 이것은 텍스트 속에 감춰져 있는 '시적인 것'을 밖으로 불러내어 명시적으로 드러내는 일이다. 〈예브게니 오네긴〉의 제7장 43절에는 다음과 같은 장면이 나온다.

(…) И раннийзвон колоколов,
Предтеча утренних трудов,
Ее с постели подымает.

어느덧 새벽을 알리는
교회의 이른 종소리가
그녀를 침대에서 일으켰다.[56]

아침 할 일을 알리는 이른 새벽의
교회당 종소리가 울려 퍼지며
따냐를 자리에서 일으켜 세운다.[57]

이 장면은 타티야나가 새로운 거처로 옮긴 후에 맞은 첫 번째 아침을 노래한 것이다. 그런데 원문에 있는 'раннийзвон колоколов'가 첫 번째 번역본에는 'раннийзвон церковых колоколов'의 의미로 번역되어 있다. 그것은 이 작품에서 종소리는 타티야나의 거처 주변에 교회가 있다는 점을 상기시키기 때문이다. 만약 번역본에서 그것을 '이른 새벽 종소리'로 옮겼다면 타티야나가 거처하고 있는 주변풍경이 재현되지 않았을지 모른다. 이런 점에서 이 경우는 원문에는 없는 것을 번역본에서 보충해서 오히려 텍스트의 '시적인 것'을 살리고

56) 푸쉬킨, 〈예브게니 오네긴〉, 허승철, 이병훈 역, 솔, 1999, 235쪽.
57) 조쏘출판사, 243쪽.

있는 사례라고 할 수 있을 것이다. 두 번째 번역본에도 이런 시적 뉘앙스를 충분히 살리고 있다. 다만, 차이가 있다면 'предтеча утренних трудов'를 첫 번째 번역본에서는 '새벽을 알리는'으로, 두 번째 번역본에서는 '아침 할 일을 알리는'으로 번역하고 있다는 점이다.

4.

번역은 이질적인 언어들로 표현된 문화들과의 창조적인 대화이다. 그것은 시간을 넘나들 뿐만 아니라 민족, 나라, 지역 간에 상이한 정신적 가치와 유산을 소통하는 전달 행위이다. 그러므로 정확한 번역이 없이는 인류 문화의 발전을 기대할 수 없다. 인간은 매일 자신과 타인 그리고 세계를 번역(소통)하면서 살아간다.

그러나 번역은 또한 그 본질상 이차적인 행위일 수밖에 없다. 번역은 무엇보다도 창조된 텍스트에 대한 해석이며, 전달이다. 그렇기 때문에 번역의 창조성과 독창성은 텍스트의 객관성(объективность)에 의해 제한된다. 이런 의미에서 번역은 창조 행위 자체라기보다는 텍스트에 대한 '창조적인' 해석이며, 전달이다. 과연 번역이 텍스트의 모든 것(특히 텍스트의 '창조성' 자체)을 온전히 전달할 수 있을까 하는 의문은 바로 여기에서 기인한다. 특히, 이 질문은 예술작품을 번역하는 문제에서 좀 더 본질적인 의미를 지닌다.

가장 이상적인 번역이란 예술텍스트의 객관적, 역사적 의미뿐만 아니라 그것의 예술적 파토스를 전달하는 것일 게다. 여기서 텍스트의 의미를 해석하는 주체(해석 주체의 '주관성')는 부차적 의미를 지닌다. 왜냐하면 그것은 텍스트의 객관적 의미에 의해 일정하게 제한되기 때문이다. 그러나 번역이라는 소통행위는 A라는 언어 기호 체계를 단순히 A′라는 언어 기호 체계로 옮기는 행위가 아니다. 번역은 '창조적인' 소통행위이기 때문에 그 과정에 번역자의 다차원적이고 역동적인 가치 지향적 행위가 개입된다. 예컨대, 번역자의 번역에 대한 태도, 방법론, 언어습관, 윤리적, 도덕적, 미학적 세계관, 미적 취미와 감정, 소통행위에 대한 전략적 태도 등이 번역과정에서 변수로 작용할 수 있다.

〈예브게니 오네긴〉의 번역에서 보듯이 역자들은 'в наши лета'를 'наш возраст(우리 연령)'로 번역하기도 하고 혹은 'наше время(우리 시대, 시절)'로 번역하기도 한다. 그리고 또 다른 번역자는 상이한 해석을 내릴 수도 있다. 'Предтеча утренних трудов'를 번역하는 데도 다양한 의견이 존재할 수 있다. 앞선 예에서 보듯이 труд를 적극적으로 번역할 수도 있고, 그렇지 않을 수도 있다. 그리고 труд를 적극적으로 번역하는 경우에도 그 내용이 무엇이냐에 따라 상이한 번역이 나올 수 있다. 예컨대, 어떤 번역자는 труд를 노동으로 이해하지만 다른 번역자는 아침 예배로 이해할 수도 있다. 만약 후자의 경우라면 텍스트의 내용뿐만 아니라 예술적 파토스에 대해서도 상이한 '창조적' 해석이 나올 것이다. 이렇듯 문제는 번역자가 번역이라는 소통행위 속에서 어떤 전략을 우선적으로 선택하느냐이다. 이것은 번역자의 세계관이나 미적 취미와 같은 가치 지향적 행위에서 연유한다고 할 수 있다.

번역을 다양한 가치 지향적 소통행위로 이해하는 것은 절대 권위의 유일 번역본을 이상으로 삼는 신화와 배치된다. 다양한 번역자와 번역본은 동일한 텍스트를 중심으로 한 독특한 소통관계를 형성하며 인간의 역동적인 가치 지향적 행위를 촉발시킨다. 푸쉬킨의 〈예브게니 오네긴〉에 대한 다섯 개의 번역본이 있다면 그것은 한 가지 텍스트를 해석하는 다섯 가지의 가치 지향적 행위가 존재한다는 것을 의미한다. 그리고 이런 다양한 가치 지향적 번역 행위는 또 상호 공존함으로써 인간의 소통행위를 다차원적이고 역동적으로 만든다. 번역-소통행위에서 예술적 파토스가 본질적인 의미를 차지하는 것은 바로 이러한 이유 때문이다.

참고문헌

푸쉬킨(1956) 〈예브게니 오네긴〉, 조쏘출판사.

푸쉬킨(1999) 〈예브게니 오네긴〉, 허승철, 이병훈 역, 솔.

푸쉬킨(1999) 〈예브게니 오네긴〉, 석영중 역, 열린 책들.

발터 벤야민(1999) 〈발터 벤야민의 문예이론〉, 반성완 역, 민음사.

사카이 나오키(2005) 〈번역과 주체〉, 후지이 다케시 역, 이산.

Белинский, В. Г.(1955) *Полн. соб.* соч. М. Т. 7.

Иванов, С.(1977) "«Евгений Онегин» на языках народов Средней Азии," *Мастерство перевода 1976(сборник одиннадцатый).* М.

Коммуникативная и поэтическая функции художественного текста. Воронеж. 1982.

Коммуникативная и когнитивная природа понимания. М. 1989.

Коммуникативные аспекты значения. Волгоград. 1990.

Коммуникация в современной науке. М. 1976.

Ожегов, С. И. & Шведова, Н. Ю.(1992) *Толковый словарь русского языка.* М.

Пушкин, А. С.(1957) *Полн.* соб. *соч.* М. Т. 5.

Руднева, Е. Г.(1977) *Пафос художественного произведения.* М.

Русские писатели о переводе. Л. 1960

Jakobson, R.(1971) "On Linguistic Aspects of Translation," in *Selected Writings, Vol.2*. The Hague and Paris: Mouton.

제9장

고대 러시아 부흥기 문학에서의 전통과 모방
– 키예프 러시아 문학에 대한 모방을 중심으로

| 서선정 |

1. 고대 러시아 부흥기의 역사적 상황과 전통의 문제

인류의 역사상 완벽히 고립된 문화란 존재하지 않는다는 점을 전제할 때, 문화의 발전과 변화를 논의하는 데 있어서 간과할 수 없는 부분이 바로 문화 간의 영향 관계일 것이다. 이때, 영향과 차용이라는 개념은 영향을 주는 문화와 영향을 받고 타 문화를 차용하는 문화를 상정하므로, 문화 발전을 선진한 문화와 후진한 문화 간의 소통 상황으로 이해할 여지를 준다는 점에서 다소 예민한 쟁점을 제공한다.

특히 정교 세례와 더불어 비잔틴으로부터 여러 문화의 모델을 수용함으로써 중세를 맞이한 러시아의 문화발전을 서술하는 데 있어, 타 문화의 영향이라는 문제는 자문화의 정체성을 규정하는 데 있어 필연적 선결과제였다. 일례로 리하쵸프는 비잔틴의 문학 규범을 받아들임으로써 본격적인 기록 문학 시대를 연 초기 러시아 문학의 상황을 기존의 문화 발전 모델에서 사용된 영향이 아닌 이식으로 이해한다. 그의 이식문화론에 따르면, 초기 러시아에는 비잔틴에서 전수되어진 바와 같은 문학 체계가 존재하지 않았으므로, 초기 러시아의 문학적 상황이란 문학이라는 새로운 문화 현상이 비잔틴으로부터 러시아 땅에 이식된 것으로 보는 것이 더 정확하다는 것이다. 즉, 서로 다른 문화 간의 영향관계는 엄밀히 말해 서로 대체 가능한 문화양식들 간에서 성립 가능한 것으로서, 상이한 발전 단계에 놓인 문화들 간의 관계에서 한 문화에 없는 양식을 다른 문화로부터 수용하는 현상은 문화의 이식으로 보아야 한다는 것이다. 이때,

이식이라는 개념이 갖는, 선진문화와 후진문화 간의 종속적 관계 구도에 대한 함의 가능성은 문화의 상호 관계의 여러 동인들 중 문화 주체의 내적, 능동적 요구의 역할을 강조함으로써 극복된다. 즉, 러시아가 비잔틴으로부터 스스로에게 없는 문학 시스템을 도입한 것은 문화적 종속에 의한 강제 이식이 아니라, 그러한 체계를 필요로 하고 있었던 러시아 문화의 자발적인 내적 요구에 의한 것이었다는 것이다. 나아가 그러한 문화 내적 요구에 의해 수용된 타 문화의 씨앗들은 러시아라는 토양과 환경의 자양분을 통해 러시아적인 문화로 자라나게 된다. 이러한 해석은 문화의 태동과 발전에 있어서 전달 주체 혹은 영향을 주는 문화 주체의 역할이 아닌 수용 주체, 혹은 이식 토양의 역할에 더욱더 적극성을 부여한다. 세계라는 거대한 다문화의 공간에서 이루어지는 실제 문화 교류를 상정해 볼 때, 다소 지나치게 문화 수용주체의 능동성이 강조된 이러한 이해는 이미 고대 러시아 시대부터 지속되어 온 러시아인들의 자기 문화 정체성 찾기라는 오랜 과제와 연관된, 국가와 민족의 내적 역량과 욕구가 역사 발전을 가져온다는 확신에 근거한 것이라 할 수 있다.

한편, 로트만은 이러한 문화들 간의 상호 관계를 그의 중심이론인 '문화 텍스트론' 혹은 '문화적 대화'와 '문화적 번역'을 통해 이해한다. 로트만의 문화 이론은 첫째, 서로 다른 문화 간의 영향 관계는 전달되어지는 문화라는 텍스트를 중심으로 텍스트의 발신자와 수신자의 관계가 설정되는 대화적 상황으로서, 두 문화는 서로 다른 언어를 사용하며, 따라서 둘째, 발신자에 의해 내놓아진 문화 텍스트는 수신자의 언어로의 내적 번역 과정을 거쳐 소통되는데, 셋째, 그 과정에서 발신 텍스트에 존재하는 모든 정보들이 수신자에 의해 수용되는 것이 아니라, 수신자에 의해 자기 이해에 합당한 부분만을 선택한다는 내용으로 정리될 수 있다. 이때, 우리가 무엇보다도 주목해야 할 지점은 문화의 정보들이 모두 수신 문화에 의해 수용되는 것이 아니라 선택되어진다는 것과 각각의 문화들이 서로 '다른 언어'를 지닌 것으로 이해된다는 것이다. 문화의 교류가 다른 '언어'를 가진 문화 간에 이루어진다는 인식은 문화적 영향에서 발신 측의 일방적인 권력이나 수신 측의 종속 관계를 전면적으로 부정하며, 수신 측의 선택적 수용은 문화 교류에 있어 수신 문화가 지니는 능동성을 시사한다. 초기에 발신된 문화 텍스트를 수동적으로 수용하던 문화 수신자는 점차적으로 발신 문화 텍스트 속의 낯선 언어와 기호체계들을 자기화하여 구사함으로써 결과적으로 그 체계와 유사한 새로운 텍스트를 재창조하게 된다.

문화들 간의 상호 관계에 대한 리하쵸프와 로트만의 이론은 모두 수용측 문화의 내적 요구와 적극성을 문화 교류의 가장 중심적인 동인으로 인식함으로써, 주변 국가들에 비해 늦은 발전 과정을 거쳤던 러시아의 문화 발전사를 주변의 선진 문화들의 영향과 그에 대한 모방으로 평가절하하지 않을 뿐 아니라, 실제 독특한 역사적 행보를 걸어온 러시아 문화사에 대한 심도 있는 이해를 가능하게 해 준다.

한편, 앞선 논의들에서 주목한, 특정 문화의 발전 과정에 있어서 외적인 요소들 외에도 많은 경우 더 문제가 되는 것은 자문화의 전통에 대한 자각과 인식을 통한 변화와 발전일 것이다. 로트만은 특정 집단의 문화사를 관찰할 때, 흔히 발견할 수 있는 형태로서, 해당 문화의 통시적 회고적인 자기 전통 지향적 흐름을 자아지향소통으로 규정한다. 동시대적 공간 속에서 이루어진 상기된 영향관계들과 달리 통시적 흐름 속에서 이루어지는 이 커뮤니케이션 과정은 과거에 대한 기억의 기능을 수행할 뿐 아니라, 과거의 문화적 산물을 새로운 시대 언어로 '번역'해 냄으로써 새로운 정보와 새로운 문화 산물을 창출해 내는 과정이 된다. 특히, 정교로의 세례 이후 서구 유럽의 문화에 뒤늦게 동참한 탓에 유럽 문화에 준하는 자기 문화와 전통 확립을 열망했던 러시아로서는 선행한 자기 문화에 대한 회고는 자문화의 정체성 확립을 위한 당면 과제이기도 했다. 실제, 고대 러시아 문화의 곳곳에서 오래되고 선행된 것을 가장 완벽한 것이자 훌륭한 것, 영광된 것으로 평가한 예들은 쉽게 발견할 수 있다.

고대 러시아 문화사에서 과거 전통 문화에 대한 의도적 회고와 요구가 문화 발전의 가장 중요한 동인으로 작용한 첫 시기는 정신적으로 몽고 침탈을 극복하기 시작하던 14세기 말부터 모스크바 공국의 성립기인 16세기에 이르기까지의 문화적 '부흥기'라 할 수 있다. 1380년 쿨리코보 전투의 승리 이후, 비록 몽고의 외적 지배는 지속되고 있었으나 이미 몽고불패의 신화를 깨뜨린 러시아인들은 민족적 자신감을 회복하는 동시에 침탈로 피폐해진 러시아 문화와 정신을 재생시키고자 하는 강렬한 내적 요구와 마주하게 되는데, 이러한 요구는 1480년 몽고의 지배가 종결된 이후 모스크바 공국이라는 새로운 국체(國體)의 성립과 더불어 본격화되었다. 당대 러시아인들의 내적 요구가 얼마나 강렬한 것이었느냐는 교회문학 코드로 점철된 당대의 기록문학에서보다도 브일리나와 같은 구전문학들 속에서 더욱 현저하게 반영되어 있다. 예를 들어 키예프 사이클의 브일리나에서 드러나듯, 오랜 세월 민중들의 의식 속에서 정치/종교적 이상향으로 각인되었던 키예프 러시아 시대의 문화적 전통은 그들에게 민족 고유의 정체성을 회복시켜 줄 자랑스러운 과거로 등장하게 되었고, 키예프 러시아 시대의 문학적 전통은 문화적 기억으로서 시간적 거리를 뛰어넘어 전달되고 재생되었다.

리하쵸프는 14세기 말 이후의 이러한 시대 분위기와 연관하여 문학에서 일어난, 과거 키예프 러시아 시대의 문학 전통을 복구하고 보존하고자 하는 경향을 서구유럽의 르네상스에 유비시켰다. 서구의 문예부흥이 찬란했던 고대 그리스 로마의 문화에 대한 회고를 통해 역사적으로 그 이전시기 – 중세 시기 – 를 뛰어넘어 찬란한 문화로의 부활을 꾀했다면, 이 시기 러시아는 몽고의 침탈로 인해 피폐해진 러시아의 전통을 키예프 시대 문화를 복구시킴으로써 부활시키고자 했다. 즉, 모두 이전 시대 문화로의 복귀를 통해 문화의 부흥을 꾀했다는 점에서 두 시기는 서로 흡사하다. 그러나, 리하쵸프가 지적하고 있듯, 비록 이 시기의 러시아 문화가 서구 유럽의 르네상스적인 개별 경향들을 드러내고 있지만, 그 전반을 인문주의적인 세계의 도래, 기독교적 중세 문화의 세속화라는 특질로 정의되는 서구유럽의 르네상스에 유비할 수는 없다. 무엇보다도 이 시기의 러시아는 기독교적 문화의 세속화라는 르네상스적 과제가 아닌 찬란한 기독교 문화에로의 회귀라는 과제를 지향하고 있었기 때문이다. 만약 인문주의에로의 경도라는 경향이 역사상 르네상스라는 시기를 규정하는 가장 주요한 자질이라면, 이 시기 러시아의 문화는 이후 17세기까지 지속적으로 진행될 교회의 세속화와 개성의 출현이라는 경향이 시발된 먼 시원이었다는 점에서 전기르네상스로 규정할 수 있을 것이다.

이러한 관점에서, 흔히 이 시기 러시아에 일어난 문화적 변혁을 대변하는 운동으로 언급되는 '제2차 남슬라브영향'은 직접적으로는 외부로부터 불어온 영향이지만, 그러한 영향력이 당대 러시아 문화에서 주도적인 흐름으로 자리하게 된 것에는 러시아인들의 내적인 요구가 결정적인 요인으로 작용했다고 볼 수 있다. 따라서 14세기 말–15세기 러시아 문화계는 남슬라브 문화와 당대 러시아 문화 간의 공시적 소통과 당대 러시아와 키예프 러시아 문화 간의 통시적 자아지향 소통이 교차하는 역동적 문화 공간으로 규정될 수 있을 것이다.

본고에서는 문화적 전통을 복구하여 새로운 문화를 생성해야만 하는 과제에 당면한 14세기 말–15세기 러시아인들에게 전통으로 설정되었던 두 문화 – 키예프 러시아의 문화와 제2차 남슬라브 영향 – 가 당대 러시아 문학에서 실제로 어떻게 드러나는지를 살펴보고자 한다. 아울러, 이 과정에서 이러한 경향이 유형화되는 과정과 그 특색을 살펴보며, 나아가 그 결과에 대한 평가를 시도하고자 한다. 한편, 문화적 영향과 이식 관계를 소통현상으로 규정할 때,

발신자와 수신자 간 소통의 '실패'에 대해서도 논할 수 있을 것이다. 문화적 소통에서 발신자의 메시지를 수신자가 원의미의 변화 없이 받아들이기란 불가능하므로, 원의미의 절대적 전달이 소통의 성공은 아닐 것이다. 소통의 성패여부를 가늠하는 데는 여러 평가기준이 제시될 수 있겠지만, 문화적 소통에서 일어나는 수용과 발전/창조의 메커니즘을 고려하는 동시에, 문화적 소통을 발신자와 수신자 간의 서로 다른 문화 언어 간의 번역 과정으로 이해한 로트만 식의 정의를 받아들인다면, 우리는 전달된 문화를 수신자 문화의 새 언어로 얼마나 창조적으로 번역되었는가를 그 잣대로 삼을 수 있을 것이다.

즉, 전달된 문화가 수신자 측의 문화 속에 던져진 씨앗으로만 존재하여 새로운 토양의 자양분을 흡수한 완전한 개체로 생성되지 못했다면, 그리하여 새로운 문화 속에 기계적이고도 단편적인 파편으로 삽입된 채 머무른다면, 그것은 실패한 소통으로 규정할 수 있을 것이다.

2. 전통의 설정

2.1. 키예프 러시아의 문학

1230년대로부터 시작된 몽고-타타르의 침입으로 인해 14세기 초반에 이르면 이미 러시아는 문화/경제적인 면에서 심각한 타격을 입게 된다. 몽고-타타르의 침공으로 말미암아 직접적으로 서적보관서나 수도원의 필사고들이 불타고 사라짐으로써 막 절정에 이르려 했던 키예프 러시아 시대의 문학적 번성은 사그라들고 말았다. 무엇보다도 키예프 시대에도 매우 제한적이었던 글을 읽고 쓸 줄 알던 식자층이 얕아졌으며, 당연히 필사나 문학 창작 활동은 극도로 위축되었다. 14세기 말 드미트리 돈스코이에 의해 주도된 쿨리코보 전투에서의 승리 이후, 민족적 자신감을 되찾은 러시아인들은 즉각 필사작업을 부활시키며 문학 활동의 재기를 꾀했고, 이 과정에서 키예프 러시아의 번성한 과거는 그들에게 일종의 이정표로 제시되었다. 문학적 전통이 몽고의 침탈로 인해 사장된 이 시기의 러시아인들에게 비잔틴으로부터 문학 체계와 장르를 '이식'받아, 고유하고 독창적인 문학 체계를 이루어 내었던 키예프 러시아의 문학이 전통으로 자리 잡은 것은 당연한 귀결일 것이다.

한편, 11-13세기의 키예프 러시아의 문학적 전통이 이 시대에 본격적으로 회고될 전통으로 자리 잡은 데는 이러한 당대의 역사적인 정황들 외에도 두 시기의 러시아 사회에 만연했던 시대정신과 문학에 대한 당대의 요구의 유사성이 또 다른 이유로 기능하였다.

키예프 러시아의 문학의 가장 주요한 주제는 '러시아 땅'에 대한 애정과 애국주의였다. 키예프 러시아의 전반기의 문학이 갓 기독교 국가의 대열에 동참한 러시아가 새로운 문화적 충격 속에서 자기정체성을 확립하는 것을 주된 목표로 삼았다면, 후반기의 문학은 정치적 응집성이 비교적 약한 봉건제라는 정치체제가 서서히 와해되어 가던 당대의 러시아인들에게 러시아 땅의 수호를 위하여 단결의 명분을 호소하는 정치적 팸플릿으로 기능하였다. 키예프 러시아가 키예프 대공의 자리를 쟁탈하기 위한 국지전으로 인해 약해진 틈을 타 주변 유목민 - 주로 폴로베츠인들 - 의 변방 약탈이 드세어지고 몽고의 1차 침입이 시작되던 13세기 초반과 중반 이후에는 이러한 외세의 침탈에 대한 탄식과 러시아 땅의 수호를 촉구하는 강력한 현실참여적인 텍스트들이 창작되었다. 11-13세기의 이러한 양식을 리하쵸프는 '기념비적 역사주의'로 규정하였는데, 이는 세상의 모든 사물, 사건들과 개체들이 개별적이고 고유한 의미를 갖기보다는 거대한 역사적(총체적) 관점에서 인식됨으로써, 역사적/종교적 의미에 대한 상징으로 이해되는 양식이라고 할 수 있다. 이는 인간을 둘러싼 세계 전체를 역사적/종교적 견지에서 단순화하고 문학적 예술적인 기호로 변화시키는 세계이해이다. 그러므로 이러한 시대양식은 현실에서의 모든 사건들과 인물들의 존재이유를 궁극적으로 러시아 땅, 아울러 그것의 정체성의 근본이 되었던 기독교와 신의 섭리 속으로 귀속·환원시켰고, 이 시기의 문학은 '러시아 땅'을 중심주제로 한 강렬한 애국주의적이고도 역사주의적인 작품을 탄생시킬 수 있었다.

한편, 11-13세기의 키예프 러시아 문학의 기념비적 역사주의가 특히 '러시아 땅의 기독교적인 정체성 찾기'를 그 중요한 과제의 하나로 설정하고 있었다는 사실은 14세기 이후의 러시아 사회가 키예프 러시아의 문학을 전통으로 받아들이고 회고하는 데 있어서 매우 중요하였다. 극복될 수 없으리라 여겨졌던 몽고 지배의 속박 하에서 고통받던 러시아인들에게 고통을 인내하고 극복하기 위한 유일한 가능성이자 납득 가능한 논리로 수용되었던 것이 기독교적 신의 섭리였으므로, 이들의 애국주의적 정서는 언제나 기독교적인 역사 해석으로 뒷받침되어 있었다.

키예프 러시아 문학이 14-15세기 러시아인들에게 그들의 문학적 전통으로 직접 회고되고 소통된 정황에 대한 이러한 분석은 실제 14-15세기의 고대 러시아 문학 텍스트에서 자주 인용된 키예프 러시아 문학의 텍스트, 그러한 키예프의 텍스트를 인용하여 창작된 14-15세기의 텍스트가 모두 민족주의적이고도 애국주의적 주제를 지닌 작품들이었다는 사실로 뒷받침된다. 11-13세기 러시아 문학 작품들에서 나타나는 뛰어난 형상이나 표현, 기법 나아가 글귀나 문단 전체가 14-15세기 러시아 문학작품들에서 그대로 차용되는 사례가 심심치 않게 발견되며, 이러한 인용과 차용의 경향이 14-15세기 러시아의 문학에서는 일종의 '양식'으로 발전되었다.

2.2. 제2차 남슬라브 영향 – 말엮기 문체와 고양된 문학 양식

러시아의 제2차 남슬라브 영향은 14세기 말-15세기 러시아 문화의 요구와 밀접한 관계를 맺고 있다. 문화적 소통의 관점에서 볼 때, 제2차 남슬라브 영향 역시 당대 러시아에 전달된 일종의 전언이었으나, 리하쵸프의 이식문화론에 의하자면, 이러한 제2차 남슬라브 영향 역시 당대 러시아적 요구가 동인이 되어 일어난 것이다.

당시 러시아인들이 제2차 남슬라브 영향에 열광할 수밖에 없었던 이유는 바로 그들이 키예프 시대의 문화적 영광을 재현하고자 했다는 사실과 직결된다. 즉 러시아인들에게 중세적 문자 문화로의 길을 연 키예프 러시아는 비잔틴과 주변 다른 슬라브족들과의 관계 속에서 문화 발전을 이루었던 만큼, 몽고 침입기 동안 단절된 키예프 러시아의 영광을 재생시키는 방법 중의 하나로서 바로 키예프 러시아가 걸었던 길 – 비잔틴과 다른 슬라브 문화와의 직접적 교류 – 을 반복하는 방법이 선택된 셈이다. 아울러, 그러한 길을 반복함으로써 몽고 침탈기를 통해 오염된 러시아의 문화를 최초의 순수한 상태로 복귀시키고자 한 것이다. 구체적으로는 언어적 정화로부터 비롯되었으나, 점차 철학적 사상으로서 문화 전반에 영향을 미쳤던 2차 남슬라브 영향의 의미를 파악하기 위해서는 불가리아의 주교였던 예브피미 트이르노프스키의 개혁에 대해 이야기해야만 할 것인데, 개혁의 본질에 대한 그의 직접적인 저작이 남아 있지 않으므로 대신 그의 제자의 제자였던 콘스탄틴 코스텐체스키가 남긴 글들을 통해 미루어 짐작할 수 있다. 그의 사상의 핵심은 문자, 언어의 표현과 그것이 의미하고자 하는 것 사이의 밀접성에 있다. 이때 그에게 중요한 것은 구어가 아닌 문자로서, 문자는 그것이 표현하고자 하는 현상 그 자체의 본질에 다름 아니다. 따라서 어떤 단어를 잘못 쓴다는 사실은 그에게 있어서는 심각한 생각의 오류를 가져올 수 있는 치명적 실수였다. 특히 이는 신의 섭리를 기록하는 언어에 있어서는 절체절명의 규칙이자 과제였다. 따라서 그는 정자법과 번역(주로 기독교 서적들의)상의 가능한 모든 부정확성을 없애는 데 치중했고, 나아가 모든 철자들이 지닌 세세한 특징들을 통해 이를 설명하려 했다. 문자와 그것의 의미가 되는 현상 간에 존재하는 엄격성을 의미하는 예브피미의 개혁은 – 실제 러시아에서는 러시아어에서 거의 사용되지 않던 그리스어식 표기들을 부활시킨다거나, 남슬라브 지역들에서 사용되는 음운부호들을 다시 사용하게 되었다든지 해서 반드시 긍정적인 영향만을 끼친 것은 아니었으나 – 결국 언어-문화 전반에서 키예프 러시아 초기의 특징이었던 문화적 엄격성으로 되돌아가자는 흐름에 다름 아닌 셈이다.

이러한 언어-문학적 엄격성은 예브피미의 개혁 철학의 핵심이었던 말과 본질 간의 완벽한 동일성의 추구로 이어졌고, 이는 다시 작가들의 언어에 대한 조심스러운 태도, 즉 언어를 통해 현상의 본질을 반영해야만 한다는 당대 작가의 강박관념과 자기 글쓰기에 대한 불신과 공포를 낳았으며 성자의 성스러운 삶의 본질을 드러내어야 했던 일련의 성자전 작가들에 의해 말엮기 문체로 탄생하게 된다. 즉, 칭송하고자 하는 성자의 성성에 바로 이르기 위해, 작가들은 모든 가능한 언어들을 동원해 이를 표현하게 된 것인데, 이러한 경향들은 다소 장식적이고도 비생산적인, 동일한 주제를 표현하는 다양한 언어적 변주가 중심이 되는 문학적 양식으로 발전하게 된 것이다.

한편, 말이라는 표현 속에서 본질을 찾고자 하는 이러한 경향은 나아가, 개별적인 현상으로부터 추상화된 절대, 삶의 현상 속에서 종교적인 진실을 찾고자 하는 경향으로 발전하였고, 이는 당대의 문학 작품들에 공통적으로 추상주의라는 특성을 부여한다.

이때 지적할 것은 이러한 추상주의적 특성은 이미 초기 키예프 러시아의 문학의 특징이기도 했으나, 14-15세기에 이르러 더욱 강화되었다는 점이다.

또한 본래 성자의 성성을 언어로 표현하기 위한 것인 만큼 대단히 고양된 문체였던 말엮기 문체, 초기 키예프 러시아 종교-전례적 숭고한 언어형식, 추상주의적 경향들은 당대에 민족의 내적 울분과 고양된 감정을 분출하는데 매우 적합하였다. 따라서 이 시기에는 민족의 자긍심을 드높일 수 있는 용장과 성자에 대한 찬가, 생애전이나, 현실에 대한 감정적인 울분을 토로할 수 있었던, 몽고의 침탈에 의해 피폐해진 러시아 땅에 대한 애도가나 승전가 등 군담류의 작품들이 많이 창작되었다.

결과적으로 14세기 말-15세기 러시아에 내/외부로부터 전달된 두 문화 – '키예프 러시아

문학의 전통'과 '제2차 남슬라브 영향' - 는 당대의 필요성에 의해 전통을 대신해 의도적으로 설정되고 받아들여진 것이다. 바꾸어 말하자면, 서로 다른 경향을 지닌 이 두 문화는 결국 시대의 요구라는 한 지점에서 교차/통합함으로써, 당대 러시아 문화를 형성해 낸 것이라 할 수 있다.

3. 모방과 창작 사이 : 소통의 오류

11-13세기 러시아의 작품들 중 가장 뚜렷하게 회고되고 인용된 작품들에는 신의 섭리가 유대인들로부터 여러 민족으로 전파된 신약 이후의 시대를 은총의 시대로 규정하면서 뒤늦게 개종한 러시아 땅의 성스러움과 은혜로움을 논리적으로 설파해 낸 11세기 키예프 대주교 일라리온의 "율법과 은총에 대한 이야기"나, 러시아 군주의 승전이나 패전, 러시아 땅의 멸망에 대한 사실적 서술을 통해 애국심과 단결심을 고취하려는 목적을 드러내는 군담류로 12세기의 "이고리 원정기", 13세기의 "러시아 땅의 패망에 관한 이야기", 13세기 말의 "알렉산드르 넵스키 생애전"과 13세기 말-14세기 초의 "바투에 의해 랴잔이 패망한 이야기" 등이 있다.

특히 이들 키예프 시대의 애국주의적인 작품들은 1380년의 쿨리코보 전투에서의 승리를 그린 작품들 속에서 주로 작품에 현란하고 다양한 형식적 기법으로서 화려함과 웅장함이라는 효과를 위해 차용되는 경우가 많다.

일례로 일라리온의 "율법과 은총에 대한 이야기"는 14세기 말의 예피파니 프레무드르이의 창작으로 여겨지는 "러시아의 황제, 드미트리 이바노비치의 삶과 죽음에 관한 이야기"(이하, "드미트리 돈스코이 생애전"으로 명명)에서 차용된다. 특히 이 작품에서는 직접적으로 인용되기보다는 "율법과 은총에 대한 이야기"의 중심 형상 중의 하나가 변이되어 나타나고 있다.

> 찬양의 목소리로써 로마 나라는 신의 아들, 예수 그리스도의 믿음으로 이끈 베드로와 바벨을 칭송했다, 아시아, 에베소 그리고 파트모스가 보고슬롭 요안을 칭송하고, 인도는 도마를, (…) 모든 나라, 도시 그리고 민족 각각이 정교의 믿음으로 이끈 자신들의 스승을 찬양하고 기념한다. 우리들 또한 칭송했다, (…) 위대하고 기적적인 업적을 완수한 우리의 스승과 정신적 지도자들을, 우리 블라디미르 땅의 대공을, 태곳적 이고리의 손자, 영광스

런 스뱌토슬라프의 아들을 …
("율법과 은총에 대한 이야기")

로마 땅은 베드로와 바벨을 칭송하고, 아시아는 요안 보고슬롭을, 인도땅은 사도 도마를, (…) 그리스 땅은 콘스탄틴 황제를, 끼예프 땅과 주변 도시들은 블라디미르를 찬양한다. 그대 드미트리 대공을 모든 러시아 땅이 칭송하도다.
("드미트리 돈스코이 생애전")

"율법과 은총에 대한 이야기"에서 기독교가 전통적으로 번창한 지역들의 이름이 열거된 다음, 이어서 비잔틴과 러시아가 언급되는 것은 전 세계의 전통적인 기독교도들과 나란히 신의 세계에 귀속된 러시아 땅의 영광됨을 드높이고자 하는 의도를 드러낸다. 아울러 각 세계를 신앙으로 이끈 사도들과 설법자들이 칭송되는데, 그 대열에 비잔틴의 콘스탄틴과 키예프 러시아의 블라디미르 대공이 나란히 언급되는 것은 당대 정교의 본산지인 비잔틴 땅에 비견되는, 러시아 땅의 성성(聖省)을 담보하는 러시아 군주의 신성성을 드러내기 위한 장치이다. 대구와 유비를 이루는 이러한 서술방식은 "율법과 은총에 대한 이야기"의 중심적인 주제와 통일성을 이룬다. "드미트리 돈스코이 생애전"에서는 이러한 형상화 – 구성으로 보아 "율법과 은총에 대한 이야기"로부터 차용된 것이 명백한 – 가 비록 간략화되어 있으나 그대로 보존되어 있다. 이 구절은 생애전의 마지막에서 드미트리 돈스코이에 대한 송가 부분으로서 명백히 드미트리 돈스코이의 성스러움을 강조하기 위해 장식적으로 삽입된 부분이다. 그러나, 비잔틴의 콘스탄틴을 비롯하여 각 지역에 기독교를 설파한 인물들과의 유비는 주제론적 측면에서 다소 부자연스럽다.

그 외에 "드미트리 돈스코이 생애전"에는 키예프 러시아의 다른 문학 작품으로부터의 인용들도 발견할 수 있다.

내 목숨처럼 더없이 소중한 당신이 어찌 나를 과부로 홀로 두고 가 버릴 수 있소? 왜 난 진즉에 죽지 않았을까? 눈앞이 캄캄해지는구나! 내 인생의 보배와 같은 당신은 어디로 가 버렸소, 왜 당신은, 나의 심장과도 같은 당신은, 아내에게 한 마디 말도 하지 못하는 것이오? 눈부신 꽃봉오리는 왜 그리도 일찍 시들어 버리나? (…) 당신과 함께 살았고 이제 당신과 함께 죽으려오. (…) 왜 난 세상에 태어났으며, 태어났다면 왜 당신보다 일찍 죽지 않았을까, 당신의 죽음을 보는 것이 아니라 나 자신의 죽음을 보았을 텐데!
("드미트리 돈스코이 생애전")

오, 너에게 이 슬픔이, 불쌍한 인간이여! 자신의 주인의 최후를 어떻게 묘사할 수 있겠는가? 어찌 너의 두 눈이 눈물과 함께 떨어지지 않을지! 어찌 너의 심장이 뿌리부터 터져 버리지 않을지! 왜냐 할진대 인간은 아버지를 버릴 수는 있으나 선량한 주인은 버릴 수 없기 때문이다 ; 만약 이것이 가능하다면 관으로 그와 함께 떨어져 버릴 것이다.
("알렉산드르 넵스키 생애전")

사랑하는 내 형제들이여 내 군대여! 내 소중한 목숨과도 같은 이들이 어떻게 죽을 수가? 나만 혼자 이 파멸 속에 버려 두었구나! 왜 나는 그대들보다 먼저 죽지 않았는지? 그대들은 내 눈에서 어디로 사라져 버렸을까? 내 삶의 보배들이여 어디로 가 버렸소? 눈부신 꽃들이여 왜 그대들의 형제인 내게 아무 말도 하지 않는 거요! 왜 나는 그대들보다 먼저 죽지 않았는지, 그랬다면, 그대들의 죽음이 아니라 내 자신의 파멸을 보았을 텐데?
("바투에 의해 랴잔이 패망한 이야기")

클류쳅스키는 "드미트리 돈스코이 생애전"에서 다소 종교적이고 엄숙한 생애전 텍스트의 전반적인 분위기에 비추어 어색한, 드미트리 대공의 죽음에 대한 대공비의 애도가 "알렉산드르 넵스키 생애전" 텍스트로부터의 차용이라 지적한다. 분명 클류쳅스키가 지적한대로 애도는 그 현란한 비유와 생생한 정서적 표현 등으로 말미암아 죽은 자에 대한 장중하고도 엄숙한 송가에 다름 아닌 일반적인 생애전 텍스트에서 대단히 이질적인 요소임이 명백하다. 실제로 11-13세기의 유명한 애도들은 "이고리 원정기"의 야로슬라브나의 애가를 비롯하여 대부분 군담류의 작품들에서 전사한 장수들에 대한 비탄을 표현하는, 근원상 민담으로부터 발생한 형식이다. 애도의 정서, 그리고 차라리 망자와 함께 죽는 것이 나을 뻔했다는 모티브

등에서 드미트리 대공비의 애도는 알렉산드르 넵스키의 죽음에 대한 화자의 애도와 일견 흡사한 듯도 보인다. 그러나 "알렉산드르 넵스키 생애전"에 대한 화자의 애도가 생애전의 일반적인 공식에서 크게 벗어나지 않게 매우 조심스럽고 간결하며 절제되어 있는 데 비해, "드미트리 돈스코이 생애전"의 애도는 매우 서정적으로 비감하고 장황하다. "알렉산드르 넵스키 생애전"에 나타나는 화자의 탄식이 성자 알렉산드르 넵스키에 대한 생애전 작가, 전달자의 자기 위치와 역할에 충실한 탄식이라면, "드미트리 돈스코이 생애전"의 애도는 생애전이라는 작품의 성격을 고려할 때 일탈적이다. 그런데, 우리는 대공비의 애도와 정확히 일치하는 형상들을 드러내는 애도의 예를 13세기의 유명한 군담의 하나인 "바투에 의해 랴잔이 패망한 이야기" 속에서 발견할 수 있다. 각각 여자와 남자의 애도로 그 서정적 주체는 다르나, 전체 애가의 일부분에 지나지 않지만 상기 인용된 부분에서 충분히 드러나듯, 두 텍스트에서는 망자에 대한 비유들이 보배→꽃으로 이어지는 것이라든가 망자의 죽음에 대한 탄식의 방식 - 망자의 침묵에 대한 탄식과 살아남은 자로서의 슬픔에 대한 표현 - 등이 전적으로 동일하게 표현되어 있다. 그런데, 정통 군담인 "바투에 의해 랴잔이 패망한 이야기"에서 화려한 구전문학적 비유법으로 생생하게 표현된 애도가 바투에 의해 희생된 전사들에 대한 비감 어린 화자의 탄식으로서 전체의 작품 구조에서 매우 적절한 것임에 반해, "드미트리 돈스코이 생애전"에서 자신에게 죽음이 다가올 것을 안 드미트리가 가족들을 비롯한 주변과 작별 인사를 고하고 평화롭게 예지적인 성자의 죽음을 맞이한 다음에 이어지는 대공비의 극적이고 비감어린 애도, 그것의 과도한 감정 분출은 어색하기 짝이 없다. 드미트리 대공의 죽음에 대한 비탄을 표현함으로써 그의 존재를 드높이고자 한 작가의 의도를 충분히 감안한다고 하더라도, 애도의 삽입은 결코 성공적이라고 이야기할 수 없다. 아울러 "드미트리 돈스코이 생애전"에 나타나는 애도가 서정성이나 표현성에 있어서 문학적으로 뛰어남에도 불구하고 생애전 텍스트 속에 녹아들지 못하고 어색한 채 남겨진 이유는 그것이 기능과 에티켓이 중시되었던 고대 러시아의 문학의 특이성이 고려되지 않은 무차별적 임의적 차용이었기 때문이라고 말할 수 있다.

이처럼 14-15세기의 작가들이 11-13세기의 수려한 작품들로부터 뛰어난 형상이나 표현, 심지어는 문단 전체를 자신의 작품 텍스트에 끼워 넣은 예는 수없이 많다. 그리고 많은 경우 그것은 자신이 창작하는 텍스트가 지니는 기능적 미적 특성을 고려하지 않았을 뿐 아니라,

전통 텍스트가 지니는 수려함의 근원 - 작품 전체와 차용 문단이 지니는 통일성과 그로부터 발생하는 의미와 미적 가치 - 에 대해 생각하지 않고 그러한 전통 텍스트들을 통해 자기 텍스트를 '장식'하기 위해 기계적으로 인용한 것에 불과하다. 이때 당대의 작가들은 이러한 인용을 통해 원 전통 텍스트가 지닌 미적 가치를 자기 텍스트로 이전시킴으로써 자기 텍스트의 미적 완결성과 화려함을 얻는 대신, 오히려 어색하게 결합된 산만한 텍스트라는 결과를 초래했던 것이다.

14세기 말-15세기의 러시아 문학에서 전통텍스트에 대한 탈장르적인 인용의 예는 수없이 많다. 또 다른 하나의 예를 들자면, 주로 연대기의 1382년에 기록되어 있는 "토흐타믜쉬의 침략 이야기"에는 "바투에 의해 랴잔이 패망한 이야기"에 사용된 표현들을 사용되고 있는데, 고양된 감정적 토로와 시적 서정성이 넘쳐나는 "바투에 의해 랴잔이 패망한 이야기"의 텍스트가 다소 객관적이고 추상적이며 거시적인 연대기의 역사 서술 속에 융합되지 못하고 두드러진다.

> 그 이전까지, 모스크바는 모두에게 위대한 도시, 기적의 도시, 사람들이 들끓는 도시였다. (…) 교회는 살해된 아이들을 위해 우는 어미처럼 신앙심 깊은 기독교도들을 위해 애도한다. 오, 교회의 아이들이여, 강요된 죽음을 받아들인 수난자들이여, 불과 검으로, 이교도의 폭압으로 이중의 파멸을 견딘 이들이여! (…) 교회들은 그 위풍과 아름다움을 상실한 채 서 있도다! 예전의 아름답던 교회는 어디로 갔는가? (…) 종 치는 소리도 없고…
> ("토흐타믜쉬의 침략 이야기")

> 오 이 도시 랴잔, 랴잔 땅이여! 그 아름다움은 사라졌고, 그 영광도 사라졌도다. 더 이상 눈길을 끌만한 것들은 남아 있지 않고 오직 연기와 재뿐. 교회들은 모두 불타 버려, 위대한 교회의 안은 불타 검게 그을렸다. 이 도시만이 아니라 다른 많은 도시들이 점령되었다. 도시에는 교회의 노랫소리도 들려오지 않고, 종소리도 들려오지 않는다. 기뻐하는 대신 모두가 울고 있도다.
> ("바투에 의해 랴잔이 패망한 이야기")

다소 시적 정서로 가득 찬, 토흐타믜쉬에 의해 모스크바가 폐허가 되는 모습을 서술하는 작가의 애도는 사라진 도시와 교회의 위용에 대한 묘사, 폐허가 된 교회를 묘사할 때 청각적인 이미지를 사용하는 방법 등에 있어서 "바투에 의해 랴잔이 패망한 이야기"와 매우 흡사하여, 그 인용으로 볼 수 있다. 그러나 이러한 시적인 애도는 이어 "토흐타믜쉬의 침략 이야기"에서 나타나는 연대기의 사실적 서술과 매우 상충된다. 작가는 모스크바 패망에 대한 서술에 이어 실제적인 손실들을 마치 상인처럼 적나라하게 나열한다.("타타르인들이 물러간 이후 며칠이 지나서 신실한 드미트리와 블라디미르는 부하들과 함께 자기 땅으로 돌아왔다.(…) 그리고 그들은 죽은 자들의 시신을 장사 지내도록 명했고, 40명의 시신에 대해서는 반 루블씩을, 80명에 대해서는 1루블씩 주었다. 그리고 계산해 보니, 망자를 장례 지내는 데 모두 300루블이 들었다.") 즉, 연대기의 사실적 서술과 군담에서 드러나는 서정적 정서가 서로 상충하고 있는 셈이다.

여기서 다시 환기해야 할 것은 상이한 텍스트 간의 인용이 '러시아 땅'을 위한 애국주의라는 동일한 정서에 기반하고 있다는 사실과, 그럼에도 불구하고 문학 장르 간의 역할이 명확했던 고대 러시아 문학에서 서로 다른 장르들 간의 미학적 차별성을 고려치 않은 텍스트 엮기는 매우 어색하고, 미학적으로 인정받지 못한 채 힘든 일종의 불협화음으로 귀결되고 말았다는 사실이다. 리하쵸프는 이러한 적절치 못한 모방과 차용으로 인해 발생할 수 있는, 뛰어난 특정 문학 모델에 대한 어색한 모방과 차용을 '양식화되지 못한 모방', 다시 말해 완전하고 완결된 양식으로 발전하지 못하고 중단된 서툰 모방으로 부른다. 이러한 텍스트 간의 인용이 어색하게 된 데는 비단 서로 다른 장르의 작품들 간의 인용 외에도 개개의 작품 속에 반영된 시대현실을 비롯한 여러 가지 요소들이 역시 개입되어 있다.

한편, 지금까지 언급된 서로 다른 장르들 간의 차용보다 14세기 말-15세기 문학에서는 애국주의의 주제를 구현하고 있는 대표 장르인 군담 장르들 간의 인용이 더 두드러졌다. 서로 다른 장르들 간의 차용이 선택적이고 특정 모티브나 이미지, 기법만의 한정될 수밖에 없었던 것에 비해, 유사한 주제/형식적 구조를 가진 군담 장르 간의 인용은 작품의 전면에서 이루어질 수 있는 것이었다. 14세기 말에 창작된 "자돈쉬나"는 이런 논란의 한가운데에 있다. "자돈쉬나"에서 인용되고 있다고 볼 수 있는 작품 중 대표적인 두 가지는 "바투에 의해 랴잔이 패망한 이야기"와 "이고리 원정기"이지만, 그 형식적 인용의 유사성이 전면적이라는 특성으로 인해 더욱더 논란의 대상이 되어 온 것은 "이고리 원정기"와의 상관관계이다. 게다가 "이고리 원정기"의 진본 텍스트가 소실되어 존재하지 않는다는 사실로 말미암아 이러한 두 텍스트 간에 존재하는 유사성은, 逆說的으로 창작시기를 초월한 미적 경지를 드러내는 "이고리 원정기"의 진본성을 부정하는, 즉 "이고리 원정기"가 "자돈쉬나"를 모방하여 18세기경에 씌어졌다는 주장의 증거로 제시되어 왔다.

그러나 두 작품 간의 유사성에 대해 면밀히 논거된 리하쵸프의 논문 이후 사실상 "자돈쉬나"를 증거로 내세운 "이고리 원정기"의 18세기 창작설은 기세를 잃었는데, 리하쵸프의 그러한 논의의 핵심 개념으로 등장한 것이 '양식화되지 못한 어색한 모방'이다. 두 작품의 상호 유사성은 작품의 구성, 사건의 추이, 구체적인 구절, 비유나 형상 등의 모든 면들에 걸쳐져 있어, 얼핏 보기에도 두 작품은 심지어, 텍스트 비교의 측면에서 동일한 근원 텍스트로부터 각각 창작된 텍스트로 여겨질 정도이다. 그렇다면, 이 텍스트들 간의 인용 관계를 드러내는 구체적 예로서 또다시 애도로 되돌아가 보자.

> 러시아의 여인들은 이렇게 탄식하며 읍소했다. "이미 우리는 우리의 사랑스런 남편을 마음속에 그릴 수도 없고, 기억 속에서 생각할 수도 없고, 눈으로 볼 수도 없으며, 금은보화를 손에 쥘 수도 없구나."
>
> 야로슬라브나는 이른 아침부터 도시 푸티블의 성벽에서 슬퍼하며 울었다 : 오, 드네프르 슬로부티치여! 너는 돌산들을 헤쳐 폴로베츠 땅으로 흐르는구나. 너는 코뱌크의 진영까지 스뱌토슬라프의 배를 위무해 주었구나. 내가 그에게 바다로 눈물을 실어 보내지 않도록 그를 내게로 흘려 보내 다오.
> ("이고리 원정기")

> 새들이 구슬픈 노래를 부르기 시작했고, 이에 모든 망자들의 대귀족 부인들과, 장수들의 아내들이 읍소하였다 : 미쿨라 바실리예비치의 아내인 마리야 드미트리예바는 새벽부터 모스크바 강가의 성벽에 올라 다음과 같이 말하며 울었다. "돈 강이여, 돈 강이여, 빠른 강이여, 너는 돌산을 파헤치고, 폴로베츠 땅으로 흐르는구나, 내 주인 미쿨라 바실리예비

치를 내게 실어 보내 다오." 티모페이 볼루예비치의 아내인 페도시야는 이렇게 탄식하며 울었다. "여기 이미 나의 기쁨이 영광의 도시 모스크바에서 사라졌으나, 나는 더 이상 내 주인 티모페이 볼루예비치를 살아서 보지 못하리니."
("자돈쉬나")

"이고리 원정기"에서 애도는 크게 무명의 집단화된 러시아 여인들의 애도와 야로슬라브나의 애도로 나뉜다. 이때, 매우 서정적인 야로슬라브나의 애도는 러시아 여인들의 집단적인 애도 분위기를 배경으로 극적인 효과를 불러일으키며, 이들의 애도는 비가풍 합창과 구슬픈 독주가 어울린 듯 장중한 애가의 형세를 이룬다. 야로슬라브나의 애도에서 형상화된 자연물들에 대한 호소는 이고리 원정기의 전반적인 구전문학적, 자연력 중심의 작품 구조와 조화를 이루고 있다. 반면, "자돈쉬나"에 등장하는 애도는 자연에 대한 호소 등의 요소들에서 "이고리 원정기"의 야로슬라브나의 애도와 흡사하다. 야로슬라브나의 애도가 무명의 숱한 러시아 여인들의 비탄을 배경으로 하여 일종의 독주로 변주되며 그 미학적 절정에 다다른 것과 달리, "자돈쉬나"의 애도는 야로슬라브나의 애도 속의 서정적 모티브를 사용하고 있으면서도 그 서정성을 다수의 구체적이고도 실질적인 장수 부인들의 입을 통해 흩어 버림으로써 서정적 애가의 본연적인 미적 긴장감을 와해시키고 만다. 즉 이는 리하쵸프가 지적하듯, 몽고 침입기에 러시아의 새로운 중심으로 성장해 가던 모스크바의 관료주의와 관등숭상주의와 그 특징이었던 사무적인 정확성이 개입된 것일 것이다. 누구의 부인이 어떻게 애도했는지를 밝히는 사무적 서술은 모스크바 관료계 아내들의 애도에 대한 공식적 보고일 따름이다. 결과적으로, 야로슬라브나의 애가의 모티브들이 갖는 미적 완결성은 사무적 획일성에 부딪혀 "자돈쉬나"에 있어서는 그 가치를 드러내지 못한다. 앞선 분석에도 드러나듯, 동일한 모티브의 사용에 있어서 "자돈쉬나"가 "이고리 원정기"에 드러내는 미적 취약성들은 "자돈쉬나"가 "이고리 원정기" 텍스트에 대해 2차 텍스트임을 드러낸다. 다시 말해, "자돈쉬나"는 키예프 러시아 시대의 문학 작품과 소통하고자 했던 14세기 말-15세기 러시아에서 창작된 전형적인 기계적 모방, 혹은 양식화되지 못한 모방의 결과물인 셈이다.

4. 나가며

살펴본 것처럼, 시대적 요구에 의해 내/외적으로 전달된 두 문학적 전통이 반드시 당대에 있어 성공적인 문화 창조로 직결된 것만은 아니다.

실패한 소통의 예로서 지적된 앞선 일례들은 사실 14-15세기 러시아에 팽배했을 빛나는 과거 전통으로서의 키예프 러시아에 대한 지향과 그 부활을 위한 당대의 요구가 얼마나 강렬했던가를 드러내 주는 지표라고도 할 수 있다.

여기서 한 가지 간과하지 말아야 할 사실은 "드미트리 돈스코이 생애전"이나 "토흐타믜쉬의 침략에 대한 이야기", "자돈쉬나"의 창작 방식이 다름 아닌 말엮기라는 사실이다. 이는 일련의 연구들이 "드미트리 돈스코이 생애전"의 작가를 그 시기나 문체적 특성으로 미루어 예피파니 프레무드르이로 추정하고 있다는 사실에서도 단적으로 드러난다.

말엮기란 언어를 씨줄과 날줄로 엮어 짜듯 하는 창작방식이다. 단어와 단어를 엮는 것으로부터 출발하는 문체로서의 말엮기 양식을 확장시켜 보자면, 문장과 문장, 문단과 문단을 이어 짜는 창작 방식과 연관시킬 수 있다. 거슬러 올라가면, 인간의 상상력을 이용한 자기 창작을 극도로 경계하였던 고대 러시아 문학의 종교 문학은 기실 그 발생의 첫 시기부터 자기 말을 배제한 채 여러 정전 텍스트들로부터 이용된 텍스트들을 엮어 짜는 창작 방식을 사용할 수밖에 없었는데, 이는 14세기 말-15세기에 문학 창작의 기법이자 양식으로 널리 발전한 말엮기 문체의 러시아적 원류라고도 말할 수 있을 것이다. 앞서 부흥기 러시아의 '전통의 설정'을 이야기하면서 언급하였듯, 제2차 남슬라브 영향을 받아 당대 문학의 특징적 문체로서 자리 잡은 말엮기 문체는 원래 올바른 형상을 창출하고 분위기를 고양시키고자 하는 목적을 지닌다. 이렇게 볼 때, 부흥기 러시아 문학에서의 말엮기 문체는 첫째, 당대 러시아 문학의 주제가 민족의 억눌린 의식과 분노, 아울러 자긍심을 표출하는 것이었던 만큼 요구되는 분위기를 창출하는 데 적합한 것이었고, 둘째, 당대 문인들에게 강력한 애국주의적인 파토스로 매우 매력적이었던 키예프 문학 전통으로부터 텍스트를 차용하는 데 있어 작가들의 심리적 저항을 최소화할 수 있는 적절한 창작 방식이었던 셈이다.

또한, 전통적인 교회문학에서 교회작가들이 자신의 인간적 창작이 개입할 여지를 최소화하기 위해 극도로 엄격하지만, 창조적인 텍스트 엮기 작법을 구사했던 것을 떠올려 본다면,

과거의 문학 작품에 대한 이러한 차용, 심지어 화학적 과정을 통해 재생산되지 않은 기계적인 차용마저도 어쩌면, 당대 작가들에게 일종의 문학적 전통에 대한 강박관념을 잠재울 수 있는 일종의 면죄부였을 수도 있을 것이다.

한편, 14세기 말–15세기 러시아에 팽배했던 문학적 전통에 대한 모방과 기억, 재생 의지는 16세기에 이르러 중앙집권정체의 모습을 갖춰 가던 모스크바 공국이 정치/문화/종교상의 체제 정비와 더불어 국체의 존엄성을 위한 관료주의적 공식성을 문화의 지표로 삼으면서 변질된다. 즉 고양된 민족 심리의 분출이라는 의미가 퇴색되고 중앙정부의 권위와 위엄을 과시하기 위한 도구로서 전락되어 버린 웅장한 이 시기 러시아의 문학적 형식들은 이미 문화적 과거의 재생과 부흥이라는 본래 의도와는 다른 새로운 결과, 다시 말해 형식적 문학 양식인 장식주의로 귀결되어 변화하였다.

제3부

러시아 언어-문화 공간에서 소통적 주체사이성

제10장

러시아어 직시연구
- 기호적 속성을 중심으로

| 김정일 |

1. 들어가며

의사소통의 수단으로서 언어는 소통 참여자들에게 무엇인가를 가리킬 수 있는 방식을 제시해 주어야 하고, 이때 유용한 수단으로 작용하는 것이 직시이다. 직시는 통상적으로 대상이나 장소, 사건, 시간 등의 의미를 그들의 발화상황과의 관계를 통해 이해하고, 확인하는 것으로 이해된다. 다시 말하자면 직시는 어떤 언어표현에 대한 해석이, 그 언어표현이 생산되고 소비되는 맥락에 의존하게 되는 일종의 주관적인 코드화 방식이며, 화자 지향적 성격을 지닌다. Lyons(1978)는 언어 내에는 궁극적으로는 대면적인 소통을 위해서 발전해 왔다고 생각할 수밖에 없는 요소들이 언어 내에 존재한다고 지적한 바 있는데, 이러한 그의 지적에 명백하게 부합하는 것이 바로 직시의 존재라 할 수 있을 것이다.

직시가 기본적으로 함의하고 있는 이러한 맥락의존성은 Jespersen과 Jakobson의 전환사(shifter) 개념에 의해 규정된 바 있으나 직시가 동사와 같은 특정한 형태적 범주와 관련되는 것만이 아닌, 담화의 전 영역에 전방위적으로 관여하는 점이 밝혀지고 있는 현시점에서 직시를 규정하는 것이 쉬운 일은 아니다. 필자는 직시라는 언어 기호체계가 야기하는 논란의 상당부분은 직시라는 범주 자체가 가지는 복합적 성격에 기인한다고 보며, 이에 대한 고찰을 통해 직시에 대한 보다 깊은 이해가 가능하다고 본다. 주지하듯이 Jakobson(1957/71 ; 134-5)은 러시아어 동사가 모두 4가지의 직시범주(인칭, 시제, 서법, 증거성)와 연관된다는 점을 지적하고 있다. 이들 직시범주들은 메시지에 대한 인용(메시지를 지시하는 코드)이 필수라는 점에서 여타의 언어코드와는 달리 구분되며, 이들은 지표와, 그것이 제시하는 대상과의 존재론적인 관계를 맺는다. 예컨대 I라는 기호는 통상적으로 말하는 사람과 관련해서만 나타날 수 있으며, 이는 다분히 상징적인 성격을 지닌다. 하지만 다른 한편으로 I라는 기호는 그 대상과 존재론적 관계에서만 나타날 수 있다. 바로 이러한 면에서 I라는 기호는 동시에 지표적인 성격도 지니게 된다. 가장 전형적이며, 통상적으로 가장 지표적 성격이 강한 I가 상징적 성격 역시 지니고 있음은 시사하는 바가 적지 않다.

Nunberg(1993 ; 1)는 you, here와 tomorrow[1)]와 같은 어휘들과 다른 어휘들과의 차이를 설명하면서 이들 어휘들이 지니는 맥락 의존적 성질과, 이들 어휘들이 포함되어 있는 문장을 해석하는 과정에서 이들 어휘들이 수행하는 기능상 특이성에 주목한다. 예컨대 you는 "발언의 수신인"과 같은 기술적 방식으로 패러프레이즈가 가능하지만, 아래의 (1)의 발언과 (2)는 동일하지 않으며, (2)의 경우는 심지어 어색하기까지 하다.

(1) Oh, it´s you.

(2) ?Oh, it´s the addressee of this utterance.

Nunberg에 따르면 (1)의 경우처럼 화자가 자신의 수신인이 누구인지 뒤늦게 확인하게 될 경우에는 예상치 못했던 결과로 인해 화자가 놀랄 수도 있지만, (2)의 경우와 같이 수신인이 동어 반복적으로 기술된 상황에서는 (1)에서와 같이 화자가 깜짝 놀라는 상황은 발생하지 않으며, 문장자체가 어색하게 들린다. 그는 지표사를 "그것이 발언의 맥락에서 어떤 요소를 끄집어 낸다는 점뿐만 아니라, 그것의 지시물이 그 어떤 요소와 맺고 있는 관계의 관점에서 확인된다는 점에서도" 기술과는 구분된다고 지적한다. 그에 따르면 이러한 관계는 크게 세가지 구성요소, 즉 직시적 구성요소, 분류적 구성요소, 그리고 관계적 구성요소로 구분된다. 직시적 구성요소는 단어를 발언의 맥락 속에서 어떤 요소와 결합시켜 주는 것이고, 분류적 구성소는

1) Nunberg가 여타의 언어철학자들과 마찬가지로 직시(deixis)라는 용어 대신 직시사(indexicals)라는 용어를 사용하고 있음에 주목할 필요가 있다. 통상적으로 언어철학에서 지표적 성격을 지니는 언어 기호라는 의미에서 사용되는 지표사라는 용어는, 직시와 지시대명사를 포괄하는 개념으로 사용된다.

어떤 표현의 해석과 관련되는, 성, 수 혹은 활물성과 같은 자질들을 포괄한다. 관계적 구성소는 지표와 해석 간의 관계를 제한하는 것을 말한다. 그에 따르면 '어제'라는 단어는 발화순간(직시적 구성소)의 뒤를 따르는(관계적 구성소) 달력 속의 날짜(분류적 구성소)이다. 어제가 '내일'과 구분되는 지점은 바로 관계적 구성소의 측면이고, '작년'과 구분되는 것은 분류적 구성소의 측면이다. 이러한 설명은 대명사 we에도 적용이 가능하다. 통상적으로 "발언의 화자 혹은 화자들에 의해 예시되는 일련의 사람들"이라고 의미가 기술되는 we는 그것이 일인칭이라는 직시적 구성요소, 그것이 복수이고 활물성을 지닌다는 분류적 요소, 그 지표가 해석을 예시해 줄 수 있어야 한다는 관계적 구성소로 이루어져 있다고 본다. Hanks(1990) 역시 전형적으로 직시가 세 가지 속성을 지니며, 그중에서도 관계적 속성이 특정 직시표현을 규정하는데 보다 중요한 역할을 한다는 점에서 Nunberg의 입장에 동의한다. 이는 직시가 언어표현과 대상과의 관계만을 단순히 지시하는 것에서 그치는 것이 아니라, 그 관계의 어느 부분을 정교화하고 초점을 맞추는지의 문제와 연관될 수 있으며, 그 관계가 해당 언어표현을 생산하고 소비하게 하는 맥락과의 문제라는 점에서, 그리고 그 맥락이 궁극적으로는 언어 외적 상황 속에 위치한 대상과의 실존적인 관계를 전제한다는 점에서 직시는 기본적으로는 언어 외부를 지향한다고 (exophoric) 할 수 있을 것이다. 특히 우리가 직시의 다양한 하부유형들이 언어 외적 세계와 맺고 있는 관계의 양상에 관심을 기울인다면, 직시개념 및 직시의 다양한 발현양상에 대한 보다 복합적인 이해가 가능할 것이다. 언어 외적세계에 위치한 대상과 실존적 관계를 맺는다는 직시의 자질은 우리에게 퍼스적 개념으로서의 지표(index) – 도상이나 상징과는 달리 대상과의 실존적 관계를 특징으로 삼는 – 를 떠올리게 한다. 지표가 보여 주는 다양한 층위들은 이러한 다양한 실존적 관계들의 반영이며, 궁극적으로는 지표의 중요한 기호적 속성 중의 하나가 되리라는 추정이 가능하다. 앞서 언급한 Nunberg를 위시한 언어철학자들이 직시라는 표현 대신에 지표사(indexical)[2]라는 용어를 사용하는 것도, 직시가 가지는 지표적 속성에 주목한 것으로 볼 수 있다. 그러나 지표성이라는 자질만으로 직시라는 언어표현기제가 가지는 다층성이 규명될 수 있다고 보기는 힘들다. 예컨대 Rauh(1983 ; 11, 23–30)는 상징적 의미는 그들의 유형적인 의미인 반면에, 지표적 의미는 그들의 토큰(token)적 의미라는 Burks(1948 ; 681에서

2) 이 장에서는 이를 고려하여 언어철학자들이 사용하는 지표사(Indexical) 대신 직시라는 용어를 사용하고자 한다.

재인용)의 지적을 바탕으로 하여, '여기(here)'라는 단어는 어떤 특정한 위치를 가리킨다는 점에서는 기본적으로 지표적이지만 '화자에게 가까움'이라는, 탈맥락적으로 고정적인 의미론적 층위 역시 지니며, 그것은 'here'라는 단어가 어떠한 맥락에서 사용된다고 할지라도 매우 관례화되고 익숙해진, 따라서 다분히 상징적인 성격을 지닌다고 할 수 있다는 주장으로 자신의 견해를 확장시키고 있다.[3] Kaplan(1978)은 이에 앞서 상징적, 지표적이라는 용어 대신 앞서 특징(character)과 내용(content)이라는 용어를 채택하여 직시가 가지는 복합적 성격에 주목한 바 있다.[4] 결국 직시는 지표적 성격과 상징적 성격의 상호 길항관계 속에서 작동하는 언어기제이며, 이 두 가지의 기호적 속성 중 어느 것이 주도적으로 작동하는가를 규명함에 따라 직시표현의 성격 역시 규정가능하다고 본다.

2. 본론

2.1. 직시에서의 지표성

직시는 대상체와 그것을 지칭하는 언어 기호 사이에 실존적 관계가 존재한다는 점, 그리고 그 실존적 관계가 다분히 상대적이고 맥락 의존적이며, 맥락 내에서의 현저성에 주목한다는 점에서, 지표성을 중요한 자질로 가지는 언어범주라 규정하기에 무리가 없어 보인다.[5] 초기 형식의미론자들이 의미론과 화용론을 각각 지표를 가지고 있지 않은 언어에 대한 연구와, 지표를 가지고 있는 언어에 대한 연구로 구분한 것도 언어 기호와 대상지시체 사이의 실존적 관계, 그리고 그것의 근거가 되는 맥락으로부터 자유로운 의미론만의 독자적 영역 - 전형적인 상징기호로서의 - 을 구축하고자 하는 선언적 의미가 강하다고 할 수 있지만 역설적으로 화용론의 영역을 지표성이 가지는 맥락의존성과 관련하여 규정했다는 점에 주목할 필요가 있다. 물론 형식의미론자들의 이러한 주장은, 내포와 외연과의 관계가 (수없이 만들어질 수 있는) 가능세계 속에서 결정된다고 보는 견해에서 출발하여, 결국 맥락과 발화상황으로부터 독립적

3) 2.3.에서 밝히겠지만, 필자는 '여기'와 '지금'의 맥락적 다양함을 통합해 낼 수 있는 근거를, 이들에게서 보편적으로 발견되는 탈맥락적 불변의미에서 찾고자 한다.
4) 직시가 지니는 상징적 성격에 대해서는 2.3.에서 보다 상세하게 다루고자 한다.
5) 대상과의 구체적이며 일차적 지시 관계의 배면에는 추상적이고 이차적 관계가 형성되는데, 후자는 다분히 상징적인 성격을 띠게 된다.

인 보편 의미를 규정하고자 하는 의도에서 기인한 것으로 볼 수 있다. 하지만 이 경우 Levinson(1983)이 적절히 지적하듯이, 이러한 기준에 따르자면 모든 자연언어는 필연적으로 화용적이 될 것이며, 따라서 형식의미론자들의 주장은 모순이라는 결론에 봉착하게 된다. 맥락과 발화상황으로부터 자유로운 자연언어는 결코 존재할 수 없으며, 그러한 자연언어로는 소통이 원천적으로 불가능하다.

하지만 이러한 지표성의 개념을, 직시라는 언어기제의 차원으로 편입시킬때 문제는 그렇게 단순하지는 않다. Kaplan(1989)는, 지표성을 지니는 직시는 크게 두 가지로 구분하고 있는데, 하나는 "I", "now", "today"와 같은 이른바 순수한 직시(pure indexicals)로서, Kaplan에 다르면 이들은 별도로 어떤 지칭도 필요로 하지 않는다. 이들은 Reichenbach(1947)가 지표들은 기본적으로 자기지시적 토큰(reflexive token)이라 규정한 것과 일맥상통한다. 그에 따르면 이들 지표들은 이른바 토큰이라는 관점에 규정될 수 있다는 것이다. 따라서 I는 바로 자기지시적 토큰(I)을 말하는 사람으로 규정될 수 있고, now는 바로 자기 지시적 토큰(now)이 말해지는 시간으로 규정될 수 있다. 하지만 'this pen'은 "바로 이 토큰(this token, 즉 this pen)을 수반하는 제스처에 의해 지시되는 펜"으로 규정될 수 있다는 것이다. 따라서 I와 now는 this pen과 같은 지시사와 구분되게 된다. 여기에서 주목할 점은 Reichenbach 역시 지표들 중에는 진술만으로 지표성을 획득하는 것과, 동반하는 지시행위로 지표성을 획득하는 것을 구분하고 있다는 점이다. 물론 이와 같은 순수한 지표들이 항상 자기지시성을 지니는 것은 아님을 명심할 필요가 있다. 예컨대 "우리에게 오늘이란 없다"에서의 "오늘"이나, "진정한 나를 찾는 노력을 해야 한다"에서의 "나", "중요한 것은 항상 지금이다"에서의 "지금" 등은 메타퍼적 사용의 예로서, 지표적 성격보다는 상징적 성격이 부각되는 경우라 할 수 있다. 이들은 발화 내에서 자기 완결적이며 그 의미는 디폴트적이어서 이들의 이해를 위해 별다른 인지적 노력이 요구되지 않는다. 이들이 지칭하는 대상은 오직 하나일 뿐이다. I는 화자를 지칭하고, now는 발화순간을 지칭하며,[6] today는 발화행위가 이루어진 날을 지칭한다. 이들 순수한 직시들을 이용하여 다른 특정한 어떤 것을 지칭할 수 있는 자유는 화자에게 부여되지 않는다. 그러나 이들과는

6) 그러나 Kaplan의 견해와는 달리, '지금(now)'은 발화순간을 지칭하는 것 이외에도 매우 풍부한 기능을 수행할 수 있으며, 이러한 현상은 러시아어나 한국어를 비롯하여 범언어적으로 관찰된다. 특히 3인칭 내러티브에서는 매우 독특한 기능을 수행하는데, 이에 대해서는 2.3.에서 상술하고자 한다.

달리 "this"와 "she"[7]와 같은 이른바 순수하지 않은 직시들은, 맥락 의존적이라는 점에서는 순수한 직시와 자질을 공유하지만, 보다 정확한 의미획득을 위해 지칭행위[8]를 동반하여야 한다는 점에서 차이를 보인다. 물론 "this"가 멀리 있는 대상을 지칭하지 못한다던가, "she"가 남성을 지칭하지 못하는 등의 제한요인은 있지만, 이러한 제약만 해결된다면 화자의 입장에서 보자면 선택의 여지는 무한하다고 할 수 있다. 그리고 이러한 선택의 과정에서 결국 무엇을 혹은 누구를 선택하는가의 문제에서 가장 중요한 역할을 하는 것은 Recanati(2001 ; 2)가 지적하듯이 화자의 의도이다. 결국 이들은 보다 정확한 이해와 해석을 위해서는 지각행위의 동반이 요구되는 직시(순수하지 않은 직시)와, 그렇지 않은 경우(순수한 직시)로 구분될 수 있다는 것이다.

순수한 직시의 경우에 화자의 지각영역에 있는 여러 후보 대상물 중에서 어느 하나로 유일하게 선택되고 그것을 현저화시키는 지표로서의 기호적 속성이 보다 충실하게 반영된다면, this나 she와 같은 순수하지 않은 직시의 경우는, 그것이 관례적으로 지니는 의미론적(상징적) 자질을 충족시키는 것 모두를 대상으로 한다는 점에서 지표중심적 순수한 직시와 구분할 수 있는 여지가 생기게 된다. 여기에서 지각영역의 내부나, 현저성이라는 개념은 지표성에 대한 퍼스적 이해를 상기시킨다. 퍼스의 기호학에서 지표란 일반적으로 그 대상을 인접성이나 인과성, 혹은 다른 어떤 물리적이고 기계적인 관계와 연결시키는 것을 의미한다. 퍼스가 제시하고 있는 지표들은 모두 어떠한 지각을 그 바탕에 두고 있다고 볼 수 있다. 그는 (1) 징후(sympton) (2) 실마리(clue) (3) 흔적(trace)이라는 크게 세 가지 유형의 지표를 제시하고 있는데, 그에 따르면 징후는 실질적인 인접성과 실질적인 인과성이 결합된 것이고, 실마리는 추정된 인접성과, 비실제적인 인과성의 결합이며, 흔적은 비실제적 인접성과, 추정된 인과성의 결합이다. 이들 모두는 지각을 그 기저에 깔고, 그를 바탕으로 인접성과 인과성을 추정하고, 결합시킨다는 공통점을 지닌다.

대상이 화자의 (언어 외적 현실 속에서의) 지각영역(혹은 더 나아가 인지영역) 내에 존재한다는 사실(존재사실 그 자체)을 확인하는 작업은 직시에서 매우 중요한 의미를 지닌다.[9] 그리고

---

7) 물론 여기에서 she나 that은 아나포라적으로 사용되지 않은 경우로 한정한다.

8) 여기에서 지칭행위는 비단 제스쳐와 같은 지칭 행동뿐 아니라, 언어적 지칭행위도 포함한다.

9) 어원상 직시(δειξις)는 "가리킴"을 뜻한다. Булыгина(1992 ; 158-173)는 직시에 대한 의미 있는 연구들과 언급들을 개관하고 있는데, 그에 따르면 고대 그리스의 철학자인 아폴로니우스는 직시의 대표적인 예로 지시대명사를

이 점이 대상이 화자의 (언어 내적 현실 속에서의) 지각 영역 속에 존재하는 아나포라나, 지칭행위를 수반해야 하는 지시대명사와 구분되는 지점이다. 예컨대 초인종 소리와 방문자의 존재의 관계는 지표적이다. 초인종소리가 들려 문을 열었을 때 아무도 없는 경우 우리가 놀라는 이유는, 초인종 소리와 방문자의 존재 사이의 관례적이고 습관적인 관계를 기반으로 한 기대가 손상되었기 때문이다. 따라서 누군가 초인종을 눌렀을 때, 인터폰으로 흔히 하는 질문 Кто это?에 대한 Это я!라는 대답이나, 혹은 집안 어디엔가 있는 것은 분명한데, 어디에 있는지는 알 수 없는 동생을 부르며 Где ты?라고 소리칠 때 Здесь라는 대답이 정보적일 수 있는 이유는 그것이 я나 здесь라는 특정한 의미적 정보를 제공해서가 아니라, 질문하는 사람에게 대답하는 사람이 자신의 목소리를 지각케 함으로써 본인이 누구인지 확인하게 하거나, 혹은 본인의 위치에 대한 정보를 제공하기 때문이다. 상술한 상황에서 я나 혹은 здесь가 정보적일 수 있는 것은 그것이 개체로서의 대상을 지칭하기[10] 때문이지 я나 혹은 здесь의 의미자질을 기술하기 때문은 아니다. 우리에게 관심이 있는 것은 맥락 속에서 현저화될 수 있는 개체로서의 대상이지, 자질로서의 대상은 아니다.

아래의 예는 두 가지의 해석이 가능하다. 하나는 발화 당시의 상황과 연관하여 미국 대통령이 특정인을 지칭하는 것으로 해석되는 경우이고, 다른 하나는 미국 대통령의 자질적 측면에서 해석되는 경우이다. 따라서 지표성은 첫 번째 해석인 특정인을 지칭하는 경우에서 발견된다.

(3) The president of the United States could have been short.(Nunberg 1993 ; 5)

하지만 본질상 이러한 지표성을 가지지 못하는 부류들, 즉 특정 자질을 가지고 있는 고유한

들면서, 지시대명사는 보통의 명사들과 비교해서 현저한 차이점이 있다고 지적한다. 보통의 명사는 통상적으로 대상들에 어떠한 속성들을 귀착시키는 반면에, 지시대명사는 단지 그 대상을 지시할 뿐이라는 것이다. 직시가 보여주는 자질 지향적이 아니라 대상 중심적인 전통은 아폴로니우스의 언어에 대한 이해에서도 그 연원을 찾아볼 수 있다. Булыгина는 또한 근대 언어학 연구에서는 독일의 인도 유럽언어학자인 Brugmann(1904)이 수십 개의 언어를 표본 조사하여 네 개의 직시유형을 구분한 것을 소개하고 있는데, 이 네 개의 유형은 각각 (1) De-Deixis (2) Ich-Deixis (3) Du-Deixis (4) Jener-Deixis이다. (1) 유형은 마치 제스처와 같은 기능을 수행하는 것으로서 вот, это, этот와 같은 것들을 들 수 있을 것이고, (2) 유형은 화자의 영역을 둘러싸는 것으로서 я 이외에도 этот, близкийко мне, здесь, около меня 등을 포함하고, (3) 유형은 청자의 영역을 둘러싸고 있는 것으로서 ты, этот твой, этот близкий к тебе, здесь, около тебя 등과 연관되고, (4) 유형은 멀리 떨어진 대상을 지시하는 것으로서 тот이나 там을 들 수 있다.

10) Nunberg의 용어를 빌리자면 indicative이다.

대상을 소통의 현장에서 곧바로 추출하는 것이 아니라, 맥락이나 소통 현장과는 무관하게 이미 전제되어 있거나, 혹은 고유한 대상을 추출하기 곤란한 고유명사나, 물질명사, 총칭명사 등은 직시로 기능하지 못하게 된다. 왜냐하면 지표성의 의미는 바로 맥락 내에서 새롭게 제시되고 획득되어야 하는 것이기 때문이다.

직시가 가지는 이러한 현장성은 진리치의 문제에도 적용이 된다. 아래의 예를 보라.

(4) В 1707 году Император Пётр I принял указ "о предосторожности на случай вторжения неприятельского, укрытии пограничными жителями хлеба и сена в ямах, заготовлении мест для людей в лесах и болотах заранее.
1707년 황제 표트르 1세는 "외적의 침입에 대비한 예방책과, 국경지대 주민들이 빵과 건초를 구덩이에 감추는 것, 사전에 숲과 습지에 대피소를 준비하는 것"에 대한 칙령을 승인했다.

(4)와 같은 문장의 진리치는 구체적이며 개별적인 소통상황에서 결정되는 것이 아니라, 이 문장이 참임을 증명해 주는 상황이 실제로 발생했는지의 여부이다. 다시 말해 이러한 문장의 생성 이전에 이 문장의 진리치는 이미 결정되어 있는 것이다. 하지만 император Пётр를 я와 같은 직시어로 대체할 경우, 진리치의 결정은 그 직시어의 대상이 구체적으로 확정되어, 그 대상과 상황 간의 일치여부가 확인될 때까지 유보된다.

2.2. 비표준적 소통상황에서의 직시, 지표성과 상징성

소통이 전형적으로 이루어진다면, 그 소통과정에서 중심에 위치하게 되는 것은 메시지의 생산에 직접적으로 가담하고 있는 발화주체로서의 화자가 되어야 할 것이다. 표준적인 발화상황은, Падучева(1984 ; 235)가 지적하듯이 (1) 화자와 청자는 발화의 흐름 속에 소외되지 않고 존재해야 하고, (2) 어떤 메시지의 생산은 그것의 지각순간과 일치해야 하며(시간 속에서 화자와 청자의 위치는 동일하다), (3) 화자와 청자는 동일한 장소에 있고, 통상적으로 그들은 서로를 볼 수 있으며, 그들은 동일한 시야를 확보하고 있어야(장소의 동일성) 한다는 3가지의 기본적 조건을 충족하여야 한다. 여기에서 (2)와 (3)은 (1)이 충족된다는 전제 하에 존재하는

반면, (2)와 (3)은 서로 독립적이다.[11)]

하지만, 실제 언어 현실에서는 표준적 발화상황에 예외적인 경우들이 수없이 존재하며, 경우에 따라서는 비표준적 소통 상황이 훨씬 우세하게 등장한다. 예컨대 우리가 전화를 하거나, 편지나 메일을 보내거나, 메신저를 사용하는 경우, 혹은 이른바 직시적 투사의 상황 등을 비표준적 소통행위의 예로 규정한다면, 우리의 소통행위의 대다수를 차지하는 것은 오히려 비표준적 소통행위이다. 심지어 표준적인 발화상황이 이루어질 수 있는 최적의 상황에서도, 소통이 진행 중인 과정 중에 일시적으로 비표준적 소통행위(소통이 일방적이거나 강제로 이루어지는 경우 등)가 발생하는 경우도 존재한다. 흥미로운 것은 직시표현이 화자를 기준점으로 삼는 것이 아니라, 청자를 기준점으로 삼는 직시적 투사의 경우이다. Lyons(1978 ; 579)는 라틴어에서의 서간문 과거시제(epistolary Past Tense)를 직시적 투사의 한 예로 들고 있는데, 여기에서 과거시제는 화자가 글을 쓰는 순간에 발생하는 사건을 가리키게 된다. 이러한 관습은 수신인이 편지를 받을 때에는, 편지를 쓰는 현재의 순간은 이미 과거에 속하게 된다는 극도의 청자 정향적인 관점에서 기인한다. 이러한 직시적 투사는 공적인 장소들에서 포스터와 공고문에서 자주 사용된다. 예컨대 흔히 볼 수 있는 Здесь не курят과 같은 공고문에서 здесь는 이곳(here)을 의미하는데, 이곳은 공고문을 읽게 되는 사람들이 현재(now) 위치해 있는 곳이며, 화자의 위치는 공고문의 해석과는 비유관적이다. 12시간의 시차가 나는 곳으로 밤 9시에 전화를 걸면서 Доброе утро!라고 인사하는 것, 상대방이 있는 곳에 간다는 의미에서 прийти를 사용하는 것, 포스트잇으로 상대방에게 자신이 알려 주는 곳을 알려 주고자 Сейчас я у бабушки[12)]라는 메모를 남겨 놓는다거나, 자동응답기에 Сейчас меня нет в… 등으로 시작되는 메시지를 남겨 놓는 행위, 혹은 사진을 찍을 때 상대방에게 이동을 요구할 경우, 이동방향을

11) 실제로 몇몇 직시표현들은 이러한 세 가지 조건이 모두 충족되는 전형적인 발화상황에만 사용이 가능하다. Падучева(1996)가 들고 있는 예를 살펴보자. 러시아어에서 там은 화자와 청자가 동일한 시공간에 위치해 있다는 전형적 발화상황을 전제한 후, 화자와 청자 모두에 의해 점유되지 않은 공간을 지칭한다. 예컨대 모스크바에 있는 사람이 Åbo에 있는 어떤 사람과 전화상으로 이야기할 때, Я скоро там буду.라고 이야기할 수 없다. 그 대신 У вас라고 말해야 한다.

12) 여기에서 сейчас는 발화시가 아닌, 메시지가 수신되고 이해되는 시점이라는 점에서 전형적인 сейчас의 용법과는 차이가 있다. 이에 대해서는 2.3.에서 보다 상세히 다루고자 한다. 필자는 сейчас의 '발화와 시간적으로 가까움'이라는 상징적 속성이 전면적으로 부각된 경우로 보고자 한다. 이러한 발화는 생산순간을 정향하는 것이 아니라, 발화의 소비순간(누군가 그 메시지를 듣고 보는 순간)이 중요하므로, 여기에서는 '(소비되는) 발화와 시간적으로 가까움'으로 해석할 수 있다고 본다.

상대방의 측면에서 고려하는 것 역시 이러한 직시적 투사의 확장된 예라 할 수 있을 것이다.

이러한 다양한 예들은 직시가 지니는 지표성의 대표적인 자질인 화자의 지각작용과, 대상의 현장성이 고정 불변한 것이 아니라, 화자의 의도에 따라 다양한 층위에서의 메타퍼적인 변용이 가능함을 암시한다. 그리고 이러한 메타퍼적 변용은 기호와 대상 간의 공통적이며, 불변적인 자질을 그 바탕으로 하고 있다는 점에서 상징적인 성격을 띨 수 있게 된다. 앞서 언급한 것과 같은 우리의 일상에서 너무나 쉽게 접할 수 있는 비전형적 소통상황에서나, 화자의 특정한 발화의도를 실현하기 위해 특정 관점이 취해질 때, 직시와 대상 간의 관계는, 종종 지표적 성격보다는 상징적 성격이 보다 부각되게 된다. 그리고 이때 상징은 다양한 맥락에서 공통적으로 발견되는 불변적 자질과, 관례성을 그 바탕으로 하고 있다는 점에서 화자와 청자에게 인지적인 부담을 추가로 요구할 필요성은 줄어들게 된다.

흥미로운 점은 단순히 화자의 지각영역이 청자의 지각영역으로 투사되는 위와 같은 경우뿐만 아니라, 화자의 지각영역이 과거의 기억 혹은 분리된 나(무의식이나 꿈)로 투사하는 것 역시 가능하다는 점이다. (5-a)의 경우는 지각의 주체가 되어야 하는 я가 적절한 맥락의 도움 없이 지각의 대상이 되었다는 점에서 표준적인 소통맥락이 매우 어색할 수 있는 문장이다.[13] 왜냐하면 지각과 의식의 주체로서의 화자를 상정하는 직시개념에서는 화자와 대상은 결코 서로 동일할 수 없기 때문이다. 하지만 통사적 조작을 통해 (5-b)에서와 같이 타인의 입을 통해 전달되는 정보로 제시되거나, 혹은 예문 (6)에서 보여지듯이 화자의 지각이 과거의 경험으로까지 투사되어, 그 경험 속에서 현재의 화자가 과거의 화자를 회상의 객채로 끄집어 내어 현저화될 경우 이들은 무리 없이 허용됨을 알 수 있다.

(5-a) *Я показался на дороге.

*Я исчез из виду.

*Только моё тело белело в темноте.

(5-b) *Иван сказал, что я показался.(Апресян 1986 ; 290)

---

13) Апресян(1986 ; 290)은 지각의 주체가 되어야 하는 я의 속성과는 달리, я가 객체가 될 것을 요구하는 동사들의 예로 маячить, виднеться, исчезать из виду, как сквозь землю провалиться와 같은 동사들과, 색깔과 관련된 동사들인 белеть, желтеть, зеленеть, краснеть, темнеть, чернеть 등을 들고 있다.

(6) а. Как только я показался в дверях, то наследник захлопали ручонками и залепетал : “Новый, новый, новый.”
내가 문에 나타나자마자, 후계자가 박수를 치고는 떠들기 시작했다. “새로운 것, 새로운 것, 새로운 것.”

심지어 마치 아나포라와 유사하게 선행발화에 주목하되, 선행발화의 명시적인 언어적 차원에 주목하는 것이 아니라, 선행발화의 전반적인 텍스트 공간 – Grenoble(1998 ; 9)의 용어를 빌리자면 텍스트 세팅 – 에 주목하는 경우도 있다. 한편 화자와 청자의 대면적 관계라는 기본적 전제를 바탕에 두고 있는 발화상황과는 달리, 직시표현의 정향성이 끊임없이 변하는 서사 텍스트에서는 발화상황과는 전혀 다른 직시적 관계가 성립된다. 무엇보다 서사 텍스트는 작가/화자와 독자/청자와의 일차적 관계 이외에도, 독자/청자가 이야기 세계와 맺는 이차적 관계에 바탕을 두게 되며, 발화텍스트에서와는 다소 상이한 지각의 주체를 요구하게 된다.

직시가 기본적으로 (확고한 지각 주체인 화자의 존재를 요구한다는 점에서) 자기중심적이라는 개념은 Bühler(1934)에 의해 적극적으로 개진된 바 있으며, 이러한 전통적인 견해는 Lyons, Fillmore, Levinson 등에 의해 강한 지지를 받지만, 비규범적 소통상황과, 서사 텍스트까지 포괄하기 위해서는 직시의 자기중심적 성격을 포기해야 한다는 견해들도 등장하고 있다. 심지어 강한 주체(ego)의 상정 자체를 부정하는 견해까지 등장한다. 예컨대 Mühlhäusler and Harré(1990)는 대명사와 인칭직시에 대한 논의를 하면서, 우리가 통상적으로 소통상황에 대해 가지는 환상 즉 경험적인 코드입력-코드해석이라는 환상(도관적 메타퍼인)에서 벗어날 것을 주장하며, 화자와 청자를 화자와 화자 이미지로 대체하기를 주장하기도 하고, 심지어 직시에 대한 전통적인 견해를 비교적 충실히 따르고 있는 Levinson(1988) 역시 화자와 청자라는 개념적 범주가 소통 참여자들의 역할을 분석하는 데 충분한 범주라고 생각하는 것은 심각한 실수이거나, 혹은 적어도 과도한 단순화라고 지적하고 있으며, Hanks(1990)는 직시를 해석하는 데 있어 중요한 것은 기준점(origo)이지 주체(ego)일 필요는 없으며, 더구나 기준점(origo)은 반드시 화자 혹은 청자일 필요가 없고, 오히려 소통의 순간마다 발생하는 관계적 자질을 디폴트로 지정할 것을 주장한다. 그리고 이러한 기준점(origo)의 개념을 Rauh(1983), Grenoble(1998) 등이 적극 도입하고 있다.

물론 이와 다소 상이한 맥락이기는 하지만 바흐친의 경우는 사회 이데올로기적 사실, 혹은 발화 공동체를 직시의 기준점(origo)으로 상정할 것을 제안하기도 한다. 혹은 중재적인 입장에서 Падучева나 van Schooneveld는 레지스터에 따라 관찰자의 개념을 적극 도입할 것을 주장하기도 한다. 그리고 이러한 다층적인 직시 중심에 대응하여, 직시의 층위 역시 매우 다층적으로 구성되어 있다는 의견들이 많이 개진되고 있는데, 그 결과 Rauh(1983 ; 20-23)나 Grenoble(1998 ; 5), Hanks(1990 ; 67)에서와 같이 직시층위의 복합성이 제시되기도 한다. 이와 같이 복합적 차원의 직시를 제안하고 있는 것도 소수의 표준적 소통상황과 대다수를 구성하는 비표준적 소통상황 모두를 아우르기 위해서는 다층적인 직시 중심을 설정하는 것이 필요함을 역설적으로 보여 준다. 표준적 상황과는 다른 비표준적 소통상황에서의 직시는 결국 화자와 맥락, 그리고 대상들 사이의 지표적 관계들이, 다양한 비표준적 소통상황으로 투사된 결과로 이해될 수 있으며, 일차적으로 지각의 영역에서의 현저성이 인지적 영역에서의 현저성으로, 물리적 공간에서의 현저성이 추상적 공간으로의 현저성으로, 화자와 청자사이에 형성되는 담화공간이 사회적 공간으로 확장되고 투사되는 과정에서 직시가 가지는 다층성이 점차 확장 형성된 것이라 할 수 있다.

2.3. '여기'와 '지금' – 직시인가 아나포라인가? : 담화직시의 관점에서

화자와 청자 사이의 역동적인 상호교류가 발생하는 표준적 대화소통과정과는 달리, 내러티브는 그것이 구어체이든 아니면 문어체이든, 참여자들에게 선형적으로 인식된다. 이 선형성은 시간축을 따라 흘러간다는 점과 동시에 일정한 방향을 가진다는 점에서 시간적 속성과 공간적 속성을 동시에 가진다. 따라서 텍스트의 일부를 텍스트의 다른 부분에 정초시키는 담화직시 역시 기본적으로 표준적 소통상황으로부터의 메타퍼적 확장이 이루어진 경우라 할 수 있다.(물론 이러한 메타퍼적 확장은 특정 언어 기호가 가지는 관례성에 기반한 것이기에 과도한 인지적 노력이 소비되는 것은 아님은 이미 밝힌 바 있다.) 내러티브의 흐름과 밀접한 연관을 가진다는 점에서 담화직시는, 참여자들의 능동적 참여를 전제하고 요구한다. 왜냐하면 내터티브의 특정 부분에 대한 지칭은, 내러티브의 흐름을 주의 깊게 따라가지 않는 이상 정확한 이해가 불가능하기 때문이다. 여러 차원의 직시 가운데에서 시간과 공간, 사람에 대한 직시가 대상과 언어 기호와의 문제라면, 담화직시는 언어 기호와 대상으로서의(혹은 대상으로 메타적으로 투사된)

언어 기호와의 문제이다. 기본적으로 직시는 텍스트를 생산한 언어 외적 맥락을 지각의 장으로 설정하고, 그 지각의 장 내에서 적절한 대상을 지칭하는 context 지향적인 반면에, 담화직시는 일차적으로는 언어 내적 맥락 즉 해당 텍스트를 가능하게 한 혹은 응집적이고 정합적인 텍스트로 만들어 준 이전 텍스트와의 관계, 즉 co-text 지향적인 모습을 띤다. 이러한 맥락에서 일반적인 직시와 담화직시는 context와 co-text의 관계에서, 세계와 텍스트와의 관계에서 거울이미지와 같은 관계를 보이며, 특히 담화직시는 텍스트 자체를 지시한다는 점에서 자기지시성이자 재귀성을 중요한 특징으로 가지게 된다.

아나포라가 담화직시와 구분되는 지점도 바로 이러한 자기지시성과 재귀성의 문제로 볼 수 있다. 아나포라 역시 다른 텍스트를 지향하지만, 맥락과의 유관성이 그 이후에 부각되는 것은 아니다. 아나포라는 무엇보다 텍스트와 텍스트 사이의 응집성(cohesion)에 주된 관심을 두며, co-text의 특정 언어표현과의 공지시지성에 무게를 두지만, 그러한 공지시성이 context의 차원으로 확장되지는 않는다. 담화직시들의 다음의 예를 보라.

(7) The money part of it isn´t eh : anything, is it.
Oh, I see. And then say you wanna get married. Cause it makes it hard.(Schiffrin 1987 ; 253)

예문 (7)에서 then은 전형적인 담화직시로서, 그 자신을 중심으로 이전 텍스트와 (아나포라적으로,) 이후의 텍스트를 (카타포라적으로) 연결한다. 여기에서 then은 시간적 전환을 나타내는 것이 아니라, 이전의 화제와 이후의 화제를 무리없이 연결시켜 주는 담화직시로 기능한다. 즉 시간 전환적 기능이 화제 전환적 기능으로 전이된 것이며, 이는 다음과 같은 러시아어의 예에서도 쉽게 발견된다.

(8) Через две минуты Коля понял в первый раз за три месяца супружеской жизни, что любимая женщина любит морковные, картофельные и гороховые сосиски гораздо меньше, чем он.
– Значит, ты предпочитаешь собачину диетическому питанию? – закричал

Коля. В горячности не учтя подслушивающих соседей.

– Да говори тише! – громко закричала Лиза. И потом ты ко мне плохо относишься. Да! Я люблю мясо! Иногда. Что же тут дурного?

2분이 지나 콜랴는 결혼 3개월 만에 처음으로 자신이 사랑하는 여자가 당근이나, 감자, 완두콩 소시지 등을 자기보다 훨씬 덜 좋아한다는 것을 깨달았다.

– 당신은 개고기를 야채보다 더 좋아한다는 말이야?

콜랴가 소리쳤다. 화가 나서 듣고 있는 이웃들은 전혀 신경 쓰지 않는다는 식이었다.

– 조용히 좀 해요 – 리자가 크게 소리쳤다. 그리고 당신은 나한테 너무 못되게 구는군요. 그래요. 나는 고기 좋아해요. 때로는 말이죠. 뭐가 나쁘다는 거죠?(И. Ильф, Е. Петров. *Двенадцать стульев*)

예문 (8)에서도 *потом*은 전형적인 담화직시로서, 본래의 시간적 교체라는 본래의 기능이, 상이한 두개의 담화화제 사이의 교체를 신호해 주는 역할로 전이되고 있다. 예컨대 야채보다 고기를 좋아하는 자신의 식성에서, 자신에게 남편이 취하는 태도의 문제로 화제가 교체되도록 함으로써 분위기의 전환을 시도하고 있다. 여기에서 우리가 담화직시에 주목하는 이유는 직시중심이 화자이거나 혹은 청자이거나 혹은 화자로부터 확장된 발화공간인 여타의 직시와는 달리(따라서 그 공간 내에서의 개체에 대한 지시와 그 개체와의 관계가 일차적으로 문제시되는 여타의 직시와는 달리) 담화직시는 텍스트 내에서의 자신의 위치 자체가 직시적 중심이 되기 때문이다. 지각적 장이 외부세계가 아닌 언어 텍스트 내부가 되기 때문이다. 또한 자기 자신을 기준으로 삼는 담화지시의 성격이 앞서 언급한, 자기 지시적, 재귀적 성격과 밀접한 연관을 맺고 있으며, 이를 통해 서사 텍스트 내에서(혹은 비전형적 소통상황 내에서) 특정 언어표현이 지니는 직시적 성격과 아나포라적 성격이 규명되기 때문이다.

위의 예에서도 보듯이 전형적인 직시중심인 화자가 부재하는 서사 텍스트에서는, 텍스트의 흐름을 따라가는 독자(혹은 제3자를 비롯한 관찰자)의 시선이 화자를 대신하게 된다. 발화 텍스트나, 혹은 표준적인 소통상황 내에서의 직시에서는 언어 기호와, 그 기호를 둘러싸는 세계 속에 존재하는 대상이 문제가 되었다면, 서사 텍스트에서는 언어 기호와 텍스트 속의 대상, 그리고 텍스트 밖의 독자(혹은 관찰자)와의 관계가 일차적인 문제가 된다. 그리고 직시들은 일정 부분 다른 담화를 지향하는 담화직시로서의 기능을 일정 부분 담당하게 된다.

언어 기호와 언어 기호 사이의 관계를 통사적 관계, 언어 기호와, 세계와의 관계를 의미론적 관계, 언어 기호와 그 사용자의 관계를 화용적 관계라는 고전적인 분류법을 따른다면 서사 텍스트에서 (담화)직시는 보다 화용적 차원에 – 텍스트의 사용자인 독자와의 관계를 염두에 둔다는 의미에서 – 정향되는 반면, 아나포라는 선행 텍스트 속에서 공지시되는 대상의 의미파악에 주력한다는 점에서 의미론적 차원에 보다 정향된다. 전자가 텍스트를 어떻게 이해할 것인가에 일차적인 초점이 맞추어진다면, 후자는 특정 언어표현이 주어진 텍스트 속에서 가지는 의미가 무엇인지에 일차적인 초점이 맞추어지게 된다. (담화)직시와는 달리 아나포라는 질료로서의 텍스트를 질료 차원의 다른 텍스트와 견주어, 언어 기호의 의미를 찾는 작업이라 할 수 있을 것이다. Lyons는 담화직시가 그 본질상 아나포라적이라고 주장하고 있는데, 이는 담화직시가 가지는 자기 지시적 성격과 연관하여 일정 부분 설명이 가능하다. 왜냐하면 아나포라는 공지시적 표현 혹은 대상을 찾는다는 점에서, 자기 지시성이 전제되는 반면에, 서사 텍스트 내에서 (담화)직시에서는 자기 지시성이 (새롭게) 단언되기 때문이다. 이들 둘은 공통적으로 자기 지시성의 문제를 다루되, 상이한 방식으로 다루고 있는 것이다. 일반적으로 어린아이들이 직시를 아나포라보다 빨리 획득한다는 점은 많이 지적되어 왔다. 보다 논리적으로 말하면 Lyons(1978 ; 673)이 Isard(1975)를 재인용하여 들고 있는 주장이 타당해 보인다. 즉 아나포라는 그 지시체가 이미 어떤 담화세계 내에 존재한다는 점을 존재하는 반면에, 직시는 어떤 개체를 우리가 차후에 가리킬 수 있도록 담화 세계 안에 자리 잡게 하는 수단이라는 것이다. 이는 아나포라가 기호와 기호와의 관계를 다루고 있으며, 기호들 간의 응집성(cohesion)을 유지하고자 하는 메타적 성격을 띠고 있다는 점으로 설명이 가능하다.

그렇다면 과연 담화직시는 아나포라적인가 하는 문제를, 항상 논쟁의 중심에 서 있는 '여기'와 '지금'의 문제를 통해 다루어 보고자 한다.

앞서 필자는 '여기'라는 단어가 어떤 특정한 위치를 가리킨다는 점에서는 기본적으로 지표적이지만 '화자에게 가까움'이라는 의미론적 층위 역시 지니며, 그것은 다분히 상징적 성격을 지닌다고 본 Rauh(1983 ; 23-30)의 견해를 인용하며, 직시라는 언어기제 속에는 대상지칭적인 지표적 성격 이외에도 의미론적 층위를 구성하는 상징적 성격 역시 중요한 역할을 수행함을 주장한 바 있다. 표준적 상황에서의 직시와 대상 간의 관계로부터의 메타퍼적 투사를 통해 비표준적 상황에서의 직시와 대상 간의 관계가 확장된다는 점 또한 언급한 바 있다. 화자와 청자가 대면하고 있는 표준적인 소통상황에서 здесь는 발화가 발생한 장소를, сейчас는 발화가 발생한 시간을 가리킨다. 그러나 здесь와 сейчас가 엄밀한 의미에서의 발화시와 발화 장소가 아닌 보다 광의의 발화시와 발화 장소를 지칭할 수 있음은 일상에서 쉽게 접할 수 있는 수많은 예들을 통해 쉽게 확인할 수 있다. Мельчук(1985 ; 261-268)에 따르면, 러시아어에서 сейчас는 발화 순간을 가리키거나(Сейчас он занят.) 혹은 발화순간의 바로 직후를 포함하기도 하며(Сейчас приду.) 발화의 바로 직전 순간을 가리키기도 하며(Коля сейчас тут сидел), 화자에 의해 마치 발화순간인 것처럼(실제로는 그렇지 않음에도 불구하고) 제시되는 과거의 순간을 가리키기도 하는(Сейчас она внушала жалость) 네 가지 기능을 수행한다. 그렇게 본다면 сейчас를 현실 속의 특정 대상과 존재론적 관계를 맺는 지표적 성격으로서의 직시 - 즉 발화시 - 로 규정하기에는 상당한 무리가 따름을 알 수 있다. 마찬가지로 발화 장소를 가리키는 здесь 역시 극도의 좁은 공간에서부터(здесь в этой комнате), 매우 넓은 장소까지(здесь в Москве, здесь в России) 다양한 공간을 지칭하는 예들을 쉽게 접할 수 있음을 고려한다면, здесь와 сейчас에 대한 보다 적극적인 접근이 필요할 것이다. 만일 우리가 здесь나 сейчас의 기호로서의 상징적 속성에 주목한 Rauh의 입장을 받아들인다면 러시아어에서 здесь는 발화장소를 포함하거나, 발화장소와 가까운 장소로 규정할 수 있을 것이고, сейчас는 발화시를 포함하거나, 혹은 발화시와 가까운 시간으로 규정할 수 있을 것이다. Recanati(2000, 2001, 2005)나 Krasner(2006) 등도 이와 관련하여 동일한 입장을 취한다. 그렇다면 Kaplan적 개념으로 보자면, здесь와 сейчас는 순수하지 않은 직시가 되는 셈이다. 이들은 발화와 시간적으로 가까운, 혹은 공간적으로 가까운 시간과 공간을 지칭하지만, 이것이 유일하게 오직 하나의 대상만을 그 시체로 설정하지는 않는다. 위의 예에서 보듯이 무수히 많은 크고 작은 시간과 공간이 그 대상으로 선택될 수 있다는 점에서 2.1.에서 보았던 that이나 she와 같은 순수하지 않은 직시와 같은 맥락에서 이해할 수 있다.

특히 문제가 되는 것은 화자와 청자가 아무런 역할을 수행하지 않는 삼인칭 내러티브에서 등장하는 сейчас와 здесь를 어떻게 보아야 할 것인가 하는 것이다. 이에 대하여 내러티브는 근본적으로 화자나 청자와의 관계가 절연된 별개의 텍스트이고, 따라서 표준적 소통상황에서 적용되었던 직시의 기본적인 작동원리는 여기에서 작동하지 않는다는 입장을 생각해 볼 수 있을 것이다. Падучева(1996)와 같이 내러티브에서 сейчас와 здесь가 아나포라적으로 사용된다고 주장하는 사람들의 견해에 따르자면, 언어적 구조물인 내러티브는, 표준적 소통상황에서의 현실세계에 해당되므로, 이러한 표준적 소통상황에서의 직시어는 필연적으로 아나포라적으로 해석을 해야 한다는 것이다. Corazza(2006)도 기본적으로 이러한 Падучева의 견해와 맥락을 같이 한다. 이들의 견해에 따르자면, 삼인칭 내러티브에서 сейчас는 서술화자나 등장인물과 동일한, 내러티브 내의 시간축을 따라 이동하게 된다는 것이다.

하지만 필자는 이들의 견해와는 달리 내러티브에서의 сейчас와 здесь도 역시, 비표준적 소통 상황에서의 сейчас와 здесь와 동일한 원칙이 적용가능하다고 본다. 비표준적 소통상황(자동응답기나 메시지)에서 сейчас와 здесь가 '소통시점과 시간적으로 혹은 공간적으로 근접함'이라는 상징적 자질이 활성화되어 작동했던 것과 마찬가지로 내러티브에서도 '내러티브 내의 시점 혹은 시간의 흐름과 시간적 혹은 공간적으로 근접함'이라는 상징적 자질이 활성화된 경우라 볼 수 있다고 본다. 이들은 아나포라로서 내러티브 내의 특정한 언어표현을 지칭하는 것이 아니라, Grenoble(1998)의 용어를 빌리자면, 내러티브 내의 특정한 언어표현이 구성하는 텍스트 세팅을 지칭한다. 따라서 엄밀한 의미에서 아나포라가 아닌 직시로 보는 것이 보다 타당할 듯하다.

(9) Он, Тиверзин, вышел, хлопнув дверью, и зашагал впред, не оборачиваясь. Его окружали осенняя сырость, ночь, темнота. (…) Этот мир был ему сейчас ненавистнее.
티베르진은 문을 쾅하고 닫고 나가서는 뒤도 돌아보지 않고 앞으로 발걸음을 내디뎠다. 가을의 습기와 밤과, 어둠이 그를 감쌌다. 이러한 세계는 그에게 지금 더 혐오스러운 것이었다.(Падучева 1996 ; 272에서 재인용)

Падучева는 이와 같은 구문에서 сейчас는 선행 텍스트에서 고정된 어느 한 지점을 지시한다는 점에서 아나포라로 보아야 한다고 주장하지만 сейчас를 담화직시로 간주하는 것과 비교해 볼 때, 여기에서 сейчас를 아나포라로 간주할 경우 내러티브 내에서 сейчас가 수행하는 고유한 기능을 놓칠 위험이 커진다. 이는 сейчас를 전형적인 아나포라인 тогда와 교체할

경우, 텍스트 내에 주어진 여러 시점 중 어느 것을 선택해야 하는지가 결정하기가 어렵다는 이유에서, 매우 어색하다는 점을 고려해 볼 때 보다 분명해진다. 소통시점과 시간적으로 근접함이라는 сейчас의 상징적 자질을 고려해 본다면, 여기에서 сейчас는 “가을의 습기와 밤과, 어두움이 그를 감싼” 바로 그 시점(텍스트 세팅)을 지칭할 수 있기 때문이다.

한편 Падучева(1996 ; 270)는 здесь에 대해서도 동일한 접근을 시도하고 있다. 아래의 예를 보라.

(10) Года через два перешел он в Училище живописи, пробыл здесь чуть ли не пятнадцать лет и кончил по архитектурному отделению, с грехом пополам, но архитектурой все-таки не занимался, а служил в одной из московских литографий.

2년이 지나 그는 미술학교로 옮겼다. 그리고 거기에서 거의 15년을 지내다가 건축학과를 겨우 졸업했다. 하지만 건축업에 종사하지 않고, 모스크바의 한 석판공장에서 일하고 있었다.(Падучева 1996 ; 270에서 재인용)

그의 설명을 따르자면, 예문 (10)에서 아나포라적인 здесь는 여기에서 적절치 못하다고 지적하고 있다. 하지만 ‘내러티브 내에서의 시점과의 공간적 근접성’을 지칭하는 здесь의 상징적 성격의 의미자질을 고려해 본다면, 그리고 공간적 근접성이 쉽게 인지적 근접성으로 투사될 수 있다는 점을 고려해 본다면, здесь는 공간적으로 모스크바의 석판공장보다 가까운 미술학교를 지칭할 뿐만 아니라 그 미술학교가 인지적으로도 보다 가깝고 활성화되어 있다는, 따라서 이후의 사건전개과정에 보다 중요한 역할을 수행할 것이라는 기대까지도 독자로 하여금 가질 수 있게 하는 문체적 효과를 가진다. Падучева는 이 예문에서 본인이 아나포라라고 규정한 здесь 대신, 전형적인 아나포라인 там을 사용할 수 있음을 지적하면서도, 이들 там과 здесь와의 문체적 효과상의 차이는 설명해 주지 못하고 있다. 왜냐하면 아나포라들 사이의 선택의 문제는 화용적 차원이 아닌, 의미적 차원에서 설명되어야 하기 때문이다. 이러한 문제는 здесь를 아나포라가 아닌 직시로 규정함으로써 해결될 수 있다. 이러한 설명은 сейчас의 경우에도 동일하게 적용될 수 있다. 아래의 예를 보라.

(11) – Я спрятала брильянты в стул, – упрямо повторила старуха. Ипполит Матвеевич вскочил и, посмотрев на освещенное керосиновой лампой каменное лицо Клавдии Ивановны, понял, что она не бредит.

– Ваши брильянты! – закричал он, пугаясь силы своего голоса.

– В стул! Кто вас надоумил? Почему вы не дали их мне?

– Как же было дать вам брильянты, когда вы пустили поветру имение моей дочери? – спокойно и зло молвила старуха. Ипполит Матвеевич сел и сейчас же снова встал. Сердце его с шумом рассылало потоки крови по всему телу.

– 나는 보석들을 의자 속에 감추어 두었다네. – 완고하게 노파가 반복했다.

이폴리트 마트베예비치는 벌떡 일어났다. 그리고 석유램프에 비추어진 클라우디아 이바노브나(장모)의 돌과 같이 굳어진 얼굴을 바라보았다. 그리고 그녀가 헛소리하는 것이 아니라는 것을 알아차렸다.

– 당신의 보석들이라니요!! – 자기 목소리에 힘이 들어간 것에 깜짝 놀라면서 그가 소리쳤다.

– 의자 속이라니요! 누가 당신에게 가르쳐 주었어요? 왜 나한테는 이야기도 하지 않았구요?

– 내 딸의 재산을 다 써 버렸는데, 내가 어떻게 자네에게 줄 수 있었겠나? 노파는 침착하고도 악의에 차서 말했다. 이폴리트 마트베예비치는 앉았다가 금세 다시 일어났다. 그의 심장은 큰 소리를 내며 온몸으로 피를 내보내고 있었다.(И. Ильф, Е. Петров. *Двенадцать стульев*)

예문 (11)에서도, сейчас는 사건의 흐름을 따라가며 형성되는 시점과 가장 시간적으로 가까운 시점을 지칭한다. 그리고 그 시점이 바로 직전에 위치하고 있어 сейчас는 짧은 구간 내의 사건의 발생을 지칭함으로써 사건의 긴박함을 더욱 가중시키는 효과까지 거두고 있다.

3. 결론

본 글은 직시가 가지는 두 가지 기호적 속성인 지표적 성격과 상징적 성격에 주목하여, 직시가 가지는 다층적 성격들이 결국은 지표적 성격과 상징적 성격이 다양한 차원에서 서로 다른 양상으로 결합되어 발생한 결과임을 보이고자 하였다. 그리고 그 과정에서 직시는 대상과 존재론적인 관계를 가진다는 점에서 지표적 성격을 지니며, 그 속에 고정불변의 의미론적 요소를 가진다는 점에서 상징적 성격 역시 지님을 밝히고자 하였다. 그리고 다양한 직시표현들은 텍스트 내에서의 기능과 역할에 따라, 지표적 성격이 보다 두드러지기도 하고, 상징적 성격이 두드러지기도 한다는 점을 알 수 있었다.

또한 대부분의 소통행위는 통상적으로는 표준적인 발화상황에서보다는 비표준적인 발화상황에서 이루어지는 경우가 많으며, 이 경우 표준적 발화상황에서의 대상과 직시표현 사이의 관계가, 비표준적 상황에서의 대상과 직시표현 사이의 관계에 대응되는 이른바 메타퍼적 투사가 이루어지고, 이때 기호가 가지는 상징적 속성들이 보다 부각된다는 점 또한 알 수 있었다. 이는 발화텍스트뿐 아니라 내러티브에서도 유사하게 적용됨을 알 수 있었다.

특히 내러티브에서는 '지금'과 '여기'의 의미를 표현하는 러시아어 표현들이, 대화텍스트에서와는 달리, 이들 표현들이 가지는 상징적 성격들이 보다 활성화되어, 이들이 내러티브 내에서 아나포라가 아닌 직시로서 기능함을 살펴볼 수 있었다.

참고문헌

이기웅(1984) "러시아어에 있어서의 아나포라", 〈슬라브학보〉 9권.

장인봉, 이성범, 전혜영, 최명원(2004) 〈화용론 연구〉, 태학사.

Апресян, Ю. Д.(1986) "Дейксис в лексике и грамматике и наивная модель мира," *Семиотика и информатика.* М: ВИНИТИ. вып. 28.

Мельчук, И.(1985) "Семантические этюды. 1. 'Сейчас' и 'теперь' в русском языке," *Russian Linguistics.* 9/2-3, pp. 255-279.

Падучева, Е. В.(1974) *О семантике синтаксиса.* Наука, Москва.

________________(1984) "Deixis in a narrative text: General strategies of interpretation", Björklund., Lundberg, Helena, Orlov, Janina (eds.). *Carina Amicorum.* pp 234-251.

________________(1985) *Высказывание и его соотнесенность с действительностью.* Москва: Наука.

________________(1996) *Семантические исследования.* М.: Языки русской культуры.

________________(2001) "Наблюдатель в системе диатез глагола восприятия", *Русский язык: пересе кая границы.* Дубна.

Серебренников Б. А.(1988) *Роль человеческого фактора в языке. Язык и мышление.* М.: Наука.

Булыгина, Т. В.(1992) *Человеческий фактор в языке. Коммуникация, модальность, дейксис,* М.: Наука.

Яковлева Е. С.(1990) "О связи дейксиса и модальности," *Логический анализ языка: Противоречивос ть и аномальность текста.* М., Наука.

Bühler(1934/1982) "The deictic field of language and deictic words" Jarvella, R.J. & Klein, W. (eds.) *Speech, place and action.* Chichester: John Wiley.

Anderson S., Keenan, E.(1985) "Deixis," *Language Typology and Syntactic Description 3: Grammatical Categories and the Lexicon.* Cambridge: Cambridge University Press.

Andrews, E.(1990) *Markedness Theory. The Union of Asymmetry and Semiosis in Language.* Duke University Press.

Brugmann, Karl(1904) "Die Demonstrativpronomen der indogermanischen Sprachen. Eine bedeutungsgeschichtliche Untersuchung." *Abhandlungen der philologisch-historischen Klasse der Königl. Sächsischen Gesellschaft der Wissenschaften,* 22/6. Leipzig: Teubner.

Burks, A.(1948.49) "Icon, index and symbol," *Philosophy and Phenomeno-Logical Research IX,* 673-689

Cornish, Francis.(1999) *Anaphora, Discourse, and Understanding: Evidence from English and French.* Clarendon Press, Oxford

Corraza, Eros(2004) "On the Alleged Ambiguity of 'now' and 'here'"

Fillmore, C. J.(1975) *Santa Cruz Lectures on Deixis.* Indiana University Linguistics Club.

_____________(1997) *Lectures on Deixis.* CSLI publications.

Green, Keith.(1995) "Deixis: A Revaluation of Concepts and Categories," Green, Keith (ed.). *New essays on Deixis.* Rodopi.

Grenoble, L. A.(1998) *Deixis and Information Packaging in Russian Discourse.* Amsterdam.

Isard, S.(1975) "Changing the context" Keenan, E.(ed.). *Formal Semantics of Natural Language.* London & New York: Cambridge University Press.

Jakobson, R.(1957/1971) "Shifters, Verbal Categories, and the Russian Verb," *Roman Jakobson. Selected Writing. Vol. 2. Word and Language.* The Hague, pp 130-147.

Jarvella, R. J. & Klein, W.(eds.)(1982) *Speech, place and action.* Chichester: John Wiley.

Jespersen, O.(1924) *The Philosophy of Grammar.* London.

Jones, P.(1995) "Philosophical and theoretical issues in the study of deixis: a critique of the standard account," Green, Keith(ed.). *New essays on Deixis*. Rodopi.

Kaplan, D(1978) "Dthat" Cole, P. (ed). *Syntax and Semantics 9: Pragmatics*. New York: Academic Press.

________(1989) "Demonstratives," Almog J et al.(eds.) *Themes from Kaplan*. Oxford: Oxford University Press. 481-563.

Krasner, Daner Asher(2006) "Smith on Indexicals," *Synthese 153*: 49-67.

Levinson, Stephen(1983) *Pragmatics*. Cambridge University Press. Cambridge, England.

________________(1987) "Pragmatics and the Grammar of Anaphora," *Journal of Linguistics 23*, 379-434.

________________(1988) "Putting Linguistics on a Proper Footing," Drew P, Wootton A (eds.) *Erving Goffman*. Polity Press, Cambridge.

Lyons J.(1975) "Deixis as the Source of Reference," *Formal Semantics of Natural Language*. Cambridge: Cambridge University Press.

_______(1978) *Semantics, Vol. 2*. Cambridge: Univ Press.

Mühlhäusler and Harré(1990) *Pronouns and People: The Linguistic Construction of Social and Personal Identity*. Blackwell.

Nunberg, Geoffrey(1993) "Indexicality and Deixis," *Linguistics and Philosophy* 16:1-43.

Predelli, Stefano(1998) "I am not here now," *Analysis 58:2,* pp 107-155.

Rauh, G.(1983) "Aspects of Deixis," *Essays on Deixis*. Tubingen: Narr.

Recanati, F.(2000) *Oratio Obliqua, Oratio Recta. An Essay on Metarepresentation*. Cambridge, Mass.

__________(2001) "Are 'here' and 'now' indexicals?" *Texte 127*. pp 115-125.

__________(2005) "Deixis and Anaphora," *Semantics vs. Pragmatics*. Zoltán Gendler Szabó (ed), Clarendon Press, Oxford.

Schriffrin, Deborah(1987) "Discovering the context of an utterance," *Linguistics 25*:11-32.

Smith, Quentine.(1989) "The Multiple Uses of Indexicals," *Synthese* 78, 167-191.

van Schooneveld, C. H.(1978) *Semantic Transmutations. Prolegomena to a Calculus of Meaning. Vol. 1*. Physsardt.

제11장

대화적 채널과 소통의 다차원성 : 고대 러시아의 교회설교문학을 중심으로

| 서선정 |

1. 실연(實演) 텍스트로서의 고대 러시아의 교회설교문학

고대 러시아 문학이 하나의 문학 시스템으로서 본격적 연구 대상이 된 이후, 아직까지 그 장르 구분에 대해 일치된 결론에 도달하지 못한 것은 익히 알려진 바이다. 무엇보다도 '지배적인 내·외적 미적 특성을 통한 예술·문학의 분류유형'이라는 근현대적 장르개념을 문학, 예술, 미에 대한 인식이 달랐던 고대 러시아 시기의 문학에 적용하려는 시도 자체가 이미 맞지 않기 때문이다. 다만 당대 봉건사회의 문화형식인 고대 러시아 문학의 존재 이유가 실용성과 기능성에 있었다는 점과 작품의 주제를 그대로 드러내어 주는 고대 러시아 문학의 제목이 작가와 독자의 인식적 요구에 의해 생겨난 것이었다는 점 등이 비교적 합의된 사항들이다. 그러나 이러한 작품 텍스트에서 다루어지는 주제와 독자들의 인식적 요구에 의해 실제 고대 러시아의 텍스트상의 제목들, 다시 말해 작가의 텍스트 규정들의 다양성을 어떻게 반영하여 분류할 것인가 하는 문제는 여전히 과제로 남아 있으며, 단지 주제적/기능적 관점에 의한 분류만이 통용되고 있다.

이러한 고대 러시아 문학의 장르 규정상의 혼돈을 야기하는 여러 원인들 가운데 하나가 오늘날 이러한 옛 텍스트들을 고착화된 문자텍스트로 접하게 되는 만큼 자칫 그것의 '실연(實演)'적 특성을 충분히 고려하지 못하고 현재 익숙한 장르 개념으로 환원하게 된다는 사실이다. 아베린체프(Аверинцев)의 언급처럼 "장르를 규정짓는 데 있어서 상황, 제스처, 억양, 그 어느 것 하나 제외해서는 안 되는" 것이다. 고대 러시아 문학은 많은 경우 실용적 목적으로 창작되었던 만큼 텍스트는 실제 생활에서 사용되었을 것이므로, 텍스트의 실연성을 배제하는 것은 텍스트에 대한 잘못된 이해로 귀결될 수 있다. 물론 설령 이러한 실연성을 고려한다고 하더라도 이를 다시 근현대적 잣대로 환원하려 한다면 새로운 오해를 야기할 수 있다. 대표적으로 교회의 실제 예배에서 전례 텍스트 – 설교문, 기도문, 미사 – 들을 고정적 문체적 특성을 통해 산문과 운문을 대신하는 '노래되는 텍스트'와 '읽히는 텍스트'로 구분한 가스파로프의 구분을 고대 러시아 문학의 실제에 잘못 적용한 사례가 그러하다. 비교적 설교문의 실제적 특성을 고려한 장르적 구분으로 웅변적 장르가 있으나, 이때 흔히 설교문은 세속적 웅변문학과 통합되어 분류되어 왔다. 장르 구분에서 보여지는 이러한 혼돈들은 소위 웅변 장르로 구분되는 교회문학 작품들을 이해하는 데 있어 그 실연적 요소가 매우 중요함을 반증해 주는 것이라 할 수 있다. 그러나 오늘날 우리는 이러한 텍스트들을 문자화된 기록 텍스트들로 접하고 있는 만큼, 예를 들어 희곡에 대비되는 연극처럼 실연장르 그 자체로 받아들일 수는 없을 것이다.

이들 교회문학이 최초에 개인적 구어적 발화로서 먼저 창작되어 이후 문자로 기록되었는지, 혹은 처음부터 낭독을 위해 문자로 기록된 것인지는 이미 중요하지 않다. 우리의 과제는 오늘날 우리가 '읽을' 수 있는 기록 설교 텍스트들이 당대의 실연 속에서 실제 획득하게 되었을 여러 가지 실제적 정황과 자질들에 대해 상상력을 발휘함으로써 평면적 텍스트를 되살아나게 하여 그것의 장르적 실체를 되찾는 것에 있다.

낭독, 발화의 과정 속에서 이들 고착되어 있던 설교 문자텍스트들은 모두 음성이라는 새로운 요소를 획득할 뿐 아니라, 구어적 발화에 편리한 반복적 리듬과 운율, 음형을 가지며, 어휘/통사상의 대조, 비교와 같이 인식에 용이도록 의도적으로 짜여진 구조들을 갖게 된다. 아울러, 실연 상황에 맞춰진 텍스트를 실연하는 자와 그것을 수용하는 자 간의 소통적 상황에 의한 갖가지 부가적인 문학적 장치와 표현들이 그 속에 반영되기 마련이다. 이러한 상황은 설교문학을 분석할 때 반드시 그것이 실연(實演)이라는 독특한 소통구조 속에서 전달되는 메시지라는 점을 염두에 두어야 비로소 그 의미에 대한 진정한 이해에 도달할 수 있다는 사실을 더욱더 확고하게 해 준다.

2. 언어적 소통 모델에 비추어 본 설교문의 소통구조의 특성

설교가 화석화된 텍스트가 아니라 발화 행위라는 점은 “설교가가 자신의 구어적 발화를 정지하는 순간, 설교 역시 끝난다”는 사실을 통해 단적으로 드러나며, 실연예술로서 설교문학이 갖는 특성은 각 설교가들의 독특한 발성과 같은 유사언어(paralanguge)나 낭독을 통해 드러나는 운율, 음조, 제스처와 같은 비언어적 요인들이 그 효과에 영향을 미친다는 사실을 통해 잘 드러난다. 다시 말해, 희곡이 연극으로 상연됨으로써 공간 속에서 새로운 생명력을 얻게 되듯, 설교가의 낭독을 통한 음성, 몸짓 등의 실제적 행위를 통해 설교문은 고착화된 문자 텍스트로부터 그 의미를 확증받아 새로운 존재로 태어나게 되며, 그만큼 설교의 실제 상황에 대한 고려는 설교문학텍스트에 대한 이해를 위해 중요할 것이다. 그러나 이미 오래 전에 그것도 현재에는 존재하지 않는 고대 교회슬라브어로 기록된 고대 러시아의 설교문의 실제 낭독 상황을 추측하기보다는, 그것의 소통 구조를 밝히고 그러한 구조가 고대 러시아의 설교문학텍스트 속에 어떻게 반영되어 있는지를 살펴보는 것으로 대체하고자 한다.

발신자로부터 메시지(정보)가 특정 매개체(채널)를 통해 수신자로 전달되는 과정을 가장 간단한 소통의 단위모델로 볼 때, 적극적으로 설교(메시지)를 행하는 발신자-설교자-화자로부터 설교를 듣는 수신자-청자들에게 일방적으로 전달되는 듯 보이는 설교문의 소통은, 발신자/화자와 수신자/청자의 역할이 수시로 바뀌면서 진행되는 현실에서 일어나는 대부분의 소통과는 분명 달라 보인다. 특히 설교에서 소통 구성요소 중 전달 메시지에 해당하는 교회의 교리, 행위원칙, 혹은 신의 말씀에 절대적 권위가 부여되고, 나아가 그러한 권위 있는 메시지에 대한 접근성에 있어서 수신자-청자에 대한 발신자-설교자의 우월성이 인정되는 만큼 설교의 소통은 일방향적인 독백으로 인식된다. 그러나 이미 오래 전부터 설교의 전략에 대한 숱한 신학적 연구들은 설교가 독백이 아니라 대화적 소통이라는 사실에 주목해 왔다. 설교를 소통으로 보는 신학적 관점에서는 행위 주체가 메시지를 기호화하고 채널을 선택하는 등 소통을 준비하여 실행하면 수신자가 전달된 메시지를 해독하여 이해하고 나아가 그것을 통해 내외적인 반응 - 수신자 내부의 심리적, 영혼상의 잠재적 변화를 모두 함의하는 - 을 드러내는 과정으로 이해한다. 이때, 특히 강조되는 것은 설교 이후 수신자의 내적 변화로서, 설교 청자의 가상적 영혼의 변화나 내적 반응은 설령 외면화되지 않았다 하더라도 설교의 소통결과이자 수신자-청자의 발화행위에 준하는 표현행위로 간주된다. 이처럼 내적 변화에 의미를 부여함으로써, 설교는 인간과 인간 간의 일방향적인 메시지 전달이 아니라 영혼들 간의 대화로 인식되었던 것이다.

그러나 설교 청자의 내적 영혼의 변화를 인정한다고 하더라도 여전히 설교를 통해 전달하고자 하는 메시지에 대한 설교자의 강력한 우월성과 권위에 대한 환상은 여전히 유지되며, 설교의 실제적 소통구도 – 일방향적인 '설교자–발신자 – 청자–수신자'와 같은 – 는 깨지지 않는 듯 여겨진다.

> 사랑하는 형제들이여 그대들에게 원컨대, 크나큰 보상을 얻을 수 있다는 믿음을 버리지 맙시다. 인내를 가지고 신의 뜻을 실행합시다. 그리하여 그 약속을 얻읍시다.(페오도시 페체르스키의 설교문 38)
> 노력하시오. 수행자들이여, 당신의 인내의 왕관을 받으시오. 그리스도께서 우리들이 들어오기를 기다리고 계십니다.(페오도시 페체르스키의 설교문 39)

페체르 동굴수도원장이었던 페오도시의 설교문에서 발췌한 상기 인용문은 이 유명한 고대 러시아 설교가의 묘한 이중적 위치를 드러내어 준다. 앞서 언급되었듯 일반적 청자들을 향해 애원하는 설교가의 말 속에서 설교가는 명백히 발신자로 설정되어 청자에 대해 복수 2인칭의 문법범주형태들을 사용하고 있으나 그와 연접한 문장에서는 그 자신을 청자 속에 포함시켜 복수 1인칭에 해당하는 문법범주형태들을 사용하여 설교의 대상으로 삼고 있음을 볼 수 있다. 인용문들에서는 복수 2인칭형 문법 범주들이 우월하게 드러나는 것을 볼 때, 복수 1인칭의 형태를 청중들을 설득하기 위한 일종의 일시적인 설교자의 수사학적인 기법으로 간주할 수도 있겠으나, 설교문 속에서 계속해서 반복되는 동일한 자기 겸양의 구절들은 그러한 복수 1인칭형 문법 범주들의 의미들이 형식적/수사적 차원에 머무르는 것이 아님을 드러내고 있다.

> 내 사랑하는 형제들, 사제들, 선택받은 영혼의 아이들이여, 게으름을 부리지 맙시다!
> 눈물로 당신들을 향해 이 쓰디쓴 말을 하노니, 당신들에게 이렇게 말하는 내 자신이

이를 지키지 못하기 때문입니다. 이렇듯, 오늘 내게 옛 예언자들이 전하신 말씀이 이루어졌습니다 : 신께서 가라사대, '어찌 너의 입으로 내 율법을 전하느냐…'

인용문 중 첫 구절에서 페오도시는 아마도 설교의 대상이었을 키예보-페테르 수도원의 사제들과 교회 형제들을 향해 인용문 이전의 자신의 설교 내용을 통해 모두 영적 수련에 게으름을 부리지 말자며, 일반적인 설교자의 모습처럼 격려와 훈계를 아우른다. 그런데, 바로 연접한 구문에서 그는 자신의 말을 '쓰디쓴 말'이라고 표현하며, 그 이유를 그 자신이 말한 바를 스스로 다 지키지 못한 때문이라 말한다. 아울러, 그는 성서 시편의 한 구절을 직접 인용하며 자신을 스스로 신의 율법을 지키지 못하고 악을 행하는, 그리하여 신의 말을 감히 전할 수 없는 죄인으로 형상화한다. 이러한 페오도시의 언급은 설교를 통해 전달되는 메시지(신의 말씀)에 대해 발신자-설교자가 수신자-청중들에 대해 갖는 우월성을 상쇄시키고, 그 자신의 위치를 수신자들과 동일한 위치, 혹은 더 낮은 위치로 자리이동시킨다. 설교자 페오도시가 설교문의 곳곳에서 사용하고 있는 수신자에 대한 복수 1인칭형 문법적 카테고리는 일반적으로 교훈을 전달할 때, 상대를 좀 더 쉽게 설득하기 위해 동일시의 한 방법으로 사용되는 수사적 표현으로만 그치지 않는다. 페오도시의 설교문에서 볼 수 있는 이러한 표현들은 고대 러시아의 교회문학에서 소위 '자기 겸양적 공식들'로 불리는 것으로서 당대의 '문학적 에티켓'의 하나로 간주할 수 있다. 문제는 이러한 표현들이 진정성을 결여한 단순한 관례적 표현들이냐는 점인데, 앞서 언급된 페오도시의 인용을 통해 볼 수 있듯, 자기 겸양은 신적 교훈과 덕목의 실행에 대한 종교적 반성이자 참회의 한 방편이었던 만큼 이를 형식적 문학 양식으로 간주해서는 안 된다. 다시 말해 '문학적 에티켓'은 고대 러시아의 예술에서 드러나는 일종의 형식과 내용 간에 설정된 규범적 관계를 의미하는 것이지, 표현의 형식성을 드러내는 것이 아니라는 것이다.

설교가의 이러한 자기 겸양적 표현은 다양한 방식으로 표출된다. 때로는 설교의 수신자를 향해, 자신의 무지로 인한 실수에 대한 관용을 구하거나 혹은 자신이 청중들에 대해 우월적인 위치가 아니라 단순한 전달자에 지나지 않음을 표현한다거나, 자신의 글이 자기 자신의 생각으로부터 나온 것이 아니라, 신성한 교회서들에 근거한 것임을 강조하기도 한다.

다양한 '자기 겸양적 표현들'이 전달자로서의 화자 자신의 무능력에 대한 토로인 만큼

이에 대한 검토는 설교자-청중을 설교의 발신자-수신자로 설정한 단순한 설교의 소통 구조를 수정해야 할 필요성을 드러내어 준다. 즉, 자기 겸양적 표현에서 설교가가 그 스스로 신의 신성한 말씀을 수신자들에게 전하는 전달자로 자리매김하듯이, 설교자는 발신자(신)로부터 수신자(인간)로 메시지(신의 말씀)를 전달하는 일종의 채널이었던 셈이다. 기실 신과 인간의 직접 소통 가능성을 부정하고 채널의 역할을 담당하는 중간자(매개자)를 상정했던 것은 중세 기독교의 일반적 특징이었다고도 할 수 있다. 중세 교회문화에서 신과 인간 사이에 설정된 직접소통의 불가능성은 신과 인간간의 궁극적 소통이 설교자-청중 간의 표면적 관계로 감추어진 설교문에서보다 기도문에서 더 잘 드러난다. 수신자 신에게로 직접 향해진 발신자-인간의 기도는 그 내밀함으로 인해 설교문보다 더 직접적이며 내밀한 소통으로 추측되지만, 실제 초기 러시아의 많은 기도문들에서 발신자인 인간은 신에게 자신의 기도의 내용이 더 잘 전달되도록 하기 위해, 여러 성자들과 천사들을 향해 도움을 요청하고 호소한다. 신과 인간(일반대중) 사이의 소통에서 중간자의 역할을 담당할 수 있었던 만큼 중세의 성직자들은 거대한 권력을 누렸으나, 신과 인간과의 소통에서 중간 매개자이자 채널로 존재했던 이들은 외로운 존재였음에 분명하다. 고대 러시아어에서 수도사를 의미하던 또 다른 단어 'инок'이 갖는 첫 번째 의미가 '외톨이'라는 사실은, 승려의 존재가 신과의 유일하고도 외로운 소통자라는 관념에서 비롯된 것이라 할 수 있다.

설교자가 궁극적으로 신의 말씀에 대한 전달자였음을 받아들인다면, 앞서 언급된 '자기 겸양적 표현'들은 소통 과정 속에서 발생하는 변형과 오해에 대한 설교자들의 두려움의 표현이라 볼 수 있을 것이다. 즉, 전달자로서 설교자는 절대적인 신의 말씀을 인간화를 통해 불안전하게 변화하는 신성모독을 범하지 않고, 그대로 청중들에게 전달해야 했던 만큼, 원 메시지의 전달을 위한 발신-메시지의 이해(수신)의 과정 속에서 일어나는 간극을 충분히 인지하고 경계했던 것임을 알 수 있다. 이 모든 것들이 궁극적으로는 설교자(발신자)-청중(수신자)이라는 설교문의 외적 소통구조와 신(발신자)-설교자(채널)-청중(수신자)과 같은 설교문의 의미론적 소통구조 간의 불일치를 해결하려한 방식으로 이해할 수 있을 것이다.

3. '나-나' 소통으로서의 고대 러시아의 교회설교문학

설교문 텍스트 내적 분석을 통해 드러나듯 형식적 발화자에서 실제적 전달자로 변이되는 설교자의 입지는 텍스트 외적인 관점에서는 변화무쌍한 작가의 형상으로 반복되어 드러난다.

정교 수용 이후 고대 루시로 비잔틴 문학, 특히 새 종교를 하루빨리 정착시켜야만 할 필요성에 직면한 러시아인들에게 시급히 필요했던, 정교 예배를 위한 문헌들과 교리 정전 문학들이 번역되었고, 이러한 비잔티움, 불가리아를 통해 주로 수입되었던 번역문학을 모델로 하여 초기 러시아의 자생적인 문학이 태동되었다는 점은 널리 알려진 사실이다. 초기 러시아의 교회문학에서 이러한 번역문학의 역할을 이야기하기 위해 한 가지 더 염두에 두어야 할 사실들은 이러한 종교적인 번역서들이 '경건한 책들'로 불리며 절대적 권위를 갖고 있었다는 점과 일단 성스러운 종교적인 문화로 인식되는 것들은 반복·보존하여 감히 자의적으로 해석하거나 변화시키지 말아야 하는 대상으로 여겨졌다는 사실이다. 최고의 권위를 가진 성서는 세상의 모든 이치와 법을 담은 원천이었고, 그것에 대해 언급한 비잔틴 교부들의 설교는 초기 고대 러시아의 설교가들에게 있어 문학적 원형이었다. 초기 러시아의 뛰어난 설교가가 비잔틴 교부에 빗대어 기려지는 것 역시 그들이 가진 권위와 원형성을 드러내어 주는 사례라 할 수 있다. 고대 러시아의 설교가들이 직접 작성한 설교문들에 비잔티움의 저명한 교부들이 그 작가로 기록되어 있는 사례, 그리하여 오늘날 숱한 러시아의 자생적 설교문을 고증해 내기가 매우 어려울 뿐 아니라, 이를 근거로 하여 고대 러시아 초기 설교문들이 몇몇 연구가들에 의해 비잔틴 설교문에 대한 모방으로 가치 폄하되는 사태들이 모두 고대 러시아의 자생적 설교문들이 처했던 상황에 의한 것이었다고 말할 수 있다. 고대 러시아 초기의 수많은 자생적 설교문들이 저명한 비잔틴 교부들의 창작인 것으로 표기된 것에는 그러한 참칭을 통하여 그 권위를 얻고자 했던 설교작가들의 의도가 개입되어 있겠지만, 오랜 시간 동안 참칭된 제목이 사실로 간주되어 전해진 것은 그만큼 동일한 주제에 부쳐진 비잔틴 교부의 설교문과 고대 러시아 초기의 설교문이 흡사했기 때문임을 부정할 수 없다. 그런데 비잔틴 교부의 텍스트와 러시아 창작 설교문 텍스트 간에 존재하는 유사성이 그 모방성으로 인해 러시아의 설교문에 대한 가치폄하로 이어지지 않아야 하는 것은 기독교 문화에 내재된 종교적 코드 때문이다.

기독교 문화의 종교적 코드의 작용 사례는 문학 외의 기타 예술에도 널리 찾아볼 수 있다. 예를 들어, 중세러시아에서 각자 다른 솜씨를 지녔을 뿐 아니라, 서로 다른 재료들을 사용했던 수많은 성상화가에 의해 그려졌던 이콘화들이 모두 특정한 유형 – 예를 들어, '손으로 그려 내지 않은 예수' – 으로 동일하게 명명되었던 것처럼, 중세의 종교예술은 유형화/전형화되어 인식되었다. 특히 '손으로 그려 내지 않은 예수'에서 보듯 설령 인간에 의해 창작되었다 하더라도 그 작품들은 그러한 원형을 탄생시킨 신이나 그 영역에 범접한 권위(자)의 것으로 인식되었다.

따라서 교회의 전례를 위해 그 전례에서 기념되는 절기의 사건이나 그 의미를 기리기 위해 작성되었던 교회설교문학의 경우 비잔틴 교부들이 창작한 번역된 설교문이 그 권위로 인식되었을 것임은 어렵지 않게 짐작할 수 있다. 다시 말해 서로 다른 성화작가들의 그림들이 그 유형에 따라 모두 같은 그림으로, 그것도 모두 신성한 그 본질(예수, 성모마리아)과 완벽하게 동일한 것으로 인식되었던 것처럼, 교회의 특정 절기에 맞춰 특정 주제에 부쳐진 설교문들이 그 작가가 누구냐를 막론하고 모두 동일한 설교문으로 인식되었을 것임은 어렵지 않게 짐작할 수 있다. 특히, 고대 러시아의 문학이 교회문학에서 비잔틴의 문학을 원형적으로 받아들인 만큼, 이후 러시아에서 창작된 수많은 자생적 설교문학이 비잔틴 교부들의 설교문을 일종의 권위로 받아들여, 자신의 창작을 그것과 동일시했을 것임을 추측할 수 있다.

설교문을 둘러싼 이러한 정황은 문화적 소통의 관점에서 규정해 볼 수 있다. 로트만은 문화를 거대 정보의 소통 체계로 정의하면서 이러한 문화적 소통에서 크게 두 가지의 소통 방식을 규정한다. 발신자와 수신자가 서로 다른 소통을 의미하는 '나-그' 소통과 발신자와 수신자가 서로 동일한, (대부분의 경우) 시간적 거리를 두고 전달되는 소통을 의미하는 '나-나' 소통이 그것이다. '나-그' 소통에서는 주로 발신자가 잘 알고 있는 정보를 수신자에게 전달하는 정보 전달의 기능이 중요하다면, '나-나' 소통에서는 이미 정보를 알고 있는 자기 자신을 향하는 만큼 정보의 전달보다는 새로운 의미의 재형성을 지향하므로 문화적인 소통에서 더 중요한 것으로 간주된다. 아울러 '나-그' 소통에서는 전달되는 정보가 동일한 정보이나, 서로 다른 시기의 '나1'에서 '나2'로 향하는 소통에서는 전달되는 정보가 질적으로 변형된 새로운 정보일 수 있다.

특정 절기에 바쳐진 비잔틴 교부들의 설교문과 러시아의 자생적 설교문 간의 관계를 이러한 소통 모델에 비추어 바라보자면, 러시아인들의 자생적 설교문의 발생은 비잔틴 교부들의 모델 텍스트를 전달 메시지로 하여 비잔티움으로부터 러시아로 진행된 '나-그' 소통의 결과이다. 그러나 상기한 것처럼 비잔티움이나 러시아의 교회 문화가 중세적 종교 문화의 강력한 권위에 의해 생성된 것임을 고려할 때, 비잔티움으로부터 정교를 받아들인 러시아는 종교 문화의 견지에서는 또다른 비잔티움에 다름 아니었던 만큼, 비잔티움 문화로부터 러시아 문화로의 종교적 텍스트의 이동은 '나-나' 소통으로 간주할 수 있다. 러시아 문화의 고유한 자질들은 소통을 위한 새로운 콘텍스트였던 만큼, 비잔티움(나1)으로부터 러시아(나2)의 소통 사이에 던져진 텍스트는 비잔티움이라는 문화적 콘텍스트에 의한 텍스트1에서 러시아라는 새로운 콘텍스트 속의 텍스트2로 변환된 것으로 이해할 수 있다. 이러한 분석의 타당성은 실제 설교 텍스트들을 통해 확인할 수 있다.

오랜 시간 동안 모방자/수집가와 뛰어난 설교가라는 서로 상반된 평가 사이에 논란이 되어 온 만큼 그 설교문의 원형 텍스트에 대한 연구가 비교적 진행된 고대 러시아의 초기 설교가의 한 사람인 키릴 투롭스키(이하 키릴)의 작품들을 예로 들어 보자. 흔히 고난 주간의 마지막 일요일을 지칭하는 '종려나무 주간'의 교회 절기에서는 예수가 예루살렘으로 입성한 사건을 기념하는 수많은 설교문이 전해지는데, 초기 고대 러시아의 고유한 설교문으로는 키릴의 설교문이 가장 널리 알려져 있다. 그의 설교문은 그 구성과 해석에 있어 요한 즐라토우스트(이하 요한)의 설교문뿐 아니라 동일한 절기에 부쳐진 다른 교부들 - 예를 들어 티트 보스트리스키 - 의 설교문을 많은 부분 차용하고 있다고 평가되며, 심지어는 그의 설교문 가운데 몇몇 구절들은 다른 교부들의 텍스트들을 통해 더 잘 이해된다고 분석되기도 한다. 그러나 한 연구가가 지적하듯, 이들 두 텍스트들 간의 근본적인 차이는 확연한 유사성에도 불구하고 키릴의 설교문이 과거의 영광된 사건에 대한 '현재'적 재현을 목적으로 하고 있는 것과 달리, 다른 교부, 예를 들어 요한의 설교문은 '과거'로서의 당대 사건에 대한 '정확'한 서술과 그 교리적 해석을 목적으로 한다. 키릴 투롭스키가 축일 사건을 현재적으로 재현하려 했다는 사실은 그의 언어 속에 반영되어 있다. 키릴이 요한으로부터 차용한 것으로 유명한 "이제"의 표현이 요한의 텍스트에서처럼 역사적 사건으로서의 과거와 대비되는 오늘날의 절기를 지칭하기 위해 사용되지 않고, 예수의 시대에 일어난 사건을 설교청자들의 두 눈앞에 현재적으로 재현하기 위해 사용되었다는 사실은 그의 설교가 지향하는 바를 매우 잘 드러내어 준다("이제 사도들은 자신의 망토를 벗어 나귀

위에 놓으니 그리스도는 그 위에 앉으시고 (…) 이제 사람들이 길에 자신의 옷을 벗어 깔아 놓으니, 다른 이들은 나무에서 가지를 꺾어 늘어놓는도다").

키릴의 설교문이 궁극적으로 이러한 현재적 재현을 목표로 하고 있다는 사실은 그가 다른 교회 절기에 맞춰 쓴 설교문에서도 사건의 현재적 재현을 위한 부사가 지속적으로 사용되고 있는 것에서도 알 수 있다. 예를 들어, 부활절 이후 셋째 주일을 기념하여 씌어진 설교에서는 당시의 상황이 사건의 참여인물들의 드라마적 재현으로 이루어지고 있다. 이때, 십자가에 못박힌 예수를 바라보며, 성모 마리아가 읍소하는 부분에서 그녀의 모든 말에는 "지금, 이제"가 사용되어 있고, 이러한 부사의 반복적 사용은 마치 그 사건이 설교를 듣는 청자들의 눈앞에서 일어나고 있는 일인 것처럼 느껴지게 한다.

종교적 사건을 서술하는 두 설교가의 이러한 차이는 두 설교가가 처한 문화적 상황의 상이함에 기인한다고 할 수 있다. 서로 차용관계에 놓인 이 두 텍스트는 서로 다른 문화적 콘텍스트 속에서 각자 다른 텍스트로 변화되었다. 이미 기독교가 공고한 종교로 자리를 잡았던 시대의 요한에게는 많은 이들에게 이미 잘 알려진 성경 속 사건을 재현하기보다는 숱한 교부들과 신학자들에 의해 해석되어 온 성경 속 사건을 새롭게 해석하고 그 자신의 해석을 전달하는 일이 당연히 더 중시되었고, 기독교를 받아들인 지 오래되지 않은 고대 러시아의 초기 작가로서 키릴에게는 성서적 사건을 청중들에게 웅장하고 생생하게 전달하는 일이 더욱더 시급한 당면과제였던 것이다.

키릴 투롭스키	요한 즐라토우스트
A. 그러므로, 형제여, 우리는 사람뿐만 아니라 천사조차도 헤아릴 수 없는 그 위대한 기적들을 널리 알리며, 주 하나님과 예수 그리스도를 찬양하고 노래해야 한다. 이제 오늘 신께서 언급하셨고, 굽어살펴 축복하신 그 병자에 대해 이야기해 보자.	1. 주님의 기적을 말한다면 그 누가 놀라지 않으리오? 주께서 병자에 대해 말씀하셨으므로, 병자에 대해 짧게라도 이야기해 보자. 신께서 언급하셨는데, 어찌 우리가 감히 잊으리오. 그 누가 놀라지 않으리오.
B. 내 죄가 내 온몸을 병들게 했고, 내 영혼은 영혼의 심판도 받기 전에 수치와 모욕으로 찢겨졌습니다.	2. 이 병자는 누워 상처로 인해 고통받았고, 영혼은 음울하였고, 육체는 병으로 허약하였다.
C. 38년을 반쯤 죽은 듯 누워 있는 나를 보았으니 어찌 지겹지 않았으리까?	3. 오, 38년이나 침상에 붙박혀 앓고 있는 병자를 보아 온 유대의 아이들이여 지루하지 않았으리오?
D. 어찌 사람이 없다 말하는가? 너를 위해 사람이 되었다.	4. 무엇을 의심하느냐? 사람이 없다지만, 네게 주께서 인간의 몸으로 나셨도다.

위의 인용들은 키릴과 요한이 쓴 부활절 이후 넷째 주 일요일에 부쳐진 '병자에 대한 설교문'에서 각각 비교되는 부분들을 발췌한 것이다. 이러한 비교들은 두 텍스트 간에 존재하는 모티브, 형상화, 표현상의 명백한 차용관계를 밝혀주는 동시에 아울러 두 텍스트의 차이점도 드러내 주고 있다.

각 설교문의 도입부에 해당하는 A와 1의 비교는 두 작가의 경향을 단적으로 보여 준다. 감정적으로 이미 경탄을 준비하고 있는 키릴의 도입부와 절제되어 앞으로의 이야기를 이끌어 내는 요한의 언어는 매우 상이하다. 설교문의 주인공은 요한에게서는 간결하게 병자로 지칭되어 있는 반면, 키릴에게서는 신이 굽어 살피고 축복한 자로 부가설명되어 있으며, 요한에게서 절제되어 표현된 '놀랄 만한 신의 기적'은 키릴에게서는 '인간도 천사도 헤아릴 수 없을 만큼 위대한 신의 기적'으로 표현되어 있다. 요한에게 이 날의 사건은 서술의 대상인 반면, 키릴에게는 놀라움과 경탄의 대상인 점이 명백히 드러난다. 요한과 키릴 간의 표현상의 차이점 - 절제와 영탄/감정 - 은 이후 예들에서도 동일하게 반복된다('음울한 영혼' vs. '영혼의 심판을 받기도 전에 갈가리 찢어진 영혼', '병을 앓다' vs. '죄가 온 몸을 아프게 하다', '침상에 붙박여 누워 있는 자' vs. '반쯤 죽은 듯 누워 있는 자'). 거의 동일한 구절들로 이루어진 두 텍스트를 구분하는 또 하나의 특성은 키릴의 텍스트가 모두 각각의 화자의 직접 화법(A-설교자 키릴 ; B-병자 ; C-병자 ; D-예수 그리스도)을 사용하는 한편, 요한의 텍스트들은 설교자 요한의 언어를 통해 간접화법으로 옮겨지고 있다는 점이다. 이는 앞서 언급한 것처럼 요한의 경우와는 달리, 키릴이 축일사건의 현재적 재현을 위해 애썼다는 점 외에도, 그가 여러 교부들의 설교문에서 모티브와 형상, 어법들을 가져오는 가운데 그러한 권위 있는 타자의 말들 속에서 설교자로서의 자신의 존재를 최소화했다는 사실을 말해 준다.

이는 다름 아닌 키릴이 자신을 '권위 있는 텍스트들의 단순한 전달자'로 자처했을 뿐 아니라, 심지어는 자신의 텍스트를 스스로의 창작이라 여기기보다는 기존의 뛰어난 교부들의 글과 동일시했음, 즉 자신의 텍스트를 자기창작의 결실이 아닌 일종의 재생된 권위적 텍스트로 여겼기 때문이라 할 수 있을 것이다. 비교적 자유로운 주제로 작성한 다른 교훈적 설교문들에서는 과도할 정도의 '자기 겸양적 표현'을 통해 종교적 텍스트 속에 자신의 창작적 계기가 들어갈 것을 경계하던 키릴이 유독 종교축일에 부쳐 쓴 8편의 설교문에서는 그러한 양식화된 표현들을 전혀 사용하지 않는 이유도 바로 축일 설교문을 일종의 전형으로 인식한 결과, 그 속에 자신의 말이 들어갈 여지에 대해 의심치 않았기 때문이라 볼 수 있다. 결국 형식적으로는 요한과 키릴 간의 이러한 상호 관계를 비잔틴 교부 요한의 축일 설교문이 러시아의 키릴에게 영향을 끼쳐 설교문을 탄생시킨 '나-그' 소통의 유형으로 볼 수 있을 것이나, 당대를 지배한 종교문화의 코드를 고려해 볼 때, 이는 축일 설교라는 하나의 전형(유형)이 여러 작가들에 의해 서로 시대적 정황에 의해 변이되어 발현한 것으로서, '나-나' 소통으로 이해할 수 있다.

4. 신화적 영원성을 지향한 설교문의 음성적 소통 구조

로트만은 이미 오래 전에 문학예술 텍스트에서보다 종교/도덕적 텍스트들 속에서 '나-나' 소통이 보다 더 완벽한 형태로 일어날 수 있음을 지적한 바 있다. 이때 그는 많은 경우 반복적으로 제시되는 어떤 종교적 텍스트는 일정 정도 소통에서의 메시지가 아니라, 텍스트 외부의 세계나 거대한 그 무엇과 연관된 코드로 인식된다고 말하고 있다. 이는 종교적 텍스트들이 메시지가 되어 소통 속에 놓여졌을 경우, 새로운 수신자들을 만나 새로운 '언어'로 번역되어 의미를 발생시키는 소통을 지향하기보다는, 앞서 보았듯 최초로 결정된 전형과 권위의 재생을 위한 소통으로, 다시 말해 본래적인 권위와 그 유형의 또다른 변이체의 발생으로 인식된다는 사실을 표현한 것에 다름 아니다. 앞서 드러난 바와 같이 실제 설교문에서는 때로 '자기 겸양적 공식'을 통해 작가 자신이 외면화되거나, 혹은 작가 화자의 존재가 완전히 내재화되어 그 존재를 드러내지 않거나 하여 상이한 소통 방식을 드러내지만, 그 궁극적인 지향점은 소통의 채널인 전달자 설교자의 권한에 명백한 한계를 가하여 소통의 역동적 측면을 최소화하고 나아가 소통을 통한 새로운 의미 발생의 가능성을 최소화하여 이상적 신화적인 절대 진리의 원천으로서의 발신자 - 신성성 - 의 절대성을 보전하는 것이다.

설교에서는 수신자는 발신자와 궁극적 소통의 목적을 공유하며 가능한 한 발신자가 전하는 정보를 이해하기 위해 애쓰게 되는 만큼, 이들 간의 관계는 현실에서 일어나는 일반적인 소통에 비해 매우 '이상적' - 수신자가 발신자에 대한 완벽한 이해를, 발신자는 수신자의 완벽한 이해를 지향한다는 점에서 - 이라고 할 수 있다. 따라서 이러한 소통방식을 지향하는 설교문의 의의가 소통을 통한 창조적 의미생성에 있는 것이 아니라는 사실은 분명하다. 그것보다는 앞서 언급했던, 본래적 권위를 그대로 전달하고, 수신자들에게 감동을 주는 것이 그

목적이다. 따라서, 로트만이 언급하였듯, 수많은 설교문들에서 양식화된 여러 언어적 형식은 지겹고도 무의미한 반복으로 인식되는 것이 아니라, 특정한 코드의 재생으로 인식되었다. 즉 규준화되고 이상화된 설교문의 소통상황은 서로 다른 설교문들 간의 의미창조의 가능성을 최소화하지만, 각 설교문이 갖는 유의미성, 현실적 유용성을 거의 영원에 가까운 시간으로 확장한다.

사건의 현재적 재현을 통해 진리의 영원성에 대한 환상을 만들어 내는 것, 또는 영탄과 경축, 축복의 분위기를 창조하는 데 있어 많은 부분 역할을 한 것은 바로 비언어적 소통의 영역에 포함되는 음성 언어를 통해서였다. 고래로 중세 교회 문화는 글과 말을 차별적으로 대우했는데, 특히 한 번 고착화되면 영원한 삶을 지니는 글(문자)을 종교적이며 성스러운 것으로 간주한 반면, 한번 발화되면 곧 사라지고 마는 말(음성)은 무가치한 것으로 생각했다. 그러나, 그럼에도 불구하고 교회의 설교를 전달하는 물질적 채널이 되었던 것은 문자가 아닌 인간의 목소리였다는 사실은 매우 의미심장하다. 이 지점에서 설교문에서 음성의 역할과 연관하여 음성이 엮어 내는 언어적 리듬이 인류의 숱한 주술적 주문의 역할을 수행했다는 사실을 환기해 볼 만하다. 민속적 주술에서는 음성을 그것이 부재하는 죽음의 세계에 대해 살아 있는 인간 세계에 대한 지표로 인식했고, 나아가 음성 속 죽음·무·부재에 생명을 부여하고 부활시키는 강력한 힘을 부여했다.

교회의 설교를 통해 시간의 저편으로 넘어가 버린 과거의 사건들이 청중들의 인식 속에서 현재의 사건으로 쉽게 재생될 수 있었던 이유로 이러한 음성언어가 지녀온 힘을 배제할 수 없다. 민속적 주문들에서 흔히 관찰되듯, 주문을 위해 발화되는 음성들은 모두 독특한 리듬이나 톤을 통해 비일상적인 방식으로 표현되는데, 설교문에서도 이러한 음성언어의 비일상적인 리듬적 요소들이 그 분위기를 고조하고 수신자-청중들을 참여의 분위기로 몰고 가는 데 결정적 역할을 한다고 말할 수 있다.

설교문의 음성적 조직이 불러일으키는 영탄과 장엄함, 사건의 현재성에 대한 환상은 지구상의 시간이 지속되는 한 끊임없이 반복될 교회의 축일 속에서 오래전 과거에 있었던 예수의 행적과 기적, 부활과 고난의 사건이 영원히 재생되고 반복되고 '현재적'으로 경험될 것임을 의미한다.

5. 나가며

설교문을 실연문학으로 이해하고 그 실제적 소통의 구도 속에서 이해하는 것은 설교문의 내적 구조를 분석하고 그 의미를 이해하는 데 매우 중요하다고 할 수 있다.

그런데 이 모든 점에 있어 가장 핵심적인 것은 설교문의 실질적인 작가이자, 단순한 전달자로서의 이중적 위치를 점하고 있는 설교자의 위치이다.

대개의 설교문에서 극도로 표현되지만 축일 설교들에서는 갑자기 사라지는 '자기 겸양적 표현들'의 정체나, 설교가의 혼돈스러운 위치와 변화, 러시아 자생 설교문과 비잔틴 원 텍스트와의 차별점, 나아가 텍스트의 수사학적 문체의 의미에 이르기까지 다양한 측면과 같이 설교문에 대한 다양한 분석이 설교의 소통 구조와 그 채널로서의 설교자에 대한 인식으로부터 비롯된다는 사실을 보았다.

신의 말씀을 전하는 채널(도구)과 자기 텍스트를 창작하는 작가라는 이중적 위치로 인해 설교가는 아주 쉽게 신성한 전달자의 위치에서 죄 많은 인간의 위치로 이동하게 된다. 그리고 이러한 사실은 외형적으로 평이하게 여겨지는 설교문학의 소통 구도를 다차원적으로 이해할 필요성을 제시해 준다.

제12장

시적 소통의 특수성에 대하여 :
예술언어의 유연성과 대화적 성격을 중심으로

| 이병훈 |

1. 예술적 체계와 언어의 미학적 기능

일반적으로 예술의 대상이 되는 현실은 예술적 형상으로 재창조된다. 예술적 형상은 예술적 사유의 형식이라고 할 수 있는데, 이것은 사물이나 현상의 직접적이고 감각적인 표상으로서의 형상과는 구별된다. 일상적인 소통의 영역에서 사물이나 현상은 고유한 명칭이나 특수한 형상적 기호로 표현된다. 이러한 예로는 아이들이 읽는 서적에 나오는 그림이나 교통신호로 쓰이는 형상적 기호들을 들 수 있다.

형상적 기호들은 대개가 객관적인 특성을 지닌다. 여러 그림책에 나오는 소와 말은 제각기 다르지만 그것은 현실의 모델이 지니고 있는 객관적 특성과 이질적이지 않다. 말은 하늘을 나는 새처럼 날개를 가지고 있지 않으며, 고래처럼 물속에서 살지도 않는다. 이런 특성들로 인해 형상적 기호들은 지시적 성격을 강하게 띤다. 형상적 기호의 지시성은 말 그대로 하나의 기호적 형상이 현실의 고유한 사물이나 현상을 가리키는 것을 뜻한다.

이에 비해 예술적 형상은 주관적이며 해석적이다. 예술적 형상은 사물이나 현상의 직접적인 표상과는 달리 현실을 창조적으로 변형한 것이다. 이 과정에서 대상에 대한 예술가의 이념적, 정서적 가치평가는 절대적인 의미를 지닌다. 예술가는 필요하다면 하늘을 나는 말이나 혹은 바다에 사는 말을 그릴 수 있다. 그리스 신화에 나오는 페가소스는 그림책에 나오는 형상적 기호와는 다르다. 이런 점에서 예술적 형상은 예술가가 사유한 현상에 대한 해석적 재현이라고 할 수 있다.

그런데 예술적 형상은 우리에게 어떻게 전달되는 것일까? 예술적 형상 속에 포함된 미학적 정보들은 그 복잡성 때문에 소통을 위한 특별한 수단들을 요구한다. 물론 그것의 기초는 다양한 예술적 언어들이다. 그런데 여기서 주목할 사실은 예술적 내용을 전달하기 위한 특별한 언어적 수단들이 존재하지 않는다는 점이다. 예술적 형상을 창조하기 위한 수단은 언어 자체가 아니라 그 언어들이 구성하는 특수한 '예술적 체계'일 뿐이다. 우리는 이런 매개 수단을 통해서 예술작품의 구체적인 미학적 정보들을 접하고, 그것이 지니고 있는 가치평가적 정향성에 대해 판단한다. 문학의 예를 들어 보자. 푸쉬킨의 시는 문자언어가 창조하는 특수한 예술적 체계를 이해하는 데 필요한 대표적인 예이다.

마지막 남은 꽃은 더 사랑스러워
들에 처음 피는 화려한 꽃보다도.
구슬픈 생각을 더 살뜰히
가슴 속에 불러일으켜 주니
이렇듯 때로는 이별의 시각이
달콤한 만남보다 더 생기 있더라.

Цветы последние милей
Роскошных первенцев полей.
Они унылые мечтанья
Живее пробуждают в нас.
Так иногда разлуки час
Живее сладкого свиданья.

이 시는 이별의 슬픔을 노래하고 있는 작품이다. 여기서 푸쉬킨이 사용하고 있는 단어들은 시를 위해 특별히 고안해 낸 언어적 수단들이 아니다. 푸쉬킨은 이미 존재하는 언어들을 특별한 미학적(의미론적) 관계 속으로 끌고 들어와 그 언어들 사이의 새로운 관계를 만들어 낸다. 예를 들면 '마지막 남은 꽃(Цветы последние)'과 '처음 피는 꽃(первенец)', '이별의 시각(разлуки час)'과 '달콤한 만남(сладкое свиданье)' 등과 같은 시어들은 각기 독립적인 의미를 지니고 있지만 동시에 시인의 의도에 의해 서로 대립적인 관계를 형성한다. 이 시가 우리에게 감동을 주는 이유는 개별적인 시어가 아니라 그 언어들의 관계에서 발생하는 새로운 예술적 의미 때문인 것이다. 다시 말하자면 예술작품의 특수성은 특수한 언어적 수단이 아니라 그 언어들의 특수한 미학적 관계들(혹은 넓은 의미에서 '예술적 체계들')에 의해 형성되는 것이다.

문학작품에서 예술적 체계는 리듬이나 운율 등과 같은 텍스트의 외형적 조직화뿐만 아니라 언어에 대한 가치 지향적 선택에 의해서 그리고 의미론적 구조에 의해서 실현된다. 예를 들면 단어의 의미론적 구조 속에는 다양한 의미의 구성요소들이 존재하기 때문에 작가는 다양한 문맥적 조건들을 만들어 냄으로써 의미의 한 측면을 활성화시키고 다른 측면을 억제시킬 수 있다. 작가는 이러한 과정에서 특수한 예술적 체계의 단위로서 새로운 의미론적 요소들을 창조한다. 미학적으로 조직화된 예술작품의 언어적 질료들은 언어적 요소들과 그것들의 조직화 수단들의 총체적인 체계이다. 이 모든 것들은 최종적으로 예술적 형상을 창조하는 데 일조한다. 예술작품의 구조 속에서 "일상어의 정서적이고 형상적인 미학적 변형이 일어나는 셈이다."[14] 텍스트의 예술적 체계는 언어적 단위들의 질적인 변환을 수반한다. 예술적 총체성 속에서 새로운 의미를 획득하면서 언어의 최소단위들은 그것들의 발전과정과 상호작용 속에서 예술적 형상을 만들어 가는 구성요소가 된다. 예술적 체계 속에서 다시 태어난 언어들의 예술적 가능성은 문학적 소통이 일상의 소통과 구별되는 단서를 제공한다.

이 장에서는 문자언어의 다양한 특성들을 예로 들어 시적 소통의 특수성을 해명하고자 한다. 이를 위해 먼저 2절에서는 시적 소통의 특수성을 콜모고로프의 예술적 언어의 엔트로피 이론으로 설명할 것이다. 콜모고로프는 전달되는 정보의 양을 기준으로 예술적 텍스트와 비예술적 텍스트를 구분하지만, 그것은 시적 소통의 특수성을 이해하는 데 있어서도 유용하게 적용될 수 있다고 생각한다. 시적 소통의 특수성은 많은 시인들의 작품을 통해서 구현되고 있지만 그 대상을 블록의 초기 시 몇 편에 한정하여 살펴보려고 한다. 블록의 작품을 분석하는

---

14) В. В. Виноградов(1954) *Язык художественного произведения*, М., с. 6.

데는 그의 시에서 자주 구사되는 어휘의 반복, 동의어, 반의어의 사용에 주목할 것이다. 3절에서는 시적 소통의 특수성이 예술언어의 대화적 성격과 어떤 관계가 있는지를 지적하고자 한다. 바흐친은 예술언어를 언어학적 단위로서의 단어와 문장과는 구분하고, 그것을 특수한 담화적 소통수단의 하나로 파악하였다. 예술언어가 발화자와 담화 수신자 사이의 복잡한 내용적, 형식적 관계를 반영하고 있다는 사실은 문학작품의 아이러니와 풍자에서 확인할 수 있다. 이 글에서는 푸쉬킨의 시를 예로 들어 예술언어의 대화적 성격이 어떻게 아이러니를 통해 실현되는지 살펴볼 것이다. 4절에서는 예술언어의 대화적 성격과 예술작품의 성찰적 성격의 관계에 대해 살펴볼 것이다.

2. 예술적 언어의 엔트로피 이론에서 본 시적 소통의 특수성

소설과 비교하면 시적 소통은 한층 다차원적이다. 이것은 시의 언어가 산문의 언어보다 다의적이고 상징적이라는 사실에서 기인한다. 혹자는 이런 특징을 시의 모호함이라고 지적할지 모르지만, 이 모호함으로 인해 시적 텍스트 안에서 소통의 다차원성이 가능해진다. 독자들은 시적 언어의 모호함 속에서 정확성의 언어(산문적 언어)가 부여하는 명확한 세계 너머에 있는 시적 진실을 만나게 된다.

예를 하나 들어 보자. 신경림의 시 중에 〈4월 19일, 시골에 와서〉(1970)라는 작품이 있다. 다음은 이 시의 마지막 연이다.

> 4월이 와도 바람은 그냥 차고
> 살구꽃이 피어도 흐느낌은 더 높은데
> 축축한 바람은 꽃가지에 와 매달려
> 친구들의 울음처럼 잉잉댔다.
> 진달래도 개나리도 피고
> 꺽이고 밟히고 다시 피는 4월
> 밤은 좀체 밝아오지 않았다.[15]

이 시에는 "축축한 바람은 꽃가지에 와 매달려 / 친구들의 울음처럼 잉잉댔다"라는 구절이 나온다. 여기서 '축축한'이라는 시어는 국어사전에 나오는 대로 '물기가 있어 젖은 듯한'이라는 의미를 지닌다. 그러나 신경림이 '축축한 바람'이라고 했을 때 이 '축축한'이라는 단어는 단순히 사전적 의미만을 갖는 것은 아니다. 작품을 읽는 독자들에 따라 이 시어는 여러 가지 의미론적 관계를 갖게 된다. 가령, 어떤 사람은 이 단어로 인해 '비'를 연상할 수도 있고, 또 어떤 사람은 '눈물'이나 '피'를 떠올릴 수도 있다. 이렇게 시에서의 소통은 언어의 의미적 용량보다 언어의 예술적 가능성에 더 의존한다.

시적 소통의 이런 특징은 시적 텍스트가 어떻게 정보를 전달하는가 하는 점을 살펴보면 명확하게 드러난다. 이것은 예술적 텍스트와 비예술적 텍스트 사이의 정보량을 측정하는 예술적 언어의 엔트로피에 대한 연구에서 분명해진다. 콜모고로프의 예술적 언어의 엔트로피 이론에 따르면 언어의 엔트로피(H)는 두 개의 양으로 나누어진다.[16] 하나는 특정한 의미적 용량(смысловая емкость)(h^1)이다. 이것은 일정한 길이의 텍스트에서 어떤 의미적 정보를 전달할 수 있는 언어의 능력을 말한다. 그리고 다른 하나는 언어의 유연성(h^2)이다. 이것은 몇 가지 등가의 수단(예를 들면 어휘의 반복(лексические повторы), 바꿔 말하기(перифразы), 동의어나 반의어 등)에 의해 동일한 내용을 전달할 수 있는 가능성을 말한다. 여기서 h^2는 시적 정보의 근원이 된다. $h^2=0$인 언어들, 예컨대 동의어의 가능성을 배제하는 과학의 인공언어들은 시의 재료가 될 수 없다. 시적 발화는 규정된 리듬, 압운, 어휘규범 및 문체규범 같은 일련의 제약을 텍스트에 강요한다. 콜모고로프는 정보를 전달하는 어떤 부분이 이러한 제약에 사용되는지를 측정한 후(그것은 β로 나타낸다), 시적 창조는 제약에 사용된 정보의 양이 텍스트의 유연성을 초과하지 않을 때, 즉 $\beta < h^2$일 때 가능하다는 법칙을 공식화했다. 다시 말하자면 $\beta \geqq h^2$인 언어에서 시적 창조는 불가능하다.[17]

콜모고로프는 언어예술 텍스트의 엔트로피를 구성하는 요소들을 세 가지로 구분한다. 하나는 일정한 길이의 텍스트 내에서 가능한 내용의 다양성이고, 두 번째는 동일한 내용을 나타내는 표현의 다양성, 세 번째는 두 번째 유형의 엔트로피를 감소시키고 언어의 유연성을 증폭시키는

15) 신경림(2004) 〈신경림 시전집 1〉, 창비, 112-113쪽.
16) 이 글의 2절에서 소개하고 있는 콜모고로프의 이론은 로트만의 정리에 의존한 것임을 밝혀둔다.
17) Ю. Лотман(1970) *Структура художественного текста,* М., с. 38.

형식적 제약의 다양성이다. 시적 텍스트의 엔트로피는 주로 세 번째 유형과 관련이 있다. 여기서 언어의 의미적 용량(h^1)은 특수한 의미론적 관계들(семантические отношения) 속에서 언어의 유연성(h^2)을 획득하게 된다.

로트만은 콜모고로프의 이론을 시적 텍스트의 이해과정에 적용하여 시적 소통의 다차원성에 대해 설명하고 있다. 로트만의 소통이론은 기본적으로 발신자(시인)와 수신자(독자)의 코드가 상이할 수 있다는 전제에서 출발한다. 다시 말하자면 '화자의 문법(грамматика говорящего)'과 '청자의 문법(грамматика слушающего)'이 각기 다른 이해관계 때문에 동일하지 않다는 것이다. 이런 가능한 상황을 콜모고로프의 시어 엔트로피 이론에 적용하면 네 가지 경우의 수를 가정할 수 있다. 여기서 주목할 것은 로트만이 시인과 독자는 오직 $H=h^2+h^{2\prime}$와 $H=h^1+h^{1\prime}$라는 입장만을 취할 수 있다고 전제한다는 점이다. 로트만은 $H=h^1+h^2$라는 입장을 시인이나 독자에게 실현될 수 없는 것으로 보고 있다. 이런 전제 아래서 로트만은 시적 소통의 상황을 다음과 같이 네 가지 경우로 일별한다.

첫 번째 경우는 시인이 $H = h^2 + h^{2\prime}$의 입장이고 독자가 $H = h^1 + h^{1\prime}$의 입장인 상황이다. 여기서 시인은 자신의 임무를 예술가적인 것으로 설정하고 독자는 예술 텍스트 속의 비예술적 정보만을 높이 평가한다. 이런 상황에서는 비평의 역할이 중요해진다. 비평이 시인과 독자 사이의 상이한 코드를 소통시키는 매개역할을 할 수 있기 때문이다.

두 번째 경우는 시인과 독자가 모두 $H=h^2+h^{2\prime}$의 입장을 취하는 상황이다. 시의 시대가 바로 이 경우에 해당된다고 할 수 있다. 1980년대 한국 현대시의 전성기가 이에 속한다. 독자들도 시인 못지않은 시심을 간직한 채 살아야 했던 시절에는 거의 모든 독자들이 시인이기도 하였다.

세 번째 경우는 시인과 독자가 모두 $H=h^1+h^{1\prime}$의 입장을 취하는 상황이다. "작가는 자신을 진실한 묘사로 사실을 독자에게 전달하는 자연과학자로 생각한다. '생생한 기록'의 '사실문학'이 발전한다. 작가는 보고문학(르포르타주)에 매혹된다. '예술성'은 '사교성'이나 '유미주의'와 같은 의미의 경멸적 수식어가 된다."

네 번째 경우는 시인이 $H=h^1+h^{1\prime}$의 입장이고 독자가 $H=h^2+h^{2\prime}$의 입장인 상황이다. 로트만은 이런 특별한 경우를 로마제국의 황제였던 네로의 예로 설명하였다. 네로는 로마가 불타고 있는 광경을 보면서 그것을 마치 비극의 법칙에 의한 필연적 귀결로 평가했다고 한다.

이렇게 시적 소통의 과정은 발신자와 수신자의 입장에 따라 다양해질 수 있다. 발신자와 수신자의 입장에서 보면 동일한 예술적 텍스트는 각기 다른 엔트로피가 축적된 결과이기도 하다. 다시 말하자면 예술적 텍스트는 발신자의 엔트로피 양과 수신자의 엔트로피 양이 합류하는 공간인 셈이다. 이런 점에서 예술적 텍스트는 다양한 정보의 전달자라고 할 수 있다. "만약 자연어의 엔트로피에서 β의 양과 관련된 흥미로운 변화를 고려하지 않는다면… 예술적 텍스트의 엔트로피 공식은 $H=H^1+H^2$(여기서 $H^1=h^1+h^{1\prime}$이고 $H^2=h^2+h^{2\prime}$이다)가 될 것이다. 그러나 최대한의 경우 H^1와 H^2는 대체로 주어진 자연어의 모든 어휘를 포괄하기 때문에 예술적 텍스트가 비예술적 텍스트보다 더 많은 정보를 전달한다는 것은 명백한 사실이다."

앞에서 지적했듯이 시어의 엔트로피 법칙은 시적 언어의 특성에서 기인한다. 언어의 유연성(h^2)이 높은 시적 텍스트는 시적 언어의 특수한 의미론적 관계들이 형성할 때 가능한 것이다. 아래에서는 이런 점에 주목하여 시적 소통의 특수성을 블록의 초기 시에 나타난 다양한 의미론적 관계들(어휘의 반복, 동의어, 반의어 등의 수단을 통해 형성되는)을 중심으로 살펴보려고 한다.

시적 텍스트의 언어적 현상을 분석하는 일은 단순히 단어나 문장들의 연관성만을 다루는 것이 아니다. 시적 텍스트는 언어적 구성성분들의 조합을 뛰어넘는 특수성을 지니고 있다. 이것은 텍스트의 형성과정에서 발생하는 언어적 단위들의 다차원적 의미에서 기인하는 것이다. 시적 텍스트의 언어적 단위들은 언어학적 자장(磁場)이 아니라 예술적 자장 안에서 새로운 관계적 의미망을 형성한다. 여기서 시적 텍스트의 소통적 기능은 미학적 기능으로의 질적 전환을 이루게 된다. 시적 텍스트의 미학적 기능은 일상적인 소통적 기능을 다차원적으로 만든다. 그래서 미학적으로 변형된 언어적 단위들은 언어적 메커니즘이 아니라 예술적 메커니즘의 구성요소가 된다.

시적 텍스트의 예술적 메커니즘을 구성하는 수단으로는 대표적으로 어휘의 반복, 바꿔 말하기, 동의어나 반의어의 사용 등을 들 수 있다. 특히, 블록은 자신의 초기 시에서 시적 텍스트의 의미적, 정서적 전개수단으로 이러한 기법들을 자주 사용하였다. 블록의 초기 시 〈느릿느릿 가을이 온다〉(1900)를 보자. 이 시에서는 동일한 어휘의 반복이나 동의어의 사용이 작품의 독특한 분위기를 자아내는 데 중요한 역할을 할 뿐만 아니라 시적 소통을 다차원적으로 만든다.

느릿느릿 가을이 내려오네,
천천히 낙엽이 맴도네,
날은 쾌청하고 공기는 그지없이 깨끗하네
영혼은 희미한 무상함을 외면하지 않는다네.

그렇게 영혼은 매일 늙어가고
매년 낙엽처럼 떨어지네.
모든 것이 작년 가을은 그렇게 슬프지 않았다고
여겨지고, 기억나고, 생각되네.

Медлительной чредой нисходит день осенний,
Медлительно крутится желтыйлист,
И день прозрачно свеж, и воздух дивно чист
Душа не избежит невидимого тленья.

Так, каждый день стареется она,
И каждый год, как желтый лист кружится,
Всё кажется, и помнится и мнится,
Что осень прошлых лет была не так грустна.

여기서 '느릿느릿(медлительной чредой)'과 '천천히(медлительно)'와 같은 어휘의 반복이나 '여겨진다(кажется)', '생각된다(мнится)'와 같은 동의어의 사용은 슬픈 감정의 전개를 복잡하게 만든다.[18] 이것은 갑자기 닥친 불행에서 기인하는 슬픔과는 질적으로 다른 감정을 자아낸다. 왜냐하면 느릿느릿 그리고 천천히 다가오는 가을은 세월의 불가역성을 의미하고, 여기서 기인하는 슬픔은 인간이 극복할 수 없는 것이기 때문이다. 세상에는 다양한 슬픔이

18) Н. К. Соколова(1982) "О специфике поэтического текста," *Коммуникативная и поэтическая функции художественного текста*. Воронеж, с. 11.

있지만 우리가 살아 있다는 것 그리고 살아 있는 모든 것이 무상하다는 깨달음에서 오는 슬픔보다 더 깊은 슬픔이 어디 있겠는가? 이렇게 이 시는 위에서 지적한 어휘의 반복과 동의어의 사용을 통해 슬픔의 직접성에서 벗어나고 있다. 그리고 이런 효과는 슬픔을 관조할 수 있는 시적 태도를 유발시킨다. 블록이 슬픔의 감정을 통해서 독자들과 다차원적인 정서적 관계를 형성하는 것은 바로 이런 수단들에서 연유하는 것이다.

이 시에서는 또 가을의 정경을 나타내는 어휘들이 일정한 주제적 연관을 형성함으로써 인간이 늙어 간다는 것, 지상의 모든 것이 무상하다는 전체 주제와 의미론적 복합체를 이루고 있다. 예컨대, '내려온다(нисходит)', '떨어진다(кружится)'와 같은 동사는 자연의 움직임과 연관되어 있다. 그리고 이것은 시간의 움직임(늙어감)과 얽혀 있다. 다시 말하자면 가을의 구체적인 형상들은 모두 쇠락의 이미지를 형성하고, 그것이 다시 지상의 무상함이라는 주제로 확대되는 것이다.

블록의 초기 시에서 우리가 발견할 수 있는 의미론적 전개수단의 또 하나는 반의어의 사용이다. 블록은 일반적으로 서로 어울릴 수 없는 어휘들을 문맥적으로 결합시켜 반의적 감정을 유발시킨다. 이런 경우는 1902년 핀란드로 가는 기차에서 쓴 것으로 보이는 아래의 시에서 잘 나타나 있다.

여기, 철길 위에서
나는 고요함에 매혹되네.
낭랑한 고요함 속에서
나의 마음은 너에게 사로잡히네.

저기 갈가마귀가 소리 높여 울고
갑자기 감청색 하늘 속으로 빠져드네.
파르스름한 저 너머에서
기차소리가 들려오네.

어제 나는 우연히 너의 말을 들었네.

마침 어제 너와 헤어졌으나
고요함이 내게 다시 속삭이네.
우리가 만날 시간이 아직은 아니라고…

번잡한 마을들로부터 멀리 떨어진
초록의 고요함 속에서
잃어버린 꿈들을 발견한다네.
실현 불가능한 자유의 꿈들을.

Я тишиною очарован
Здесь – на дорожном полотне.
К тебе я мысленно прикован
В моей певучей тишине.

Там ворон каркает высоко,
И вдруг – в лазури потонул.
Из бледноватого далёка
Железный возникает гул.

Вчера я твое слышал слово,
С тобой расстался лишь вчера,
Но тишина мне шепчет снова :
Не так нам встретиться пора…

Вдали от суетных селений,
Среди зеленой тишины
Обресть утраченные сны
Иных, несбыточных волнений.
(I, 497)

이 시에서 가장 많이 사용된 단어는 'тишина(고요함)'이다. 사전적 의미로 보면 'тишина'는 'отсутствие шума'나 'безмолвие'라는 뜻을 지닌다. 그리고 이 단어의 활용을 보면 'мертвая тишина'와 같이 전혀 소리가 없는 상태를 나타낸다. 말하자면 'тишина'는 'певучий'나 'шептать'와 같이 'бытие голоса'를 의미하는 단어들과는 결합될 수 없는 것이다. 그런데 블록은 이 작품에서 'тишина'를 그것의 반의어(시적 텍스트의 맥락 속에서)와 직접적으로 연결시키고 있다. "В моей певучей тишине"나 "Но тишина мне шепчет снова"와 같은 구절이 그것이다. 독자들은 이런 반의어의 사용에 익숙하지 않다. 시적 텍스트의 맥락 속에서 의미론적으로 연결되어 있는 반의어의 사용은 'тишина'라는 단어와 독자들 사이의 관계를 다차원적으로 만든다. 그래서 이제 독자들은 'тишина'를 단순히 정적인 상태가 아니라 뭔가 생명이 있고 활동성이 있는 어떤 것으로 파악한다. 고요함은 이제 낭랑한 소리가 있고 속삭임이 있는 생명체로 탈바꿈한다. 이런 의미론상의 전이가 발생하는 것은 바로 서로 어울릴 수 없는 어휘들을 문맥적으로 결합시킨 덕분이다. 이렇게 문맥적으로 연관된 반의어 사용은 독자와 시적 텍스트 사이의 소통을 다차원적으로 만든다.

3. 예술언어의 대화적 성격

시적 소통의 특수성은 시의 언어가 일상 언어와는 달리 예술체계 안에서 특수한 의미론적 연관을 갖기 때문에 발생한다. 시의 언어는 다양한 의미론적 연관 속에서 질적인 비약을 이룬다. 예술 텍스트 안에서 언어의 미학적 변형(эстетическая трансформация)이 일어나는 것이다. 그런데 이 언어의 의미론적 변형은 예술언어의 대화적 성격과 무관하지 않다.

예술언어는 작가가 삶의 진실을 말하는 특수한 방법에 의해 변형된 언어이다. 작가는 이런 특수한 언어체계를 통해 삶의 진실을 예술적 진리로 뒤바꾼다. 작가의 언어는 특수한 목적을 가지고 특정 혹은 불특정 타자에게 전달하는 소통의 형식이다. 예술언어는 타자에 의해 처음으로 실제적인 언어가 되며, 이를 통해 예술가 자신에게도 현실적인 어떤 것이 된다. 이때 타자는 수동적인 수신자가 아니라 소통의 능동적인 참여자로서의 역할을 담당한다. 예술가의 모든 언어행위는 마치 타자의 능동적인 대답과 이해를 구하는 것처럼 구성되는 것이다.

예술언어의 대화적 성격을 본격적으로 제기한 문예학자는 바흐친이다.[19] 바흐친은 모든 언어사용이 참여자들의 개별적이고 구체적인 발화 형식으로 실현되며, 그것은 자신의 고유한 장르를 갖는다고 주장하였다. 그는 이것을 '담화 장르(речевой жанр)'라고 불렀다. 바흐친에 따르면 담화 장르는 크게 두 가지로 구분된다. 첫째는 일차적(단순) 담화 장르로 직접적인 담화적 소통의 조건 속에 놓인 다양한 담화 형식들을 지칭한다. 둘째는 이차적(복합) 담화 장르로, 실제 현실과 타자의 발화에 대한 직접적인 관계를 상실한 담화들을 말한다. 이차적 담화 장르는 일차적 담화 장르를 흡수하고 변형하는데, 그 대표적인 것이 바로 문학, 예술장르이다.

바흐친은 담화 수신자라는 개념이 문학사에서 매우 중요한 의미를 지닌다고 강조하고 있다. 예술가는 작품 속에서 수신자에 대한 자신의 독특한 개념, 다시 말하자면 자신의 독자, 청자, 대중에 대한 독특한 지각과 이해를 표현한다. 그리고 예술언어는 담화 장르의 이런 특성을 반영한다. 문학이나 예술과 같은 특수한 담화 장르에서 담화 수신자가 어떤 역할을 하는지에 대해서는 아래의 인용문에 잘 나타나 있다.

"발화의 본질적인 (구성적) 특징은 누군가를 향하는 방향성(обращенность), 수신자 정향성(адресованность)이다. 비개인적이며 누구의 것도 아니고 누구에게로도 향하지 않는 언어의 의미적 단위, 즉 단어와 문장과 달리 발화는 작가(따라서 우리가 이미 말했던 표현성도 갖게 된다)와 수신자를 갖는다. 이 수신자는 일상적 대화의 직접적인 참여자, 대화의 상대자일 수도 있고, 문화적 소통의 어떤 특수한 분야의 세분화된 전문가 집단일 수도 있고, 다소간 분화된 대중이나 민중, 동시대인, 동지, 적이나 반대자, 부하나 상관, 하층민, 상류계급, 가까운 사람, 낯선 사람 등이 될 수도 있다. 또한 수신자는 전혀 규정되지 않고 구체화되지 않은 타자(바흐친의 강조)일 수도 있다(감정적 유형의 다양한 독백적 발화에서). 수신자에 대한

19) 바흐친의 이런 생각은 1950년대 저작 중 하나인 "담화 장르의 문제"에 잘 나타나 있다. 이에 대해서는 다음의 인용문을 참고할 것. "(존재하는 모든 – 인용자) 세계관, 경향, 관점, 의견은 항상 언어적 표현을 갖는다. 이 모든 것은 (개인적 또는 비개인적 형식의) 타자의 말이고, 그것은 발화 속에 반영되지 않을 수 없다. 발화는 자신의 대상뿐만 아니라 그것에 대한 타자의 말을 향한다. 타자의 발화에 대한 아주 가벼운 암시조차도, 어떤 순수하게 대상적인 주제도 말에게 **대화적 전환(인용자의 강조)**을 부여한다. 타자의 말에 대한 관계는 대상에 대한 관계와 원칙적으로 구별되지만 그것은 항상 대상에 대한 관계에 수반된다. 반복하자면 발화는 담화적 소통 사슬의 한 고리이며, 그것은 선행하는 고리, 즉 주어진 발화를 내부와 외부로부터 규정하며 그 속에서 응답적 반응과 대화적 반향을 만들어 내는 그 고리들로부터 결코 절단될 수 없다."(М. Бахтин(1986) *Литературно-критические статьи*. М., с. 466.)

이 모든 유형과 개념은 주어진 발화가 관계하는 인간의 활동과 생활 영역으로 규정된다. 발화가 누구를 향하는지, 화자(또는 저자)가 자신의 수신자를 어떻게 느끼고 어떻게 상상하는지, 수신자가 발화에 미치는 영향력은 어떠한 것인지, 바로 이런 것들에 의해 발화의 구성, 특히 문체가 결정된다. 각각의 담화적 소통 영역에서 각각의 담화 장르는 그것을 장르로서 규정하는 전형적인 수신자 개념을 가지고 있다."

예술언어는 언어학적 단위로서의 단어와 문장과는 구분된다. 예술언어는 특수한 담화적 소통수단의 하나이다. 예술가가 언어를 통해 타자와 주고받는 것은 언어학적 의미의 단어, 단어들의 조합, 문장이 아니다. 예술적 담화에서 교환되는 것은 단어, 단어들의 조합, 문장 그 자체가 아니라 그것들로 구성된 발화(высказывание)이다. 이때 발화는 하나의 단어가 될 수도 있고, 문장이 될 수도 있지만, 그렇다고 해서 이 언어단위가 담화적 소통의 단위로 변화하는 것은 아니다. 어떤 언어적 단위이든 타자와의 관계에서만 그것은 담화적 소통의 단위가 될 수 있다. 이런 차이 때문에 바흐친은 담화적 소통의 단위로서의 발화와 언어적 단위로서의 단어, 문장을 엄격하게 구분한다. 요컨대 예술언어는 언어적 단위로서의 단어, 문장이 아니라 고차원적인 담화적 소통의 단위, 예술적 발화인 것이다. 바흐친의 이런 생각은 후기 저작인 "언어학, 어문학 그리고 다른 인문학에서 텍스트의 문제"에 정확하게 표현되어 있다.

"우리가 언어적 단위를 어떻게 이해하든, 언어 구조의 어떤 차원에서 그것을 취하든, 언어적 단위들(음소, 형태소, 어휘소, 문장 등) 사이에는 대화적 관계가 있을 수 없다. (전체로서의) 발화는 언어 구조에서 (통사론 위의) 최종적이며 최상위인 차원이나 층위의 단위로 간주될 수 없다. 왜냐하면 발화는 완전히 다른 관계(대화적 관계)의 세계에, 언어학적 관계와는 비교될 수 없는 다른 층위의 세계에 속하기 때문이다(어떤 차원에서는 발화 전체를 **단어**와 비교하는 것만이 가능하다). 전체로서의 발화는 이미 언어의 단위가 아니라(또한 좁은 언어학적 의미의 '담화의 흐름'이나 '담화의 사슬'의 단위가 아니라), 담화적 소통의 단위이며, 언어학적, 사전적 뜻으로서의 의미(значение)가 아니라, (진리, 아름다움 등의 가치와 관계하며, 가치평가를 내포하는 **응답적** 이해를 요구하는 통일적) **의미(смысл)**를 갖는다. 발화 전체의 응답적 이해는 항상 대화적 성격을 지닌다."(바흐친의 강조)

예술언어가 발화자와 담화 수신자 사이의 복잡한 내용적, 형식적 관계를 반영하고 있다는 사실은 문학작품의 아이러니와 풍자에서 확인할 수 있다. 아이러니와 풍자는 직설적인 담화 장르가 아니라 간접적인 담화 장르이다. 예술가의 아이러니나 풍자적 언어에는 타자에게 진실을 직접적으로 전달하지 않는 숨겨진 의도가 있다. 그것은 진실을 드러내지 않고 간접적으로 암시하려는 의도인데, 이를 통해서 겉으로 드러난 사실은 거짓이 되고 만다. 이것은 예술가가 타자에 대한 복잡하고 고차원적인 고려와 전략 없이는 불가능한 것이다. 바흐친은 〈1970-1971년의 노트〉에서 "근대인은 조건적으로 말한다"고 주장한 바 있다. 이 말은 근대의 모든 언어가 일정하게 아이러니와 밀접한 연관을 가지고 있다는 의미이다. 다음의 인용문을 읽어보자.

"아이러니는 근대의 모든 언어들(특히 프랑스어), 모든 단어와 형식(특히 통사론, 예를 들어 아이러니는 담화의 육중하고 '과장된' 미문성과 장황함을 파괴했다) 속으로 침투해 들어갔다. 감지할 수 없는 최소한의 것에서부터 크게는 웃음의 경계에 맞닿아 있는 야만스러운 것에 이르기까지, 아이러니는 사방에 편재해 있다. 근대인은 위엄 있게 말하지 않고, 그저 말한다. 즉 그는 조건적으로만 말한다. 단언적인 모든 장르는 주로 소설의 패러디적이거나 반(半)패러디적인 구성요소로서 보존된다. 푸쉬킨의 언어가 바로 그러하다. 그의 언어는 아이러니에 의해 (다양한 정도로) 침투당한, 근대의 조건화된 언어이다."

바흐친은 말(혹은 담화)의 주·객관적 조건이 바뀌면서 타자에 대한 근대인의 언어태도 또한 변화했다고 생각하고 있다. 이런 변화가 가장 두드러지게 나타난 담화장르로는 산문, 특히 근대소설을 들 수 있다. 그런데 근대언어와 아이러니를 언급하면서 바흐친이 시인인 푸쉬킨을 예로 들고 있는 것은 매우 상징적이다. 물론 여기서 바흐친이 염두에 두고 있는 것은 푸쉬킨의 산문언어이다. 그러나 푸쉬킨의 예는 그의 이론이 산문장르뿐만 아니라 시에도 적용될 수 있다는 일종의 암시이기도 할 것이다.

푸쉬킨의 언어가 아이러니에 의해 깊이 침윤된 것이라는 지적은 매우 설득력이 있다. 푸쉬킨은 진실과 허위, 아름다움과 추함, 선과 악, 정의와 불의, 자유와 구속, 사랑과 증오, 우정과 배신 등의 기준이 첨예하게 대립되었던 제정 러시아 시대에 살았다. 그는 자신의 이상과 신념을 직접적이고 공개적으로 표현할 수 없었다. 그래서 이런 환경 때문에 시인의 언어는 다양한 타자들, 예컨대 짜르/민중, 검열관/독자, 보수주의 정객/동지, 연적/애인 등을 세심하게 고려해야만 했다. 이것이 푸쉬킨의 언어가 근대의 조건화된 언어가 된 이유일 것이다. 바흐친은 푸쉬킨의 언어와 아이러니의 관계를 구체적으로 분석하지 않았다. 그러나 푸쉬킨이 살았던 시대를 떠올리면 그의 언어가 아이러니와 깊은 연관을 갖을 수밖에 없었다는 것을 이해할 수 있을 것이다. 여기서는 바흐친이 주목하지 않았던 푸쉬킨의 시를 예로 들어 그의 언어가 아이러니와 어떤 관계가 있는지 살펴보고자 한다. 다음은 〈십계명〉(1821)이라는 시의 일부이다.

하느님, 당신은 제게 명하십니다
이웃의 재물을 탐하지 말라고
하지만 당신은 제 능력의 한계를 아십니다
어찌 사랑하는 감정을 억누를 수 있습니까?
(…)
그의 집이니 가축이니 종이니
모든 것이 제겐 소중하지 않습니다
하지만 만일 그의 하녀가
미인이라면… 하느님! 저는 약한 인간입니다!
그리고 만일 그의 아내가
하늘에서 내려온 천사처럼 사랑스럽다면
오 정의로운 하느님! 용서하소서
(…)
어찌 연인을 사랑하지 않을 수 있을까요?
어찌 천국의 행복을 바라지 않을 수 있을까요?

Добра чужого не желать
Ты, боже мне повелеваешь ;
Но меру сил моих ты знаешь
Мне ль нежным чувством управлять?
(…)
Ни дом его, ни скот, ни раб,

Не лестна мне вся благостыня.
Но ежели его рабыня
Прелестна… Господи! я слаб!
И ежели его подруга
Мила, как ангел во плоти,
О боже праведный! прости
(…)
Как можно не любить любезных?
Как райских благ не пожелать?

이 시는 십계명에 나오는 '간음하지 말 것'이라는 계율을 '사랑하는 감정(нежное чувство)'에 대한 인간적인 열망과 대립시켜 계율의 비현실성을 아이러니로 풍자한 것이다. 그리고리예바의 연구에 따르면 푸쉬킨이 'нежное чувство'라는 표현을 사용하기 시작한 것은 1820년 이후이다. 18세기 말과 19세기 초 러시아 시인들은 사랑에 대한 비은유적인 표현을 많이 사용하였다. 예를 들면 страсть нежная, любовная, сердечная 등과 같은 표현들이다. 그러나 19세기 초 낭만주의 시인들은 사랑에 대한 은유적 표현을 선호하기 시작했다. 그중 하나가 нежное чувство라는 표현인데, 푸쉬킨은 이 표현에 아이러니를 가미하여 독창적인 의미를 창조하였다. 다음은 그리고리예바의 말이다. "1820년 이후 이미 '사랑하는 감정'이라는 표현(리체이 시기에 이런 표현은 등장하지 않았다)에 주목한 푸쉬킨은 과거 시에서 이렇게 다른 말로 본뜻을 전하는 방법(перифраза)이 지니고 있는 특수한 조건을 잘 이해하고 있었다. 1921년 "십계명"이라는 시에서 (이 표현에 대한 - 인용자) 가벼운 아이러니가 시도된다."

нежное чувство의 겉뜻은 말 그대로 '부드러운 감정' 혹은 '연약한 감정'이다. 그러나 위 시에서 이 표현은 인간이라면 억누를 수 없는 강한 사랑의 감정, 즉 '사랑하는 감정'을 의미한다. 이것이 нежное чувство라는 표현의 속뜻이라는 것을 우리는 시의 뒷부분에 나오는 "어찌 연인을 사랑하지 않을 수 있을까요?"라는 부분에서 확인할 수 있다. 이렇게 이 시에서 아이러니가 발생하는 것은 시인과 하느님이 발화자와 담화수신자의 관계를 형성하고 있기 때문이다. 이 작품은 대화체 형식을 취하고 있다. 시인은 하느님에게 제발 간음하지 말라는

계율만은 거둬 달라고 호소한다. 그리고 사랑의 감정을 нежное чувство라고 점잖게 표현한다. 이는 발화자가 담화수신자를 다분히 의식한 것으로 볼 수 있다. 푸쉬킨은 자신의 타자를 염두에 두면서 이 표현의 겉뜻과 속뜻을 아이러니로 사용하고 있는 것이다.

4. 언어의 유연성과 예술언어의 성찰적 성격

예술언어의 대화적 성격으로 인해 예술이라는 담화적 장르는 삶에 대한 성찰의 형식이 된다. 이것은 예술언어가 타자에 의해 비로소 실제적인 언어가 되기 때문이다. 만약 예술언어가 독백적 본질을 가지고 있다면 독선의 표현이 되었을 것이다. 예술언어는 발화자가 아니라 담화수신자에 의해 실제적인 것이 되기 때문에 그 형식은 필연적으로 나와 타자의 관계, 즉 삶의 진실에 대한 성찰로 이어진다.

시의 경우도 마찬가지이다. 시의 언어는 시인이 전하고자 하는 시적 진실에 대한 성찰을 담는다. 시의 언어가 언어 자체에 대한 성찰을 반영하는 것도 이런 이유에서 연유한다. 왜냐하면 삶에 대한 성찰은 곧 그것을 표현하는 방법에 대한 성찰로 이어지기 때문이다. 만약 시인이 세계를 사유하거나 시적 진실을 구성하는 데 있어서 성찰적 태도를 취하지 않는다면, 그리고 그것의 전달수단인 언어에 대해 성찰하지 않는다면 시의 언어의 유연성은 그것의 의미적 용량과 크게 다르지 않을 것이다.

콜모고로프가 지적한 대로 예술언어는 언어의 유연성(h^2)이 높은 언어라고 할 수 있다. 그러나 언어의 유연성이 단순히 언어의 형식적 요소만을 일컫는 것이라면, 그것은 예술언어의 성찰적 성격을 간과한 것이다. 우리가 시적 소통의 다차원성을 강조하는 것은 단순히 언어적 소통의 복잡성만을 지적하기 위한 것이 아니다. 시적 소통의 다차원성은 무엇보다도 예술적 진리에 대한 성찰적 소통이 전제될 때 더욱 빛을 발한다. 이렇게 보면 콜모고로프가 제시한 언어의 유연성이라는 개념은 예술적 진리에 대한 언어의 성찰적 성격이 얼마나 농밀하냐 하는 문제가 될 수 있을 것이다.

언어의 유연성은 예술작품과 같은 특수한 체계 속에서 증폭되는 언어의 의미적 다양성과 밀접한 연관이 있다. 하나의 의미가 예술체계라는 미학적 증폭기 속에서 여러 가지 의미로 팽창한다. 그런데 만약 이 증폭기가 생산하는 의미들이 삶의 진실과 동떨어진 무의미한 것이라면 어쩔 것인가. 만약 언어의 유연성이 무의미의 단순 복제라면 이것을 예술언어의 장점이나 특수성이라고 주장할 수 있을까. 예술언어는 삶의 진실에 대한 성찰이 배제된 의미의 생산과는 거리가 멀다. 이런 점에서 언어의 유연성이라는 개념은 예술체계 속에서 생성되는 언어적 변용의 성찰적 성격을 포함하는 것으로 이해해야 한다. 예술언어의 엔트로피 이론에서 언어의 성찰적 성격을 강조하는 것은 콜모고로프의 학설을 정당하게 계승하는 일이기도 할 것이다.

참고문헌

바흐친, 미하일(2006) 김희숙, 박종소 옮김. 〈말의 미학〉, 길.

푸쉬킨(1999) 석영중 옮김. 〈잠 안 오는 밤에 쓴 시〉, 열린책들.

신경림(2004) 〈신경림 시전집 1〉, 창비.

Бахтин, М.(1979) *Эстетика словесного творчества.* М.

____________(1986) *Литературно-критические статьи.* М.

____________(2003) *Собр. соч. в семи томах.* М. Т. 1.

Белинский, В. Г.(1955) *Полн. соб. соч.* М. Т. 7.

Блок, А.(1960) *Собр. соч. в восьми томах.* М.-Л. Т. 1.

Виноградов, В. В.(1954) *Язык художественного произведения.* М.

Коммуникативная и поэтическая функции художественного текста. Воронеж. 1982.

Коммуникативная и когнитивная природа понимания. М. 1989.

Коммуникативные аспекты значения. Волгоград. 1990.

Коммуникация в современной науке. М. 1976.

Лотман, Ю.(1970) *Структура художественного текста.* М. 1970.

Ожегов, С. И. & Шведова, Н. Ю.(1992) *Толковый словарь русского языка.* М.

Поэтическая фразеология Пушкина. Наука, М. 1969.

Пушкин, А. С.(1957) *Полн. соб. соч.* М. Т. 2.

제13장

문학 텍스트화와 언어-문화 공간의 토포스: 러시아어 "프라브다" 토포스를 중심으로

|이기웅|

1. 서론

현대 언어학에서 텍스트라는 개념은 우리가 통상 일상적으로 혹은 문학에서 생각하는 텍스트의 경우를 포괄하는 보다 넓은 의미의 개념이다. 요컨대 텍스트란 주어진 언어 체계의 기능적 수단들과 규칙들에 대응해서 형성된 그 자체로 독자적인 - 그리고 형태적으로는 종결된 - 언어적 연쇄체이다(Гальперин 1974, 1981). 따라서 텍스트는 가령 단 하나의 문장이나 방대한 분량의 하나의 장편소설 전체가 될 수도 있다. 텍스트는 언어 체계가 아니라 그것과 인접성 및 유사성의 관계를 맺고 있는(Jakobson 1955, 1956, 1960, 1961) 또 다른 이차적인 체계로서, 옐름슬레우(Helmslev 1971)에 따르면 내포적 체계(le système connotatif)이다. 즉, 텍스트는 계층구조적인 기호체계(la sémiotique)이자 또한 그 표현면도 기호체계인 언어적 구성물인 것이다.[20]

이상과 같이 정의될 수 있는 텍스트의 구성 과정, 즉 텍스트화는 따라서 다층적이다. 그것은 무엇보다도 우선 언어적 차원과 문화적 차원이 서로 분리될 수 없는 방식으로 결합되어 있는 과정인 것이다. 서선정·이남경 외(2006)의 공동연구에서는 이처럼 언어-문화의 복합적 과정

---

20) 옐름슬레우의 정의에 따르면, 랑그는 외연적 기호체계(la sémiotique dénotative), 즉 내용면과 표현면 중 어느 것도 또 다른 기호체계가 아닌 경우이다. 그리고 메타-언어의 경우는 내용면이 기호체계인 기호체계라고 할 수 있다.

으로서의 텍스트화를 포괄적인 시각에서 구체적으로 해명하고 있는데, 거기서 텍스트화의 다층적이고 다면적인 양상들은 언어적 계기들과 문화적 계기들로 나뉘어서 고찰된 다음에, 이것은 다시금 텍스트화의 출발과 결과로서 언어-문화 공간의 구성과 재구성이라는 관점에서 종합적으로 관찰되고 있다. 이러한 접근방식과 맞물려서 이 글에서는 관찰의 폭을 훨씬 더 구체적으로 좁혀서, 언어-문화적 "토포스(topos)"라는 개념에 근거해서 러시아의 대표적인 토포스 중의 하나인 "프라브다(правда)"의 특성을 살펴보고, 또 이로부터 문학적인 텍스트화 과정의 근원적인 전제조건들과 특이성의 양상들을 통괄적으로 규명해 보고자 한다.

"토포스"라는 용어와 개념은 원래 멀리 아리스토텔레스까지 거슬러 올라간다. 아리스토텔레스는 그것을 두 가지 차원에서 이야기하고 있는데, 첫째는 언어 일반의 차원이며, 둘째는 시학과 수사학의 차원이다. 첫 번째 차원의 경우, 우리는 언어가 통용되는 장소의 개념으로서 토포스를 이해할 수 있는데, 코클랭(Cauquelin 1990 ; 26-39)에 따르면 아리스토텔레스는 다음과 같이 네 개의 토포스들(topoi)을 구분하고 있다. 1) 도시국가(πόλις)의 바깥 = 비언어의 장소, 2) 통념(δόξα)의 장소 = 일상 대화와 통상 모두에게 공통적인 관념(κοινόν)에 근거하는 말의 장소, 3) 언어적 기예(τέχνη)의 장소 = 그럴듯함(εἰκότα)을 표현하는 말들의 장소, 4) 진리, 즉 로고스(λόγος)의 장소. 그리고 두 번째 차원은 이러한 토포스들의 구분 중에서 언어적 기예의 장소와 관련되는데, 이것은 극중 인물이나 연사와 같은 화자가 상대방에게 제시하는 논증적 전제에 근거의 역할을 하는 어떤 공통의 장소를 의미한다.[21] 따라서 두 번째 차원에서 아리스토텔레스가 이야기하는 토포스의 개념은 첫 번째 차원의 것보다 훨씬 덜 구체적이고 심지어 모호하기조차도 한데, 아마도 우리는 그것을 주어진 담론 주제에 대해서 화자와 청자가 이미 공통적으로 갖고 있는 어떤 관념적 토대, 혹은 논거(論據) 정도로 이해할 수 있을 것이다.[22] 그리고 그것은 당연히 그의 〈수사학〉에서 내용적으로나 구성적으로도 중요한 역할을 하고 있다. '수사학이 각각의 경우마다 무엇이 설득하는 데 적합할 수 있는가를 사변적으로 밝혀내는 능력'[23]이라면, 논제(論題)에 대해서 알맞은 적절한 토포스를 선택하는 방법에 대한 고찰이야말

21) 〈수사학〉(Aristote 1998), 제1권, 29-30, 33, 그리고 〈시학〉(Aristote 1996), 89-90, 93-94 등을 참조할 것.
22) 이와는 다소간 다르게 보취카례프(Бочкарев 2003 ; 167)는 아리스토텔레스의 〈화제론(Topika)〉에 근거해서 그의 토포스 개념을 '일반적으로 받아들여지는 통념적 견해를 전제로 하는 정형적 판단 모형'으로 간주하고 있다.
23) 〈수사학〉, 상동, 22.

로 당연히 수사학에서 핵심적인 위치를 차지하는 내용들 중의 하나일 수밖에 없는 것이다.

그러면 논리적 전제가 성립하기 위한 공통의 장소로서 언어-문화적 토포스라는 생각이 아리스토텔레스의 수사학에서 어떻게 활용되고 있는지 구체적으로 살펴보자.

먼저 모든 장르나 논제들이 근거할 수 있는 일반적인 토포스가 있는데, 이것은 "가능과 불가능", "큰 것과 작은 것", "보편과 개별", "보다 더 혹은 보다 덜" 등의 토포스와 같은 것들이다. 여기서 가령 "보다 더 혹은 보다 덜"이라는 토포스를 살펴보면, 우리는 그것에 근거하는 많은 다양한 개별적인 논증들을 생각해 볼 수 있는데, 다음의 것도 그중 하나일 것이다.

1) "또한 보다 더 어려운 것은 일반적으로 보다 더 쉬운 것에 비해 보다 더 큰 가치를 지닌다. 왜냐하면 그것은 보다 더 드물기 때문이다. 그러나 또 다른 관점에서 본다면, 보다 더 쉬운 것이 보다 더 어려운 것에 비해 보다 더 가치가 있다. 왜냐하면 그것은 우리들이 원하는 것과 잘 부합하기 때문이다."[24]

그리고 이와는 달리 전제 생략 삼단논법(enthymeme)이나 이와 유사한 형태의 논증들의 근거가 되는 일반적인 토포스들도 있는데, 이것들은 "상반되는 것들"의 토포스로부터 "이름"의 토포스, 그리고 심지어 "단어의 형태적 파생"의 토포스까지 그 종류가 대단히 다양해서, 원칙적으로 그 범주와 수가 제한될 수 있는 것인지 불명확하다.[25] 가령,

2) 상반적인 것 ; "전쟁이 작금의 재난들의 원인이라면, 평화로써 그것들을 복구해야 한다."
3) 이름 ; "무쇠처럼 단단하기에, 너에게는 너의 이름이 잘 어울린다."
4) 안티테제 ; "네가 만일 정의를 대변한다면, 신들로부터 사랑받을 것이다. 반면, 불의를 대변한다면, 사람들로부터 사랑받을 것이다."(cf. "네가 만일 정의를 옹호한다면, 사람

---

24) 〈수사학〉, 제1권, 51. 이 토포스에 근거하는 다른 많은 다양한 논증들은 50-55를 참조할 것.
25) 이러한 다양한 토포스들을 아리스토텔레스는 〈수사학〉, 제2권, 23절부터 마지막 절까지 단지 열거만 하고 있을 뿐이다.

들로부터 미움을 받을 것이다. 반면, 네가 불의의 편을 든다면 신들로부터 미움을 받을 것이다.")

5) 정의 ; "신령(daemonium)이란 무엇인가? 그것은 신이거나 신의 행위가 아니겠는가? 그런데 신의 행위를 믿는 사람은 또한 필연적으로 신들의 존재를 믿는 사람인 것이다."

이상과 같이, 아리스토텔레스가 두 가지 차원에서 이야기하고 있는 토포스의 개념은 언어의 존재 양식과 활용에 관한 사회-문화적으로 공통된 근거들을 통찰하고 있다는 점에서 흥미롭다고 볼 수 있다. 특히 그가 〈수사학〉에서 제시하고 있는 토포스에 대한 다양한 관찰들은 우리가 만들어 내는 언어적 표현들의 "실제적 의미"[26]를 고려하는 데 있어서 언어의 내적 구조나 지시 관계뿐만 아니라 화자와 청자에 공통적인 언어-문화적 공간의 구성도 중요하다는 사실을 경험적으로 잘 밝혀 주고 있다. 그렇지만 아리스토텔레스의 이러한 통찰에도 불구하고 언어-문화적 토포스에 대한 그의 생각을 여기서 그대로 받아들여서 활용할 수는 없는데, 그것은 다음과 같은 이유에서이다. 즉, 위에서 살펴본 것처럼 언어-문화적 토포스에 대한 아리스토텔레스의 생각은 대단히 광범위해서 그 적용 범위를 어느 정도 명확하게 개념적으로 확정하기가 어렵다. 이것은 그가 "τόπος(장소, 위치, 화제, 공통의 장소)"라는 당시 그리스어 단어의 뜻에 그대로 기대어 자신의 생각을 전개하기 때문이다. 그것은 따라서 언어의 존재 양식과 결부된 공통의 장소를 뜻할 수도 있고, 또 이러한 공통의 장소 내에서 통념(δόξα)이나 그럴듯함(εἰκότα)에 근거하는 보다 특정한 공통의 장소를 뜻할 수도 있는 것이다. 그런데 전자와 같은 언어의 장소로서의 토포스라는 생각은 오늘날의 관점에서 본다면 별로 운용적이지 못하다. 만일 언어 대 비언어라는 토포스적 경계는 오늘날 언어권의 경계로 바꿔서 생각할 수 있다면, 통념의 장소, 그럴듯함의 장소, 로고스의 장소 사이의 경계들은 그 자체로도 그리고 오늘날의 관점에서도 많은 경우 너무 모호할 수밖에 없다. 또한 통념이나 그럴듯함에 근거하는 언어-문

26) 이것을 이기웅(2001)에서는 '발화된 표현의 실제적 의미 = 의미 표시 + 추정 구조'로 규정하고 있다. 가령 주어진 표현 "철수는 머리가 아프다"에 대해서, 이것의 의미를 단순히 '화자는 그가 알고 있는 "철수"라는 이름의 한 남자가 머리의 어떤 부분에 물리적 통증을 느끼고 있다는 사실을 이야기하고 있는 문장'이라고만 설명하는 것은 그야말로 의미 없는 일이다. "철수는 머리가 아프다"라는 표현으로부터 이끌어 낼 수 있는 추정 구조에 대한 설명이 없는 한 우리는 화자가 이 표현을 통해서, 혹은 이 표현 자체가 무엇을 말하고 있는지 제대로 알 수 없다. 이에 대한 보다 자세한 논의는 이기웅(1993)을 참조할 것.

화적 토포스의 경우는 그 종류와 수가 너무나 다양하고 많아서, 단순히 경험적인 사실들의 제시와 설명 이전에 이러한 것들을 보다 체계화하고 한정할 수 있는 명확한 개념적 틀이 필요하다. 따라서 언어의 효과적 활용, 즉 실제적 의미화는 화자와 청자의 '공통적 장소(τόπος)'에 근거해야 한다는 아리스토텔레스의 실로 자명한 통찰을 새삼스럽게 받아들이면서, 이 장에서는 우선 언어-문화적 토포스란 무엇인가라는 문제에 대한 보다 정확한 이론적 해명부터 시작해 보자.

2. 언어-문화적 토포스의 현대적 이해

오늘날 문예학과 언어학에서 "토포스"라는 용어는 내용적으로 상이한 세 가지 방식으로 사용되고 있다. 여기서는 이러한 세 가지 상이한 용법들을 살펴본 후에 종합화함으로써 토포스에 대한 공통적인 새로운 개념화를 시도하고자 한다.

먼저 문예학의 경우, 여러 모티프들이 모여서 문학 작품들 속에 자주 나타나는 안정적인 구조적 형상을 형성할 때, 이것을 토포스라고 한다.[27] 그리고 이러한 토포스들 중에는 문학 전체나 하나의 문학권 전체에 해당되는 것들도 있으며, 특정한 사조나 시대에 국한되는 것들도 있다. 가령, '아름다운 여성은 꽃'이라는 토포스는 문학 전체를, '전복된 세계'라는 토포스는 서유럽 문학권 전체를, 그리고 '잉여인간'이라는 토포스는 19세기 러시아 문학을 한정한다고 볼 수 있다. 언뜻 보면 토포스와 테마는 문학 텍스트 내에서 전혀 다른 것을 의미하는 것 같지 않을 수도 있다. 흔히들 '전복된 세계'의 테마나 '잉여인간'의 테마 등과 같이 이야기하기 때문이다. 그렇지만 둘 사이에는 개념적 차이로 볼 수 있는 본질적인 차이도 있다. 주어진 문학 텍스트에서 테마는 원칙적으로 그 텍스트 전체의 분석을 통해서만 결정될 수 있는 것인 반면, 토포스는 그 텍스트의 테마에 대한 분석 이전에 이미 알려져 있는 정형화된 의미화의 사회적 토대라고 할 수 있다. 가령 토마스 만의 〈어릿광대(Der Bajazzo)〉에 나타나는 '딜레탕티즘(dilettantisme)'의 테마와 '예술가'의 테마를 놓고 볼 때, '딜레탕티즘'은 19세기

27) 뒤크로와 토도로프(Ducrot et Todorov 1972 ; 283-4) 참조. 만일 쿠르치우스(Curtius 1978)처럼 모티프와 테마를 같은 의미로 이해할 경우에는, 토포스를 정형적인 테마 구조라고 할 수도 있다. 보취카레프(2003 ; 167-8) 참조.

서유럽 문학에서 자주 나타나는 테마이자 하나의 토포스로도 간주될 수 있는 반면, '예술가'의 테마는 근대의 여러 문학권에서 종종 등장하는 공통적인 테마는 될 수 있지만 어떤 특정한 근대 문학에서조차도 하나의 안정적인 토포스로 간주될 수 없는 것 같다. 이것은 19세기 서유럽 문학에서 '딜레탕티즘'이 개별 텍스트나 작가의 규정을 넘어서 '부르주아 출신으로서 예술적 감수성과 지향성은 있지만 고유한 창작력이 결여된 여유로운 자들의 예술적 향유와 이에 근거하는 삶의 태도'라는 의미화의 공통적 토대로 기능하는 반면, 여러 나라의 근대 문학을 보더라도 '예술가'의 테마에 그 같은 정형화된 의미적 안정성은 형성되어 있지 않기 때문이다. 따라서 예시한 토마스 만의 단편에서 1인칭 화자 주인공이 제시하는 '딜레탕트'로서의 자기규정과 자기고백으로서 "어릿광대(Bajazzo)"의 의미는 그것이 근거하는 언어-문화적 토포스에 근거해서 명확하게 드러날 수 있다면, 거기서 단지 '딜레탕트'가 아닌 존재로서만 이야기되고 있는 '예술가'를 명확히 규정하는 것은 미해결 문제로 남게 된다.[28)] 이처럼 문예학에서 토포스의 개념은 텍스트의 의미적 구성을 그것이 근거하는 어떤 공통적 토대와 이를 바탕으로 새롭게 만들어지는 개별적 특이성 사이의 분절적 관계로 명확히 하는 데 효과적으로 활용될 수 있다.

다음, 언어학에서 토포스는 앙스콩브르와 뒤크로(Anscombre et Ducrot 1983)처럼 언어적 논증(論證, argumentation)의 영역에 국한해서 개념적으로 규정하는 경우와 보다 포괄적으로 라스티에(Rastier 1987)처럼 의미 해석을 이끄는 규범적 공리로 규정하는 경우가 있다. 그리고 이 둘 사이에는 어떤 개념적 참조관계도 없기 때문에 각각의 경우를 우선 따로 살펴보는 수밖에 없다.

먼저 앙스콩브르와 뒤크로의 경우, 그들의 개념화는 아리스토텔레스로부터 출발한다고 볼 수 있다. 앞 절에서 살펴보았듯이, 아리스토텔레스의 〈화제론〉과 〈수사학〉에서 토포스는 통념과 그럴듯함의 영역에서 대화적 활동으로서 논증의 공통적 토대로 이야기되고 있다. 이와 마찬가지로 앙스콩브르와 뒤크로도 논증과 결부해서 토포스를 이야기하고 있다. 그렇지만 이들의 접근방식은 크게 두 가지 점에서 아리스토텔레스의 생각과 본질적으로 차이가

---

28) 어쩌면 이 소설에서 이 문제는 '딜레탕트'의 자기고백이라는 서술 구조를 통해서 일종의 직관적인 예술적 형식으로 해결되고 있는지도 모른다. 그렇지만 토마스 만에게서 '예술가'가 내용적으로 명확히 형상화되는 것은 또 다른 단편 〈토니오 크뢰거(*Tonio Kröger*)〉까지 기다려야만 한다.

난다고 볼 수 있다. 첫째, 이들은 언어의 화용적 층위까지 고려하는 의미 기술의 관점에 입각해서 논증을 훨씬 더 일반적인 현상으로 바라본다. 요컨대, 대화적 상황에서는 심지어 "폴이 왔다"와 같은 아주 간단한 발화조차도 가령 '그럼 모두 다 모였네' / '그렇다면 문제가 심각하네' / … 등과 같은 어떤 특정한 결론을 지향하는 논증적 특성이 있다는 것이다.[29] 둘째, 발화의 논증적 지향성을 이처럼 일반화시키는 반면, 이들의 토포스에 대한 개념화는 〈수사학〉에서 열거되고 있는 수많은 토포스들 중에서 오직 "보다 더 혹은 보다 덜"이라는 토포스에만 이론적으로 초점을 맞추고 있다. 이에 따르면, 토포스는 발화의 논증적 설정을 이끌어 가는 일반적 원칙으로서, 특히 우리의 "상식(le sens commun)"과 연관된 점진적인 성격의 추정 규칙이다. 요컨대, 토포스는 "만일 일련의 조건들 C가 충족된다면, 어떤 대상 O가 더욱더/또는 더욱 덜 P라는 속성을 지님에 따라 대상 O′는 더욱더/또는 더욱 덜 P′라는 속성을 갖게 되며, 이것은 P의 강도(强度)의 특정한 범위 안에서 그렇다"라는 일반적 형식을 갖는다.(p. 13) 토포스의 이러한 일반적인 형식적 특성은 가령 "어떤 물건이 더욱더 쌀수록 그것을 사는 것은 더욱더 이익이 된다, 단 그 물건에 숨겨진 하자가 없다면, 그리고 그 싼 가격이 특정한 금액 이하라면"과 같은 구체적인 예에서 잘 드러난다.(상동) 그리고 이러한 점진적 특성을 갖는 논증적 토포스의 추정 규칙은 공리 체계의 추론 규칙들과는 근본적으로 차이가 난다. 후자는 명제들의 집합 X = {p1, p2, p3, …}를 또 다른 명제들의 집합 Y = {q1, q2, q3, …}와 연결시켜 주는 규칙이지만, 논증적 토포스는 두 개의 잣대 위에 위치하는 정도의 차이들 사이에서 다소 느슨한 추정적 관계를 맺어 주는 어떤 공통된 원칙인 것이다. 그렇다면 수학적 언어나 논리적인 형식 언어와는 달리 자연 언어를 사용하는 논증은 왜 이러한 점진적 특성의 토포스에 기반하는 것일까? 아래의 예들을 보자.

6) Ce café est tiède, <u>même</u> froid.

7) 이 커피는 미지근한데, <u>심지어</u> 차갑기<u>조차</u> 하다.

8) Этот кофе тепловатый, <u>даже</u> холодный.

---

29) 이러한 생각에 대한 상세한 논의는 뒤크로(1980)를 참조할 것.

9) bon et même très bon.(cf. *très bon et même bon)

10) 좋다, 심지어 아주 좋기까지도 하다(cf. *아주 좋다, 심지어 좋기까지도 하다)

11) хорошо и даже очень хорошо(cf. *очень хорошо и даже хорошо)

12) 철수 : 제때에 도착할까?

영희 : 지금 여덟 신데.

13) 철수 : 제때에 도착할까?

영희 : 지금 여덟 시가 거의 다 됐는데.

14) 철수 : 제때에 도착할까?

영희 : 지금 여덟 시가 채 안 됐는데.[30)]

예문 6), 7), 8)에서 밑줄 친 표현들은 논증의 방향성을 제시해 준다. 즉, 9), 10), 11)에서 명백히 보여 주고 있는 것처럼, 이 표현들은 앞에 것에 비해서 자신이 한정하는 것이 양적, 질적 잣대 위에서 더 상위의 것임을 보여 준다. 따라서 자연 언어에서 밑줄 친 표현들과 같은 논증소(論證素)들의 기능은 논증적 토포스의 점진적 특성을 잘 보여 주고 있다. 그리고 이것을 좀 더 일반화시킨다면, 대화적 상황에서 언어적 표현은 거의 언제나 명시적이든 비명시적이든 논증적 토포스와 결합하고 있다고 이야기할 수도 있을 것이다. 가령 위의 예 12)에서 영희의 대답은 그녀가 철수와 공유하고 있는 어떤 동일한 상황적 문맥을 전제로 하지 않으면 무의미할 것이다. 상황적 문맥을 알지 못하는 이상 우리는 영희의 대답을 어떤 논증적 토포스와 결부시켜야 하는지 결정지을 수 없기 때문이다. 반면 예 13)과 14)에서 영희의 대답이 문맥적 도움 없이도 유의미할 수 있는 것은 당연히 밑줄 친 표현들이 논증적 방향성을 부여해 주고 있기 때문이다. 요컨대, 13)은 '어떤 정해진 시각에 가까워질수록 남아 있는 시간은 더욱더

30) 예문 6), 9)는 각각 뒤크로(1980 ; 69), 뒤크로(1996 ; vii)로부터 따오면서 약간 변형한 것이다. 논증적 등급의 방향 설정에 근거한 "même"에 대한 분석은 뒤크로(1980 ; 15-19)를, 그리고 "даже"에 대한 상세한 분석은 보구슬라프스키(Богуславский 1985 ; 121 이하)를 참조할 것. 한편 예문 12)-14)는 라카(Raccah 1996 ; 10-11)에 근거해서 필자가 한국어로 생각해 본 것이다.

없다'의 토포스에, 그리고 14)는 '어떤 정해진 시각에 도달하지 않을수록 남아 있는 시간은 더욱더 많다'의 토포스에 위치할 수 있는 것이다. 이처럼 토포스는 발화의 논증적 방향성의 추정적 근거로 작용함으로써 발화의 실제적 의미의 구성에 참여한다고 볼 수 있다.

한편, 라스티에(1987 ; 276)의 경우에는 구조주의 의미론의 전통으로부터 출발해서 토포스를 언어적 표현의 해석에 유효한, "사회화된 귀속관계의 기초가 되는 규범적 공리(axiome normatif sous-tendant une afférence socialisée)"로 규정한다. 이 경우 토포스는 텍스트 속에서 종합화되는 언어의 체계 내재적 측면과 규범적 측면 그리고 개인적 측면 중에서 규범적 측면에 속하는 현상, 즉 "사회어(le sociolecte)"에 속하는 현상이 된다. 가령 다음의 예를 보자.

15) 여우 /'동물'/ → /'교활함'/ ; 귀속적

16) 여우 /'사람'/ → /'교활함'/ ; 내재적

15′) 멍청한 여우가 덫에 걸렸다.

16′) ?멍청한 여우가 돈을 잃었다.[31)]

여우를 교활하다고 여기는 것은 사회적 통념에 따른 것이지 여우 자체에 논리적으로 내재하는 속성이라고 볼 수는 없다. 따라서 15)에서 "여우"라는 단어에 /'교활함'/이라는 의미 자질은 내재적이 아니라 귀속적이다. 따라서 15′)는 자연스러운 예이다. 반면 15)로부터 비롯된 16)과 같은 경우에는 그 자질은 논리적으로 필요한 전제이므로 내재적이 된다. 따라서 16′)는 불가능하거나 아니면 비꼼과 같은 예외적인 경우에나 가능해진다. 이처럼 토포스는 언어의 내재적 체계의 혹은 소쉬르 식으로 하면 랑그의 사실은 아니지만 의미 해석에서는 종종 필수적으로 고려할 필요가 있는 사실이라고 볼 수 있다. 이것은 텍스트 속에서 작용하는 코드화는 단순히 랑그에 의거하는 것만이 있는 것이 아니기 때문이다. 요컨대 텍스트 속에는 세 가지 층위의 코드화들이 - 언어 내재적 체계, 사회적 규범, 개인적 용법[32)] - 이 중첩적으로 작동하고 있으며,

---

31) 이 예는 라스티에(1987 ; 45-6)에 근거한 것이다.

32) 소쉬르의 랑그/빠롤 구분에 대한 비판과 더불어 새롭게 제안되는 이러한 구분에 관해서는 옐름슬레우(1942)와 코세리우(Coseriu 1962)를 참조할 것.

토포스는 이 중에서도 사회적 규범의 중요성을 잘 보여 주는 현상인 것이다.

그러면, 만일 이상과 같이 살펴본 문예학과 언어학에서의 토포스의 개념들이 어떤 동일한 현상의 일부나 상이한 측면을 부각시키고 있다면, 즉 상호 수렴의 가능성이 있다면, 그것들을 어떻게 비판적으로 종합화시킬 수 있을까? 이와 관련해서 탐색의 출발은 당연히 언어학으로부터 문예학으로 나아가는 것이 좋을 것이다. 발화와 텍스트 일반과 관련해서 적용될 수 있는 토포스의 개념화를 찾아본 후에 그것을 보다 특수한 유형의 텍스트인 문학 텍스트에서도 적용될 수 있는지 검증해 보는 방식이 방법적으로 더 효율적이기 때문이다.

먼저 토포스에 대한 라스티에 식의 규정을 살펴보면, 그것은 텍스트 속에서 발현되는 현상의 규명에 초점을 맞춘 것이기 때문에 텍스트를 대상으로 하는 제반 분야들(언어학, 문예학, 해석학 등)에서 공통적으로 활용될 수 있는 가능성을 가지고 있는 것 같다. 이 점은 뒤이어 발표된 그의 일련의 연구들(Rastier 1989, 1992, 1995, 2001)에서 잘 보여 주고 있다. 이에 따르면, 토포스는 텍스트 안에서 테마의 전개나 테마들의 결합을 위한 사회화된 의미적 토대로서 기능한다(가령, "사랑" → /'맹목적'/, "죽음" → /'절망적', '비탄', …/ ; 이로부터 "떨쳐버릴 수 없는 절망적 사랑으로 인한 죽음", "정사(情死)" 등등). 또한 텍스트화를 위한 의미적 정형화의 프로그램으로도 기능한다(가령, "바라보는 것이 즐거운 장소(locus amoenus)로서의 정원" → /'조화'/, /'정돈'/, /'조용함'/, /'외부로부터의 차단'/ 등, 러시아 미래파에게 있어서의 "도시" → /'현대성'/, /'빠른 속도'/, /'건설'/, /'콘크리트의 견고성'/ 등[33]). 그리고 마치 전제 생략 삼단논법의 비명시적 전제처럼 텍스트의 연결성과 정합성을 확립해 주는 기능도 한다.[34] 가령, 보들레르의 〈악의 꽃(*Les Fleurs du Mal*)〉 중에서 "악의 꽃"의 장(章)을 구성하는 시편들(CIX-CXVII)은 모두 성적 쾌락을 죽음과 동일시하는 '에로스-타나토스'라는 토포스를 전제로 하고 있는 것이다. 그런데 라스티에가 이처럼 토포스의 개념을 사회화된 규범적 공리라는 규정으로부터 출발해서 문학 텍스트의 분석적 해석으로까지 그 적용 범위를 넓혀가는 것을 살펴보면, 애당초 그가 토포스에 대해서 설정한 의미론적 출발점이 너무 과도한 개념 규정으로 이루어졌음을 쉽사리 알 수 있다. 즉, 특정한 의미 자질들의 귀속적 추론을 위한 "규범적 공리"라는 규정 자체가 실제 사실에 대한 과도한 개념화인 것이다. 실제로, 그가 예로 들었던

---

33) 보취카레프(2003 ; 169) 참조.
34) 라스티에(2001 ; 217) 참조.

"여우 /'동물'/"의 /'교활함'/은 규범적 공리에 의거한 추론이라기보다는 오히려 특정한 언어-문화 공간에서 '여우의 교활함'에 관한 발화들과 텍스트들의 수많은 반복을 통해서 형성된 의식의 사회적 타성, 혹은 통념에 의거한 느슨한, 혹은 자연적인 추론인 것이다. 이 점은 여우를 전혀 보지 못한 사람들조차도 "여우의 교활함"에 대해서 자연스럽게 이야기한다는 사실을 생각해 보면 보다 명확해진다. 만일 토포스가 규범적 공리라면 위의 예 15′)처럼 "멍청한 여우"라고 말하는 것 자체가 비규범적인 표현이 되는데, 실제로 우리에게 '여우는 교활한 동물'이라는 규범적 의식이나 언어적 규범이 있는 것은 아니다. 단지 "여우"라는 단어와 결부되는 개념적 "디폴트 값(default value)"들의 비폐쇄적인 추정 경로들이 있을 뿐이다.[35] 가령, 예 15′)의 해석 과정을 살펴보자.

15′) 멍청한 여우가 덫에 걸렸다.
 i) '여우는 교활한 동물이다.'
 ii) '멍청한 동물이 덫에 잘 걸린다.'
 iii) '그렇다면 덫에 걸린 여우는 멍청하다.'

위에서 명제 i)과 ii)의 디폴트값을 따져 보면, 여우는 동물에 속하기 때문에 ii)가 i)보다 더 일반적이다. 따라서 i)을 취소하는 iii)이 가능해지며, 이로써 15′)는 비규범적이라기보다는 자연스러운 의미를 표현하게 된다. 이것은 결국 토포스가 사회화된 규범적 공리라기보다는 느슨하지만 자연스러운 추론, 즉 추정과 관련된 것임을 보여 준다. 여기서 "여우"의 예를 좀 더 살펴보자.

17) 교활한 여우가 덫에 걸렸다.
 i) '멍청한 동물이 덫에 잘 걸린다.'
 ii) '여우는 교활한 동물이다.'
 iii) '그럼에도 불구하고 여우가 덫에 걸렸다.'

---

35) 이에 대한 자세한 논의는 카이제르(Kayser 1987, 1988, 1990)를 참조할 것. 아니면 그것을 소개하고 있는 이기웅(1993)을 참조할 것.

18) 이 숲에는 멍청한 여우가 살고 있었다.

i) '여우는 교활한 동물이다.'

ii) '그런데 이 숲에 살던 여우는 멍청하다.'

iii) '따라서 그것은 여우 중에서도 좀 유별난 여우였다.'

예 17)과 18)의 의미 해석과 결부된 추정들의 이행과정을 보면, 확실히 '여우는 교활한 동물'이라는 추정을 위한 토포스가 규범성보다는 디폴트값으로서의 전형성을 특징으로 하고 있다는 것을 알 수 있다. 그리고 15′), 17), 18)의 해석 과정에서 볼 수 있듯이 그러한 전형성은 공리와 같은 고정적 특성보다는 발화의 논증적 지향성에 따라서 취소되거나 더 강화될 수도 있는 유연성을 특징으로 하고 있다.

그렇다면, 토포스를 앙스콩브르와 뒤크로 식으로 개념화하는 것이 이러한 전형성과 유연성을 좀 더 잘 설명할 수 있지 않을까? 그들이 토포스의 특성으로 주장하는 추정의 점진적 형식은 15′), 17), 18)에 대해서 각각 아래와 같은 논증적 기반을 제시해 줄 수 있는 장점이 있다.

15″) '여우는 멍청할수록, 더욱더 덫에 잘 걸린다.'

17′) '여우는 교활할수록, 더욱더 덫에 잘 안 걸린다.'

18′) '여우는 멍청할수록, 더욱더 보통의 여우가 아니다.'

그러나 라스티에와 같이 공리적 정의를 할 목적으로 "여우는 교활한 동물이다"와 같은 발화를 할 경우에는 어떻게 되는 것일까? 이 발화는 토포스를 나타내고 있으므로 앙스콩브르와 뒤크로 식으로는 당연히 아래와 같은 점진적 추정의 형식으로 이해되어야 한다.

19) '전형적인 여우일수록, 교활하다는 사실은 더욱더 확실하다.'[36]

---

36) 데프레(Després 1996)에 따르면 이러한 바꿔쓰기는 수정 가능한 추론의 형식으로서 뒤보아와 프라드(Dubois et Prade 1992)가 제시한 것이다.

예 19)처럼 말하는 것이 가능한 이상, 토포스를 구성하는 핵심으로서 전형성은 개념적 귀속을 나타내는 추정의 점진성을 특징으로 한다고 볼 수 있다.[37] 그리고 이로부터 당연히 전형성은 개별적인 경우에 대해서는 취소되거나 강화될 수 있는 특성도 갖는다고 이야기할 수 있게 된다. 또한 토포스에 대한 이와 같은 개념화는 아래와 같이 문예학에서도 충분히 활용될 수 있는 가능성을 보여 준다.

20) '사랑이 강렬할수록, 더욱더 맹목적이며, 맹목적일수록, 더욱더 절망적이며, 절망적일수록, 더욱더 죽음으로 빠져든다.'

21) '조화로울수록, 정돈되어 있을수록, 조용할수록, 더욱더 외부로부터 차단되어 있을수록, … 정원은 더욱더 locus amoenus가 된다.'

22) '성적 쾌락이 클수록, 더욱더 죽음과 동일해진다.'

물론 문예학에서는 이러한 토포스들이 우리의 공통 상식으로부터 오는 것이 아니라 많은 예술 작품들 속에서 자주 반복됨으로써 형성되었다는 전제조건이 필요하다. 따라서 문학 텍스트가 근거할 수 있는 예술적 토포스에 대한 일반적인 개념화는 다음과 같은 것이 될 것이다.

23) 원칙적으로 우리의 상식과 상관없이 단지 언어적으로만 토포스적 형식을 갖는 어떤 표현 T가 더욱더 많은 예술 작품 속에 나타날수록, T는 더욱더 문학 텍스트가 근거할 수 있는 공통성을 갖는다.

이상과 같이 토포스에 대한 언어학적인 고찰과 그것의 문예학적 적용 가능성에 대한 검토를 통해서, 우리는 발화와 텍스트에 어떤 공통적 기반으로 작용하는 토포스가 앙스콩브르와

37) 전형성의 점진적 성격에 대한 상세한 논의는 뒤보아와 레쉐-리공(Dubois et Resche-Rigon 1996)을 참조할 것.

뒤크로가 생각하는 것처럼 점진적 추정을 통한 구성임을 확인할 수 있다. 그런데 여기서 간과할 수 없는 사실은 이러한 토포스적 구성의 언어-문화적 상대성이다. 즉, 상이한 언어-문화권은 당연히 상이한 토포스를 전제로 한다는 사실이다. 이것은 역으로 말하면 토포스는 언어-문화권에 따라 다를 수 있다는 있다는 사실을 의미한다. 가령, 앞에서 예로 든 '여우의 교활함'이라는 토포스는 한국어나 러시아어, 프랑스어 모두 같다면, '부엉이'에 관한 토포스는 아래에서 보듯 전혀 다르다.

24) 부엉이 → '멍청함' ; сова → '∅'[38] ; hibou → '지혜로움'[39]

이처럼 간단한 예로부터도 쉽게 짐작할 수 있듯이, 토포스가 갖는 언어-문화적 상대성은 차별성에서 기인하지만, 그러나 주어진 언어-문화권의 토포스적 특성 전체를 차별성으로 환원시킬 수 없다. 전체적으로 볼 때, 다른 언어-문화권과 유사하거나 동일한 토포스들, 즉 다문화권적인 토포스들도 있고, 그렇지 않은 토포스들도 있는 것이다. 따라서 여기서 미리 추측해서 일반화한다면, 어떤 언어-문화권의 토포스적 특성이란 다른 언어-문화권들과의 동일성과 차이가 독특한 방식으로 결합되어 있는 상태를 의미한다고 말할 수 있을 것이다.

그렇다면 러시아 언어-문화 공간의 토포스적 특성에는 다문화권적인 것과 러시아적인 것이 어떠한 모습으로 결합되어 있는 것일까? 사실 이 질문에 대해서 토포스 전체를 포괄하는 총체적인 방식으로 접근하는 것은 실로 복잡하고도 어려운 작업이 될 것이다. 따라서 이 글의 다음 장에서는 이에 대한 해명을 대표적인 단면을 가로지르는 방식으로, 즉 러시아 언어-문화 공간을 구성하는 핵심적인 가치 표현의 축들 중의 하나인 "프라브다(правда)"의 토포스에 초점을 맞추는 방식으로 시도해 보고자 한다. 잘 알다시피, "프라브다"라는 단어는 예전부터 러시아적인 언어-문화적 특성을 본질적으로 잘 나타내 주는 핵심어 중의 하나로 간주되어 왔다. 이 점을 내용적으로 깊이 있게 집대성하는 방식으로 잘 보여 주고 있는 것이

38) 카라울로프 외(Караулов и др. 2002)의 〈러시아어 연상 사전〉을 보면, "лиса"는 '교활함'과 연결되는 토포스를 갖지만, "сова"의 경우는 형성된 토포스가 없는 것으로 나온다.
39) 가령, 보들레르의 〈악의 꽃〉 중에서 "부엉이(Les hiboux)"라는 시는 바로 이 토포스에 근거하고 있다.

가령 아루튜노바(Арутюнова 1998)의 연구라고 할 수 있다. 이러한 연구들을 바탕으로 이 글에서는 "프라브다"를 언어-문화적 토포스의 관점에서 재해석함으로써, 통상 이 단어에 내포되어 있는 것으로 간주되는 고유한 러시아적인 개념적 특성이라는 것이 실제로는 다문화권적 토포스와 러시아적인 토포스의 어떠한 독특한 결합인가를 규명해 보고자 한다.

3. 러시아 언어-문화 공간의 토포스적 특성: "프라브다"의 경우

잘 알다시피, 러시아어에는 고전적인 형이상학의 삼위일체적인 최상의 가치인 "진(眞)·선(善)·미(美)" 가운데 "진(眞)"과 대응하는 상이한 두 개의 단어, 즉 "이스티나(истина)"와 "프라브다"가 있다. 처음 고대 교회슬라브어에서는 주로 "이스티나(истина)"가 옛 그리스어의 "알레쎄이아(ἀλήθεια, '참, 진리')"와 대응한 반면, "프라비다(правьда)"의 경우 주요 의미는 "디카이오쉬네(δικαίοσνη, '옳음, 정의')"와 "디카이오마(δικαίωμα, '심판, 재판, 법령')"에 해당하는 것이었으며 "알레쎄이아"의 의미는 이보다는 주변적인 것이었던 것 같다.[40] 어쨌든 고대 교회슬라브어나 고대 러시아어에서 "이스티나"와 "프라비다"가 의미적으로 수렴되면서 겹치는 부분을 가질 수 있었던 것은 신의 진리는 곧 옳음과 심판을 의미한다는 기독교 신앙 때문이었을 것이다.[41] 그런데 근대 러시아어로 오면서 – 요컨대 아마도 신앙과 인식과 윤리와 법이 각각 상대적으로 분리되면서 – , 두 단어는 '진(眞)'이라는 가치의 영역을 표현하는 핵심어로서 서로 밀접하게 수렴함으로써 훨씬 더 커다란 동의성을 갖게 된다. 그 결과, 오늘날 "이스티나"와 "프라브다"는 거짓과 대비해서 '실제 세계와의 일치'를 표현하는 경우 아래와 같이 의미적 변화 없이도 상호교체가 가능한 정도의 밀접한 동의성을 지니게 된다.

25) Это голая истина / правда.

25′) 그것은 명백한 진리다 / 진실이다.

---

40) 체이틀린 외(Цейтлин и др. 1999) 참조. 그리고 이와는 달리 "프라비다"의 첫 번째 의미로 "알레쎄이아"를 제시하는 스레즈네프스키(Срезневский 1958)에 대한 반박으로는 아루튜노바(1998 ; 564)를 참조할 것.

41) 아루튜노바(1998 ; 562) 참조.

26) Суд выяснит истину / правду.

26′) 재판은 참을 / 진실을 밝혀 줄 것이다.

27) Толстой стремится к ней [= правде], как никто до него ; он считает, что правда – это истинный герой его произведения. (В. Б. Шкловский)

"톨스토이는 그 이전의 어느 누구도 그렇게 하지 못했던 노력으로써 그것을[=진실을] 향해 나아간다. 그는 진실이야말로 자신의 저작의 진정한 주인공이라고 여긴다." (빅토르 슈클로프스키)

28) Толстой рвался наперекор всему к истине (truth) (…) правда (truth), которую он так мучительно искал и парой чудом находил у себя под ногами, и без того всегда была с ним, ибо Толстой-художник и был этой правдой (truth). (V. Nabokov)[42)]

"톨스토이는 모든 것에 맞서며 진리("이스티나")를 향해 거슬러가려고 애썼다(…) 그가 그토록 고통스럽게 찾으려 애쓰는 와중에 때로는 경이롭게 자기 발밑에서 발견하곤 했던 진실("프라브다")은 그러나 그러한 노력과 발견 없이도 언제나 그와 함께였다. 왜냐하면 예술가로서의 톨스토이야말로 또한 바로 그 진실("프라브다")이었기 때문이다."(블라디미르 나보코프)

더구나 위의 예 28)과 같은 경우를 통해서 짐작해 볼 수 있듯이, 러시아어에서 이 두 단어 사이의 동의성은 근대에 들어오면서 독일어, 프랑스어, 영어 텍스트들의 번역에 의해서 더 강화됐을 수도 있다. 이러한 언어들에서는 단일한 단어가 – "Wahrheit", "vérité", "truth" – '진리, 참, 진실, 사실' 등을 의미하기 때문이다. 가령, 아래의 예에서 보듯 독일어 "Wahrheit"에 대해서 두 가지 번역이 모두 다 가능할 수 있는 것이다.

42) 영어 텍스트를 아루튜노바(1998 ; 635)가 러시아어로 번역한 것임.

29) Kinder und Narren sagen die Wahrheit.

29′) Истину говорят дети и дураки.

"아이들과 바보들이 참을 말하는 법이다."

29″) Правду говорят дети и дураки.[43)]

"아이들과 바보들이 진실을 말하는 법이다."

그렇지만 이러한 동의성에도 불구하고 근·현대 러시아어에서 "이스티나"와 "프라브다" 사이에는 여전히 미묘한 – 그러나 본질적인 – 의미 차이가 있는데, 이로부터 이전부터 지금까지 여러 작가나 철학자 혹은 언어학자들이 주목해 온 것은 '진(眞)'이라는 가치의 표현과 관련해서 "프라브다"에 담겨 있는 고유한 러시아적 특성이다. 물론 여기서 그러한 많은 다양한 언급들이나 설명들 그리고 분석들을 새삼 거론할 필요는 없을 것이다. 단지 아주 단명하게 정리해서 말한다면, "이스티나"는 초월적인 진리 개념을 나타내는 반면 "프라브다"는 인간적인 혹은 구체적인 진리 개념을 지칭한다는 것이다.[44)] 따라서 러시아어에서 "이스티나"와 "프라브다" 사이의 이러한 차이는 아마도 한국어에서의 "진리"와 "진실" 사이의 차이와 어느 정도 유추적인 관계에 있다고 볼 수도 있을 것이다.

그런데 "이스티나"와 "프라브다" 사이의 이러한 개념적 차이는 토포스의 관점에서 볼 때 아주 흥미로운 사실로 귀결된다. 즉, "프라브다"가 본질적으로 등급성 혹은 스칼라에 기반하고 있는 토포스적인 개념이라면, "이스티나"는 원칙적으로 토포스와 무관한 개념이라는 점이다. 다시 말해서, 신이나 피안의 세계의 본질에 혹은 이 세계 내의 존재나 사태 등의 본질에 대해서, "이스티나"는 일반적 존재로서 우리의 인식이 그것에 절대적으로 일치하는 것을 상정하는 개념인 반면, "프라브다"는 구체적 존재로서 우리의 인식이 거기에 현실적으로 더욱더 일치하는 것을 상정하는 개념인 것이다. "이스티나"에 대해서 "프라브다"가 갖고 있는 이러한 토포스적 성격을 아루튜노바(1998 ; 632–633) 식으로 이야기한다면, 실제성(действительность)과 우리 의식 속에서 그것의 재현 사이에 "유사성(подобие)"이 더욱더 참으로 느껴지는 것이 "프라브다"이며, 그것이 어떤 절대적 경계에, 절대적 참에 가까이 갈수록 "프라

43) 이에 대해서는 가크(Гак 1995 ; 27)와 슈멜료프(Шмелёв 1995 ; 55, 2002 ; 444) 참조.
44) 이 점은 가령 아루튜노바(1998)와 슈멜료프(Шмелёв 2002)를 참조하는 것만으로도 충분할 것이다.

브다"는 "이스티나"에 가까워진다. 따라서 이러한 고찰들로부터 "프라브다"의 일차적인 개념적 특성은 다음과 같이 정식화될 수 있을 것이다.

30) "프라브다"의 토포스 1 : '어떤 것의 본질에 대해서 우리의 인식이 더욱더 구체적으로 (혹은 실체적으로) 다가갈수록, 그 인식은 더욱더 옳은 것으로 여겨진다.'

그렇지만 명백히도 "프라브다"의 위와 같은 토포스는 굳이 러시아적인 것으로만 국한시킬 수 있는 성격의 것은 아니다. 오히려 그것은 경험주의적인 경향이 강한 문화권들에서는 공통적으로 발견되는 '참'에 대한 인식의 토포스라고 할 수 있는 것이다. 문제는 30)의 토포스가 어떤 토포스로 연결되느냐는 것이다. 요컨대, 30)에서 '인식이 더욱더 구체적으로 더욱더 옳다'라는 말은 '실제 사실의 파악에 더욱더 가까워진다는 것'을 의미하는데, 이로부터 어떤 실천적, 윤리적 결론을 이끌어 내느냐는 언어-문화적으로 차별화될 수 있다. 그런데 러시아 언어-문화 공간의 경우, 30)의 토포스는 아래와 같은 토포스로 귀결되고 있는 것이다.

31) "프라브다"의 토포스 2 : '토포스 1에 따라서, 우리는 실제 사실에 대한 판단에서 더욱더 정당해지며, 그리고 이러한 정당성은 단순히 맹목적이기보다는 더욱더 많은 이해심을 동반하게 된다.'

사실 "프라브다"의 토포스 2에 포함된 바로 이러한 "정당성"과 "이해심"의 토포스들 때문에 예전부터 지금까지 "프라브다"야말로 러시아인의 고유한 민족의식을 잘 나타내 주는 단어로 여겨져 온 것이고 할 수 있다.[45] 그러나 "프라브다"의 개념적 기저에 깔려 있는 이상과 같은 토포스적인 특징은 아래의 예가 단적으로 보여 주는 것과 같은 극단적인 상대화의 문제점에 봉착할 수밖에 없게 된다.

32) У каждого своя правда / *своя истина.[46]

45) 이 점은 아루튜노바(1998 ; 633-640)에서 종합적으로 통찰력 있게 잘 설명되고 있다.
46) 슈멜료프(2002 ; 444) 참조.

"모두들 각자 자신의 진실이 / *자신의 진리가 있다."

33) Моя правда более истинная, чем твоя.

"나의 진실이 너의 진실보다 더 참되다."

이러한 예들이 의미하는 것으로부터 나올 수 있는 최종적인 귀결은 한 측면에서는 부정적일 수도 있고 또 다른 측면에서는 긍정적일 수도 있다. 먼저 부정적인 귀결을 살펴보다면, 위와 같은 극단적 상대주의 속에서는 "프라브다"의 성립 토대 자체가 해체되어 버릴 수 있다는 것이다. 요컨대, 다소간이나마 객관적으로 '옳다는 것'을 성립시켜 주는 주체사이적인 (intersubjective) 토대의 존재가 무너져 버리며, 그 대신에 오로지 개개인의 의식이나 양심 속에서의 '옳음'만이 문제가 되는 실존적 양상으로 나아갈 수 있는 것이다. 가령, "프라브다"의 이와 같은 부정적 전개 양상을 잘 구현하고 있는 것은 도스토예프스키 소설 속의 극단적인 주인공들, 〈악령〉 속의 키릴로프와 스타브로긴, 〈카라마조프가의 형제들〉 속의 이반 등이 그 대표적인 형상들이라고 할 수 있다. 그렇지만 이와는 달리, 위의 예 32), 33)이 보여 주는 것과 같은 "프라브다"의 극단적 상대성이 긍정적인 귀결로도 전개될 수 있다면, 그것은 '옳다는 것'에 대한 우리 각자의 판단의 불완전성을 받아들이는 데, 그리고 따라서 '옳고 그름'을 완전히 다 헤아릴 수는 없는 존재로서 개개인의 본원적 존엄성을 받아들이는 데 있다. 이 경우 "프라브다"의 토포스를 이루는 계기들 - '옳음', '정당성', '이해심' - 중에서 다음의 예들이 잘 보여 주듯이 '이해심'이 가장 상위의 것이 된다.

34) А с вашей стороны я нахожу, что всё это очень дурно, потому что очень грубо так смотреть и судить душу человека, как вы судите Ипполита. У вас нежности нет : одна правда, стало быть несправедливо.[47)]

"그런데 당신으로 말하자면, 나는 이 모든 것이 아주 나쁘다고 생각해요. 당신이 이폴리트를 판단하는 것처럼 그렇게 사람의 영혼을 바라보고 판단하는 것은 아주 무례한 일이기 때문이죠. 당신에게는 다정함이 없어요. 오로지 진실 하나뿐인데,

47) 아루튜노바(1998 ; 569)에서 재인용.

따라서 옳지 않아요."

(〈백치〉에서 아글라야가 므이슈킨에게 하는 말 중에서)

35) Милосердия или даже простой справедливости новый нарком не знал.(Ю. Домбровский)[48]

"관용이나 심지어 단순한 정당함조차도 새 인민위원은 알지 못했다."

(유리 돔브로프스키)

예 34)는 '이해심'으로부터 나오는 "다정함(нежность)"이 없는 "프라브다"는 정당하지 못함을 이야기하고 있다. 그리고 예문 35)는 부정과 결부된 논증소 "даже"의 의미적 한정을 통해서 가치의 스칼라 위에서 '이해심'으로부터 나오는 "관용(милосердие)"이 "단순한 정당함(простая справедливость)"보다 상위에 있다는 것을 명확히 보여 주고 있다.

이상과 같이, 러시아의 언어-문화 공간에서 "프라브다"는 30)과 같은 경험주의적인 인식의 토포스를 토대로 31)과 같은 실천-윤리적인 토포스가 결합된 독특한 구조의 복합 토포스라고 할 수 있다. 전자가 다문화적인 것이라면, 그것이 후자와 결합하는 양상은 다분히 러시아적이라고 할 수 있다.[49] 그런데 이 중에서도 특히 러시아적인 성격만이 과도하게 강조되는 양상으로, "프라브다"는 잘 알다시피 19세기 후반부터 20세기 전반에 걸쳐서 사상이나 철학, 예술, 그리고 심지어 정치에 있어서까지도 서구적인 발전에 맞서서 메시아적인 것이나 보다 선진적인 것을 구현하고자 하는 운동들의 상징적 핵심이 되었던 것이다(아마도 심지어 볼셰비키의 기관지가 〈프라브다〉였던 사실이나, 적군(赤軍)의 "붉은 별"이 "프라브다"의 빛을 상징한다는 사실조차도 우연은 아니었을 것이다). 문제는 그러나, 우리가 위에서 본 것처럼, "프라브다"의 토포스에 본원적으로 내재된 상대성으로 인해서 만일 '이해심'이 상위에 있지 않을 경우 사회적 실천의 차원에서 "프라브다"의 구현은 부정적인 결과로 나타나기 쉽다는 것이다. 이 점을 빼어나게 보여 주고 있는 것이 바로 문학이라면, "프라브다"의 유토피아를 꿈꾸던 러시아의

48) 슈멜료프(2002 ; 456)에서 재인용.

49) 이와 확연히 대비되는 경우로는 아마도 영국적 전통을 들 수 있을 것이다. 즉, 경험주의의 토대 위에서, 한편으로는 실천-윤리적으로 사회적 도덕과 개인의 덕을 이야기하면서 다른 한편으로는 사유재산권과 그것을 보호해 주는 통치권의 신성불가침을 이야기하는 경우 말이다.

사회적 현실은 오히려 그러한 자각으로부터 멀어져 가게 된다. 사정이 이렇게 된 것은 아마도 대다수의 정치적 주체들이 민중을 대변해서 내세우던 “프라브다”가 온전하지 못한 것, 즉 ‘믿고자 하는 진리나 주장하고자 하는 진실과 더불어 정당성만이 강조되는 것’이었기 때문일 것이다.

그렇다면, 문학은 어떻게 해서 – 비록 정치적으로 무능하고 무용한 담론일지라도 – 스스로 이와 같은 왜곡에 빠져들지 않고, 오히려 “프라브다”의 토포스의 온전한 활용을 통해서 러시아 현실에 대한 날카로운 통찰과 문제제기를 형상화하는 능력으로 남아 있을 수 있었던 것일까? 이러한 근본적인 질문에 대해서 여기서는 그 규명의 일환으로 문학 텍스트화와 토포스 사이의 역동적인 관계 구성을 고찰해 보고자 한다.

4. 문학 텍스트화의 특이성과 토포스

이 글의 맨 앞에서 우리는 텍스트를 내포적 기호체계로 규정하는 옐름슬레우의 정의를 인용한 바 있다. 여기서 내포(connotation)란 일정한 내용과 표현의 결합으로서 기호가 또 다른 내용을 의미하는 것을 말한다. 따라서 당연히 내포의 차별적 양상에 따라서 텍스트의 내용적, 기능적 구분을 설정할 수 있다. 가령, 광고 텍스트는 특정한 소비행태를 내포한다면, 정치-이데올로기적인 텍스트는 자신이 내포하는 것이 외연적으로 참이라는 것을 주장하며, 법전은 사회적 실체들에 관한 비물질적 변형의 규정이 선고를 통해서 곧 제도적 강제성을 갖는다는 것을 내포한다. 그렇다면, 문학 작품은 다른 텍스트들과 차별화되는 어떤 내포적 특성을 갖는 것일까? 그것은 아무래도 내포의 구체적 모호성에 있는 것 같다. 다시 말해서, 문학 텍스트는 본질적으로 작가와 독자 사이에 가상적 대화를 전제로 하는 메시지이기 때문에, 그것이 내포하는 것은 주제적으로 일정하게 한정되는 범위 내에서 다양하게 해석될 수 있는 가능성을 갖게 된다는 것이다.

문학 텍스트의 이러한 내포적 특성은 물론 “참을 말하는 것(veridiction)”으로서의 텍스트화가 허구적 지시를 마치 실제적 지시인 것처럼 환상을 만들어 내는 데 근거하기 때문이다. 작가는 마치 참을 말하는 듯 이야기하고 독자는 그것을 참으로 여길 때 문학적 소통이 이루어지지만, 이 소통에서 전달하고 전달되는 의미들의 실제적 외연은 기껏해야 단지 어떤 소극적인 형상적 경계일 뿐, 텍스트 밖에 위치하는 구체적인 실재가 아니다. 이렇게 놓고 볼 때, 어쩌면 문학 텍스트화처럼 발화의 진정성이 소통적 토대로서 중요한 역할을 하는 경우도 드물 것이다. 요컨대, 문학 작품 경우 거짓말쟁이로서 주인공의 형상은 그가 하는 거짓말이 진짜 거짓말 같아야 하는 것이다. 반면, 정치적 담론의 경우 발화자의 정치적 입장이 이미 정해져 있기 때문에 진정성보다는 변화하는 상황에 맞는 적절성이 중요하다. 따라서 문학 텍스트화의 소통적 원칙으로서 아래와 같은 토포스도 생각해 볼 수 있을 것이다.

36) 작가의 텍스트화가 더욱더 효과적으로 참을 말할수록, 독자는 그것을 더욱더 진정한 것으로 여기게 된다.

그런데 문학 텍스트화에서 이러한 참의 의미 효과는 발화가 지칭하는 텍스트 밖의 외연적 실재에 기댈 수가 없기 때문에 일차적으로는 질료로서의 언어 및 내용적 소재와 상관된 언어-문화적 토포스들을 발화적 배경으로 활용하게 된다. 왜냐하면, 이 장의 두 번째 부분에서 고찰했듯이, 그러한 토포스들은 사회-문화적 현실 속에서 사실들 사이의 논증적 관계의 토대 역할을 하는 것이기 때문이다. 이렇게 해서 문학 텍스트화 과정 속의 발화들은 어느 정도 실제성과 연관되어 있다는 지시적 환상을 유발할 수 있게 된다. 그렇지만 문학 텍스트화가 참의 의미 효과를 지니는 내용적 형상화를 만들어 내는 것은 이 다음 단계의 일이다. 발화의 논증적 토대에 위치한 토포스들을 재현하는 방식만으로 이루어지는 내용적 형상화는 비록 전형성은 획득할 수 있을지 몰라도 구체적 생동감이 없기 마련이며, 따라서 상식으로서의 참은 몰라도 문학적 형상으로서의 참을 말하는 것으로 여겨지기 어렵기 때문이다.

가령, 러시아에서 아래와 같은 "권위"의 토포스를 보자.

37) '상위의 사람이나 지도자는 그가 이끄는 사람들에 대해서 엄격하면서도 더욱더 공정할수록, 더욱더 많은 권위를 얻는다.'[50]

---

50) 이것은 슈멜료프(2002 ; 448)에 인용된 라자리(Lazari 1995)의 "справедливость/justice/" 항목을 근거로 해서 만든 것이다.

이러한 토포스에 근거해서만 작품 속에서 어떤 인물을 형상화할 경우, 그는 실로 권위적인 인물은 되겠지만 "참"다운 인물은 못 될 것이다(이 점은 앞 절에서 고찰한 "프라브다"의 토포스에 따라서 자명하다). 따라서 그러한 인물은 부정적인 역할로 그려지거나 아니면 배경 속의 스쳐가는 역할로 그려지기 십상이다. 반면 보다 참다운 권위를 지닌 인물의 형상화는 위의 토포스를 갈등 구조 속에서 다른 토포스와 충돌시키거나 복합적으로 엮어 내는 것과 같은 개별화의 방식을 통해서 이루어진다. 가령, 푸쉬킨의 〈대위의 딸〉에서 주인공의 아버지 안드레이 페트로비치의 권위주의적인 형상이 구체적인 생동감을 얻는 것은 위의 토포스가 아래와 같은 다른 토포스들과 복합적으로 엮이기 때문이다.

38) '성격이 더 급하고 완고할수록, 주변 사람에게 화를 낼 때 더욱더 평정심을 잃기 쉽다.'
39) '이에 따라, 화를 낼 때 더욱더 공정함을 잃기 쉽다.'
40) '화를 쉽게 낼수록, 용서 또한 더욱더 쉽게 한다.'
41) '자식이 사회적으로 더욱더 훌륭하게 될수록, 아버지는 더욱더 커다란 명예심을 느낀다.'
42) '마음이 너그러운 주인일수록, 기쁜 일이 있으면 아래 사람의 잘못을 더욱더 너그럽게 용서한다.'

반면 플라토노프의 〈흙구덩이(*Котлован*)〉에 나오는 혁명적 노동자 치클린의 권위주의에 대한 형상화의 경우에는,[51] 35)와 같은 "권위"의 토포스가 38)–42) 등과는 다른 토포스들과 복합적으로 엮이게 될 것이라는 점 또한 자명하다.

이러한 간단한 예의 고찰로부터 쉽사리 짐작할 수 있듯이, 문학 텍스트화가 참의 의미 효과를 갖는 언어적 구성의 단계에 도달하기 위해서는 하나의 형상화를 중심으로 일련의 토포스들이 특이성을 생성해 내는 방식으로 서로 충돌하거나 엮어져야 한다. 이것은 문학 텍스트화가 어떤 존재나 과정, 사건 등에 대해서 구체적 형상화를 필요로 하기 때문이다.

51) 치클린에 대한 분석은 가령 윤영순(1999 ; 39–46)을 참조할 것.

그리고 이 점은 실제 현실에서도 구체적인 개별화의 관점에서 볼 때 결코 동일한 존재나 사태가 있을 수 없다는 사실을 생각해 보면 당연히 납득이 갈 것이다. 요컨대, "문학이란 실존적 존재로서의 인간이 자기 밖에 위치한 현실의 흐름이나 타자성과 만나는 과정을 실로 구체적인 특이성으로 형상화해 냄으로써"[52] 발화의 진정성이 얻어지는 가상적인 – 따라서 그만큼 보다 자유롭게 의식이 표출되는 – 대화 형식의 소통인 것이다.

이처럼, 문학 텍스트에는 일종의 역설적인 현상이 내재해 있다. 즉, 처음에 문학 텍스트의 변별적 특징으로 거론했던 내포적 모호성이 텍스트화의 다양한 가능성으로 이어지지 않고 오히려 복잡하고 세밀한 토포스 작업을 거치면서 텍스트화의 특이성과 유일성으로 연결되고 있는 것이다. 이 현상은 물론 위에서 언급한 참의 의미 효과 때문이다. 그렇다면, 논의의 이 지점에서 앞 장의 끝 부분에서 제기한 근본적인 질문으로 되돌아가 보자.

왜 문학은 정치적 담론들과는 달리 스스로 "프라브다"의 토포스를 왜곡시키지 않고 오히려 그것을 온전히 활용함으로써 현실에 대한 통찰을 온전히 형상화할 수 있는 능력으로 남아 있을 수 있는 것일까? 그 대답은 다음과 같은 데 있다. 첫째, 문학 텍스트화에서는 토포스를 왜곡해서 활용하면 자연스러운 방식으로 전형성을 구성하기가 힘들어진다. 토포스의 왜곡은 문학 텍스트의 특징인 내포적 모호성을 파괴하고, 그 대신에 외연적 명료성만을 강압적으로 증가시키게 되기 때문이다. 둘째, 따라서 억지로 구성된 전형성은 구체적 생동감을 잃게 만든다. "모든 것은 서로 맞물려 있다(Alles greift in einander)"는 휠덜린의 말처럼, 전형성이 구체적 생동감을 얻기 위해서는 그것이 기반하는 토포스가 다수의 다른 토포스들과 충돌하거나 연접하면서 특이성을 표출해야 하는데, 주된 토포스의 왜곡은 다른 토포스들과의 연접이나 이접을 부자연스럽게 할뿐만 아니라, 심하면 또 다른 왜곡들로 이어질 수 있는 것이다. 셋째, 이렇게 될 경우, 문학 텍스트화는 진정성을 잃어버리게 된다. 텍스트 속의 형상화가 참을 말한다는 느낌을 주지 못하면서, 구체적 형상화의 "프라브다"가 갖는 진정성을 상실하면서, 문학 텍스트화는 창조적 특이성의 표현으로서 갖는 예술적 가치 또한 잃어버리게 된다. 이러한 사실을 역설적으로 입증해 주는 것이 가령 플라토노프의 문학인데, 거기서는 절대적 진리로서 "이스티나"의 추구에 대한 초기의 선언적 형상화조차도 "프라브다"의 토포스의 온전한 활용을

52) 이기웅(2006 ; 87)에서 인용.

통해서만 진정성이 와 닿는 것으로 성숙하게 재형상화될 수 있다는 것을 잘 보여 주고 있다.[53] 이처럼, 문학 텍스트화에서 토포스의 온전한 활용 작업은 필수불가결한 요구조건이다. 하물며 문학적 형상화의 성립에 일종의 메타-원칙으로도 기능할 수 있는 "프라브다"의 토포스야말로 더 말할 나위 없을 것이다.

참고문헌

서선정 · 이남경 외(2006) "텍스트화: 언어-문화 공간의 구성과 재구성", 〈소통의 구성적 역동성과 러시아 언어-문화 공간의 다차원성〉. 2006년 6월 2일 경북대학 개교 60주년 기념 러시아 어문학 전국학술대회 발표집, 38-55.

윤영순(1999) 〈말과 등장인물의 체계를 통한 꼬뜰로반 연구〉, 경북대학교 대학원 석사학위 논문.

이기웅(1993) "의미의 이중구조", 〈언어연구〉, 7 · 8집, 서울대학교 언어학과 대학원, 25-41.

______(2001) "자연 언어 의미 기술의 문제점과 전망", 〈언어학〉, 30호, 167-184.

______(2006) "인문학에서의 반성과 지향에 대한 비판적 검토와 모색", 〈해석적 패러다임으로서의 반성과 지향: 러시아 어문학 연구와 교육의 지평〉, 이기웅 · 변현태 · 이강은 외, 경북대학교출판부, 35-87.

Арутюнова, Н. Д.(1998) *Язык и мир человека*. Москва: Языки русской культуры.

Богуславский, И. М.(1985) *Исследования по синтаксической семанитке*. Москва: Наука.

Бочкарев, А. Е.(2003) *Семантический словарь*. Нижний Новгород: Деком.

Гак, В. Г.(1995) *Истина и люди, Логический анализ языка: истина и истинность в культуре и языке*. Москва: Наука, 24-31.

Гальперин, И. Р.(1974) "О понятии «текст»," *Вопросы языкознания*. 6, 68-77.

__________________(1981) *Текст как объект лингвистического исследования*. Москва: Наука.

Дмитровская, М. А.(1995) "Эволюция понятий «истина» и «смысл» в творчестве А. Платонова," *Логический анализ языка: истина и истинность в культуре и языке*, Москва: Наука, 69-78.

Караулов, Ю. Н. и др.(2002) *Русский ассоциативный словарь*. Т. Ⅰ-Ⅱ, Москва: Астрель.

Цейтлин, Р. М. и др.(1999) *Старославянский словарь(по рукописям веков)*. Москва: Изд. «Русский язык».

Срезневский, И. И.(1958) *Словарь древнерусского языка по письменным памятникам*. Москва.

Шмелёв, А. Д.(1995) "Правда vs. Истина в диахроническом аспекте," *Логический анализ языка:*

53) 이에 대한 상세한 논의로는 드미트로프스카야(Дмитровская 1995)를 참조할 것.

истина и истинность в культуре и языке. Москва: Наука, 55-57.

______(2002) *Русский язык и внеязыковая действительность*. Москва: Языки славянской культуры.

Anscombre, J.-C. et O. Ducrot(1983) *L'argumentation dans la langue*. Bruxelles: Mardaga.

Aristote(1967) *Topiques*. Paris: Les Belles Lettres.

______(1996) *Poétique*. Paris: Gallimard.

______(1999) *Rhétorique*. Paris: Gallimard.

Cauquelin, A.(1990) *Aristote le langage*. Paris: PUF.

Coseriu, E.(1962) *Teoria del lenguaje y lingüística general*. Madrid.

Curtius, E. R.(1978) *Europäische literatur und lateinisches mittelalter*. 9 Aufl., Bern.

Després, S.(1996) "Enoncé graduels: prédicats graduels ou topoi?" P.-Y. Raccah(éd.), *Topoi et gestion des connaissances*. Paris: Masson, 57-77.

Dubois, D. et H. Prade(1992) "Prédicats graduels et modalités nuancées," *Le courrier du CNRS*. Dossiers Scientifiques, Sciences Cognitives, 79, octobre.

Dubois, D. et P. Resche-Rigon(1996) "Champs topiques, catégorisation et expertises," in P.-Y. Raccah(éd.), 27-39.

Ducrot, O.(1980) *Les échelles argumentatives*. Paris: Minuit.

______(1996) "Préface," in P.-Y. Raccah(éd.). v-ix.

______et T. Todorov(1972) *Dictionnaire encyclopédique des sciences du langage*. Paris: Seuil.

Helmslev, L.(1942) "Langue et parole," *Cahiers Ferdinand de Saussure*. 2, 29-44.

______(1971) *Prologmènes à une théorie du langage*. Paris: Minuit.

Jakobson, R.(1955) "Aphasia as a linguistic topic," reprinted in *Selected Writings Ⅱ*. The Hague: Mouton, 1971, 229-238.

______(1956) "Two aspect of language and two types of aphasic disturbances," *idem.*, 240-259.

______(1960) "Linguistics and poetics," reprinted in *Selected Writings Ⅲ*. The Hague: Paris, 1981, 18-51.

______(1961) "Поэзия грамматики и грамматика поэзии," *idem.*, 63-86.

Kayser, D.(1987) "Une Sémantique qui n'a pas de sens," *Langages*. 87, 33-45.

______(1988) "Ambiguité, paraphrase et profondeur variable," C. Fuchs(ed.), *L'Ambiguité et la paraphrase, Actes du colloque de Caen*. avril 1987, Univ. de Caen, 237-249.

______(1990) "La notion de définition dans les systèmes de traitement du langage naturel," J. Chaurand et F. Mazière(éds.), *La Définition, Actes du colloque*. nov. 1988, Paris, Larousse, 113-124.

Lazari, A.(ed.)(1995) *The Russian mentality: lexicon*. Katowice.

Raccah, P.-Y.(1996) "Connaissances, argumentation, topoi," P. Y. Raccah(éd.), 1-13.

______(éd.)(1996) *Topoi et gestion des connaissances*, Paris: Masson.

Rastier, F.(1987) *Sémantique interprétative*. Paris: PUF.

______(1989) *Sens et textualité*. Paris: Hachette.

________(1992) "La sémantique des textes et l´approche interprétative," *Champs du signe: Sémantique, Rhétorique, Poétique*. Presses Universitaires de Mirail, 181-192.

________(1995) "La sémantique des thèmes ou le voyage sentimental," *L´analyse thématique des données textuelles*. Paris: Didier, 223-249.

________(2001) *Arts et science du texte*. Paris: PUF.

제14장

문화적 선행코드의 탈코드화와 재코드화 - 도스토예프스키의 〈백치〉와 고딕 코드

| 김연경 |

1. 들어가며

문화를 거대 소통 체계 내지는 거대 대화의 장을 이루는 하나의 텍스트로 볼 때 공시적, 통시적 차원에서의 문화 발전을 담보해 주는 것은 여러 문화 속에 녹아 있는 다양하고 이질적인 코드들 간의 역동적인 상호 교류이다. 코드들의 확대 재생산과 창조는 로트만 식으로 말해 공간적 층위에서의 'Я-Он 커뮤니케이션'과 시간적 층위에서의 'Я-Я 커뮤니케이션'의 복합적인 작용[54]에 의해 이루어진다. 즉, 삼인칭적인 코드 혹은 (시간적 간극으로 인해) 삼인칭화된 일인칭적 코드가 하나의 선행코드의 기능을 수행하고, 이것이 내적, 외적 재코드화(перекодировка)를 거침으로써 새로운 코드, 나아가 새로운 의미와 가치가 창조된다.[55] 이렇듯, 로트만의 재코드화 개념은 '+/-'의 가치론적 대립으로부터 좀 더 자유롭고 형식주의자들의 낯설게 하기, 자동화-탈자동화 등의 개념보다는 좀 더 유연하여 문화 및 예술 텍스트의 생성, 발전 메커니즘을 설명하는 데 유용한 측면이 있다.

하지만 이 개념이 실제 텍스트 분석에 적용될 경우에는 불가피하게 일탈이 발생한다.

54) Ю. М. Лотман(1996) "Автокоммуникация : 〈я〉 и 〈другой〉 как адресаты(О двух моделях коммуникации в системе культуры)", *Внутри мыслящих миров : человек - текст - семиосфера - история*, М. : Языки русской культуры, сс. 23-29.

55) 자세한 것은 Ю. М. Лотман(1970) *Структура художественного текста*, М. : Искусство, сс. 44-64 ; 김수환(1998), 〈로뜨만 기호학에 있어서 텍스트 이론의 진화〉, 서울대학교(석사학위 논문), 24-33쪽을 참조하라.

즉, 실상 하나의 선행코드가 새로운 텍스트에서 탈코드화를 거쳐 재코드화될 때 그 선행코드는 완전히 기각되거나 지워지지도 않을 뿐더러 보다 상위의 코드에 통합되는 것도 아니다. 따라서 서로 이질적인 두 개 이상의 코드들 사이에 선행 관계는 있을지언정 권력적인 위계질서가 세워지지는 않는다. 물론, 우리가 단순한 코드해독(decoding)으로서의 탈코드화와 기계적인 반복(recoding)으로서의 재코드화를 염두에 두는 것은 아니다. 오히려 탈코드화와 재코드화 작업을 통해 구조주의적인 경직성과 변증법적 지양(снятие), 즉 지우기 및 없애기에 대한 강박관념으로부터 해방됨과 동시에 새로운 텍스트 창조의 역동성을 담보할 수 있다.[56] 이는 또한 존재의 사건성과 운동성을 기반으로 한 '생성-되기'를 가능케 함으로써 자유로운 소통 공간의 형성에 기여한다.[57]

이 장에서는 소통의 이러한 양상을 문학적 층위에 국한시켜 고딕 소설(готический роман, роман ужасов и тайн : Gothic Novel, Tale of Terror)과 도스토예프스키의 소설 간의 상관관계를 다루고자 한다. 고딕 소설은 18세기 말 영국에서 시작되어 19세기 전반(前半), 즉 낭만주의를 거치면서 전 유럽에 걸쳐 큰 영향력을 행사했다. 하지만 이후 세계문학의 발달에 보다 더 큰 기여를 한 것은 소(小)장르로서의 고딕 소설이라기보다는 일련의 고딕 소설들에서 공식화된 이른바 '고딕 코드'이다. 도스토예프스키는 고딕 코드를 일종의 안티테제로 설정하여 지양 내지는 극복했다기보다는 그것을 하나의 선행코드로 받아들여 재코드화, 탈코드화함으로써 자신의 소설 세계를 더욱더 풍요롭게 만들었다. 물론 고딕 코드가 그의 창작의 전체를 아우를 수 없다는 점은 명백하다. 그러나 이를 통해 그의 소설이 지닌 특수성의 일면을 포착해 낼 수는 있을 터이다. 이 장에서 구체적인 분석 자료로 택한 것은 〈백치〉인데, 이를 위해서는 먼저 고딕 코드의 특성을 점검하고 도스토예프스키가 그 코드를 자기화해 가는 양상을 간략히 살펴볼 필요가 있겠다.

56) 여기서 우리는 들뢰즈/가타리의 탈코드화(décodage : decodification), 재코드화(recodage : recodification) 논의에 많은 빚을 지고 있다. 자세한 것은 들뢰즈/가타리(2003) 〈천 개의 고원 : 자본주의와 분열증〉, 김재인 옮김, 새물결, 334-336쪽, 579-580쪽 ; 이진경(2006) 〈노마디즘 1〉, 휴머니스트, 217-223쪽을 참조하라.

57) 김연경 · 이기웅(2006) "주체사이성과 소통의 윤리학", 〈러시아연구〉, 16-1, 서울대학교 러시아연구소, 22-24쪽.

2. 고딕 코드와 도스토예프스키

고딕 소설의 효시로 평가되는 호레이스 월폴의 〈오트란토 성(*The Castle of Otranto*)〉이 출간된 해인 1764년, 칸트는 스웨덴보리를 중심으로 한 신비철학에 경도된 상태에서 〈아름다움과 숭고함의 감정에 관한 고찰〉을 썼다.[58] 이 두 사건은 다분히 우연의 일치이기도 하지만 미학사적, 문학사적 맥락에서 보자면 고딕 소설과 숭고미 이론의 친연적인 관계를 말해 주는 것이기도 하다. 실상, 칸트보다 좀 더 앞서 버크는 〈숭고와 아름다움의 이념의 기원에 대한 철학적 탐구〉(1757)에서 '아름다움(The Beautiful)'과 '숭고함(The Sublime)'을 미학적인 차원에서 최초로 분리시켜 탐구한 바 있다. 아름다움과 비교하여 숭고에 의해 유발되는 감정 및 그것의 원천을 공포, 불분명함, [거대한] 힘, 광대함, 무한함, 웅장함, [빛의 반대로서의] 어둠 등으로 정리한 그의 성과[59]를 훗날 칸트는 〈판단력 비판〉(1790)에서 '수학적 숭고'와 '역학적 숭고'로 보다 정치하게 개념화한다.[60] 그런데 여기서 칸트는 가파른 절벽, 번개와 천둥을 동반한 먹구름, 화산, 태풍, 파도치는 대양, 높은 폭포 등과 같은 자연력에 의해 유발되는 '공포'의 감정 자체가 아니라, 그것에 대한 인간-주체의 반성적[비판적] 능력, 즉 숭고의 판정 능력에 보다 더 큰 강조점을 둔다. 또 한 가지 유념해야 될 것은 비판철학 완성 이전의 칸트의 주장처럼 "숭고함의 감동이 아름다움의 감동보다 훨씬 더 강력"하며 "아름다움에서 비롯한 감동의 수반이나 변형이 없다면 숭고함의 감동도 사라져 버리고 그 즐거움 또한 오래갈 수 없다"[61]는 점이다. 이렇듯, 아름다움의 감동과 대비시킬 때 숭고함의 감동은 버크나 칸트 모두에게 있어서 미적 주체가 경험하는 불확정성과 불안-공포(страх)의 정서를 포함하는 '간접적이고 부정적인 쾌감'[62]이면서 동시에 그보다 더 위대한 것이다.

고딕 소설이 아름다움과 숭고함이 뒤섞인 세계를 창조했든 아니면 숭고함을 예술적으로 형상화했든 간에 월폴의 〈오트란토 성〉에서부터 숭고미, 특히 그와 관련된 공포는 고딕 소설의 기본적인 창작 원칙으로 자리 잡고 있었다.[63] 이는 W. 벡퍼드의 〈바텍(*Vathek* : 1782)〉, J.

58) M. 가이어(2004) 〈칸트 평전〉, 김광명 옮김, 미다스북스, 162쪽, 477쪽.
59) E. 버크(2006) 〈숭고와 아름다움의 이념의 기원에 대한 철학적 탐구〉, 김동훈 옮김, 마티, 105-142쪽.
60) I. 칸트(2005) 〈판단력 비판〉, 김상현 옮김, 책세상, 86-116쪽.
61) I. 칸트(2005) 〈아름다움과 숭고함의 감정에 관한 고찰〉, 이재준 옮김, 책세상, 21쪽.
62) 김상봉(1997) "칸트와 숭고의 개념", 〈칸트 연구〉, 3권, 한국칸트학회, 229-234쪽.
63) R. F. Miller(1981) *Dostoevsky and The Idiot : Author, Narrator, and Reader*, Cambridge, Massachusetts

카조트의 〈사랑에 빠진 악마(*Le Diable Amoureux* : 1772)〉, 나아가 '고딕 소설의 여왕' A. 래드클리프의 〈우돌포 성(城)의 비밀(*The Mysteries of Udolpho* : 1794)〉을 비롯한 여러 장편들, M. G. 루이스의 〈수도사(*Monk* : 1796)〉, Ch. R. 머튜린의 〈방랑자 맬모스(*Melmoth The Wanderer* : 1820)〉에 이르기까지 일련의 고딕 소설에 그대로 적용된다. 그리고 일련의 고딕 소설의 저변에 깔린 인간과 세계에 대한 독특한 시선, 일련의 고딕적 세팅들은 브론테 자매의 소설은 물론이고 현대 작가 스티븐 킹의 소설에 이르기까지 끊임없이 재생되고 있다.[64]

고딕 코드의 미학적 근간을 이루는 것이 숭고함의 원천인 공포라면, 제일 먼저 주목해야 될 것은 중세의 고딕 성당이라는 독특한 흐로노토프이다. 이 시공간을 음습한 지하 감옥 및 지하무덤, 천장이 높은 낭하, 움직이는 갑옷-기사 및 살아나는 초상화, 비밀스러운 죄를 담지한 젊은 미녀와 악마적인 힘의 소유자로 보이는 (주로 나이가 든) 남자 등의 반복적인 모티브들이 채워 준다. 하지만 구체적 디테일로서의 고딕 코드에 심리적인 무게를 부여하는 것은 이 흐로노토프 속에서 펼쳐지는 '죄악' 혹은 '어둠'의 드라마이다. 즉, 고딕 코드의 핵심은 인간 내면의 어두운 욕망과 세계의 어두운 그림자, 나아가 독자적 층위에서 볼 때는 그 경험을 공유하는 것에서 비롯되는 공포, 동시에 그것에 대해 반성적 태도를 취함으로써 획득되는 숭고함이라는 미학적 감동이다.

고딕 소설 분석에 프로이드 및 라캉을 비롯한 일단의 정신분석학자들이 자주 언급되는 것에서도 보이듯,[65] 고딕 코드는 인간 의식 및 세계의 다층성을 파헤치는 과정에서 형성되었다. 그렇다면 근친상간을 비롯한 여러 왜곡된 성적 장치들, 이른바 '이교적인' 일련의 마법 행위 및 각종 패륜적 음모들, 그리고 부정적인 극단으로 치닫는 욕망들(생명까지도 인간의 손으로 창조하고자 하는 지식욕, 살인까지도 불사하는 야망 혹은 출세욕 등)에 대한 소설적 탐구는 계몽, 즉 '빛'에 억눌렸으되, 여전히 인간과 세계의 본질적인 요소로서 큰 위력을 발휘하는

---

and London England : Harvard Uni. Press, p. 109 ; R. F. Miller(1995) "Dostoevskii and the Tale of Terror", *Dostoevskii and Britain* (ed. by W. J. Leatherbarrow), Oxford/Providence, USA : BERG, p. 139. 구체적으로 숭고미 이론과 호레이스 월폴의 소설의 관계에 대해서는 D. B. Morris(2004) "Gothic Sublimity", *Gothic : Critical Concepts in Literary and Cultural Studies*(ed. by F. Botting and D. Townshend), Vol. Ⅱ, London and New York : Routledge, pp. 50-68을 참조하라.

64) I. Avsey(1999) "The Gothic in Dostoevskii and Gogol : The British Connection,", *The Gothic-Fantastic in Nineteenth-Century Russian Literature*(ed. by N. Cornwell), Amsterdam-Atlanta, GA, p. 212.

65) D. B. Morris(2004), pp. 50, 57-58.

'어둠'에 대한 관심에서 촉발되었을 터이다. 그리고 그 기저에는 프랑스 혁명을 전후하여 18세기, 19세기 초 서유럽을 지배한 합리주의와 계몽주의에 대한 반발이 자리 잡고 있다.[66)]

이렇게 고딕 코드의 문제를 기법 차원이 아닌 세계관과 미학관의 차원으로 확대시킨다면, 고딕 소설과 러시아문학의 관계를 논할 때 가장 주목해야 될 작가는 도스토예프스키이다.[67)] 그러나 정작 그의 작품이나 여타 텍스트에서 고딕 소설에 대한 언급[68)] 내지는 문학적 존경의 표현을 찾아보기는 꽤 힘들다. 따라서 이 경우 문제는 고딕 코드의 직접적 수용이라기보다는 문학사적 맥락을 거치면서 훨씬 더 복잡화된 간접적인 수용이다. 낭만주의를 거치면서 고딕 소설은 러시아문학에서 상당한 영향력을 행사하고 있었으며 그 코드는 도스토예프스키가 탐독했던 여러 작가들의 작품 속에 복잡하게 깔려 있었다.[69)] 이러한 문학적 배경에서 창조된 도스토예프스키의 두 문제작은 영국의 원조 고딕 소설보다 훨씬 더 복잡한 양상을 띠고 있다. 특히 "여주인"에서는 환상-괴기 문학의 대가이자 역시나 고딕 소설의 독창적 계승자이기도 한 호프만의 '만성적 이원론'과 지적인 낭만적 아이러니가 적극적으로 활용되면서 고딕 소설 특유의 단선적이고 신비스러운 파토스가 와해되는 경우가 적잖이 발견된다.[70)] 이렇게 대상성의

---

66) "General Introduction"(2004) *Gothic : Critical Concepts in Literary and Cultural Studies*(ed. by F. Botting and D. Townshend), Vol. I, London and New York : Routledge, pp. 3-4.

67) 가령 콘웰도 고딕 소설과 러시아문학의 관계를 개관하면서 여느 낭만주의의 작가들보다도 도스토예프스키에게 더 큰 비중을 두고 있다.(N. Cornwell(1999) "Russian Gothic : An Introduction," *The Gothic-Fantastic in Nineteenth-Century Russian Literature*(ed. by N. Cornwell), Amsterdam-Atlanta, GA, pp. 3, 18, 20.) 실제로 이 주제는 이미 연구 대상이 되어 왔으며 구체적인 분석 대상은 "분신"과 "여주인"이 아니라면 주로 〈백치〉나 〈카라마조프가의 형제들〉이었다.(R. F. Miller(1981), pp. 108-122 ; R. F. Miller(1995), pp. 139-158 ; I. Avsey(1999), pp. 215-225 ; K. Lantz(2004) "Gothic Fiction," *The Dostoevsky Encyclopedia*, Westport, Connecticut · London : Greenwood Press, pp. 167-170.) 이러한 연구의 근거가 되어 준 것은 도스토예프스키가 "여덟 살 때부터" 래드클리프를 (어머니를 통해) 접하곤 큰 감동을 받곤 했다는 전기적인 사실이다. 또한 Я. П. 폴론스키에게 보내는 1861년 7월 31일자 편지(Ф. М. Достоевский(1972-1990) *Полное собрание сочинений в тридцати томах,* Л. : Наука, Т. 28-2, с. 19 : 이하, 도스토예프스키의 텍스트 인용시 권수와 쪽수만 표기함) 외에 "여름 인상에 대한 겨울 메모"(5 ; 46)에서도 래드클리프를 비롯한 고딕 소설에 대한 도스토예프스키의 관심을 찾아볼 수 있다.

68) 가령 〈카라마조프가의 형제들〉의 12편 11장에서 변호사 페츄코비치는 검사의 '심리주의'가 빚어 낸 상상을 비난하기 위해 조롱조로 〈우돌포 성의 비밀〉을 언급하는데(15 ; 158) 그나마도 상당히 지엽적이다.

69) 우선적으로 언급해야 할 것은 러시아적 고딕 소설의 원형이라고 할 수 있는 카람진의 "본홈 섬(Остров Борнгольм)"인데 자세한 논의는 В. Э. Вацуро(2002) *Готический роман в России*, М. : НЛО, сс. 83-97을 참조하라. 그 밖에 푸쉬킨의 "스페이드의 여왕", 고골의 "초상화", 레르몬토프의 미완성 소설 "슈토스"(부분적으론 "바짐") 등도 꼽을 수 있다. 낭만주의기 여러 작품들 속에 나타난 고딕 코드 분석은 N. Cornwell(1999), pp. 12-17를 참조하라.

70) 김연경(2004) "도스토예프스키의 환상소설 "여주인" 연구", 〈러시아연구〉, 14-1, 서울대학교러시아연구소, 12-21쪽.

제거를 통한 특정한 심리적 정조(공포감, 신비감, 불안감 등)의 조성이라는 고딕 코드가 사실주의적 변용을 겪으면서 궁극적으로는 탈코드화, 나아가 재코드화를 예고한다. 이 과정에서 고딕적 소설의 최고봉으로 평가되는 〈파리의 노트르담〉의 작가 빅토르 위고가 도스토예프스키에게 적지 않은 영향을 미친 것으로 생각된다.

도스토예프스키의 위고 숭배는 익히 알려진 것이다. 그의 사적인 글에서 수시로 위고가 언급되며(28-1 ; 51, 55, 69-70) 위고의 〈사형수 최후의 날〉의 내용이 〈백치〉, "온순한 여자", 〈카라마조프가의 형제들〉에서 반복적으로 등장할 뿐더러 〈파리의 노트르담〉의 러시아어 초역을 〈시대〉 지에 발표하면서 쓴 서문격의 글[71]을 쓰기도 했다. 여기서 그는 위고의 예술적 사상은 무엇보다도 "기독교적이며 도덕적인 것"(20 ; 28)이고 카지모도는 "억압당하고 경멸당한 중세 프랑스 민중의 화신"(20 ; 28)으로서 "사랑과 정의를 향한 갈망"(20 ; 29)을 담고 있는 인물이라고 역설한 바 있다. 전반적으로 〈파리의 노트르담〉과 〈레 미제라블〉에 대한 도스토예프스키의 이해는 인도주의적이고 기독교적인 관점에 기반하고 있다.

미학을 완전히 기독교적 윤리학의 층위로 이월시켰다는 도스토예프스키 특유의 오류에도 불구하고 그의 위고 읽기는 어쨌거나 일정 부분 타당하다. 왜냐면 위고 자신이 그로테스크한 것(=추한 것)과 숭고한 것(=아름다운 것)의 결합이 더 근원적으론 기독교적 이원론에 기반하고 있다[72]고 주장하고 있기 때문이다. 또한, 일찍이 숭고미 논의에서 "우리가 아름다움의 요소들이라고 규정한 성질들과 추함이 모든 면에서 정반대되는 것"이지만 "숭고의 관념과 추함은 충분히 양립할 수 있다"[73]라는 논의가 있었던바, 도스토예프스키는 "추, 그것이 곧 아름다움이다"(Le laid, c'est le beau, 20 ; 29)라는 명제를 통해 위고의 소위 '추의 미학(эстетика безобразного)'의 핵심에 간접적으로나마 상당히 접근했던 것이기도 하다. 실상 "크롬웰 서문"에서 위고가 제시하는 미학적 테제 역시도 궁극적으론 아름다운 것(le beau)과 추한 것(le laid),

---

71) 자세한 사항은 이 글에 대한 프리들린제르의 주석(Г. М. Фридлендер, "Примечания", 20; 272-278)을 참조하라. 다만, 이 글의 주된 초점이 당시 막 러시아에 출간되어 인기를 누린 〈레 미제라블〉에 맞추어져 있기 때문에 〈파리의 노트르담〉은 그 전조로서 이해되고 있다.

72) V. Hugo(1963) "Cromwell," *Théâtre complet* I, P. : Gallimard, p. 425. 위고의 그로테스크 이론은 그의 첫 희곡이자 문학사적인 문제작인 "크롬웰"에 부쳐진 "서문", 이른바 "크롬웰 서문(La Préface de "Cromwell" : 1827)"에서 피력되었으며 여기서 위고는 그로테스크 개념을 통해 세계문학사를 아우르고 동시에 자신의 문학적 마니페스토를 제시한다.(V. Hugo, pp. 417-418.)

73) E. 버크, 177쪽.

숭고한 것(le sublime)과 그로테스크한 것(le grotesque), 선과 악의 결합, 나아가 이를 통한 더 높은 미적 세계의 창조였으니 말이다.[74] 이렇게 고딕 코드의 탈코드화와 재코드화의 측면에서 볼 때 도스토예프스키는 위고의 독창적인 계승자라고 할 수 있다.[75] 이는 〈파리의 노트르담〉처럼 '열정'이 플롯을 이끌어 가는 동력이 되고 있으며 또한 이 작품 못지않게 고딕 코드로 가득 차 있는 〈백치〉에서 가장 잘 드러난다.

3. 〈백치〉: 고딕 코드의 탈코드화와 재코드화

〈백치〉 집필 과정에서 도스토예프스키는 그리스도(그리고 그리스도의 형상을 문학화한 가장 뛰어난 선례인 돈 키호테)를 모델로 한 '전적으로 아름다운 인간(положительно[вполне] прекрасный человек)'을 창조하고 싶다는 뜻을 수차례에 걸쳐 피력해 왔다.[76] 그는 왜 이렇게 '아름다운 사람'의 형상에 왜 그렇게 집착했을까? "[그 형상을 그리는 것이] 지금은 특히나 더 어렵다"(28-2 ; 251)라는 말을 고려한다면, 이는 당시 러시아의 운명에 대한 작가의 고뇌 및 소명의식과 관계가 있는 것으로 보인다. 도스토예프스키는 일찍이 〈죄와 벌〉에서 농노해방 이후, 즉 1860년대의 페테르부르크라는 근대적 공간을 사실주의적인 필치로 그려 낸 바 있다.[77] 하지만 〈백치〉의 페테르부르크는 극도로 밀실화되면서 신화적이고 환상적일 뿐더러 심지어 삼각관계 및 치정살인의 전개를 위한 하나의 조건적 공간의 모습마저도 띤다. 이는 어쩌면 인간 내면의 어둠으로서의 죄악, 즉 '정념-정염(страсть)'이 고딕 소설 못지않게 극적으로 확장되고 비극적으로 미화된 것의 결과인지도 모르겠다. 실제로 〈백치〉는 발표 당시부터 지나치게 환상적이라는 비판을 받았고 작가 자신은 이 작품에서 표명된 자신의 미학을 변호할

---

74) G. Lanson(1959) *Histoire de la Littérature Française,* P. : Librairie Hachette, pp. 937-41 ; 이규식(1996) 〈빅토르 위고〉, 건국대학교출판부, 27-28쪽.

75) 위고와 도스토예프스키의 관계에 처음으로 관심을 기울인 연구자는 쉬클로프스키인데(В. В. Шкловский(1974) *Собрание сочинений в трех томах*, Т. 3, М. : Худ. Лит., сс. 718-719) 아르히포바는 이 주제를 미학적인 맥락에서 발전시킨다(А. В. Архипова(1996) "Достоевский и эстетика безобразного," *Достоевский : материалы и исследования*, СПб. : Наука, Т. 12, сс. 49-66, 특히 с. 56). 한편, 프리들린제르는 〈백치〉의 주석에서 이 작품과 〈레 미제라블〉의 관계에 주목한 바 있다.(Г. М. Фридлендер, "Примечания", 9 ; 407.)

76) 1868년 1월 1일(13일) 조카 С. А. Иванова에게 보내는 편지(28-2; 251) 및 1867년 12월 31일(1868년 1월 12일) 마이코프한테 보내는 편지(28-2 ; 358)의 일절을 참조하라.

77) 김연경(2007) "도스토예프스키와 근대 : 〈죄와 벌〉을 중심으로", 〈러시아어문학연구논집〉, 24-1, 한국러시아문학회, 12-16쪽.

필요성을 느끼기도 했다.[78] 〈백치〉의 주제가 기본적으로 미의 본질과 닿아 있는 만큼 고딕 코드와 숭고미의 틀을 가져와 이 문제를 새롭게 조명할 수 있겠다.(3.1.)

그런데 '전적으로 아름다운 인간'의 아름다움의 형상화에 있어 전통적인 고딕 코드의 틀과는 어긋나는 대목이 있다. 돈 키호테를 예로 들며 작가가 화두처럼 던진 "그[돈 키호테]가 아름다운 것은 오로지 그가 동시에 우스꽝스럽기 때문이다"(28-2 ; 251)라는 언급이 그것이다. 같은 맥락에서 도스토예프스키는 디킨스의 피크위크, 위고의 장 발장을 예로 들면서 연민(сострадание) 내지는 독자적 층위에서의 동정(симпатия)의 의의를 강조한다. 즉, "이렇게[피크위크나 장 발장의 운명을 통해] 연민을 불러일으키는 것이 곧 유머의 비밀이기도 하다"(28-2 ; 251)라는 것이다. 만약 작가가 염두에 둔 것이 단순히 아름다움과 우스꽝스러움의 결합이라면 손쉽게 그로테스크의 차원으로 이월시킬 수 있겠다. 하지만 아름다움의 근거를 우스꽝스러움에서 찾고 있고 특정 인물로 인해 야기되는 '유머'와 독자적 층위에서의 연민이 궁극적으로 아름다움과 연결된다면, 이는 보다 더 세심한 고찰을 요구한다.(3.2.)

3.1. 〈백치〉에 나타난 고딕 코드

3.1.1. 나스타시야 필립포브나의 형상과 '팜므 파탈'

도스토예프스키의 장편 중 〈백치〉는 여성 주인공의 형상이 가장 또렷할 뿐더러 작품 내에서 그 입지가 가장 공고한 작품이다. 작품의 도입부, 즉 바르샤바-페테르부르크 행 기차 안에서 우연히 만난 므이시킨, 로고진, 레베제프의 대화 속에서 이미 '나스타시야 필립포브나'는 보이지 않는 등장인물이며 이어 예판친 장군 집에서는 사진(фотографический портрет)의 형태로 그 존재감을 과시한다. 공작은 사진 속의 "놀라운 얼굴"에서 '고통'과 '오만'을 읽어 내고 나아가 "(로고진이) 그녀와 결혼을 한다면 일주일 뒤에 곧 그녀를 찔러 죽일 것"(8 ; 31-32)이라며 그녀의 운명을 예언한다. 이런 식으로 나스타시야 필립포브나는 작품 속에 실제로 등장하기 전부터 고딕적인 '팜므 파탈'의 형상을 띠고 있다. 그녀의 성격과 지적인 능력, 그 아름다움의 특수성에 천착한다면, 고딕 소설의 여주인공이 보여 준 죄와 타락, 유혹과 파멸(혹은 정반대로

78) 1868년 12월 11일(23)일 А. Н. Майков에게 보낸 편지의 일절(28-2 ; 329) 및 К. В. Мочульский(1995) "Достоевский. Жизнь и творчество," *Гоголь. Соловьев. Достоевский*, М. : Республика, сс. 396-397을 보라.

구원)이라는 단순한 도식이 훨씬 더 복잡하게 변모되는 것을 볼 수 있다.

일찍이 토츠키는 어느새 성숙해 버린 나스타시야 필립포브나의 눈에서 "어떤 심오하고 비밀스러운 암흑"(8 ; 38)을 보았고 그녀의 내면세계에서 "어떤 파멸의 능력"과 "자신의 우수에 대한 자발적인 탐닉", "한마디로 말해서 다소간의 낭만주의"(8 ; 41)를 읽어냈다. 더욱이 "자신의 처지에 비해서 너무도 많은 교육을 받았고"(라돔스키의 말 : 8 ; 472) 거의 연구에 가까운 열정적인 독서까지 곁들어짐으로써 그녀에게는 다분히 보바리즘[79]적인 정향성이 생긴 것으로 보인다. 그렇다면 나스타시야 필립포브나가 점잖지 못한 인간들과 어울려 난잡하고 방탕한 생활을 즐기는 것은 어떤 의미에서 연극적인 영감 내지는 삶의 연극화 욕망의 산물일 수도 있겠다.[80] 하지만 보다 중요한 것은 그녀로 하여금 이런 삶을 살도록 강요하는 동인, 즉 '타락'에 대한 그녀의 지나치게 민감한 죄의식과 오만함이다. 바로 이것이 또한 그녀의 '고통'의 근거이며 므이시킨으로 하여금 '연민'(8 ; 68)을 불러일으키는 요소이기도 하다. 물론, 그 기저에는 아젤라이다의 말대로 "세계를 뒤엎을 수 있을 만한"(8 ; 69) 나스타시야 필립포브나의 아름다움이 도사리고 있다. 달리 말해 그녀의 아름다움은 보는 이에게 어떤 식으로든 공포와 전율을 불러일으키는데 이는 명백하게 고딕 소설 속의 여성의 미에 대한 표상을 환기시킨다. 하지만 고딕 소설 속의 여성이 공포스러운 아름다움에도 불구하고 대체로 객체 내지는 대상의 자리에 머물렀다면, 상대적으로 말해 〈백치〉의 여주인공은 "(소설) 세계를 뒤엎을 수 있는" 인물로 승격된다. 토츠키의 첩(наложница)이었던 과거로 인해 '거리의 여자(уличная)'(8 ; 143)를 자청하는 이 여성이 곧 작품의 슈제트의 중심에 서게 되니 말이다.

하지만 신비스러운 고딕 코드를 체화한 나스타시야 필립포브나가 1부에서 일으키는 사건들, 즉 가냐 이볼긴 집에서의 한판 소동, 그녀의 명명축일 파티는 웅장한 파국이 아닌, '돈'과 '여자'라는 세속적인 문제에서 비롯된 스캔들에 지나지 않는다. 특히, 그녀의 가출로 마감되는 1부의 마지막 장면은 "세계를 뒤엎을 수 있는 힘"을 지닌 아름다움, 즉 고딕적으로 신비화된 에네르기의 세속적인 분출이다. 하지만 바로 이 아름다움이 2부에 이르면 명실상부한 공포로

79) 그래서 로고진의 집에서 살해당하기 전, 나스타시야 필립포브나가 자신이 기거하던 방에서 읽던 책(이 책을 므이시킨이 발견한다)이 〈보바리 부인〉(8 ; 499)이라는 점은 상당히 의미심장하다.

80) 〈백치〉의 각종 연극성들(공간의 연극성, 인물들의 연극화 열망 등)에 대해서는 Е. А. Полякова(2002) *Поэтика драмы и эстетики театра в романе : «Идиот» и «Анна Каренина»*, М. : РГГУ, сс. 115-146을 참조하라.

바뀌어 다른 인물들의 삶에 지대한 영향력을 행사한다. 므이시킨은 그녀에 대한 느낌을 다음과 같이 정리한다.

> В самом лице этой женщины всегда было для него что-то мучительное ; князь, разговаривая с Рогожиным, перевел это ощущение ощущением бесконечной жало сти, и это была правда : лицо это еще с портрета вызывало из его сердца целое страдание жалости ; это впечатление сострадания и даже страдания за это сущест во не оставляло никогда его сердца, не оставило и теперь. О нет, даже было еще сильнее. Но тем, что он говорил Рогожину, князь остался недоволен ; и только теперь, в это мгновение ее внезапного появления, он понял, может быть непосредственным ощущением, чего недоставало в его словах Рогожину. Недоста вло слов, которые могли бы выразить ужас ; да, ужас!(8 ; 289)
>
> 이 여인의 얼굴 속에는 늘 그에게 고통스러운 뭔가가 들어 있었다. 공작은 로고진과 이야기를 나누면서 이 감각을 무한한 연민의 감각이라고 전해 주었고 사실이 그렇기도 했다. 이 얼굴은 사진을 통해 봤을 때부터 그의 마음속에 그야말로 연민의 고통을 불러일으켰다. 이 동정의 인상은 물론이고 이 존재로 인한 고통마저도 결코 그의 마음을 떠나질 않았으며 지금도 여전히 떠나지 않고 있다. 오, 천만에, 심지어 더 강렬해졌다. 하지만 공작은 자신이 로고진에게 말했던 것이 여전히 불만스러웠다. 그러다가 지금, 그녀가 갑작스럽게 출현한 이 순간에 와서야 비로소 그는 로고진을 향한 자신의 말 속에 무엇이 부족했었는지를 어쩌면 직접적인 감각으로 이해했던 것이다. 공포를 표현해 줄 법한 말이 부족했던 것이다. 그래, 공포!

나스타시야 필립포브나의 아름다움이 므이시킨에게 불러일으킨 동정과 연민의 감각 속에 공포가 개입되었다는 점은 아글라야의 형상을 고려할 때 더욱더 주의를 요한다. 나스타시야 필립포브나가 편지에서 썼듯, 그녀와 아글라야는 “두 개의 대립쌍”처럼 창조되었고 아글라야가 ‘천사’와 같은 “해맑은 정신”이라면 그녀 자신은 아글라야 앞에서 “아무것도 아닌 것(вон)”(8 ; 379)에 불과하다. 아글라야가 어리광처럼 꿈꾸었던 가출(8 ; 356)을 나스타시야 필립포브나는 몸소 실행에 옮겼으며, 역시나 아글라야가 막연히 보고 싶어 한 “고딕성당”(8 ; 358)의 세계를 나스타시야 필립포브나는 자신의 영혼으로 구현했다. 그러니까 아글라야가 단순히 ‘아름다움’의 범주에 속한다면, 나스타시야 필립포브나는 공포를 불러일으킬 만한 아름다움, 즉 ‘숭고함’의 범주에 속한다고 볼 수 있다. 레베제프의 묵시록 해석을 빌자면, 나스타시야 필립포브나야말로 (로고진과 더불어) “자기파괴의 법칙과 자기보존의 법칙”(8 ; 311)을 모두 자기 내부에서 실현시킨 인물이다. 결과적으로 광기(백치다움과 동일한 것일 터인데)로 이어지는 이 힘이 나스타시야 필립포브나와 로고진을, 나아가 므이시킨을 엮어 주는 것이기도 하다.

3.1.2. 로고진과 고딕적 흐로노토프

일찍이 블록(1962)은 로고진을 두고 “가장 무서운 얼굴, 혼돈과 비존재의 현현”, 나아가 작가 도스토예프스키에게 “[간질 직전의] 눈부실 만큼 강렬한 행복의 순간”을 안겨 준 얼굴이라고 했다. 실제로 1부에서는 속물적이고 방탕한 상인의 아들에 불과했던 로고진이 6개월이 지난 시점, 즉 2부에 오면 어느새 신비스러운 고뇌의 화신으로 변해 있다. 그리하여 1부의 중심에 놓인 것이 나스타시야 필립포브나의 공포를 불러일으킬 만한 아름다움이었다면, 2부는 공포 그 자체인 로고진의 검은 눈과 칼, 간단히 로고진적인 어둠과 대지적인 본질(хтоническая сущность)[81]로 가득 차게 된다. 공작의 눈에 비친 로고진의 집부터 보자.

> Один дом, вероятно по своей особенной физиономии, еще издали стал привлекать его внимание, и князь помнил потом, что сказал себе : 〈Это, наверно, тот самый дом〉. (…) Дом этот был большой, мрачный, в три этажа, без всякой архитектуры, цвету грязно-зеленого. (…) И снаружи и внутри как-то негостеприимно и сухо, всё как будто скрывается и таится, а почему так кажется по одной физиономии дома-было бы трудно объяснить. / (…) Дверь отворил сам Парфен Семеныч ; увидев князя, он до того побледнел и остолбенел на месте, что некоторое

81) И. Р. Ахундова(2001) “〈Воплощение хаоса и небытия〉(Парфен Рогожин-демон смерти или персонификация судьбы),” *Роман Ф. М. Достоевского «Идиот» : современное состояние изучения*, М. : Наследие(под ред. Т. А. Касаткиной : дальше-*Роман «Идиот»*), сс. 364-389.

время похож был на каменного истукана, смотря своим неподвижным и испуганным взглядом и скривив рот в какую-то в высшей степени недоумевающую улыбку, - точно в посещении князя он находил что-то невозможное и почти чудесное. (8 ; 170)

어느 집 한 채가 분명히 그 독특한 생김새 때문에 멀리서부터 이미 그의 주의를 끌기 시작했고, 훗날 공작은 스스로에게 '이게 바로 그 집일 것이다'라고 말했던 것을 기억했다. (…) 이 집은 아무런 건축적 기교를 부리지 않은, 더러운 초록색의 크고 음울한 3층짜리 건물이었다. (…) 안팎이 모두 어쩐지 비우호적이고 건조했으며 모든 것이 감춰지고 숨겨진 듯한데, 집의 생김새만 보고서 왜 이런 느낌이 드는지는 설명하기 힘들었을 터이다. / (…) 문을 열어 준 건 파르폰 세묘느이치였다. 공작을 보자, 그는 너무도 새하얗게 질린 채 그 자리에 장승처럼 우뚝 섰기 때문에 얼마간은 거대한 석상과 같았으며, 경악한 듯 미동도 없는 시선으로 상대를 바라보면서 입을 일그러뜨려 왠지 극도로 의혹에 찬 미소를 짓는 것이 꼭 공작의 방문을 뭔가 불가능하고 거의 경이로운 일로 생각하는 것 같았다.

이 건물 자체, "무슨 작은 방들"과 몇 겹의 지그재그 모양의 복도와 계단들로 구성된 건물의 내부, 신비스러운 분위기의 "크고 높고 어두운 방"(8 ; 172)에 이르기까지 로고진의 집은 고딕적 흐로노토프인 성(城)을 재현하고 있다.[82] 또한 문을 열어 주는 주인-로고진, 심지어 로고진 집안 전체와 이 독특한 공간의 유비 관계가 강조된다. 그리고 이 점을 므이슈킨은 로고진에게 고백까지 한다. 특히, 로고진의 서재를 장식하고 있는 초상화(8 ; 172)가 눈에 뜨인다. 로고진의 아버지를 그린 이 전신 초상화는 차르트코프를 파멸로 이끈 거상(巨商)의 초상화처럼 어둡고 신비스러운 과거를 담고 있다. 구교를 신봉했으며 또한 거세종파(скопцы)에 대한 존경을 감추지 않았다는 간략한 정보를 보건대,[83] 로고진 아버지는 극히 금욕적인

82) 로고진의 집을 고딕 코드로 환원시키는 것에 반발하면서 러시아 문화에서의 '상인의 집'이라는 또 다른 흐로노토프로 읽어 낸 연구도 있다.(Р. Казари(1989) "Купеческий дом : историческая действительность и символ у Достоевского и Лескова", *Достоевский : материалы и исследования*, Т. 8, Л. : Наука, сс. 91-92.)

83) 이 점은 '로고진'이라는 성(姓)에 이미 표현되어 있다.(М. С. Альтман(1975) *Достоевский : по вехам имен*, Саратов : Изд. Саратовского уни-та, сс. 70-72.)

성향을 지녔으되(혹은 그 자신이 거세종파였을 수도 있으니까 그럴 수밖에 없었거나) 동시에 어떤 신비주의적 정향성을 가졌을 법하다. 그렇다면 억눌린 열정이, 므이시킨의 추측과 나스타시야 필립포브나의 말이 암시하듯, '돈'에 대한 병적인 집착으로 나타났을 것이다. 초상화 속의 "의심에 찬, 비밀스럽고 애잔한 시선"(8 ; 172)은 그 집착이 내포한 어떤 섬뜩한 비극에 대한 암시로 읽히기도 한다. 이 경우 가장 중요한 것은 확고하게 확인된 사실의 부재, 즉 이 초상화 속의 주인공과 로고진 집안 전체를 둘러싼 신비스러움과 공포의 정조이다.

로고진은, 나스타시야 필립포브나와 므이시킨이 간파한바, 자신의 아버지가 잠재된 형태로만 갖고 있던 '강렬한 열정'을 더 직접적으로 외화시킨다. 하지만 나스타시야 필립포브나의 지적대로, 로고진은 이 생래적 열정과 나란히 '대단한 지력(большой ум)'(8 ; 178)의 소유자이기도 하다. 달리 말해, 로고진은 (교양은 별로 없을지언정) '지력'의 측면에선 금욕적이고 엄격했던 아버지의 분신이지만 자신의 아버지가 '애잔한 시선'으로만 표출했던 열정의 측면에서는 아버지의 대척점이다. 여기에 백치 수준의 지능저하를 보여 주되 이 백치다움이 곧 성스러움이 되고 있는 로고진의 노모(老母)까지 결합시킨다면, 로고진이 자신의 열정(страсть)으로 인해 수난(Страсть)을 겪는 것은 자연스러운 흐름일 것이다.

3.1.3. 고딕적 음모 : 정념-정염(страсть)의 아포칼립스

나스타시야 필립포브나를 향한 로고진의 열정이 "그녀에게 달려들어 그 자리에서 시퍼렇게 멍이 들만큼 두들겨 팰"(8 ; 175) 만큼 강렬한 질투로 발전하는 동안, 그녀를 사이에 둔 로고진과 므이시킨의 기괴한 유대 관계도 극에 달한다. 6개월간의 모스크바 체류를 끝내고 다시 페테르부르크에 왔을 때 둘은 이미 말을 놓을뿐더러 므이시킨은 로고진을 '파르푠 형제'(8 ; 171)라고 부르기도 한다. 십자가 교환 장면을 보자.

> – Отдай мне, – сказал Рогожин. (…)
>
> – Поменяться крестами хочешь? Изволь, Парфен, коли так, я рад ; побратаемся! Князь снял свой оловянный крест, Пафен свой золотой, и поменялись. Парфен молчал. С тяжелым удивлением заметил князь, что прежняя недоверчивость, прежняя горькая и почти насмешливая улыбка всё еще как бы не оставляла

лица его названого брата, по крайней мере мгновениями сильно выказывалась. (8 ; 184)

– 나한테 주게, – 로고진이 말했다. (…)

– 십자가를 교환하자는 건가? 이봐, 파르폰, 그렇다면 나도 기쁘네. 그래, 의형제를 맺자고! 공작은 자신의 주석 십자가를, 파르폰은 자신의 금 십자가를 벗어서 서로 교환했다. 파르폰은 말이 없었다. 공작은 아까의 의구심, 거의 냉소에 가까운 아까의 그 쓰라린 미소가 아직도 여전히 자신의 의형제의 얼굴에서 사라지지 않은 것을, 적어도 순간순간 강렬하게 내비쳐 나오는 것을 인지하곤 힘겨울 정도로 놀라워했다.

물론 이로써 이들이 형제 맺기의 상징적인 제의를 치룬 것은 맞다. 하지만 십자가 교환을 먼저 제안한 로고진이 여전히 어둠에 휩싸여 있고 므이시킨 역시 그 어둠의 정조를 공유한다는 점에서 이들의 십자가 교환은 〈죄와 벌〉에서의 소냐와 리자베타의 그것과는 확연히 구분된다. 합일이나 화해는커녕 숨 막히는 추격전이 오히려 더 가속화된다. 므이시킨은 페테르부르크에 도착한 순간부터 자신의 뒤를 좇는 로고진의 검은 시선을 의식했었지만, 십자가 교환 이후에는 그 시선이 '이상하고 무서운 악마'를 불러낸다.[84)]

Но [внезапная идея] подтвердилась ли? Но оправдалась ли? Почему с ним опять эта дрожь, этот тот холодный, этот мрак и холод душевный? Потому ли, что опять он увидел сейчас эти глаза? (…) Да, это были те самые (и в том, что те самые, нет уже никакого теперь сомнения!), которые сверкнули на него утром, в толпе, когда он выходил из вагона Николаевской железной дороги ; те самые (совершенно те самые!), взгляд которых он поймал потом давеча, у себя за плечам и, садясь на стул у Рогожина. (…) Странный и ужасный демон привязался к нему окончательно и уже не хотел оставлять его более.(8 ; 192–193)

84) 이 부분을 전후한 2부 5장을 밀러는 화법적 차원에서 고딕 코드로 읽어 내고 있으며(R. F. Miller(1981), pp. 116–117) 그녀의 연구에 기대어 프렌치는 특정 인물(즉 공작)의 시점에서 내러티브가 진행된다는 점에 주목한다.(B. A. French(2002) *Dostoevsky's Idiot : Dialogue and the Spirituality Good Life*, Evanston, Illinois : Northwestern Uni. Press, pp. 31–32)

> 하지만 [이 갑작스러운 생각이] 확증된 것인가? 하지만 정말 그렇다고 판명된 것인가? 왜 그는 또 다시 이렇게 벌벌 떨고 이렇게 식은땀을 흘리고 이렇게 암흑과 영혼의 한기를 느끼는 것일까? 지금 또 다시 이 '눈'을 보았기 때문일까? (…) 그렇다, 이건 '바로 그' 눈('바로 그' 눈이라는 점에 대해선 이제 이미 어떤 의심도 없다!), 아침에 그가 니콜라예프스카야 선(線)의 기차에서 내릴 때 군중 속에서 그를 향해 번득이던 바로 그 눈이었다. 바로 그 눈(그야말로 바로 그 눈이다!), 그 시선을 그는 나중에, 그러니까 아까 로고진의 집 의자에 앉아 있을 때 자신의 어깨 뒤로 포착했던 것이다. (…) 이상하고도 끔찍한 악마가 그에게 완전히 들러붙어서 이제 더 이상 그를 떠날 생각을 하지 않았다.

실제로 반쯤은 환시(幻視) 같던 검은 시선이 로고진으로 판명되는 순간, 그의 책상에 놓여 있던, (아마 무의식적으로나마 '특정한' 목적을 위해) 새로 구입했다는 정원용 칼이 번득인다. 이렇게 살인 미수를 야기할 만큼 강렬한 '의형제'의 갈등은 나스타시야 필립포브나를 사이에 둔 사랑의 대립으로 구체화된, 양립 불가능한 두 정신세계의 충돌에서 비롯된 것이다. 그러니까 이것은 동정(жалость)과 사랑(любовь)의 대립이며 또한 기독교적 연민(сострадание)과 자연력-열정(стихия-страсть)의 대립이다. 므이시킨은 "나는 사랑이 아닌 동정으로 그녀를 사랑하는 걸세"(8 ; 173)라고 말하지만, 로고진은 "자네의 동정이 아마 나의 사랑보단 훨씬 더 큰가 보군!"(8 ; 177)이라고 응수한다. 전자는 성적 능력은 없으되 무한한 연민과 포용력을 가진 '백치'에 지나지 않고, 후자는 열정과 '대단한 지력'을 가졌으되 사랑하는 여인에게 안정을 줄 관용의 미덕을 갖추지 못했다. 그러나 서로 다른 본질을 지닌 두 인물에게 각기 선악의 범주를 적용시킬 수도, 또 이들의 감정에 대해 어떤 위계질서를 세울 수도 없다. 그러니까 이 지옥과 같은 삼각형의 사슬은 고딕 코드로서의 근친상간의 사실주의적 변형, 즉 거의 원죄와 같은 성격을 띤다. 므이시킨 자신이 누구보다도 더 큰 죄인일진대, 그렇다면 작가가 의도한 그리스도의 문학적 '육화/강생(воплощение : incarnation)'은 실패한 것일까?

3.2. 고딕 코드의 탈코드화 및 재코드화

3.2.1. 스위스-천상 대 러시아-지상 : 재림한 그리스도

스위스에서 러시아, 즉 페테르부르크로 왔을 때 므이시킨의 목표는 예판친 집안과 안면을

트는 것이었다. 공작에게 러시아 자체와 동일시된 이 가족과의 만남은 다행히도 성공적인 편이었다. 세 딸, 즉 알렉산드라(25세), 아젤라이다(23세), 아글라야(20세)는 보티첼리 그림 속의 삼미신처럼 각자의 개성과 전체의 조화를 구현하고 있다. '만발한 꽃(цветущее семейство)(8 ; 15)'과 같은 이들은 지적인 재능은 물론이거니와 육체적인 측면에서도 "놀랄 만한 어깨, 풍만한 젖가슴, 남자 못지않게 튼튼한 팔"(8 ; 32)을 자랑하며 무엇보다도 대단한 먹성을 가졌음에도 그것을 숨기지 않는 솔직함까지 겸비하고 있다.(8 ; 32) 자매들 사이의 정이 두텁다는 점도 강조된다. 오직 리자베타 프로코피예브나만이 곧 시집을 가야 할 딸들이 하나같이 '니힐리스트'가 된 건 아닐까(8 ; 271, 272) 걱정하는 것이 전부다. 이렇듯, 므이시킨의 눈에 예판친 집안은 가히 스위스의 연장선으로 보였을 법하다. 예판친 장군 서재의 스위스(그것도 므이시킨이 직접 본 적이 있는 '우리' 주) 풍경화가 걸려 있는 것,(8 ; 25) 파블로프스크에 있는 예판친 집안의 별장이 스위스 식으로 꾸며진 것(8 ; 275)은 결코 우연이 아니다.

스위스에서 므이시킨은 첫 해, 즉 말도 제대로 할 줄 몰았던 백치였던 시절에도 자연과의 조화로운 합일을 느낄 수 있었으며(8 ; 351-352) 건강을 회복하고 난 뒤에는 '마리' 일화가 보여 주듯 그 스스로 스위스를 천상의 공간으로 만든다. 그곳에서 '레옹(Léon)' 아저씨는 그리스도의 훌륭한 '모상(подобие)'의 역할을 충실히 수행하고, 그의 인도에 따라 아이들과 마리도 각각 사도의 역할과 막달라 마리아의 역할에서 일탈하지 않는다. 이 공간에서는 므이시킨의 키스도 완전한 의미의 연민, 기독적 사랑의 표현(8 ; 60)으로 이해된다. 전반적으로 공작의 기억 속의 스위스는 러시아-페테르부르크는 물론이고 '기요틴의 나라'로서의 여타 유럽 국가(8 ; 54-56)와도 전혀 다른 공간, 즉 완전한 낙원과 같다. 이 곳을 떠나올 때의 결의를 므이시킨은 다음과 같이 얘기한다.

> - (…) Я сидел в вагоне и думал : 〈Теперь я к людям иду ; я, может быть, ничего не знаю, но наступила новая жизнь.〉 Я положил исполнить свое дело честно и твердо.(8 ; 64)
>
> - 나는 기차 안에 앉아서 생각했습니다. '이제 나는 세상으로 나간다, 나는 어쩌면 아무것도 모르지만, 어쨌거나 새로운 삶이 도래했다'라고. 나는 나 자신의 과업을 성실히, 확고히 수행하기로 마음먹었습니다.

그가 생각했던 '과업(дело)'은 과연 무엇일까? 분명한 것은 그 과업이 그가 맞닥뜨리게 될 세상, 즉 '사람들(люди)'의 모습에 따라 극히 유동적인 형태를 띨 거라는 점이다. 그런데 〈백치〉의 러시아, 특히 페테르부르크는 무엇보다도 묵시록의 해석에 지배되고 있다. 전형적인 광대 그룹에 속하지만 자칭, 타칭 묵시록의 대가인 레베제프의 말에 따를 때, 현대는 "증기선과 철도의 세기"가 아니라면 곧 "죄악과 철도의 세기"(8 ; 315)이다. 〈인구론〉의 저자 맬서스의 이름이 언급되기도 하거니와(8 ; 312) 묵시록의 '쑥별'(묵시록 8장 11-12절) 및 손에 저울을 든, 검은 말을 탄 기사(묵시록 6장 5절)가 1860년대 러시아를 덮친 자본주의의 패악, 즉 '돈'으로 구체화되었다는 것이다.[85] 실제로, 공작의 생일을 축하하기 위해 파블로프스크 별장에 모인 인물들이 얘기하는 각종 범죄들, 또 이폴리트의 "나의 불가피한 해명(мое необходимое объяснение : après moi le déluge!)" 속의 에피소드들,[86] 가난과 장자(長子) 콤플렉스와 병마에 시달리는, 지극히 '페테르부르크적인' 청년인 이폴리트의 운명 자체가 이를 증명해 주는 듯하다.

결과적으로 므이시킨이 아무리 '백치' 상태를 벗어났다고 할지라도, 작중 인물인 샤(Щ) 공작의 말(8 ; 282)에서도 알 수 있듯, '스위스-천상'을 '러시아-지상'에서 실현시키는 건 쉬운 일이 아니다. 더욱이 현재 이 공간에서 므이시킨 앞에 도사린 가장 큰 과제는 '세계 구원'이라기보다는 차라리 '자기 구원'인 것으로 보인다. 가령 로고진과의 관계에서도 파블로프스크에서의 재회 장면(8 ; 301-304)이 보여 주듯, 그와 로고진의 코드는 완전히 어긋나고 있다. 공작은 의형제로서의 로고진만 기억하는 반면, 이폴리트가 인지한바 "가장 완전하고 직접적인 삶을, 현재의 순간을 사는"(8 ; 337) 로고진은 공작의 '형제로서의 용서(братское прощение : 8 ; 303)'를 받아들일 만한 여유가 없다.

그러니까 로고진의 열정이나 질투 못지않게, 어쩌면 그보다 더 치명적인 것이 바로 므이시킨의 '그리스도 콤플렉스'이다. 그는 직접적으로 '용서'라는 말을 내뱉지는 않았지만 은연중에 로고진을 '죄인'으로, 자신을 그 죄인을 용서할 수 있는 어떤 절대자로 모델링함으로써 모종의

85) 자세한 논의는 Н. М. Чирков(1967) *О стиле Достоевского*, М. : Наука, сс. 115-146 ; В. Я. Кирпотин(1980) *Мир Достоевского*, М. : Советский писатель, сс. 20-60 ; К. В. Мочульский(1995) сс. 394-400을 참조하라.

86) 가난에 허덕이다가 아이까지 잃은 수리코프(8 ; 329), 어느 지방 도시에서 일자리를 잃고 상소하기 위해 페테르부르크로 상경했으나 더 영락하게 된 젊은 의사 부부(8 ; 330-333 : 결국 이폴리트의 도움으로 좋은 일자리를 구한다) 등의 얘기가 주된 내용이다.

위계를 설정하고 있다. 이렇게 도스토예프스키가 최고의 미덕 중 하나로 생각했던 '겸허(смирение)'가 신의 아들이 되고자 하는 '오만(гордость)'으로 변질된다. 동시에 '전적으로 아름다운 인간'은 가장 '추한(безобразный)' 인간이 되고 이로써 하느님의 형상(образ) 자체를 잃어버리는 역설적인 상황이 초래된다. 결국 므이시킨은 그리스도를 닮은 유로지브이-백치(1부)에서 비교적 정상적인 사람을 거쳐(2부 이후) 광인(безумец)으로 변모되는 셈이다. 바로 여기에 '그리스도'로서의 므이시킨이 지닌 숙명적인 오류가, 나아가 돈 키호테적인 우스꽝스러움이 들어 있다.

다른 한편으로, 아글라야와 나스타시야 필립포브나를 사이에 둔 공작의 방황(특히 3부)은 그 자체로 우스꽝스럽다. 그는 어쨌거나 스스로 아글라야의 약혼자가 된 상황에서도 끊임없이 '다른 여자'를 생각할 뿐더러(8 ; 352, 357) 그 '다른 여자'가 던진 한마디 질문 "당신, 행복해?"(8 ; 382)에 어떤 확답을 주지 못한다. 므이시킨의 내적 고뇌가 얼마나 깊든 간에, 또한 그의 성정이 얼마나 아름답든 간에 결국 연적들 간의 '4자회담'까지 야기한 그의 무책임하고 어린애 같은 애정 행각은 '박애'의 어처구니없는 실행에 지나지 않는다. 여기서 골치 아픈 곳에 재림한 그리스도의 그야말로 돈 키호테적인 우스꽝스러운 면모가, 가히 독자들에게 연민과 동정을 불러일으킬 만한 "불쌍한 백치"(8 ; 485)의 실체가 또 한 번 확인된다. 이런 식의 우스꽝스러움이 작가가 말한 그 아름다움의 근거가 된단 말인가?

3.2.2. "무덤 속 그리스도의 주검"과 '추의 미학'

〈백치〉를 관통하는 한스 홀바인 2세(1497-1543)의 "무덤 속 그리스도의 주검(Der Leichnam Christi im Grabe, 1521)"은 세 인물에 의해 체험된다. 므이시킨은 2부에서 로고진의 집을 방문했을 때 홀바인의 그림을 보고서, 또 "이 그림을 보는 것을 좋아해"라는 로고진의 말에 "이 그림을 보고 있으면 어떤 사람은 믿음을 잃어버릴 수도 있을 걸"(8 ; 182)이라고 말한다. 하지만 이 그림에 가장 큰 감화를 받는 인물은 다소 역설적이게도 에피소드적 인물인 이폴리트이다.[87)]

---

87) 이 점에서 이폴리트는 로고진, 므이시킨과 함께 〈백치〉의 '이데올로기적 삼각형'을 구성한다.(С. Янг(2001) "Картина Гольбейна 〈Христос в моглие〉 в структуре романа «Идиот»," *Роман «Идиот»*, М. : Наследие, сс. 36-37.)

В картине же Рогожина о красоте и слова нет ; это в полном виде труп человека, вынесшего бесконечные муки еще до креста, раны, истязания, битье от стражи, битье от народа, когда он нес на себе крест и упал под крестом, и, наконец, крестную муку в продолжение шести часов(так, по крайней мере, по моему расчет у). Правда, это лицо человека, только что снятого со креста, то есть сохранившее в себе очень много живого, теплого ; ничего еще не успело закостенеть, так что на лице умершего даже проглядывает страдание, как будто бы еще и теперь им ощущаемое(это очень хорошо схвачено артистом) ; но зато лицо не пощажено нисколько ; тут одна природа, и воистину таков и должен быть труп человека, кто бы он ни был, после таких мук. Я знаю, что христианская церковь установила еще в первые века, что Христос страдал не образно, а действительно и что и тело его, стало быть, было подчинено на кресте закону природы вполне и совершенно. На картине это лицо страшно разбито ударами, вспухшее, со страшн ыми, вспухшими и окровавленными синяками, глаза открыты, зрачки скосилась ; большие, открытые белки глаз блещут каким-то мертвенным, стеклянным отбл еском.(8 ; 338-339)

그런데 로고진의 그림 속에선 아름다움에 대해선 아무 말도 없다. 이것은 십자가에 매달리기 전부터 무한한 고통, 상처, 고문을, 또 십자가를 짊어지고 갈 때나 십자가를 짊어진 채 쓰러졌을 때 경비병의 구타, 민중들의 구타를, 끝으로 여섯 시간 동안(적어도 나의 계산으론 그렇다) 십자가의 고통을 감내한 인간의 시체, 그것의 완전한 모습이다. 사실, 이것은 '이제 막' 십자가에서 내려진 사람의 얼굴, 즉 살아 있는 것, 따뜻한 것을 아주 많은 간직하고 있는 얼굴이 아닌가. 아직 아무것도 채 다 굳어지지 못했기 때문에 죽은 자의 얼굴에는 심지어 고통마저도 엿보이는데, 흡사 지금도 그는 여전히 그 고통을 느끼고 있는 듯하다(이것이 예술가에 의해 아주 잘 포착되었다). 하지만, 대신 이 얼굴은 정말로 무자비하게 그려졌다. 여기엔 오직 자연 하나만이 있을 뿐이니, 인간의 시체는 그가 누구였든 간에 이만한 고통을 감내한 뒤라면 진실로 이러하고 또 이러해야만 한다. 내가 알기로, 기독교 교회에서는 초창기 시절부터 그리스도가 비유적이 아니라 실제로 고통 받았으며 고로 그의 육체도 십자가 위에서 전적으로, 완전히 자연의 법칙에 종속되었다는 견해를 확립시켰다. 그림 속에서 이 얼굴은 워낙 많이 두들겨 맞았기 때문에 무서울 정도로 일그러지고 퉁퉁 부은데다가 역시나 무섭도록 퉁퉁 부어오른 피멍으로 얼룩져 있고, 두 눈은 그대로 떠져 있고 눈동자는 비스듬히 돌아갔다. 또 커다랗게 뜨여진 눈의 흰자위에서는 어쩐지 죽음과 같은 유리빛 광채가 빛나고 있다.

"나의 불가피한 해명"에서 상세하게 묘사된바, 이폴리트의 눈에 비친 홀바인의 그리스도는 더 이상 신의 아들이 아니라 한 인간이다. 따라서 그가 겪은 책형의 고통 역시도 "비유적"인 것이 아니라 철저하게 "자연의 법칙에 종속"된 것이다. 물리적 고통 앞에서 기적을 행하기는커녕 그것을 감내해 내는 것 외엔 아무것도 할 수 없었던 무기력한 인간 그리스도 앞에 과연 누가 고개를 숙일 것이며 누가 그의 부활을, 즉 신성을 믿을 수 있겠는가. 이런 치명적인 물음을 자기 자신과 독자에게 던지면서 이폴리트는 이 그림 속의 '자연'이 "뭔가 거대하고 붙잡을 수 없는 말없는 짐승이나 더 정확히, 아주 더 정확히 말해서 (…) 위대하고 더할 나위 없이 가치 있는 존재를 (…) 무자비하게 집어삼키는 아주 새로운 조직의 어마어마한 기계"(8 ; 339)처럼 여겨진다고 말한다. 이 힘 앞에서는 '전적으로 아름다운 인간'인 그리스도조차도 애처로운 희생양으로 전락할 수밖에 없다. 누워 있는 주검에 꼭 맞추어진 화폭의 모양새(30.5×200cm)는 구원은 내 안에도 내 밖에도 없다는, 〈백치〉를 관통하고 있는 암울한 인식을 형식적 차원에서 표현해 주는 듯하다. 이 그림 속에서 홀바인은 당시 바로크 미술이 자주 보여 주던 고딕식 에로티시즘을 거세시키고 이로써 부활, 곧 미래적 전망을 없애 버린다. 결과적으로, 홀바인이 자신의 멜랑콜리를 담아낸 이 그림[88]은 간질병환자로서의 공작이 신봉해 온 유물론(8 ; 321)의 승리를 재차 확인시켜 주는 셈이다.

더욱더 의미심장한 것은 이폴리트의 머릿속에서 홀바인의 그림, 더 정확히 이 그림 속의 '자연'이 거대한 괴물, 나아가 로고진의 형상으로 육화된다는 점이다. 죽음의 목전에 다다른 병약한 의식 속에서 괴물은 정말로 거대한 힘을 발휘하여 이폴리트의 개 노르마를 위협하고, 이와 비슷하게 로고진은 예의 그 밑도 끝도 없는 침묵으로 이폴리트를 응시한다. 사실 로고진과

88) J. 크리스테바(2004) 〈검은 태양 : 우울증과 멜랑콜리〉, 김인환 옮김, 동문선, 135-173쪽.

이폴리트의 만남에는 동기 부여도 제대로 되어 있지 않거니와[89] 이들의 관계 자체도 최소한 이폴리트의 입장에서는 신비적인 면을 담고 있다.[90] 로고진이 이폴리트에게 어떤 일을 했든 간에 여하튼 이폴리트는 자기 앞에 출현한 로고진의 환영을 자연의 폭압, 아니 조롱으로 이해하곤 급기야 자살을 결심하기에 이른다. 그리고 이 자연 앞에서 "내가 나 자신의 의지로 시작하고 끝낼 수 있는 유일한 일"(8 ; 344)이라고 의기양양하게 선언한 자살이 우스꽝스러운 해프닝으로 끝난 뒤에도, 로고진이 물수건으로 자신을 질식시키는 꿈을 꾸는가 하면(8 ; 465) 므이시킨과 나스타시야 필립포브나의 결혼 전날 므이시킨에게 로고진의 위협을 경고한다(8 ; 489). 이폴리트의 병적인 망상 속에서 이렇다 할 맥락도 없이 섬뜩하게 신비화된 로고진의 형상은 〈백치〉 전반에 도사리고 있는 부조리하고 총체적인 어둠의 본질을 축소화의 형태로 보여 주는 것일 수도 있다. 여기서 다시 홀바인의 그림으로 돌아가자.

이폴리트는 "무덤 속 그리스도의 주검"에 대해 "아름다움에 대해선 아무 말도 없다"라고 썼다. 다소 의역을 하자면, 이 그림은 아름다움과는 거리가 먼 작품이다. 영과 육의 부활 대신 그것의 완전한 죽음, 천사 및 사도들의 애도 대신 무덤 속의 완전한 고요와 고독, 아름답게 미화된 육신 대신 추하게 일그러진 육체 등을 보여 줌으로써 '추' 내지는 적어도 뭔가 기괴하고 특이한 아름다움을 문제 삼고 있다. 여타 장편들과 비교했을 때 〈백치〉에 유난히도 많은 여러 시각적 이미지들, 즉 앞서 살펴본 나스타시야 필립포브나의 사진-초상화, 로고진 아버지의 초상화는 물론이거니와 1부에서 므이시킨이 아젤라이다에게 그림의 소재로 제안하는 "기요틴의 일격이 가해지기 일분 전 사형수의 얼굴"(8 ; 54), 나스타시야 필립포브나가 아글라야에게 보내는 편지 속에서 묘사하고 있는, 어린아이와 함께 남겨진 사색에 잠긴 슬픈 그리스도(8 ; 380) 등이 대체로 다 그러하다.[91] 공작이 이 사형수 이미지에 덧붙여 "이런 그림"이라고

89) 〈백치〉의 텍스트에는 그저 로고진이 "한 가지 일 때문에"(8 ; 337) 이폴리트를 방문했고 그 답례 차원에서 그가 로고진의 집을 찾은 것으로 돼 있다. 하지만 작가의 메모에 의할 때 로고진이 이폴리트를 방문한 이유는 "신 때문(за богом)"이다.(9 ; 283)

90) 이폴리트는 로고진의 집은 '무덤'이며 로고진은 이 무덤에 무척 어울리는 인물이라고 말한 뒤(8 ; 338) "극과 극은 통한다(les extrêmités se touchent)"라는 불어 문장을 로고진에게 러시아어로 번역해 주면서까지 그들 둘 사이의 친연성을 강조한다. 두 인물의 이름 속에 공히 '처녀성'이 포함되어 있다는 점도 일별할 만하다.(T. A. Касаткина(2001) "Роль художественной детали и особенности функционирования слова в романе Ф. М. Достоевского «Идиот»," *Роман «Идиот»*, М. : Наследие, с. 65.)

91) 〈백치〉 속의 여러 그림 및 이미지에 대해서는 А. Б. Криницын(2001) "О специфике визуального мира у Достоевского и семантике 〈видений〉 в романе «Идиот»," *Исповедь подпольного человека : К антропологии Ф. М. Достоевского*, М. : Макс Пресс, сс. 304-310을 참조하라.

언급하는 한스 프리스(1450-1520)의 “세례자 요한의 참수”(1514)도 마찬가지이다. 이 역시도 비슷한 시기에 그려진 다빈치의 “광야에 있는 세례자 요한”(1510-15)이나 “세례자 요한”(1513-1516)과는 달리, 참수라는 소재의 특수성을 고려한고 할지라도, 상당히 어두운 느낌을 주기 때문이다. 물론 백치에는 므이시킨이 알렉산드라의 얼굴과의 유사성을 지적하는(8 ; 65) 홀바인의 일명 “다름슈타트의 마돈나(Madonna of the Burgermeister Meyer Family : 1526)”도 존재한다. 하지만 나스타시야 필립포브나의 아름다움 앞에서 아글라야의 아름다움이 힘이 발휘하지 못하듯, 이 그림도 앞서 언급된 이미지들을 압도하지는 못한다. 그리하여 작품 속에 만연한 ‘추’의 이미지들은 결국 살인이라는 가장 ‘추한’ 모양의 육신을 얻게 된다.

3.2.3. 도스토예프스키의 그리스도 : 우스꽝스러움과 숭고미

4부 11장은 로고진과 므이시킨의 만남 장면에 이어 〈백치〉에서 고딕 코드의 탈코드화 및 재코드화가 가장 큰 성취를 보이는 부분 중 하나이다. 므이시킨은 로고진과 나스타시야 필립포브나의 행방을 찾기 위해 무려 세 번이나 로고진의 집을 방문하지만, 한결같이 수상쩍은 답을 들을 뿐이다.(문지기의 수상한 태도 자체가 고딕 성문을 지키는 문지기들의 패턴을 반복하고 있다.) 로고진의 얼굴이 그 집 창문으로 출몰하는가 하면 공작의 호텔방으로 온 로고진이 공작을 자기 집으로 들일 때도 사람들의 눈을 의식하며 뒷문을 이용하는 등 ‘공포와 비밀’의 분위기가 만연해 있다. 로고진의 집의 내부도 마찬가지다. 페테르부르크의 백야의 빛(이미 7월이다)도 이미 저물어 달빛만으로 간신히 물건의 형체를 분간할 수 있건만, 로고진은 촛불을 밝히면 좋겠다는 므이시킨의 제안을 일언지하에 거절한다. 급기야 끔찍한 ‘죄악’이 밝혀진 이후에도 이런 상황에서 극히 자연스러울 법한 비명 하나 묘사되지 않는다. 로고진과 므이시킨의 대화 부분은 어떤 고딕 소설도 보여줄 수 없었던, 복잡한 감정 코드들이 뒤섞인 그로테스크한 명장면이기도 하다.

> – Слушай··· – спросил князь, точно запутываясь, точно отыскивая, что именно надо спросить, и как бы тотчас же забывая, – слушай, скажи мне : чем ты ее? Ножом? Тем самым?
>
> – Тем самым.

– Стой еще! Я, Парфен, еще хочу тебя спросить… я много буду тебя спрашивать, обо всем… но ты лучше мне сначала скажи, с первого начала, чтоб я знал : хотел ты убить еще перед моей свадьбой, перед венцом, на паперти, ножом? Хотел или нет?

– Не знаю, хотел или нет… – сухо ответил Рогожил, как бы даже несколько подивившись на вопрос и не уразумевая его.(8 ; 505)

– 들어 봐… – 공작이 꼭 갈피를 못 잡겠다는 듯, 꼭 정확히 뭘 물어야 될 지를 찾는 듯, 꼭 뭘 잊어버린 듯 물었다. – 이봐, 나한테 말해 보게. 그러니까 자네, 그녀를 뭘로? 칼로? 바로 그 칼로?

– 그래, 바로 그 칼.

– 잠깐만! 나는, 파르폰, 자네한테 물어보고 싶은 게 더 있어… 나는 자네한테 많은 걸 물어볼 거야, 모든 것에 대해서… 하지만 차라리 자네가 먼저 나한테 말해 주게, 내가 잘 알 수 있도록 처음부터. 자네는 내 결혼식이 있기 전에 그녀를 죽일 생각이었나, 혼인서약 전에, 교회의 현관에서 칼로? 그럴 생각이었나, 아니었나?

– 모르겠어, 그럴 생각이었는지 아니었는지… – 로고진은 이 질문에 심지어 다소간은 놀란 듯, 그게 잘 납득도 안 된다는 듯 건조하게 대답했다.

이어, 나스타시야 필립포브나의 시체를 앞에 둔 채 완전히 실성해 버린 로고진의 얼굴에 자신의 얼굴을 맞대고 눈물을 흘리는 므이시킨의 모습(8 ; 507)에서 그리스도의 형상을 본다면, 그 그리스도야말로 과연 홀바인의 그림 속의 그리스도일 것이다. 하지만 그리스도가 정녕 '전적으로 아름다운 인간'이었다면, 그것은 그가 '신의 아들'이기 때문이기보다는 그야말로 '인간의 아들'로서 무한한 고통을 감내했기 때문, 즉 이폴리트가 해석하는 홀바인의 그림 속 그리스도처럼 자연의 테러 앞에서 무참하게 망가질 수밖에 없는 존재였기 때문이다. 만약 육체적 고통으로부터 자유로운 초월적인 존재였다면, 그 누구도 감동하지 않을 것이다. 이 감동 속에는 물론, 그리스도'마저도' 애처로운 희생양으로 만들어 버릴 수 있는 자연의 힘 앞에서 환기된 숭고함에 대한 미적 체험이 들어 있다. 이렇듯, 그리스도의 형상과 백치의 형상이 하나로 어우러져 참혹한 파국을 맞이하는 순간, 정념-정염 혹은 운명의 파괴력에 대한 공포와 전율, 나아가 〈백치〉의 숭고미가 극에 달한다.

도스토예프스키에 의해 재해석된 홀바인의 그리스도와 므이시킨을 동일선상에 놓는다면, 므이시킨이 백치이자 나아가 간질병 환자로 설정된 것도 충분히 이해된다. 그는 간질발작 직전, 의식이 희미해지기 직전의 그 고통스러운 순간이야말로 "가장 낮은 것"과 "가장 높은 것"의 결합, 세상의 그 무엇과도 바꿀 수 없는 "가장 드높은 순간"(8 ; 188)이라고 했다. 하지만 정작 그 자신은 지상에 발을 딛고 있는 만큼 간질 발작이 선사한 황홀경의 순간과 나란히 그 이후의 시간마저도 살아 내야 하는 존재이다. 정신적 박약과 선천적인 간질병이 므이시킨에게 가해진 자연의 폭압의 결과일진대, 홀바인의 그리스도와 므이시킨은 그야말로 유비적인 존재가 된다. 다만, 전자가 자연의 폭압의 귀결인 죽음의 육화라면 후자는 그것의 출발점 내지는 과정인 삶의 육화이다. 그리고 므이시킨의 우스꽝스러움은 스위스-천상이 아닌 러시아-지상과의 충돌에서, 정신적이고 상징적 존재로서의 삶이 아닌 순수하게 육적인 삶의 과정에서 발생한 것이다. 즉, 우스꽝스러움이 곧 아름다움의 근거가 된다는 도스토예프스키의 테제는 기본적으로 천상과 지상, 정신과 육체, 미와 추의 만남이 초래할 수밖에 없는 비극적이고 역설적인 상황을 전제로 하고 있다. 〈백치〉의 테제인 "아름다움이 세계를 구원할 것이다(мир спасет красота)"에서의 아름다움이 문제 삼고 있는 것도 궁극적으로, 죄를 모르는 천상-스위스(아글라야적인 미)의 아름다움이 아니라 타락과 고통으로 점철된 지상적인 아름다움이자 또한 자연의 힘 앞에선 '유물론'에 귀속될 수밖에 없는 육체적 존재로서의 인간이 지닌 아름다움인 것이다.[92)]

나스타시야 필립포브나와 로고진의 대지적인 열정과 므이시킨의 백치다움의 결합 및 파국을 통해 독자는 홀바인의 그림 앞에서 〈백치〉 속의 인물들이 경험한 공포와 숭고의 감동을 공유하게 된다. 〈백치〉의 파국은 로고진 및 나스타시야 필립포브나 대 므이시킨의 대립에서 후자의 패배에 의한 것이 아니라 이들 세 사람이 각기 다른 식으로 육화한 열정, 원죄와도 같은 본질적인 생의 에너지(이것이 곧 '자연-천성'이다)에서 비롯된 것이다. 홀바인의 그리스도처럼 도스토예프스키의 그리스도 므이시킨도 자연의 폭압 앞에서 파멸할 수밖에 없었고,

---

92) 므이시킨이 단순히 아름다운(красивый) 사람이 아닌, 여러 복합적 의미를 내포한 아름다운(прекрасный) 사람인 것도 이 맥락에서 이해할 수 있겠다. 숭고미 논의에서 사용되는 '아름다움'의 러시아 역어 역시도 'красивое'가 아니라 'прекрасное'이다.

이는 곧 신성의 육화가 구원이 아닌 파국을 낳았음에 다름 아니다.[93] 이러한 비극을 통해 체험되는 미적 감동이란 궁극적으로 인간 개개인의 의지와는 무관하게 우리의 삶을 파고드는 자연의 거대한 힘 앞에서 느끼는 공포와 맞닿아 있다. 하지만 이 공포는 초자연적이고 신적인 (더 자주 미신적인) 힘에 의해 야기되는 공포, 즉 고딕 코드의 공포를 명백히 넘어선 것으로서, 오히려 위고의 경우와 비슷하게 인간의 심리 및 현실적 맥락에서 동기화된 자연-운명의 힘 앞에서 느끼는 공포이다. 그러니까 〈백치〉의 환상성은 일정 부분 고딕 코드의 활용과 연결되어 있지만, 그 코드를 탈코드화, 재코드화함으로써 획득된 심리 묘사의 핍진성과 자연-운명의 생생한 형상이야말로 이 작품의 숭고미의 근거인 것이다.

참고문헌

M. 가이어(2004) 〈칸트 평전〉, 김광명 옮김, 서울: 미다스북스.

김연경(2004) "도스토예프스키의 환상소설 "여주인" 연구", 〈러시아연구〉, 14-1, 서울: 서울대학교 러시아연구소.

_____ · 이기웅(2006) "주체사이성과 소통의 윤리학", 〈러시아연구〉, 16-1, 서울: 서울대학교 러시아연구소.

_____(2007) "도스토예프스키와 근대: 죄와 벌을 중심으로", 〈러시아어문학연구논집〉, 24, 서울: 한국러시아문학회.

김상봉(1997) "칸트와 숭고의 개념", 〈칸트 연구〉, 3권, 서울: 한국칸트학회.

김수환(1998), 〈로트만 기호학에 있어서 텍스트 이론의 진화〉, 1998, 서울: 서울대학교(석사학위논문).

E. 버크(2006) 〈숭고와 아름다움의 이념의 기원에 대한 철학적 탐구〉, 김동훈 옮김, 서울: 마티.

석영중(2006) "도스또예프스끼의 〈백치〉와 강생", 〈슬라브학보〉, 21-1, 서울: 슬라브학회.

들뢰즈/가타리(2003) 〈천 개의 고원: 자본주의와 분열증〉, 김재인 옮김, 서울: 새물결

이규식(1996) 〈빅토르 위고〉, 서울: 건국대학교출판부.

이진경(2006) 〈노마디즘 1〉, 서울: 휴머니스트.

---

93) 〈백치〉의 기획 및 므이시킨의 형상이 지닌 모순성이 이미 이런 비극을 내포하고 있었는지도 모른다. 자세한 것은 M. Holquist(1977) *Dostoevsky and the Novel*, Princeton, New Jersey : Princeton Uni. Press, pp. 107-114 ; H. Murav(1992) *Holy Foolishness*, Stanford, California : Stanford Uni. Press, pp. 73-75를 보라. 물론 어쨌거나 〈백치〉가 "글로 씌어진 이콘"(석영중(2006) "도스또예프스끼의 〈백치〉와 강생", 〈슬라브학보〉, 21-1, 서울 : 슬라브학회, 100쪽)임은 명백하다.

I. 칸트(2005) 〈아름다움과 숭고함의 감정에 관한 고찰〉, 이재준 옮김, 서울: 책세상.

I. 칸트(2005) 〈판단력 비판〉, 김상현 옮김, 서울: 책세상.

J. 크리스테바(2004) 〈검은 태양: 우울증과 멜랑콜리〉, 김인환 옮김, 서울: 동문선.

Архипова, А. В.(1996) "Достоевский и эстетика безобразного," Достоевский: *материалы и исследования*, Т. 12, СПб.: Наука.

Альтман, М. С.(1975) *Достоевский: по вехам имен.* Саратов: Изд. Саратовского уни-та.

Ахундова, И. Р.(2001) "〈Воплощение хаоса и небытия〉(Парфен Рогожин-демон смерти или персонификация судьбы)", *Роман «Идиот».* М.: Наследие.

Блок, А. А. (1962) Безвременье, *Собрание сочинений в восьми томах*. Т. 5, М.-Л.: Гос. Изд. Худ. Лит.,

Вацуро, В. Э.(2002) *Готический роман в России.* М.: НЛО.

Достоевский, Ф. М.(1772-1990) *Полное собрание сочинений в тридцати томах.* Л.: Наука, Т. 5, 8, 9, 15, 20, 28-1, 28-2.

Казари, Р.(1989) "Купеческий дом: историческая действительность и символ у Достоевского и Лескова", *Достоевский: материалы и исследования.* Т. 8, Л.: Наука.

Касаткина, Т. А.(2001) "Роль художественной детали и особенности функционирования слова в романе Ф. М. Достоевского «Идиот»," *Роман «Идиот».* М.: Наследие

Кирпотин, В. Я.(1980) *Мир Достоевского.* М.: Советский писатель.

Криницын, А. Б.(2001) "О специфике визуального мира у Достоевского и семантике 〈видений〉 в романе «Идиот»," *Исповедь подпольного человека: К антропологии Ф. М. Достоевского.* М.: Макс Пресс.

Лотман, Ю. М.(1970) *Структура художественного текста.* М.: Искусство.

________________(1996) "Автокоммуникация: 〈я〉 и 〈другой〉 как адресаты(О двух моделях коммуникации в системе культуры)," *Внутри мысляших миров: человек - текст - семиосфера - история.* М.: Языки русской культуры.

Мочульский, К. В.(1995) "Достоевский. Жизнь и творчество," *Гоголь. Соловьев. Достоевский.* М.: Республика.

Полякова, Е. А.(2002) *Поэтика драмы и эстетики театра в романе: «Идиот» и «Анна Каренина».* М.: РГГУ.

Степанян, К.(2001) "Юродство и безумие, смерть и воскресение, бытие и не-бытие в романе «Идиот»," *Роман «Идиот».* М.: Наследие.

Чирков, Н. М.(1967) *О стиле Достоевского.* М.: Наука.

Шкловский, В. В.(1974) *Собрание сочинений в трех томах.* Т. 3. М.: Худ. Лит.

Янг С.(2001), "Картина Гольбейна 〈Христос в моглие〉 в структуре романа «Идиот»," *Роман «Идиот».* М.: Наследие

Avsey, I.(1999) "The Gothic in Dostoevskii and Gogol: The British Connection," *The Gothic-Fantastic in Nineteenth-Century Russian Literature*(ed. by N. Cornwell). Amsterdam-Atlanta, GA.

Cornwell, N.(1999) "Russian Gothic: An Introduction," *The Gothic-Fantastic in Nineteenth-Century Russian Literature*(ed. by N. Cornwell). Amsterdam-Atlanta, GA.

French, B. A.(2002) *Dostoevsky's Idiot: Dialogue and the Spirituality Good Life.* Evanston, Illinois: Northwestern Uni. Press.

Holquist, M.(1977) *Dostoevsky and the Novel.* Princeton, New Jersey: Princeton Uni. Press.

Hugo, V.(1963) "Cromwell," *Théâtre complet* I. P.: Gallimard.

Lanson, G.(1959) *Histoire de la Littérature Française.* P.: Librairie Hachette.

Lantz, K.(2004) "Gothic Fiction," *The Dostoevsky Encyclopedia.* Westport, Connecticut · London: Greenwood Press.

Miller, R. F.(1981) *Dostoevsky and The Idiot: Author, Narrator, and Reader.* Cambridge, Massachusetts and London England: Harvard Uni. Press.

__________(1995) "Dostoevskii and the Tale of Terror," *Dostoevskii and Britain*(ed. by W. J. Leatherbarrow). Oxford/Providence, USA: BERG.

Morris, D. B.(2004) "Gothic Sublimity," *Gothic: Critical Concepts in Literary and Cultural Studies*(ed. by F. Botting and D. Townshend). V. Ⅱ, London and New York: Routledge.

Murav, H.(1992) *Holy Foolishness.* Stanford, California: Stanford Uni. Press.

제15장

소통의 경계와 새로운 서사의 모색
– M. 고리키의 〈어떤 소설〉

| 이강은 |

1. 소통의 새로운 상황과 서사

우리말에 '아 다르고 어 다르다.', '말 한 마디로 천 냥 빚을 갚는다.'라는 속담이 있다. '아'와 '어'가 뭐 그리 다를 것이며, 과연 '말 한 마디'가 '천 냥'의 물질에 값할 수 있을 것인가. 그러나 20세기 냉전 이데올로기 하에서 벌어진 '말'에 대한 투쟁을 잘 알고 있는 우리로서는 이 말이 단순한 속담으로 들리지만은 않는다. 진정 어떤 말이 가리키는 의미의 진실성 여부를 떠나 그 말이 행해지는 상황과 문맥, 문체 자체가 가지는 힘, 즉 소통상황에서 빚어지는 언어 그 자체의 물질성에 대한 뼈저린 체험을 우리는 너무나 많이 겪어 오지 않았던가.

톨스토이의 〈안나 카레니나〉의 첫 장면을 보자.

남편의 부정을 확신하며 집을 떠나겠다는 아내 돌리와 용서를 빌고 싶은 남편 오블론스키. 이들 부부는 서로 이미 마음속으로 화해를 원하고 있다. 하지만 이들이 한 마디 꺼낼 때마다 그 말은 마음과는 달리 갈등을 확산시키기만 한다. 오블론스키가 "내가 한 순간, 한 순간 유혹에 빠져…"라며 용서를 빌려고 하지만, '유혹(увлеченья)'이라는 단어는 돌리의 마음의 상처를 되살아나게 만든다. 돌리는 화를 내며 "당신은 역겨워요, 혐오스러워요!"라며 온갖 비난의 언어를 찾다가 자신도 모르게 당신은 '남(чужой)'이라고 선언한다. 그러나 이 '남'이라는 단어에 그녀 자신이 소스라치게 놀라며 끔찍함(ужасное)을 느낀다. 그리고 잠시 뒤 홀로 남은 돌리는 다시 '우리는 영원히 남'이라고 독백하고는 그 '무시무시한 단어(страшное для неё слово)'에 전율하며, '나는 얼마나 그를 사랑하고 있는가'라며 후회한다.

바흐친(М. Бахтин)은 도스토예프스키의 말에 대한 민감성을 주목하면서 그 유명한 '다성성(многоголосье)', '폴리포니야(полифония)'라는 소설 개념을 제시했다. 그것은 이제 너무나도 잘 알려진 것이어서 따로 언급할 필요조차 느끼지 못한다. 그러나 톨스토이의 예와 같이, 작가들이 '말'에 대해 민감하다는 것은 꼭 도스토예프스키에게서만 관찰되는 것은 아니다. 어느 시대 어느 문학가든 '말'의 중요성, '말'의 물질성에 대한 예민한 직관적 감각을 – 의식적이든 무의식적이든 – 지니지 않은 문학가는 없다고 말해도 과언이 아닐 것이다. 그러나 19세기 문학가들은 대체로 말의 물질성 그 자체에 주목하고 있지는 않다. 그들이 말에 대해 주목하는 것은 무엇보다 먼저 그 말이 담아야 할 내용, 지시해야 할 본질을 보다 효율적으로 담아내기 위해서다. 그 누구보다 말에 민감하다고 바흐친에 의해 분석된 도스토예프스키조차 그 말의 다성성, 폴리포니야는 그 무엇보다 먼저 그 말에 담긴 이념, 혹은 의식이 문제였고, "이념적 수준에서 다층적인 시점들을 표현"[94]하는 것이었다. 즉 대체로 19세기 문학에서 언어는 세계를 총체적으로 인식하고 그것을 형상화하는 수단이라는 점에 대한 근본적 회의와 문제의식은 그리 크지 않았다. 그들에게 '아'와 '어'는 그리 다르지 않았고 그것이 담고 있는(담고 있다고 여겨지는) 의식이나 관념의 차이가 아닌 말 그 자체의 차이는 본질적인 차이로 여겨지지 않았던 것이다. 오블론스키와 돌리의 갈등은 '말'로 인해 심화되지만 그 다툼은 영원한 결과로 이어지지 않는다. '말'(형식) 이전에 존재하는 그들의 '마음'(본질)이 드디어는 말을 극복하고 그들을 화해시킨다. 그들의 어떤 말에도 불구하고 그들이 나아가야 할 서사의 방향은 이미 정해져 있었던 것이다. 또한 말 한 마디로 그들의 운명이 바뀌거나 서사의 방향이 새롭게 형성되는 것은 아니었다. 도스토예프스키의 라스콜리니코프가 어머니의 편지를 읽으면서 그 이면에 놓인 어머니의 진심을 이해하기 위해 애를 쓰는 모습(바흐친이 분석하여 보여 주듯이)에서, 그리고 라스콜리니코프와 예심판사 포르피리와의 예민한 언어적 대립에서 그들의 언어 너머에는 그들의 언어를 좌우하는 보다 본질적인 진실의 존재가 전제되고 있다.[95] 그리하여 결국 라스콜리니코프의 운명을 가르는 '물질'은 결정적으로 그의 '말'이 아니라 말을 통해

94) 보리스 우스펜스키(1992) 〈소설구성의 시학〉. 김경수 역, 현대소설사, 35쪽.
95) М. Бахтин(1979) *Проблемы поэтики Достоевского.* 4-е изд., М.: Советская Россия, сс. 71-72, 86-87.

드러난 라스콜리니코프의 이념적 본질, 혹은 그 주인공을 창조하는 작가의 이념이다.

그러나 20세기 문학에서 '말'은, 언어는 보다 본질적인 변화를 겪는다. 그것은 축구선수가 축구를 하다가 갑자기 운동장 밖으로 나와서 관중들과 이야기하며 경기를 분석하는 듯한, 혹은 플라토노프(А. Платонов)의 주인공 보셰프가 공장에서 일을 하다가 공동의 속도를 맞추지 못하고 자꾸 사색(задумчивость)에 잠기다가 공장에서 내쫓기는 것과도 같은 상황변화다. 이제 언어는 서사의 매개물에 그치지 않고 직접 "서사의 대상이 되고, 서사의 주인공"[96]이 된다. 이러한 과정은 19세기 공리주의적 문학관에 대응하는 미학적 자율 영역(автономия)의 성립과도 깊게 연관된다.[97] 문학과 미학 분야에서 말 '그 자체에' 대한 관심과 반성, 그리고 혁신의 모색이 문학과 미학의 자율 영역의 성장으로 이어졌던 것이다.

문학에서 언어의 본질과 기능이 이렇게 변화한 것은 소통적 상황의 변화와 깊게 관련되어 있다. 20세기 초 러시아 혁명과정은 단일한 사상이나 이데올로기를 관철시키는 과정이지만, 다른 한편 19세기에 비해 상대적으로 훨씬 깊은 사회적 갈등과 충돌을 노정시켰다.[98] 단일한 사상을 관철시키고자 하는 입장에서 언어는 매우 중요한 의미전달의 도구이다. 여기서 말은 전달해야 할 어떤 것의 그림자이지 말 자체가 실체로 인식되지는 않는다. 그러나 다양한 갈등과 충돌 사이에 선 사람들은, 혹은 그것을 아프게 인식하는 문학가들은 마치 건너뛰기 힘든 양쪽 벼랑 끝에 선 사람들이 그 간극을 사이에 두고 마치 어둠 속에서 서로의 존재를 확인하기 위해 '말'을 하는 것처럼, '말'의 중요성에, '말 자체의 물질성'에 주목하거나 의지하지 않을 수 없었다. 벼랑 저 쪽의 존재는 '나'에게 말을 걸고, '나'는 응답한다. 이들 사이에는 변치 않는 마음을 침묵으로 표현하거나 우물거림으로 전달할 수 있는 공동의 무엇인가를 공유하고 있지 못하다.[99] 이들이 서로 소통하기 위해서는 서로 건네는 말이 응답하고 짜여지면

---

96) Н. В. Драгомирецкая(2003) "Проза 1920-1930-х годов : от эксперимента к классике. Слово как предмет и герой," *Теоретико-литературные итоги XX века*, Ю. Б. Борев и др.(ред.), М. : Наука, с. 222.

97) Александр Дмитриев(2004) "Эстетическая автономия и историческая детерминация : русская гуманитарная теория первой трети XX в. в свете проблематики секуляризации," *Русская теория 1920-1930-е годы*, М :. РГГУ, с. 14.

98) 나는 이 시기의 소설언어가 "모순적이고 역설적인 상황"에 처해 있다고 분석한 바 있다. 즉 혁명의 진실을 전달하기 위한 언어적 노력이 언어 자체에 대한 관심을 고조시키고 그것은 다양한 실험적 언어의 창조로 나아갔다는 점, 그리하여 실험적 언어는 오히려 혁명의 진실 전달이라는 과제 자체를 보다 난이하게 만들었다는 점을 지적했다.(이강은(2007) "소설언어의 가치적 일원성과 다원성(2)", 〈러시아어문학연구논집〉, 26집, 한국러시아문학회, 138쪽)

99) 박현섭(2004)("체호프 드라마투르기의 현재적 의의", 〈러시아연구〉, 제14권 제2호, 서울대학교러시아연구소)

서 그들 사이의 간극을 잇는, 연약하지만 불가피한, 불안하지만 어쩌면 유일하게 의지할 수 있는 실낱같은 거미줄이 짜여져야만 한다. 이제 말하는 법(문체), 말과 말 사이의 차이, 음성적 효과와 의미적 효과의 미세한 분별 등 말과 그 말의 조직으로서의 서사구조가 소통의 맥락에서 보다 중요하지 않을 수 없는 상황이다.

이러한 상황은 산문형식에도 본질적 변화를 초래하였고, 새로운 서사에 대한 모색을 추동하였다. 사회적 대립과 인간적 거리라는 벼랑의 간극을 이어 주는 '말'의 거미줄(서사)을 만들기 위해 그 모양이나 속성 자체에 관심이 고조되는 것은 당연한 일이다. 이 '말의 거미줄'은 견고한 현실과 현실에 대한 확고부동한 인식에 기초한 저자(작가)의 영혼의 고백에서 흘러나오는 것(톨스토이와 도스토예프스키에게서와 같이)이 아니다. 그것은 건너기 어려운 '나'와 '너' 사이에서 서로 응답하며 짜여지는 무늬와도 같은 것이다. 이런 거미줄과 무늬에서는 존재로부터 추상되는 의미나 자기 자신만의 의미는 존재하지 않거나 무의미하다. 오직 서로에게 향하는 의미로서 상대적이며, 다른 의미와 함께만이 의미를 형성하는 복수성을 가지고 있을 뿐이다. 그곳은 서로 만나는 사건(событие)과 장소(место)일 뿐이지 인물의 진정성이나 열정, 고뇌 등과 같은 주체적 성격이 드러나는 헤겔적 공간이 아니다. 이런 상황에서 전통적인 소설 구조 속의 소통요소들의 기능과 관계 등은 본질적으로 의문에 처해지고 새로운 서사문법에 대한 모색으로 수렴된다.[100)]

현대 철학의 용어로 정리하자면, 이러한 언어적 상황변화는 자기동일성으로서의 주체를 넘어(해체하여) 타자와의 관계 속에서, 사이 속에서 주체를, 혹은 사이주체를 모색하는 과정이

은 주인공들 간의 소통 단절을 넘어서는 이런 우물거림과 소리 등에 대해 흥미로운 연구를 보여 준다. 그러나 체홉의 극작법이 보여 주는 "행동과 사고와 연결이 끊어져 버린 말들 사이로 침묵이 끼어"드는 모습, 그리고 "그 침묵의 자리를 이제 인간의 말이 아닌 다른 소리들이 채우기 시작"(114쪽)하는 모습에서 그 침묵은 여전히 공동의 현실 속에서, 즉 벼랑으로 갈라선 존재들이 아니라 벼랑 이쪽 편에 있는 존재들 사이의 침묵이다. 도스토예프스키 주인공들의 우물거림 역시 마찬가지다. 그들은 여전히 그것으로 서로 소통하고 있는 것이다.

100) 골룹코프가 표현주의와 리얼리즘의 대립으로 고찰한 바의 20년대 서사문법의 변화와 동력은 따라서 언어와 언어에 대한 태도의 변화, 그리고 그에 따른 소통양상의 변화가 보충되어야 더욱 설득력 있게 들릴 것이다.(M. 골룹코프(2006) 〈러시아 현대문학 : 분열 이후의 새로운 모색〉. 이규환 외 역, 도서출판 역락 ; M. 골룹코프(2003) 〈러시아 현대문학과 잃어버린 대안〉, 서상범 역, PUFS) 또는 벨라야가 20년대 문체적 연구의 동력을 '묘사적인 사상(живописующая мысль)'과 '탐구적인 사상(истолковывающая мысль)'으로 대별하는 것(Г. А. Белая(1977) *Закономерности стилевого развития советской прозы 20-х годов*, М. : Наука, с. 3)에서도 역시 소통적 상황의 변화와 그 문체적 대응이라는 시각이 보완될 필요가 있을 것이다.

다. 후설의 '상호주관성'에서의 소통적 주체의 모색, 레비나스나 블랑쇼의 타자의 현전에 대한 주목, 혹은 바흐친의 대화론, 하버마스의 생활세계 공론장에서의 의사소통체계에 대한 분석 등은 이런 논리적 맥락에 부응한다. 그리고 물론 구조주의와 탈구조주의적 관점, 상부구조의 상대적 자율성에 기초한 알튀세의 이데올로기론 역시 이러한 역사적 상황 문맥과 결코 무관하지 않다. 이러한 철학적 문제의식이 모두 언어적 상황과 깊게 연관되고 있는 점은 무엇보다 현대적 소통상황의 특징을 분명하게 보여 주고 있다. 그러나 이런 현대 철학의 이론화가 진전되기 이전에 이미 문학은 소통부재의 현대적 상황과 그 속에서 새로운 소통의 길을 모색하기 위해 새로운 서사를 문제 삼고 있었다.

이 글은 이와 같은 소통적 상황의 변화 속에서 새로운 서사를 모색하는 1920년대 러시아 문학의 한 양상을 고리키의 〈어떤 소설〉에 대한 분석을 통해 구체적으로 살펴보고자 한다. 이 작품의 소통주체들은 전통적인 소설 속에서의 경계를 넘어서고자 하는 주체들이며 이들의 '말'은 서로의 경계를 탐색하고 힐끗거리며 다른 주체와의 소통 속에서만 의미를 갖는다. 이들의 말의 의미를 최종적으로 관장하는 작가는 존재하지 않으며 작가 자신도 엄격하게 제한된 경계에서 그 경계를 넘고자 노력하는 존재일 뿐이다. 새로운 소통이 요구되는 현대적 상황 속에서 〈어떤 소설〉은 소통의 주체로서 작가의 경계에 대한 문제적 인식, 그리고 주인공과 작가의 거리와 경계, 작품 세계와 독자의 수용 등과 같은 문제들을 날카롭고도 극적으로 제기하고 있는 것이다. 우리는 이 작품에서 작가와 주인공, 독자라는 서사적 소통의 모델에 현대적 문제의식의 일단을 살펴볼 수 있을 것이다. 이 연구는 이런 점에서 그동안 별다른 주목을 받지 못했던 작품에 주목하는 작품론이자 현대의 새로운 소통상황의 문제에 조응하는 예술텍스트 구조의 변화에 대한 하나의 실례 분석이다.

2. 주체와 경계

막심 고리키(Максим Горький)의 〈어떤 소설(Рассказ об одном романе)〉은 보기 드문 형식과 내용을 담고 있다.[101] 이 작품 이전에 고리키가 글쓰기 행위와 글 쓰는 자로서의 작가

101) 필자는 "고리끼의 〈1922-1924년 단편들〉에 나타난 존재와 의식의 미완결성의 시학 연구"(1999, 〈러시아어 문학연구논집〉. 제5집, 한국러시아문학회)에서 이 작품집의 특징에 대해 논한 바 있다. 이 작품집의 의의와

자신, 그리고 씌어진 글을 읽는 독자에 대한 성찰적 문제의식을 보여 준 작품은 거의 없었다. 대체로 그는 자신의 체험과 느낌, 의지와 판단, 현실의 역사적 진실을 글로 구성하여 독자에게 전달할 수 있다는 사실 자체에 대해 의심이나 회의를 가지고 있지 않았다고 말할 수 있다. 물론 그렇다고 해서 작품이 고리키에게 항상 자신의 분신이 되었다는 것은 아니다. 자신의 이념적 분신을 창조하고자 하는 가장 열정적인 작품에서조차 고리키는 자신의 이념과 예술성의 차이를 드러내고 있다.[102] 하지만 사상가로서의 고리키와 예술가로서의 고리키의 차이와 갈등, 그 자체에 대한 숙고를 본격적으로 대상화한 경우는 이 작품에서 처음이며 따라서 이 작품은 고리키 문학의 발전의 새로운 국면을 알리는 것이라고 말할 수 있다. 이 작품이 실려 있는 〈1922-1924년 단편들〉의 다른 작품들과 마찬가지로 이 작품은 1917년 혁명 이후의 고리키의 작가 정신과 이후 후기 문학의 전개 양상에 중요한 시학적 이정표인 셈이다.

이 작품을 처음 발표할 때 고리키는 "바실리이 시조프(Василий Сизов)"라는 이름으로 서명했다고 한다. 알다시피 고리키의 본명은 알렉세이 막시모비치 페쉬코프(Алексей Максимович Пешков)이다. 그는 처녀작 마카르 추드라를 발표할 때 '매우 고통스러운, 쓰라린' 등의 의미를 지니는 '막심 고리키'라는 필명을 사용하였다. 그 후 이 이름은 그의 삶과 창작생활과 19세기 말 20세기 초 러시아 사회의 역사를 표현하는 일종의 시대적 상징처럼 들리게 되었다. 그런 고리키가 왜 이 단편에 새삼스럽게 또 다른 새로운 필명으로 서명하고 싶었던 것일까. 이제 더 이상 러시아는 '고통스럽지' 않다는 것일까. 아니면 '고리키'라는 이름이 담고 있는 의미의 중압으로부터, 즉 이제까지 자신을 표현해 왔던 '고리키'라는 이데올로기적 지시로부터 벗어나고 싶었던 것이었을까. '자신의 내면에 자라난 무성한 수염을 깎고 새로운 형식과 새로운 어조를 모색하려는' 〈1922-1924년 단편들〉의 창작동기와 새로운 필명의 욕구는 작가의 어떤 내밀한 갈망과 깊은 연관을 지닌 것인가.

2.1. 작가의 경계, 그 안과 밖

예술텍스트에 구현되는 소통의 구조를 살펴보기 위해서는 무엇보다 먼저 발신자로서의

전체적인 평가에 대해서는 이 논문에 서술되어 있기 때문에 생략한다.

102) 이강은(1999b) "막심 고리끼의 〈어머니〉에 나타난 이념과 삶의 결합과 차이의 시학", 〈현대의 문제작〉. 문예미학5, 문예미학회 참조. 이 논문은 철의 혁명가로서 주인공 파벨의 의식과 삶에서 철저한 이념과 삶이 야기하는 차이를 밝히고 있다.

작가가 작품에 구현되는 양상에 주목할 필요가 있다. 작가는 그 어떤 경우에도 결코 '죽지' 않으며 때로는 직접적으로, 때로는 간접적으로 자신을 실현하기 위해 노력한다. 그러나 작품에 구현된 작가를 판단하는 것은 그리 간단한 일은 아니다. 특히 〈어떤 소설〉에서 작가 고리키는 이전의 어떤 작품에서 보다 매우 복합적으로 자신을 구현하고 있다.

우선 작품 전체를 구상하고 쓰는 초월적 작가 고리키가 존재한다. 이 형상은 직접 작품 속 서사에 등장하지는 않지만 작품이 그 어떤 모습으로 씌어진다고 해도 결국 그 모든 것의 최종적인 조정자로서의 작가다. 자연인으로서의 작가는 〈어떤 소설〉, 바로 '이' 작품을 쓰는 동안 자기 자신과 일정한 거리를 지닌 제2의 자아, 즉 '내포작가'로서의 형상을 긴장되게 형성한다. 이 부분에 대해서는 뒤에서 다시 살펴볼 것이다.

작가와 더불어 창작이 시작되면서, 즉 작품 세계가 전개되면서 무엇보다 먼저 우리에게 가시적으로 나타나는 주체는 서술을 이끌어 가는 '작가-화자'이다. 이 화자는 등장인물인 한 '여인'을 도입하면서 그녀의 상황과 그녀의 생김새, 속마음까지 설명하고 이런 '여인'의 속성을 일반화하고 그 일반적 운명을 다소 냉소적으로 묘사한다. 이 자체는 전형적인 전지적 서술의 한 형식인 셈이다. 그러나 그는 곧바로 작품을 쓰는 자신의 존재를 스스로 노출시킨다.

> 이 소설의 여주인공도 그렇게 별로 유쾌하지 않은 여자들 중 하나다. **내가** 이렇게 말하듯 이야기하는 것(рассказываю)은 **내가** 마음먹은 만큼 소설을 잘 쓸 수 있는(написать) 능력이 부족해서다.(341)(강조 - 필자)

화자는 자신이 소설을 쓰는 능력이 부족해서 '말하듯 이야기'한다면서 이야기하는 작가-화자로서의 '나'를 노출시킨다. 이러한 노출은 작품의 끝부분에서 "이 여인의 남편은 나도 알지 못한다."라거나 "이 이야기를 서정적인 음조의 풍경묘사로 끝맺어야 할지도 모르겠다. 하지만 그렇게 하고 싶지는 않다."(365)라는 식으로 반복된다.

아마도 다른 노출이 없이 이런 정도의 형식적 장치로서만 작가가 노출되고 있다면 그것은 19세기 초반 낭만주의 서술 형태를 모방한, 특별한 의미 없는 변형이라고 보아도 무방할 것이다.[103] 그러나 이 작품에서 화자 '나'의 노출은 보다 본격적인 서정적 일탈을 위한 예비 장치다. 등장인물들 간에 소설의 작가와 독자의 관계에 대한 논의가 진행되는 과정에 작가-화자는 직접 보다 본질적인 자신의 목소리를 끼워 넣는다.

> 나는 삼십 년 동안 작가 생활을 해오며 명민한 독자란 끔찍하게 건전한 생각을 가진 사람임을 알고 있다. 그래서 그 명민한 독자는 힘들고 고통스럽기조차 한 자신의 삶의 범속한 무의미함을 자기 자신에게 감출 수 있는 완고함과 강직함을 가지고 있다. 그래서 독자에 대한 나의 존경심은 더욱더 높아만 가는 것이다.
> 독자가 자신에게는 불편한, 하지만 그에 의해 창조된 현실에 대해 그렇게 경건하게 대하는 것을 보면 나는 진심으로 안도한다. (…) 내가 독자를 존경해 마지않는 또 하나의 이유는 그가 무한히 폭이 넓고 인내심 많은 나의 재료이며, 상상력으로 그의 진짜 모습보다 더 재미있고 더 똑똑하고 더 훌륭하게 만들어 줄 때 아무런 저항을 하지 않는다는 점 때문이다. 나는 이런 일탈이 대단히 부적절하다는 것을 알고 있지만 갑자기 독자에게 아주 진심어린 찬사를 보내고 싶은 서정적인 바람이 우러나와서 어쩔 수 없었다. 사람에 대한 칭송이란 어느 때나 어느 곳에서나 다 좋은 것 아니겠는가.
> 그럼 다 씌어지지 않은 소설에 대한 이야기를 계속하자.(355)

여기서 화자의 형상은 자연인으로서의 실재의 작가와 유관한("삼십 년 동안 작가 생활을 해 오며") 요소를 지니고 있다. 그러나 '명민한 독자'에 대해 '존경심'을 표한다고 '서정적 일탈'을 시도하며 진부한 독자들에 대해 불만이라는('진심 어린 찬사를 보내고 싶은 서정적인 바람') 냉소와 조롱을 던지는 '나-작가'를 자연인 고리키와 동일화하기는 쉽지 않다. 알다시피 독자에 대한 냉소와 조롱의 태도는 엄격하고 진지한 리얼리스트로서의 고리키의 모습에 썩 어울리는 것은 아니기 때문이다. 물론 이것은 단정 지을 수 있는 것은 아니다. '나-작가'는 엄격하게 제한된 의미로 작가-고리키의 한 면모를 구현하고 있는 것임을 전적으로 부정할 수도 없기 때문이다. 여기서 분명하게 경계를 구분하기 어려운 '자연인 작가-내포작가-화자' 사이의 깊은 상호소통의 맥락이 작동하고 있다. 창작과정과 창작방법, 비평가들에 대한 한

---

103) 19세기 초 낭만주의 문학에 유행했던 작가 드러내기는 작가의 정체성을 확보하기 위한 노력, 그리고 보다 전지적인 작가의 시야를 개발하는 과정과 연관된다.(이강은(2004) "러시아 장편소설의 형식적 불안정과 화자", 〈러시아어문학연구논집〉. 16집, 한국러시아문학회) 그러나 20세기의 실험적 작가 드러내기는 오히려 작가를 대상화시키고자 하는 노력이라는 점에서 전혀 반대의 기능을 수행한다고 말할 수 있다.

발 더 나아간 일탈은 이런 소통의 맥락이 보다 강하게 작동하고 있음을 잘 보여 준다.

> 물론 여인은 손으로 눈을 비볐다. 이런 경우 사람들은 항상 이런 동작을 하지 않는가. 나는 이런 경우에 이와 같은 동작 묘사를 빼놓는 작가를 본 적이 없다. 거의 그치지 않고 들려오는 개 짖는 소리만 없었다면 사방은 너무나 고요했다. 한밤을 알리는 벽시계 소리나 뻐꾸기시계가 두 번 울었다고 해야 할지 모르겠지만 나는 없던 걸 독자에게 말하고 싶지는 않다. 내가 엄격한 리얼리스트라는 건 잘 알려진 사실이다. 내 이야기들이 준엄하면서 투박한 진실을 담고 있다는 것은 저명한 비평가들이 다 인정하는 바다. (…) 내 개인적인 생각으로는 내 단점들이 일관되게 끊임없이 발전되고, 그 과정에서 나는 이제 곧 완전한 완성에 도달하리라고 확신하고 있다. 그러나 그건 미래의 일이고 아직은 내 앞에 '이 이야기를 어떻게 끝내야 하는가.'라는 문제가 남아 있다.(360-361)

화자는 진부한 표현을 일삼는 작가와 자신을 구별하고자 한다. 그리고 엄격한 리얼리스트로서 자신의 노력을 제대로 평가하지 못하는 비평가들에게도 조롱의 화살을 날린다. 또한 자신은 '투박한 진실'을 가지고 있지만, '저명한 비평가'들이 말하듯, '단점'을 가지고 있고(물론, 미숙한 비평가들이 의미 없이 자신을 비판하는 점에 대해서는 비웃음을 던진다), 여전히 발전하고 있고 완성되어 가는 작가일 뿐이라고 말한다.

이 뒤에 화자는 자신이 아주 어렸을 때 지었다는 평범한 시 한 편을 소개하고 비평가들을 위해 친절하게, 이 시가 빅토르 위고의 글에서 빌려온 것이라며 주요 시어가 의미하는 바를 직접 설명해줌으로써 비평가에 대한 냉소를 드러낸다. 이제 그는 작품의 창작과정을 드러낼 뿐만 아니라 창작과정에서의 의도, 방법 등에 대해서까지 스스로를 아이러니하게 드러낸다. '직유법'을 쓰고 싶은 대목이 있지만 직유법을 쓰면 샛길로 빠지게 될까 모르기 때문에 직유법을 쓰지 않겠다, 직유법은 때로는 유익하지만 때로는 매우 모욕적이라는 등등.(381)

이런 모습에서 화자는 고리키의 작가로서의 체험과 상당히 깊게 연관된 상태로 작품에 들어온다. 물론 작가 고리키의 이념과 가치적 태도가 전면적으로 부각되는 것은 아니지만 서술 형식에의 단순한 개입 수준을 넘어 작품 전개과정에서 일정한 의미적 개입을 시도한다는 점에서 이것은 작가 고리키의 형상이 중첩되고 있는 분명한 장면이라고 보지 않을 수 없다.

작가 고리키는 실제의 체험과 가치적 판단을 가지고 '화자-나'의 세계에 자신의 입김을 불어넣고 있는 것이다. '내포작가'나 '화자', '주인공' 등과 같은 서술 장치들 사이로 직접 생경하게 드러나는 작가 고리키의 면모는 어쩌면 자신이 창조한 자연세계에 갑자기 그 모습을 드러낸 창조자의 입장과 같다. 작가 고리키가 그 경계를 넘어 작품의 내용으로, 주인공에게로, 혹은 비평가와 독자에게로 눈길을 주면서 말을 걸고 있는 셈이다. 그러나 고리키는 작품 속에서 자신의 경계를 엄격하게 제한하고 있다. 즉 그는 무한한 작가 권력을 지닌 전지적 존재라기보다, 대상화된, 일정한 한계와 경계를 지닌 작가로 '화자'의 입을 통해서만 부분적으로 드러난다.

이 정도의 서정적 일탈 속에 나타난 것을 통해 실제 작가의 온전한 세계관과 가치관을 담고 있는 것으로 볼 수는 없다. 실제 작가의 보다 전면적인 모습은 또 다른 형태의 작가 형상을 고려할 때 조금 더 분명해진다. 작품 속 등장인물로서의 작가라는 직업적 속성의 한 단면을 드러내는 것은 작가 포민의 형상이다.

포민은 '여인'을 쫓아다니며 구애하는 소설작가다. 포민의 모습을 독자가 직접 접할 수는 없다. 그는 간접적으로, 여인의 회상 속에서, 그리고 파벨의 이야기 속에서, 그리고 작품 말미의 편지에서 우리에게 드러난다.

여인은 자신을 사랑한다면서 쫓아다니는 포민이 대체 어떤 사람인지 그 성격을 잘 파악할 수가 없었다. 그는 마치 "끝없이 쉬지 않고 공연되는 무대"(342) 같은 인물이었다. 하지만 동시에 포민이라는 사람은 존재하지 않고 "수없는 남자와 여자, 노인네와 아이들, 농민, 관료 등의 집합"(343)인 것만 같았다. 그는 수없이 다양한 인물로 변화하며 다양한 목소리로 말을 했다. 이 집합 속에서 진짜 포민이 누구인지 그녀는 알 수가 없었다. 그녀는 포민이 아무리 다양한 모습으로 자신을 바꾸어 가도 결국 그에게는 영혼이 없으며 그는 "사람이 아니라 움직이는 무대"(343)로서 감독과 배우가 한 몸에 모두 구현된 그런 사람이라고 결론 내린다.

> 이 사람은 본질적으로 존재하지 않는다. 육체적으로는 존재하지만 포민의 영혼이라고 부를 수 있는, 나름의 색으로 아무리 알록달록하게 무지개처럼 치장되어 있다 하더라도 그의 영혼이라고 부를 수 있는 그런 근본적인 것이, 영혼이 이 사람에게는 없다고 그녀는 생각했다. 그렇다면 이건 사람이 아니라 움직이는 극장이다, 감독과 모든 배우들이 한 사람에게 체현되어 있는 그런 극장. 아주 재미있지만 미덥지 못한, 견실하지 못한.(343)

작가 포민에 대한 '여인'의 판단에는 '여인'의 주관적인 판단과 더불어 '작가'라는 직업에 대한 객관적 묘사가 함께 투영되어 있다. 따라서 여인의 '판단'과 '생각'을 우리는 다 믿을 수 없다. 작가란, 근본적으로 자신의 삶을 살아가기보다 세상의 다양한 사람들을 작품에 창조하며 그 속에서 살아가는 사람이다. 그러나 그녀가 생각하듯이 '영혼'이 없는 존재는 아니다. 그 '영혼'은 그가 창조한 '사람들 사이에' 존재하기 때문이다. 물론 이런 평가는 작중의 특정 인물 포민에 대한 '여인'의 평가지만 작가라는 직업의 애환에 대한 작가 고리키의 간접적 평가와 결코 무관하지 않다.

작가 포민의 형상은 자신이 쓰다만 소설의 주인공 파벨의 말을 통해서도 드러난다.

> 포민은 나를 만들어놓고 내 존재를 잊어버린 겁니다. 하느님도 사람들에게 그랬다고 들었어요. 하지만 하느님은 그래야만 했던 확실한 동기가 있었지요 (…) 하지만 포민은, 내가 아는 한, 평범하고 오만불손한 사람입니다. 사람을 가지고 하는 장기판에서 어설프게 신을 모방하려고 하는… 내 생각에 분명 이 포민이란 사람은 미쳤어요! 자기 혼자 있을 때 이 사람이 어떻게 행동하는지 보면 다 알 겁니다! 방에다 자기 상상의 산물을 가득 채워 놓고 그 말도 안 되는 망상들, 그 사람 자체가 그렇지요. 그것들에 빼곡히 둘러싸인 채 말이죠, 뭘 어떻게 할지 몰라 하고 있답니다. 터무니없는 사람이죠! (…) 포민은 분명히 잘 알고 있을 겁니다. 자기 자신이나 그 비슷한 '예술한다'는 사람들이 인생을 자기들이 고안해 낸 것들로 가득 채워 혼란하고 복잡하게 만들어 버리고 있다는 걸요. 그런데 결국 그따위 고안물들이 대체 뭐란 말입니까? 실제 현실의 사람들과 사실들은 언어의 마술사들의 주관적 기호와 취향에 따라 왜곡되어 버리지요. 게다가 그들 모두는 자신이 진짜 실재하는 사람들의 재미를 위해 만들어진 누군가의 고안물이면서도, 그들은 그걸 몰라요, 모른다 말입니다!(353)

작가 포민은 자신이 만들어 낸 미완의(несовершенный 혹은 незаконченный) 주인공 파벨에 의해 '미친 사람'으로, '평범하고 오만불손하며 어설프게 신을 모방하려는' 사람으로 파악된다. 물론 우리는 여인의 말과 마찬가지로 이 파벨의 말을 곧이곧대로 받아들일 수는 없다. 그러나 이것은 고리키나 포민을(작가, 혹은 '예술한다'는 사람들을) 그들의 내적 관점에서가 아니라 그 바깥의 인물, 파벨로부터, 즉 경계의 바깥에서 규정하는 관점이다. 그것은 앞서 작가 고리키의 개입에 의한 서정적 일탈에서 말해지는 작가 내부의 관점과 대비된다. 작가-고리키는 이처럼 이 작품에서 다양한 경계를 형성하며 그 경계에서 만나는 타자와의 접촉을 통해 자신을 구현하고 있다.

결국 이런 대비는 작가가 더 이상 초월자로서 전능한 힘을 가진 자로 상정되지 않는다는 점을 말한다. 소설을 쓰면서도 어떻게 이야기를 전개할 것인가 망설이며, 자신의 망설임을 드러내며 상대화되는 작가, 혹은 제대로 소설을 끝낼 수 없는 작가, 자신이 창조한 인물로부터 강력한 비판에 처해지며 조롱받는 작가, 이제 이런 작가는 초월자로서의 전능함을 가진 자가 아니라, 작품의 다른 인물들과 더불어, 함께 대화를 나눌 수 있을 뿐인 작가다. 그에게 정체성이 있다면 그것은 자기 동일성으로서의 분명한 경계를 가진 정체성이 아니라 공유된 정체성[104]일 것이고 타자와의 경계에 섰을 때, 그리고 만남이 이루어졌을 때 성립되는 연접(зияние)으로서의 정체성, 여백으로서의 정체성일 것이다. 이런 작가에게 자신의 작품은 자신의 사상과 가치를 불어넣는 독점과 강제의 장소가 아니라 자신이 창조한 타자들과 만나는, 혹은 그들을 엿보는, 혹은 그들을 비판하고 그 자신도 비판받는 만남과 사건의 장소다.

2.2. 등장인물의 미완결성과 타자성

작품의 등장인물이 작가의 이념을 실현하는 단순한 매개물이 아니라 독립적인 이념과 가치를 실현하고 있다는 것은 이미 새로운 주장은 아니다. 바흐친의 주장대로 등장인물들에 대해 작가의 최종적인 말은 유보되고 따라서 모든 인물들은 미완결적이고 경계에 서 있다. 현대의 많은 서사이론들도 바흐친의 주장을 뒷받침하거나 거기에 기초하여 작품의 양가성, 복수성 등의 개념을 통해 텍스트의 열린 개방성을 강조하고 있다. 그러나 그렇게 작품의 인물이 독립하여 존재하는 모습을 〈어떤 소설〉만큼 극적으로 보여 주는 작품은 드물 것이다.

주인공 파벨은 작가 포민이 쓰다 만 소설의 주인공이었다. 그는 공원 벤치에 앉혀진 상태에서 더 이상 씌어지지 못한 채 이 년 동안 방치되었다. 작가 포민은 그를 더 이상 완성시키지 못했던 것이다. 파벨은 여름옷을 입은 채 비가 오나 눈이 오나 그대로 공원에서 지내야 했다.

---

104) 폴 리쾨르(1997) "서술적 정체성", 주네트 외, 〈현대 서술이론의 흐름〉. 솔, 52쪽.

> 게다가 나는 완결된 인물도 아닙니다. 나는 좀 우스운 상황에 처해 있어요. 생각해 보세요. 나는 공원 가로수 길 벤치에 이 년 동안이나 앉아 있었습니다. 이 년이나요! 너무나 끔찍하고 말이 안 되는 일 아닌가요? 낮이나 밤이나 아침이 밝아 오거나 석양이 지거나 먼지가 일거나 가리지 않고 여름의 폭염 아래, 가을비를 맞기도 하고, 겨울의 눈과 눈보라 속에서… 그래요, 난 계속해서 그대로 앉아서 기다린 겁니다.(349)

그렇게 꼼짝없이 공원에 앉아 있는 동안 그는 진짜 사람들의 모습을 수없이 관찰할 수 있었다. 하지만 그의 관찰에 따르면 실제 현실의 사람들은 작품 속 인물들에 비해 훨씬 따분하고 답답하다. 오히려 작가에 의해 고안된 자신과 같은 작품 속 인물들이 훨씬 더 인간적이고 흥미롭다.

> 진짜 사람들이 얼마나 따분하고 멍청하고 답답하게 사는지 말입니다. 어떤 점에서는 고안되어진 우리가 그들보다 더 재밌지요! 우리는 정신적으로 항상 훨씬 더 엄청나게 집중화된 사람들이지요. 우리들 속에는 시나 노래나 낭만주의가 더 많이 들어 있지 않습니까.(349)

파벨은 이에 따라 현실 자체보다 작품의 세계가 더욱 현실적이고 실재에 가깝다는 결론을 내린다.

> 이 년 동안 아무 일도 하지 않고 전혀 움직이지도 않고, 포민이 나를 완성해서 어떤 일 속으로, 생활 속으로, 사람들의 재미를 위해서 내보내 주기만을 고대하면서 나는 밀도가 아주 높아졌어요. 더 강해진 거죠. 그래서 이제 나도 구조상으로는 말이죠, 실재 존재에 아주 가까워졌어요. 난 거의 살아 있는 사람이나 다름없어요. 정말로…(349)

> 결국, 나는 거의 진짜가 된 것 같아요. 포민이 개인적인 두려움 때문에, 예, 말하자면 그의 힘으로는 끝낼 수 없었던 소설을 이제 제가 스스로 직접 이어 갈 만하게 된 겁니다. 난 더 이상 아무것도 하지 않고 기다리기만 하는 것 싫어요. (…) 포민은 나를 만들어

놓고 내 존재를 잊어버린 겁니다.(352)

그의 존재의 비극은 그가 '포민이 원하는 그때까지만 존재하는 것'에 있다. 하지만 이제 그는 포민이라는 작가로부터 독립해서 '존재'(349)하고자 한다. 미완결 상태의 주인공이 작가로부터 부여된 자신의 한계를 벗어나 스스로를 완성시키고자 소설 밖으로 '걸어' 나온다(이 기발한 착상!). 그리고 자신이 창조되었던 소설 세계에서 만나도록 예정된 여인을 만나 자신의 운명을 인식하고 그것을 스스로 완성해 나가기 위해 공원에서 여인을 기다린다. 그러나 그가 만난 '여인'은 포민이라는 작가가 미완성 소설을 낭송해 주었던 바로 그 여자로서 '실제 현실의 진짜 사람'이다. 물론 '실제 현실의 진짜 사람'이라는 것은 파벨에게 그런 것이고 독자인 우리에게는 역시 소설의 등장인물일 뿐이다.

스스로를 완성시키겠다고 나선 미완성 소설의 주인공 파벨은 그러나 자신의 정체성을 자기 의지만으로는 확립할 수 없다. 무엇보다 자신의 경계를 형성해 줄 외부로서의 작가의 의도를 알 수가 없기 때문이다. 그리하여 그는 작가 포민의 의식 속으로 파고들고자 한다. 자신의 존재의 정체성을 알기 위해, 자신의 경계를 알기 위해 끝없이 작가 포민을 향해 불만을 터뜨리고 또 그의 정신에 깊은 관심을 기울인다.

파벨은 작가와 분명한 경계를 형성하면서 동시에 그 경계를 넘어서기를 갈망한다. 자기를 창조하다가 중단한 작가에게 불만을 터뜨리면서 작품 바깥으로 나와 스스로를 완성하겠다고 선언하는 것이다. 그러나 스스로를 완성하기 위해 그는 어떻게 해서든 자신에게 부여된 운명을, 작가의 의도를 파악해야만 한다.

포민은 나에게 심리적인 것을 채워 넣었지요. 그래서 내가 생명을 받아 이렇게 존재하고 있는 거죠. 그러나 그 때문에 나는 내 안에 이미 있는 것과는 다른 잉여의 자질과 생각들이 바깥에서 나에게 들어와 있다는 것을 알고 있습니다. 그것이 나를 더욱 기형화시킨다는 것을 알면서도 그 순간 삶에 대한 내 의지가 없기 때문에 나는 그걸 밀쳐낼 수가 없습니다. 포민은 아주 빽빽하면서도 활발하게 움직이는 자신의 심리적 투사물들 속에, 마치 구름에 휩싸인 듯 둘러싸여 있습니다. 그건 나를 파괴해 버릴 수도 있는 것이어서 나는 거기에 파고들어 포민의 의식까지 침투해 들어가 보려고 애를 쓰는 것이지요.(358)

피조물인 주인공이 거꾸로 작가의 의식으로 침투해 들어가려고 애쓴다는 말은 단순한 환상 장치가 아니라 작가와 등장인물의 경계를, 그 분명하고도 어쩔 수 없는 운명적 경계를 넘어서려는, 혹은 넘어서야 한다는 작가 고리키의 설정임을 부인할 수 없다. 작가 고리키가 내부적 시점으로(다소 조롱기 어린 시선으로, 그래서 보다 객관적인) 작가의 정체성에 접근하고 있다면 파벨은 작가 바깥에서 작가를 비난하면서도 작가의 내부로 파고들기 위해 작가의 작품 바깥으로까지 나와야 했던 것이다. 그러나 그는 피조물의 운명을 완전하게 벗어날 수 없다. 우리의 현재가 과거로부터, 역사로부터 완전히 자유로울 수 없듯이. 그는 자신을 완성시키기 위해서 무엇보다 먼저 자신이 누구인지를 정확하게 알아야 했다. 이 미완의 파벨은 자신을 알고 자신을 실현하기 위해 자신의 경계에서 다시 작가를 불러내야만 했던 것이다. '바깥에서 주어진 것' 같은 미소를 지으며 파벨은 이렇게 말한다.

> 모릅니다, 정말. 난 내가 존재하고 있고 이름이 파벨 볼코프고, 머리는 금발이고 등등을 그저 한번에 알고 느꼈을 뿐이지요. 내가 나오는 소설이 실패하는 이유는 어쩌면 내가 생각이 너무 많고 분석적이며 특히 내 자신에게 너무 사로잡혀 있기 때문인지도 몰라요. 나머지 모든, 소위 외부세계라고 불리는 것은 나에게 그저 대상이거나 내 생각들의 원천이지요. 외부에 존재하는 모든 것은 나를 내 자신 속으로 밀어 넣고 내 안에서는 무언가가 바깥으로 떨어져 나가지요. 난 아주 불안하고 어수선한 삶을 구현해 내기 위해 창조되었고, 틀림없이 나의 궁극적인 목적은 혼란 속에서 내 자신을 찾아내, 뭔가 총체적인 것으로, 비밀의 심연으로 쉽게 파고들 수 있는 날카로운 것으로 모아 내는 겁니다. 이제 나는 포민이 나를 만들기 이전에도 내가 존재하고 있었던 것처럼 여겨져요, 흩어진 형태로, 마치 구름조각들처럼 말입니다. 그런 것들은 지금 당신 앞에 서 있는 이 불확실한 몸에도 다 결합되어 있지는 않지요. 내 목적을 지시하는 어떤 생각이나 감정이나 바람으로도 묶이지 않는 그런 것들이지요.(355-356)

파벨은 포민에 대한 깊은 관심과 비판적 사고 끝에 작가 포민의 뜻을 전혀 알 수 없다는 점에서 오히려 주인공에게 무엇이 주어졌는지 알 수 없게 만드는 것이 바로 작가의 뜻이라고 판단한다. 즉 다시 말하면 창조된 주인공과 창조된 세계에 대해 아무런 태도도 취하지 않으려는 것이 바로 작가의 창작 의도였다는 것이다. 그렇다면 작가 포민은 마치 하나의 길과도 같은 존재, '그 길을 따라 끝없이 수많은 사람들이 돌아다니고 서로 부정하는 다양한 생각들이 흘러 다니는 그런 길'과도 같은 존재다.

> 이제 난 나를 창조한 포민에게서 내게 무엇이 주어졌는지, 그리고 그에 의해 창조되어 나와 연루된 다른 등장인물들로부터는 또 무엇이 내게 주어지는 건지 알 수 없습니다. 난 소설의 주인공이지만 소설 전체에 대해 아무런 태도도 취하지 않는 것이 포민의 의도라고 생각합니다. 이미 말했듯이 포민은 하나의 작은 정신병원이거나, 아니면, 예, 좋아요, 길과 같다고나 할까요. 그 길을 따라 끊임없이 수많은 사람들이 돌아다니고 서로서로를 부정하는 다양한 생각들이 흘러 다니지요. 나는 조물주가 모든 걸 창조할 수 있는 능력이 있는데 자기가 뭘 원하는지도 모르면서 그렇게 수많은 기형적이고 잉여적인 것들을 창조했다고 생각하지 않습니다. 이런 생각은 포민의 아포리즘이지, 내게는 전혀 불필요한 거예요. 이렇게 전혀 쓸모없는 아포리즘들이 내 속에는 적지 않습니다. 아니, 어쩌면 나는 그런 쓸모없는 것들을 담아내도록 창조된 게 아닐까요? 나는 제일 중요한 걸 모르겠어요. 도대체 내가 좋은 사람이 되어야 하는 건지, 나쁜 사람이 되어야 하는 건지 말입니다.(358)

파벨은 자신이 왜 그렇게 미완결로 창조되어야 하는지에 대해 분노한다. 극적 갈등이라든지, 독자의 재미를 위해서 그런 것 아니냐는 '여인의 대답'에 파벨은 더더욱 분노를 표한다.

> 그거야말로 정말 잔인한 장난이라고 생각하지 않으세요? 아니 우리에게 수없이 불쾌한 일을 겪게 만들고, 서로 싸움질을 하게 만들고, 이런 제길… 죄송합니다. 그게 다 극적 갈등을 만들어 내기 위해서라고 하고, 그것도 모자라 장난감 망가뜨리듯이 하면서 그 모든 게 그 독자라는, 따분해서 어쩔 줄 모르는 사람의 재미를 위해서 그런다는 겁니까? 다른 사람의 재미를 위해서 어떤 사람을 고통받게 하다니요. 그건 너무 지나친 거 아닙니까? 어쩌면 이건 내 생각이 아니라 포민의 생각이겠지만 어쨌든 올바른 생각입니다! 포민은 사실은 괜찮은 사람이지요. 그러나 그 사람은 자기 확신이 없어요. 하지만 내가

보기에는 바로 그게 괜찮은 사람의 믿을 만한 특징이지요. 어떤 때 그 사람은 펜을 내던지고 자문하곤 한답니다. 왜 내가 이러고 있지? 뭘 하러 쓰고 있는 거지? 그 자신은 고통을 싫어하지요. 생래적으로 거부감을 가지고 있어요. 하지만 유감스럽게도 작가들에게 불행을 빼놓고는 별 재료가 없어서…(359)

파벨은 현실의 여자와 소통할 수 없는 존재적 경계에 서 있다. 분명 그에게 이 여자는 독자의 한 사람이기도 하다. 그녀는 파벨이 여러모로 거듭 확인해도 소설 속에서 자신과 만나기로 예정된 등장인물로서의 그 여자가 아니었다. 파벨은 여인이 자신보다 부주의하게 창조된 인물이거나, 아니면 자신보다 완결된 형상으로 창조된 것은 아닌지 거듭 의심하지만 결국 이 여인의 분명한 정체를 알아 내지 못한다. 소설의 주인공이, 그것도 미완의 주인공이 어떻게 바깥 세계의 실제 인간을 알 수 있겠는가.

파벨은 작가 포민과의 경계, 그리고 현실과의 경계를 넘어서려고 직접 소설 바깥으로 나서지만 결국 경계를 완전히 극복하지는 못한다. 다만 그 경계에서 부단히 애를 쓰고 있을 뿐이다. 결국 그는 화를 내며 그녀로부터 떠난다. 그는 어디로 가서 어떻게 자신의 운명을 찾아 자신을 완성할 수 있을 것인가. 분명한 것은 그의 내부에 이미 누군가 존재하고 있고, 앞으로도 그 누군가와의 만남의 경계에서 완성을 지향할 뿐이라는 점 뿐이다. 파벨의 이러한 존재성은 앞서 논한 바 있는 작가의 존재성과 마찬가지로 공유된 정체성, 연접, 공백의 개념으로 설명될 수 있을 것이다.

3. 경계에서의 소통을 향한 새로운 서사 구조

웨인 부스의 개념에 따라 이 작품의 복잡한 서술구조를 잠시 정리해 보자. 실재 작가 막심 고리키는 어찌 됐든 이 작품을 기획하고 집필하는 자로서 '내포작가'(제2의 자아)의 형상을 형성한다. 이 '내포작가'의 형상은 작품 전체의 슈제트와 구성, 작가 고리키의 집필 상황 등을 두루 고려해서 판단해야 할 것으로 쉽게 확정하기는 힘들다. 그리고 작품에서 스스로 '나'라고 지칭하면서 '여인'에 대한 이야기를 우리에게 들려주며, 이야기 도중에 독백하듯이 자신의 견해를 드러내는 '극화된 화자(1)'가 있다. 이 '극화된 화자'는 '내포작가'나 실재 작가 고리키로 동일시되거나 환원되지 않는다. 실재 작가를 연상시키는 요소를 가지고 있지만 여인에 대해 조롱하고, 냉담하게 이야기를 전달하고, 또 독자와 비평가에 대해 일정한 견해를 가진, 그러면서 자신의 글 쓰는 과정에 대해 언급하는 자는 나름대로 일정한 자기 형상을 지닌 '극화된 화자'다. 그러나 이 '극화된 화자(1)'은 자신이 우리에게 들려주는 '이야기'의 시공간에는 직접 참여하지 않는다. 이 화자가 들려주는 이야기는 '여인'의 시점에서 전개되는 또 하나의 소설이다. 이 '소설 속 소설'의 '극화된 화자(2)'는 바로 '여인'이다. 그러나 우리는 이 '극화된 화자(2)'의 시점에서 여인과 파벨의 만남과 대화를 보면서 앞서의 '극화된 화자(1)'의 존재를 의식하지 않을 수 없다. 따라서 '극화된 화자(1)'은 '극화된 화자(2)'가 전하는 이야기 속에서는 '극화되지 않은 화자'로 존재한다.[105] 이 작품의 화자는 '극화된 화자'에서 '극화되지 않은 화자'로 변신하기도 하고, 이야기 속에서 새로운 화자를 도입하기도 한다는 점에서 이중의 구조를 지니고 있는 셈이다.

그러나 '극화된 화자(2)', 즉 여인은 '극화된 화자(1)'과 기능이 좀 다르다. 여인과 파벨의 만남이라는 사건은 철저히 여인의 시각에서 제시된다. 이 사건에서 여인은 등장인물이자 일종의 화자라고 말할 수 있다. 특히 오직 생각하고 느끼는 내면까지 우리의 시야에 노출되는 인물은 오직 이 여인이라는 점에서 그녀는 '등장인물-화자'의 역할을 한다. 아마 이런 화자양상을 웨인 부스는 '특권'이나 '내부관찰' 정도로 이해하려고 하겠지만, 이 화자의 일관된 기능을 제대로 설명하기 위해서는 슈탄첼의 '등장인물-화자' 개념이 필요할 것이다.[106]

그리 길지 않은 단편에서 왜 이렇게 복잡한 서술구조가 필요한가.

여기서 우리는 소통에 관련하여 두 측면에 주목할 필요가 있다. 하나는 텍스트 내에서 주체들 간의 소통방식이며 다른 하나는 소통모델로서의 텍스트 서술구조와 그 의미다.

파벨과 여인은 서로 대화를 나누고 있지만 이들의 대화는 엇갈린다. 파벨은 미완결 소설의 주인공으로서 작가 포민에 의해 외부적으로 형성된 인물이며 그 내부에 타자로서의 작가 포민을 품고 있는 존재다. 여인은 작가 포민의 연모의 대상이며 포민의 소설에 대해 부분적으로

---

105) '내포작가'와 '극화된 화자', '극화되지 않은 화자' 등의 개념은 웨인 C. 부스(1999)의 〈소설의 수사학〉(최상규 역, 예림기획) 관련 항목을 참조.

106) 이 '등장인물-화자'는 웨인 부스의 개념에서는 '특권', '내부 관찰' 등으로 이해될 수 있을 것이지만 웨인 부스는 일관된 개념으로 이해하고 있지는 않다. 이 개념은 슈탄첼에게서 보다 정확하게 가공되었다.(F. 슈탄첼(1982) 〈소설형식의 기본 유형〉, 안삼환 역, 탐구당 참조)

알고 있는 존재다. 그녀 역시 포민이라는 작가와 깊게 연관되어 있고 포민에 대해 무관심할 수 없다는 점에서 자신의 내부에 타자로서의 포민을 품고 있다. 실제로, 포민이 떠난 뒤 그녀는 포민이 누구인지를 파악하기 위해 깊은 생각에 잠긴다. 이들 둘의 우연한 만남은 그래서 어떤 필연처럼 보이기도 한다. 포민이 소설을 계속해 써 나갔다면 파벨이 만나야 할 여인의 모델이 바로 그녀였을지도 모르기 때문이다. 그러나 현실적으로 '종이처럼 평면'이고 '그림자도 없으며', '천처럼 흐르듯 바람에 흔들리는' 존재인 파벨과, 현실에서 자신의 다리를 살짝 들어올리며 파벨이 진짜 남자인지 아닌지를 시험하려는 '여인'은 그 존재적 위치가 심연을 사이에 둔 양쪽 벼랑만큼이나 절대적으로 구별된다. 그래서 둘의 만남은 여인이 계속해서 자신이 환각에 빠진 것은 아닌지 걱정할 만큼 비현실적인 것이다. 결국 둘의 대화는 초점이 맞지 않고 계속 엇갈릴 수밖에 없다. 그러나 둘은 그러한 방식으로 소통행위에 참여하고 있다.[107] 이들은 엇갈리는 대화를 통해 서로에 대해 조금씩 받아들이고 있기 때문이다. 파벨은 그녀의 현실성을 이해하고, 그녀는 '완결되지 않은 사람들의 다른 세계와 삶'도 '재미있을 것'이라며(356) 관심을 표한다. 심지어 본질적으로는 어쩌면 그녀 자신이 미완의 인물이고 오히려 파벨이 완결된 인물인지도 모른다. 파벨은 분명하게 자신에 대해 알고 있고 자신을 완결시켜야 한다는 의지를 가지고 있지만, 사실 그녀는 도대체 삶에서 무엇을 어떻게 해야 하는지 전혀 알고 있지 못하기 때문이다. 이처럼 벼랑과도 같은 존재의 비대칭성 속에서 이들은 서로 비켜 가는 대화를 통해 미세하나마 서로의 소통의 거미줄을 구축해 가고 있는 것이다. 이 소통의 거미줄은 물론, 작가 고리키나, 작가 포민, 혹은 파벨과 여인이라는 두 주인공 각각의 일방적인 우위 속에서 만들어지는 것이 아니라, 소통되기 어려운 절대적 입장 차이를 가진 두 인물의 대화와 엇갈림의 언어를 통해서 새롭게 구성되는 공간(혹은 장)이다.

두 인물의 창조적 소통을 가능하게 하는 것은 이미 그들 내부에 존재하는 타자로서의 포민에 대한 공동의 토대다. 절대적인 존재적 비대칭성을 가진 그들에게 포민은 하나의 맥락이며 이들을 통합해 줄 수 있는 어떤 공동체로 볼 수도 있다. 그러나 후설의 선험적 공동체 개념이 "역사 문화적 제약을 초월한 보편적 의사소통과 이에 상응한 하나의 '총체적 보편적

---

107) 현대의 소통이론 발전을 설명하면서 소통이 발생하는 장소는 기존의 전통적인 장소가 아니라, "실재적인 장소이지만 위치하기 힘든(труднонаходимое) 장소"로서 "그 장소가 보이는 것은 만남을 지향하는 자에 달려 있다"라는 스미르노바의 언급을 여기에도 적용할 수 있을 것이다.(Н. Н. Смирнова(2003) "Развитие идеи коммуникативности в XX в.," *Теоретико-литературные итоги XX века.* Т. 1, М. : Наука, с. 124)

인류 공동체'의 가능성을 선험적으로 규명"[108]하는 것으로 소통의 지양점을 의미하는 것이라면 이 두 주인공에게 포민은 그들 사이의 소통의 출발점으로서의 공동체일 뿐이다. 그들의 대화적 소통은 완전하게 이루어지지 못하며, 여전히 절대의 양극에 놓여 있다. 그는 화를 내며 떠나고 그녀는 이 우스운 이상한 사건에 대해 포민에게 편지를 쓴다. 심지어 그녀는 "파벨을 파멸시켜야 한다는 강렬한 욕망을 느끼면서," "그런 존재가 반쯤 유령처럼 세상을 떠돌아다니지 않도록 해야 한다"(363)고 포민에게 충고한다. 그러나 그것은 이미 파벨과 소통한 그녀가 이제까지의 자신의 모습을 부정한다는 알레고리로 받아들일 수 있다. 그리고 작가 포민은 "원고를 찾아서 다시 읽어 보고는 부끄러움에 조각조각 찢어 버렸습니다. 이제 파벨이 당신을 찾아가 괴롭히는 일은 없을 겁니다"(365)라고 답장을 보낸다. 포민은 할 일을 다 한, 그리고 역시 만남을 기다리는 작가이지 결코 미완의 두 인물의 지양으로서의 선험적 공동체는 아닌 것이다. 결국 이 소설의 소통은 일정한 공동의 토대에 기초하지만 돌아갈 곳도, 나아갈 곳도 없는, 즉 선험적 공동체가 없는 존재의 비대칭성이 만들어 내는 결코 종결될 수 없는 소통이다. 이런 점에서 "타자와 나 사이의 매개의 궁극적 부재, 어떤 공통의 관념의 지배와, 그에 따른, 전체성으로의 종속의 궁극적 불가능성"[109]을 말하면서, 그러나 이 '돌이킬 수 없이 분리된' 나와 타자의 소통공간으로서 '공동체 없는 공동체', '이름 없는 공동체'를 제기하는 레비나스와 블랑쇼의 개념이 고리키의 이 소설의 소통 상황에 보다 가깝다고 말할 수 있겠다. 이 소설의 소통은 누구 한 사람의 이념이나 가치로 환원되거나 유도되지 않는, 그들 사이의 심연에 걸린 유일한 거미줄을 형성하는 것이기 때문이다.

하지만 이들의 소통을 둘러싸고 있는 맥락은, 혹은 '이름 없는 공동체'는 보이지 않는 개입자인 작가와 독자에 의해서 중층화된다. 앞서 말했듯이 작가 고리키는 '내포작가'의 형상으로, '극화된 화자(1)'로, 혹은 작품에 자신의 가치판단을 밀어넣는 작가 고리키로, 그리고 포민과 파벨과의 경계에서 중층적으로 소설에 개입하고 있다.

그렇다면 독자는 어디에 있는가. 독자의 형상은 '여인'의 형상에서, 혹은 대화 속에서 '독자'에 대한 판단과 조롱 어린 평가 속에서 간접적으로 드러난다. 그러나 이런 독자의 형상은

---

108) 박인철(2001) "후설의 의사소통이론 – 역사적 제약과 선험적 보편성", 〈현상학연구〉. Vol. 17, 한국현상학회, 168쪽.

109) 박준상(2002) "이름 없는 공동체 : 레비나스와 블랑쇼에 대해", 〈철학과현상학연구〉. Vol. 18, 한국현상학회, 101쪽.

'받아들이는 자'로서의 수동성을 담지하고 있을 뿐이다. 능동적인 독자 형상을 이해하기 위해서는 앞서 분석한 복잡한 서술구조를 다시 언급해야 한다. 극화된 화자(1)과 그의 극화되지 않은 화자로의 변화와 공존, '등장인물-화자'로서의 '극화된 화자(2)'의 도입은 여인과 파벨의 슈제트와 독자 사이에 이중, 삼중의 프리즘으로 작동한다. 그러나 이 프리즘은 빛과 사물을 왜곡하는 것이 아니라 그것을 다각도로 비쳐 주는, 따라서 절대적 사물의 영상을 제시하는 것이 아니라 여러 영상 속에, 그 틈 사이로 독자를 불러들이고 있는 프리즘이다. 독자는 어떤 충실하고도 믿을 만한 화자의 안내를 받고 있지 않다. 잠시라도 한눈을 판다면 이야기의 진행을 놓치거나 속아 넘어갈지도 모른다. 극화된 화자(1)을 작가로 오인하고 따라가지만, 왠지 이 화자의 어투에서 냉소적이고 조롱기 어린 모습을 느끼면서 이 화자가 반드시 작가 고리키는 아니라고 생각하게 될 것이다. 그 지점에서 다시 '극화된 화자(2)'로 시선을 옮겨 보지만, 이 극화된 화자(2)는 등장인물-화자로서 독자가 동일시를 느끼기에는 다소 거리가 있는 '여인'이다. '극화된 화자(1)'에 의해 이 '여인'은 이미 '별로 유쾌하지 않은 여자'라고 평가되고 있기 때문이다. 그리고 파벨과의 대화에서도 이 '여인'의 생각이나 말은 일정하게 대상화되고 있다. 독자가 그녀의 고민과 아픔을 내적으로 동일시하여 느낄 여지가 별로 없는 것이다. 아마도 파벨이라는 인물에게 흥미를 느낄 수는 있지만 여전히 이 인물에게도 전적인 공감을 보내기는 힘들다. 파벨에 대해서는 '여인-화자'가 긍정과 부정을 통해 일정한 거리를 만들어 내고 있기 때문이다. 결국 독자는 복잡한 서술구조를 경과하면서 스스로 각성되어 갈 뿐이다. 이게 뭐지, 뭐야? 하면서 스스로의 판단력을 세우도록 독촉당하는 것이다. 바로 이것이 능동적인 독자의 형상이다. 이 형상은 작품 자체에는 부재하지만 서술구조 사이로 끌어들여지는 형상이다. 서술구조의 여백으로 독자를 일깨우고, 동일시를 차단하면서, 작품 속에 참여하도록 만들고 있는 것이다.

4. 맺음말

〈어떤 소설〉에서 소통 주체들은 각자의 정체성을 스스로 '말'하지만 무엇보다도 다른 주체와의 경계에서 그 경계를 넘어서고자 다른 주체에게 '말'을 건넨다. 그러나 그들의 '말'은 그들 사이의 경계의 담장을 쉽게 넘나들 수 없다. 이렇게 경계를 넘어서고자 하는 말의 한계, 소통의 한계 속에서 새로운 소통으로 나아가고자 하는 시도를 〈어떤 소설〉은 매우 실험적으로 보여준다. 아마도 우리는 이런 실험적 문제제기를 통해 소설의 숨은 소통의 경로에 대해, 그 모델화에 보다 주목할 수 있을 것이다. 한 주체로부터 일방적으로 가해지는 소통방향이 아니라 모든 주체들이 상호작용하면서 새로운 소통의 장을 창출해 나가는 구조, 그 틈새의 공간에서 실현되는 모든 주체의 움직임과 상호적 의미화는 단순히 예술텍스트의 구성에서뿐만 아니라 현대의 새로운 소통모델을 인식하고 창출하는 데도 깊은 시사점을 던져 준다.

특히 능동적인 독자의 형상은 20년대 러시아 소설의 새로운 장르화의 중요한 모티프라고 말할 수 있다. 새로운 소통 상황에 부응하는 새로운 서사문법의 모색 속에서 능동적 독자의 발견 및 구성은 매우 중요한 의미를 지니고 있다. 독자는 완결되지 못한 파벨에게 몸과 그림자와 영혼을 불어넣어 줄 또 다른 타자인 셈이다. 작가 고리키가 스스로를 대상화시키면서 물러나고 주인공들(파벨, 포민, 여인) 모두 경계 속에서 상호적으로 대상화되는 이유는 결국 독자를 그들의 소통의 장으로 초대하는 것이라고 말할 수 있지 않을까. 그렇다면, 이들의 공동체는 독자의 참여에 의해 새로운 존재적 가능성을 획득하는 것 아닌가. 독자는 시공간적 현실에서 역사적 체험과 미래를 담지한 자로서, 작품과 경계를 이루며, 대화하며 새로운 삶의 서사를 창출하는 존재다. 그의 개입은 작품 내 소통의 거미줄을 역사 속으로 넓혀가는 계기이고 현대 소설의 새로운 장르화를 추동하는 핵심 요소 중 하나인 것이다.

그러나 이 작품은, 많은 20년대 실험 소설들과 마찬가지로 새로운 서사에 대한 자의식으로 충만할 뿐, 새로운 서사 장르를 완성한 것은 아니다. 파벨이 만나야 할 여인을 만나 보다 완전한 몸과 영혼으로 살아가는 이야기, 바로 그 삶의 서사는 러시아 문학에서 좀 더 기다려야 했다. 그것은 진정한 삶의 서사로서 20년대 소설이 육체와 영혼을 가지기 위해서는 새로운 삶과 새로운 독자가 필요했다는 말이기도 하다.

소설은 언어의 서사로 그치는 것이 아니라 삶의 서사로 나아갈 때 비로소 소설이다. 코지노프(В. Кожинов)는 1920, 30년대 러시아 문학이론이 언어에 대한 새로운 발견과 현실의 새로운 변화를 접목시키지 못하고 형식주의적 경향과 속류 사회학주의 이론의 극단적 대립으로 나아감으로써 생산적인 접점을 놓치고 말았다고 지적한다. 이런 지적은 언어의 서사와 삶의 서사에 대해서도 그대로 적용될 수 있을 것이다. 20년대 언어에 대한 자의식과 언어로 구성되는 서사 자체에 대한 풍부한 실험은 급박한 이데올로기 투쟁 속에서 진정한 삶의 서사로 나아갈 여유를 보장받을 수 없었다. 그러나 새로운 서사를 향한 방법적 모색 자체가 혁명과 좌절이라는 격렬한 역사과정의 틈새에서 이루어지고 있었다는 사실은 충분히 놀랄 만한 문학적 성취였고 오늘날에도 여전히 생동하는 문제의식을 던져주고 있다는 것을 부인하기 어렵다.

참고문헌

골룝코프, M.(2006) 〈러시아 현대문학: 분열 이후의 새로운 모색〉, 이규환 외 역, 도서출판 역락.

바흐친, M. 외(1997) 〈작가란 무엇인가〉, 박인기 편역, 지식산업사.

박인철(2001) "후설의 의사소통이론 - 역사적 제약과 선험적 보편성", 〈현상학연구〉, Vol. 17, 한국현상학회.

박준상(2002) "이름 없는 공동체: 레비나스와 블랑쇼에 대해", 〈철학과 현상학 연구〉, Vol. 18, 한국현상학회.

박현섭(2004) "체호프 드라마투르기의 현재적 의의", 〈러시아연구〉, 제14권 제2호, 서울대학교 러시아연구소.

부스, 웨인 C.(1999) 〈소설의 수사학〉, 최상규 역, 예림기획.

우스펜스키, 보리스(1992) 〈소설구성의 시학〉, 김경수 역, 현대소설사.

슈탄첼, F.(1982) 〈소설형식의 기본 유형〉, 안삼환 역, 탐구당.

이강은(1999a) "고리끼의 〈1922-1924년 단편들〉에 나타난 존재와 의식의 미완결성의 시학 연구", 〈러시아어 문학연구논집〉, 제5집, 한국러시아문학회.

_____(1999b) "막심 고리끼의 〈어머니〉에 나타난 이념과 삶의 결합과 차이의 시학", 〈현대의 문제작〉, 문예미학5, 문예미학회.

_____(2004) "러시아 장편소설의 형식적 불안정과 화자", 〈러시아어문학연구논집〉, 제16집, 한국러시아문학회.

_____(2007) "소설언어의 가치적 일원성과 다원성(2)", 〈러시아어문학연구논집〉, 제26집, 한국러시아문학회.

리쾨르, 폴(1997) "서술적 정체성", 주네트 외, 〈현대 서술이론의 흐름〉, 석경징 외, 솔.

Баранов, В. С.(2004) *Драма Максима Горького.* М.: ИМЛИ РАН.

Бахтин, М.(1979) *Проблемы поэтики Достоевского.* 4-е изд., М.: Советская Россия.

Белая, Г. А.(1977) *Закономерности стилевого развития советской прозы 20-х годов.* М.: Наука.

____________(1978) "К проблеме романного мышления," *Советский роман-новаторство, поэтик а, типология.* М.

____________(2004) *Дон Кихоты. Революция-опыт побед и поражений.* М.: РГГУ.

Борев, Ю. Б.(гл. ред.)(2003) *Теоретико-литературные итоги XX века.* Т. 1-2, М.: Наука.

____________(гл. ред.)(2005) *Теория литературы. Том 1: литература.* М.: ИМЛИ РАН.

Горький, М.(1973) *Полное собрание сочинений в 25 т.* Т. 17, М.: Наука.

Грановская, Л. М.(2005) *Русский литературный язык в конце 19-20 вв.* Москва: Элпис.

Грознова, Н. А.(1976) *Ранняя советская проза 1917–1925*. Л.: Наука.

Зобнин, Ю.(ред.)(1997) *Максим Горький: pro et contra*. СПб: РХГИ.

Облик слова. Сборник статей(1997). М.: Институт русского языка РАН.

Русская советская повесть 20–30–х годов(1976) Л.: Наука.

Русская теория 1920–1930–е годы(2004). М:. РГГУ.

Семенова, С.(2001) *Русская поэзия и проза 1920–1930–х годов. Поэтика – видение мира – философия*. М.: Наследие.

Скороспелова, Е.(2003) *Русская проза XX века*. М.: ТЕИС.

Смирнова, Л.(1993) *Русская литература конца 19 – начала 20 века*. М.: Просвещение.

Спиридонова, Л.(2004) *М. Горький: новый взгляд*. М.: ИМЛИ РАН.

第4部

러시아 언어-문화 공간에서 소통의 안과 밖

제16장

공손함을 위한 소통의 완화장치

|이남경|

1. 소통과 완화

완화(mitigation)란 대화자 간의 원만한 상호관계를 구축하고 화자가 의도한 소기의 소통 목적을 효율적으로 달성하기 위해 부드럽게 말하고 청자에게 부담을 주지 않는 화법을 의미한다. 이것은 특히 언짢은 소식을 전하거나 상대에게 부담을 주는 발화를 하는 경우, 즉 청자의 체면을 위협할 수 있는 부담을 안고 있는 화행에서 화자와 청자의 수직적, 수평적 거리감을 고려해 상황적으로 채택되는 임의적인 담화 책략(strategies)이다. 대화 과정에서 완화 책략이 필요한 이유는 행위로서의 언어 활용이 목적 지향적이라는 점, 그리고 소통이 본질적으로 오해, 곡해, 몰이해의 위험성으로 나타나는 불완전성을 안고 있다는 점에서 찾아볼 수 있다. 즉 화자는 발화를 통해서 자신의 의도를 전달하고 관철시키기 위한 목적 지향성을 가지며, 소통에서 파행, 갈등 등의 부정적인 요소가 발생하거나 의도한 의사소통적 효과가 불발로 끝날 가능성을 안고 있으므로, 의사소통 참여자는 소통이 진행되는 매순간 의사소통 행위를 성찰, 점검하여, 의도하는 바대로 소통을 이끌기 위해 그 과정에 적극적으로 개입해야 한다.

(1) Вы уволены.(“Новый Мир”, № 9, 2002)

당신은 해고야.

(2) Очень жаль, но мы хотим сообщить вам о том, что мы с вами больше работать не можем.

매우 안타깝지만 우리가 당신과 함께 더 이상 일할 수 없음을 전해드리고 싶습니다.

위의 예에서 후자의 경우는 화자가 발화의 언표내적 효력의 강도를 약화시켜 청자에 대한 배려와 존중의 태도를 전달하는 동시에 청자가 보일 수 있는 부정적인 언향적 반응을 어느 정도 미연에 방지하는 전략적 발화라 할 수 있다. 이러한 장치들은 전형적으로 대면적 소통 상황에서, 그리고 행위에 대한 촉구나 상대의 체면을 위협할 수 있는 상황에서 보다 적극적으로 사용되는 특성을 보이고 있다.

한편 완화는 소통을 관장하는 언어 보편적 현상임과 동시에, 그것의 구체적인 표현 방식은 개별 언어의 구조적 특수성과 맞물린 언어 특이적 현상으로 이해된다.

(3) 이것 좀 해 주세요.

그것 좀 이리 줘 보세요.

이 부분이 더 명확하게 표현되면 좋겠어요.

(4) Я сам не могу решить этого вопроса.

– Посмотрим…. Как-то это и разрешилось.(*Левин Б. Блуждающие огни*, 1995)

나 혼자서는 이 문제를 풀 수가 없어.

– 어디 보자…. 어쩌다 보니 문제가 풀렸네.

(5) Открой окно.

– Не мог бы. У меня руки заняты.

창문 열어.

– 할 수 없겠는걸. 내 손이 바빠.

위에서 (3)은 보조동사 '주다, 보다' 등이 사용되거나 행위에 대한 촉구 및 조언을 피동구문으로 표현하는 한국어의 예이고, (4)는 포괄적 복수 일인칭의 사용 그리고 피동구문을 사용하여 행위자보다는 사태를 부각시키는 완화기법이 사용된 러시아어의 예로, 화자가 사태에 결부되어 있음을 나타내지 않음으로써 화자의 능력을 부각시키지 않는 효과를 준다. (5)는 선행 화자의 행위 이행에 대한 요구를 거절하면서도 가정법과 부연설명을 추가하여 화자와 청자 간에 발생할 갈등요소를 둔화시키는 경우이다. 위의 예에서 알 수 있듯이 한국어에서 완화를 표현하는 데 적극 활용되는 보조동사 '주다, 싶다' 등의 사용이 러시아어에서는 제한되거나 이것이 양상어나 다른 표현 양식으로 표현되는 등 언어 간 차이점이 존재한다.

이에 본 연구는 효율적인 소통에 기여하는 완화의 문제를 러시아어 완화장치의 표현 양상 및 완화 책략의 기대효과와 기능과 관련지어 살펴보고, 완화장치들이 부담을 줄이게 되는 절차나 근거에 대한 화용론적 설명을 제시하는 것을 목적으로 한다. 이를 위해 우선 완화 책략을 몇 가지 유형으로 분류하고 각 유형에 따른 언어적 표현수단, 즉 완화장치를 제시함으로써 러시아어에서 나타나는 완화 표현의 일반적 패턴을 명시한다. 또한 이러한 완화가 사용되고 해석되는 원리를 화용론적인 이론 속에서 찾아보며, 담화 내에서 완화가 나타내는 기능과 기대효과를 살펴봄으로써 완화가 언어 주변적 현상이 아니라 담화 구성의 일반 원리를 제공하는 합목적적이고 효율적인 상위의 책략임을 조명하고자 한다.

2. 완화에 관하여

말이 곧 행위라면 그것은 효율적인 행위가 되어야 할 것이다. 이것은 기본적으로 화행의 조정(modulation) 과정에서 발생하여 효율적인 소통행위를 위해 채택되는 두 가지 가능한 방향으로의 추이, 즉 강화(reinforcement)와 완화가 야기되는 전제조건이다. 소통 과정에서 같은 내용을 전달하는 담화의 여러 가지의 변이형들은 언표내적 효력의 강도 면에서 비교적 넓은 스펙트럼에 걸쳐 포진되어 있고, 그중에서 소통 상황에 가장 적정하다고 여겨지는 표현방식이 채택된다. 화행의 조정 과정에서 나타나는 강화와 완화는 정도성으로 이해되는 상보적, 대립적 개념이다.

(6) Ты дурак.

넌 바보야.

(7) Ей-богу! Ты круглый дурак!(Губер Б. *Шарашкина контора*, 1924)

맙소사! 너 완전 바보구나!

(8) Мне кажется, ты какой-то дурак.(Белый А. *Петербург*, 1913-1914)

내가 보기에 너는 어쩐지 바보 같아.

위의 예에서 (6)은 중립적 발화, (7)은 강화된 발화, (8)은 완화된 발화의 예이고, 강화와 완화의 경우 강도를 조절하는 어휘, 구의 삽입, 구조의 변형 등 특정의 장치들이 각각 사용되고 있음을 알 수 있다. 서로 구별되는 적절한 언어적 장치의 사용 결과로 나타나는 강화와 완화는 화행의 언표내적 효력 강도의 수정 및 조율 현상으로 설명되며, 원칙적으로는 대칭적인 관계로 이해되지만, 개념적 대칭관계가 실제 사용의 대칭관계를 담보하는 것은 아니어서 실제 담화에서는 완화가 강화보다 일반적으로 빈번히 채택되는 양상을 보인다. 완화(mitigation)와 동일한 의미로 사용되는 'weakening, attenuation, downtoning, downgrading' 등의 용어들은 모두 정도성에 따른 언표내적 효력의 약화를 의미하는 용어들이다. 완화 책략은 화자와 청자 간의 권력(power), 사회적 거리감(social distance)이라는 역학적 관계를 고려해 대화 상황에서 화자가 선택하는 것으로, 보편적으로 수직적 관계에서 낮은 서열의 화자가 높은 서열의 청자를 대하거나 수평적 관계에서 화자가 거리감을 느끼는 청자를 대할 때 나타날 가능성이 높다. 그러나 예컨대 변호인이 의뢰인을 대하거나 의사가 환자를 대하는 태도에서 볼 수 있듯이 대체로 권력의 척도에 있어 사회적 지위가 높고 공공의 사회적 역할이 중요시되는 직업군의 사람들의 말에 완화 책략이 개입되는 경우를 쉽게 발견할 수 있다. 이처럼 완화가 교육 정도가 높거나 사회적 역할이 기대되는 사람의 사회적 활동 속에서 적극적으로 채택되는 것으로 보아, 완화 책략의 선택 여부에 권력보다는 화자와 청자간의 사회적 거리감과 격식성이 더욱 중요한 변수로 작용하고 있음을 알 수 있다.

담화의 완화현상이 언어학적 관심을 끌기 시작한 것은 비교적 최근의 일이라 할 수 있는데, 프레이저(1980)에 의해 제시된 '대화적 완화'를 필두로 하여, 주로 언어적 표현방식에 관련된 연구(Holmes 1984, Flowerdew 1991, Caffi 1999, Martinovski 2006)와 언어-문화 간 비교에 관련된 연구(Blum-Kulka 1985, Faerch, Kasper 1989)들이 이에 해당된다. 고정적으로 특화된 언어학적 표현 수단을 갖지 못한 채 형태, 통사, 담화 등 다양한 언어 층위와 언어체계 전반에 침투되는 완화의 속성상, 이에 대한 연구는 수사학에서 화용론에 이르는 광범위한 언어연구 영역에 걸쳐 나타나고, 소통의 사회학, 심리학적 접근법과 연계되는 학제적 성격을 띠고 있어 사실상 명확한 규명이 어려운 영역으로 간주되어 왔었다. 그러나 최근 정보전달이라는 측면에 비해 부차적으로 평가되었던 완화현상은 이제 소통원리의 틀 속에서 새롭게 조명을 받으면서 다양한 언어학적 수단들에 의해 실행되는 그 기능이 언어학적으로 규정되고 있다.[1] 요컨대 완화란 화행에 내재된 부정적 효과를 감소시키기 위해 언표내적 효력을 약화시킴으로써 말하는 행동을 더욱 효율적으로 만드는 일련의 책략을, 완화장치란 완화의 의사소통 책략에 따라 담화에서 채택된 언어적 수단을 가리킨다. 완화는 긍정/부정의 평가성에 준해 청자를 불쾌하게 만들 수 있는 공격적인 표현을 보다 부담이 적은 다른 단어나 구로 대체함을 의미하는 완곡어법(euphemism)과는 구별되는, 대화 구성 단계에서 나타나는 화용론적인 개념으로 이해된다. 어원적으로 '바르게 말함(eu(good, well) + pheme(speech, speaking))'을 의미하는 완곡어법(euphemism)은 'toilet'을 'restroom'으로 표현하는 것과 같이, 청자를 불쾌하게 만들 수 있는 공격적인 표현을 다른 표현으로 대체함을 의미하며, 주로 단어나 구의 단위로 나타난다. 최근에는 완곡어법의 범위를 문장과 발화 단계로 확대하여 완화현상을 완곡어법의 관점에서 기술한 연구들이 있는데, 엄밀히 말해 완곡어법은 화행의 언표내적 효력과 연관된 완화와는 별개의

1) 프레이저를 중심으로 한 초기연구에서 완화는 대화상황에서 예상되는 부정적 결과를 없애기 위해 사용하는 책략으로 이해되었고, 공손성의 이론적 틀 속에서 완충어(hedge)와 같은 완화장치를 분석한 브라운(Brown)과 레빈슨(Levinson)은 이를 주로 소극적 공손성이 지배적인 문화권에서 잘 나타나는 언어적 현상으로 이해하고 있다. 이후 홈즈(Homes)는 완화현상을 강화현상과의 연계 속에서 규정하며, 강화와 완화 모두 언표내적 효력 강도를 조율하는 과정에서 나타나는 책략으로 이해하고 있다. 이에 비해 카피(Caffi)는 완화의 문제를 화자와 청자 사이의 상호관계 속에서 그 해법을 찾고 있는데, 완화를 화자 및 청자의 책임과 의무의 재분배, 재배치에 영향을 미치는 상호적 매개변수의 감소 및 약화로 정의하고, 그 기능이 화자와 청자의 대면적 상호작용의 목표를 달성하고, 대화자 간의 감정적 거리감을 조절, 모니터링하는 데 있다고 이해하고 있다. P. Brown, S. Levinson(1987) *Politeness : Some Universals in Language Use,* Cambridge : Cambridge University Press, p. 250 ; C. Caffi(1999) "On mitigation," *Journal of Pragmatics,* Vol. 31, pp. 887-888 ; M. Geis(1995) *Speech Acts and Conversational Interaction,* Cambridge : Cambridge University Press, pp. 181-183 ; J. Holmes(1984) "Modifying illocutionary force," *Journal of Pragmatics*, Vol. 8, p. 346 참조.

개념으로 이해되어야 할 것이다. 이는 완화의 상대적 개념이 강화인 반면, 완곡어법의 상대적 개념이 'die'를 'pass away'로, 'television'을 'idiot box'로 대체함을 의미하는 'dysphemism(잘못된 말)', 또는 'cacophemism(나쁜 말)'이라는 점에서도 확인된다. 부언하자면 여기서 'dysphemism(잘못된 말)'은 공손한 표현 대신에 의도적으로 거친 표현을 사용함을, 'cacophemism(나쁜 말)'은 불쾌하게, 나쁘게 말함을 의미한다. 완화는 논리적으로 "화자가 무엇인가를 통해서 무엇을 완화한다"를 의미하는데, 다시 말해 특정의 언어학적 표현 수단(완화장치)을 담보로 발화의 추상적인 의미-화용적 특성을 약화시킴을 의미한다. 또한 완화는 화행의 본질을 변화시키는 것이 아니라 화행의 효력 강도만 조절하는 특징을 가지고 있으며 특히 특정 화행에서 주로 채택되는 경향성을 보이기도 하는데, 완화가 결부되는 조건은 역시 화행의 속성상 체면위협이나 부정적 효과가 예견되는 경우라 할 수 있다. 이른바 전통적인 설(Searle)의 화행 분류에 있어서 명령이나 조언 같은 지시화행(directives)에서 완화가 주로 나타나는 것은 이들 화행이 모두 청자가 이행해야 할 미래행위를 제시하므로 청자에게 부담을 지우거나 체면을 위협하는 행위로 분류되기 때문이다. 이 외에도 비교적 언짢은 결과나 체면위협의 가능성을 적게 가지고 있는 단언화행(assertives)의 경우에도 화자의 지나친 단언적이고 확정적인 태도를 피하기 위해 완화가 사용된다.[2] 이에 비해 긍정적 결과를 담보한 약속이나 칭찬 등의 화행에서는 완화의 과정이 잘 결부되지 않는다. 즉 완화는 화행에 내재된 부정적 효과의 유발 가능성과 긴밀한 연관관계가 있는 것이다.

화자와 청자의 소통에서 대면적 상호 관계에 관여된 특정 변인의 약화로 야기되는 완화는 논리적으로는 화행으로 유발된 권리와 의무의 할당과 수정을 야기하고, 이는 결국 화행의 강도와 설득력에 영향을 미치는 중요한 요인으로 작용한다. 이는 대화 참여자의 의무를 줄이고, 자가 모순, 거절, 체면손상, 분쟁 등 대화자 간에 발생하는 소통의 부담률을 줄여 결과적으로 소통을 성공적으로 이끈다. 부담의 경감은 의미적으로는 지시화행에서 주로 나타나는 의무양상과 관련된 완화와 단언화행에서 주로 나타나는 인식양상과 관련된 완화로 구체화되는데, 의무양상과 관련된 완화는 미래 행위에 대한 청자의 부담감을 줄여 주고, 인식양상과 관련된 완화는

---

2) J. Flowerdew(1991) "Pragmatic modifications on the representative speech act of defining," *Journal of Pragmatics*, Vol. 15, p. 254.

발화 내용의 사실성에 대한 화자의 부담감을 줄여 준다. 그런 측면에서 의무양상과 관련된 완화는 이타적(altruistic) 속성을, 인식양상과 관련된 완화는 자기중심적(self-serving) 속성을 지닌다.[3)]

또한 완화는 필연적으로, 청자에 대한 존중과 배려의 태도를 의미하는 언어학적 공손성(politeness) 개념과 연계된다. 일반적으로 소통에는 명료하게 말할 것과 공손하게 말할 것이라는 대원칙이 전제되어 있는데, 전자가 그라이스(Grice)의 대화원칙으로 설명되는 부분이라면, 후자는 일정 부분 대화원칙의 의도적 위반으로 나타나는 효과로, 이처럼 명료함과 공손함은 상반된 특성을 담보하고 있다. 따라서 특정의 언어행위는 명료함과 공손함의 절충과 조화 속에서 적절한 책략을 찾게 되는데, 특히 명료함과 공손함이 상충되는 발화상황에서는 대체로 명료함보다는 공손함이 우위에 놓인다.[4)] 또한 발화 상황에서 표현되는 공손함의 본질은 다음의 세 가지, 이를테면 청자에게 부담을 주거나 강요하지 않는 격식성을 가질 것, 청자에게 선택의 기회를 부여하는 주저함의 태도를 줄 것, 청자에게 우호적인 느낌을 주는 동질감과 친밀함을 줄 것으로 요약된다.[5)]

공손성은 그것이 작용하는 원리와 방식에 따라 적극적 공손성(positive politeness)과 소극적 공손성(negative politeness)으로 구분된다. 대화상에서 나타나는 적극적 공손성은 친근감의 은유적 확장을 통해 화청자 간의 거리감을 줄여 주는 사회적 윤활유로 기능하는 한편, 소극적 공손성은 청자의 부정적 체면에 가해지는 교정행위로써 청자 측의 부담을 감소시키는 기능을 한다.[6)] 적극적 공손성은 화자가 청자와 의견, 태도, 관점을 공유하거나 감정이입을 통해 청자를 소통에 적극적으로 참여시키는 방식으로 나타난다. 그것은 관심을 표명하고, 소집단 내의 동질감을 표현하기 위해 적정한 호칭을 사용하며 감정이입을 통해 친밀감을 주고, 동의와 공감의 태도를 취하는 것으로 요약된다. 반면에 체면손상행위를 보상하기 위한 언어학적 책략은 소극적 공손성으로 구현되고, 언어마다 관례화된 체계를 가진 매우 정교한 표현 방식이 존재한다. 소극적 공손성은 자기 영역을 보존할 권리와

3) Bruce Fraser(1980) "Conversational mitigation." Journal of Pragmatics, Vol. 4, p. 344.

4) Н. Ю. Чигридова(2001) "О стратегиях речевого поведения коммуникантов," *Актуальные проблемы филологии и методики преподавания*, Ч. 2, Ростов н/Д, с. 127.

5) R. Lakoff(1973) "The limits of politeness : Therapeutic and courtroom discourse," *Multilingua*, Vol. 8, pp. 298-304.

6) P. Brown, S. Levinson(1987), p. 130.

행동의 자율성을 침해받지 않기를 원하는 기본적 욕구를 충족시켜 주는 언어적 표현을 말한다. 이것은 화자가 상대에게 유대감을 강조하는 대신 적절한 거리를 유지하여 그의 권리나 영역을 인정함으로써 상대방을 침해하지 않는 공손성의 한 측면으로서 이러한 발화들은 격식체, 관례적 표현, 담화표지를 적절히 사용하고, 수동태나 우회적인 표현을 사용하여 사건 중심적이고 미확정인 기술을 선호하며, 짧은 문장보다는 완전한 형식의 긴 문장의 사용을 선호하는 특징을 가진다.[7] 그런 면에서 화자의 언표내적 효력을 손상하지 않는 범위 내에서 이것의 직접적 표현을 억제하는 완화는 그 기능이 일면 소극적 공손성과 닿아 있다.

그런데 공손성에 있어서 나타나는 표현의 두 가지 방향성 – 적극적 공손성과 소극적 공손성의 상대적 개념은 강화–완화의 방향성을 규명하기에 어려운 측면을 안고 있다. 실례로 즉 감정이입이나 감정적 표현성이 부각되는 적극적 공손성의 표현 양식인 포괄적 일인칭 복수도 화행의 완화장치로 기능할 수 있기 때문이다. 즉 강화와 완화의 대칭성이 적극적 공손성과 소극적 공손성의 대칭성과 맥을 같이 하는 것은 아니어서, 언어학적으로 완화와 공손성은 유사 개념이 아닌 서로 다른 관점과 접근법을 보여 주는 개념으로 이해되어야 할 것이다. 즉 완화의 적용 결과 필연적으로 공손함의 효과가 발생하지만 그 역은 성립하지 않는 것이다.[8]

결론적으로 체면유지(Goffman 1967), 간접성(Searle 1976), 애매성(fuzziness)(Lakoff 1972), 거리감 유지 등의 개념과 긴밀히 연관되고, 공손성 체계 전반 – 적극적, 소극적 공손성 – 에 침투된 현상으로 이해되는 완화는 담화의 부담률을 줄여 준다는 일반 특징을 보이고 있는데, 그 세부적인 하위 책략의 유형을 분류해 보면 다음과 같다.

i) 배려의 책략

청자를 부담스럽게 만드는 화자의 의도나 생각을 드러내지 말 것

7) Z. Frajzyngier, B. Jirsa(2006) "The principle of indirect means in language use and language structure," *Journal of Pragmatics,* Vol. 38, pp. 515-516.

8) А. В. Соловьева(2001) "Взаимодействие принципа кооперации и принципа вежливости," *Филология в образовательном пространстве донского региона и ее роль в развитии личности,* Ростов на Дону, с. 58.

a. 청자에게 이익이 되지 않는 일에 단호하고 명백한 태도로 발화하지 말 것

b. 청자에게 이익이 되지 않는 일을 수행하도록 강요하지 말 것(청자의 선택권, 자율권을 보장할 것)

ii) 겸양의 책략

자신을 긍정적으로 부각시키거나 청자를 부정적으로 부각시키지 말 것

iii) 감정이입의 책략

청자에게 동류의식을 표하는 발화를 할 것

기본적으로 i)의 책략은 거리감을 유지하려는 태도, ii)는 화자 자신을 낮추는 태도, iii)은 우호적인 태도로 요약된다. 특히 러시아어에서는 이러한 완화의 문제가 조명되지 않은 채로 있으며 이를 공손성이란 범주의 틀 안에서 기술하려는 시도들이 있으나,[9] 공손성을 표현하는 명확한 형태, 어휘적 표현 수단이 부재하고, 발화 단계에서 공손성보다 화자의 진지성 표현이 더욱 부각되는 러시아어 특유의 화법을 조명하기엔 필연적인 한계를 안고 있었다.[10] 따라서 러시아어에서 나타나는 완화의 문제를 소극적 공손성의 표현기제로 기술하기보다는 보다 넓게 통합된 화용론적 틀 속에서 규명할 필요가 있다. 그것은 우선 완화장치가 사용되는 패턴과 특정의 완화장치를 채택하는 책략의 이해에서부터 비롯된다.

3. 완화 책략과 언어학적 완화장치

완화 책략들은 언어의 특정 층위에 한정되는 것이 아니라 언어체계 전반에 침투하므로 형태·어휘적, 통사적, 담화·화용적 언어적 완화장치는 물론, 지연, 주저함 같은 언어 외적 장치로도 표현 가능하다. 화행에서 언표내적 효력을 완화하는 언어적 수단은 의문문 구조, 평서문 구조, 가정법, 부정, 시제, 상, 양상 부사, 삽입어 등으로 매우 광범위한 영역에 포진되어

---

9) Г.Р. Шамьенова(2000) *Принцип вежливости как особая коммуникативно-прагматическая категория в русском речевом общении*, Саратов ; О.А. Васильева(2000) *Реализация максим вежливости в английском и русском диало гах*, Автореферат. Уфа 참조.

10) О.П. Ермакова(1990) 'Просьба как речевой акт в русском языке', *Potsdamer Forschungen der padagogischen Hochschule 'Karl Liebknecht'*, Вып. 106. с. 28.

있는데,[11] 우선 완화는 완화장치의 작용역에 따라 크게 내적 완화와 외적 완화로 구분된다. 여기서 내적 완화는 특정 화행을 수행하는 실질적 표현 안에서 일어나는 완화를, 외적 완화는 실질적 표현 전후에 첨가되는 문장 단위의 표현으로, 특정 화행의 의도를 부연하는 부가적인 표현을 말한다. 부가표현은 실질적 표현에서 취한 태도에 대한 원인, 조건 등 다양한 정황 설명을 통해 부담을 절감시키며, 공손성을 보장하고 효력의 정도성을 조절하는 기능을 수행한다. 이러한 기능을 수행하는 대표적인 외적 완화장치는 선행절 혹은 후행절, 그리고 조건절이다.[12] 이때 선행절이나 후행절은 배경을 도입하는 장치로 활용되고 조건절은 부담을 줄이는 수단으로 활용된다.

(9) Я ничего не могу сделать, я не копейки не распоряжаюсь.(Заседание клуба “Новые правые”, 2004)
나는 아무것도 할 수가 없어. 나는 한 푼도 내 맘대로 할 수가 없어.

(10) Не поленитесь, сделайте это, если можно.(Вадим К. Георгий Иванов в Йере // “Звезда”, № 6, 2003)
사양하지 마시고, 가능하다면 이것을 해 주세요.

(11) Если хочешь с нами сидеть обязательно. Тебе что, рубля жалко?
– Господи, Витя, пожалуйста, если это нужно для самочувствия.(Васильева 2000)
만약 우리랑 같이 앉아 있고 싶으면, 그래야만 해. 너 뭐야, 일 루블이 아까워?
– 세상에, 비챠, 만약 이것이 건강을 위해 필요하다면 기꺼이 그러지.

---

11) 언표내적 효력의 완화, 애매성(vagueness)을 통해 공손성의 커뮤니케이션 책략을 실현시키는 이러한 장치들은 완충어(hedge)라는 용어로 일컬어지기도 하는데, 러시아어에서도 이는 양상동사, 법, 부정소사, 가정법, 인식동사, 화/청자 지시 여부 등 다양한 방식으로 나타난다. 이는 커뮤니케이션 과정에서 야기될 수 있는 논쟁을 피하는 '언어의 가면(mask)'으로 이해될 수 있다. 완화와 완충어는 동일한 개념이 아닌데, 완화가 문장 및 담화의 구조적 변형까지고 포괄하는 넓은 개념이라면, 완충어는 완화효과를 창출하기 위해 사용되는 완화장치의 일종으로 이해된다. H. Schroeder, D. Zimmer(2000) “Hedging research in pragmatics,” *Lehrstuhl fur Sprachwissenschaft II*, p. 252 ; B. Martinovski(2006) “A framework for the analysis of mitigation in courts : Toward a theory of mitigation,” *Journal of Pragmatics*, Vol. 38, p. 2066.

12) S. Blum-Kulka(1989) *Cross-cultural Pragmatics : Requests and Apologies*, Norwood, NJ : Ablex, 1989, p. 19.

위의 예에서와 같이 외적 완화장치로 적극적으로 사용되는 조건절 'если можно'는 공손한 요청을 표현하면서 효력을 약화시키거나 다른 가능성을 제시함으로써 화행의 부담을 줄여 주는 기능을 한다. 이와 같이 외적 완화는 특정 화행의 가능성을 제시하므로 이해를 돕기 위해 결합되는 임의 제 요소로, 선행 또는 후행하는 독립적인 발화 형식을 이용하여 화행의 효력을 약화시키는 방식이다. 새롭게 부가된 내용은 특정 화행에 대한 부연설명, 논거로 작용하며, 이때 명료성의 대화원칙이 준수되나 정보력 면에서 비효율성이 나타난다.

이와 달리 내적 완화를 위한 장치들은 명제의미를 변화시키지 않으면서 암시적으로 공손함의 효과를 주는 매우 경제적인 방법이므로, 일반적으로 화행에서 외적 완화보다는 내적 완화가 선호된다. 이러한 분류원칙에 근거를 두고 러시아어의 내적 완화장치를 언어층위별로 구별해 보면 다음과 같다.

3.1. 형태·어휘적 층위

(12) Ты не выйдешь на пару дней пораньше? Тут столько дел накопилось.

– Да не хотелось бы.

너 하루 이틀 정도 더 일찍 나올 수 없겠어? 여기 산더미 같은 일들이 쌓여 있어.

– 응, 그러고 싶지는 않은데.

(13) Вот это, если можно, быстрее. Может, оно и в Ковальце есть, только поискать надо.(Волос А. Недвижимость, 2000)

자, 가능하다면 더 빨리. 아마 그건 코발츠에 있을 거야. 찾아야만 해.

(14) Однако именно этой песне суждено было стать очень распространённой. Вероятно, потому, что весь ее строй вписался в поэтику "жестокого романса", который стал более популярен, чем старинные традиционные песни.("Народное творчество" 2003. 12. 22.)

그런데 바로 이 노래가 그토록 유명세를 떨치게 된 것은 예정된 일이었다. 아마도 노래의 모든 화음이 오래된 전통적인 민요들보다 더욱 대중화된 "잔인한 로망스"의 서정과 조화를 잘 이루었기 때문일 것이다.

위의 경우는 형태소, 어휘에 의한 완화를 나타내며 이러한 완화장치의 예로 동사의 상,[13] (12)의 정보내용의 사실성을 완화시키는 가정법 등의 문법 형태소, (13), (14)의 추정, 짐작 등 다양한 정도성의 인식양상을 나타내는 양상 삽입어를 들 수 있다.

3.2. 통사적 층위

(15) Нет, я считаю, что каждый человек должен отвечать за свои поступки.(Беседа в Москве, 2003. 05. 27.)

아니, 모든 사람이 자신의 행동에 책임을 져야 한다고 나는 생각한다.

(16) Как говорят, учёные не меняют взглядов, они просто вымирают.(Гранин Д. Зубр, 1987)

말하기를, 학자들은 관점을 바꾸지 않으며, 단지 죽어 없어질 뿐이라고들 한다.

(17) a. А вы знаете, что он напечатал за границей антисоветскую повесть и вообще он сам известный антисоветчик?(Войнович В. 1976)

그런데 그가 외국에서 반소비에트 이야기책을 발간했고, 그 자신이 바로 유명한 반소비에트 인사라는 것을 당신은 아십니까?

b. Вы не скажете, почему у нас в стране экологическое движение менее популярно, чем в Европе?(Беседа Норкина А. с Мальшевой П. "Эхо Москвы" 2003)

우리나라에서는 왜 환경운동이 유럽에서보다 큰 인기를 끌지 못하는지 당신이 말씀해 주시지 않겠습니까?

(18) Спектакль очень спорный, не так ли?

– Почему же, очень многим нравится. А недовольных всегда можно найти. Есенин тоже кому-то не нравится.("Известия" 2001. 09. 24.)

---

13) 본 연구에서 지면을 할애하지 않았지만 완료상에 비해 불완료상이 언표내적 효력 강도가 낮은 완화의 수단으로 활용된다는 것은 주지의 사실이다. 따라서 명령형에 불완료상이 사용된 'Проходите садитесь, раздевайтесь, Прошу вас. Угошайте'(Служебный роман)는 완료상을 사용한 대립 쌍에 비해 효력 강도가 약화되어 명령으로부터 권유나 초대의 의미로 전이된다.

공연은 논란의 소지가 많아, 그렇지 않니?

– 대체 어째서? 아주 많은 사람들이 마음에 들어 하는데. 불만스러운 사람은 언제나 찾을 수 있지. 예세닌도 어떤 사람에게는 마음에 들지 않을 테니까.

(19) Ребята, чай готов! – позвала сестра. – Давайте быстренько попьём и правда поедем!(Устинова Т. *Большое зло мелкие пакости*, 2003)

애들아, 차가 준비됐어. – 누나가 불렀다. – 빨리 마시자 그리고 이제 정말 가자!

통사적 층위의 완화장치로 (15)의 인식 모두스(модус) 및 동사 삽입구, (16)의 간접 인용문, (17)의 간접 의문문, (18)의 부가 의문문, (19)의 피동구문과 청유문을 그 예로 들 수 있다. 인식 모두스나 동사 삽입구, 간접 인용문은 화자의 주장이나 의견을 완화하는 기능을 하고, 피동구문은 상황이나 사태를 객관화하여 전달하며 청유문은 청자에게 행위를 촉구하면서도 화자를 상황의 동참자로 이해되도록 만든다.

3.3. 담화·화용적 층위

(20) a. Не могли бы вы сделать это?

이것 좀 해 주실 수 없으시겠어요?

b. Не одолжишь мне десятку?

10루블 좀 나한테 빌려 주지 않겠어?

c. Я думаю, вам следовало бы ездить более осторожно.

내 생각에, 당신은 좀 더 주의 깊게 운전해야만 하겠어요.

d. Возможно, было бы лучше, если бы вы это записали.

당신이 이것을 기록한다면 아마 더 좋을 텐데.

(21) Что-то дует. – Да, я сейчас закрою окно.

어째 바람이 부네. – 응, 내가 지금 창문 닫을게.

У нас нет хлеба. – Ладно, куплю.

빵이 없네. – 좋아, 사 올게.

Через 20 минут закрывается метро.

20분 후에 전철역이 닫힙니다.

У меня внутри всё пересохло.

나는 속이 다 탔어.

(22) Извините, я сейчас занят….

미안합니다만, 저 지금 바쁜데….

담화·화용적 층위에서의 완화장치로는 (20)의 간접화행, (21)의 함축적 표현, (22)의 담화적 생략을 그 예로 들 수 있다. 간접화행은 관례성의 정도에 따라 관례적 표현(20-a, b)과 비관례적 표현(20-c, d)으로 나뉜다. (21)의 함축적 표현은 이른바 힌트발화(hint)라고도 하는데, 정확한 의미 해석을 위해 발화상황에 준한 추론 과정이 요구되므로 대개 관례화가 어려운 측면이 있지만, 경우에 따라 특정 상황에서 반복적으로 쓰이는 경우 'Вы выходите?', 'Я вас слушаю'와 같이 관례화의 과정을 거치기도 한다. 한편 (22)의 생략은 담화 상황 속에서, 화자의 지각, 지식, 경험, 상식이나 선행 발화를 통해서 언어적으로 복원될 수 있는 요소를 생략하는 것으로, 언어의 경제성 원칙을 반영한다. 담화적 생략은 화자와 청자의 의견이 첨예하게 대립하는 경우, 주장이나 반대의사 표명을 제거함으로써 청자와의 대립이나 갈등을 회피하려는 데 그 목적이 있다. 이것은 지시에 의거한 의미론적 생략의 경우가 아니라 화자의 의도에 의한 생략으로, 생략된 성분은 화맥 속에서, 화자, 청자의 인식 속에서, 일반지식 등에 비추어 복원될 수 있는 것이며, 주로 지연이 동반되는 거절 상황에서 잘 나타난다. 그러나 과도한 생략은 오히려 청자에게 추론의 부담감을 높여 주므로 청자를 배려하지 않은 표현이 된다는 점을 고려해 보면, 역시 완화를 명료함과 공손함의 적절한 조화와 균형 속에서 발현되는 현상으로 이해하는 것이 타당하다. 일반적으로 화자의 체면유지와 청자의 체면유지가 상충되면 청자 측의 체면 유지가 우선적으로 고려되고, 완화장치가 중첩되어 사용되면 완화의 정도가 높아진다.

이상 논의된 완화장치를 완화 책략과 관련지어 도표로 제시하면 다음과 같다.

〈표 3〉 완화의 책략

책략 / 언어적 표현 층위[14]	발화 내용이 청자에게 부담되지 않게 말하기		
	i. 배려의 책략 청자를 부담스럽게 만드는 화자의 의도나 생각을 드러내지 말 것 a. 단호하고 명백한 태도를 드러내지 말 것 b. 어떤 일을 이행할 것을 강요하지 말 것	**ii. 겸양의 책략** 자신을 긍정적으로 부각시키거나 청자를 부정적으로 부각시키지 말 것	**iii. 감정이입의 책략** 청자와의 동질감을 표현할 것
형태·어휘적 층위	추정이나 짐작의 표지 양상어, 가정법, 상		
통사적 층위	동사 삽입구(일인칭) 간접 인용문 간접 의문문 부가 의문문	피동구문 (객관화, 무인칭화)	청유문(복수 일인칭) 동사 삽입구(이인칭) (знаешь, видишь)[15]
담화·화용적 층위	간접화행 함축적 발화 담화적 생략		

4. 완화장치의 작용 원리

위에서 설명한 완화장치들은 청자에 대한 배려와 존중의 태도를 전달함으로써, 발화해석 과정에서 화자와 청자의 심리적 거리감을 좁혀주고 궁극적으로 발화를 공손하게 만든다. 즉 완화장치가 청자의 심리적, 정서적 측면과 결부되는 추론적 과정에 중요한 언어적 표지로 작용하는 것이다. 따라서 다양한 완화장치와 책략이 나타내는 잠재적인 효과는 그것의 도구적 적합성과 화자와 청자 간에 투사되는 심리적 거리감을 고려해 조명되어야 할 것이다.

---

14) 사실 완화장치의 언어표현 층위에 있어서 명확한 경계를 설정하는 것이 어려운 것이 사실이다. 특히 간접화행에서 'Не могли бы'와 같이 가정법, 부정사, 조동사 등의 다양한 수단들이 동시에 결부되는 경우가 많기 때문이다. 그러나 간접화행이 관례화의 양상을 보이고 있고 이러한 수단들의 채택은 화용적 원리의 지배를 받고 있으므로 본 연구에서는 간접화행을 담화·화용적 층위의 표현장치로 이해한다. 여기서는 완화장치를 분절된 단위가 아니라 그 의미의 연속체(continuum)로 이해하되, 보다 중심적인 표현수단에 중점을 두어 분류하였다.

15) 'знаешь, видишь, понимаешь, поверишь'와 같이 지각이나 인식 작용을 의미하는 동사가 주로 사용되는 접촉성 삽입어(контактные вводные слова)는 대화 과정에서 화자와 청자의 협력관계를 공고히 하여 화자와 청자의 거리감을 좁혀주는 수단으로 활용된다. 이는 대화 공조자로서의 화자와 청자의 관계를 확립하여 새로운 정보 도입 이전에 청자의 관심을 환기시키거나 유지하는 기능, 그리고 발화내용에 대한 청자의 이해도를 점검하는 기능을 담당한다.

완화는 지시화행에서 의무양상의 메커니즘을, 단언화행에서 인식양상의 메커니즘을 반영하는데 이는 특히 공손성이 주요 매개변수로 작용하는 화행에서 나타나 인식적 확실성 정도, 심리적 거리감에 영향을 미치는 것으로 이해된다. 특히 단언화행에서의 완화는 인식 양상어와 인식양상 삽입구를 사용하여 명제내용의 확실성 정도를 완화함으로써 결과적으로 화자의 부담감 및 책임을 줄여 주는 효과로 이어지고, 지시화행에서의 완화는 행위 이행에 대한 촉구와 관련된 언표내적 효력의 약화를 통해 청자의 부담감을 줄여 주는 효과로 이어진다. 또한 완화장치는 본질적으로 간접성의 특질을 지니게 되는데, 이와 관련하여 여기서는 완화를 명제내용의 완화, 언표내적 효력의 약화, 탈직시화라는 세 가지 현상으로 이해하여, 화용론의 개념적 틀 속에서 타당한 언어학적 기술을 모색해 보고자 한다.

4.1. 명제 내용의 완화

이는 단언화행에서 명제내용에 직접 작용하여, 명제내용에 대한 화자의 책임이나 부담감을 줄이는 완화의 의미론적 측면이다. 이때 사용되는 완화장치는 명제의 확실성 정도를 완화시키는 가정법, 'вижу, слышу, видимо, кажется' 등의 증거성 표지, 'наверное, вероятно, возможно' 등의 양상 부사, 그리고 'я думаю, я считаю' 등의 삽입구에 이르기까지 언명(statement)에 동반되는 다양한 범위의 인식적 완화장치를 포괄한다. 이때 활용되는 완화장치들은 명제에 불확실성의 인식적 태도를 결부시켜 명제의 정보적 가치에 대한 화자의 부담감이나 책임을 완화하며 이와 동시에 해당 화행이 단언행위임을 지시하는 언표내적 효력 지시체로서의 기능을 담당한다.

이러한 작용은 양의 격률(maxim of quantity)로 설명이 가능한데, 즉 화자 S가 'A(e2)'를 발화할 경우, 만일 화자가 정보량과 의미론적 강도에서 있어서, 보다 강한 항목 즉 'A(e1)'을 단언할 수 있는 입장인데도 'A(e2)'를 단언하면, 화자가 척도상에서 보다 강한 항목 'e1'이 사실이라는 것을 진술할 입장이 아니며 그것이 사실이 아니라고 믿고 있다고 청자가 이해하도록 유도하는 것이다. 발화에 의미론적으로 강한 표현보다는 약한 표현을 사용함으로써 도출되는 양의 격률에 의한 함축은 결과적으로 발화내용에 대한 화자의 확정적 태도를 완화시켜 화자의 부담감을 줄이는 효과로 나타난다. 이를 가리켜 소위 양적인 완충작용(quantity hedging)이라고 할 수 있는데, 이 경우 화자는 단언화행에서 정보의 사실성에 대한 불확실하고 미온적인 태도를 보여 줌으로써 결과적으로 청자의 적극적인 인식적 관여를 유도한다.

4.2. 언표내적 효력의 약화

이는 주로 지시화행에서 나타나, 언표내적 효력의 약화를 통해 간접화행 효과를 주는 완화의 기능적 측면이다. 이때 완화는 화행에 외적으로 부가되는 현상이 아니라 의도적인 언표내적 효력 강도의 조정을 의미하므로, 대화자 간의 원만한 대인 관계의 구축, 화행목표의 성취, 예기치 않은 언향적 반응의 차단 등의 부대 효과를 기대할 수 있다.[16] 특정 화행에서의 언표내적 효력은 다양한 정도성의 기준에 따라 조절될 수 있고, 간접화행은 전형적인 직접화행에 대립적으로 존재하며 다양한 정도성을 담보한 중도적 발화들로 이해된다. 간접화행에는 화행의 효력을 약화시키는 동시에 특정의 언표내적 효력을 지시하는 다양한 완화장치가 사용된다.

(23) a. Закройте, пожалуйста, окно!
창문 좀 닫아 주세요!
b. Вы не могли бы закрыть окно?
창문 좀 닫아 주실 수 없으시겠어요?
c. Вы не закроете окно?
창문을 좀 닫지 않으시겠어요?
d. Окно/ вы не закроете?
창문, 좀 닫지 않으시겠어요?
e. Вы не будете закрывать окно?
창문을 좀 닫지 않을 거예요?
f. Окно/ вы не будете закрывать?
창문, 좀 닫지 않을 거예요?

---

16) M. Sbisa(2001) "Illocutionary force and degrees of strength in language use," *Journal of Pragmatics,* Vol. 33, p. 1811.

g. Может, вы закроете окно?

아마도, 창문 닫을 거죠?

행위 촉구의 직접적 언표내적 효력을 드러내는 직접화행 (23-a)에 비해 간접화행 (23-b)-(23-g)는 행위이행의 강제성을 줄여 주고 행위를 이행하지 않을 선택권을 부여하는 언어장치를 사용하여 결국 청자의 책임 및 부담감을 줄여 주는 효과가 나타난다.[17] 이때 사용된 완화장치들은 명제 내용의 완화작용과 마찬가지로 언표내적 효력을 약화하는 동시에 특정 화행의 언표내적 효력을 지시하는 기능을 할 수 있고, (23-g)와 같이 특정한 경우 명제 내용의 완화와 언표내적 효력의 약화가 동시에 작용하기도 한다. 또한 공손성이라는 의사소통의 합목적성이 결부되어, 점차적으로 개별 단어의 의미적 내용을 상실하고 간접화행을 위해 구조적으로 화석화된 복수의 완화장치가 활용되는 경향성도 발견된다.

4.3. 탈직시화에 의한 간접화

완화장치가 유도하는 의미 효과는 명제내용의 완화, 언표내적 효력의 약화 이외에도 발화를 애매모호하게 만드는 간접성에서 그 단서를 찾을 수 있다. 명제내용의 완화가 화자의 부담을 줄이고 언표내적 효력의 약화가 청자의 부담을 줄이는 의도를 가진다면, 간접성은 화자, 청자 모두의 부담을 줄이는 결과를 가져다준다. 또한 명제의 사실성 완화와 언표내적 효력의 약화가 정도성의 개념을 담보하는 표현으로서 명확한 표현수단을 가진다면, 간접성은 직시/탈직시의 선택적 대립관계 속에서 선택된 표현의 대체로 인해 기대되는 의미적 효과를 의미한다. 간접성은 보다 명확한 형태 어휘적, 통사적 수단에 의해 표현되기보다는 추상적인 언어층위에서 나타나는 효과라고 할 수 있는데, 여기서는 이러한 간접성의 효과를 탈직시화와 관련 지어 설명하고자 한다.

---

17) 러시아어에서 지시의 간접화행 중 부정 의문문이 공손한 표현이라면, 다음과 같은 긍정 의문문에서는 공손함의 효과가 오히려 반감된다. h. Вы закроете окно? i. Окно/ вы закроете? j. Закроете? k. Закроете, а? l. Вы будете закрывать окно? m. Окно/ вы будете закрывать? M. Mill. "Conventionalized Politeness in Russian requests : A pragmatic View of Indirectness," *Russian Linguistics*. Vol 16, 1992. p. 75. 러시아어에서는 부정 의문문의 부정사 'не'가 행위를 이행하지 않을 수도 있다는 여지를 남김으로써 결과적으로 행위 이행에 대한 청자의 부담감을 덜어 주는 표현기제로 사용되고 있다. 요청의 간접화행에 관해서는 이남경(2006), "간접화행과 러시아어 구조 요청화행을 중심으로," 〈러시아어문학연구논집〉, 제22권, 209-236쪽 참조.

특정 화행이 이루어지는 상황에는 화행의 직시적 준거점이 작용한다. 전형적인 대면적 소통에서 나타나는 세 가지 직시적 준거점은 'я–ты', 'говорю что–то', 'сейчас–здесь'이다. 여기서 'я–ты'는 대화의 참여자인 화자와 청자이고, 'говорю что–то'는 말을 하는 행위를, 'сейчас–здесь'는 대화가 이루어지는 시간적, 공간적 상황을 의미한다. 즉 화행의 직시적 해석은 "Я тебе сейчас здесь говорю что–то"가 되는데, 발화에 간접성의 효과를 주는 완화는 바로 이러한 직시 준거점으로의 이탈, 즉 탈직시화를 의미한다고 할 수 있다. 이것은 명시적인 언어학적 수단으로 표현되기 보다는 생략, 전위, 변형 등의 보다 추상적인 단계의 담화 생성 과정에서 반영된다.

이에 완화현상의 탈직시화를 직시 준거점에 따라 대화 참여자(я–ты), 화행(говорю что–то), 상황(сейчас–здесь)이라는 측면에서 살펴보면 다음과 같다. 먼저 대화참여자 'я'와 'ты'의 명시와 관련하여 나타나는 인칭직시의 이탈은 구체적인 화자를 지시하는 명시적 표현을 제거하거나 수신자가 메시지의 실제 청자임을 직접적으로 지목하는 인칭대명사나 호칭을 생략하여 청자의 부담감을 줄여 주는 경우로, 주로 지시화행에서 나타나는 현상이다. 이는 다음과 같이 화자와 청자를 지시하는 표현을 회피하는 비인칭성의 특징을 나타내는 발화에서 그 예를 찾을 수 있는데, 이때 상황은 더욱 공적이고 일반적인 것으로 묘사된다.

(24) Мусор должен класться в специальные мусорные ведра.
쓰레기는 지정된 쓰레기통에 넣어져야 합니다.
Алкоголь не может потребляться в иных местах, кроме бара.
알콜은 술집 이외의 다른 장소에서는 요구될 수 없습니다.
За обедом не разговаривают.
식사 시에는 이야기하지 않는다.
Надо мыть руки после каждого общения с животными.
동물을 만진 다음에는 매번 손을 씻어야만 한다.
(Е. Светлова, Животная страсть "Совершенно секретно", 2003. 08. 09.)

특히 'не я'는 화행에서 말하는 주체인 화자에 대한 언급을 회피하거나 다른 인칭으로 전환하는 것을 의미한다. 이것은 브라운, 레빈슨(1987)이 지적한 무인칭화 메커니즘(impersonalization mechanism), 즉 (24)의 행위자 없는 피동구문이나 다음의 예 (25)의 무인칭 구조가 나타나는 현상을 지칭한다.

(25) Не хотелось бы, чтобы религию воспринимали как ширму для политической агитации сказал он.(Верховский А. Между паствой и электоратом // "Еженедельный журнал"(2003)

"종교를 정치적 선동을 위한 방패막이로 여기도록 하고 싶지는 않아."라고 그가 말했다.

(25)는 의미상 주체(agent)인 화자를 상태의 경험자로 객관화시킨 것으로, 주로 의견 불일치나 거절 상황에서 사용되어, 이에 상응하는 잠재적인 다른 표현 즉 주체의 의지를 표명하는 'я не хочу'를 완화시키는 효과를 준다. 이외에 'не я'의 탈직시화는 구체적인 행위자를 지시하는 표현을 기피하고 복수일인칭으로 초점 이동시키는 경우에도 나타난다.

(26) Пасажиры! берём постель.

승객 여러분! 시트를 회수합니다.

Освобождаем левую сторону для прохода. Стоим справа.

통행을 위해 왼편은 비워 둡시다. 오른쪽으로 섭시다.

(27) Нет, вы послушайте сами : хрустит!

- Ничего у вас не хрустит. Гипс толстый, под ним нельзя сломать кость. Если хотите, завтра на рентгене посмотрим. Да, нет у вас там ничего. Просто перепугались. Выпейте-ка валерьянки с ландышем, пройдёт….(Грекова И. Перелом, 1987)

아니에요, (의사) 선생님이 직접 들어 보세요. 삐걱거려요!

- 당신한테선 아무 데도 삐걱거리지 않아요. 깁스가 두터워서 그 아래로 뼈를 부러

뜨릴 수 없어요. 만약 원하시면 내일 엑스레이를 찍어 봅시다. 그래요, 당신의 그 부위엔 아무것도 없어요. 단지 놀랐을 뿐이에요. 신경안정제를 은방울꽃 액즙과 섞어 마셔 보세요. 증상이 없어질 겁니다.

위의 예문 (26)의 요청상황은 요청의 화행 주체를 구체적인 개인으로 명시하지 않고 복수화하여 명시함으로써 요청의 상황을 더욱 공적으로 만들고 결과적으로 요청의 효력을 약화시키는 효과를 준다. 또한 환자에게 한 의사의 발언 (27)에서는 의사가 환자의 질환에 대한 처방을 함에 있어 의사 개인의 의견이나 의사의 주도적 행위에 대한 언급을 의도적으로 회피하고 있다. 단수의 행위 주체로부터 복수 일인칭으로의 인칭 이동은 사건에 대한 화자의 개입을 신호하면서도 화자의 주관적인 견해를 공적인 것으로 만들고, 사태를 더욱 객관화시키는 효과를 준다. 이처럼 복수 일인칭형은 감정이입을 통해 화자와 청자 간의 대인적 거리감을 좁히는 중요한 수단으로서, 청자에 대한 공감의 태도를 투사하고 화자와 청자가 특정 상황의 동반자, 협력자로서 이해하도록 만든다.

화행의 직시적 준거점 'говорю что-то'로부터의 이탈은 화자가 정보 내용을 불명확한 방법으로 전달하는 경우에 나타난다. 전달되는 내용이 직접적 전언이 아니라 들은 내용임을 알려 주는 인용적 책략이 이에 해당한다.

(28) Ты знаешь, что встреча прошла нормально?
만남이 잘 진행되었다는 걸 너 알아?

(29) Впрочем, как говорят, давление спонсоров ещё может сыграть свою роль в объединении двух демократических партий.(Колесниченко А. "Аргументы и факты" 2003. 01. 29.)
그런데 말하기를, 투자자들에 대한 압박이 두 개의 민주당을 통합하는 데 더 제 역할을 할 수 있다고들 한다.

(30) Я слышал, что большинство политиков отказывается от участия.(ФОМ, 2003. 12. 23.)
대부분의 정치인들이 참여를 거부하고 있다고 나는 들었다.

(28)의 간접의문문과 (29), (30)의 인용구조는 화자가 말을 하되, 특정의 기호를 활용해 화제를 객관화시켜 서술하는 기법이다. 특히 인용구조는 화자가 타인의 말이나 일반상식에 근거한 외적인 영향력 하에서 말하는 경우로, 이때 화자는 자신이 어떤 메시지를 전하는 전달자의 위치로 물러나, 화자가 발화에 또는 그 부분에 인지적, 혹은 정서적인 동의와 판단을 하면서도 그것의 사실성 여부에 유보적인 태도를 나타냄을 신호한다. 이것은 인용되는 정보에 대해 확신이 부족하거나 정서적으로 민감한 사안을 언급하는 경우에 잘 사용되는 경향이 있다. 이렇게 화제를 하나의 배경으로 도입하는 기법으로써 초점을 다른 곳으로 이동시켜 결국 정보적 비중을 떨어뜨리는 효과를 주는 것은 화제의 변환(topic change) 및 화제의 배경화로서, 관련성에 따른 완충작용(relevance hedging)으로 이해될 수 있다.[18]

마지막으로 상황과 관련된 탈직시화인 'не сейчас, не здесь'는 화자가 경험하는 시공간으로부터 다른 시공간으로의 이동, 즉 가능세계로의 이동을 의미하는데, 특히 가정법 장치에서 주로 나타나므로 이를 픽션화(fictionalization)라 부르기도 한다. 이 장치는 주제의 탈현실화(de-actualization) 책략으로 인식 양상어나 가정법 등 가설적 언어학적 장치의 사용으로 인해 나타나는 의미이다.

(31) Или даже сейчас - если бы ты решился сам, без маминого приказа.(Архангельский А. Послание к Тимофею, 2006)
혹은 지금이라도 엄마의 명령 없이도 네가 스스로 결심하기만 한다면.

(32) Предполагаю, что, видимо, ваша с ним проблема в коммуникации.(Форум на eva.ru. 2005)
보아하니, 그와 당신의 문제는 의사소통에 있다고 생각합니다.

이처럼 완화장치에 의해 전달되는 의미는 단일 의미해석이 보장되지 않는 화자와 청자의 상호관계의 측면에서 구체화되고 대화자 사이에서 조율되는 의미이다. 특히 완화장치에서 나타나는 간접성은 직시적 준거점으로부터의 이탈로 설명이 가능한데, 그것은 결국 무인칭화

18) P. Brown, S. Levinson(1978), "Universals in language usage : Politeness phenomena," *Questions and Politeness*, Cambridge : Cambridge University Press, p. 174.

또는 인칭의 이동과 같은 인칭직시로부터의 이탈, 사태의 객관화, 화제의 초점 이동과 같은 행위 직시로부터의 이탈, 발화에 가능세계를 도입하는 픽션화에서 나타나는 상황직시로부터의 이탈에서 나타나는 추론의미로 이해된다. 결국 명제내용에 대한 사실성 완화와 언표내적 효력의 약화, 화자와 청자 간의 일정한 거리감을 유지하도록 만드는 간접화의 경향은 다양한 완화장치의 메커니즘을 이용하여 산출되는 맥락의미로 이해될 수 있다.

5. 맺으며

본 연구에서는 완화현상을 담화의 차원에서 정의하고 러시아어에서 활용되는 완화장치 목록을 책략에 의거해 제시하며, 이러한 완화현상이 소통에서 작용하는 원리와 그 기능을 조명해 보고자 하였다. 완화는 정보전달이라는 측면에서는 주변에 위치하지만 공손하고 완곡한 태도를 표출함으로써 소통에서 일어날 수 있는 여러 가지 부작용을 최소화하는 효과적인 대인적 관계를 구축하기 위해 도입된다. 대인적 관계 구축과 유지는 소통의 성패를 좌우하는 가장 본질적인 언어행위의 측면으로, 이는 언어적 표현수단들과 맥락 속에서 나타나는 의미적 조화와 추론에서 드러나는 화자와 청자의 상호협력 관계를 보장하는 기능을 한다.

우선 완화는 청자에게 좋지 않은 결과를 미치는 화행의 효력을 줄이고 청자의 부담감을 줄여 발화를 부드럽게 만드는 책략으로 이해된다. 완화는 화행의 속성 자체를 변화시키지는 못하지만 체면 위협 등 부정적 특성을 지닌 화행에서 적용되어 언표내적 효력 강도를 약화시키는 기능을 한다. 완화는 크게 두 가지 방향으로 작용하여 특히 단언화행에서 발화의 사실성에 대한 화자의 부담감을 줄여 주는 자기중심적 성향과 지시화행에서 청자의 부담감을 줄여 주는 이타적 성향을 지니며, 이러한 완화의 결과, 공손함의 효과가 도출되는 것으로 이해된다.

러시아어에서 나타나는 완화장치는 특정 언어층위에 국한되지 않고 언어체계 전반에 침투되어 나타나는데 그것은 첫째로 양상어, 가정법과 같은 형태·어휘적 수단, 둘째로 동사 삽입구, 간접 인용문, 간접의문문, 부가의문문, 피동구문, 청유문 같은 통사적 수단, 그리고 셋째로 간접화행, 함축적 발화, 담화적 생략으로 나타나는 담화·화용적 수단으로 나누어진다. 이러한 완화장치들은 배려, 겸양, 감정이입이라는 상위의 완화 책략에 준해 채택되어 결국 발화에 공손한 태도를 코드화하는 수단으로 적극 활용되고 있다.

담화 속에서 완화장치가 작용하는 원리는 의사소통의 합목적성과 맥락적 의미의 조화로 설명될 수 있다. 우선 완화장치는 단언화행에서 명제에 직접 작용하여 명제의 사실성을 완화하는 기능을 함으로써 진술 내용에 대해 갖는 화자의 부담감을 줄여 준다. 혹은 지시화행에서 사용되어 다양한 정도로 약화된 언표내적 효력을 지시하는 간접화행을 통해 행위 촉구에 대한 청자의 부담감을 줄여 주는 기능을 한다. 그리고 이보다는 더욱 추상적인 언어층위에서 작용하는 탈직시화의 원리에 따라 담화의 간접성을 보장하여 발화에 공손함의 효과를 주게 된다. 직시 준거점 'я-ты', 'говорю что-то', 'сейчас-здесь'으로부터의 이탈은 대화 참여자의 직접 지시를 회피하는 무인칭화와 사태의 객관화, 인칭의 이동, 화행의 직접 지시를 완화하는 인용구문의 배경화 전략, 그리고 발화 상황의 직시에서 이탈한 가능세계의 도입이라는 원리로 구체화된다. 이러한 원리에 근거해 발화형성 과정에서 채택된 완화는 화자와 청자가 소통의 의미를 교섭하고, 화자와 청자의 원만한 대인관계를 구축함에 있어 매우 중요한 매개변수로 작용하고 있으며, 화자와 청자의 인지적, 정서적 영역에 투사되어 결과적으로 발화의 부담감을 완화시켜 주는 소통의 합목적적 책략으로 기능하게 되는 것이다.

참고문헌

이남경(2006) "간접화행과 러시아어 구조 요청화행을 중심으로," 〈러시아어문학연구논집〉, 제22권, 2006년, 209-236 쪽.

이해영(1996) 〈현대 한국어 활용어미의 의미와 부담 줄이기의 상관성〉, 석사학위논문, 이화여자대학교, 1996.

Васильева, О. А.(2000) *Реализация максим вежливости в английском и русском диалогах. Авторефе рат*, Уфа.

Ермакова, О. П.(1990) "Просьба как речевой акт в русском языке," *Potsdamer Forschungen der Padagogischen Hochschule 'Karl Liebknecht'*. Вып. 106, сс. 21-42.

Земская, Е. А.(1997) "Категория вежливости: Общие вопросы - национально-культурная специфик а русского языка,"*Zeitschrift fur Slavische Philologie*. No 56, С. 272-301.

Соловьева, А. В.(2001) "Взаимодействие принципа кооперации и принципа вежливости," *Филология в образовательном пространстве донского региона и ее роль в развитии личности.* сс. 116-119.

Филатова, Е. А.(1997) "Русские вопросительные предложения, выражающие побуждение и лингвом етодические проблемы их изучения," *Лингводидактические аспекты описания языка и гибкая модель обучения*. М. сс. 69-74.

_______________(2002) *Побуждение и имперетив*. М.

Чигридова, Н. Ю.(2001) "О стратегиях речевого поведения коммуникантов," *Актуальные проблемы филологии и методики преподавания*. Ч. 2. Ростов н/Д, сс. 15-21.

Шамьенова, Г. Р(2000). *Принцип вежливости как особая коммуникативно-прагматическая катего рия в русском речевом общении*. Саратов.

Bergelson, Mira.(2003) "Russian cultural values and workplace communication styles," *Коммуникативные исследования*. pp. 97-112.

Blum-Kulka, Shoshana.(1985) "Modifiers as indicating devices: The case of requests," T*heoretical Linguistics*. Vol. 12. pp. 213-229.

__________________(1987)"Indirectness and politeness in requests: same or different?", *Journal of Pragmatics*. Vol. 11. pp. 131-146.

__________________(1989) *Cross-cultural Pragmatics: Requests and Apologies*. Norwood, NJ: Ablex.

Brown, Penelope., Levinson, Stephen(1978) "Universals in language usage: Politeness phenomena," *Questions and Politeness*. Cambridge: Cambridge University Press, pp. 56-289.

______________________________(1987) *Politeness: Some Universals in Language Use*. Cambridge: Cambridge University Press, 1987.

Caffi, Claudia(1999) "On mitigation." *Journal of Pragmatics*. Vol. 31, 1999, pp. 881-909.

Faerch, Claus., Kasper, Gabriele(1989) "Internal and external modification in inter-language request realization," *Cross-cultural Pragmatics: Requests and Apologie*s. Norwood, NJ: Ablex, pp. 221-247.

Flowerdew, John(1991) "Pragmatic modifications on the representative speech act of defining," *Journal of Pragmatics*. Vol. 15, 1991, pp. 253-264.

Frajzyngier, Zygmunt., Jirsa, Bill(2006) "The principle of indirect means in language use and language structure," *Journal of Pragmatics*. Vol. 38, pp. 513-542.

Fraser, Bruce(1980) "Conversational mitigation," *Journal of Pragmatics*. Vol. 4, pp. 341-350.

Geis, Michael.(1995) *Speech Acts and Conversational Interaction*. Cambridge: Cambridge University Press.

Holmes, Janet(1984) "Modifying illocutionary force," *Journal of Pragmatics*. Vol. 8, pp. 345-365.

Lakoff, Robin(1973) "The limits of politeness: Therapeutic and courtroom discourse," *Multilingua*. Vol. 8, 1973, pp. 292-305.

Leech, Geoffrey(1983) *Principles of Pragmaticss*. London: Longman.

Martinovski, Bilyana(2006) "A framework for the analysis of mitigation in courts: Toward a theory of mitigation," *Journal of Pragmatics*. Vol. 38, pp. 2065-2086.

Mills, Margaret(1992) "Conventionalized politeness in Russian requests: A pragmatic view of indirectness," *Russian Linguistics*. Vol. 16, pp. 65-78.

Sbisa, Marina(2001) "Illocutionary force and degrees of strength in language use," *Journal of Pragmatics.*

Vol. 33, pp. 1791-1814.
Schroeder, Harmut., Zimmer, Dagmar(2000) "Hedging research in pragmatics," *Lehrstuhl fur Sprachwissenschaft.* II. pp. 249-272.

예문검색

http://www.ruscorpora. ru

http://www.yandex.ru

제17장

권력관계에 의한 소통의 비소통화 : 톨스토이의 〈이반 일리치의 죽음〉의 내러티브 분석

| 이기웅 · 이병훈 |

1.

고위직 관리인 체르뱌코프가 오페라를 보면서 느꼈던 인생의 행복은 사소한 재채기 하나 때문에 순식간에 물거품이 되고 만다. 재채기를 한 체르뱌코프는 앞좌석에 앉아 있던 장군에게 침이 튀었다고 생각하고 안절부절 못한다. 알 수 없는 불안감이 그를 괴롭히기 시작한 뒤로 체르뱌코프는 현저하게 의사소통능력을 상실하고, 상황은 끝내 그를 죽음으로 내몬다. 체호프의 〈관리의 죽음〉(1883)에 나오는 장면이다.

이 에피소드는 의사소통과정에서 권력관계가 얼마나 중요한 역할을 하는지 상징적으로 보여 준다. 하위직 관리인 체르뱌코프는 장군 앞에서 더듬거리며 말을 이어가지만 상황은 더 꼬여만 간다. 그는 계속 자신의 진의가 전달되지 않았다고 판단하고 장군의 태도를 의심스런 눈초리로 주시한다.

> "용서하세요, 각하. 제가 침을 튀겼군요. 본의가 아니었습니다만…"
> "괜찮아요, 괜찮아…"
> "제발 용서하십시오. 저는 그저… 저도 모르게!"
> "아, 앉으세요 제발! 공연 좀 봅시다!"
> 체르뱌코프는 머쓱해서 바보 같은 미소를 짓고 다시 무대 쪽을 보았다. 보기는 봤으나,

행복감은 더 이상 느낄 수 없었다. 불안감이 그를 괴롭히기 시작한 것이다. 휴식시간에 그는 브리잘로프에게 다가갔다. 주변에서 얼쩡거리던 그는 마침내 용기를 내어 더듬더듬 말했다.

"제가 침을 튀겼습니다, 각하… 용서하십시오. 전 그저… 다만…"

"허, 정말… 나는 벌써 잊어버렸다니까. 아직도 그 얘기요!"

장군은 그렇게 말하며 신경질적으로 아랫입술을 떨었다.

'잊어버렸다고 하지만 눈에는 원한이 담겨 있는 걸.'

체르뱌코프는 그렇게 생각하며 의심스런 눈초리로 장군을 흘깃거렸다.

장군은 괜찮다고, 벌써 잊어버렸다고 하지만 체르뱌코프는 그럼에도 계속 용서를 구한다. 이 장면에서 체호프가 주목하고 있는 것은 체르뱌코프의 소심함이다. 체르뱌코프에 비하면 장군은 지극히 정상적이다. 심지어 그는 소통과정에서 권력자로서 어떤 영향력도 행사하지 않는다. 그렇다면 체르뱌코프의 정상적인 의사소통을 방해하는 요인은 무엇일까? 그를 괴롭혔던 그 불안감의 정체는 무엇일까?

체르뱌코프의 예는 권력관계가 정상적인 의사소통을 왜곡하는 중요한 요인이라는 사실을 반증한다. 즉 관계의 불평등이 그대로 의사소통의 불평등으로 이어지는 것이다. 그런데 여기서 흥미로운 것은 권력을 소유한 자가 아니라 그것의 지배를 받는 자가 의사소통을 방해하는 장본인이라는 점이다. 체르뱌코프는 관계의 불평등을 의식하고 스스로 그것을 내면화하고 있다. 이것은 권력관계가 발화자의 심리적 기저에 작용하여 자발적 복종관계로 표현된 경우다. 이런 점에서 그의 발화나 태도는 내면화된 권력관계의 표현이라고 할 수 있다.

체호프의 "관리의 죽음"이 소통과정의 권력관계로 인해 생긴 피해망상적 사례라면 톨스토이의 〈이반 일리치의 죽음〉은 권력을 빼앗긴 자의 외로운 투병기라고 할 수 있다.

2.

톨스토이는 〈이반 일리치의 죽음〉(1886)에서 권력관계의 다양한 양상을 제시하면서 지배자에서 피지배자로 전락한 주인공의 심리적 고통을 사실적으로 묘파하고 있다. 이 작품의 주인공은 공소원(控訴院, судебная палата)[19]의 예심판사로 재직하고 있던 이반 일리치라는 인물이다. 그런데 이반은 갑자기 원인 모를 병에 걸려 죽어 간다. 이반은 이로 인해 자신의 일상적인 삶을 송두리째 빼앗긴다. 그는 직장으로부터 쫓겨나고, 가족으로부터도 버림을 받으며, 결국 쓸쓸하게 죽음을 맞이하게 된다. 오직 그에게 위안이 되었던 것은 하인 게라심이 보여 준 계급을 초월한 인간적 동정뿐이었다. 그리고 죽음이 임박한 시간에 이반은 자신의 삶을 되돌아보고, 삶의 참된 의미를 깨닫게 된다.

이 작품에서 톨스토이는 주인공 이반을 권력관계의 수혜자이자 동시에 피해자로 그리고 있다. 다른 사람의 삶을 좌지우지하던 예심판사가 죽을병에 걸린 환자의 입장이 되는 작품의 설정은 매우 의도적인 것처럼 보인다. 이반은 예심판사로서 능숙하고 신속하게 일을 처리하는 수완가였다. 그는 필요한 외적 형식만을 준수하고, 사람들에게 직무 이외에 어떠한 관계도 허용하지 않았다. 직무상의 관계가 끝나면 곧 다른 일체의 관계도 끝나는 것이다. 예심판사가 되니 이반은 아주 대단하고 거만한 사람들까지 한 사람도 빠짐없이 자기의 수중에 들어 있다는 것을 느낀다.

그러던 이반이 불치병에 걸린 환자가 되어 의사 앞에 서게 된다. 의사는 환자를 보고 '조금도 의심할 것 없어요. 나만 믿으면 돼요. 내가 다 고쳐 줄 테니까'라는 식의 태도를 취한다. 이것은 법정에서 그가 피고에게 보였던 모습과 태도와 똑같은 것이었다. 다시 말하자면 예심판사 시절 권력관계의 수혜자였던 이반이 의사 앞에서 환자로서 변형된 권력관계의 피해자가 된 것이다. 예심판사가 피고의 말에 관심이 없듯이 의사는 환자인 이반이 궁금해하는 문제에 대해 무관심하다. 예심판사와 피고 사이의 권력관계가 의사와 환자 사이의 권력관계로 환치되어 있는 다음과 같은 장면을 읽어보자.

> 의사는 말했다. 이러이러한 징후가 나타난 것은 당신 내부에 이러이러한 질병이 있다는 것을 가리키는 것이다. 그런데 만일 이것이 이러저러한 연구를 통해서 확인하지 않는다면 결국 당신은 이러이러한 질병에 걸린 것이라고 가정할 수밖에 없다. 만일 이러이러한 것이라고 가정한다면, 그때는… 그런데 이반 일리치에게 있어서 중요한 것은 단 하나의

---

19) 공소원은 1864-1917년 사이에 제정 러시아에 존재했던 법원의 하나를 말한다.

문제, 즉 자기 상태가 위험한 것인가 아닌가 하는 것뿐이었다. 그런데 의사는 이것을 적절치 않은 문제로 여겨 무시하였다. 의사의 관점에서 본다면 이런 문제는 무익한 것이며 고려할 여지가 없는 것이었다. 그에게는 오직 신장염이냐, 만성 카타르냐, 맹장염이냐 하는 그런 질병의 가능성들을 고려해 보는 문제만이 존재할 뿐이었다. 거기에는 이반 일리치의 생명에 관한 문제는 존재하지 않았고 신장염인가 맹장염인가 하는 논쟁만이 존재할 뿐이었다.

(…)

그(=이반 ; 인용자)는 한숨을 내쉬며 "대개 우리 환자들은 쓸데없는 질문들을 자주 합니다만" 하고 말했다. "보통, 이런 병은 위험한 것인지 아닌지…"

의사는 안경 너머로 엄격한 시선을 한쪽 눈에 모아 그를 쳐다보았다. 그리고 다음과 같이 말하는 것 같았다. '피고여, 만일 당신이 허용된 질문의 한계를 넘는다면 본인은 부득이 그대에게 법정에서 퇴장하라는 명령을 내릴 수밖에 없네.'

"필요하고, 적당하다고 생각되는 조치에 대해서는 이미 말씀드렸습니다." 하고 의사는 말했다. "앞으로의 일은 검사결과가 말해 줄 것입니다." 이렇게 말하고 의사는 가볍게 고개를 숙이는 것이었다.

이반 일리치는 천천히 밖으로 나와서 의기소침하게 썰매에 앉아 집으로 돌아왔다. 오는 길에서 줄곧 의사가 한 말을 검토하고, 혼란스럽고 명확하지 않은 과학적 용어들을 보통말로 옮겨 '자신의 상태가 아주 심각한 것인지 아니면 아직 괜찮은 것인지?'하는 질문에 대한 답변을 그 말들에서 알아내려고 애썼다. 그러고 보니 의사가 한 말은 모두 그가 아주 나쁘다는 뜻으로 생각되었다.

이반은 병에 걸려 고통스럽게 죽어 가면서 주위 사람들과 소통이 단절되는 경험을 한다. 평소 이반에게 친밀감을 보이던 직장동료들은 물론이고, 심지어 가족들까지도 환자가 된 그에게 등을 돌린다. 그리고 이반을 진료하는 의사도 여기에 한몫한다. 특히 톨스토이는 이 소설의 많은 부분을 환자인 이반과 의사 사이의 소통 문제에 할애하고 있다. 그것은 아마도 환자에게 가장 절실한 소통의 상대자는 당연히 의사이어야 한다는 지극히 상식적인 생각에 기초한 것일 게다.

그러나 위의 인용문에서 보듯이 환자는 의사 앞에게 마치 죄인처럼 서 있다는 것을 알 수 있다. 이것은 19세기 제정 러시아에서 의사의 사회적 지위가 그리 높지 않았다는 사실을 염두에 둔다면 일종의 아이러니가 아닐 수 없다. 이 작품에서 이반은 법원의 예심판사이고 의사는 평범한 잡계급(중간계급)일 뿐인데, 그들이 환자와 의사의 관계가 되자마자 이러한 계급적 관계는 사라지고 만다. 사회적 신분을 초월한 새로운 불평등관계가 형성된 것이다. 이렇게 환자와 의사의 관계가 마치 피고와 판사의 관계처럼 불평등한 것이라면, 그들 사이에 바람직한 소통을 기대하기는 어렵다. 왜냐하면 판사의 위치에 있는 의사는 피고의 위치에 있는 환자에게 일방적인 소통을 강요하고, 그에 합당하지 않으면 그 소통관계를 자의적으로 단절시킬 수 있기 때문이다.

환자가 의사의 능력을 반드시 신뢰해야 한다는 요구는 상호성을 거의 허용하지 않는다. “환자의 입장을 고려하여 이것을 보다 명확히 표현하면 관계적 구조에서의 작용은 의사로부터 환자에게로 일방적으로 흐르는 것이다. 그 반대 상황은 환자의 의존에 의해 저지된다. 환자의 완전한 자아 감각을 회복시키는 문제는 이런 구도에서 소극적인 것으로 받아들여질 수도 있을 것이다.”[20] 이런 점에서 의사와 환자의 관계는 근본적으로 비대칭적이며, 변형된 권력관계를 형성한다.

3.

의사는 인간의 생명을 좌지우지할 수 있는 위치에 있다. 그는 죽어 가는 환자를 살릴 수도 있고, 그를 고통으로부터 구할 수도 있다. 아무리 용감한 사람이라도 일단 환자의 신분이 되어 의사 앞에 서면 두려워하기 마련이다. 환자는 의사의 말 한 마디에 천당과 지옥을 오간다. 이렇게 환자와 의사는 병자와 치유자의 관계에 있다. 이런 관계에서 의사의 말은 환자에게 엄청난 위력을 지닌다.

헌터(Hunter)는 환자와 의사의 특수한 관계에 기초한 내러티브 이론을 주장한 바 있다.[21]

---

20) A. I. Tauber(1999) *Confessions of a Medicine Man : An Essay in Popular Philosophy*, The MIT Press, p. 116.
21) K. M. Hunter(1991) *Doctor's Stories : The Narrative Structure of Medical Knowledge,* Princeton : Princeton UP, p. 123.

그는 내러티브를 생산하는 주체에 따라 크게 세 가지 층위로 구분한다. 환자의 이야기(the patient's story)와 의사의 이야기(the physician's story) 그리고 의사가 최종적으로 환자한테 발화하는 재해석된 이야기(physician's return of the story to the patient)가 그것이다. 환자의 내러티브는 자신의 상태에 대한 환자의 견해이다. 다시 이야기하자면 이것은 질병에 대한 환자의 개인적인 설명이며, 의학적 내러티브의 원본(original story)이라고 할 수 있다. 의사의 내러티브는 환자의 내러티브를 전문적인 의학적 지식과 견해로 해석한 의학적 판본(medical version)이다. 그러나 의사의 내러티브, 즉 "의학적으로 변형된 내러티브는 아마도 환자를 소원하게 할 수도 있을 것이다. 왜냐하면 그것은 환자에게 낯설고, 비인간적이며, 생명이 없고 죽어 있는, 이해할 수 없거나 혹은 끔찍하게 명확한 것이기 때문이다." 이에 반해 의사의 견해를 환자의 입장에서 다시 해석한 내러티브는 환자가 이해하기 쉽고, 받아들일 수 있는 이야기이다. 이것은 의사의 언어가 아니라 환자의 언어로 재구성된 내러티브이고, 바로 이것을 통해서만 환자와 의사 사이의 소통이 원활히 이루어질 수 있다.

이런 관점에서 보면 톨스토이의 〈이반 일리치의 죽음〉에는 환자의 내러티브와 의사의 내러티브는 존재하지만, '환자의 입장에서 재해석된' 내러티브는 존재하지 않는다. 그러면 구체적으로 환자인 이반의 내러티브와 의사의 내러티브를 분석해 보자.

> A. 대개 우리 환자들은 쓸데없는 질문들을 자주 합니다만, 보통 이런 병은 위험한 것인지 아닌지….
> B. 필요하고, 적당하다고 생각되는 조치에 대해서는 이미 말씀드렸습니다. 앞으로의 일은 검사결과가 말해 줄 것입니다.
> C. 피고여, 만일 당신이 허용된 질문의 한계를 넘는다면 본인은 부득이 그대에게 법정에서 퇴장하라는 명령을 내릴 수밖에 없네.

여기서 A는 환자인 이반의 말이다. 환자는 자신이 원인 모를 병에 걸려 있다는 사실에 불안해한다. 그래서 그는 자신의 상태가 어떤지에 대해 궁금하다. 다시 이야기하자면, 그에게 지금 중요한 것은 '자신의 상태가 생명과 어떤 관계에 있는가?'이다. 즉, 자기가 죽을병에 걸린 것인지 아니면 의사를 믿고 치료를 받으면 살 수 있는 것인지, 바로 이것이 환자인 이반이 알고 싶어 하는 것이다. 그러나 B를 보자. B는 의사의 말인데, 여기서 의사는 환자의 이러한 궁금증에 대해 적당한 답변을 하지 않는다. 의사는 환자의 궁금증을 쓸데없는 질문이라고 생각하고 있다. 심지어 그는 자신이 환자에게 할 수 있는 모든 것을 이미 수행했다고 믿고 있다. 그리고 나머지는 과학적인 검사결과가 모든 것을 말해 줄 것이라고 둘러댄다.

이렇게 A와 B의 대사에서 보듯이 환자와 의사의 소통이 이루어지지 않는 이유는 무엇보다도 서로의 관심사가 다르기 때문이다. 환자는 자신의 몸 상태가 생명과 어떤 관계가 있는지를 알고 싶어 하지만, 의사는 환자의 몸에 어떤 질병이 숨어 있는가 하는 '의학적 관심'만을 가지고 있을 뿐이다. "그에게는 오직 신장염이냐, 만성 카타르냐, 맹장염이냐 하는 그런 질병의 가능성들을 고려해 보는 문제만이 존재할 뿐이었다. 거기에는 이반 일리치의 생명에 관한 문제는 존재하지 않았고 신장염인가 맹장염인가 하는 논쟁만이 존재할 뿐이었다." 이런 점에서 B는 환자의 고민과 고통을 고려하지 않은, 즉 환자의 내러티브를 순수하게 의학적으로 판단한 내러티브라고 할 수 있다. 이것은 헌터의 표현을 빌면 "환자에게 낯설고, 비인간적이며, 생명이 없고 죽어 있는" 내러티브이다.

이렇게 환자와 의사 사이의 소통이 불가능한 이유는 또 다른 관점에서 보면 환자와 의사의 불평등한 관계에서 연유하는 것이기도 하다. 우리는 이것을 또 다른 차원의 내러티브인 C를 통해서 확인할 수 있다. C는 엄밀히 말하면 환자의 내러티브도 아니고 의사의 내러티브도 아니다. 이것은 마치 의사가 실제로 환자에게 한 말 같지만, 사실은 자유간접화법의 내러티브로서, 여기서는 서술자의 시점과 환자의 시점이 중첩되면서 마치 환자가 '상상해 낸' 의사의 내러티브와 같은 효과를 주고 있다.[22] 이런 점에서 C라는 변형된 내러티브의 생산자와 소비자는 모두 환자인 이반일 수 있다. 그러나 독자들은 C를 환자가 만들어 낸 내러티브라고 읽지는 않을 것이다. 의사가 직접 그런 말을 한 것은 아니지만, 독자들은 이것이 마치 환자에 대한 의사의 태도를 나타내는 내러티브로 여기게 될 것이다.

환자가 된 이반은 의사와의 관계가 일방적이라는 사실을 깨닫는다. 이 비대칭적 관계는 이반의 무의식 속에 반영되어 독백으로 표현된다. C의 경우, 이런 관계가 내면화되어 발생하는

---

22) 러시아어에서 자유간접화법의 언어적 특징과 기능에 관한 자세한 논의는 다음 논문들을 참조할 것. 김정일(2007) "자유간접화법에 대하여-러시아어를 중심으로", 〈현실과 기호의 이질동상성〉, 한림대인문학연구소 편, 민속원, 11-35쪽 ; 이기웅(2006) "러시아어에서 발화의 재현과 화법", 〈러시아연구〉 제16권 2호, 서울대학교 러시아연구소, 293-318쪽.

억눌린 자아의 목소리라고 할 수 있는 것을 서술자가 제시하고 있다. 이 점에서 C는 A와 본질적으로 다르다. 내러티브 A의 수신자는 의사지만 C의 수신자는 이반 자신이다. C는 이반의 내부에서 발생한 내러티브를 서술자가 제시한 것이지만, 또한 환자 자신에게로 되돌아가는 메아리의 효과를 지니고 있기도 하다. 이것은 서술자의 관점과 환자의 관점이 중첩되면서 환자의 상상이 만들어 낸 것처럼 보임에도 불구하고 의사가 직접 한 말보다 더 강력한 정서적 영향을 환자 자신에게 끼칠 것이라는 점은 명확하다. 전문가로서 권위를 지닌 의사가 약자의 처지에 있는 환자에게 일방적인 규정하는 소통관계의 부정적 양상이 예심판사로서 이반 자신이 피의자에 대해서 갖는 권위적인 소통적 태도와 오버랩하고 있기 때문이다. 요컨대, 이러한 자유간접화법의 내러티브를 통해서 작가는 이중의 효과를 거두고 있는데, 하나는 환자의 의사의 비소통적 태도로 인해서 증폭된 불안한 상태에 대한 직접적 언급이라면, 다른 하나는 제도화된 사회질서 속에서 소통관계가 "상징적 지배(domination symbolique)"[23]에 질식당하고 악화되는 부정적인 양상의 일반화 - 의사 대 환자, 판사 대 피고, 고위관리 대 하급관리 등 - 를 간접적으로 암시하고 있다.

4.

이처럼 판사로서가 아니라 환자로서 이반이 겪는 권력관계에 의한 소통의 비소통화로 인해서 증폭된 불안은 이제 그의 일상에서 가족이나 직장동료 등과의 소통관계의 파괴로 이어진다. 이것은 어떻게 보면 '건강한 다른 사람들' 대 '병약한 나' 사이에서 일어나는 불균형적인 힘의 관계내지는 생명력의 관계의 자연스러운 귀결이기도 하지만, 그러나 톨스토이는 그것을 환자의 관점에 얹혀서 가령 다음과 같은 내러티브로 제시하고 있다.

> 자신을 속일 수는 없었다. 어떤 새롭고 두려운 것이, 그리고 이반 일리치의 인생에서 이보다 더 의미심장할 수 없는 그 어떤 중대한 것이 그의 몸 안에서 이루어져 가고 있었다. 그리고 오직 그 혼자만이 이에 대해서 알고 있었을 뿐, 주변의 모든 이들은

23) 소통관계에 가해지는 상징적 지배의 왜곡작용에 대한 통찰력 있는 분석으로는 부르디외의 다음 연구를 참조할 것. P. Bourdieu(1982) *Ce que parler veut dire*, Paris : Fayard, pp. 34-38.

이해하지 못하거나 아니면 이해하려 하지도 않았으며, 세상만사가 이전과 다름없이 돌아간다고 생각하고 있었다. 무엇보다도 바로 이 점이 이반 일리치를 고통스럽게 했다.

점점 가중되는 자신의 육체적 고통 속에서 이반이 다른 사람들의 몰이해와 무관심에 대해서 갖는 이러한 원망감은 보다 냉정한 시각에서 보자면 그 자신의 병적인 심리적 불안으로부터 기인되는 것일 수 있다. 이반이 자신의 증세에 대해서 이러저러한 의사들로부터 얻는 설명들이 불명확하거나 서로 상충되는 이상, 그의 주변 사람들도 그의 증세에 대해서 정확히 알 수는 없다. 따라서 어떻게 그를 대하는 것이 옳은 것인지도 잘 알지 못할 수밖에 없는 것이다. 그렇지만, 자신의 병과 어차피 홀로 맞설 수밖에 없다는 모든 환자 앞에 놓여 있는 근원적 상황에도 불구하고, 이반은 자신의 고독한 심리적 상태를 다른 사람들이 진정으로 관심을 갖고 이해하고 위로해 주기를 바라는 만큼, 주변 사람들과의 소통관계는 더욱더 악화될 수밖에 없다. 그렇지만 병의 정확한 상태를 의사가 말해 주지 않는 한 그리고 환자 자신의 고통스러운 내적 상태를 본인이 이야기하지 않는 한, 아무리 친밀한 사람이라 해도 어떻게 그것을 헤아려서 위로해 줄 수 있는 것일까?

이러한 상황에서는, 악화된 소통관계는 결국 파국으로 귀결될 수밖에 없는데, 그것을 톨스토이는 다시 찾아온 육체적 고통을 느낀 이반이 마침내 자신이 죽을 것이라는 것을 홀로 자각하게 되는 날 밤 그의 아내와 벌이는 대화 장면을 통해서 단순하면서도 미묘하게 그려 내고 있다.

> (…) 그리고 절망스럽게도, 숨을 헐떡이며, 그(=이반)는 뒤로 넘어졌다. 이번에야말로 죽음이라고 생각하면서.
>
> 그 시각에 손님들은 떠나고 있었다. 프라스코비야 페도로브나(=이반의 아내)는 그들을 배웅하고 있었다. 그녀는 떨어지는 소리를 듣고 들어왔다.
>
> – 여보 무슨 일 있어요?
>
> – 아무것도 아냐. 부주의해서 떨어트렸어.
>
> 그녀는 나가서 양초를 들고 왔다. 그는 마치 일 킬로미터가 넘는 거리를 단숨에 주파한 사람처럼 고통스럽게 숨을 빠르게 헐떡이며, 정지된 시선으로 그녀를 바라보며 누워 있었다.

– 무슨 일 있어요, 쟝(Jean)?

– 아무…것도 아…냐. 떨…어…트…렸어. – '대체 무엇을 말한단 말인가. 그녀는 이해하지 못할 텐데'라고 그는 생각했다.

그녀는 정말로 이해하지 못했다. 그녀는 일어나서, 그를 위해 촛불을 켜 준 다음, 서둘러 나갔다. 그녀는 손님을 배웅해야 했던 것이다.

그녀가 돌아왔을 때, 그는 여전히 고개를 젖힌 채 위를 바라보며 누워 있었다.

– 여보 어때요, 혹시 더 악화됐나요?

– 그래.

그녀는 고개를 저은 다음, 앉았다.

– 그런데, 쟝, 레셰티츠키를 집에 초대하지 말까 생각 중이예요.

이 말은 요컨대 돈을 아까워하지 말고 그 고명한 의사를 초청하자는 뜻이다. 그는 악의에 찬 미소를 짓고, '하지 말라'고 말했다.

그녀는 앉아서, 다가가서, 그의 이마에 키스를 했다. 키스를 하는 바로 그때, 그는 그야말로 영혼의 온힘을 다해 그녀를 미워했으며, 그녀를 밀쳐내지 않으려고 꽤나 애썼다.

소통의 파국을 말해 주는 위의 대화 장면은 주인공의 체념과 분노를 아주 간단한 터치로 명확하게 보여 준다. 죽음을 확실하게 예감하는 절망 속에서도 이반은 이제 그것을 자기 부인에게 애써 설명하려 하지 않고 그저 '그녀는 이해하지 못할 것'이라고 생각해 버리고 만다. 제대로 이해하지도 이해받지도 못하는 소통 행위들의 반복 속에서 이미 지쳐 버린 이반은 누군가 이해해 줄 사람이 절실히 필요한 가장 절망적인 순간에, 그래서 자신의 비극적 처지를 이야기하는 데 보다 더 많은 감정의 분출과 표현의 노력이 필요한 순간에, 그저 단순히 소통을 체념해 버리고 마는 것이다. 더구나 이러한 체념 다음에, 이반은 그의 병이 치유될 수 있다는 희망적인 견해를 가진 저명한 의사 레셰티츠키를 언급하는 부인의 순진한 견해에 악의에 찬 분노를 느끼기까지 한다. 도대체 이러한 절망적인 상황은 누구의 탓인 것일까? 병약해진 이반 자신이 문제인가, 아니면 그에게 별다른 소용이 없는 희망의 말을 의례적으로 건네는 부인이 잘못된 것일까? 애당초 문제의 발단은 환자 이반과 의사 사이의 왜곡된 소통관계에서, 자신의 병세와 원인을 잘 알지 못한 채 불안으로 가득 찬 환자 대 진단과 처방을 내릴 수 있는 전문가적 권위를 갖는 의사 사이의 불평등한 상징적 지배 관계로 인해서 잘못 시작된 소통에서 비롯된 것일지도 모른다. 아니면, 이반의 병세에 대한 상충된 진단들로 인해서 빚어진 혼란된 상황 속에서 헛된 희망과 엄습해 오는 죽음의 고통의 교차가 주인공과 다른 이들 사이의 소통관계를 이렇게 만들어 버렸는지도 모른다.

어쨌든, 만일 현실에서 실제로 일어난 일이었다면 명확하게 판단하기 어려운 이러한 문제들이 얽혀 있을 법한 착종된 소통의 상황과 그 파국에 대해서, 톨스토이는 위의 인용된 예들에서도 볼 수 있듯이, 때로는 제삼자적인 서술자의 입장에서, 때로는 주인공 이반과 시점이 중첩되는 서술자의 입장에서, 사태의 진행을 서술해 나간다. 이러한 내러티브의 구조에서 본다면, 점점 심해지는 병의 고통 속에서 죽음을 자각하고 기다리는 이반의 절실한 입장이 한편에 있다면, 이와 대립되는 다른 한편에서는 그에게 아무렇지도 않은 듯이 치료수단이나 쾌유 가능성을 이야기하는 주변 사람들은 비록 아무리 친한 동료나 가족일지라도 모두 거짓을 말하는 것이 된다. 그런데 소통의 관점에서 본다면, 이반의 시점에 치우친 이러한 대립구조는 실로 역리(逆理)의 구조일 수밖에 없다. 죽음을 자각한 환자에게 '당신은 죽을 병에 걸렸다'는 태도를 취하거나 솔직한 말을 건네야 한다니! 그렇다면 이러한 모순된 관계설정을 통해서 톨스토이가 우리에게 보여 주려고 하는 것은 과연 무엇일까?

5.

먼저, 톨스토이가 〈이반 일리치의 죽음〉에서 전하려고 하는 메시지 중의 하나는 바로 '소통의 복원'이라고 할 수 있다. 치명적인 병에 걸린 환자의 경우, 비정상적인 소통구조를 정상적인 것으로 복원하는 것은 비정상적인 심적 상태의 환자를 정상의 상태로 치유(복원)하는 과정과 일치한다. 즉, 여기서는 '소통의 복원'이 곧 치유인 셈이다. 그러면 톨스토이가 복원하려고 했던 소통의 진정한 모습은 어떤 것인가? 우리는 그 일단을 다음과 같은 대목에서 엿볼 수 있다.

> 이반 일리치의 주된 고통은 기만이었다. 이것은 어찌된 일인지 모든 사람들이 받아들이고 있는 것으로, 그가 단지 아플 뿐이고 죽지는 않으며, 단지 안정을 취하고 치료를 하면

> 매우 좋아질 것이라는 거짓말이었다. 그러나 그는 더욱 심한 고통과 죽음 이외에 어떤 결과도 오지 않을 것이라는 것을 알고 있었다. 그래서 이 거짓말이 그를 괴롭혔다. 모든 사람이 알고 있고, 환자도 알고 있는 것을 인정하려고 하지 않는 것이 그를 괴롭혔다.

위의 인용문에서 보듯이 톨스토이가 바라는 '소통의 복원'은 무엇보다도 기만적 관계의 극복이다. 환자는 자신까지 포함해 모든 사람이 알고 있는 사실의 진상을 은폐하려는 시도에 못 견뎌 한다. 사회적 소통의 규약에 따르거나 아니면 아마도 까닭 모를 희망에서 의사나 주변 사람들이 행하는 의례적인 거짓말 대신에 이제 이반에게 절실하게 필요한 것은 자신의 처지를 이해하고, 진정으로 동정을 해 주는 인간(인간적 관계)이었다. 그는 마치 병든 아이를 가엾게 여기듯 누가 자기를 불쌍히 여겨 주기를 바란다.

> 이러한 거짓말 이외에도, 혹은 그 결과로서, 이반에게 가장 고통스러운 것은 아무도 자기를 동정해줬으면 하고 그 자신이 바라는 것처럼 그렇게 그를 동정해 주지 않는다는 것이었다. 긴 시간의 고통들 뒤에 때때로 이반이 가장 바랐던 것은, 비록 그 자신 스스로 그것을 인정하는 것이 실로 부끄러운 일일지라도, 그것은 바로 어느 누군가가 그를 마치 병든 아이처럼 불쌍히 여겨 줬으면 하는 것이었다.

그러나 이반을 둘러싼 주위 사람들은 환자의 이러한 심정을 전혀 이해하지 못한다. 오직, 환자에게 정신적 위안을 주는 인물은 아이러니하게도 그가 하인으로 부리고 있던 게라심뿐이다. 게라심만이 아무 거짓 없이 아픈 그에게 이러저러한 필요한 수발을 들기 때문이다. 이렇듯 이반과 주위 인물들 간의 비정상적인 소통구조는 그의 병세를 악화시키고, 죽음의 공포 속에서 그로 하여금 타인의 기만적 태도들에 대해서 분노하게 만든다. 이러한 이반의 처지와 심리적 상태에 대한 묘사를 통해서, 어쩌면 톨스토이는 절망적인 상황에 놓여진 환자(인간)에게 필요한 것은 의학적 치료가 아니라 그를 둘러싼 인간적 관계의 복원, 인간적인 소통의 복원이라는 사실을 강조하고 있는 것인지도 모른다. 그리고 그것을 통해서, 환자는 자신의 삶을 반추해서 얻어 낸 그 의미와 올바른 반성과 성찰을 남아 있는 사람들에게 진솔하게 전달하는 마지막 기회를 갖는 것이 중요하다는 사실을 강조하고 있는지도 모른다. 그렇기에 오히려 톨스토이는 그러한 마지막 기회를 박탈당한 이반의 회한과 절망을 더욱더 비참한 모습으로 우리에게 보여 주려 한다.

> 그(=이반)의 정신적 고통들은 그날 밤 게라심의 턱이 튀어나온, 잠든 선량한 얼굴을 바라보다 갑자기 머릿속에 떠오른 바로 다음과 같은 생각 때문이었다. '그런데 만일 정말로 나의 전 생애가, 자각적인 삶 전체가 "틀린 것(не то)"이라면.'
> (…)
> '그런데 만일 그래서 자신에게 주어졌던 모든 것들 망쳐 버렸으며 바로잡을 수 없다는 자각과 더불어 내가 삶을 끝마치고 있다면, 그렇다면 도대체 어떻게 하지?' 이렇게 그는 혼자 말했다. 그리고 고개를 젖힌 채 누운 다음, 그는 자신의 전 생애를 전혀 새롭게 차례차례 넘겨보기 시작했다. 아침에 시종과 아내, 딸, 그리고 의사를 순서대로 보면서, 그는 그들 각자의 행동과 그들 각자의 말에서 간밤에 그에게 드러났던 그 끔찍한 진실을 확인했다. 그는 그들 속에서 자신을, 그가 살았던 모습 전부를 보았으며, 이 모든 것이 틀린 것이라는 것을, 이 모든 것이 삶과 죽음을 가리고 있는 끔찍하고 엄청난 기만이라는 것을 명백히 보았다.

이처럼 톨스토이는 죽어 가는 환자에게서 진정한 소통관계의 파괴가 그의 마지막 순간에 어떻게 엄청난 절망을 낳는지를 이반의 편에 서서 생생하게 고발한다. 이반의 고통스런 의식 속에 주변 사람들이 그래서 자기 자신마저도 허위로, 무의미한 삶으로 돌아앉은 순간, 그는 계속해서 짐승처럼 울부짖을 수밖에 없다. 그러한 이반에게서 이제 소통할 수도 소통될 수도 없는 절망으로부터 벗어나는 길은 오직 죽음의 깨달음을 맞이하는 것뿐이다. 요컨대, 그것은 남아 있는 사람들에게 오히려 연민을 느끼며, 모든 고통이, 죽음의 고통이, 심지어 죽음마저도 무화(無化)되는 – 왜냐하면 죽음에는 죽음이 없기에 – 순간을 맞이하는 일인 것이다.

6.

확실히 〈이반 일리치의 죽음〉은 그 속에 주어진 내용 그 자체로만 본다면 교훈적인 단편은 아니다. 단지 작가는 서술자의 관점에서, 그리고 많은 부분에서는 그것을 이반의 관점과 중첩하면서, 치명적인 병에 걸린 이반이 고독한 절망 속에서 죽어 가는 과정의 여러 국면들을 간명한 터치로 생생하게 우리에게 보여 주고 있을 뿐이다. 그렇지만 독자로서 우리가 단순히 그 묘사적인 힘에 대한 음미나 주인공의 고통과 절망에 대한 동정 이상의 것을 생각해 본다면, 이 작품이 도덕적인 소설이 아닌 것은 아니다. 어떤 의미에서 톨스토이는 〈이반 일리치의 죽음〉을 통해서 우리 자신의 일상 속에 잠재해 있는 비극적 계기들을 구체적으로 드러내 보여 줌으로써 우리를 도덕적인 성찰로 이끌어 가고 있다고 볼 수도 있는 것이다.

이반처럼 병에 걸려서든 아니면 노쇠해져서든 아니면 사고로든, 어쨌든 우리 모두는 언젠가는 죽을 수밖에 없는 운명이다. 이것은 요컨대 우리 삶의 의미화가 한편으로는 각자 스스로가 만들어 가는 데 달려 있을지라도, 다른 한편으로는 이미 어쩔 수 없이 다른 사람들에게 달려 있도록 예정되어 있다는 말이다. 그럼에도 불구하고 만일 이반처럼 오히려 죽음을 앞에 두고서 다른 사람들과 소통관계가 더욱더 절망적으로 단절된다면, 삶의 의미는 그야말로 부질없는 것이 될 수밖에 없다. 더구나 기만적인 태도를 보인다고 여겨지는 사람들의 손에 자기 삶의 궁극적인 의미화가 달려 있다는 생각이 든다면, 그러한 삶 자체가 거짓으로 비쳐질 수도 있는 것이다. 그렇지만 어쩌면 이러한 절망적인 상황은 어쩔 수 없는 것이 아닐 수도 있다. 만일 일상의 삶에서 소통관계가 서로 진정으로 원하는 것이 무엇인지를 이해하고 또 서로 진정으로 공유할 수 있는 공통의 것을 구축하는 방향으로 이루어진다면(이것은 아마도 게라심의 존재를 통해서 톨스토이가 암시하고 있듯이 타인을 대하는 데 있어서 단순함과 소박함에 기반하는 것인지도 모르겠다), 죽음 앞에서 자신의 삶의 의미가 스스로 부정되는 거짓된 상황을 아마도 벗어날 수 있을 것이다. 그렇게 되기 위해서 중요한 것은 일상에서 그리고 상징적으로 규정된 사회적 지위와 역할 속에서 우리 각자가 되도록이면 상대를 배려하는 그래서 궁극적으로는 자신도 배려하게 되는 그러한 소통관계를 엮어나가는 일이다. 이렇게 놓고 본다면, 톨스토이가 주인공으로 판에 박힌 판사를 선택한 것도, 또 죽음이 예정된 환자로서 그가 절망적인 소통관계에 의해서 고통받게 되는 최초의 계기를 의사에 의해 지배당하는 잘못된 소통으로 설정한 것도 치밀하게 의도된 것임을 알 수 있다.

이처럼 톨스토이는 〈이반 일리치의 죽음〉을 통해서 실로 무섭도록 적나라하게 우리에게 어떤 진실을 보여 주며 경고하고 있다. 즉, 우리 각자가 죽음 앞에서 느끼게 될 자기 삶의 의미는 전생의 업보가 아니라 살아오는 동안의 업보에, 그동안 맺어 온 소통관계들에 달려 있다는 것이다. 그리고 죽음은 용서도 하지만 모든 것을 되돌릴 수 없는 절망적인 것으로 만들어 버리기도 한다는 것을.

제18장

러시아 언어-문화 공간에서 언어 변화와 소통
- 페레스트로이카 이후 어휘 변화를 중심으로

| 임수영 |

1. 서론

언어적 소통은 화자와 청자 사이에 공통된 기호체계뿐만 아니라 다양한 사회-문화적 맥락을 필수적인 매개로 하여 이루어진다. 언어적 소통이 이루어지는 사회-문화적 공간의 상황적 특성은 구체적이고 개별적인 소통 상황 및 언어 자체의 변화에 지대한 영향을 끼친다. 가령, 발음이 변한다든가 새로운 어휘와 조어법이 발생하고 기존의 의미에 새로운 의미가 부가되는 등의 언어 변화는 언어 자체의 내적 요인 외에도 그것이 사용되는 사회-문화적 공간의 변화와 발달이라는 언어 외적 요인에 상당 부분 기인한다. 이러한 언어 변화는 일반적으로 언어사용자들이 큰 혼란을 겪지 않을 정도로 오랜 시간에 걸쳐 서서히 나타나지만, 때로는 사회적 문제로 여겨질 만큼 급진적으로 일어나기도 한다. 후자의 경우는 주로 급격한 사회 변화와 같은 언어 외적 요소가 그 원인이 된다.

러시아 언어-문화 공간에서 언어 변화는 페레스트로이카 이후 최근 이십여 년 동안 급격하게 일어나고 있다. 이것은 이 시기 러시아의 급격한 변화, 즉 민주주의 정치제도의 도입과 자본주의 경제의 실현, 탈이데올로기화, 반전체주의(антитоталитаризм) 경향, 다양한 사회-문화적 제약의 완화와 개방 등이 직간접적인 원인이 된 것이라 할 수 있다. 이렇듯 이 시기의 러시아어는 무엇보다도 그것이 사용되는 소통 공간의 상황 변화로부터 영향을 받은 것으로 직전 시기의 러시아어와는 여러 측면에서 사뭇 대조적인 양상을 보인다.

이 글은 러시아 언어-문화 공간에서 페레스트로이카 이후 현재까지 이십여 년 동안의 러시아어 변화 양상을 사회-문화적 맥락과의 유기적 관계 속에서 살펴보고자 한다. 이를 위해서는 먼저 페레스트로이카 이전 소비에트 시기 러시아어 사용의 제반 특성을 이해할 필요가 있을 것이다.

2. 소비에트 시기의 러시아어

소비에트 시기 언어에 관한 주된 관념적 특징은 언어가 강압적인 전체주의 이데올로기의 영향 하에 일종의 '이데올로기의 소유물(идеологическая собственность)' 혹은 '이데올로기적 현상(идеологический феномен)'으로 간주되었다는 점이다. 이에 따르면, 언어는 모든 이데올로기 활동에 필수 불가결한 성분으로 수반되며 그 활동을 해석하는 역할을 하는 매개체인 것이다.

이와 같은 사회적 기능의 언어는 매우 의례적인(ритуальный) 성격을 지녔고, 따라서 이 시기 공적(официальный) 러시아어[24]의 가장 큰 특징은 마치 문서화된 텍스트를 읽는 것과 같이 형식적이고 무미건조하다는 것이다. 이를테면, 소비에트 시기 집회나 회의에서 발언과 논쟁, 신문의 사설과 같은 사회적 영역의 발화는 새로운 정보나 주장을 피력한다거나 진실을 밝히는 등의 기능을 하기보다는 이데올로기의 상징물로서 다분히 전형적인 의례(образцовый ритуал)에 가까운 것이었다. 예컨대, 소비에트 러시아어의 통사 구조는 진부하고 틀에 밝힌 양식의 어구(шаблоны, клише)가 상당 부분을 차지하고 있었고, 통상 'товарищи(동지들)'나 'граждане(국민 여러분, 제군)'과 같은 호칭어가 의례적 발화의 시작을 알리는 역할을 수행하였다.

소비에트 시기 의례적 언어의 주된 특징은 무엇보다도 일련의 어휘가 긍정적 혹은 부정적 평가 의미를 새로 획득하면서 언어 기호의 지시물(сигнификат)로서의 본래 의미가 사라지는 의미 탈락 현상(десемантизация) 혹은 의미의 이데올로기화(идеологизация)에 있다. 예를 들어, 소비에트 언어학의 주된 흐름으로 마르주의(марризм)가 성행하던 시기 '인도 유럽어

24) 소비에트 시기에는 러시아어가 "하위의(низкий)" 일상 언어(обыденный язык)와 "상위의(высокий)" 공적 언어(официальный язык)로 구분되어 양층언어현상(диглоссия)이 나타난다.

학자'를 뜻하는 단어 'индоевропеист'는 언어학 용어로서의 본래 뜻을 잃고, 단지 '마르주의에 대항하면서 이전의 전통적인 러시아 언어학을 지지하는 사람'을 가리키는 부정적 뉘앙스의 의미를 가지게 되었다.[25] 이와 유사한 현상은 'бюрократизм(관료주의), формализм(형식주의), контрреволюционный(반혁명의)' 등과 같은 어휘에서도 나타난다.

반면, 긍정적 평가 의미를 획득하면서 본래의 의미로부터 멀어진 어휘들도 상당하다. 예컨대, '노동자'를 뜻하는 단어 'рабочий'는 소비에트 시기에는 '민중과 함께 생산자원을 지배하고 사회를 이끄는 원동력인 노동자 계급'을 의미하게 되면서 긍정적 뉘앙스를 획득하였다.[26] 이러한 의미 변화의 결과로 소비에트 러시아어에는 새로운 동의어(синонимы) 혹은 유사동의어(квазисинонимы) 그룹이 나타나기도 하였다. 예를 들어, 'идеологический(이데올로기의), политический(정치의), партийный(당의)', 'буржуазный(부르주아의), капиталистический(자본주의의), дворянский(귀족의), аристократический(귀족제도의)', 'успех(성공), победа(승리), достижение(달성)'과 같은 어휘 그룹들이 바로 그것이다.[27]

이와 같은 성격의 전체주의 시기 러시아어 사용 환경은 당연히 러시아어를 문체적, 기능적으로 빈곤하게 만드는 원인이 되었다. 이로 말미암아 소비에트 시기의 러시아어는 이른바 'деревянный язык(무감각한 언어)' 혹은 'дубовый язык(투박한 언어)'라 불리기도 하고,[28] 일반적인 언어와는 구별되는 새로운 혹은 색다른 점을 가지는 언어라는 의미의 'новояз(new speak)'나 그것의 비현실적인 모습을 강조한 'квазиязык(유사언어)'라는 용어로 젬스카야(2000)에 의해 규정되기도 한다.

특히 젬스카야는 전체주의 시기의 폴란드 언어학자 글로빈스키가 사용한 'Nowomowa'라는 용어에 상응하는 러시아어로 'новояз'를 사용한다. 'новояз', 즉 'new speak'는 G. Orwell의 소설 〈1984년〉에 처음 등장한 용어로 인간의 의식과 행동을 통제하려는 목적을 가진, 해마다

---

25) 폴리바노프(Е.Д. Поливанов)는 1926년 반마르주의(антимарризм) 경향의 논문발표에서 언어학자이자 동양학자인 자신을 'индоевропеист'라 칭하는 것을 떠올리면서 단어의 뜻이 얼마나 이상하게 변하는가에 대해 말하였다. Е. Д. Поливанов(1991) *Труды по восточному и общему языкознанию*, М., с. 548.

26) О. П. Ермакова(1997) "Тоталитарное и посттатолитарное общество в семантике слов". *Русский язык*. с. 137 ; *Словарь русского языка в 4-х т.* Под ред. А.П. Евгеньевой. М.

27) Н. А. Купина(1995) *Тоталитарный язык : Словарь и речевые реакции*, Екатерибург-Пермь, с. 17, 33, 63.

28) 이러한 명칭은 서구의 러시아 언어학자들이 소비에트 시기의 러시아어를 "langue de bois"로 부른 것에서 말미암은 것이다. Ю. Н. Караулов(1989) "Великий⋯ могучий⋯ многострадательный⋯". *Неделя*, № 40, сс.14-15.

어휘의 수와 길이가 줄어드는 언어를 지칭하는 말이다. 이에 근거하여 영어에서 이 단어는 '사실을 왜곡하는 모호한 표현법'이라는 의미를 가지기도 한다.

이러한 소비에트 러시아어는 20세기 후반 페레스트로이카를 기점으로 하여 언어 사용 및 소통 환경의 급격한 변화를 겪게 된다.

3. 페레스트로이카 이후 시기의 러시아어 : 어휘 변화를 중심으로

20세기 후반 페레스트로이카 이후 러시아 언어-문화 공간은 소비에트 시기의 언어 사용 환경과는 정반대의 소통적 성격을 가지고 있다. 즉, 언론매체나 집회 등의 소통 공간에서 공개 담화의 빈도가 급격하게 증가하고 발언과 표현이 이전 시기에 비해 현저하게 자유로워진 것이다. 이것은 곧 개인적, 사회적 소통의 상황 및 장르의 변화를 의미한다. 다시 말해, 공적(официальный) 영역의 소통에서는 엄격했던 규제가 완화되었고, 대중 소통 영역에서는 인터뷰와 토론, 좌담 등 다양하고 새로운 형태의 구두 발화 장르가 나타났다.

이와 관련한 가장 큰 변화 중의 하나는 신문과 잡지, 텔레비전과 라디오 등 대중 매체의 성격이다. 즉, 소비에트 시기의 대중 매체가 이데올로기를 선전하고 민중의 의식을 세뇌하는 데 주력했다면, 포스트소비에트 시기의 대중 매체는 사회적 현실에 대해 스스로 생각하고 자신의 고유한 의사를 주저 없이 표현하고 게다가 익살과 풍자가 섞인 발언도 망설이지 않는다. 이는 과거의 관료적인 언어에 대한 반항인 동시에 보다 강렬하고 효과적인 표현을 통해 대중의 관심과 지지를 얻고자 하는 것으로 풀이된다.[29] 또한 이것은 소비에트 시기에 라디오나 텔레비전 프로그램에서 무미건조하고 형식적인 글을 전달하기만 하던 아나운서(диктор)가 현재에는 프로그램을 주도적으로 이끌어나가는 진정한 진행자(ведущий)로 거듭났음을 의미하기도 한다.[30]

이와 같이 변화된 대중 매체 소통 상황에서는, 미리 준비되어 잘 짜인 각본대로 형식적인 말을 주고받던 과거와는 달리, 비교적 동등한 위치의 소통참여자들이 서로 '자연스러운 대화'를 나눈다. 물론 이 '자연스러운 대화'에는 위에서 언급한 러시아 언어-문화 공간의 다채로운

29) В. Г. Костомаров(1984) *Языковой вкус эпохи*, М., с. 30.
30) Е. А. Земская(2000) "Введение," *Русский язык конца XX столетия(1985-1995)*, М., с. 13.

변화의 모습들이 녹아 있다. 이렇듯 대중 매체 언어는 현실 변화에 따른 다양한 언어적 소통 상황의 변화를 분명하고 신속하게 반영하고 있으며, 이것은 또다시 일반 대중의 언어 사용에 막대한 영향을 끼치고 있다.

소통적 상황과 언어 사용의 변화는 무엇보다도 언어의 어휘 층위에서 보다 분명하고 즉각적으로 드러난다. 이는 어휘가, 음성 구조나 문법적 형태와는 달리, 언어 외적 현실을 직접적으로 지시하기 때문이다.

페레스트로이카 이후 20세기 후반부터 21세기 전반의 이십여 년 동안 러시아어의 어휘는 러시아 언어-문화 공간의 실상을 반영하며 크고 다양한 변화를 거듭해 오고 있다. 예컨대, 사회 체제의 변화에 따른 인식의 전환으로 어휘 의미가 긍정적 혹은 부정적인 뉘앙스로 재해석 된다거나, 현재의 사회-문화적 실정과 동떨어진 많은 단어들이 폐어가 되고, 반대로 현실을 반영하는 많은 신조어들이 등장한 것 등이다. 또한, 소비에트 시기 엄격했던 언어 사용 규율에 대한 반작용으로 속어나 은어 등의 비표준어 사용이 활성화된 점도 특이한 점이다.

이와 같은 어휘적 변화들을 토대로 이 글에서는 페레스트로이카 이후 러시아어 어휘 변화 양상을 크게 다음의 다섯 가지 항목으로 나누어 살펴보고자 한다.

1) 어휘의 의미적 변화
2) 어휘의 문체적 변화
3) 속어·은어 사용 활성화
4) 외래어 사용 활성화
5) 신조어 증가

3.1. 어휘의 의미적 변화

페레스트로이카 이후 러시아어 어휘의 의미적 변화는 무엇보다도 구시대의 현실과 관련된 어휘 의미의 탈락 현상(десемантизация)에서 찾을 수 있다. 예를 들어, 소비에트 시기에 '당'을 의미하는 명사 'партия'는 '공산주의의(коммунистическая)'라는 의미요소를 항상 내포하고 있었기 때문에 문장 'Он член партии'나 'Он вступил в партию'가 각각 '그는 공산당원이다'와 '그는 공산당에 입당했다'와 같이 풀이되어 의미적으로 완전한 문장이었다. 하지만 오늘날 이 단어는 '공산주의의'라는 의미요소를 상실하였고, 따라서 위와 같은 문장들이 의미적으로 완전해지기 위해서는 '어느' 당을 말하는지를 반드시 함께 표기해야 한다. 이와 관련하여 형용사 'беспартийный'는 '공산당원이 아닌'이라는 뜻으로는 더 이상 쓰이지 않고, 대신 '어떤 당에도 소속되어 있지 않는'이라는 뜻으로 사용되고 있다.

이와 비슷한 경우로, '외출의'를 의미하는 단어 'выездной/невыездной'에는 '해외로 나가는 것이 허락된/허락되지 않은 사람'이라는 소비에트 시기의 의미 요소가 현재에는 소멸되었다. 아래 예문 (1)과 (2)는 소비에트 시기의 상황적 맥락에서 이 단어가 사용된 예이다.

(1) Дело в том, что этот молодежный состав готовился для заграничных гастроле й…(тогда я был еще «невыездной»).(В. Давыдов. *Театр моей мечты*, 2004)
이 청년 집단은 해외공연을 위해 준비되었다는 것이 문제였다… (당시 나는 아직 '출국이 금지된' 사람이었다).

(2) « – Развод – это, значит, ты–невыездной. Зачем ты себе яму копаешь? » Я же по–другому оценивал то, что происходило. В то время мне … было наплева ть, какой я стану–выездной или невыездной.(Н. Бестемьянова и др. Пара, *в которой трое*, 2000–2001)
"이혼은 네가 출국 금지된다는 것을 말하는 거야. 왜 너는 스스로 무덤을 파고 그래?"
당시 나는 내가 출국이 허용되든지 금지되든지 상관없었다.

이 외에 '경쟁하다'를 뜻하는 동사 'соревноваться'는 '사회주의 생산 경쟁에 참여하다'라는 의미로는 오늘날 쓰이지 않고, '평가서'를 의미하는 명사 'характеристика'도 '개인의 생산 혹은 사회적 업적에 대한 평가를 적은 공문서'라는 소비에트 시기의 의미로는 현재 사용되지 않는다.[31]

이와 같은 의미 탈락 현상은 의미의 탈이데올로기화 경향에서 비롯되기도 한다. 예컨대,

---

31) О. П. Ермакова(2000) "Семантические процессы в лексике". *Русский язык конца XX столетия (1985–1995)*, М., с. 35 ; *Словарь русского языка*. Там же.

'다원주의'를 뜻하는 단어 'плюрализм'은 1950-60년대에 발간된 외래어 사전에서 '그릇된 이데올로기적 세계관' 혹은 '부르주아 이념 중의 하나'로 우선적으로 정의되었고, '견해 혹은 관점의 다원성'이라는 의미는 부수적인 것으로 간주되었다. 하지만, 소비에트 이데올로기의 관점에서 부정적 뉘앙스를 가지던 전자의 의미는 오늘날 사라지고 중립적인 후자의 의미로만 사용되고 있다. 또한, '사이버네틱스'와 '유전학'을 각각 의미하는 학술용어 'гибернетика'와 'генетика'도 '부르주아 이데올로기의 학문'이라는 부정적 뉘앙스를 떨쳐 버렸다.[32)]

이와 같이 사회적 변화에 따른 인식의 전환은 어휘가 지시하는 대상이 가지고 있는 부정적 이미지를 없앨 뿐만 아니라 때로 정반대의 긍정적 이미지를 덧입히기도 한다. 가령, '기업가, 사업가'를 뜻하는 단어 'предприрематель'은 1975년 판 오조고프(Ожегов С.И.)와 쉬베도바(Шведова Н.Ю.)의 사전에서 '자신의 탐욕을 채우기 위해 약삭빠르게 행동하는 사람'라는 의미의 단어 'делец'와 동의어로 간주되어 부정적 연상을 불러일으켰다. 그러나 동일 사전의 1993년 판에서는 'предприрематель'과 'делец'를 동의어로 보지 않을 뿐 아니라, 'делец' 또한 '실무에 능한 사람'이라는 뜻으로 풀이되고 있다. 이밖에 'буржуазия(부르주아)', 'питализм(자본주의)' 'оммерсант(상인, 실업가)', 'биржа(거래소)'와 같은 단어들도 페레스트로이카 이후에 긍정적 이미지를 가지게 된 예가 될 수 있다. 이러한 과정은 모두 새로운 생활상과 인식이 반영된 결과라 할 수 있다.[33)]

페레스트로이카 이후 러시아어 어휘의 의미 탈락 현상은 정치용어의 탈정치화와도 관련이 있다. 소비에트 시기 정치적 맥락에서만 사용되었던 정치용어가 현재에는 정치와 무관한 맥락에서도 사용되고 있는 것이다. 아래의 예 (3)에서 'консенсус'는 '동의, 일치'의 의미로 학술적 맥락에서 사용되었고, 예 (4)에서 'конфронтация'는 '다툼'의 의미로 일상적 맥락에서 사용되었다.

32) Н. С. Валгина(2001) *Активные процессы в современном русском языке*, М., Электронное изд. ; М. А. Хевеши(2004) *Толковый словарь идеологических и политических терминов советского периода*, 2-е изд. М.

33) 예컨대, 'новые русские(신흥부유층 러시아인들)'에게 'предприниматель'은 그들의 긍정적 이미지 형성에 뗄 수 없는 부분을 차지한다.

(3) С течением времени среди генеративистов установился относительный консенсус и по поводу того, какие классы явлений должны описывать морфологические правила.(В. А. *Плунгян. Проблемы грамматического значения в современных морфологических теориях*, 1999)

시간이 흐름에 따라 생성문법학자들 사이에서는 형태론적 규칙이 어떤 종류의 현상들을 기술해야 하는지에 대해 어느 정도의 의견일치가 나타났다.

(4) Вы, господа, сами видите, что конфронтация ваша стала довольно забавна. 여러분, 당신들의 다툼이 상당히 묘하게 된 것을 당신들 스스로가 알고 있습니다.(Д. Быков. *Орфография*, 2002)

의미적 탈정치화 과정을 겪은 단어들은 다소 풍자적이거나 유머러스한 어감을 가지게 되기도 한다. 다음의 예 (5)～(7)에서 '민영화하다'라는 뜻의 동사 'приватизировать'가 '횡령, 약탈하다' 혹은 '매수하다'의 의미로 사용된 것이 그 예가 될 수 있다.

(5) Наметилась еще одна позитивная тенденция у лидеров крупного капитала : они не пытаются подкупить Президента, членов его семьи или администрации, не пытаются «приватизировать» премьера или членов его кабинета…(Российская газета, 2003. 05. 05.)
대규모 자본가들에게서 한 가지 더 긍정적인 경향이 보였다. 그들은 대통령, 그의 가족 혹은 행정당국의 구성원들에게 뇌물을 주지 않으며, 국무총리 혹은 내각의 구성원들을 '매수'하려 하지 않는다.

(6) Власть в XX веке никогда не пыталась «приватизировать» Достоевского – в отличие от Пушкина. Великий поэт в 1937 году был объявлен антифашистом и коммунистом, а в другой юбилей – в 1987 году – сторонником «гласности

и перестройки» и отчасти – рыночных реформ.(Октябрь, 2002)
20세기 정부는 도스토예프스키를 푸쉬킨과는 달리 '매수'하려 하지 않았다. 1937년 위대한 시인은 안티파시스트와 공산주의자로 공고되었고, 1987년 다른 기념제에서는 '개방과 개혁', 그리고 부분적으로 시장 혁신의 지지자로 공고되었다.

(7) Похоже, окончательно решили 《приватизировать》 память людскую.(День, 1992. 03. 07. : Ермакова 2000, 42)
인간의 기억을 '약탈'하기로 최종 결정한 듯하다.

한편, 어휘의 탈정치화와는 반대로, 일련의 어휘들은 의미가 확장되어 정치용어로서의 의미를 획득하기도 한다. 가령, '재건축'이라는 의미의 보통 명사 'перестройка'는 페레스트로이카 이후 '민주주의와 개방, 시장 경제를 지향하는 정치, 경제 정책의 기본 노선'을 의미하는 정치 용어로서의 위상을 새로 획득하였다. 이러한 새로운 의미를 토대로 'перестроенный процесс(개혁과정)'(비교 : перестроенный дом 재건축 건물), 'антиперестроечный(반(反)개혁의), доперестроечный(개혁 이전의), постперестроечный(개혁 이후의), перестройщики(개혁자들)' 등과 같은 새로운 어구와 어휘들이 파생되었다.

또한, '8월'을 뜻하는 명사 'август'도 특정한 정치사건[34]을 의미하기도 한다. 따라서 'герои августа(8월의 영웅들)', 'августовские события(8월의 사건들)'과 같은 표현과 아래 예 (8)에서 'август'는 정치상의 특정 사건을 일컫는다.

(8) Август перевернул нормальный ход истории.(Комсомольская правда, 1991)
'8월'은 역사의 통상적인 진행 방향을 바꾸어 놓았다.

이 외에도 러시아에서 1990년대 이후 정치적 맥락의 텍스트에서 자주 쓰이는 어휘의 하나로 'диалог'을 들 수 있다. 이 단어는 원래 '대화'라는 일상적인 뜻으로만 사용되었는데, 현재에는

34) 1991년 8월 소련에서 일어났던 쿠데타로 국가비상사태위원회가 당시 대통령이었던 고르바초프의 권한을 박탈하고 전국에 계엄령을 선포한 사건을 말한다. 이후 반 쿠데타 세력인 옐친이 정권을 장악하게 된다.

'갈등의 평화적인 조절'이라는 의미의 정치적 색채를 띠게 되었다. 다음은 그 예이다.

(9) (…) церковное Священноначалие … может предпринять следующие действия : вступить в прямой диалог с властью по возникшей проблеме…(Труд, 2003. 10. 03.)

교회정치는 다음과 같은 행동을 실행할 수 있다. 즉, 발생한 문제에 대해 정부와 직접적인 대화를 착수할 수 있다.

20세기 후반부터 시작된 어휘 의미의 변화 과정은 사회-문화적 변화에 따라 자연스럽게 이루어지는 것이 일반적이지만, 보다 참신한 표현으로 선명하게 의미를 전달하고자 하는 대중매체에 의해 의도적으로 주도되기도 한다. 그 대표적인 예는 형용사 'культовый'의 쓰임이다. 'культовый'는 '예배, 예식'이라는 직접적 의미와 '숭배, 존경'이라는 비유적 의미를 가지는 명사 'культ'에서 파생된 것으로 원래는 첫 번째 의미인 '예배, 예식'과 관련하여서만 사용되었지만, 오늘날에는 평가적 의미가 부가된 '인기 있는, 존경받는, 경탄할 만한'의 뜻으로 널리 사용되고 있다. 예컨대, 'культовая фигура(존경받는 인물), культовый игрок(경탄할 만한 명수), культовый актер(인기 있는 배우), культовый фильм(인기 있는 영화)' 등과 같은 어구에서 그 쓰임을 볼 수 있다.

(10) С другой (стороны) - всякий культовый писатель есть кандидат в пенсионеры.(Октябрь, 2001)

다른 한편으로 모든 인기 있는 작가들은 연금수령 후보자이다.

(11) Жаль потраченного воскресного вечера, который полстраны ждали у телевизоров, дабы увидеть культовые фильмы культового режиссёра.(АиФ, 2000, № 52)

인기 있는 감독의 인기 있는 영화를 보기 위해서 국민의 절반이 텔레비전 옆에서 허비한 일요일 밤이 아깝다.

대중매체에 의해 의미 변화가 주도된 또 다른 단어로는 형용사 'знаковый'가 있다. 'знаковый'는 '기호' 혹은 '표시'를 의미하는 명사 'знак'에서 파생되었지만, 오늘날 러시아 대중매체에서 이 단어는 파생 어간의 의미와는 다른 의미인 '대표로 삼을 만큼 상징적인' 혹은 '표상의'라는 의미로 사용되고 있다.[35)]

(12) - Как вы думаете, почему вот уже тридцать лет «Семнадцать мгновений весны» - один из самых популярных фильмов в России, как теперь принято говорить, «знаковый» и «культовый»?(Известия, 2003. 02. 05.)
〈열일곱 가지 봄의 순간들〉이 30년 동안이나 러시아에서 '대표적이고 인기 있다'고 할 만큼 가장 대중적인 영화 중 하나인 이유가 무엇이라고 생각합니까?

(13) Эта роль знаковая, эпохальная, в каком-то смысле совсем не проще Гамлета. (Московский комсомолец, 2000. 12. 14.)
이 역할은 상징적이고 획기적이며, 어떤 의미에서는 햄릿 역보다 결코 더 단순하지 않다.

지금까지 살펴 본 바와 같이, 페레스트로이카 이후에 나타나는 사회-문화적, 그리고 소통적 상황의 변화는 러시아어 어휘 의미의 다양한 변화를 초래하였다. 어휘 의미의 확대 혹은 축소, 그리고 어휘 사용의 소통적 맥락 변화는 러시아 언어-문화 공간의 전반적인 특징을 그대로 반영하는 것이라 할 수 있다.

3.2. 어휘의 문체적 변화

3.2.1.

최근 이십여 년 동안의 러시아어 어휘 변화에서 문체적 변화(стилистические изменения)는 무엇보다도 중립화(нейтрализация) 경향을 보인다. 즉, 상문어체(высокий книжный стиль)

---

35) Н. С. Валгина(2001), *Активные процессы в современном русском языке.* М., с. 117.

의 단어들이 문체적으로 중립적 혹은 하급의(сниженный) 콘텍스트에 자주 사용되면서 중립적 문체의 성격을 새로 가지게 되거나, 반대로 비속어와 같은 하급 문체의 단어들이 중립적 콘텍스트에 자주 등장하면서 원래의 하급 문체적 성격에서 벗어나고 있는 것이다.

우선, 전자의 경우는 어휘 체계에서 수동적 어휘(лексика пассивного фонда)로 주로 분류되는 상문어체 어휘와 종교어, 고어 사용의 활성화와 관련이 있다.

예컨대, '국가'를 의미하는 상문어체 어휘 'держава'는 '힘, 영예, 위엄'과 같은 뉘앙스를 표현하기 위해 사용되기 시작하였는데, 다음의 예는 이를 잘 나타내고 있다.

(14) Наш постоянный читатель Михаил Журавлев из города Пушкино решил высказаться о самом главном – в каком государстве мы будем жмть? (…) ему кажется, что слово 《федерация》 иноземное и придает обозначению 《государство》 казенный, маложизненный оттенок, принижает русский наро д. Что же предлагает Журавлев?

Именовать наше государство – Российская держава. Слово 《держава》 являе тся не простым, а превосходящим слово 《государство》, поскольку придает ему оттенок силы, славы, могущества, величия. Этот старый славянскийтерм ин способен возбудить в человеке возвышенные чувства и эмоции.(Подмоск овные известия, 1993.11.16 : Какорина 2000, 71)

푸쉬키노 시에 사는 정기 독자 미하일 주라블료프는 '어떤 국가에 우리가 살고 있는가?'라는 가장 중요한 물음에 대해 의견을 말하기로 결심했다. (…) 그는 '연방'이라는 말은 외래어이고 '국가'의 의미에 관료적이고 생명력이 약한 듯한 뉘앙스를 주며 러시아 민족을 얕보는 듯하다고 생각한다. 그렇다면 주라블료프는 무엇을 제안하는가? 우리나라를 러시아강국이라 칭하는 것이다. '강국'이라는 말은 힘과 명예, 위력, 위엄의 뉘앙스를 부여하기 때문에 평범하지 않고 '국가'라는 말보다 우월하다. 이 오래된 슬라브 술어는 사람의 기분과 감정을 북돋워 올린다.

이와 관련하여, '국가'를 의미하는 일련의 동의어들 사이에는 'империя(제국)–сверхдержа

ва(초국가)-держава(국가)-государство(국가)-страна(나라)'와 같은 순서로 문체적 위계가 나타난다고 보는 견해도 있다.[36] 하지만 'держава'는 이후에 신문언어로 자주 등장하면서 상문체적 성격을 일부 상실하게 되었고, 오늘날에는 문체적으로 중립적인 혹은 하급의 콘텍스트에서 'хилая держава(허약한 국가), слаборазвитая держава(후진국)' 등과 같은 어구로 등장하기도 한다. 다음의 예는 'держава'가 중립 문체적 성격을 지니는 경우이다.

(15) Одна из великих или держава второго порядка?(Время МН, 2003)
열강 중의 하나인가 아니면 제2급의 국가인가?

이와 유사한 예로, 'перспектива(전망), принцип(원칙), престиж(위신), проблема(문제), тенденция(경향)'과 같은 단어들은 소비에트 시기 발간된 우샤코프(Ушаков Д.Н.)의 사전에서 문어체(книжный стиль)로 분류되었고 특정 영역의 텍스트 안에서만 제한적으로 사용되었지만,[37] 오늘날에는, 아래의 예 (16)과 (17)에서처럼, 일상적 소통 상황을 포함한 다양한 콘텍스트에서 흔히 사용되고 있다.

(16) Я заметил, что это такая тенденция - все мои знакомые устали от клубов и тусовок.(Домовой, 2002. 01. 04.)
나는 나의 모든 지인들이 클럽과 모임에 지친 경향을 보인다는 것을 알아차렸다.

(17) Я смеялся и грустил. Вот как на глазах меняется перспектива…(Звезда, № 6, 2003)
나는 웃었지만 슬펐다. 다가올 앞날이 정말 눈앞에서 변하고 있다.

어휘의 문체적 변화는 사용 영역 혹은 맥락이 제한적이던 종교 어휘에서도 나타난다. 이를테

---

36) Е. В. Какорина(2000) "Трансформации лексической семантики и сочетаемости(на материале языка газет)", *Русский язык конца XX столетия(1985-1995)*. М., с. 71.
37) *Толковый словарь русского языка*. В 4 т. Под ред.Д. Н. Ушакова. - М., 1935-1940.

면, ‘догма(독단적 신념), иконостас(성장, 聖障), исповедь(참회), храм(사원), пастырь(사제), благословение(축복), молиться(기원하다)’ 등과 같은 많은 교회 어휘들이 일차적 의미 혹은 전이된 의미로 신문 지면에 자주 등장하고 있는 것이다. 아래의 예 (18)에서 ‘благословение’는 ‘축복’이라는 뜻의 일차적 의미로 쓰였으며, 예 (19)에서는 ‘동의, 허락’이라는 뜻의 전이된 의미로 쓰였다.

(18) Выражая признательность желающим принять участие в этой благородной акции, призываю на вас благословение Божие…!(Журнал Московской патриархии, 2004. 03. 29.)

이 고결한 행위에 동참하기를 원하는 자들에게 감사를 표하며, 그대들에게 신의 축복을 기원합니다.

(19) К сожалению, тенденция давать благословение на однополые браки … в последнее время проявляется в Церкви Англии и в некоторых других Церквах англиканского содружества.(Журнал Московской патриархии, 2004. 10. 25.)

유감스럽게도, 최근 동성 간의 결혼을 허락하는 경향이 영국의 교회와 몇몇 다른 영국교회 단체에서 나타나고 있다.

이 외에도 교회 어휘들은 비유적인 의미로 자주 쓰이기도 한다. 이를테면, ‘국회의원과 투표자’들에 대해 ‘пастыри и паства(사제와 신도들)’이라는 표현을 쓴다든지, ‘고르바쵸프(M. Горбачеве)’에 대해 ‘духовный отец перестройки(개혁의 정신적 아버지)’라고 칭하는 것이 그 예가 될 수 있다.

이와 같은 교회 어휘 사용의 활성화는 오늘날 러시아에서 종교적 신앙 활동에 대한 제약이 없어지면서 신앙생활이 개인의 삶의 일부를 차지하고 교회가 일종의 사회적 제도로서의 역할을 하는 것과 같은 새로운 문화적 배경과 관련이 있다.

종교 어휘는 다양한 맥락상에서 문체적 변화뿐만 아니라 의미적 변화를 겪기도 한다. 그 대표적인 예가 러시아의 전통적인 종교적 가치관 중의 하나인 ‘자비’ 혹은 ‘동정’을 의미하는 단어 'милосердие'이다. 이 단어의 의미는 원래 '자비, 동정' 혹은 '자비심이나 동정심에 의해 누군가를 돕고자 하는 마음'으로 해석되었으나, 오늘날에는 '선행' 혹은 '자선'이라는 의미로 널리 쓰이고 있다. 이를테면, 'неделя милосердия(자선 주간), хроника милосердия(자선 내력), дом милосердия(자선 회관), призыв к милосердию(자선 호소), акция милосердия (자선 활동), груз милосердия(자선 물품)' 등과 같은 어구들이 그 예가 될 수 있다.

(20) 20 декабря в Биробиджане началась необычная акция милосердия.(Амурский Меридиан (Хабаровск), 2004. 12. 22.)
12월 20일 비로비쟌에서 특별한 자선 활동이 시작되었다.

(21) Местом для конкурсного прослушивания стал минский Дом милосердия – гордость всей республики.(Российская музыкальная газета, 2003. 03. 12.)
전 공화국의 자랑인 민스크 자선 회관이 경연 경청을 위한 장소가 되었다.

위의 예와 같은 맥락에서 단어 'милосердие'가 자주 사용되는 것은 이 단어의 의미구조에서 추상적인 정신적 가치의 의미보다 구체적인 '금전적, 물질적 기증'의 의미가 지배적으로 단어난다는 사실을 말해 준다. 결국 오늘날의 'милосердие'는 'милостыня(구호품)' 혹은 'гуманитарная помощь(인도적 원조)'에 가까운 것이라고 할 수 있다.[38)]

어휘의 문체적 변화에서 주목할 만한 또 다른 점은 바로 고어 사용의 활성화이다. 이는 소비에트 시기가 종료됨에 따라 소비에트 시기 이전 러시아의 전통적 가치관과 문화가 부정적 이미지를 벗고 되살아나 새로운 사회-문화적 현실의 부분적인 토대를 이루게 되었기 때문이다. 그 예는 'дума(의회), губернатор(현지사), губерния(현), гимназия(중학교)'와 같은 어휘들이 될 수 있다. 이러한 어휘들은 처음에는 문체적으로 유표적인 표현으로 인지되다가 서서히 문체적 유표성에서 벗어나 중립적 성격을 가지게 된다.

한편, 몇몇 고어들은 동일한 대상을 명명하는 외래어와 동의적 관계를 이루기도 하는데,

---

38) Н. С. Валгина(2001), *Активные процессы в современном русском языке*, М.,, с. 117.

이러한 경우 고어와 외래어 사이에는 의미 구조상의 차이가 발생하기도 한다. 예컨대, 고어 'меценат'와 외래어 'спонсор'는 '후원자'라는 동일한 의미를 갖지만, 'меценат'는 '정신적인', 'спонсор'는 '물질적인'이라는 의미요소를 내포한다는 점에서 차이가 있다.

러시아어 어휘의 문체적 중립화 현상은, 앞서 지적한대로, 비속어와 같은 하급 문체의 어휘들이 중립적 콘텍스트에 자주 사용되면서 문체적 중립성을 획득하게 되는 경우에도 발생한다. 예컨대, 'бабки(돈), штука(천 루블 화폐), кусок(천 루블 화폐), лимон(백만 루블 어치의 돈), пятихатка(오백 루블), зеленые(달러화)' 등과 같이 금전의 명칭으로 사용되는 속어들은 표준어의 구어에서 자주 사용되고 있다. 이와 같은 비표준적 어휘는 발화의 생생함과 자유로움을 강조하며 다양한 정서적 뉘앙스를 표현한다. 바로 이러한 이유로 인해 오늘날 러시아의 대중매체는 속어와 같은 비표준적 어휘를 꾸준히 반복하여 사용하게 되고 그것은 문체적 맥락의 사용 범위를 넓히게 되어 결국에는 표준어로 인식되는 것이다. 하지만 이것은 모든 비표준적 어휘에 적용되는 것이 아니라 현 사회의 실정을 잘 표현하는 어휘가 충분히 오랜 시간동안 반복되어 사용되는 경우에 한해 적용된다.[39)]

3.2.2.

페레스트로이카 이후 러시아어 어휘의 문체 변화에서 지금까지 살펴 본 중립화 현상 외에 주목할 만한 특징은 바로 완곡어법(эвфемизм)이다. 완곡어법은 주로 어휘가 여러 가지로 부정적인 느낌을 주는 연상을 불러일으키거나 불편함을 주는 경우에 이를 완화하는 수단으로 사용하게 된다. 이것은 곧 보다 공손한 형태로 대상을 지칭하는 것을 말한다. 예를 들어, 'глухой(귀머거리)'를 'слабослушащий(난청)', 'слепой(장님)'을 'незрячий(잘 보이지 않는)', 'перейти на пенсию(퇴직하다)'를 'уйти на заслуженный отдых(명예로운 휴식으로 들어가다)'로 표현하는 경우가 이에 해당한다.

이와 같은 완곡어법은 페레스트로이카 이후 러시아어에서 정치적 혹은 사회적으로 부정적 연상을 불러일으키는 어휘를 애매하게 혹은 우회적으로 표현함으로써 대상의 본질이 드러나지 않도록 하고자 하는 목적으로 사용되고 있다.[40)] 그 예로는 'ЧК(반혁명, 방해 및 투기 단속

39) 속어와 은어 사용의 활성화에 대해서는 다음 절(3.3.)에서 자세히 살펴보기로 하겠다.

40) Л. П. Крысин(2000) "Эвфемизмы в современной русской речи," *Русский язык конца XX столетия*

비상 위원회)'나 'КГБ(국가 안전 위원회)' 등을 'компетентные органы(권위 있는 기관)'으로 칭하는 것이나 'лагерь(수용소)'나 'тюрьма(감옥)'을 'учреждение(공공기관)'으로 칭하는 것을 들 수 있다. 이 밖에 'убийство(살해)'를 'непопулярные меры(비대중적 수단)'으로, 'семья без надежды заиметь детей(아이를 가질 희망이 없는 가정)'을 'бесперспективная семья(전망이 없는 가정)'으로 표현하는 경우도 이에 해당한다.

이러한 완곡한 표현들은 그 사용이 보편화되면서 원래의 어휘가 주는 부정적 연상을 점차 다시 가지게 되지만, 그럼에도 불구하고 여전히 심리적으로 받아들이기 쉽고 공손한 어휘로 여겨진다. 따라서 이러한 표현들은 공적 외교나 정치, 법률 텍스트 등에서 통상적으로 사용된다. 대중매체 텍스트에서 완곡어법의 사용은, 아래의 예 (22)에서처럼, 때로 풍자적 뉘앙스를 불러일으키기도 한다.

(22) Была отмечена нескромность главы администрации, который исползовал свое служебное положение в корыстных целях.(Радио, 1993. 03. 15. ; Крысин 2000, 394)

사리사욕을 채우기 위해 자신의 지위를 이용한 행정 국장의 불손함이 드러났다.

이밖에 페레스트로이카 이후 러시아어 어휘의 문체적 특징으로 대중매체 텍스트에서 은유의 활성화를 들 수 있다. 이를테면, '정부 내각'을 'кабинеты власти(정부 집무실)'이라고 표현하는 것이 그 예가 될 수 있다. 이와 같은 은유 또한 페레스트로이카 이후 변화된 러시아인들의 인식과 가치관을 반영하는 것으로 이해될 수 있다.

3.3. 속어·은어 사용 활성화

러시아어에서 속어(сленг), 은어(жаргон)와 같은 비표준적 어휘는 1980년대 말경부터 대중매체를 통해 빈번하게 사용되고 있다. 이러한 비표준적 어휘의 빈번한 사용은 급격한 사회 변화로 인해 도출된 부정적인 사회 현상에 대한 반응으로 해석되기도 한다. 이것은

(1985-1995), М., с. 391-392 ; Н. С. Валгина(2001), Там же.

러시아어 속어의 기원으로 범죄 은어나 욕설이 상당 부분을 차지하는 것과도 관련이 있다.

대중 매체나 소설, 그리고 모든 사회적 계층에서 흔히 사용되고 속어 중에는 범죄 은어를 기원으로 하는 어휘들이 상당수에 달한다.[41] 그중에서 대표적 단어의 하나로 '불법, 위법' 혹은 '무질서'를 의미하는 명사 'беспредел'을 들 수 있다. 이 단어는 1940년대와 1950년대에는 형사법 및 그 관례를 따르지 않은 범죄자 그룹을 지칭하던 범죄 은어이었는데, 그 후 1980년대와 1990년대에 이르러서는 의미가 변화되어 극단적인 위법을 행한 범죄자를 지칭하게 되었다. 오늘날 이 단어의 의미는 위에서 언급한 바대로 보다 추상적으로 변하였고, 또한 이전까지는 허용되지 않았던 형용사나 명사 생격 형태의 한정어와도 결합되어 사용되고 있다. 이를테면, 'политический беспредел(정치적 무질서)', 'моральный беспредел(도덕적 무질서)', 'беспр едел власти(정부의 무질서)'와 같은 표현들이다.

범죄 은어에서 비롯된 속어들에서 가장 대중화된 어휘 중 하나로 '분해, 선별, 정비'의 의미를 가지는 명사 'разборка'를 들 수 있다. 이 단어는 '범죄 일당들 사이 혹은 그 내부의 관계를 정비하다'라는 애초의 의미에서 그 지시적 의미와 맥락의 범위가 확장되어 현재에는 'разборки в правительстве(내각 정비)'와 같은 표현도 자연스럽게 사용되고 있다. 다음은 일상적 맥락에서 이 단어가 사용된 예이다.

(23) «Что это было?!» «Да так, обычная дорожная разборка… »(Солдат удачи, 2004. 01. 14.)

"이게 뭐였어?" "뭐 그냥, 통상적인 도로 정비야…"

이 밖에 오늘날 대중적으로 널리 쓰이는 단어들 중 속어를 기원으로 하는 것으로 '젊은이들의 모임이나 동호회'를 의미하는 'тусовка'라는 말이 있다. 이 명사가 파생된 동사 'тусоваться'는 1993년판 오조고프 사전에 처음으로 등장하였다. 어원적으로 볼 때, 위 단어들은 '(카드패를) 섞다'라는 의미의 동사 'тасовать(карты)'에서 파생된 것으로 볼 수 있으며, 'тусовка'는 원래 '싸움, 소동'의 의미를 가지는 범죄 은어로 사용되었다. 이 단어는 1970년대에 히피

41) Ю. П. Дубягин, А. П. Бронников, Г. В. Боровкова и др.(1991) *Толковый словарь уголовных жаргоно в*, М.

속어로 퍼졌다가 후에 젊은이들의 일상적 구어에서 사용되기 시작하였다. 이 단어와 동일한 어근을 가지는 단어들은 'тусоваться(다 함께 모이다, 함께 시간을 보내다), тусня(일당, 패거리), тусовщик(тусовка의 구성원), кинотусовка(영화스타들의 모임)' 등이 있다. 이러한 단어들의 사용 맥락은 오늘날 보다 확장되어, 아래의 예와 같이 대중 매체의 정치 경제적 콘텍스트에서도 종종 쓰이는 것을 볼 수 있다.[42)]

(24) - КПРФ - это большая **тусовка**, где кого только нет, и я не уверен, что она станет левой партией…(Известия, 2003. 10. 03.)
러시아 연방 공산당은 없는 사람이 없는 큰 모임이다. 그래서 나는 그것이 좌당이 되리라고는 확신하지 않는다.

(25) Business Week проводит свои конференци каждый год. В разных странах. Это жутко престижные деловые **тусовки**.(Час Пик, 1997. 09. 13. ; Ryzanova-Clarke L. & Wade T. 1999, 119)
비즈니스 위크는 매년 회의를 개최한다. 여러 나라들에서. 그것은 매우 권위 있는 경제모임이다.

범죄 은어와 함께 현대 러시아어 어휘 양산에 큰 역할을 한 것은 젊은 층의 속어이다. 젊은 세대들에게 있어 속어의 사용은 그들로부터 제 삼자를 차단하는 기호의 창조를 통해 공적인 언어 사용에서 벗어나려는 시도를 의미한다. 즉, 속어 사용을 통해 다른 사회 집단과의 경계를 만들어 그들만의 동일한 집단의식이나 유대감을 표출하려는 것이다. 젊은 층의 속어는 유머러스한 과장과 풍자적 요소를 흔히 가진다. 가령, 'достоевский'가 '무엇이든 획득하는(достаёт) 사람'을 의미한다든지, '가는 끈'이라는 뜻의 'шнурки'가 '(자녀의 입장에서 볼 때 그들을 속박하는) 부모'를 의미하고 'шнурки в стакане'라는 표현이 '부모님이 집에 있음'을 의미하는 것이 그 예가 될 수 있다.

---

42) Ryzanova-Clarke L. & Wade T.(1999) *The Russian Language Today*, London & New York, p. 119.

풍자적이고 유머러스한 표현은 러시아 언어-문화 공간에서 페레스트로이카 이후 화법상의 일반적인 성격으로 이것은 곧 특정 계층의 속어가 보편적인 것으로 변모하고 있음을 암시하는 것이라 할 수도 있다. 예를 들어, 'студень' 이라는 단어는 본래 육류나 생선으로 만든 젤리를 의미하지만, 발음의 유사성으로 말미암아 '대학생'을 의미하는 속어로 쓰이며,[43] 《Московский комсомолец》 신문에서는 이를 대학생들의 생활에 관한 연재 기사의 제목으로 쓰고 있다. (**СТУД**енческий **ДЕНЬ**)

이외에 '신흥부유층 러시아인(новый русский)'나 '자신의 부를 남에게 과시하는 사람'을 풍자적으로 이르거나 '탁월한, 특별한'의 의미로 쓰이는 속어 'крутой', 그리고 '비정상적인 성격이나 이상한 행동'을 일컫는 'крыша поехала(съехала, сорвалась)' 등과 같은 표현들도 대부분의 사회 계층에서 일상적인 언어로 나타나고 있다.

(26) В обозримом будущем, как мне кажется, оно утратит свой прямой смысл и станет синонимом определению '**крутой** парень'.(Запись Live Journal, 2004)
내 생각엔 가까운 미래에 그것은 직접적인 의미를 잃고 '탁월한 청년'이라는 말의 동의어가 될 것 같다.

(27) - Но он ведь не откажется тебе помощь, - сказала Ленка. - Он же у них там **крутой**. Ты сам говорил.(А. Геласимов. Ты можешь, 2001)
- 하지만 그는 너를 도와주는 걸 거부하지 않을 거야, - 렌카가 말했다. - 그는 거기서 부자야. 네가 말했잖아.

(28) Ну, думаю, у парня **крыша поехала** от водки и поросенка с икрой!(А. Тарасов. *Миллионер*, 2004)
음, 젊은이는 보드카와 이크라를 얹은 돼지고기 요리 때문에 제정신이 아닌 것 같군.

43) Елистратов В.С.(2005) *Толковый словарь русского сленга*, М.

페레스트로이카 이후의 러시아 속어는 그 기원에 있어 이전 시기와 조금 상이한 모습을 보이기도 한다. 즉, 1960년대에서 1980년대에 러시아 젊은 층의 속어 발생의 주된 기원이 영어였다면, 1990년대 이후 러시아 속어는 영어뿐만 아니라 러시아어, 즉 모국어를 기원으로도 생겨나기 시작한 것이다. 그것은, 전자의 시기에는 영어가 일반적 주류와 동떨어진 이질문화를 표현하는 수단으로서의 기능을 충분히 수행하였지만, 1990년대, 즉 새로운 외래어들로 넘쳐나던 페레스트로이카 이후에는 이질문화 코드를 대변하기에는 영어가 너무 대중적이 되어 사회의 비주류계층이 주로 사용하던 속어의 기원으로는 부적절하다고 여겼기 때문일 것이다.

대중성을 지양하는 속어의 본질적인 특성에도 불구하고, 러시아 언어-문화 공간에서 속어는 특유의 '고립적인' 성격을 지속하기가 쉽지 않은 것이 사실이다. 러시아에서 젊은 층의 속어는 1990년대 중반에 모든 사회 계층에 스며들었다고 할 수 있다. 러시아어 속어의 대중화는 언론매체의 유도와 상당부분 관련이 있다. 소비에트 시기에 젊은이들의 속어가 언론으로부터 외면당한 것과는 달리, 페레스트로이카를 거치면서는 언론의 관심을 받기 시작하여 오늘날에는 많은 신문, 잡지 기사에서 이를 일반 독자를 위해서도 사용하고 있다. 즉, 러시아 속어는 언론매체를 통해 일반화 과정을 보다 신속하게 거치고 있다고 할 수 있는데, 이것은 속어의 일반적인 대중화 과정과는 상반되는 양상으로 볼 수 있다. 또한, 언어체계의 주변부로 간주되던 비표준적 어휘의 활성화는 언어체계의 중심이 새롭게 확장되고 있음을 보여 주는 것이라 할 수 있다.

3.4. 외래어 사용 활성화

1990년 이후 러시아어 어휘 발달에서 눈에 띄는 변화 중의 하나는 바로 활발한 외래어 차용이다. 오늘날 러시아에서 외래어 사용은 시대적 기호를 표현하는 언어 특징의 하나로 여겨지기까지 한다.

외래어 차용은 무엇보다도 삶의 형태가 급격히 변화함으로 인해 불가피하게 초래되었다. 1940년대만 하더라도 러시아에서는 반세계주의 경향과 맞물려 새로운 외래어의 차용이 허용되지 않았을 뿐만 아니라, 이미 러시아어에 뿌리를 내린 외래어조차 실제 발화에서의 사용을 금하기 위해 의식적인 노력을 하였고, 이 시기 외래어 사용은 반애국주의 경향으로 간주되었다.

그러나 오늘날 러시아의 개방된 삶의 양식 하에서 외래어는 과학 기술 등의 전문분야를 넘어 일상생활의 영역에서도 피할 수 없는 부분이 되었다. 우선, 외래어는 명명의 필요성에 의해 차용된다. 그 예로는 'компьютер(컴퓨터), монитор(모니터), сканер(스캐너), принтер (프린터)'와 같은 어휘들이 있다.

또한, 외래어는 의미를 보다 더 정확하게 전달하기 위해 사용하기도 한다. 예컨대, 'презентация'는 단순한 발표나 소개가 아닌 그것과 관련된 의례적인 행위를 의미한다. 또한, 'консалтинг'은 동일한 어근에서 파생되었지만 이미 러시아어화된 단어 'консультирование'와는 사용 영역에서 차이가 있는데, 'консалтинг'이 주로 비즈니스의 영역에서 사용되는 반면, 'консультирование'는 보다 광범위한 영역에 걸쳐 사용된다.

외래어 활성화의 또 다른 원인은 외래어를 사용하는 것이 보다 더 세련되고 현대적인 이미지를 추구하는 화자들의 기호를 충족시켜 주기 때문이다. 따라서 많은 경우에 상응하는 러시아어가 있음에도 불구하고 외래어 사용이 선호되기도 하는데, 이러한 경우 해당 외래어가 지시하는 지시체는 다소 고상하거나 평범하지 않은 성격을 지니는 것으로 이해되는 경향이 있다. 예를 들어, 'слаксы'는 '그저 통이 넓은 바지'가 아니라 '세련되고 유행에 맞는 통이 넓은 바지'를 말한다.

오늘날 러시아 언어-문화 공간에서 외래어 사용은 화자 자신이 사회에서 보다 '앞서가는' 계층에 속한다는 것을 보여 주기 위한 수단으로서의 기능을 한다고도 할 수 있다.

3.5. 신조어 증가

1985년 이후 러시아어 어휘 변화에서 가장 기본적으로 나타나는 현상은 정치, 경제적 체제 전환으로 인해 오늘날 러시아의 사회, 문화적 현실과 동떨어진 다수의 단어들이 사용되지 않게 됨과 동시에 사회 현실상을 반영하는 많은 신조어와 어구들이 새로이 등장하고 있다는 것이다. 예컨대, 'колхоз(=коллективное хозяйство, 집단농장), соцсоревнование (=социалистическое соревнование, 사회주의 생산경쟁)' 등은 소비에트의 현실을 표현하는 단어들로 현재 잘 쓰이지 않는 어휘들이며, 반면 'новые русские(신흥부유층 러시아인), страны ближнего зарубежья(근접 외국, 즉 구소련 국가들), страны дальнего зарубежья (멀리 떨어진 외국, 즉 구소련 이외의 국가들)' 등은 새로운 러시아 사회 실정에 의해 자주 사용되는 어구들이다.

신조어가 증가하는 것은 러시아 현실 변화에 따른 명명의 필요성 때문이며, 다양한 영역에서의 신조어 또한 러시아 사회-문화적 현실을 보다 분명하게 보여 준다고 할 수 있다.

4. 결론

페레스트로이카 이후 20세기 후반부터 21세기 초반 현재까지 러시아 언어-문화 공간에서 언어 변화의 기본적 특징은 대화적 성격의 강화, 어휘 의미 및 뉘앙스의 변화, 문체적 유동성(стилистическая мобильность), 비표준적 어휘 사용 활성화, 신조어 증가, 외래어 사용 활성화 등이며, 이러한 변화과정에는 대중매체 언어가 이례적으로 중요한 역할을 하고 있다.

러시아 언어-문화 공간에서 소통적 상황의 변화는 러시아어 발달의 강력한 자극제가 되고 있다는 점에서 대체로 긍정적으로 평가되고 있지만, 크고 작은 부작용을 불러일으키기도 한다. 속어와 같은 비표준적 어휘의 무분별한 사용과 비논리적이고 올바르지 않은 문장구성이나 강세설정 등과 같은 문제점 등이 러시아어를 훼손하고 있다는 목소리에 대해 일각에서는 위기에 처한 것은 러시아어라기보다는 러시아 문화라고 역설한다.[44] 더불어 저급한 발화 문화의 원인은 수십 년간의 소비에트 시기 언어 사용에 제약을 가해 온 이데올로기적 구속에 대한 반작용에 있다고 보는 견해 또한 타당성이 있다.

하지만 러시아어의 이러한 변화 및 발달 과정은 표현의 다양화와 자유화, 개별화, 솔직함이라는 측면에서 긍정적으로 평가된다. 언어적 표현의 신선함과 솔직함, 풍요로움은 민중성(народность)을 지향하는 현대 러시아 사회-문화적 성격에 적절하게 부합하며, 러시아어의 발달 과정에서 역동적이고도 중요한 역할을 하고 있다.

오늘날 러시아어 변화에서 가장 긍정적인 부분은 구체적이고 다양한 소통 목적을 기존의 획일적인 방법이 아닌, 소통 상황이나 화자의 의도에 따라 다양한 언어적 표현으로 실현시킬 수 있는 가능성이 증대되었다는 점이다. 이와 관련하여 파노프(М.В. Панов)는 1930년대에서 1960년대까지 언어 규범이 옳지 않은 형태에 대한 '금지'를 의미했다면, 1985년 이후 그것은 '선택'을 의미한다고 지적한다.[45] 이것은 곧 언어 사용의 기준이 '옳고 그름'의 판단에 있는

44) 러시아 대통령이었던 푸틴(В. Путин)은 '러시아어 보호'에 관한 법률을 제정하고, 2007년을 '러시아어의 해'로 정하여 러시아어 정화를 위해 노력하였다.

것이 아니라, '유용성'의 여부에 있다는 것을 의미한다.

이와 같은 평가는 전체주의 시기의 언어가 가진 견고함보다는 다양한 소통 상황과 목적에 걸맞은 언어적 표현의 유연함과 합목적성에 보다 더 중요한 가치를 두기 때문인 것으로 풀이된다. 이것은 곧 오늘날 러시아 언어-문화 공간에서 언어 사용 및 소통상의 힘(power)이 제도적 규율보다는 소통 주체의 자율성에 토대를 두고 있다는 것을 의미한다.

참고문헌

바흐친, 볼로쉬노프(1994) 송기한 역, 〈마르크스주의와 언어철학〉.

Валгина, Н. С.(2001) *Активные процессы в современном русском языке*. М.

Дубягин, Ю. П., Бронников, А. П., Боровкова, Г. В. и др.(1991) *Толковый словарь уголовных жаргонов*. М.

Елистратов, В. С.(2005) *Толковый словарь русского сленга*. М.

Ермакова, О. П.(1997) "Тоталитарное и посттатолитарное общество в семантике слов". *Русский язык*.

Ермакова, О. П.(2000) "Семантические процессы в лексике", *Русский язык конца XX столетия (1985-1995)*. М.

Земская, Е. А. (2000)"Введение", *Русский язык конца XX столетия(1985-1995)*. М.

Какорина, Е. В. (2000) "Трансформации лексической семантики и сочетаемости(на материале языка газет)", *Русский язык конца XX столетия (1985-1995)*. М.

Караулов, Ю. Н.(1991) "О сотоянии русского языка современности", Доклад на конференции *Русский язык и современность. Проблемы и перспективы развития русистики*. М.

__________(1989) *"Великий… могучий… многострадательный…"*, *Неделя*. № 40.

Костомаров, В. Г.(1994) *Языковой вкус эпохи*. М.

Крысин, Л. П.(2000) "Эвфемизмы в современной русской речи," *Русский язык конца XX столетия (1985-1995)*. М.

Купина, Н. А.(1995) *Тоталитарный язык: Словарь и речевые реакции*. Екатеринбург-Пермь.

45) М. В. Панов(1988) "Из наблюдений над стилем сегодняшней периодики," *Язык современной публицистики*, М., с. 27.

Ожегов, С. И. и Шведова. Н. Ю.(1975) *Толковый словарь русского языка.* М.

_______________(1993) *Толковый словарь русского языка.* М.

Панов, М. В.(1988) "Из наблюдений над стилем сегодняшней периодики," *Язык современной публиц истики.* М.

Поливанов, Е. Д.(1991) *Труды по восточному и общему языкознанию.* М.

Русский язык конца XX столетия(1985-1995). Отв. ред. Земская Е.А. М., 2000.

Словарь русского языка. в 4-х т. М., 1987.

Толковый словарь русского языка. В 4 т. Под ред.Д. Н. Ушакова. — М., 1935-1940.

Хевеши, М. А.(2004) *Толковый словарь идеологических и политических терминов советского перио да.* 2-е изд. М.

Юганов, И., Юганова, Ф.(1997) *Словарь русского сленга: Сленговые слова и выражения 60-90х годов.* Под ред. А.Н.Баранова. - М.

Ryzanova-Clarke, L. & Wade, T.(1999) *The Russian Language Today.* London & New York.

제19장

문학 속의 성과 소통 :
톨스토이와 도스토예프스키

| 김연경 |

1. 소통의 특수한 양상으로서의 성

소통의 문제는 언어, 권력, 계급 등 여러 개념과 결합하여 다각도에서 연구되어 왔지만 성[46]과 관련된 논의는 프로이드 이후 여러 석학들의 연구와 성문화의 전반적인 변화에도 불구하고 여전히 금기의 영역으로 남아 있다. 이는 성이 인간의 소통에 있어 가장 필연적이고 중대한 요소이면서 동시에 극히 배타적이고 특수한 양상을 띠기 때문이다. 실상, 성의 소통적 행위가 없었더라면 지구상의 그 어떠한 '나'도 지금 현재 여기에 존재할 수 없다는 평범하고도 절대적인 사실에 성의 모든 의미가 함축되어 있는 것이다.

어떤 식의 표현을 쓰든 간에 본원적 의미에서의 성은 죽음과의 대결 구도에서 발생한 것, 혹은 자연에 의해 그렇게 주어진 것으로 보인다. 개체로서의 인간이 지니는 유한성과 불연속성에 대해 무한성과 연속성을 확보할 수 있는 유일한 출구가 바로 성의 소통적 실현에 있기 때문이다.[47] 그렇기에, 푸코의 방대한 연구가 보여 주듯, 성에 대한 각종 문화적, 종교적 특수성과 맞물려 인간 사회가 주목해 온 것은 성에 대한 이해(앎의 의지)와 그것의 효과적인

46) 우리말의 성(性)은 현재 성 담론에서 사용되는 각종 용어들(sex, sexuality, gender, erotism, eroticism 등)을 다 포괄할 수 있는 넓은 개념으로 생각된다.

47) 이에 대해서는 에로티즘의 심층을 파헤치며 폭력-죽음과의 유비관계를 논하는 바타이유의 사유를 참조하라. (죠르쥬 바타이유(1996) 〈에로티즘〉, 조한경 옮김, 민음사, 8-163쪽 ; 죠르쥬 바타이유(2002) 〈에로스의 눈물〉, 유기환 옮김, 문학과 의식, 16-50쪽.)

향유-활용 혹은 통제-배려였다.[48] 그의 분석을 통해 조명된 고대 희랍의 성에 대한 태도[49]를 하나의 전범으로 본다면 성의 사회적 소통은 어쨌거나 소통이 지닌 일반론을 공유함을 알 수 있다. 즉, 성을 둘러싼 문화적, 사회적, 종교적 기반이 어떤 형식일지라도 그 전제는 이 소통에 관여하는 모든 주체들의 자율성을 인정하는 것이며, 또한 그들은 욕망의 주체이자 윤리적 주체로서의 책임을 인식해야 한다.[50] 성의 층위에서 타자로 규정되어 온 여성의 사회적 정체성, 즉 젠더 문제가 대두되는 것도 이 맥락에서이다.

이 글에서는 이러한 문제가 문학 속에서 표현되는 양상을 톨스토이와 도스토예프스키의 소설을 통해 살펴보고자 한다. 이는 성의 사회적 소통의 층위(톨스토이)와 종교적, 더 정확히, 신화적 층위(도스토예프스키)를 아우르며, 두 작가에게서 각기 다른 식으로 탐구되는 여성성의 문제에 천착함으로써 성을 둘러싼 소통의 윤리학을 다각도에서 조명하는 작업이 될 것이다. 논의의 편의를 위해 두 작가의 문학적 테제부터 점검할 필요가 있겠다.

2. 육체-정신의 변증법과 관념-삶의 변증법

톨스토이와 도스토예프스키의 비교 연구에 초석을 놓은 메레쥬코프스키가 두 작가의 본원적 차이점으로서 주목한 것은 각각 '육(плоть)'-'육체(тело)'와 '정신/영(дух)'이었다. 그에 따르면 톨스토이는 "육체적인 것으로부터 정신적인 것으로"의 이동을 보여 주는 반면, 도스토예프스키는 반대로 "정신적인 것으로부터 육체적인 것으로"의 이동을 보여 준다.[51] 즉, 전자는 '육의 비밀을 투시한 자(тайновидец плоти)'로서 '육의 정신화(одухотворению плоти)'를,

48) 미셸 푸코(1995) 〈성의 역사 - 제1권 앎의 의지〉, 이규현 옮김, 나남출판, 30-33쪽.

49) 기독교는 성을 죄악시하여 생식을 목표로 한 경우에만 성행위를 용인한다는 원칙을 내세웠던 반면, 고대 그리스와 로마에서는 성에 긍정적인 의미를 부여했다. 자세한 것은 미셸 푸코(1995) 〈성의 역사 - 제2권 쾌락의 활용〉, 문경자·신은영 옮김, 나남출판, 50-157쪽 ; 미셸 푸코(1993) 〈성의 역사 - 제3권 자기에의 배려〉, 이혜숙·이영목 옮김, 나남출판, 117-206쪽을 참조하라.

50) 자세한 것은 김연경·이기웅(2006) "주체사이성과 소통의 윤리학", 〈러시아연구〉, 제16권 제1호, 서울대학교 러시아연구소를 참조하라.

51) Д. С. Мережковский(1995) *Л. Толстой и Достоевский. Вечные спутники*, М.: Республи-ка, с. 109. 물론 메레쥬코프스키의 저작은 불가피하게 도스토예프스키에게 초점이 맞추어져 있으므로 톨스토이 이해에 관한 한 다소간 한계가 있다(Ли Хан Зе(2004) "Л. Толстой в оценке Д. Мережковского(на материале книги Д. Мережковского 〈Толстой и Достоевский〉)," 〈러시아어문학연구논집〉, Vol. 17, 한국러시아어문학회, 229-230쪽).

후자는 '정신의 비밀을 투시한 자(тайновидец духа)'로서 '정신의 육화(воплощение духа)'를 추구했다는 것이다.[52] 실상 톨스토이에게 '공포'에 가까운 위력을 행사한 것은 육이었으며 정신은 그가 의지를 통해 도달해야 하는 목표 내지 이상이었다. 반면, 도스토예프스키는 정신, 더 정확히 '관념(идея)'을 살아 숨쉬는 현실로 느끼며 그 속에서 고뇌했기에 늘 '살아 있는 삶(живая жизнь)'에 목말라했다. 따라서 문예학적 관점에서 조망하자면 톨스토이의 문학은 '정신'의 안티테제로 상정된 '육/육체'에 대한 탐구이며, 도스토예프스키의 경우에는 '황금시대-유토피아'와 동일시되는 삶을 향해 나아가는 관념의 육화가 곧 문학의 내용을 이룬다. 〈죄와 벌〉의 에필로그의 일절이 시사하는바[53] '변증법' 대 '삶', 즉 관념으로서의 삶(육화된 관념)과 삶 그 자체로서의 삶(살아 있는 삶)의 긴장이 문제인 것이다. 그렇다면 '톨스토이=육', '도스토예프스키=정신'이라는 메레쥬코프스키의 이분법은 각각 '육체와 정신의 변증법', '관념과 삶의 변증법'으로 대치될 수 있을 것이다. 여기서 '변증법'은 논리학적, 철학적 엄밀성을 갖춘 용어가 아니라 각 개념들(관념-삶, 육체-정신) 사이의 발전적 긴장 관계를 강조하기 위해 은유적으로 사용된 것이다. 또한, 각 개념들은 가치론적 위계질서와 무관한 전적으로 미학적, 시학적 개념임이 강조되어야겠다. 두 작가의 각기 다른 문학적 테제는 그 자체로 밀접한 상관관계를 맺는 성과 죽음의 문학적 형상화에서 선명하게 드러난다. 우선 죽음의 문제를 간략히 살펴보자.

톨스토이의 육체-정신의 변증법은 "유년시절"의 어머니의 죽음을 둘러싼 상세한 묘사(1 ; 93-99)[54]가 보여 주듯, 초기부터 죽음에 대한 관심으로 나타났다. 이후 〈이반 일리치의 죽음〉에 보다 더 훌륭하게 제시된바(12 ; 106-107), 죽음은 거대한 혼돈과 고통을 수반하지만 그렇기에 더더욱 죽음의 주체에게 일종의 '각성/눈뜸(просветление)'의 순간을 선사하고 나아가 삶을 완성-종결시켜 준다. 말하자면 '죽음의 신비(мистика смерти)'가 일종의 카타르시스, 즉 '위대한 순간'으로서 강조되는 것이다.[55] 하지만 톨스토이 소설의 핵심은, 루카치가 〈소설의

---

52) Мережковский(1995), c. 140.

53) "Вместо диалектики наступила жизнь, и в сознании должно было выработаться что-то совершенно другое."(6 ; 422) 이하 도스토예프스키의 작품의 인용은 Ф. М. Достоевский(1772-1990) *Полное собрание сочинений в тридцати томах*, Л. : Наука에 따르며 인용문 뒤에 권수와 쪽수를 병기하도록 한다.

54) 이하 톨스토이 작품의 인용은 Л. Н. Толстой(1978-1985) *Собрание сочинений в двадцати двух томах*, М. : Художественная литература에 따르며 인용문 뒤에 권수와 쪽수를 병기하도록 한다.

55) П. М. Бицилли(2000) "Проблема жизни и смерти в творчестве Толстого," *Лев Толстой : Pro et Contra(далее : Pro et Contra)*, СПб. : Изд. Русского Христианского гуманитарного института, сс. 473-484.

이론〉에서 지적하듯, '위대한 순간' 이후에도 지속되는 산문적인 삶을 집요하게 추적하는 데 있다.[56] 가령 출산을 전후하여 안나가 겪는 위기는 그녀 자신은 물론이고 카레닌, 브론스키 등 모두에게 상호적인 용서와 화해, 숭고한 감정으로 가득 찬 '위대한 순간'이 된다.(8 ; 448-455) 하지만 거의 집단적 광기에 가까웠던 이 순간은, "맙소사! 나는 왜 죽지 않은 걸까!"(8 ; 466)라는 안나의 절규가 시사하듯, 뒤에 이어질 가정소설의 시발점으로 판명된다. 안나의 진짜 죽음을 목도하기 위해 독자는 또 다시 기나긴 산문의 시간을 견뎌야 한다.

> Чувство, подобное тому, которое она испытывала, когда, купаясь, готовилась войти в воду, охватило ее, и она перекрестилась. Привычный жест крестного знамения вызвал в душе ее целый ряд девичьих и детских воспомнинаний, и вдруг мрак, покрывавший для нее все, разорвался, и жизнь предстала ей на мгновение со всеми ее светлыми прошедшими радостями. Но она не спускала глаз с колес подходящего второго вагона. (…) 〈Где я? Что я делаю? Зачем?〉 Она хотела подняться, откинуться ; но что-то огромное, неумолимое толкнуло ее в голову и потащило за спину. 〈Господи, прости мне все!〉 - проговорила она, чувствуя невозможность борьбы. Мужичок, приговаривая что-то, работал над железом. И свеча, при которой она читала исполненную тревог, обманов, горя и зла книгу, вспыхнула более ярким, чем когда-нибудь, светом, осветила ей все то, что прежде было во мраке, затрещала, стала меркнуть и навсегда потухла.(9 : 364)
>
> 미역을 감으려고 물속으로 뛰어들려고 할 때 느끼던 것과 유사한 감각이 그녀에게 엄습하자 그녀는 성호를 그었다. 성호를 긋는 이 습관적인 몸동작에 그녀의 영혼 속에서는 처녀 시절과 어린 시절의 추억들이 하나하나 쭉 되살아났고 갑자기 그녀가 볼 수 없도록 모든 것을 뒤덮고 있던 암흑의 장막이 찢겨지면서 일순간 삶이 그것의 과거의 모든 해맑은 기쁨과 더불어 그녀 앞에 나타났다. 그러나 그녀는 다가오는 두 번째 차량의

56) G. Lukacs(1986) "Tolstoy and the Attempts to Go Beyond the Social Forms of Life," *Leo Tolstoy*, ed. by H. Bloom, New York-Philadelphia : Chelsa House Publishers, p. 12.

> 바퀴에서 눈을 떼지 않았다. (…) '나는 어디에 있는 걸까? 나는 무슨 짓을 하고 있는 걸까? 대체 왜?' 그녀는 몸을 일으켜 뒤로 빼려고 했다. 하지만 뭔가 거대하고 무자비한 것이 그녀의 머리를 쾅 들이박더니 등 위를 긁으며 지나갔다. '주여, 저의 모든 것을 용서해 주옵소서!' - 그녀는 투쟁이 불가능하다는 것을 느끼며 이렇게 말했다. 농부가 뭐라고 중얼거리면서 철을 다루며 일을 하고 있었다. 그리고 그녀로 하여금 불안과 기만과 고뇌와 사악으로 가득 찬 책을 읽게 해 주었던 촛불이 그 어느 때보다 더 밝은 빛으로 타올라 이전엔 암흑 속에 싸여 있던 모든 것을 그녀에게 비추어 주더니, 가물거리며 영원히 꺼져 버렸다.

의사(擬似) 죽음, 의사(擬似) 카타르시스 이후의 삶까지 살아 낸 뒤 찾아온 죽음이기에 더더욱, 작가는 최후의 순간을 극적인 찰나가 아닌 운동성과 지속성을 갖는 하나의 과정, 즉 '죽어 감(умирание)'의 형식으로 포착하여 '각성'과 '죽음의 신비'를 부각시킨다.[57]

반면, 도스토예프스키의 소설에는 톨스토이적인 '죽음의 신비'가 없다. 대체로 죽음이라는 것 자체가 미학적 복잡성 및 구성적 기여도와는 별개로, 인물들의 정신적 여정에서 이른바 '종결'의 기능을 수행하지 않는다. 심지어, 톨스토이가 보여 준 죽음의 내적, 외적 풍경에 관한 상세한 보고서와 비교한다면, 도스토예프스키의 소설 속에는 죽음이란 아예 존재하지 않는 셈이다. 만약 존재한다고 할지라도 그것은 '위대한 순간'으로서가 아니라 하나의 이미지나 말, 즉 관념으로서이거나 그에 준하는 은유(간질 발작, 도박 등)로서이다. 죽음의 순간에 그의 주인공들은 죽음 자체를 하나의 사건으로서 체험하지도 않고 따라서 그것을 해부하려 들지도 않는다. 이는 일정 부분 그의 소설 속의 죽음이 노쇠에 의한 자연사라기보다는 자살이거나 피살이거나 돌연사인 탓이다. 키릴로프의 최후를 보자.

> Затем произошло нечто до того безобразное и быстрое, что Петр Степанович никак не мог потом уладить свои воспоминания в каком-нибудь порядке. Едва

---

57) 다소 역설적이지만, 대체로 죽음에 대한 톨스토이의 문학적 관심은 죽기 직전까지 병이라곤 몰랐던 그의 강인한 체력에서 기인하는 측면이 있다.(슈테판 츠바이크(1995) 〈천재와 광기〉, 원당희·이기식·장영은 옮김, 예하, 578-592쪽.) 그의 가출 및 사망에 대해서는 Б. С. Мейлах(1960) *Уход и смерть Льва Толстого*, М.-Л.: Художественная литература, сс. 273-303을 참조하라.

он дотронулся до Кириллова, как тот быстро нагнул голову и головой же выбил из рук его свечку ; подсвечник полетел со звоном на пол, и свеча потухала. В то же мгновение он почувствовал ужасную боль в мизинце своей левой руки. Он закричал, и ему припомнилось только, что он вне себя три раза изо всей силы ударил револьвером по голове припавшего к нему и укусившего ему палец Кириллова. Наконец палец он вырвал и сломя голову бросился бежать из дому, отыскивая в темноте дорогу. Вослед ему из комнаты летели страшные крики :
- Сейчас, сейчась, сейчас, сейчас….
Раз десять. Но он всё бежал и уже выбежал было в сени, как вдруг послышался громкий выстрел.(10 : 476)
그 다음엔 뭘 종잡을 수 없을 만큼 재빨리 무슨 일이 일어났기 때문에 표트르 스체파노비치는 훗날 아무리 해도 자신의 기억을 어떻게 좀 제대로 정리해 볼 수가 없었다. 그러니까 그가 키릴로프를 건드리기가 무섭게, 상대편은 재빨리 머리를 숙였고 그 바람에 머리로 그의 손에서 양초를 떨어뜨려 버렸다. 촛대는 소리를 내며 마룻바닥으로 떨어졌고 촛불은 꺼져버렸다. 바로 그 순간, 그는 자신의 왼손 새끼손가락에서 끔찍한 통증을 느꼈다. 비명이 터져 나왔건만, 기억나는 건 오직 그 자신이 거의 앞뒤를 잃고서 자기 쪽으로 엎어져 손가락을 깨물고 있는 키릴로프의 머리통을 권총으로 세 번에 걸쳐 있는 힘껏 때렸다는 사실뿐이었다. 마침내 그는 손가락을 빼낸 뒤 어둠 속에서 길을 더듬으며 쏜살같이 그 집을 뛰쳐나갔다. 그의 뒤를 따라 방에서 나는 섬뜩한 비명소리가 들려왔다.
- 지금, 지금, 지금, 지금…
열 번쯤. 하지만 그는 계속 달렸고, 이미 현관까지 달려 나왔을 때 갑자기 커다란 총성이 들렸다.

작가는 키릴로프를 여러 점에서 예수 그리스도의 모상으로 만들어 놓았지만, 그 최후의 순간을 '원숭이' 표트르와 함께 하도록, 또 모든 것을 그의 시각에서 보여 주도록 함으로써 '죽음의 신비'를, 그 경외감을 없애 버린다. 죽음 직전에 더욱더 부각된 삶-목숨에 대한 동물적인 집착, 표트르와의 희극적인 드잡이, 우스꽝스러운 유서 작성 등은, 키릴로프 자신의 말을 빌건대, "혀를 쑥 빼고 낯짝을 높이 쳐든 그림"(10 ; 472)에 다름 아니니 말이다. 결국, 그의 자살은 그가 평온한 광기 속에서 꿈꾸어 온 관념의 실현이 아니라 그로테스크한 희비극이며 그 관념 자체가 '애처로운 신기루(жалкий мираж)', 즉 자기기만의 산물이었음을 증명해 준 것이 됐다. 더불어, 키릴로프의 자살 직후 지상에 남겨진 것이 최초의 인신이 아니라 마룻바닥 위로 질펀하게 번진 그의 뇌수와 피뿐이라는 점이 의미심장하다. 이를 통해 관념과 삶의 대립 구도에서 후자의 저력이 다시금 강조되고 이 아름다운 인간을 사로잡았던 '형이상학적 욕망'의 실체가 적나라하게 폭로되기 때문이다.[58] 키릴로프에게 있어 '살아 있는 삶'이란 야밤의 홍차, 햇볕 좋은 날 눈앞에서 아른거리던 푸른 잎사귀, 주인집의 갓난아이 등이었을 테지만, 그의 최후의 상념은 독자에게 영원히 미지의 것으로 남고, 이렇게 '삶'은 또 다시 소설 바깥으로 이월된다. 하지만 이 '삶'이 텍스트 속에 이상향의 형태로 잠재해 있기 때문에, 그의 관념은 자기기만으로 판명된 상황에서도 여전히 매혹으로 남는 것이기도 하다. 이미 '삶'을 상정할 수 없는 절대 암흑의 시공간 속에서는 말-관념조차도, "콩알"이 보여 주듯, 음탕과 퇴폐의 절망적인 향연, 즉 카니발적으로 희화화된 아포칼립스가 될 수밖에 없기 때문이다.[59]

이렇듯, 톨스토이의 육체-정신의 변증법과 도스토예프스키의 관념-삶의 변증법은 죽음에 대한 전혀 다른 문학적 표상을 낳았다. 성의 문제에 대해서도 비슷한 양상의 차이점을 엿볼 수 있다. 톨스토이의 경우부터 보자.

3. 톨스토이와 성의 사회적 양상

루카치의 이분법[60]을 빌자면 톨스토이의 소설 속에서 성은 기본적으로 '자연(nature)'의 범주에 속하지만 '문화(culture)'와 충돌하는 지점에서 명실상부한 문학적 사건이 된다. 즉, 문화의 동의어로서의 사회, 제도와 관습, 도덕과 윤리가 개입됨으로써 성은 본원적인 의미를 상실하거나 적어도 그로부터 일탈하여 소설적 플롯으로 기능하게 된다. 그리고 그 과정에서

58) 자세한 논의는 르네 지라르(2001) 〈낭만적 거짓과 소설적 진실〉, 김치수·송의경 옮김, 한길사, 359-363쪽을 참조하라.

59) 김연경(2005) "도스토예프스키의 '아케이드 프로젝트' : "악어"와 "콩알"을 중심으로", 〈러시아연구〉, 제15권 제1호, 서울대학교 러시아연구소, 75-79쪽.

60) G. Lukacs(1986), pp. 9-11.

주인공은 '영웅'이 아닌 '범인'으로서 일상과 산문 속으로 침잠하거나 심지어 그것의 희생양이 된다.[61] 실상 성에 관한 한, 인간-남자, 또 사상가로서의 톨스토이는 다소 범박하게 말해 기독교적, 심지어 청교도적인 세계관을 견지했다. 청년 톨스토이는 성을 '죄악-타락'의 동의어로 규정했으면서도 동시에 그것을 마음껏 향유했고, 장년 톨스토이는 결혼이라는 제도 속에 훌륭하게 편입되었으며, 끝으로 노년 톨스토이는 '육체'에 대한 '정신'의 절대적 우위를 주장하면서 육욕과 여성을 '악마(дьявол)'라고 칭하며 배척했다.[62] 다소 다른 관점에서 보자면, 한 인간-남자로서의 톨스토이는 성의 소통적 층위를 다양하게 오갔고, 사상가로서의 톨스토이는 그러한 자신을 '정신'의 원칙에 따라 극도로 혐오하고 단죄했으며, 역설적으로, 소설가로서의 톨스토이는 육체-정신의 변증법에 따라 성을 심리적, 사회적 범주에 귀속시켜 19세기 러시아 귀족의 생활상을 담은, 훌륭한 백과사전적인 풍속도를 완성했던 것이다.

무엇보다도 중요한 것은 톨스토이 스스로 성을 유표화하고 거기에 큰 의미를 부여했다는 사실이다.[63] 그는 자신의 '방탕' 행각을 세세하게 고백하거나 문학 속에서 문제화했으며 이러한 '참회/고백'을 통해 자기분석, 즉 미학적 욕망과 자기 단죄, 즉 도덕적, 종교적 욕망을 만족시키고 자신의 인성 계발 및 인격 수양에 박차를 가했다.[64] 이 토대 위에서 형상화되는 성의

---

61) 이는 톨스토이 창작 전반을 관통하는 원칙으로서 여기에 도스토예프스키적 '소설-비극'(디오니소스적 세계)에 대칭되는 톨스토이적 '소설-서사시'(아폴론적 세계)의 위대함이 들어 있기도 하다.(Д. С. Мережковский(1995), сс. 107-110 ; Н. А. Бердяев(1993) "Миросозерцание Достоевского," *О русских классиках*, М. : Высшая школа, сс. 113-114 ; Вя. Иванов(1994), "Достоевский и роман-трагедия," *Родное и вселенское*, М. : Республика, сс. 284-306.) 한편, 상징주의자들의 톨스토이 이해는 다분히 피상적이지만(Вя. Иванов(2000) "Лев Толстой и культура," *Pro et Contra*, сс. 563-574 ; А. Белый(2000) "Лев Толстой и культура," *Pro et Contra*, сс. 575-600.) 이 도식 자체는 훗날 다른 연구자에 의해 훌륭하게 검증된다.(조지 스타이너(1983) 〈톨스토이냐 도스토예프스키냐〉, 종로서적, 윤지관 옮김, 63-83쪽.)

62) 이로써 육체-정신의 변증법은 미학적 균형을 잃고서 가치론적으로 왜곡돼 버린다. 이 무렵에 씌어진 단편 "크로이체르 소나타"에서 성은 '육', 즉 '동물적 욕망'의 산물로 폄하되고(12 ; 147-148) 그와 관련된 각종 소통은 대단히 편협하게 이해된 사회적인 '환경(среда)'의 문제로 치환된다(12 ; 135).

63) 그는 자신의 전기를 삼등분할 때에도 최초의 성적 체험(14세)을 첫 시기와 두 번째 시기의 분기점으로 삼았다.(Н. Н. Гусев(1954) *Л. Н. Толстой : материалы к биог- рафии с 1828 по 1855 год*, М. : Наука, с. 168.) 그 외 소피야와의 결혼 생활에 대해서는 얀코 라브린(1997) 톨스토이, 한길사, 이영 옮김, 16-21, 30-31, 99-107, 180-228쪽을 참조하라. 그의 성적 욕망과 문학-소설 창작의 생래적 관계에도 주의를 기울일 만하다.(J. M. Kopper(1989) "Tolstoy and the Narrative of Sex : A Reading of "Father Sergius", "The Devil", and "The Kreutzer Sonata"," *In the Shade of the Giant : Essays on Tolstoy*, ed. by H. McLean, Berkeley · Los Angeles · London : Univ. of California Press, p. 169.)

64) 여기에는 에이헨바움이 간파한바, '형식'을 향한 젊은 톨스토이의 집착이 깔려 있다.(Б. М. Эйхенбаум(1987) "Молодой Толстой," *О литературе*, М. : Советский писатель, сс. 34-68.)

테마는 생물학적이고 사회적인 국면(연애-결혼-불륜, 출산과 육아, 매춘, 여성의 성적 정체성 및 위상 등)을 아우르며 궁극적으로 작가의 전기와도 밀접한 관계가 있는바, '가정의 행복(семейное счастье)'을 지향한다. 이렇게 보자면, 그의 대표작인 〈전쟁과 평화〉와 〈안나 카레니나〉가 역사성 대 심리성이라는 차이점에도 불구하고 기본적으로 '가정소설'[65]인 것은 당연한 일이다.

〈전쟁과 평화〉는 플롯의 흐름 중 '평화' 라인만 좇자면 모두 '가정의 행복', 즉 성의 두 영역(생물학과 사회학, 혹은 '자연'과 '문화')에 걸친 소통에 기반하고 있다. 안드레이 볼콘스키와 리자의 불운한 결혼생활, 나타샤 로스토바와 안드레이 볼콘스키의 약혼 및 파혼, 피에르 베주호프와 옐레나 쿠라기나의 결혼 및 파경, 나타샤와 피에르의 결혼, 니콜라이 로스토프와 마리야 볼콘스카야의 결혼 등 주요 인물들의 혼담과 결혼은 작품 이해를 위한 도식, 즉 가계도가 될 뿐만 아니라, 그 자체로 곧 소설의 구성과 주제를 이루는 핵심축이다. 흡사 인간의 존재론적 근거가 그의 정신적 궤적과는 무관하게 행복한 가정을 꾸리는 것에 있는 것처럼 말이다. 성의 사회적 소통 양상에 대한 이러한 작가적 관심은 '결혼의 생리학'[66]이라고 정의될 수 있을 만한 〈안나 카레니나〉에서 더욱더 극대화된다. 이 점은 도입부에서부터 확연히 드러난다.

> Все счастливые семьи похожи друг на друга, каждая несчастливая семья несчастлива по-своему. / Все смешалось в доме Облонских. Жена узнала, что муж был в связи с бывшею в их доме француженкою-гувернаткой, и объявила мужу, что не может жить с ним в одном доме. Положение это продолжалось уже третий день и мучительно чувствовалось и самими супругами, и всеми членами семьи, и домочадцами. (…) Жена не выходила из своих комнат, мужа третий день не было дома. Дети бегали по всему дому, как потерянные ; англичанка поссорилась с экономкой и написала записку приятельнице, прося приискать ей новое место ; повар ушел вчера со двора, во время самого обеда ; черная кухарка и кучер просили расчета.(8 ; 7)

---

65) 바흐친은 〈전쟁과 평화〉, 〈안나 카레니나〉, 〈부활〉을 각각 семейно-исторический(с уклоном в эпопею), семейно-психологический, социально-идеологический роман으로 정의한다.(М. М. Бахтин(2000) "〈Воскресение〉 Л. Толстого," *Pro et Contra*, с. 761.)

66) 조지 스타이너(1983), 85쪽.

행복한 가정은 모두 다 고만고만하고, 불행한 가정은 제각기 그 나름대로 불행하다. / 오블론스키 집안은 모든 것이 뒤죽박죽이었다. 아내는 남편이 그들의 집에 있던 프랑스 여자-가정교사와 관계가 있었다는 것을 알고서 남편에게 더 이상 그와 한 집에서 살 수 없다고 선언했다. 이런 상황이 벌써 사흘째 지속된 터라, 당사자인 부부는 물론이고 모든 식구들이며 하인들도 괴롭기 짝이 없는 심정이었다. (…) 아내는 숫제 자기 방에서 나오질 않았고, 남편은 사흘째 집에 있지도 않았다. 아이들은 미아처럼 온 집안을 뛰어 돌아다녔다. 영국 여자는 관리인과 말다툼을 하고서 여자 친구에게 새 일자리를 찾아달라고 부탁하는 쪽지를 썼다. 요리사는 어제 딱 식사 시간에 맞추어 집을 나가 버렸다. 식모와 마부는 품삯을 처리해달라고 졸랐다.

하지만 외도에 대한 오블론스키의 생각(8 ; 9, 8 ; 51)은 그 나름대로 논리 정연할 뿐만 아니라 무엇보다도 가정의 와해로 이어지는 않는다. 결과적으로, 오블론스키 부부에게서 부각되는 것은 성이 사회적인 제도 및 관습과 결합하여 모종의 편파적인 권력, 심지어 폭력으로 작용하는 양상이 아니라 오히려 제도로서의 성(결혼 및 가정)이 지니는 산문적 위력, 더 폭넓게는 관성의 법칙에 지배되는 생활-일상의 힘이다. 이 경우에 '자연'과 '문화'의 충돌은 대략 수용 가능한 셈이다. 하지만 안나 카레니나의 불륜은 그 주체가 여성이기 때문에 좀 더 극적인 양상을 띤다.

불륜의 관점에서 볼 때 안나는 오빠와의 성격적 유사성(이른바 "немножко" 장면, 8 ; 112)에도 불구하고 전혀 다른 토양에서 창조된 인물이다. 즉, 작가는 안나에게 진정성을 부여하기 위해 그녀를 비단 육체적 아름다움뿐만 아니라 정신적, 도덕적 정향성을 갖춘 인물로 만들었다.[67] 물론 키치의 눈에 비친 모습대로, 그녀는 소박한 검정색 벨벳 드레스를 입고도 빛을 발하는 아름다움 속에 '뭔가 끔찍하고도 잔혹한 것', '뭔가 낯설고도 악마적인 것'(8

67) 이 점은 톨스토이도 일정 부분 염두에 둔 플로베르의 〈보바리 부인〉의 여주인공과 비교할 때 더욱더 확연히 드러난다.(박영은(2007) "톨스토이의 〈안나 카레니나〉의 문체에 미친 〈마담 보바리〉의 영향", 〈비교문학〉, Vol. 41, 한국비교문학회, 65-66쪽, 74쪽.) 한편, 이 작품의 집필 과정에서 안나의 형상의 변화는 Э. Г. Бабаев (1982) "Коменнтраии," 9 ; 420-421 ; H. Troyat(1967) *Tolstoy*, tr. by N. Amphoux, New York : Doubleday & Company, Inc., pp. 376-378 ; E. J. Simmons(1973) *Tolstoy*, London & Boston : Routledge & Kegan Paul, pp. 94-95을 참조하라.

; 96)을 담고 있다. 또한 페테르부르크로 돌아가는 기차 안에서의 독서 장면(8 ; 114-115)이 보여 주듯, 안나의 열정은 일정 부분 보바리즘적 특성을 갖는다. 하지만 그럼에도 안나의 운명에서 위력을 발휘하는 것은 엠마 보바리의 경우처럼 권태와 다독과 몽상에서 비롯되는 모방 욕망이 아니라 현실 자체, 즉 '구체적인' 브론스키, 그리고 그와의 실제적인 관계이다. 그렇기 때문에 더더욱 작가의 방점은 이들의 열정 자체가 아니라 그것과 제도-관습의 충돌, 그로 인한 온갖 일상적이고 범속한 갈등에 찍혀 있다.

이렇듯, 톨스토이는 성을 고답적 비극이 아닌, 심지어 '베르테르적인 절망적 열정'(вертеровская, отчаянная страсть, 8 ; 194)도 아닌 관습-제도의 힘에 지배되는 근대 서사시적 산문 속에서 포착한다. 가령 이탈리아 여행을 끝내고 페테르부르크로 돌아온 뒤 "사교계의 문은 그[브론스키]에겐 개인적으로(лично) 열려 있지만 안나에게는 닫혀"(9 ; 107) 버린다. 이어, 보즈드비젠스코예 영지에서의 고립된 삶에서 더 심화되는바, 안나와 브론스키의 삶 속으로 들어온 '자연'(열정)과 '문화'(제도-관습)의 충돌은 기본적으로 젠더로서의 남성과 여성의 불평등에서 기인한다. 이렇게 경직된 '문화'의 틀 속에서 안나와 브론스키의 관계는 열정과 불안의 '위대한 순간'을 넘어서, 사실상 오블론스키 부부와 별반 다를 바 없이 일상의 피로에 찌들어 간다. 이를테면 이들이 카레닌으로부터 이혼 승낙을 받기 위해 모스크바에 머문 6개월은 "완전한 결렬도, 조화도 아닌"(9 ; 332) 일상화된 지루한 짜증의 연속, 간단히 '부부싸움'의 드라마(9 ; 335-344)로 채워진다.[68] 즉, 이미 '사실혼' 관계에 돌입한 이 연인들의 비극은 열정 자체에 내포된 자연력이나 그들 자신의 광기가 아니라 제도-관습의 폭력에서 기인한다. 한데 이 제도-관습은 안나의 정숙을 질투해 온 사교계의 젊은 부인들이 그녀를 위해 준비해 둔 '진흙 덩어리'(комки грязи, 8 ; 193), 즉 가시적이고 직접적인 폭력이 아닌 아주 지속적이고 무디지만 그렇기에 더 무서운 일상-생활의 폭력을 통해 그 위력을 행사하는 것이다. 어쩌면 이것이야말로 인간 개개인의 심리적 운동성마저도 포함하는 자연-문화의 흐름, 그리고 그 속에 침투해 있는 어떤 거대한 메커니즘의 본질이기도 할 것이다.[69]

---

68) 여기서 성-사랑의 낭만적 미화 및 신화화에 대한 톨스토이의 환멸, 심지어 냉소마저 엿보이는데, 이는 낭만주의적 패턴으로부터의 해방을 목표로 삼았던 젊은 톨스토이의 미학 전반의 특성이기도 하다.(Б. М. Эйхенбаум(1987), сс. 63-69.)

69) 그렇다면 "복수는 내가 할 일, 내가 보복하리라(Мне отмщение, и Аз воздам)"라는 이 소설의 제사는 여러 가해자들에 대한 이른바 '심판'을 최고의 심급으로 이월시키려는 작가적 의지의 표명(R. F. Christian(1969), *Tolstoy : A Critical Introduction*, London : Cambridge Univ. Press, pp. 171-174.) 이상의 의미를 지닌다.

여기서 레빈과 키치의 극히 산문적이면서도 전원시적인 삶이 주제적, 구성적 측면에서 큰 의미를 갖는다. 이는 안나-브론스키가 '육-그른 것'이요 키치-레빈이 '영-옳은 것'을 대변하기 때문이 절대로 아니다.[70] 오히려 레빈 부부 역시 거의 전적으로 '육'의 범주에 귀속되지만 이와 동시에 자연과 문화가 서로 소통하되 충돌하지는 않는 모습을 보여 준다는 데 의의가 있다. 이들이 이니셜로 아무런 문제 없이 의사소통을 하는 장면("к, в, м, о : э, н, м, б, з, л, э, н, и, т?" - "т, я, н, м, и, о." 8 ; 436)이 시사하듯, 이들의 관계는 처음부터 성의 생물학적, 심리적 층위는 물론이거니와 사회적 층위에 대한 '상식적인' 배려(청혼)에서 시작되었다. 나아가, 8부의 마지막 부분에서 장황하게 기술되는 레빈의 사상적 고뇌(9 ; 383-398)는 작품 속의 삶의 세계로부터 유리되어 있지만 그가 키치와 더불어 보여 주는 소소한 행복(9 ; 411, 413)은 위대한 '생활의 발견'에 다름 아니다. 그럼에도 톨스토이는 이 작품의 제목을 레빈 부부와 관련된 것이나, 심지어 예의 그 대위법적 구성에 걸맞은 '두 결혼(два брака)'이 아니라 '안나 카레니나'로 결정했다.[71] 이로써 그가 고민해 온 '가정의 행복'이 근본적으론 여성의 사회적인 정체성 문제와 연결되어 있음을 무의식적으로 강조하는 듯하다. 톨스토이와는 전혀 다른 식으로 성의 테마에 접근했던 도스토예프스키의 소설도 어떤 식으로든 이런 문제를 노정시킨다.

적어도 소설 텍스트만 문제 삼는다면, '신'은 희화되거나(카레닌) 경직된 담론(레빈)의 형식으로만 존재할 뿐, 형상적으론 부각되지도 않거니와 '단죄-용서'의 행위와는 거리가 먼 존재이다. 오히려 안나의 반복되는 악몽(8 ; 397, 9 ; 347, 9 ; 364) 속에 등장하는 '무심한' 농부가 신적인 형상에 더 가까워 보이지만, 이 역시도 구태여 부정적인 맥락에서 신비화시킬(H. Troyat(1967), pp. 385-388) 필요는 없겠다. 이에 관해선 나보코프의 실증적인 분석(В. В. Набоков(1999) "Лев Толстой(Перевод А. Курт)," *Лекции по русской литератрye*, М. : Изд. Независимая газета, сс. 255-258.)이 참조할 만하다. 그에 의하면 농부가 다루는 '철'은 곧 기차의 바퀴이다.

70) 그럼에도 〈안나 카레니나〉 읽기에, '인간-사상가' 톨스토이에게 적용 가능한 이런 가치론적 이분법이 적용되어 왔는데(I. Gutkin(1989) "The Dichotomy Between Flesh and Spirit : Plato´s Symposium in *Anna Karenina*," *In the Shade of the Giant : Essays on Tolstoy*, ed. by H. McLean, Berkeley · Los Angeles · London : Univ. of California Press, pp. 84-99 ; A. Wachtel(1989) "Death and Resurrection in *Anna Karenina*," *In the Shade of the Giant : Essays on Tolstoy*, pp. 100-114.) 이는 '소설가'로서의 톨스토이의 역량과 직관력을 오히려 폄하시키는 일이다.

71) Э. Г. Бабаев(1982), 9 : 426.

4. 도스토예프스키와 성의 신화적 양상

도스토예프스키는 성을 '산문-일상'의 영역에서 논하기보다는 '시-신화'의 영역으로 이월시켰고, '마르키즈 드 사드' 못지않게 성 자체의 메커니즘을 파헤치려고 했기 때문에 그 미학적 상상력, 그리고 이와 맞물리는 윤리적 긴장감에 있어서 톨스토이와는 비교할 수 없을 만큼 도발적이다.[72] 이는 작가의 실제 경험[73]과는 별개로 이해될 수 있는바, 그의 문학 전반이 바타이유적인 의미에서의 '문학-악'[74]으로 이해될 수 있는 측면이 있다. 그의 소설 속에서 성은 사회적인 틀 너머에 존재하는 것으로서, 시원적인 '에로티즘'에서 출발하여 때론 병리적인 상상력에 의해 극도로 확대, 팽창된 성적 이미지, 즉 '에로티시즘'의 양상을 보인다. 이 때문에 그의 어떤 작품도 성의 문제를 직접적으로 다루지는 않지만 곳곳에 성적 코드가 잠입해 있고 이는 자주 문명 시대 이후 금기로 굳어진 각종 패륜적 행위와 닿아 있다.[75] 그러나 일련의 '호색한들(сладострастники)'의 '음탕'은 이미지 혹은 말-관념으로 존재할 뿐, 레빈이나 네흘류도프의 경우처럼 작품 속에서 하나의 '사건'으로 기능하지는 않는다. 달리 말해, 작품 전면으로 나서는 것은 성 자체가 아니라 육화된 관념, 즉 성과 관련된 인간 본연의 '악', 죄의식(혹은 그것의 부재)과 같은 각종 '어둠'이다. 그럴수록 성은 인물의 심리적, 도덕적 갈등에 깊이 관여하면서 궁극적으론 종교적 층위가 아니라면 신화적 층위로 이월한다. 따라서 푸소(2006)이

---

72) 푸쉬킨의 "이집트의 밤"의 성애 묘사를 둘러싼 당시 문단의 논쟁에서 도스토예프스키가 열렬하게 피력하는 견해를 보라(19 ; 132-137). 한편, 안나 그리고리예브나가 회상하는바, 그는 "단련된 인간"으로서, 또한 "작가는 모든 것을 알아야 하고 많은 것을 경험해야 한다"라는 원칙에 따라 아내에겐 "상상력을 더럽힌다"라며 금지시킨 음란서적을 탐독하기도 했다.(А. Г. Достоевская(1981) *Воспоминания*, М. : Художественная литература, с. 119.) 어떻든 메레쥬코프스키의 적절한 통찰이 시사하듯, 톨스토이 및 그의 남성 주인공들은 도스토예프스키의 특정 부류의 주인공들과 비교하면, 거칠고 방탕하긴 하되 어떻든 순진한 부류에 속한다.(Д. С. Мережковский(1995), с. 63.)

73) 도스토예프스키와 그의 연인-아내들(이사예바, 수슬로바, 스니트키나)의 관계에 초점을 맞춘 М. Л. Слоним(1991) *Три любви Достоевского*, М. : Московский писатель을 참조하라.

74) 바타이유(1996), 94쪽 ; 바타이유(1995) 〈문학과 악〉, 최윤정 옮김, 민음사, 12-13쪽, 15-36쪽.

75) 근친상간, 소아기호증, 미성년자 능욕, 양성애 및 동성애 등 그의 소설 속에서 암시되거나 언급되는 각종 성도착증적 현상은 1928년에 나온 프로이드의 문제적 논문 이후 다양한 관점에서 연구되었다.(S. Freud(1962) "Dostoevsky and Parricide," *Dostoevsky : A Collection of Critical Essays*, ed. by R. Wellek, Englewood Cliffs, N. J. : Prentice-Hall, Inc., pp. 98-111 ; R. L. Jackson(1993) "Dostoevsky and the Marquis de Sade : The Final Encounter," *Dialogues with Dostoevsky : The Overwhelming Questions*, Stanford, Califonia : Stanford Univ. Press, pp. 144-161 ; S. Fusso(2006) *Discovering Sexuality in Dostoevsky*, Evanston, Illinois : Northwestern Univ. Press.)

지적하듯이 특정한 성적 코드(가령, 동성애)에만 집착하는 해석은 도스토예프스키의 에로티즘을 왜곡시킬 위험이 있다. 그의 소설에 관한 한, 이런 논의는 윤리적 함의를 담고 있어야만 학적 엄밀성을 보장받을 수 있다(잭슨 1993). 프로이드의 논문이 많은 결함에도 불구하고 도스토예프스키 연구에서 여전히 유의미한 것도, 리비도와 연결된 간질(혹은 의사 간질) 및 도박을 작가의 원초적 죄의식과 연결시켜 일종의 자기 징벌의 차원에서 봤기 때문이다. '고매한 살인자'와 '성스러운 매춘부'의 결합으로 정의될 수 있는 라스콜리니코프와 소냐의 사랑이 대표적인 예이다.[76)]

성에 대한 이런 독특한 표상은 인간과 세계의 '비정상적인' 측면에 대한 도스토예프스키의 본원적 관심에서, 더 구체적으론 소위 '주인공-관념인(герой-идеолог)'과 에로티즘의 결합에서 비롯된다. 최초의 '주인공-관념인'이기도 한 지하인의 고백이 보여 주듯, 마조히즘과 사디즘의 기묘한 결합은 곧 관념으로서의 성과 '살아 있는 삶'의 충돌이기도 하다.[77)]

> Во-первых, я и полюбить уж не мог, потому что, повторяю, любить у меня - значило тиранствовать и нравственно превосходить. Я всю жизнь не мог даже представить себе иной любви и до того дошел, что иногда теперь думаю, что любовь-то и заключается в добровольно дарованном от любимого предмета прав е над ним тиранствовать. Я и в мечтах своих подпольных иначе и не представлял себе любви, как борьбою, начинал ее всегда с ненависти и кончал нравственным покоренным предметом. Да и что тут невероятного, когда я уж до того успел растлить себя нравственно, до того от 〈живой жизни〉 отвык, что давеча вздумал попрекать и стыдить ее тем, что она пришла ко мне 〈жалкие слова〉 слушать ; (…) (5 ; 176)
>
> 첫째, 나는 이미 사람을 사랑할 수 없었는데, 왜냐면 반복하건대, 내게 있어서 사랑한다는 것은 - 상대에게 폭군처럼 굴며 정신적인 우위를 점하는 것을 의미했기 때문이다. 나는

76) 김연경(2007) "도스토예프스키와 근대-죄와 벌을 중심으로", 〈러시아어문학연구논집〉, 제24집, 한국러시아문학회, 29-31쪽.

77) 즉, 즈베르코프 일당으로부터 받은 모욕이 곧 리자와의 관계에 역으로 반영되는 것이다. 자세한 논의는 르네 지라르(2001), 251-268, 337-375쪽을 참조하라.

> 평생 동안 이와 다른 사랑은 상상조차 할 수 없었고, 지금은 이따금씩 사랑이란 사랑하는 대상으로부터 그를 폭군처럼 다룰 수 있는 권리를 자발적으로 선사받는 데 있다고 생각하기에 이르렀다. 나는 나 자신의 지하의 몽상 속에서도 투쟁으로서의 사랑이 아닌 다른 것은 상상해 본 적이 없는데, 그것은 언제나 증오에서 시작하여 정신적 정복으로 끝났으며, 그 다음에 이 정복당한 대상을 어떻게 해야 할지 통 상상할 수 없었다. 더욱이, 내가 이미 얼마나 정신적으로 부패되었으면, 또 얼마나 '살아 있는 삶'으로부터 유리되었으면, 날 찾아온 게 나의 '애처로운 말들'을 듣기 위해서였냐며 아까 그녀를 책망하고 창피를 줄 생각까지 했는지, 이 정도면 뭐가 그럴듯하지 않단 말인가.

이 작품은 그 자체로 관념과 삶의 변증법을 최초로 도식화했기도 하거니와, 독특하면서도 그 나름 보편적 타당성을 지닌 사랑의 논리도 사랑이라는 관념과 구체적 대상-현실과의 불협화음으로 귀결된다. 즉, 리자 앞에서 행해진 열렬한 '고해성사', 그에 대한 복수로서의 정사, 그녀의 손에 돈을 쥐어 준 '잔혹한' 행위, 무엇보다도 이 잔혹한 행위가 순전히 '미학적인 것'(напускная, головная, нарочно подсочиненная, книжная, 5 ; 177)이었다는 반성 등에서 강조되는 것은 여전히 '가짜', 즉 관념으로서의 성-사랑이다. 따라서 '고백' 장르의 본질적인 특성이기도 한바,[78] '반(半/反)주인공'에 의해 축조된 이 애매한 고백록 - 소설 속에선 성조차도 거의 전적으로 관념의 범주에 귀속되며, 그를 둘러싼 현실과 논의 역시도 마조히즘과 사디즘, 노출증과 관음증의 경계를 오가는 미학적인 유희, 일종의 연기(мистификация)가 된다.

관념으로서의 성이 인물의 삶 속으로 직접 침투했으되 심리적이고 정신적인 계기 없이 미학적인 양상만을 띤다면, 에로티즘은 그야말로 자기 파괴적인 허무주의를 낳을 수밖에 없다. 특히, 스타브로긴은 사도-마조히즘적 에로티즘과 정치적, 도덕적, 심리적 허무주의 결합에 있어서 도스토예프스키의 주인공들 중 가장 멀리 나간 인물이다.[79] 리자베타와의 관계조차도 열정 자체가 아닌 열정의 '미학적 유희'였다면, 그의 자살은 어쨌거나 순수하게 관념과

---

78) 김연경(2006) "화자-청자와 미학성의 문제 : 고백록의 전통과 도스토예프스키의 소설", 〈노어노문학〉, 제18권 제2호, 한국노어노문학회, 152-160쪽.

79) 그와 여성들에 관계에 대한 집중 분석으론 N. P. Straus(1994) "Every Woman Loves a Nihilist : Stavrogin and Women in Dostoevsky's *The Possessed*," *Novel : A Forum on Fiction*, Vol. 27, No. 3, pp. 271-286을 참조하라.

원칙의 완벽한 실현이기 때문이다. 샤토프가 전하는 말을 믿는다면 그는 "사드 후작도 [그에게] 한 수 배워야 했을 만큼"(10 ; 201) 악명이 높았고 "음탕하고도 동물적인 짓거리와 인류를 위해 목숨을 내놓을 만큼 대단한 위업 간에 미적인 차이점"(10 ; 201)을 모를 만큼 극단으로 치달은 인간이다. 이에 대해 정작 스타브로긴 자신은 이렇다할 말을 하지 않지만 그 못지않게 관념으로서의 성에 침윤된 스비드리가일로프를 통해 그 내적 메커니즘을 파악할 수 있다.

- Так вы здесь только на разврат один и надеетесь?

- Ну так что ж, ну и на разврат! Дался им разврат. Да люблю, по крайней мере, прямой вопрос. В этом разврате, по крайней мере, есть нечто постоянное, основанное даже на природе и не подверженное фантазии, нечто всегдашним разожженным угольком в крови пребывающее, вечно поджигающее, которое и долго еще с летами, может быть, не так скоро зальешь. Согласитесь сами, разве не занятие в своем роде?

- Чему же тут радоваться? Это болезнь, и опасная.

- А, вот вы куда! Я согласен, что это болезнь, как и всё переходящщее через меру, - а тут непременно придется перейти через меру, - но, ведь это, во-первых, у одного так, у другого иначе, а во-вторых, разумеется, во всем держи меру, расчет, хоть и подлый, но что же делать? Не будь этого, ведь этак застрелиться, пожалуй, пришлось бы. (…) (6 ; 359-362)

- 그럼 여기서 오직 방탕 하나만 바라고 사는 겁니까?

- 뭐 그렇다면야, 방탕이라고 해 둡시다! 그놈의 방탕에 아주 흠뻑 빠지셨구려. 하긴 이 몸은 적어도 솔직한 질문을 좋아하는 편이지. 이 방탕 속에는 적어도, 뭔가 지속적인 것이, 심지어 자연에 근거를 두고 있기에 쉽사리 환상에 노출되지 않는 뭔가가, 작열하는 석탄 덩어리처럼 늘 피 속에 존재하면서 영원히 불타오르는 뭔가가 있는데, 이건 나이가 들어도 오래토록 그렇게 빨리는 꺼지지 않을 수 있지요. 사실 이것도 그 나름의 일이 아니겠소, 안 그렇소?

- 뭘 그리 좋아하는 겁니까? 이건 병입니다, 그것도 위험한 병이죠.

– 허, 거참 당신도! 정도를 넘어서는 모든 게 다 그렇듯 이것도 병이라는 데는 나도 동의하지만 – 이 경우엔 반드시 정도를 넘어서게 돼 있소 – 하지만 첫째, 누구는 이렇고 또 누구는 저런 법이고, 둘째, 물론 모든 일에 있어서 정도를 지키고 설령 비열한 것일지라도 잇속을 차리라면, 대체 뭘 어쩌란 말이오? 그렇게 안 될 경우엔 정말이지 자살이라도 해야 될 걸요. (…)

성이 생식이라는 본원적인 의미를 넘어서, 혹은 그것과는 완전히 별개로 미학적 계기에만 집중한다면, 그것은 연속성-생명이 아닌 불연속성-죽음을 향한 것, 정녕 "죽음까지 파고드는 삶"[80]이 된다. 스타브로긴의 '실험'을 성의 층위에 한정시킨다면, 이런 논리를 적용시킬 수 있을 터이다. 하지만 스비드리가일로프의 경우에는 심리적 계기, 즉 두냐를 향한 열정이 개입됨으로써 라스콜리니코프 앞에서 오만하게 설파한 논리가 와해된다. 그 귀결로서의 자살은 스타브로긴의 자살보다는 훨씬 더 '상식적인' 셈이다. 왜냐면 기본적으로 관념과 삶의 변증법은 전자에 대한 후자의 절대적 우위를 전제로 하거나 적어도 그것을 지향하는데, 관념으로서의 성, 즉 미학적 에로티즘도 역시 삶(이 경우엔 사랑)과의 충돌에서는 기각될 수밖에 없기 때문이다.

바타이유(1986)의 견해를 따르자면 스타브로긴이나 스비드리가일로프와는 다소 달리, 육체적 에로티즘과 심정적 에로티즘의 결합, 즉 열정-자연력이 곧 관념이자 삶인 경우, 에로스와 타나토스의 긴장관계는 더욱더 비극적으로 극대화된다. 이쯤 되면 반쯤 자기기만에 사로잡혀 욕망 자체의 소진을 바라든가 아니면 그 욕망으로 인해 그 자신이 소진되든가, 둘 중 하나의 길밖에 없다. 예컨대 로고진의 에로티즘은 타협을 모르기 때문에 욕망의 대상과 욕망의 주체를 모두 불태워버리는 쪽을 택한다. 실상 로고진과 나스타시야 필립포브나를 사실혼 관계로 본다면 이들과 므이시킨에게 찾아온 파국의 일상적 표현은 "크로이체르 소나타"처럼 불륜과 그로 인한 치정살인이다. 하지만 도스토예프스키의 관심은 톨스토이처럼 관습적, 법률적 죄를 포함한 성의 사회적 측면이 아니라 지라르가 말하는 '욕망의 삼각형'[81]의 가장 관능적이고 가장 극단적인 발현에 있다. 즉, 〈백치〉의 기본적인 플롯에 포함된 이 '비범한' 인물들의 내적인

80) 바타이유(1996), 9쪽.
81) 지라르(2001), 39-101쪽.

운동성과 파괴적인 열정은 '자연'과 '문화'의 이분법 이전의 신화적인 세계에 속한 것이기 때문에 현실적 차원에서는 절대로 해법을 찾을 수 없다. 여기에 어떤 탈출구가 있다면 그 역시 신화적인 것이 되어야 할 터인데, 성의 틀에서 논한다면, 그것은 육체의 에로티즘 및 심정의 에로티즘과는 달리 '의지'의 원칙에 좌우되는 '신성의 에로티즘'[82]이 될 것이다.

물론 도스토예프스키 소설 속의 성이 순전히 미학적이거나 혹은 자기 파괴적인 에로티즘으로만 나타나는 것은 아니다. 예를 들어 카라마조프가의 형제들에서 이 작품의 저변에 깔린 '아비 죽이기'(오이디푸스 신화) 및 '형제 죽이기'(카인 신화)와 관련된 성적 코드는 차치하고 드미트리의 '벌레 같은 정욕'에만 논의를 한정시켜 보자. 그는 말로는 '벌레 같은 정욕'(14 ; 99)을 운운하지만 실은 '명예'를 숭상하는, 열정적이고 순진한 젊은이로서 성에 대한 미학적 탐닉과는 무관한 인물이다. 그렇기에 또한 '주인공-관념인', 나아가 '위대한 죄인'의 반열에는 절대 들어가지 못할 인물이기도 하다. 어떻든 그루셴카를 향한 그의 열정은 '왼쪽 발의 새끼발가락에도 깃들어 있는 굴곡'(14 ; 109)에 대한 집착, 즉 페티시즘을 포함한 육체적 에로티즘과 심정적 에로티즘을 아우르는 것이되, 그 상호성과 안정성을 담보받음으로써 전일적인 것이 된다. 그리고 비록 친부살해의 누명을 쓰게 됐지만, 최소한 그가 그루셴카와 더불어 꿈꾸는 미래는 노동과 각종 계획으로 가득 찬, 그 나름의 건강한 '생활'이다. 그렇다면 각종 지하인들이 설파했던 성에 대한 '말-관념'은 드미트리의 이 행복한 '사랑-삶' 앞에서 조용히 자리를 내줄 수밖에 없다.

하지만 소설가로서의 도스토예프스키는 에로티즘이 삶과 만나 충만해지는 '시적인' 순간만을 포착했을 뿐, 그것이 일상이 되는 풍경은 보여 주지 않는다. 이는 그의 미학 전반이 지닌 특수성에서 기인한다. 관념이 '시-신화'의 영역을 벗어나 '산문-일상'의 영역으로 들어선다면, 그 순간 관성의 법칙에 지배될 것이지만, 관념은 그 본질상 그것을 허용하지 않기 때문에 그때는 이미 "변증법 대신에 삶"(6 ; 422)이 시작되어야 된다. 하지만 '생활'로서의 삶, 즉 성의 사회적 소통은 어떻든 소설가 도스토예프스키의 일차적 관심사는 아니다. 이는 그가 성 자체를 말년의 톨스토이처럼 정신적 완성과 양립할 수 없는, 일종의 '죄악'으로 생각했기

82) 바타이유(1996), 22-23쪽. 그렇다면 논의는 〈백치〉의 모토인 절대적인 미, 즉 그리스도의 문학적 강생에 관한 것으로 옮아가야 하는데, 자세한 것은 김연경(2007) "문화적 선행코드의 탈코드화와 재코드화-도스토예프스키의 〈백치〉와 고딕 코드", 〈러시아연구〉, 제17권 제1호, 서울대학교 러시아연구소, 16-25쪽을 참조하라.

때문이 아니라[83)] 강조하건대, 성마저도 메레쥬코프스키적 개념의 '정신'의 범주에 귀속시켜 궁극적으론 '관념'과 동일시했기 때문이다. 성에 관한 한 여주인공들이 거의 주목받지 못하는 것도 관념의 주체는 기본적으로 남성이고 여성은 전적으로 대상화되기 때문이다. 이런 관점에서 보자면 "그에게 있어 인간은 남성이지, 양성(андрогин)이 아니다"[84)]라는 베르쟈예프의 말이 제법 설득력이 있는 셈이다. 하지만 이 역시 보다 상세한 논의를 요하는 측면이 분명히 있다. 톨스토이 소설 속의 여성 형상들과 더불어 이 문제를 살펴보도록 하자.

5. 젠더-섹슈얼리티와 여성성의 문제

톨스토이는 세계문학사를 염두에 둘 때도 여성에 대한 보편적이고 전형적인 초상화를 그릴 수 있었던 드문 작가로 평가될 수 있다. 나타샤 로스토바, 안나 카레니나, 키치 쉐르바츠카야, 카츄샤 마슬로바에 이르기까지 그의 여주인공들은 제인 오스틴이나 브론테 자매 등 19세기 서유럽의 여성 작가들이 창조한 여성들만큼이나 혹은 그보다도 더 생기롭다. 인간-남자로서는, 〈부활〉의 표현을 빌건대, '이기주의 발광 상태'(состояние сумасшествия эгоизма, 13 ; 69)에 빠져 남존여비를 실천했던 그가 소설가로서는 여성을 주체적이고도 현실감 있는 존재로 그려낸 것은 다분히 역설처럼 보인다. 물론, 톨스토이의 여주인공들은 어머니이거나 딸이거나 아내-연인이거나 여하간 오직 여성, 심지어 '여자'일 뿐이다. 그들의 젠더-섹슈얼리티의 의미는 거의 전적으로 생물학적인 정체성의 사회적인 연장, 즉 결혼, 출산, 육아, 가사 등에 있으며 이와 무관한 정신적 활동은 애초부터 거세되거나 여성으로서의 심리적 운동성에 종속된다. 반면, 그들과 소통하는 남성들은 지나치게 비대한 정신적 운동성을 보이는데, 남성들의 이런 내적 움직임을 여성들은 이해하지도 못할 뿐더러 남성들도 상대 여성들에게 그걸 기대하지 않는다.

---

83) 따라서 그의 남성 주인공들에 대해 도덕적인 미덕이 성적 순결 혹은 불능을 전제로 한다는 식의 잭슨의 독법 (Jackson, R. L.(1993) "In The Darkness of the Night : Tolstoy's *Kreutzer Sonata* and Dostoevsky's *Notes From the Underground,*" *Dialogues with Dostoevsky : The Overwhelming Questions*, Stanford, Califonia : Stanford Univ. Press. p. 213)은 오류이다. 특히, 잭슨도 언급하는 알료샤에 관한 한, 저 유명한 시체 썩는 냄새, 성적 함의가 적잖이 깔려 있는 리자와의 관계, 일류샤 추도식에서의 음식에 대한 언급 등을 볼 때 정신과 육체의 조화로운 공존이야말로 도스토예프스키가 찬미한 지상적 삶의 형태라고 할 수 있을 것이다.

84) Бердяев(1993), c. 163. 그는 도스토예프스키의 여성 주인공들을 남성 주인공들의 정신적 운동성에 완전히 종속된 존재로 본다.(Н. А. Бердяев(1993), cc. 161-163.)

그럼에도 이 두 성은 상호적으로 서로를 필요로 하고 또 육체적, 심리적, 사회적 차원에서 결합한다. 남성의 관점에서 보자면, 여성은 그들의 정신적 궤적과는 다른 차원에서, 어쩌면 오직 그 차원에서만 유의미한 존재이다. 가령, 나타샤 로스토바는 백작의 딸로서 교육을 받긴 했지만 기본적으로 정신적, 지적 활동에는 관심이 없으며 그나마도 결혼 뒤에는 미련 없이 떨쳐버린다. 여성의 성적 정체성, 나아가 인간으로서의 존재 근거는 결혼을 통해 소위 '알을 품은 암컷'(наседка, 8 : 294), '아이를 잘 낳는 암컷(плодовитая самка)'이 되는 것에 있기 때문이다.

> Наташа вышла замуж ранней весной 1813 года, и у ней в 1820 году было уже три дочери и один сын, которого она страстно желала и теперь сама кормила. Она пополнела и поширела, так что трудно было узнать в этой сильной матери прежнюю тонкую, подвижную Наташу. Черты лица ее определились и имели выражение спокойной мягкости и ясности. В ее лице не было, как прежде, этого непрестанно горевшего огня оживления, составлявшего ее прелесть. Теперь часто видно было одно ее лицо и тело, а души вовсе не было видно. Видна была одна сильная, красивая и плодовитая самка.(7 ; 278)
>
> 나타샤는 1813년 이른 봄에 시집을 갔고 1820년에는 이미 세 딸에 아들이 하나 있었는데, 아들을 열렬히 바랐기 때문에 자기가 직접 젖을 먹였다. 그녀는 살이 찌고 몸도 불어, 이 튼튼한 애 엄마가 이전의 날씬하고 날렵한 나타샤라고는 생각하기도 어려울 정도였다. 그녀의 얼굴선들은 틀이 잡혀서, 그 표정에는 평온한 부드러움과 밝음이 드리워져 있었다. 이 얼굴에는 이전에 그녀의 매력을 이루고 있던, 끊임없이 타오르는 저 생기의 불꽃은 없었다. 이제는 그녀의 얼굴과 몸만이 종종 보일 뿐, 영혼은 숫제 보이지도 않았다. 보이는 것은 오직 튼튼하고 아름답고 아이를 잘 낳는 암컷뿐이었다.

그런데 명실상부한 '암컷'이 된 나타샤에게서 작가는 이전보다 더 큰 아름다움을 발견한다. 여성의 젊음, 아름다움, 건강함은 오직 그것이 가정의 형성에 기여하는 한에서만 가치가 있다는 생각을 직접적으로 천명하는 것이다. 안나 카레니나에서는 돌리의 생각을 빌어 '암컷'의 소명을 더욱더 노골적으로 얘기하는바, 임신과 출산, 그로 인한 여러 현상들("беременность, тошнота, тупость ума, равнодушие ко всему и, главное безобразие", 9 ; 191)은 여성이 자신의 생물학적 특성을 최대한 발휘하는 한, 필연적이고 심지어 바람직한 것이다. 이렇듯, 여성의 문학적 형상화에서도 톨스토이는 낭만적인 미화나 신화화를 멀리하면서 현실적 토대 위에서 보편적으로 실현가능한 것에 천착한다. 이 때문에 정신적, 지적 활동에 관심을 갖는 여주인공은 삶의 가장 결정적인 것이 결여된 건조한 인물로 그려진다. 가령, 마리야 볼콘스카야는 아버지의 지도 하에 학문(심지어 수학)과 종교에 진지하게 몰두하지만, 이는 노공작마저도 한탄하는 그녀의 박색과 '노처녀'로서의 고달픈 운명을 강조하는 것일 따름이다. 즉, 그녀가 나타샤와 대면하는 장면에서 두드러지는바, 여성의 지적인 정향성과 톨스토이가 생각한 여성 본연의 생명력은 양립할 수 없는 것이다.[85] 톨스토이의 여주인공들 중 가장 역동적인 안나 카레니나 역시도 별반 다를 바 없다.

안나는 "허위의 거미줄을 뜯어 내고자"(8 ; 323), 30년을 전후한 인생 동안 처음으로 삶의 주체가 되고자 했지만, 이는 의지적이고 정신적인 운동성이 아닌, 톨스토이가 파악한 여성의 육체적, 심리적 운동성의 결과이다. 안나의 열정도 궁극적으론 그녀의 '여자'로서의 정체성을 확인시킨 것으로 끝났는데, 어떤 경우에든 그녀는 카레닌의 아내(더불어 사교계의 고관 부인)이자 세료자 및 아니(Ани)의 어머니이자 브론스키의 연인, 즉 '여자'일 따름이다. 농학, 건축학, 말 사육, 스포츠 등 온갖 분야를 다 섭렵하며 독서에 몰두해도(9 ; 230) 애초에 '여자'로 창조된 안나의 생활은 불안스럽기만 하다. 심지어 모스크바에서는 아동용 책까지 쓰고(원고를 오블론스키에게 보여 준다) 레빈이 오블론스키와 함께 그녀의 집을 방문했을 때는 '졸라'와 '도데'의 이름을 언급하며(9 ; 288) 미모에 덧붙여 지성까지 과시한다. 그럼에도 이는 안나의 삶에서 비본질적인 것에 지나지 않는다. 톨스토이적 세계에서 안나의 유일한 출구는 여성성의 이상적 형태인 모성에 기대는 것이겠지만, 아들에 대해서는 더할 나위 없이 훌륭한 어머니였던 그녀가 이제는 브론스키의 사랑을 잃을지도 모른다는 불안에 사로잡혀 딸에 대해선 이빨이 몇 개나 났는지도 모르고(9 ; 204) 임신마저 거부한다. 이로써 생기로운 아름다움과 행복한 자신감을

85) 나타샤의 입장에서도 비슷한 얘기를 할 수 있다. 문학 속의 인물과 실제 모델을 등치시킬 수는 없으나, 나타샤의 모델로 알려진 타티야나 베르스의 인생 역정과 그녀가 내놓은 보잘것없는 톨스토이 전기가 이를 증명해 주는 듯하다.(E. Wilson(1967) "The Original of Tolstoy's Natasha," *Tolstoy : A Collection of Critical Essays*, ed. by R. E. Matlaw, Englewood Cliffs, N. J. : Prentice-Hall, Inc, pp. 95-98.)

뽐내던 고관 부인 대신, 모르핀과 아편의 도움으로만 안정을 얻을 수 있는(9 ; 228) 병적인 '여자-정부'만이 남게 된다.

요컨대, 자살로 마감된 안나의 비극은 상당 부분 그녀가 19세기적 여성으로서 갖고 있는 보편성과 전형성에서 비롯된다. 즉, 젠더-섹슈얼리티의 역할이 확고하게 굳어져 있던 시공간 속에서 여성이 한 인간으로서 주체적인 삶을 살기 위해서는 그녀의 여성적 가치를 인정해 주는 남자와 제도적인 틀 내에서 결합해야 한다. 〈부활〉에서 카츄샤의 인생을 파멸시키는 것도 남성(네흘류도프)이요 또한 그녀를 부활시키는 것도 남성(시몬손)인 것, 또한 그 구체적인 방법으로서 결혼이 강조되는 것도 이런 맥락에서이다. 다소 극단적으로 말하자면 여성은 근본적으로 남성에게 종속되거나 적어도 그 영향 하에 놓여 있다. 톨스토이의 이러한 여성관은 오늘날의 관점에서 보자면 상당한 혐오감을 불러일으킬 수 있으며 브이치코프와 같은 일부 소비에트 비평가들도 톨스토이의 여성관을 일종의 오점으로 지적한 바 있다. 이사야 벌린(1986)도 실제로 톨스토이는 루소를 비롯한 18세기 계몽주의 사상에 관심을 가졌고 또한 일정 부분 보수주의자들-슬라브주의자들처럼 여성 해방 문제를 포함한 서구 '부르주아지'의 가치들을 혐오했다고 지적한 바 있다. 그럼에도 그의 소설이 루카치(1967)가 밝혔듯이 사랑과 결혼과 불륜의 풍속도에 있어서 '러시아적(=동양적, 아시아적) 자본주의'의 훌륭한 표본으로 읽힐 수 있음은 놀라운 일이다. 하지만 이는 오히려 페미니즘의 왜곡된 발현일 수 있다. 19세기의 사회적, 도덕적 틀을 생각할 때 여성들 스스로가 만족할 수 있다면 그들의 존재 근거가 생물학적 특수성의 사회적 구현에 있는 것, 더 구체적으로 그들의 세계가 가정으로 한정되는 것은 그다지 문제가 되지 않는다. 무엇보다 중요한 것은 이것이 그 당시 사회적, 문화적 조건 속에서 '평범한' 여성들이 '정상적인' 삶을 영위할 수 있는 거의 유일한 방법이었다는 점이다. 이는 동일한 시공간을 공유했던 도스토예프스키의 여주인공들과 비교할 때 더욱더 두드러진다.

도스토예프스키의 여주인공들은 대체로 비정상적이고 때때로 병리적이다. 우선 정상적인 결혼을 통해 육아나 가사에 종사하는 젊은 여성은 거의 찾아볼 수 없다. 정반대로 이들은 '여자'로서도, 고로 '인간'으로서도 사회의 정상적인 체제에 소속되지 못하거나 그러기 힘든 상황에 처해 있으며 소설 속 인물로서도 창백하고 조건적, 말하자면, 미학적으로 과장되어 있다. 가령, 소냐 마르멜라도바는 '명문대 법대생' 라스콜리니코프와 심도 깊은 대화를 나눌 수 있을 정도로 뛰어난 지적 감수성을 갖고 있고 독서량도 적지 않지만, 애초부터 '황색 감찰'을 단, 그럼에도 '순결한' 매춘부이다. 마리야 레뱌드키나는 정신박약에 술주정뱅이 오빠의 폭력에 희생양으로 설정된 것에 덧붙여 신화적인 구원성을 대변할 운명까지 타고났다. 하지만 이들처럼 세계악의 희생양이자 고통의 화신으로 상징화된 여성들이 아닌 경우, 심지어 통념상 '정상적인' 조건을 갖춘 여성들조차도 각기 다른 이유에서 스스로 파국을 자초한다. 가령, 리자베타 투쉬나와 아글라야 예판치나는 모두 미모와 적잖은 지참금을 가진 '귀족 영양'이지만, 행복한 결혼생활을 꿈꾸기는커녕 각각 다량으로 폐기처분되는 저널들을 모아 출판하고자 하거나 가정교사를 꿈꾸면서 사회운동에 참여하려는 의지(물론 '변덕'에 가깝지만)를 보인다. 이렇게 '당돌'한 야망과 그 속에 내포된 주체성 때문에 오히려 이들은 남성 주인공들과의 접촉에서 직간접적으로 비운을 겪는다.

이런 현상의 원인을 추적해 보면, 도스토예프스키의 여주인공들이 남성 주인공들의 특성을 많이 지니고 있기 때문임을 알 수 있다. 즉, 도스토예프스키 소설 속의 여성들은 타고나길 자기 의지와 욕망이 강하고 대부분 출신성분과는 상관없이 적정 수준의 교양을 쌓았다. 따라서 이들이 '여자'로서의 본분과는 무관한 활동에 관심을 갖는 건 어쩌면 자연스러운 일이다. 특히, 나스타시야 필립포브나는 대단한 독서량을 자랑하는, 도스토예프스키 여주인공들 중 가장 지적이고 독립심과 자존심이 강한 여성으로 창조되었다. 하지만 바로 이 때문에 그녀의 삶은 제도-관습의 틀에서 완전히 일탈해 버린다. 문제는 그녀가 토츠키의 '첩'이었다는 사실 자체가 아니다. 그녀에게 약간의 타협 의지만 있었더라도 그녀가 가진 '여성-신붓감'으로서의 훌륭한 자산(미모와 재산)을 이용하여 결혼 생활, 즉 '정상적인' 생활을 영위할 수 있었을 터이다. 하지만 여느 남성 주인공 못지않게 강렬한 그녀의 내적 에너지는 에로스와 타나토스의 양극단을 오가며 파국으로 치닫는다. 요컨대, 나스타시야 필립포브나의 경우 문제는, 안나 카레니나와는 정반대로, 제도-관습이 내포한 권력-폭력이 아니라 운명-자연력과 맞서는 그녀 개인의 역동성에 있으며, 이는 실상 도스토예프스키의 남성 주인공들의 성격적 특수성과 일치한다. 하지만 여주인공들은 지성과 의지가 발휘되면 될수록, 결과적으론 남성적 마력의 희생양이 되거나(혹은 함께 파멸하거나) 아니면 정반대로 지나치게 신화화되어 자기 의사와는 무관하게 '구원'의 소명을 떠맡는 형국이 된다. 몇몇 예외를 뺀다면 '팜므-파탈'이 되든 낭만적으로 신화화된 여성성-전일성(женственность-цельность)의 발현이 되든, 어떻든 살아 있는 인간이 아닌 하나의 상징이 되는 것이다. 이로써 도스토예프스키의 여주인공들은 톨스토이의 여주인공들과 비교할 때, 너무나 주체적이기 때문에 오히려 대상화되고 또한 너무나 뛰어나기 때문에 오히려 너무나 현실감이 없어지는 역설이 발생한다.[86)]

대체로 여성의 형상에 대한 미학적 신비화는 '영웅-주인공'의 내적 메커니즘에 천착해 온 도스토예프스키의 문학적 특수성과 연결된 것이다. 하지만 이른바 '해방된 여성(эмансипированная женщина)' 혹은 '지적인[배운] 여성(ученая женщина)', 특히 1860년대의 '여성 니힐리스트들(нигилистки)'이 그들의 교양과 의지에도 불구하고 사회 속에서 제자리를 찾지 못하여 관습적 틀로부터 일탈할 수밖에 없었던 것은 당시 러시아가 직면한 현실의 반영이기도 하다. 이는 여성 해방 문제를 직접적으로 다루고 있는 체르느이셰프스키의 〈무엇을 할 것인가〉를 통해서도 역으로 증명된다. 베라 파블로브나는 당시 러시아 사회가 여성에게 강요한 젠더-섹슈얼리티의 굴레를 과감히 떨치고 사회 속으로 들어가되, 혁명가-사회운동가로서의 삶과 '여자'로서의 삶을 공히 조화롭게 이끌어 간다. 하지만 여성혁명가의 인생을 둘러싼 이 행복하고 조화로운 세계 속에는 작가적 이데올로기의 인위적인 반영이라면 모를까, 일말의 소설적 진실도 없다. 달리 말해, 도스토예프스키의 '지적인' 여주인공들이 소설 속에서 보편성과 전형성을 지니되 동시에 구성적, 주제적 주도권을 확보할 수 있는 세계는 적어도 19세기 러시아에는 존재하지 않았던 셈이다.[87)] 만약 소설이라는 장르가 미메시스적 원칙에 따라 '피안'이 아닌 '차안'의 세계를 형상화하는 것이라면, 여성의 형상은 톨스토이의 소설적 성취가 보여 주는바, 19세기 러시아버전의 '여자의 일생'을 창조함으로써만 그 개연성을 담보할 수 있다. 〈안나 카레니나〉의 4부에서 오블론스키 거실 장면(8 ; 426-430)이 보여 주듯 실제 삶에서 진정으로 중요한 것은 1860년대를 거치면서 러시아에서 본격화된 '여성 문제(женский вопрос)'에 대한 공소한 담론이 아니라 구체적인 시공간에서 발생하는, 남성과 여성을 포함한 개개인의 소통이니까 말이다.

---

86) 그나마 예외라면, 자신의 소위 남성적 주체성을 사회적 층위에서 상당 부분 실현시킨 그루셴카를 들 수 있겠다. 그녀는 표도르와 동업자가 될 만큼 뛰어난 여성 사업가이면서 어쩌면 그렇기에 사랑에 있어서도 결국 주체적 지위를 갖는다.

87) 물론 19세기 러시아에서는 낭만주의를 거치면서 많은 여성 작가들이 생겨났다. 그들이 작품 속에서 형상화한 것은 응당 그들 자신의 삶이었으나(O. Demidova(1996) "Russian women writers of the nineteenth century," *Gender and Russian Literature*, tr. and ed. by R. Marsh, Cambridge Univ. Press, pp. 92-111.) 그 역시 여러 점에서 한계를 노정시킨다. 구체적인 예로는 Н. Д. Хвощинская의 "пансио-нерка"에 대한 분석(A. Rosenholm(1996), pp. 118-125.)을 보라.

참고문헌

김연경(2005) “도스토예프스키의 ‘아케이드 프로젝트’: “악어”와 “콩알”을 중심으로”, 〈러시아연구〉, 제15권 제1호, 서울대학교 러시아연구소.

_____·이기웅(2006) “주체사이성과 소통의 윤리학”, 〈러시아연구〉, 제16권 제1호, 서울대학교 러시아연구소.

_____(2006) “화자-청자와 미학성의 문제: 고백록의 전통과 도스토예프스키의 소설”, 〈노어노문학〉, 제18권 제2호, 한국노어노문학회.

_____(2007) “문화적 선행코드의 탈코드화와 재코드화-도스토예프스키의 백치와 고딕 코드”, 〈러시아연구〉, 제17권 제1호, 서울대학교 러시아연구소.

_____(2007) “도스토예프스키와 근대-죄와 벌을 중심으로”, 〈러시아어문학연구논집〉, 제24집, 한국러시아문학회.

라브린, 얀코(1997) 〈톨스토이〉, 이영 옮김, 한길사.

바타이유, 죠르쥬(1995) 〈문학과 악〉, 최윤정 옮김, 민음사.

______________(1996) 〈에로티즘〉, 조한경 옮김, 민음사.

______________(2002) 〈에로스의 눈물〉, 유기환 옮김, 문학과 의식.

박영은(2007) “톨스토이의 안나 카레니나의 문체에 미친 마담 보바리의 영향”, 〈비교문학〉, Vol. 41, 한국비교문학회.

스타이너, 조지(1983) 〈톨스토이냐 도스토예프스키냐〉, 윤지관 옮김, 종로서적.

지라르, 르네(2001) 〈낭만적 거짓과 소설적 진실〉, 김치수·송의경 옮김, 한길사.

츠바이크, 슈테판(1995) 〈천재와 광기〉, 원당희·이기식·장영은 옮김, 예하.

푸코, 미셸(1995) 〈성의 역사-제1권 앎의 의지〉, 이규현 옮김, 나남출판.

_________(1995) 〈성의 역사-제2권 쾌락의 활용〉, 문경자·신은영 옮김, 나남출판.

_________(1993) 〈성의 역사-제3권 자기에의 배려〉, 이혜숙·이영목 옮김, 나남출판.

Бабаев, Э. Г.(1982) “Коменнтраии” к 9-ому тому *собрания сочинений в двадцати двух томах Л. Н. Толстого*, М.: Художественная литература.

Бахтин, М. М.(2000) “〈Воскресение〉 Л. Толстого,” *Лев Толстой: Pro et Contra(далее - Pro et Contra),* СПб.: Изд. Русского Христианского гуманитарного института.

Белый, А.(2000) “Лев Толстой и культура,” *Pro et Contra.*

Бердяев, Н. А.(1993) “Миросозерцание Достоевского,” *О русских классиках*, М.: Высшая школа.

Бицилли, П. М.(2000) “Проблема жизни и смерти в творчестве Толстого,” *Pro et Contra.*

Бычков, С. П.(1954) *Л. Н. Толстой*, М.: Художественная литература.

Гусев, Н. Н.(1954) Л. Н. *Толстой: материалы к биографии с 1828 по 1855 год,* М.: Наука.

Достоевская, А. Г.(1981) *Воспоминания*, М.: Художественная литература.

Достоевский, Ф. М.(1772-1990) *Полное собрание сочинений в тридцати томах*, Л.: Наука, Т. 5, Т. 6, Т. 10, Т. 14, Т. 19.

Иванов, Вя.(1994) “Достоевский и роман-трагедия,” *Родное и вселенское*, М.: Республика.

___________(2000) “Лев Толстой и культура,” *Pro et Contra.*

Ли Хан Зе(2004) "Л. Толстой в оценке Д. Мережковского (на материале книги Д. Мережковского 〈Толстой и Достоевский〉)," 〈러시아어문학연구논집〉, Vol. 17, 한국러시아어문학회.

Мейлах, Б. С.(1960) *Уход и смерть Льва Толстого*, М.-Л.: Художественная литература.

Мережковский, Д. С.(1995) *Л. Толстой и Достоевский. Вечные спутники*, М.: Республика.

Набоков, В. В.(1999) "Лев Толстой(Перевод А. Курт)," *Лекции по русской литератруе*, М.: Изд. Независимая газета.

Слоним, М. Л.(1991) *Три любви Достоевского*, М.: Московский писатель.

Толстой, Л. Н.(1978-1985) *Собрание сочинений в двадцати двух томах*, Т. 1, Т. 7, Т. 8, Т. 9, Т. 12, Т. 13, М.: Художественная литература.

Эйхенбаум, Б. М.(1987) "Молодой Толстой," *О литературе*, М.: Советский писатель.

Berlin, I.(1986) "Tolstoy and Enlightenment," *Leo Tolstoy*, ed. by H. Bloom, New York-Philadelphia: Chelsa House Publishers.

Christian, R. F.(1969) *Tolstoy: A Critical Introduction*, London: Cambridge Univ. Press.

Demidova, O.(1996) "Russian women writers of the nineteenth century," *Gender and Russian Literature*, tr. and ed. by R. Marsh, Cambridge Univ. Press.

Fusso, S.(2006) *Discovering Sexuality in Dostoevsky*, Evanston, Illinois: Northwestern Univ. Press.

Freud, S. (1962) "Dostoevsky and Parricide," *Dostoevsky: A Collection of Critical Essays*, ed. by R. Wellek, Englewood Cliffs, N. J.: Prentice-Hall, Inc.

Gutkin, I.(1989) "The Dichotomy Between Flesh and Spirit: Plato's Symposium in *Anna Karenina," In the Shade of the Giant: Essays on Tolstoy*, ed. by H. McLean, Berkeley·Los Angeles·London: Univ. of California Press.

Jackson, R. L.(1993) "Dostoevsky and the Marquis de Sade: The Final encounter," *Dialogues with Dostoevsky: The Overwhelming questions*, Stanford, Califonia: Stanford Univ. Press.

____________(1993) "In The Darkness of the Night: Tolstoy's *Kreutzer Sonata* and Dostoevsky's *Notes From the Underground*," *Dialogues with Dostoevsky: The Overwhelming Questions*, Stanford, Califonia: Stanford Univ. Press.

Kopper, J. M.(1989) "Tolstoy and the Narrative of Sex: A Reading of "Father Sergius," "The Devil", and "The Kreutzer Sonata"," *In The Shade of the Giant: Essays on Tolstoy*, ed. by H. McLean, Berkeley·Los Angeles·London: Univ. of California Press.

Lukacs, G.(1967) "Tolstoy and the Development of Realism," Tolstoy: *A Collection of Critical Essays*, ed. by R. E. Matlaw, Englewood Cliffs, N. J.: Prentice-Hall, Inc.

_________(1986) "Tolstoy and the Attempts to Go Beyond the Social Forms of Life," *Leo Tolstoy*, ed. by H. Bloom, New York-Philadelphia: Chelsa House Publishers.

Rosenholm, A.(1996) "The 'woman question' of the 1860s and the ambiguity of the 'learned' woman," *Gender and Russian Literature*, tr. and ed. by R. Marsh, Cambridge Univ. Press.

Simmons, E. J.(1973) *Tolstoy*, London & Boston: Routledge & Kegan Paul.

Straus, N. P.(1994) "Every Woman Loves a Nihilist: Stavrogin and Women in Dostoevsky's *The Possessed*,"

Novel: A Forum on Fiction, Vol. 27, No. 3(Spring).

Troyat, H.(1967) *Tolstoy, tr.* by N. Amphoux, New York: Doubleday & Company, Inc.

Wachtel, A.(1989) "Death and Resurrection in Anna Karenina," *In the Shade of the Giant: Essays on Tolstoy*, ed. by H. McLean, Berkeley · Los Angeles · London: Univ. of California Press.

Wilson, E.(1967) "The Original of Tolstoy's Natasha," *Tolstoy: A Collection of Critical Essays*, ed. by R. E. Matlaw, Englewood Cliffs, N. J.: Prentice-Hall, Inc.

제20장

이념적 소통의 단절과 그 극복을 위한 성찰
– M. 고리키의 혁명 후 단편을 중심으로

| 이강은 |

1. 서론

러시아 혁명은 세계사에 커다란 영향을 미쳤지만 혁명의 한가운데 살아가던 개개인의 삶과 의식에 미친 충격 역시 결코 그 못지않게 커다란 것이었다.

러시아 사회와 인간의 삶에 본질적인 변화가 필요하다는 인식을 가지고 사회 정치 활동에 적극적으로 개입했던 막심 고리키(Максим Горький)에게도 혁명은 역시 피할 수 없는 격렬한 내적 동요와 혼란을 가져다주었다. 1917년에서 1918년 사이 〈신생활(Новая жизнь)〉지에 발표된 일련의 평론[88]들은 볼셰비키 혁명에 대한 격렬한 비판과 악의적이라고 말할 수밖에 없는 비난으로 가득 차 있어 보는 이를 놀라게 한다. 러시아 내부에서 이런 비판을 전개하고도 무사할 수 있었던 것은 혁명 운동 진영과 민중들 속에서 가지고 있던 고리키의 명성 덕분이었던 것은 물론이다. 볼셰비키의 수장이었던 레닌과의 오랜 우정이 결정적 역할을 한 것도 분명하다. 그러나 혁명에 대한 비판을 지속해 나가는 것은 고리키로서도 불가능한 일이 아닐 수 없었다. 결국 1918년 중반에 〈신생활〉지는 폐간되고 고리키는 정부의 문화 복원 사업에 협조하는 등 일정한 타협적 노선을 걷지 않을 수 없었다. 하지만 이러한 타협적 노선도 결정적 입장

88) 이 평론들 중 일부가 〈혁명과 문화〉(베를린, 1918)로 출판되었고, 다시 그 일부와 1918년 기사들 일부가 편집되어 〈시의에 맞지 않는 생각들〉(*Несвоевременные мысли.*(Петроград, 1918.))로 출판되었다. 이 책이 고리키의 구상대로 온전하게 러시아에서 출판된 것은 1990년이었다. М. Горький(1990) *Несвоевременные мысли. Заметки о революции и культуре*, М.

선회가 될 수는 없었던 것 같다. 고리키에게 위탁된 수많은 문화 사업에도 불구하고 고리키는 혁명 과정에서 궁지에 몰린 지식인을 보호하고 정치적 반대자들에 대한 볼셰비키의 박해를 저지하려는 다양한 활동에 적극 나섰고 이는 그를 지켜 주려는 레닌의 능력의 한계를 벗어나는 경우가 적지 않았다. 결국 고리키는 1921년 신병치료를 이유로 러시아를 떠나지 않을 수 없게 된다. 이런 과정에서 고리키가 작가로서, 인간으로서 극심한 내면적 고뇌와 변화를 체험했으리라는 점, 특히 그 자신이 고대해마지 않았던 혁명 자체에 대해 깊은 반성적 사고를 겪지 않을 수 없었으리라는 점은 어렵지 않게 상상할 수 있다.

이 시기에 진행된 고리키의 내적 변화는 단순히 한 작가의 개인적 변화이기에 앞서 혁명이라는 거대한 사회적 변화와 그 속에서의 인간과 인간의 삶에 대한 이해로 나아가기 위한 매우 중요한 사례라고 말할 수 있다. 그러나 고리키의 정치적, 문화적 활동은 상대적으로 분명하게 추적할 수 있는 반면 그 내면의 변화는 쉽게 포착되지 않는다. 고리키가 혁명을 비난하고 나선 이유, 그리고 일정한 타협적 입장을 취하게 된 이유, 모호한 이유로 러시아를 떠나지 않을 수 없었던 사연 등은 그 외적 활동 지표들을 통해 나름대로 일관된 해석을 할 수 있을 것이지만 일찍이 프롤레타리아 문학의 선구자로 그 명성을 얻었던 작가 고리키의 내면에서 벌어지고 있던 고뇌와 변화의 핵심을 보여 주는 자료는 찾기 힘들기 때문이다. 다른 시기 고리키의 내면세계는 일기와 편지, 비망록 등을 통해 상대적으로 분명하게 드러난다면 이 시기 일기와 편지, 혹은 〈시의에 맞지 않는 생각들〉은 각각 부분적으로, 특정한 맥락에서 고리키의 정신세계를 드러내고 있을 뿐이다. 이런 점에서 고리키가 러시아를 떠난 직후 집필한 문학 작품들은 일기나 편지, 평론 등에 나타난 것보다 훨씬 더 정교하게 그의 내면세계의 변화를 가늠할 수 있게 해 준다.

고리키는 러시아를 떠나 일차적으로 독일에 체류하게 되는데 이 시기에 〈1922-1924년 단편집〉을 출판한다. 이 작품집에는 아홉 편의 단편이 실려 있는데 모두 이 시기에 집중적으로 창작된 것들이다. 고리키는 혁명 이후 한 동안 예술작품을 집필하지 않았기 때문에[89] 특히 이 단편집은 이 시기 그의 인간적 작가적 변모의 예민한 측면들을 잘 보여 주고 있다.[90]

---

89) 고리키는 1919년 "아무것도 쓰지 않고 문학 일은 하지 않습니다. 지금은 그런 일들을 하고 있을 시기가 아닙니다"라고 고백한 바 있다. В. Баранов(1997) *Горький без грима : Тайна смерти,* М., с. 53.

90) 소비에트 시대 비평가들은 대체로 이 작품집에 고리키의 혼란스러운 정신이 반영되어 있다는 평가를 내린다. 1960, 70년대 대표적 비평가였던 오브차렌코는 이 작품집에는 "위대한 작가가 겪고 체험한 이념적 동요와

그중 "영웅(Рассказ о герое)", "카라모라(Карамора)", "특이함에 대하여(Рассказ о необыкновенном)" 등은 직접적으로 혁명에 참여한 인물들의 서로 다른 내면을 서로 다른 관점에서 보여 주고 있기 때문에 특히 관심을 모은다.

이제까지 이 작품집에 대한 연구는 많지 않지만 있다 해도 대체로 개별적인 작품 분석과 그에 기초한 세 작품의 평면적 대비에 머물고 있다. 그러나 작가 자신이 이 작품집 전체의 유기성을 특별히 지적하고 있듯이[91] 이 세 작품들의 내적 연관을 분석하지 않는다면 개별 작품에 대한 협소한 이해나 과잉 해석으로 나아가거나 각 작품에 내재한 작가 이념을 제각기 다르게 해석할 가능성이 있다. 이를테면 "카라모라"를 고리키의 니체주의적 관점과 도스토예프스키의 〈악령(Бесы)〉의 스타브로긴과 연결시키는 것,[92] 혹은 러시아인의 보편적인 반혁명선동가(провокатор)적 기질과 연관시키는 것,[93] 혹은 "영웅"과 "카라모라"는 풍자적 내용을 가진 작품이고 "특이함에 대하여"는 긍정적 인물을 다룬 작품이라고 분리하여 연구하는 것등은 이 단편들의 진정한 의미를 온전히 밝히는 것이 되기 힘들다. 무엇보다 주인공 카라모라는 "영웅"의 마카로프, "특이함에 대하여"의 즈이코프와 유관한 세 유형 중 하나로 읽혀져야 하기 때문이다. 세 작품을 함께 평가한 소비에트 대부분의 비평들이 취하고 있는 입장이 이런 것이다. 이런 평가는 대체로 작품에 대한 이데올로기적 선입관을 가지고 주인공들의 이념적 태도를 기준으로 작품을 예단하는 것이다. 대체로 1960년 초까지 이 작품들은 거의 주목받지 못했고 그 이후에도 이와 같은 이데올로기적 평가를 크게 벗어나지 못했다. 판코프(1955)의 연구가 그런 경향을 잘 보여 준다고 말할 수 있다.

세 작품은 긴밀하게 내적 주제를 공유하고 있으며 문제의식의 측면에서 유기적인 연관을 지니고 있다. 따라서 세 작품의 비교 연구는 개별적 연구의 한계를 벗어나 훨씬 종합적인

정신적 당혹감이 놓여 있다"고 평가했다. А. И. Овчаренко(1978) *М. Горькийи литературные искания 20 столетия.*, М., с. 42.

91) 고리키는 이 단편집을 출판할 때 작품의 순서를 바꾸지 말 것, "은둔자"로 시작해서 은둔자의 살해를 다룬 "특이함에 대하여"로 끝낼 것을 부탁한다.(1924년 8월 29일 П. Крюков에게 보낸 편지. *Летопись жизни и творчества А. М. Горького(1959)* вып. 3. М., с. 382.

92) А. И. Муравьев(1985) "Ставрогин Достоевского и Каразин М. Горького," *Достоевский. Материалы и исследования.* No. 6. Ленинград, сс. 154-167.

93) 카라모라와 클림 삼긴의 반혁명 선동가적 기질을 러시아적 기질로 파악하며 오늘날에도 그런 기질들이 존재하다는 흥미로운 분석도 있다. С. Земляной(2003) "Провокация как сквозной мотив в "Жизни Клима Самгина" Максима Горького" *Независимая Газета.* 4 авг.

시야를 갖게 해 줄 것이며, 특히 혁명 후 변모된 고리키의 예술적 내면세계를 이해하는 데 중요한 역할을 할 것이다.

그러나 이 작품들을 통해 고리키의 내면을 엿보기가 쉽지는 않다. 이 작품들은 전혀 다른 동기로 혁명에 참여하고 전혀 다른 이력의 주인공들에게 전적으로 '펜'을 넘겨줌으로써 작가의 평가적 입장을 거의 드러내지 않기 때문이다. 이 작품집의 거의 대부분의 단편들이 이전까지의 주석적인 고리키 서사기법을 피하고 있다. 타게르는 20년대 이러한 특징을 "주인공의 개인적, 굴절적인 수용의 프리즘"이라고 명명하고 이는 일인칭 소설뿐만 아니라 여타 형식이 다른 단편들에서도 특징적으로 나타난다고 보았다. 일인칭 등장인물 시점은, 특히 작가가 전적으로 이념적 공감을 보내지 않는 주인공에게 작품의 모든 시점을 넘겨주는 것은 작가의 이념적 개입을 극히 제한하는 형식이고 따라서 작가의 이념적 입장을 파악하기가 쉽지 않은 형식이었던 것이다.

이 글은 위 세 작품에 나타난 주인공들의 혁명에 대한 태도와 이념, 혁명과정에서의 활동상과 혁명으로부터 받은 영향 등을 비교 검토하고 이를 바탕으로 혁명 후 변화된 고리키의 내면세계와 예술성 등에 대해 접근해 보고자 한다.

2. 훼손된 의식과 굴절된 이념

세 작품의 주인공은 모두 훼손된 의식을 가지고 그 의식에 이념을 굴절시키는 인물들이다. 혁명을 앞둔 러시아 현실에서 훼손된 의식으로부터 자유로울 수 있는 사람은 없었을 것이다. 일그러지거나 훼손되었다는 말은 일그러지지 않거나 훼손되지 않은 의식이 존재한다는 것, 따라서 인간에 대한 어떤 고정된 원형의 상태를 전제하는 표현일 수 있다. 그러나 혁명 전 러시아에서 특히 자기 정체성이 흔들리고, 자기 정체성 자체를 문제로 의식하면서, 주변 세계와 혼란스러운 관계를 형성하고 있는 인물들의 의식을 지칭하기 위해, 고정된 개념으로서의 인간의식을 굳이 명백하게 전제하지 않더라도 일단 이렇게 '일그러지거나 훼손된 의식'이라는 말을 사용하는 것이 불가능한 것은 아니다. 즉 여기서 이 말은 정체성 문제가 급격하게 제기되고 있는 시기에 그에 예민하게 반응하는 주인공들, 그 반응의 다양한 차이들, 그 각각의 한계와 혼란 등을 주목하기 위해 사용하는 표현이다. 고리키는 〈어머니(Мать)〉에서 계급적 인간 유형을 창조함으로써 문제적 작가로 세계적 명성을 얻었지만 사실 보다 복잡하고 모순적인 인간 유형에 대해 훨씬 큰 관심을 가지고 있었다고 말하는 편이 더 옳다. 〈두 영혼(Две души)〉이라는 평론적 글에서 고리키는 개인과 현실 도피의 문제를 정치적 반동기와 연관된 의식으로 해부한 적이 있다.

"영웅"의 주인공 마카로프는 창조적 개인의 영웅성을 신봉하며 집단으로서의 인간, 민중의 몽매함을 두려워하고 민중 혁명을 저지하고 영웅들의 역사적 지도를 기다리는 인물이다. 그는 노박이라는 역사 선생을 스승으로 모시고 군주제를 옹호하는 비밀스러운 정치운동을 조종하는 '어른(патрон)'의 비서로 일한다. 여기서 흥미로운 것은 그의 사상체계 자체라기보다 그의 사상이 태어나고 발전되는 과정이다. 개인주의와 영웅주의에 기초하여 군주제를 옹호하고 사회주의 혁명을 저지하려는 사상 체계 자체는 그 나름대로 일정한 역사적 이론적 근거를 가지고 있다. 그러나 소설은 이러한 사상 자체의 허구성이나 비역사성, 비민중성을 고발하고 폭로하기보다 마카로프라는 주인공이 이러한 사상에 자신의 정체성을 부여하는 방식 자체에 초점을 맞추고 있다.

마카로프는 어렸을 때부터 "사람들에 대한 두려움을 배우기 전에 바퀴벌레, 꿀벌, 쥐를 먼저 두려워했다. 그리고 좀 더 커서는 뇌우, 눈보라, 어둠의 공포가"(307) 그를 괴롭혔다. 자연에 대한 마카로프의 두려움은 인간에 대한 두려움으로 커 나갔고 학교에 다니면서 동년배 친구들과 어울리지 못하고 친구들과의 장난을 위험하게 여기도록 만들었다. 동시에 마카로프는 친구들로부터 소외된 것을 자신의 독립심의 징표라고 생각하는 뒤틀린 자긍심을 내면화해 간다. 그리고 "그것이 개인을 자유롭게 자라게 해 주는 유일한 영역"(311)이라고 어렴풋하게 느끼고 있었다. 결국 이런 경향이 인간과 자연을 지배하는 강력한 영웅주의에 대한 노박의 가르침에 쉽게 이끌려가도록 만들었다.

그러나 나름대로 일정한 역사적 사회적 근거 위에 체계화된 노박의 영웅주의와 반(反)사회주의론, 혹은 반(反)민중론은 마카로프에게 단순화되어 수용된다. 노박의 사상은 삶과 현실로부터 고립되고 싶은 마카로프의 심리와 피상적으로 결합하는 것이다. 기실 마카로프는 영웅이나 민중에 아무런 관심조차 없다.

영웅과 민중들이 도대체 나와 무슨 관계가 있는가? 나는 그들과 만나지 않고 살아갈 수 있을 것이라 확신했다. 사실 이 도시에, 내 주변에 살고 있는 수만의 사람들은 칼라일의 철학을 알지 못했고 필요로 하지도 않는다. 그들에겐 노박을 그렇게 바보같이 흥분시켰던 영웅과 영도자들과 사회주의 따위의 그 모든 것은 아무 필요가 없었다.(315)

마카로프가 개인주의적 영웅주의를 받아들인 것은 그 사상의 정의로움이나 타당함 때문이 아니라 그가 가진 자연과 인간에 대한 공포감과 소외감 때문이었다. 그가 대학에 진학하여 의학을 공부하다가 포기한 것도, 그리고 여성이 "남자들의 환심을 사려는 기생충적인 욕망을 가지고 있다"고 생각하게 된 것도 모두 현실로부터 도망치고 싶은 내적 기질과 욕망의 소산이었다. 마카로프는 스스로 현실과 삶으로부터 고립되고자 했고 그 고립 속에서 자신의 정체성을 찾지 못하다가 우연히 노박의 영웅주의 사상과 피상적으로 결합되었던 것이다. 그는 노박을 "그림자와도 같이 거의 육체가 없는 듯한" 사람으로 느낀다.

깡마르고 차가운 손을 바지 주머니 속에 집어넣고 있는 그의 태도는 내게 의미심장하고 상징적으로 여겨졌다. 나는 그런 그의 행동에서 삶에 대해 직접 손을 대고 싶어 하지 않는 결벽증 같은 것을 보았고, 그로 인해 삶에 대한 그의 정신적 영향력이 더욱 의미 깊게 느껴지는 것이었다.(332)

마카로프가 영웅주의적 이념을 수용하는 데는 이렇게 상징적이며 결벽증 같은 요인이 적지 않은 힘으로 작용한다. 이런 모습은 어떤 한 개인이 어떤 사상으로 결합되는 과정의 우연성, 혹은 굴절성을 보여 준다. 그의 의식의 변화과정에는 역사적 판단이나 계급적 속성이 직접적으로 개재되지 않고 다만 자연을 두려워하던 우연한 습성과 남들과 고립되고자 하는 개인적 기질, 그리고 노박이라는 선생과의 우연한 만남과 사상적 왜곡이 작용하고 있을 뿐이다. 물론 마카로프의 이런 우연하고도 왜곡된 의식은 구러시아 사회의 몰락이라는 사회적 배경과 무관한 것은 아니다. 하지만 작가는 이런 사회적 배경을 밝히거나 개인주의적 영웅주의의 계급적 성격을 폭로하는 것이 아니라 훼손된 개인의식이 우연하게 어떤 이념과 결탁하고 있는 과정을 보여 주고 있을 뿐이다. 어떤 이념이 한 인간에게 결합되는 과정의 우연성, 굴절성에 주목한다면 이 주인공이 어떤 이념으로 결합하느냐는 문제는 그리 중요한 것이 아님에도 불구하고 소비에트 비평가들은 주인공이 어떤 이념을 지니고 있느냐에 커다란 관심을 가질 수밖에 없었다. 그에 따라 레즈네프는 이 작품이 "편협하고 가식적이고 허약하다"고 평가했고 보론스키는 이 작품의 토대에 고리키의 세계에 대한 비관적 관점이 놓여 있다고 평가할 수밖에 없었다.

한 인간의 왜곡되고 훼손된 의식과 이념의 관계는 "카라모라"에서 더욱 극적으로 그려진다. 이 작품은 탁월한 혁명 운동가였던 주인공 표트르 카라진이 혁명을 배신하고 기관의 앞잡이가 되었다가 혁명이 발발한 후 체포되어 사형 언도를 기다리면서 지나온 삶을 되돌아보는 독백적인 수기이다. 이 작품에서도 주목되는 것은 카라모라라고 불리우는 혁명가 카라진의 이념 체계나 혹은 변절의 근거 자체[94]가 아니다. 이념이나 혁명의 당위성, 그리고 그것을 수용하는 열정이나 양심 같은 문제가 아니라 그것들이 주인공 '나'의 의식에 어떻게 굴절되고 우연적으로 변형되는가가 소설의 보다 중요한 테마인 것이다.

카라모라는 "과감하고 능숙하게 거짓의 껍질을 찢어 뜯어 내고 사람들의 외적 관계들을 물어뜯어 파헤쳐서, 사람이 사람을 속이는 수많은 기만행위들에 대해 가차 없는 진실을 폭로"(367)하는 유대인 레오폴드로부터 사회주의 사상을 접하게 된다. 그러나 "내 인생에 만족했고 부러울 것도 욕심도 없었으며, 수입도 그런대로 괜찮아서 내 인생의 길은 맑은 강물 같다고 생각"하던 카라모라에게 레오폴드는 "인생의 강물을 흐려" 놓고 "피부를 뚫고 소금을 뿌리"(368)는 인물이었다. 카라모라는 레오폴드의 사상이 자신에게는 전혀 불필요한 것이며 자신에겐 나름의 진실이 있다고 생각했지만 적극적으로 저항하지 못하고 레오폴드와 함께 혁명 활동에 뛰어든다. 그러나 그 목적은 "레오폴드를 혼란에 빠뜨려 어떻게든 친구들 눈앞에서 깎아내리기 위한 것이었다. 그것은 그가 꼭 유대인이어서만은 아니었다. 그런 병약하고 작은 몸뚱어리에 진실이 살아서 타오르고 있다는 점을 인정하기 힘들었기 때문이다."(368) 이런 카라모라에게 사회주의 이념이라든가, 인간에 대한 사랑이라든가 하는 '영혼'은 애초부터 존재할 수가 없는 것이었다.

---

94) 이런 관점에 대해서는 Н. Секей(1967) "Идейные истоки рассказа М.Горького "Карамора"" *STUDIA SLAVICA Academiae Scientiarum Hungaricae*, Budapest을 참조. 이 논문은 고리키의 혁명 후 변화에 대해 잘 분석하면서도 주인공의 이념체계에 주목하여 이 작품을 고리키의 혼돈된 의식의 표현으로 보는 관점을 유지하고 있다.

> 나는 내 이성의 판단에 따라 사회주의 사상을 진리로 받아들였지만, 이 사상을 태어나게 만든 현실들은 내 감정을 움직이지 못했다. 사람들이 불평등하다는 사실은 나에겐 자연스럽고 당연한 것이었다. 나는 내 자신을 레오폴드보다 우월하고 내 친구들보다 더 똑똑하다고 생각했다. 어렸을 때부터 타인에게 명령하는 데 익숙했고 쉽게 복종하게 만들 수 있었던 나에게는 사회주의자에게 필수적인 것이 부족했다.
> 사람들에 대한 사랑, 그게 뭐야? 난 그런 게 뭔지 모른다. 간단하게 말하면 사회주의는 나와 맞지 않았다. 나보다 작은 건지, 큰 건지는 몰라도. 사회주의와는 전혀 상관없는 사회주의자들을 나는 많이 보았다. 그런 사람들은 마치 계산기와 같아서 무슨 수를 집어넣든지 상관없이 항상 결과가 올바르게 나오면 된다. 거기에는 영혼은 없고 오직 형해화된 산술만이 있을 뿐이다.(368-369)

이렇게 질투심과 경쟁심에 기초한 카라모라에게 혁명 운동은 '영혼'이 없는 '오직 형해화된 산술'이고 '사회적 기계공학'일 뿐이었다. 그래서 그는 더욱 빼어난 역량을 발휘할 수 있었는지 모른다. 남에게 명령하는 일을 좋아하고 권력의 행사를 즐기면서 카라모라는 존경받는 원로 당원의 지위에까지 오를 수 있었다. 그러나 영혼 없는 상태는 그를 끝없이 무모한 도전과 위험으로 내몰았고 그런 무모함 속에서 무영혼에 대한 알리바이를 찾게 만든다. 카라모라는 떠내려가는 얼음 위에 탄 사람을 목숨을 걸고 구해 내는가 하면 감옥에 갇힌 동료를 구해 내 탈출하다가 총을 쏘아대며 쫓아오는 헌병의 총구 앞에 갑자기 멈춰 서서 오히려 상대가 기절초풍하도록 만들기도 했다. 그의 영혼 없는 상태는 똑같이 영혼이 없는 헌병대 대령의 눈에 정확하게 파악된다.

> 대령은 아주 영리한 사람이었다. 그는 상대방의 심리를 잘 파악했고 내가 대적할 수 없는 말을 해 몹시 당황하게 만들기도 했다. 마지막 심문을 할 때 그는 코안경 유리를 통해 나를 살펴보면서 이렇게 말했다.
> "카라진, 내 생각에 자네는 장난삼아 그러는 거야. 아니면 실수로 자네 일도 아닌 걸 가지고 그러고 있거나."
> 이 말은 내 가슴에 비수처럼 꽂혔다. 나는 화를 버럭 내면서 험한 말을 쏟아냈지만

그가 내 말을 가로막았다.

"아, 자네에게 모욕을 주려던 것은 아니었네. 다만 인간 대 인간으로 내 느낌을 말한 것뿐이야. 자넨 위험한 승부를 좋아하지. 내 보기에 자넨 혁명가가 될 만큼 독하지 않아. 미안하네만, 그러기엔 너무 영리해."

내 생각에 오시포프는 아주 괜찮은 사람이었다.(378)

카라모라의 무영혼 상태는 포포프라는 변절자의 정체를 파악하는 과정에서 더욱 분명하게 드러난다. 그는 변절자를 심문하는 과정에서 변절자의 활동과 이력을 들으며 분노와 적개심보다 기이한 호기심과 흥미를 느끼는 자신을 목도한다.

그의 냉소주의에는 뭔가 순진한 구석이 있었고, 그 순진함이 무엇보다 더 나를 화나게 만들었다고 기억한다. 그것은 나를 화나게 했고 또 놀라게 했다. 나는 내 자신이 정말 이상한, 나 자신도 모르는 낯선 사람처럼 느껴졌다. 그러나 나는 예기치 않은 결정을 스스로 재촉하면서 갑자기 서두르기 시작했다.(385)

카라모라는 포포프에게 흥미와 호기심을 느끼는 자신에게 당황하여 갑자기 서둘러 그를 죽음으로 몰아넣는다. 그를 죽이고 난 후 그의 마음속에는 불안한 질문이 솟아오른다.

왜 나는 그렇게 갑자기 포포프를 목매단 걸까? 뭐가 두려워서 그렇게 서둘렀던 거지? 그가 겁났던 게 아니라 내 자신이 겁이 난 게 아닐까? 나에게 위험한 증인을 없앤 것만 같은 느낌이었다. 위험한, 그러나 배신자라서가 아니라 어떤 다른 측면에서 위험한 증인을 제거한 게 아닐까?(387)

헌병대 대령의 눈에 언뜻 드러났다가 이제 스스로도 부정하기 힘들만큼 자신의 무영혼 상태가 카라모라에게 자각된다. 포포프를 살해한 혐의로 체포되어 보안지소장 시모노프의 권유에 따라 변절하는 것은 이제 자신에게 그리 놀라운 일이 아니다.

카라모라의 행동 변화에는 거의 아무런 도덕적 준거가 개입하지 않는다. 그가 혁명에 참여한 것도, 혁명을 배반한 것도 사회주의 이념과는 전혀 무관하다. 그는 분열된 상태 속에서 거듭 자신을 확인하려는 시도를 하고 있을 뿐이다.

"특이함에 대하여"는 혁명 후 고리키의 변화와 관련하여 훼손된 의식의 또 다른 유형을 보여 준다. "영웅"이 반혁명 활동가의 내면을 다루고, "카라모라"가 혁명의 변절자에 대한 것이라면 이 작품은 시종일관 혁명에 전념했던 혁명가의 이야기로서 혁명과 개인의 상호관계에서 또 다른 삼각지점을 차지하고 있다.

주인공 야코프 즈이코프는 혁명 운동에서 혁혁한 공을 세우고 지금은 네바 강변의 어느 저택에 앉아 인생을 회고한다. 그는 고아로 세상을 떠돌며 여러 시련을 겪다가 우연한 오해로 감옥에 투옥되고 자신을 바보로 여기고 신경 쓰지 않는 사람들의 수많은 논쟁을 주의 깊게 듣는다. 사람들의 논쟁은 사회주의와 그 정신에 대한 것으로 보이지만 그는 그들의 말을 자기 나름대로 받아들인다.

> 난 이 사람들이 마치 논쟁을 하는 것 같지만 똑같은 말을 한다는 걸 알게 됐죠. 세상의 모든 것은 다 똑같이 만들어야 한다, 특별한 것, 특이한 것은 없애버려야 하고 세상의 그 어떤 뛰어난 것도 용납해서는 안 된다. 그러면 모든 사람들이, 원하든 원하지 않든, 다 동등해질 것이고 모든 것은 단순하고 쉬워질 것이다, 뭐, 그런 거였죠. 이 세상 사람들을 다 평범한 사람들로 만들어 버리고, 사제나 상인, 관료, 지주 같은 모든 계층 구분을 금지하는 특별한 법을 만들어 없애 버려야 한다는 거였죠. 그 누구도 다른 사람에게서 빵이든 일이든 양심이든 그 무엇도 사지 못하도록 말입니다.
> 노인네는 이렇게 주장했지요.
> "영혼을 북돋아야 해. 중요한 것은 영혼의 자유야. 그것이 없다면 인간이 아니야."
> 난 이런 생각들을 배고픈 자가 보드카를 들이키듯 꿀꺽꿀꺽 삼켰지요. 정말 내 영혼이 환하게 열리는 것 같았어요. 난 이렇게 생각했지요.
> '주 예수시여, 사람들 속에 참으로 성스러운 단순함이 살아 있군요. 그런데도 사람들은 평생 괴로워하고 있으니!'
> 나는 이렇게 생각하면서 미소를 짓기까지 했어요. 그러자 도둑놈들은 날 더욱 비웃더군요.
> "저거 보라고, 야코프가 애인 생각을 하고 있나 봐!"(528)

즈이코프는 혁명 사상을 일종의 단순함의 추구로 받아들이며 왜곡하고 있다. 계급을 타파하고 새로운 세상을 만들어야 한다는 주장을 특별한 것, 특이한 것을 제거하고 모든 것을 동등하게 만들자는 것으로 이해한다. 그러나 주변 사람들은 그가 '애인 생각'이나 한다고 놀린다. 이념과 개인의식, 그리고 주위 사람들과의 차이가 발생하는 것이다.

그러나 어쨌든 즈이코프는 이런 생각을 가지고 혁명 전 러시아의 혼란한 여러 지방을 떠돌아다닌다. 그러면서 삶을 단순화해야 한다는 사상을 더욱 강화해 간다. 지식과 지식인들이 세상을 분열시키고 온갖 특별한 것을 고안하고 그럼으로써 더욱 특별한 사람들이 된다는 생각에 지식과 지식인에 대한 부정적인 생각도 커진다. 그러다가 그는 지방에서 러시아 혁명의 여파에 휩쓸려 우연스럽게 어느 마을 사람들을 혁명군으로 조직하여 적군에 맞서 전투를 벌인다. 그는 여전히 사회주의 혁명의 이념과 투쟁의 목적을 분명하게 체득한 것은 아니지만 자기 나름의 방식으로 혁명을 이해하고 열심히 전투에 참가한다. 많은 전투를 벌이다가 그는 병에 걸려 어느 마을에 혼자 남겨진다. 마을에서 겨울을 나고 겨우 몸을 회복했을 때 즈이코프는 마을 사람들 사이에 볼셰비키에 대한 비난과 욕설이 퍼져가는 것을 목도한다. 어떤 늙은이가 마을을 휘젓고 다니면서 사람들에게 혁명에 대한 부정적인 생각을 지피고 있었던 것이다. 노인은 동네에서 떨어진 곳에 오두막집을 지어 은둔자처럼 살아가고 있었다.

> "아주 해로운 늙은이예요. (…) 전에는 양봉을 했었는데 지금은 숲 속에 집을 짓고 나무에 조각을 하면서 은둔자로 살면서 성자인 체하지요. 혁명 초기부터 혁명에 대해 불만스러워 했어요. (…) 지금은 이 인근 지역에서 아주 유명해요. 멀리서, 백 킬로도 떨어진 곳에서도 사람들이 찾아오고 해요. 늙은이는 이런저런 충고도 해 주고 모스크바는 도적들과 무신론자들이 지배하고 있다는 등 터무니없는 말들을 해대고 있죠."(554)

즈이코프는 이 해로운 늙은이가 마을에 반혁명적 분위기를 주도하고 있다고 판단하고 그를 제거해야 한다고 생각했다. 어두운 밤을 틈타 은둔자 노인의 집을 찾아간 그는 아무런 저항도 하지 않는 노인을 살해하고 도망친다.

"특이함에 대하여"의 즈이코프가 혁명적 투쟁에 나서고 드디어는 은둔자 노인을 살해하는 과정은 진정한 사회주의 이념의 본질과는 거리가 먼 것이다.[95] 그러나 혁명의 격렬한 과정은 이념의 본질과는 무관하게 즈이코프의 훼손된 의식과 왜곡된 사상을 혁명으로 끌어들인다. 이는 하나의 이데올로기가 한 개인에게 수용되는 과정의 우연성, 굴절성을 잘 보여 준다.

고리키는 이 세 단편에서 혁명과 개인에 대해 무엇을 말하고 있는 것인가. "영웅"의 마카로프가 반혁명적 개인주의를 풍자하기 위한 것이라든지, "카라모라"의 주인공이 혁명의 변절자들의 심리를 폭로하기 위한 인물이라든지, "특이함에 대하여"의 즈이코프가 투철한 혁명가로서 혁명의 불가피성을 증명하고 있다고 결론을 내린다면 문제는 간단하다. 그러나 앞서 살펴보았듯이 세 주인공의 의식은 몹시 훼손되고 왜곡된 상태이며 그들이 받아들이는 이념들은 그런 훼손된 의식에 비쳐진 일그러진 반영물들이다. 깨진 거울에 비친 파편적인 대상처럼 그들의 훼손된 의식은 이념을 올바르게 수용할 수 없다. 하지만 올바르지 않다 해도 세 작품에서 훼손된 의식들은 각각 어떤 형식으로든 불가피하게 혁명이라는 역사적 현실, 혹은 실재로서의 현실과 충돌하면서 변모한다. 그 변모는 훼손된 의식의 치유인가, 아니면 비극적 파멸일까.

3. 치유로서의 혁명인가, 개인의 비극적 파멸인가

개인주의적 영웅주의에 영혼을 의탁한 마카로프는 혁명을 두려워하고 집단으로서의 대중의 움직임에 혐오감을 느낀다. 그러나 그가 믿고 의탁했던 스승 노박과 '어른'은 혁명이 진전되어 가면서 마카로프의 기대와는 다른 모습을 보인다. '어른'은 더 이상 "사람들을 눈부시게 할 수 있는"(337) 사람이 아니었고 노박은 "존재감이 감지되지 않는 것"(337) 같았다. 사무실 창으로 내려다보이는 조그맣게 보이는 광장의 사람들, 저열하고 안개에 부은 듯이 보이던 사람들이 "이제는 더욱 빠르고 기민하게 움직이며"(336), 과감하게 정부를 비판하고 있었다. 여기서 그는 자신이 두려움을 벗어나고자 의탁한 영웅주의가 극단적인 절망의 표현이며 사실은 두려움에 질린 절망적 행동이라는 깨달음을 얻는다. 그런 점에서 어렸을 때부터 자연에 대한 두려움과 사람에 대한 두려움으로 자라난 그 자신이야말로 진정으로 "이 세상 폭군들의 영광을 퇴색시키고 손수건처럼 인간들을 세탁하고 다림질해 버릴"(338) 수 있는 사람이라고 느낀다.

95) 이 점은 많은 연구자들을 혼란스럽게 만든다. 특히 소비에트 시대 연구자들은 그나마 즈이코프를 긍정적 주인공의 계열로 만들고 싶었지만 사실 즈이코프가 사회주의적 긍정적 주인공이라고 보기는 어렵다. 차라리 주인공의 혼돈스러움이 당시 고리키의 혼돈을 보여 주는 것이지만, 고리키는 곧 이런 혼돈으로부터 벗어났다는 식으로 문제를 푸는(Б. Бялик(1973) *Судьба Максима Горького*. М., 277.) 편이 정직했다.

혁명적 소요가 진행되면서 그는 밤마다 가슴 속에 절망의 힘이, 공포의 힘이 커지는 전율을 느낀다. 그는 자신의 그런 절망과 공포가 자신을 진실로 무시무시한 영웅으로 만들어 줄 것이라고 생각한다. 그러나 세상은 그의 기대와는 다르게 돌아가고 있었다.

혁명이 발발하자 노박과 '어른'은 마카로프보다 먼저 무너져 버린다. 혁명이라는 현실의 극적 변화 속에서, 대중의 힘찬 분출 앞에서 노박과 '어른'은 아무런 영웅적 행위도 하지 못하고 그저 일신의 안위를 두려워하는 범인의 모습을 보일 뿐이다. 그들을 따르던 '나' 마카로프는 그 추악한 모습을 보며 스승인 노박을 밀치고 "당신이 내 안의 공포를 죽여 버렸어. 내 안의 인간을 죽여 버린 거라고!"(339)라며 외친다. 공포심으로 우연히 결합된 영웅주의 사상이 무너지고 영웅주의 사상이 무너지면서 자신의 공포심도 사라졌는데 그것을 자신 안의 인간이 죽은 것이라고 생각하며 마카로프는 여전히 왜곡되고 훼손된 의식을 벗어나지 못한다. 혁명을 통해 치유되지 못하고 또다시 새롭게 왜곡된 그는 일 년 정도 감옥에 있다가 나와서 범죄를 적발하는 자리를 얻는다. 사람들을 많이 죽이기도 했다. 그리고 자신이 범죄 단체의 조직원이기도 하고 그들을 벌 주는 형리이기도 하다. 그러나 그는 "무슨 상관인가"라고 차갑고 냉소적인 말로 자신의 이야기를 끝맺는다.

혁명적 현실에 직면하여 마카로프는 훼손된 의식과 영웅주의를 극복하는 것이 아니라 더욱 비극적인 파멸로 내달린다. 그 내면에 어떤 두려움도 없고, 어떤 가치관도 없는 냉소주의적 허무주의자의 모습으로 추락하는 것이다.

변절자 카라모라는 혁명을 통해 어떻게 변모하는가.

그는 혁명이 일어나자 반혁명분자로 체포되어 사형을 기다리면서 자신의 과오를 기록하라는 명을 받는다. 글을 쓰든 쓰지 않든 처형을 피할 수 없음을 잘 알고 있다. 그러나 그는 자신이 도대체 무엇이었는지 알고 싶어 글을 쓰기로 작정한다. 그는 훼손된 의식을 가지고 혁명을 왜곡하여 받아들였고 혁명과정에서 살인을 하고 변절자가 되었으며 혁명이 성공한 뒤 체포되어 자기 자신을 되돌아보고 있는 것이다. 그에게 혁명은 일종의 자기 실험이었고 반혁명 활동을 하는 것도 자기 실험의 일종이었다. 그러나 그런 과정에서 어떤 결론도 얻지 못했고 여전히 자신이 무엇인지 확신하지 못한다.

나는 과거에 '영웅'이었고, 지금은 괴이한 질문에 짓눌려 그걸 풀어야 하는 사람일 뿐이다.

'왜 비열한 짓을 하면서 나는 스스로에게 혐오감을 느끼지 않는가?'라는. 나는 이런 질문을 내 자신에게 수백 번도 넘게 던져 보았다.(396)

그는 영웅적인 혁명 활동에서도 영혼을 찾을 수가 없었고 비열한 배신행위에서도 내부에서의 저항을, 양심의 고통을 느낄 수가 없었다. 이성적으로는 자신의 잘못을 인정하면서도 자기비판과 혐오, 후회의 감정은 없었던 것이다. 그는 오직 자신에 대한 호기심, '그래서 어떻게 될 것인가'라는 자기 실험에의 호기심을 느낄 수 있었을 뿐이다.[96)]

고리키는 "카라모라"가 "죄를 저지르는 자신을 금지할 수 있는 힘이 자신 속에 들어 있는지를 알아보기 위해 변절하지만 그런 힘을 찾지 못한" 사람을 다루는 작품이라고 말한다. 이런 사람들은 "그들 내부의 모든 것이 불확실하고 모든 것이 불타고 떠돌고 감정의 총체성이 파괴되고, 그들의 사상이나 언어에서는 감정이 가스처럼 기화되어 버리는 그런 사람들"[97)]로서 마치 자기 머리를 갈라서 그 속에 무엇이 들어 있는지를 알고 싶은 충동을 가지고 있는 사람들이다. 실제로 카라모라는 자신의 삶을 되돌아보며 자신 속에 서로 다른 자아가, 혁명가와 반혁명가가 공존한다는 사실을 고백하고 나아가 두 자아를 넘어 제3의 자아, 제4의 자아가 있다고 느낀다. 세 번째 자아는 내면에 존재하는 두 사람의 대립이 어디에서 오는 것인지 알고 싶어서 두 사람의 대립과 불화를 지켜보기만 하는 존재다. 바로 이 세 번째의 자아가 그로 하여금 글을 쓰게 만든다. 그러나 그 세 번째 자아에 대해 의심을 던지는 또 하나의 자아가 존재한다.

어떤 사람에게든 두 명의 자아가 있다. 한 사람은 단지 자신에 대해서만 알고 싶어 하고 다른 또 한 사람은 사람들에 대해 알고 싶어 한다. 그러나 내 안에는 네 명의

---

96) 고리키는 혁명 후 공개된 구정권의 문서를 통해 가깝게 알고 지내던 많은 혁명 동지들이 정권에 협조하면서 혁명을 배신하곤 했다는 사실을 접하고 경악을 금치 못했다고 한다. 〈일기로부터의 단상(Из дневника)〉의 "악몽(Кошмар)"에는 정보기관에 근무했던 한 처녀가 그를 찾아와 도움을 호소하는 장면이 들어 있다. 고리키는 이 여자의 너무나 뻔뻔스런 모습에서 오히려 어떻게 인간의 내면이 그렇게 될 수 있는가에 관심을 가진다. "시련을 겪은 자들(Испытатели)"과 "형리(Палач)"에서도 호기심으로 사람을 죽인 자들에 대한 이야기가 나온다.

97) 로맹 롤랑에게 보낸 1923년 9월 18일자 편지. М. Горький и Р. Роллан(1995) *Переписка*(1916-1936), М., сс. 65-66.

자아가 살고 있고 모두 사이가 좋지 않고 서로 다른 생각들을 한다. 하나가 무슨 생각을 하면 다른 내가 반대하고 세 번째의 나는 이렇게 묻는다. '아니 그런데 왜 그렇게 싸우는 거야? 네 말대로라면 뭐가 어떻게 되는데?'
하지만 유감스럽게도 또 하나의 나, 네 번째 자아가 세 번째 자아보다 더 깊이 숨어서 한동안 침묵하며 사나운 짐승처럼 감시하고 있다. 아마도 네 번째 자아는 평생 침묵을 지키며 모습을 드러내지 않은 채 냉담하게 이 혼란을 관찰하기만 할지도 모른다.(372)

이쯤이면 다섯 번째 자아, 아니 그 이상의 자아도 충분히 가능하다. 카라모라는 글을 쓰면서 수없이 분열하는 자아를 관찰하고 있다. 그러나 그것은 단순한 분열의 연속이 아니라 보다 냉철하게 진실에 다가가기 위한 허위와의 싸움이다. 그가 분석한 자아를 넘어선 또 다른 자아의 존재 가능성, '평생 침묵을 지키며 모습을 드러내지 않은 채 냉담하게 이 혼란을 관찰하기만' 할지도 모르는 네 번째의 '나'는 단순히 숫자로서의 네 번째가 아니라 거의 무한대에 가까운 자의식의 거듭된 자기분석을 의미한다. 이러한 거듭된 자기분석은 오늘날 주체의 거듭된 자기 해체를 통해 근대적 인간의 권력화된 주체의식을 극복하고자 하는 해체주의적 전략을 연상시킨다.

거듭된 자기분석을 통해 단련된 카라모라는 자신이야말로 진실을 말해야 하는 존재라고 생각한다.

아무것도 없다. 모든 것은 꾸며졌다. 모든 것은 거짓이다. 그렇다면 나는 거짓을 폭로해야 할 사명이 있다. 나는 사람들에게 그걸 폭로해 줄 최초의 사람이다. 모두 기만당했다고, 인생이란 실제로는 적나라한 짐승들의 투쟁이며, 그걸 막을 이유도 없고, 더 중요한 것은 그 무엇으로도 막을 수 없다는 것을. 그래, 나는 사람에게는 자신 속에 들어 있는 비열함에 저항할 힘이 없으며, 그에 저항할 필요도 없다는 것을(비열함은 서로의 투쟁에서 당연한 효과적인 무기일 뿐이기 때문이다) 최초로 밝혀낸 사람이다.(396-397)

거듭된 자기분석을 통해 냉정한 자기관찰에 도달한 그는 이제 자신이 세계를 냉정하게 바라볼 수 있다고 생각한다. 그는 허무주의적이고 냉소주의적인 태도로 급기야 세상 모든 것이 고안되고 누군가의 욕망으로 일그러져 있으며 자신이 그것을 밝혀낼 최초의 사람이라고 생각한다. 안데르센의 우화 "벌거벗은 임금님"에서 진실을 말하는 어린아이의 역할을 자신이 해야 한다는 것이다.

이 모든 자기분석이 카라모라의 내면에 일어나는 단편적인 생각의 흐름으로 이어지기 때문에 그의 최종적인 판단은 쉽게 드러나지 않는다. 그러나 죽음을 두려워하지 않고 오직 자기 자신을 위해 글을 쓴다는 절체절명의 상황은 카라모라의 고백의 진실성을 높여 준다. 그는 혁명과 혁명과정을 통해 자기 내면의 가장 깊은 곳까지 들여다보고 또 그 너머에 뭔가가 있다고 느끼는 경지까지 나아간다. 훼손된 자아의 치유를 향한, 분열된 자아와 세계의 통합을 향한 지난한 몸부림을 보여 주는 것이다. 그의 치유는 혁명의 논리 중 하나, 즉 둘로 분리된 자아의 어느 하나를 분명하게 선택함으로써 이루어질 수 있는 것이 아니다. 오히려 제1과 제2의 자아의 대립을 지켜보고 관찰하는 제3의 자아와 그런 제3의 자아를 또다시 냉엄하게 관찰하고 있을, 그러나 그 모습을 드러내지 않고 침묵하는 제4의 자아 사이의 원활한 소통만이 치유를 가능하게 해 주는 것이라고 말할 수 있다.

"특이함에 대하여"는 혁명을 통한 개인의 변화에 있어 또 다른 측면을 보여 준다. 즈이코프는 앞서 마카로프와 카라모라와는 달리 어찌됐든 성공한 혁명의 주역이다. 그러나 이 주역의 모습은 제복과 훈장에 갇혀 결코 흥미로운 모습이 아니다.

> 네바 강변 대귀족의 저택들 중 한 집, 모로코 스타일의 알록달록하고 바닥은 진흙투성이인데다 안락함이라고는 전혀 느껴지지 않는 냉기가 서린 방에 회색 군용 외투를 꼭 끼워 입은 한 사내가 앉아 있다. (…)
> 머리에는 은빛 나는 회색 머리털이 덥수룩했고 광대뼈와 턱까지 듬성듬성한 누런 구레나룻이 뒤덮고 있었다. 뭉툭한 코 밑에는 끝이 잘린 콧수염이 삐죽삐죽 곤두서 있어 닳은 칫솔을 연상시켰다.
> 커다란 입에 넓적한 이빨을 드러낸 이 사내의 얼굴은 흥미를 끌 것이 없었다. 별다른 색채가 없는 두 눈, 꼬치물고기처럼 두상이 뚜렷한 회색의 그런 얼굴은 러시아에서 흔히 볼 수 있는 평범한 얼굴이었다.(522)

혁명에 성공한 사람일지라도 이렇게 '안락함이라고는 전혀 느껴지지 않는 냉기가 서린 방에 회색 군용 외투를 꼭 끼워 입은' 모습은 전혀 승리자의 그것이라고 말하기 어렵다. 사회주의에 대한 다소 왜곡된 생각을 가지고 '세상을 단순화하기 위해' 혁명 활동에 뛰어들어 단순화되지 않는 은둔자 노인을 살해한 즈이코프는 여전히 자기 확신을 가진 인물처럼 보이지만 '닳은 칫솔'을 연상시키고 '회색 군용 외투를 꼭 끼워 입은' 모습은 혁명을 통해 자유롭고 새로운 영혼에 도달했다는 인상과는 거리가 있다. 오히려 혁명에 짓눌리고 자신의 삶에 가위눌린 모습이라고 하는 편이 옳을 것이다.

> 아마도 이 특이한 방이 그에겐 좁게 느껴지는 것 같았다. 고개를 홱 돌리고 그 사내는 이 분 정도 말없이 창밖을 내다보았다. 각진 창살 무늬로 잘게 나누어진 창을 통해 보이는 황량한 네바 강의 넓고 어둑한 긴 띠를 따라 그는 무언가를 찾고 있었다. 외투의 목 단추를 풀었다 다시 잠갔다 하면서 그는 자신의 피부에 달라붙은 어떤 무거운 것을 홱 벗어 내던지고 싶은 것 같았다.(523)

꼭 끼게 입고 있던 외투의 목 단추를 풀었다가 다시 잠그는 행동, 자신의 피부에 달라붙은 어떤 무거운 것을 벗어던지려는 행동 등은 그저 단순한 묘사라기보다 이 혁명가의 평생에 걸친 이념에 반하는 그 무엇인가를 암시하고 있다[98]고 읽어도 크게 무리는 없을 것이다. 결국 즈이코프도 혁명을 통해 자신의 훼손된 의식의 치유로 나아가지는 못하는 셈이다. 그의 치유는 그의 훼손된 의식의 치유를 전제하지 않고서는 불가능하다.

세 작품의 주인공들은 훼손된 의식으로 혁명을 제각각 받아들이지만 혁명을 통해 훼손된 의식의 구원으로 나아가지 못한다. 마카로프는 개인주의적 영웅주의의 가장 타락한 형상으로 추락하고, 카라모라는 변절자가 되어 사형언도를 기다리며, 즈이코프는 은둔자의 살해에 대한 기억으로 거의 굳어 버린 사람처럼 되어 버렸다. 그러나 이 세 인간의 의식과 변화과정을 더욱 분명하게 파악하기 위해서, 그리고 그들을 창조한 작가 이념에 접근하기 위해서는 그들과 다른 의식들, 작품에 존재하는 다른 인물들과의 대비적인 고찰이 필요하다.

---

98) Е. Б. Тагер(1964) *Творчество Горького Советской эпохи*, М., с. 197.

4. 성찰과 극복을 향한 몸짓

이 세 작품의 서사구조를 볼 때 무엇보다 주목되는 것은 서사적 관점이다. 고리키는 이제까지 많은 작품들에서 견고한 작가적 시점을 구축해 왔다고 말할 수 있다. 그러나 앞에서 언급했듯이 세 작품에서 작가의 이념적 시점을 구체적으로 확정하기는 쉽지 않다. 세 작품이 모두 주인공의 독백으로 구성되어 있고 주인공 외부의 시점을 찾기가 쉽지 않기 때문이다. 이를테면 "영웅"은 처음부터 '나'라는 주인공 마카로프의 시점으로 서술되기 시작한다. 이 작품은 처음부터 끝까지 일인칭 독백 소설의 시점을 유지함으로써 모든 서술과 가치평가는 일인칭 시점을 넘어서지 않는다. "카라모라" 역시 주인공의 의식의 흐름에 대한 단편적인 기록으로 일인칭 시점에서 모든 내용이 서술된다. "특이함에 대하여"는 주인공의 외모와 분위기를 묘사하면서 주인공을 작품에 "비스듬하게" 도입하는 "그림 장면"[99]을 가지고 있지만 이 부분을 제외하고 이후부터 완전히 일인칭 시점의 회고로 구성되어 있다.

세 작품이 매우 주관적인 관점이 개재될 수 있는 일인칭 시점을 택하고 있다는 것은 주인공의 내면에 초점을 맞추고 주인공의 자기정당화에 많은 시선을 할애하고 있다는 것을 의미한다. 또한 그가 만나는 여러 다른 사람들과 사건들에 대해 그의 평가가 덧붙여진다는 것을 의미한다. 작품 속의 모든 것은 일단 그가 느끼고 본 것, 만나거나 들은 것이다. 그 외의 것, 일반적인 상황 설명이나 다른 사람의 생각과 느낌 등은 주인공의 프리즘을 통과하지 않고 작품에 도입될 수 없다.

이런 형식적 장치는 작가의 이념적 시각조차 매우 간접화시켜서 그것을 파악하기 힘들게 만든다. 이 작품들이 발표되었을 때 소련 비평계에 대체로 부정적인 평가가 지배적이었던 점도 작가가 부정적 주인공에게 냉소나 풍자적 어조를 덧붙이지 않고 충분히 말할 권리를 주었다는 점에 기인한 바 크다. 개인주의적 영웅주의자 마카로프의 반혁명적 활동과 파멸은 언뜻 혁명 이념을 따라가지 못한 개인에 대한 풍자로 읽혀질 법하지만 작품 전면에 개인주의나 사회주의나 이념 일반에 대한 마카로프의 냉철한 비판이 동시에 담겨 있다는 점을 부인하기 어렵다. 또한 혁명가에서 반혁명선동가로 변신한 카라모라의 엄정하고도 철저한 자기분석

99) 도입부가 마치 주인공의 초상화를 그리는 것과도 같이 제시된다는 점을 뜻한다. Е. Б. Тагер(1964), с. 196.

끝에 얻어진 이념 비판론 역시 카라모라를 단순한 변절자로 치부하기 어렵게 만든다. 그리고 이들보다는 일관되게 혁명의 입장에 서 있었던 즈이코프가 살인으로 자신의 혁명 활동의 절정을 표현하지만 그 동기, 그리고 그 후 현재의 모습은 독자의 공감과 동의를 얻기 힘들다.[100)]

그렇다면 과연 이 작품에서 주인공의 내면적 시점 외에 다른 시점, 작가적 시점을 포함하여 작품 전체의 이념적 의미를 찾을 수 있는 다른 시점들은 존재하는가.

"영웅"의 마카로프는 영웅주의를 숭배하는 이념으로 경도되어 가지만 그가 개인적으로 겪은 영웅들은 영웅의 모습과는 다른 모습으로 그려진다. 학교에서 영웅 취급을 받는 귀족단장의 아들 볼로토프는 자신을 사회주의자라고 여기며 오만하고 불손하다. 아마도 그 시절 누구나 사회주의자연하는 문화적 유행의 여파일 것이다. 그는 또래 아이들의 우두머리 노릇을 하고 물에 빠진 어떤 아주머니를 구해 내기도 하지만 그것은 '술에 취한 채'였다. 루도메토프라는 예심판사의 아들은 미남이고 힘이 세고 술도 잘 마셨다. 그 방탕함은 학생들 사이에 전설이었고 모두들 그를 두려워하면서도 선망의 시선을 거두지 못한다. 루도메토프는 나중에 마카로프와 함께 '어른'을 모시는 역할을 한다. 이념적으로 상이한 볼로토프와 루도메토프가 '영웅'으로 비쳐지는 모습은 동질적이며 또 동일하게 허구적이다. 진정한 헌신성을 가지지 않고 '술에 취해' 물에 빠진 여자를 구했다는 볼로토프의 영웅성이나 방탕함으로 전설이 된 루도메토프의 '영웅성'은 비록 볼로토프가 사회주의자인 체하고 루도메토프가 '정치파에 적대적인 아카데미파의 우두머리'였고 나중에 전제정을 옹호하는 정치지도자의 비서 노릇을 한다는 차이를 가지고 있지만 본질적으로는 하등 다를 것이 없다. 그들 모두 남들과 달라지고 싶어 하는, 남들을 지배하고 싶어 하는 권력의지의 서로 다른 표현이 아니라면 무엇인가. 이들은 모두 삶 자체의 진실을 두려워하고 삶으로부터 멀리 도망치려고 허우적거리는 인물들이다.

이념적으로 보다 견고한 영웅의 모습으로 그려지는 스승 노박과 '어른' 역시 삶과는 동떨어

---

100) 물론 앞의 두 작품에 비해 "특이함에 대하여"는 긍정적인 평가를 받기도 했다. 이런 입장은 В. Панков (1955) *Советская действительность в изображении,* М. Горького, с. 68. 참조. 여기서 판코프는 즈이코프가 비록 명확한 이념적 입장을 가지고 혁명에 참여한 것은 아니지만 점차 혁명의 진실로, 볼셰비즘으로 성장해 가는 주인공이라고 말한다. 일단 반혁명가나 변절자를 다룬 두 작품에 비해 즈이코프가 명백한 반혁명적 입장에 서 있는 것은 아니라는 점은 맞다. 그러나 즈이코프의 이념의 구체적 내용이나 행위에 대한 분석이 아니라 볼셰비즘에 반대하는 적들과 투쟁하고 심지어 적들을 선동하는 은둔자를 살해하며, 다양한 러시아 역사적 사건들과 그 속에서의 민중의 삶을 드러내고 있다는 외적 지표만을 가지고 이 작품의 가치를 논하는 것은 이 작품의 진정한 가치를 왜곡하는 것일 수 있다.

진, 삶으로부터 도망치는 사람들이다. 이들은 모두 혁명을 통해 여지없이 그 허구성이 폭로되고 만다. 이런 모습들은 분명 이 작품이 개인주의적 영웅주의에 대한 작가의 비판적 관점을 보여 주는 것이라고 판단할 수 있게 해 준다.

이런 인물들에 비하면 외삼촌인 사제의 모습은 훨씬 안정적이다. 아버지가 일찍 죽은 마카로프에게 아버지와 같은 역할을 한 성직자 외삼촌은 성직자이지만 '커다란 덩치에 아주 잘 생기고 쾌활하며 뛰어난 기타리스트이자 다혈질 도박꾼'으로 전혀 성직자답지 않은 모습을 가지고 있다.

> 그는 언제나 아주 기꺼이 나랑 대화해 주었고, 그래서 나는 그의 유려한 말과 부드럽고 둥글둥글한 단어들, 그리고 세계를 지배하는 세 가지 힘, 즉 신과 자연과 인간의 이성에 대한 이야기를 듣는 것을 좋아했다. 하지만 나는 이 힘들의 비밀스러운 관계를 이해할 수 없었다. 그의 말을 들으면 들을수록 신은 이해할 수 없는 어둠 속으로 더 멀리 사라져 갔고, 자연은 점점 더 무서워졌고, 이성의 역할은 더욱더 불명확해졌다.(308-309)

세상의 모든 것을 신과 자연과 인간의 이성으로 연결시켜 안정적으로 설명하고 이해하는 외삼촌은 삶을 두려워하거나 삶에 사로잡히거나 삶 속에 굳어진 사람은 아니다. 이런 특성은 타고난 생명력을 가림 없이 폭발시키는 주정뱅이 세탁부 모크레야도 가지고 있다. 그녀는 모순적인 삶의 생명력의 화신이다. '뚱뚱하고 시뻘건 얼굴, 냉소적인 시선', '노골적이며 번들번들한 눈매', '일할 때 지치는 법이 없고', '음탕함에 있어서도 지치는 법이 없으며', '저속하고 교활'하면서도 '달콤하리만치 다정한' 모크레야의 모습은 모순적인 삶 그 자체의 표현처럼 들린다. 이런 인물들은 삶에서 고통받고 있지만 삶으로부터 도망치기보다 삶 속에서 웃고 울고 소리친다.[101] 이들은 마카로프의 주변에서 삶 자체의 모습을 현현하고 있으며 마카로프의

---

101) 많은 연구자들은 고리키 문학에서 진정 작가가 주목하는 인간형은 이념적 완결성을 지닌 인물이기보다 다종다양한 인간형이라고 본다.(졸고, *막심 고리키-혁명의 문학, 문학의 혁명,* 대구, 2004, 37. 참조) 이 작품들에서도 "환상적인 총체성을 띤 위대한 힘, 삶의 흐름의 강력한 힘이 있고, 그 중심에는 인간과 인간에 대한 생각들이 자리하고 있다"(Я. Е. Эльберг(1965) "Творчество Горького в борьбе против модернизма," *Современные проблемы реализма и модернизма*. М., с. 134.)는 평가는 좀 다른 맥락에서 말하는 것이지만 고리키 문학의 특징을 부분적으로 정당하게 지적하는 것이다.

삶에 대한 두려움과 대비적인 공간을 형성한다.

"영웅"이 마카로프의 독백으로 구성되어 있지만 이렇게 다른 인물들의 모습을 통해 마카로프의 내면은 상대화되고 객관화된다. 바로 이 지점에서 작가의 구성적 시점, 즉 직접적으로 표출되지는 않지만 작품을 구성하는 본질적 시점으로서의 작가적 시점을 감지할 수 있다. 마카로프의 주관적 시선과 그 시선이 상대화되고 객관화되는 경계 지점에서 작가의 이념적 관점이 매우 간접적으로 실현되고 있는 것이다. 그러나 이 작품의 이런 작가적 관점은 단지 이 작품 만으로서가 아니라 다른 두 작품과의 맥락 속에서 조명되어야 한다.

"카라모라"의 '다른 인물'들은 어떠한가.

카라모라의 가장 대립적인 인물은 카라모라 자신의 분신들이라고 말할 수 있다. 그의 내면에는 서로 대립하고 싸우는 두 명의 자아가 있고 더 나아가 그 둘을 관찰하는 제3의 자아가 존재하며, 더더구나 영원히 침묵하는 보이지 않는 제4의 자아까지 존재한다. 네 명의 자아로 분열되는 것은 단순한 분열이 아니다. 두 자아가 싸우고 대립하고 그 싸움과 대립을 냉정하게 관찰하고 기록하는 제3의 자아, 그리고 그 제3의 자아를 또한 지켜보고 있을 알 수 없는 제4의 자아는 단순한 평면적 분열이 아니라 자기분석의 심화인 셈이다. 카라모라는 이 끝없는 자기분석의 의식 속에서 자신을 알고자 하지만 결코 제4의 자아는 알 수가 없다. 그를 둘러싼 현실의 알 수 없는 복잡함과 모순성 역시 그에게 완전히 이해되지 않는다. 그의 의식 속에서도, 현실 속에서도 그의 분열을 구원해 줄 사람이나 이념은 없다. 구원자의 모습은 다만 가위눌린 꿈속에 상징화될 뿐이다. 그는 꿈에서 하늘과 땅이 붙어 버린 경계선을 따라 돌며 어떻게든 이 공간을 벗어나려고 몸부림친다. 그러나 결코 그 공간을 벗어날 수 없고 오히려 하늘과 땅의 공간은 점점 좁아들며 압박한다.

> 나는 지평선의 경계를 빠르게, 점점 빠르게 움직이면서 벌써 몇 번이나 공간을 벗어나려고 했다. 하지만 내가 무얼 찾고 있는지 알 수 없었고 멈출 수도 없었다. 견딜 수 없이 힘이 들었고 불안했다.
> 나는 지상에 수많은 사람들과 생명이 존재하고 있다는 것을 기억하고 있다. 그런데 그들 모두는 어디로 간 것일까? 저 확고부동한 침묵 속에서, 완벽한 무활성 속에서 원을 따라가는 나의 움직임은 더욱 빨라만 져서 이젠 제비처럼 날아오른다. 거울에

> 비친 내 모습도 나와 나란히 팔을 흔들며 날아간다. 내가 어디로 가든 어디를 돌아보든 그 모습뿐이다. 원구가 작아져 공간이 점점 좁아졌다. 하늘의 아치가 점점 낮게 내려왔고 나는 뛰어다니며 숨을 헐떡이고 소리를 지르고…
> 그 사람이 날 깨웠다. 공포에 떨던 나는 너무 기쁜 나머지 그의 손을 잡고 벌떡 일어나며 웃었다.(376)

'그 사람', '키 큰 사람', '본디오 빌라도 앞에서 못 박힌 사람에 대해 이야기하는 사람'이 날 깨우고 '나'는 '그 이상한 사람'의 손을 잡고 벌떡 일어나며 웃는다. 그러나 그것은 여전히 꿈이다. 진짜로 꿈에서 깬 그는 여전히 두려움 속에 존재한다. 카라모라는 꿈에서 구원을 갈구하지만 현실에서는 여전히 구원의 길이 존재하지 않는 것이다.

"카라모라"에서 다른 인물들은 카라모라의 여러 분신들과 대응하며 현실 세계의 모순성을 대변한다. 카라모라가 살해한 변절자 포포프는 이미 카라모라 내부에 존재하는 카라모라 자신의 분신이었다. 따라서 포포프를 살해했다고 해서 카라모라 내면의 자아가 죽어 버린 것은 아니다. 오히려 포포프를 살해하고 카라모라 자신이 포포프의 뒤를 이어 기관에 협조하는 배신자가 된다. 카라모라가 처음 체포되어 취조를 받을 때 '계급의 적들에 봉사하는 헌병 장교는 선량한 사람'이었고 이후 여러 번 감옥에 갔을 때에도 '증오심과 적대감을 불태우게 만드는 그런 장교는 한 명도 만나지' 못한다. 그들 모두 이미 카라모라의 내면에 존재하는 분신들이었던 것이다. 카라모라를 변절로 이끈 보안지소장 시모노프는 카라모라의 이러한 이중적 사고를 극적으로 보여 주고 설명해 주는 인물이다.

이렇게 자기 자신의 다양한 분신성과 사람들의 이중성을 체험한 카라모라는 새로운 통찰에 도달한다. 계급적 관점에서 사람들은 노동하는 자와 남의 노동에 기대어 살아가는 사람, 즉 프롤레타리아와 부르주아로 나뉘지만 그것은 외적인 구분이고 이러한 구분을 넘어 모든 계급의 사람들은 총체적인 사람과 분열된 사람으로 나눌 수 있다는 것이다. 총체적인 사람은 자기 방어를 위해 의식적으로 자기 내부에 존재하는 잉여의 것을 억압하고 제거함으로써 '총체성'을 획득한다. 따라서 총체성을 가진 혁명가에게는 "사람을 향한 동정심이나 서정시, 감상주의나 낭만주의"(379) 같은 것들은 전혀 쓸모가 없다.

혁명가에게 필요한 것은 단지 열광과 자신에 대한 믿음뿐이다. 내적 삶의 다양함에 대한 관심은 어떤 면에서 혁명가에게 해로운 것이다. 이 다양함 속에서는 길을 잃기 쉽다. 그것은 가시덤불 속에 갇힌 어린아이와 같은 꼴이다.
분열된 사람의 삶은 조급하게 날아오르는 제비와 같다. 총체적인 사람이 더욱 유용하지만 나는 두 번째 유형에 가깝다. 혼란에 빠져 헤매는 사람이 더 흥미롭다.(379)

카라모라는 이제 자신의 분열성에 대한 긍정으로 나아가며 그것을 보편적인 인간 개념으로 확장한다. 혁명과 반혁명의 이념 이전에 보다 근본적인 인간적 본성에 대해 비판적 접근을 하고 있는 셈이다. '총체적 인간'과 '분열된 인간'이라는 카라모라의 구분은 현대적 관점에서 전체주의적 사고에 대한 근대 비판론과 해체주의적 사고라는 탈근대 논리를 연상시킨다. 인간에게 진실을 볼 수 있는 '영혼의 수정체'가 필요하지만 그것이 존재하지 않는다는 고통스러운 분석과 통찰은 혁명과 관련된 인간의 내면적 변화와 성찰의 일단을 보여 주는 것으로 작가 고리키의 새로운 내면적 변화와 그 핵심을 시사하는 것임에 틀림없다.

작가의 내면의 변화를 보여 주는 또 다른 양상은 "특이함에 대하여"의 다른 인물들을 통해 추적해 볼 수 있다. 우선 의사 소모프는 즈이코프의 단순화 철학에 대해 지속적으로 대립한다. 즈이코프는 감옥에서 세상을 구원하기 위해서는 단순화가 필요하다, 모든 특별한 것을 제거해야 한다는 사상을 얻었다. 하지만 그를 받아주고 돌봐 주며 친구처럼 많은 이야기도 해 주던 의사 소모프는 웃으면서 정반대의 말을 들려준다. 세상은 단순화에서 복잡화로 변해 왔고 그것은 불가피하다는 것이다. 의사 소모프는 단순하지 않은 삶의 모순성을 그대로 받아들이는 인물이다. 서로 다름을 인정하고 단순화할 수 없는 삶을 그 자체로 수용하는 것이다. 그는 지속적으로 즈이코프에게 "삶의 단순화는 이루었나?"(551), "자네는 나를 단순화해야 하지 않나?"(552)[102]라고 농담을 던지면서 삶을 단순화해야 한다고 주장하는 즈이코프의 논리를 친근하면서도 가볍게 조롱한다. 하지만 전쟁 부상자들을 돌보는 휴머니즘적인 헌신성과 일관성, 관료주의에 대항하는 용감함, 다양한 이념들의 허구성을 파헤치는 통찰력을 지닌 소모프의 가벼운 조롱은 결코 가벼운 논박으로

102) 이 말은 병든 소모프가 즈이코프 부대의 포로가 되었을 때 '나를 죽여야 되지 않아'라는 뜻으로 한 말이다.

들리지 않는다. 반면 의사가 매춘굴에서 구해냈던 타티야나는 혁명이라는 이념을 통해 매우 비인간적인 모습으로 '단순화'되었다. 열성 당원이 되어 철두철미한 혁명 전사가 된 그녀는 병들어 죽어 가는 의사를 살해하도록 사주한다. 물론 그것이 이념의 탓인지 그녀를 여자로 받아주지 않은 개인적 원한 때문인지, 더 편하게 죽도록 하기 위해서인지는 분명하지 않다. 다만 그녀는 더 마르고 나이가 들어 보이고 어두운 얼굴빛에 굶주린 듯하며 카랑카랑한 목소리였다. 그녀의 그런 모습은 '나' 즈이코프에게 "아주 불쾌한 기분"(552)을 주었다.

즈이코프가 반혁명 선동을 이유로 살해하는 한 은둔자는 즈이코프의 단순화 이념에 맞서는 극적인 형상이다. 이 은둔자와 그 의미는 〈1922-1924년 단편집〉 전체의 의미와도 깊은 연관을 가지고 있다. 즈이코프는 은둔자를 살해해야 한다는 이념적 결단을 내리지만 그가 바라보는 은둔자의 모습은 전혀 적대자의 그것이 아니다. 즈이코프가 한낮에 동정을 살피러 은둔자 노인의 오두막을 찾았을 때 노인의 주변은 평온하고 아름답기만 하다.

> 고개를 숙이고 있을 뿐 마치 앞에 있는 사람이 보이지 않는다는 듯이 내게 눈길 한 번 주지를 않았어요. 칼로 나무를 깎기만 할 뿐 벙어리처럼 아무 말이 없었습니다. (…) 꼭 푸른색 바위 같았습니다. 그 망할 놈의 늙은이 주변은 다 안온하고 좋았어요. 통나무집 너머는 향기가 배어나는 나무숲이었고, 집 앞쪽 아래쪽은 계곡이었는데 작은 강물이 태양빛에 반짝이며 흘러가고 있었습니다.(556)

은둔자 노인을 계급의 적이라고 생각하는 즈이코프의 이념적 시선에 전혀 다른 삶의 모습, '향기가 배어나는 나무숲'과 '햇빛에 반짝이며 흘러가는 작은 강물'이 눈에 들어온다. '그 망할 놈의 늙은이 주변은 다 안온하고 좋았어요'라는 즈이코프의 한탄은 즈이코프의 시선으로 즈이코프의 이념이 반박되고 있는 것에 다름 아니다. 늙은이의 삶은 결코 단순화될 수 없는 삶이었고 그것은 쓸데없는 사소한 것들로 방을 장식하는 의사 소모프의 단순화될 수 없는 삶과도 같은 것이었다.

5. 결론

1917년 10월 혁명을 고리키는 "혁명이 인간의 정신적 부활의 징표를 띠고 있지 못하고 사람들을 더 정직하게 만들지 못"[103]한다고 비판했다. 심지어 볼셰비키를 권력에 중독된 자들로, 혁명을 무자비한 잔인한 실험[104]이라고 비난하기까지 했다. 비록 1918년 〈신생활〉의 폐간 이후 소비에트 정부 문화 사업에 적극 협조하면서 관계가 복원되기는 했지만 1921년 러시아를 떠날 수밖에 없었던 것은 여전히 혁명과 혁명 정부와의 불편한 내적 관계가 작동했음을 보여 준다. 과연 이 당시에 혁명과 혁명 과정에 참여한 사람들을 고리키는 어떻게 이해하고 있었던 것일까.

이 글은 이제까지 혁명 이후 창작된 세 작품, "영웅"과 "카라모라", "특이함에 대하여"를 중심으로 혁명과 개인의 복합적이고 모순적인 관계 유형, 그리고 작가의 새로운 성찰적 시각에 대해 살펴보았다. 이제까지 대부분의 연구가 이 작품들을 개별적으로 다루면서 주인공의 도덕적 이념적 입장 분석에 주목했다면 이 글에서는 가능한 세 작품을 동일한 문제의식 속에 위치시켜 고찰하고자 했다. 이를 통해 이 글은 개별적인 작품으로 연구할 때와는 좀 다른 시야를 얻을 수 있었다. 그것은 첫째, 이 작품들이 혁명과 혁명 이념, 혹은 반혁명과 반혁명 이념 등에 대한 논쟁이 아니라 개인들이 어떤 이념에 결합하는 것은 매우 우연적이고 굴절성을 띤다는 점, 바로 그 점을 그려 내고 있다는 것이다. 두 번째 얻을 수 있었던 결론은 이 작품들은 서로 다른 운명의 주인공들을 그리고 있지만 혁명은 근본적으로 개인의 훼손된 의식을 구원으로 이끌지 못한다는 점이다. 그리고 마지막으로 주목할 수 있었던 것은 이 작품들이 주인공의 독백적 서술 속에서도 '다른 인물'들의 '다른 관점'과의 접점을 통해 혁명과 개인의 상호관계에 대한 고리키의 비판적 성찰을 풍부하게 반영하고 있다는 점이다.

고리키는 이 작품들을 통해 훼손된 의식의 개인과 그들의 파멸을 보여 주고 있지만 그것은 이념과 혁명에 대한 보다 명징한 수정체를 가진 개인에 대한 작가의 염원을 역설적으로 말해 준다. 어떤 이념으로 단단하게 무장한 개인이 아니라 끝없는 성찰을 통해 자신을 돌아보는 행위 자체의 의미를 이 작품들은 보다 소중한 것으로 그려 내고 있는 것이다. 이런 점에서

103) *Новая жизнь* 1917, 제205호.
104) М. Горький(1990) *Несвоевременные мысли*, с. 151.

작가 자신의 이념적 개입을 배제하고 주인공들과 등장인물들에게 전적으로 시점을 넘겨주는 시학적 혁신은 "기술적 측면에서 정말로 주목할 만한"[105] 것으로 새로운 작가 정신의 불가피한 선택과 발견이 아닐 수 없다.

참고문헌

이강은(1999) "〈1922-1924년 단편들〉에 나타난 존재와 의식의 미완결성의 시학연구," 〈러시아어문학연구논집〉 5.

_____(2007) "소통의 경계와 새로운 서사의 모색," 〈러시아연구〉 17-2

_____(2007) "소설언어의 가치적 일원성과 다원성(2)," 〈러시아어문학연구논집〉 26.

Горький, М.(1990) *Несвоевременные мысли. Заметки о революции и культуре.* М.

_____________(1973) *Полное собрание сочинений в 25 томах*, Т. 17. М.: 1973.

_____________(1997) *Pro et contra. Личность и творчество Максима Горького в оценке русских мыслителей и исследователей 1890-1910 гг.* СПб.

М. Горький и советские писатели. М.: 1963.

Горький, М. и Роллан, Р.(1995) *Переписка(1916-1936)*, М.

Баранов, В.(1997) *Горький без грима: Тайна смерти.* М.

Бялик, Б.(1973) *Судьба Максима Горького.* М.

Воронский, А.(1963) *Литературно-критические статьи.* М.

Летопись жизни и творчества А. М. Горького.(1959) вып. 3. М.

Земляной, С.(2003) "Провокация как сквозной мотив в "Жизни Клима Самгина" Максима Горького," *Независимая Газета.* 4 авг. 2003 г.

Красная новь No.4, 1924.

Муравьев, А. И.(1985) "Ставрогин Достоевского и Каразин М. Горького," *Достоевский. Материалы и исследования.* No.6. Ленинград.

Овчаренко, А. И.(1978) *М. Горький и литературные искания 20 столетия.* М.

Панков, В.(1955) *Советская действительность в изображении М. Горького.* М.

Секей, Н.(1967) "Идейные истоки рассказа М. Горького "Карамора"." *STUDIA SLAVICA Academiae Scientiarum Hungaricae.* Budapest.

---

105) В. Шкловский(1926) *Удачи и поражения Максима Горького*, Тифлис, с. 39.

Тагер, Е. Б.(1964) *Творчество Горького Советской эпохи*. М.

Шкловский, В.(1926) *Удачи и поражения Максима Горького*. Тифлис.

Эльберг, Я. Е.(1965) “Творчество Горького в борьбе против модернизма,” *Современные проблемы реализма и модернизма*. М.

논문출처

제1부 · 소통의 역동성

제1장 언어적 소통의 일반모형
- 〈언어학〉 제56호, 2010.

제2장 소통과 화용적 계기들
- 이 책에 처음으로 수록.

제3장 텍스트화 : 언어-문화 공간의 구성과 재구성
- 이 책에 처음으로 수록.

제4장 주체사이성과 소통의 윤리학
- 〈러시아연구〉 제16권 제1호, 서울대학교 러시아연구소, 2006.

제2부 · 러시아 언어-문화 공간에서 소통의 언어적 양상

제5장 직시(deixis)와 관찰자의 형상 : 문법론적 vs. 서사론적 함의
- 〈러시아어문학연구논집〉 제30집, 한국러시아문학회, 2009.

제6장 간접화행과 러시아어 구조 - 요청화행을 중심으로
- 〈러시아어문학연구논집〉 제22집, 한국러시아문학회, 2006.

제7장 러시아어 텍스트 - 문화적 관용구의 구성과 재구성
- 〈러시아어문학연구논집〉 제22집, 한국러시아문학회, 2006.

제8장 소통, 번역, 파토스
- 〈러시아어문학연구논집〉 제24집, 한국러시아문학회, 2007.

제9장 고대 러시아 부흥기 문학에서의 전통과 모방 - 키예프 러시아 문학에 대한 모방을 중심으로
- 〈러시아연구〉 제16권 제1호, 서울대학교 러시아연구소, 2006.

제3부 · 러시아 언어-문화 공간에서 소통적 주체사이성

제10장 러시아어 직시연구 – 기호적 속성을 중심으로
　　– 〈러시아연구〉 제17권 제2호, 서울대학교 러시아연구소, 2007.

제11장 대화적 채널과 소통의 다차원성 : 고대 러시아의 교회설교문학을 중심으로
　　– 〈러시아어문학연구논집〉 제25집, 한국러시아문학회, 2007.

제12장 시적 소통의 특수성에 대하여 : 예술언어의 유연성과 대화적 성격을 중심으로
　　– 〈노어노문학〉 제21권 제4호, 한국노어노문학회, 2009.

제13장 문학 텍스트화와 언어-문화 공간의 토포스 : 러시아어 "프라브다" 토포스를 중심으로
　　– 〈러시아연구〉 제17권 제2호, 서울대학교 러시아연구소, 2007.

제14장 문화적 선행코드의 탈코드화와 재코드화 – 도스토예프스키의 〈백치〉와 고딕 코드
　　– 〈러시아연구〉 제17권 제1호, 서울대학교 러시아연구소, 2007.

제15장 소통의 경계와 새로운 서사의 모색 – M. 고리키의 〈어떤 소설〉
　　– 〈러시아연구〉 제17권 제2호, 서울대학교 러시아연구소, 2007.

제4부 · 러시아 언어-문화 공간에서 소통의 안과 밖

제16장 공손함을 위한 소통의 완화장치
　　– 〈슬라브학보〉 제23권 제4호, 한국슬라브학회, 2008.

제17장 권력 관계에 의한 소통의 비소통화 : 톨스토이의 〈이반 일리치의 죽음〉의 내러티브 분석
　　– 이 책에 처음으로 수록

제18장 러시아 언어-문화 공간에서 언어 변화와 소통-페레스트로이카 이후 어휘 변화를 중심으로
　　– 〈노어노문학〉 제21권 제2호, 한국노어노문학회, 2009.

제19장 문학 속의 성과 소통 : 톨스토이와 도스토예프스키
　　– 〈러시아연구〉 제18권 제1호, 서울대학교 러시아연구소, 2008.

제20장 이념적 소통의 단절과 그 극복을 위한 성찰 – M. 고리키의 혁명 후 단편을 중심으로
　　– 〈러시아어문학연구논집〉 제29집, 한국러시아문학회, 2008.

연구원들 약력

김연경 : 모스크바 사범대학교에서 박사 학위 취득. 현재 서울대학교 강사. 러시아 소설 전공. 대표적인 논문으로 "신화화-탈신화화의 매커니즘과 소설-비극 [악령]", "고골의 〈페테르부르그 이야기〉와 근대의 문제", 역서로는 〈지하로부터의 수기〉, 〈카라마조프가의 형제들〉 등이 있다.

김정일 : 서울대학교 노어노문학과 대학원에서 박사 학위 취득. 현재 경북대학교 조교수. 러시아 언어학 전공. 대표적인 논문으로는 "러시아어 간접화법에 대하여 : 직접화법과 간접화법과의 비교를 중심으로", "환유에 대하여 : 은유 및 제유와의 비교를 중심으로" 등이 있다.

백경희 : 상트페테르부르그 국립대학교에서 박사 학위 취득. 현재 경북대학교 강사. 러시아 언어학 전공. 대표적인 논문으로는 "현대 러시아어 신문표제어에 나타난 선례 텍스트의 변형과 그 유형 연구", "현대 러시아어에서 성의 표현과 소통" 등이 있다.

서선정 : 러시아 문학 연구소에서 박사 학위 취득. 현재 경북대학교 연구교수. 러시아 고대문학 전공. 대표적인 논문으로는 "키예프 루시의 설교문학 고찰 – 기능성과 예술성을 중심으로", "이반 뇌제와 안드레이 쿠릅스키 서한에 나타난 문학적 전통과 권력" 등이 있다.

이강은 : 고려대학교 노어노문학과 대학원에서 박사 학위 취득. 현재 경북대학교 교수. 러시아 소설 전공. 대표적인 논문으로는 "러시아 장편소설의 형식적 불안정과 화자", "세계관과 창작방법에 대한 복합체계상승론적 접근", 저서로는 〈혁명의 문학 문학의 혁명 막심 고리끼〉, 역서로는 〈세상 속으로〉(막심 고리키), 〈이탈리아 이야기〉(막심 고리키), 〈청년 고리끼〉(필리아 홀츠만) 등이 있다.

이기웅 : 파리 5대학 언어학과에서 박사 학위 취득. 현재 경북대학교 교수. 러시아 언어학 전공. 대표적인 논문으로는 "언어, 이데올로기, 실천 – 소련 시대의 '언어권력(logocratie)'에 대한 비판을 중심으로", "러시아어에 있어서 부정 생격의 논리-의미적 특성", "러시아어 동사의 논항값", 역서로는 〈전복적 스피노자〉(안토니오 네그리) 등이 있다.

이남경 : 고려대학교 노어노문학과 대학원에서 박사 학위 취득. 현재 경상대학교 연구교수. 러시아 언어학 전공. 대표적인 논문으로는 "양상과 화행 – 러시아어 양상술어의 대인적 기능에 관하여", "인식의 창으로서의 지각 – 시각적 이미지화와 증거성을 중심으로" 등이 있다.

이병훈 : 모스크바 국립대학교에서 박사 학위 취득. 현재 아주대학교 강의교수. 러시아 문학 전공. 대표적인 논문으로는 "예술적 공간을 보는 두 가지 관점", "의과대학의 문학교육을 보는 몇 가지 시각" 등이 있다.

임수영 : 모스크바 국립대학교에서 박사 학위 취득. 현재 경북대학교 강사. 러시아 언어학 전공. 대표적인 논문으로는 "러시아어의 문법적 관용표현 연구 : 의미-화용적 접근", "러시아어 명사문의 의미구조와 소통적 기능" 등이 있다.

홍택규 : 서울대학교에서 박사 학위 및 러시아 언어학 연구소에서 박사 학위 취득. 현재 한림대학교 부교수. 러시아 언어학 전공. 대표적인 논문으로는 "증거성과 동사범주의 주관화", "중심화 이론과 담화응집성" 등이 있다.